潍畔论学

王宪明 著

齊魯書社
·济南·

图书在版编目（CIP）数据

潍畔论学 / 王宪明著. -- 济南 : 齐鲁书社, 2024.
12. -- ISBN 978-7-5333-4997-4

Ⅰ. C53

中国国家版本馆CIP数据核字第2024S54K09号

策划编辑　李军宏
责任编辑　周　磊　井普椿　孙良伟
装帧设计　刘羽珂

潍畔论学

WEIPAN LUN XUE

王宪明　著

主管单位　山东出版传媒股份有限公司
出版发行　齊魯書社
社　　址　济南市市中区舜耕路517号
邮　　编　250003
网　　址　www.qlss.com.cn
电子邮箱　qilupress@126.com
营销中心　（0531）82098521　82098519　82098517
印　　刷　潍坊鑫意达印业有限公司
开　　本　880mm×1230mm　1/16
印　　张　50.5
插　　页　2
字　　数　800千
版　　次　2024年12月第1版
印　　次　2024年12月第1次印刷
标准书号　ISBN 978-7-5333-4997-4
定　　价　288.00元

序　言

2024年夏天，潍坊学院邀我参加在该校举办的“儒学与文学学术研讨会”，并作主旨演讲。其间，我与三位山东师范大学毕业的博士赵红卫、侯桂运、杨洁相聚。桂运告诉我，他正在编纂王宪明教授的学术随笔集，想请我为该书写一个序言，我很爽快地答应了。在过去十余年间，宪明教授多次参与我主持的重大项目，对我支持颇多，写序可借以表达我的感激和回报；宪明教授又是一个很有成就的学者，写序可以先读其著向他学习，我乐而为之。

初识宪明教授，是在2010年我组织编纂教育部人文社科重点研究基地“十二五”重大规划项目《山东文化世家研究书系》（28卷）（以下简称《书系》）之时。当时经专家反复论证，统筹规划，我们聘请有研究基础的省内外学者担任各卷作者，宪明教授承担了《明清诸城王氏家族文化研究》。宪明为王氏后裔，当时考虑到学术研究的严肃性和客观性，我们曾规定：一般不请后裔写自己的家族。诸城王氏家族，名人辈出，自然入选在列，但研究其家族历史的学者较少，宪明写王氏，成为唯一的例外。而让我高兴的是，他写王氏，资料积累多，学术功底好，成为诸作者中完成样稿最早、写得最好的作者之一。《书系》出版后，《光明日报》以《从文化世家看文化中国》为题，刊载国内名家书评，影响很大。不久，人民出版社主动找上门向我约稿，拟编纂出版《中国名门家风丛书》（以下简称《丛书》），我又约请宪明教授撰写了《诸城王氏家风》，与其他10位作者的撰稿一起在人民出版社出版，在全国也产生了良好影响。在《书系》和《丛书》编纂的一次次交流中，我感受到宪明教授是一个扎实勤奋、学识广博、做事严谨、遇事通达，有合作精神、有责任心、有思想境界的优秀学者。所以，在后来我主持编纂《历代诗咏齐鲁总汇》大型文献项目时，感到兹事体大，潍坊分卷的主编就非宪明教授莫属了。最终，果如所料，他身体力行，不负重托，付出了常人难以理解也难以克服的艰辛，最终高质量完成《历代诗咏潍坊总汇》三大册，篇幅之巨仅次于“泰安卷”与“济南卷”。作为总主编，我深切感受到宪明教授是一个做人、做事、做学问，都值得我们学习的人。

这次，当我拿到沉甸甸的两大册、近七百页的王宪明教授的学术随笔集《潍畔论学》打印稿时，我感到很震撼：一是我许多年来一直认为，宪明教授是从事中国古代文学或历史方面教学和研究工作的，故而在潍坊地方文化研究方面颇有功底和造诣。这次一了解，他是教授外国文学的，学科跨度如此之大，着实让我很吃惊他的学识广博。他能够做到按需从教，这在很多高校和老师中是很难做到的。二是他对《红楼梦》研究竟有诸多深入探讨，颇有成就。“红学”为古代文学中的显学，研究者趋之若鹜，成果如山，没有对该领域的深度思考和全面把握，已很难置喙。我本人从事先秦两汉古代文学教学有年，也读过《红楼梦》，早年甚至写过数篇研究元杂剧、蒲松龄的论文，但从未敢涉足“红学”这潭深水。宪明自称“翻烂几套”《红楼梦》；这次看了他的红学论述，很佩服他的治学之深博，获益不少。

这部学术随笔集只收录了宪明已发表和未发表的学术文章共150余篇，分为“红楼杂说”“桑梓情深”“文史杂谈”三部分。我看过书稿后，谈以下几点浮浅的感受。

其一，桑梓情深，对潍坊文化研究有突出贡献。潍坊地处古青州和齐文化的腹地，是山东省文化资源最丰富的地区之一，无论是从中华传统文化还是从齐鲁文化研究看，这里都是个重点区域。从某种意义上说，对潍坊文化的深入挖掘和研究，就是对中华文明发展中一个重点、亮点甚至是难点的学术贡献。宪明教授在潍坊文化研究上除了曾承担若干合作项目以及出版过诸多潍坊历史文化专著，单从他这次结集的有关论文看，也展示出他对潍坊文化研究的突出成就。总体上讲，可以说既有宽度、长度，又有深度。从学科看，文、史、哲兼及；从思想看，儒、释、道贯通；从时间看，则从先秦之陶文，历秦汉、宋元而至明清及近现代潍坊的人物、事件都多有专门研究；而且学术站位较高，能立足潍坊来研究齐鲁文化，从齐鲁文化聚焦潍坊文化。这既是对潍坊文化研究的拓展，又是对齐鲁文化研究的深化。

其二，资料丰赡，论文大多立论坚实、说服力强。资料的掌握和辨析，是学者视野的标识和学术创新的基石。宪明的文章引用资料丰富，既注重全面收集文献资料，又关注出土文献资料，还能身体力行进行田野调查获取第一手资料。这在地方学者研究区域文化中尤其值得推重和发扬。在我主持《历代诗咏齐鲁总汇》编纂时，强调一定要注意“总汇”，即在全面搜集、辨正资料上用功夫，后来听说宪明作为“潍坊卷”主编，竟以一人之力将八百册《清代诗文集汇编》通检一遍，其搜集资料用力之勤由此可见一斑。他在《韩信坝与楚汉潍水之战》一文中写道：“笔者出生于潍河岸边，村东是渡口，距潍水之战战场也不远”，他根据实地考察，结合朱熹《孟子集注》中有关杠、梁的记载和诠释，考定出韩信潍水“囊沙之战”的时间是公元前 204 年十一月，就很有说服力。

其三，注重创新，多有新观点和填补空白之论。例如他根据甲戌本《红楼梦》评语和跋、翁方纲日记、《大清畿辅列女传》、《黄陶楼（彭年）先生年谱》等证据提出甲戌本《红楼梦》为伪作的结论，向“红学”的主流观点提出了异议。他还认为“《红楼梦》一书，若谶若纬，诡词明义，以梦幻寓现实，以家寓国，以儿女律士大夫”，是“正心”之作的观点，于是在探讨《红楼梦》“严君子小人之辨、严义利之辨、严理欲之辨、严华夏夷狄之辨、严进退出处之辨”上颇下了一些功夫。他在地方文化研究中，考证苏轼《易》学跟其超然思想的关系，梳理出诸城琴派诸位大师的传承脉络，特别是论述刘墉、窦光鼐等清代诸城名臣跟宋学的关系等，都有深入的探讨和新的发现。例如，他连引九种文献，叙评结合，深入考究，从清代山东宋学发达的地域文化角度，从刘墉家族的塾师、刘墉的母族，以及刘墉在北京、南京的师友交游多为宋学家等不同角度论述了刘墉经学的宋学特点及其影响。这些大多发前人所未发，融会贯通，新见迭出。

另外，宪明教授深得为文之道，文章洋洋洒洒又颇具才情。有的引经据典而能深入浅出、通俗流畅；有的雕文琢句、文笔精美，却又亦庄亦谐、妙语连珠。让人看学术著作，能产生引人入胜、心神愉悦之感。相信读者诸君，细品其书，自解其中美味。是为序。

王志民

2024 年 10 月 28 日于济南

（王志民，山东师范大学特聘资深教授、原副校长，齐鲁文化研究院名誉院长）

目　录

红楼杂说

桑梓情深

文史杂谈

红楼杂说

读红随笔：框定《石头记》理念谱系的四个人物

《石头记》是一部以世情小说面目出现的谐史假传小说，或受谐史假传影响很大的世情小说——整部小说是石头自述幻形入世、阅历盛衰的故事，这是典型的谐史假传的叙述方式。

谐史假传（台湾学界称之为“拟人传”）或重谐趣，或重讽喻寄托（唯不重传信传疑），但属辞比事，多以人名寓意。旧红学家中见解最通透的太平闲人张师吉《红楼梦读法》云：“是书名姓，无大无小，无巨无细，皆有寓意。甄士隐、贾雨村自揭出矣，其余则令读者自得之。有正用，有反用；有庄言，有戏言；有照应全部，有隐括本回；有即此一事，而信手拈来。从无有随口杂凑者。可谓妙手灵心，指挥如意。”洪秋蕃《红楼梦抉隐》云：“他书姓名皆随笔杂凑，间有一二有意义者，非失之浅率，即不能周详，岂若《红楼》一姓一名皆具精意。”汗牛充栋的假传作品，绝大部分篇幅短小，人物扁平，情节简单，仍不免有赘笔（韩愈《毛颖传》、苏轼《万石君罗文传》无论，即使《石头记》致敬的《小青传》亦然），《石头记》洋洋百万言，地负海涵，人物鲜活，能做到一姓一名皆具精意，难能可贵。

研究《石头记》者，苟能于全书人名谐其音，推其意，伍其比，偶其类，会其通，也许会发现，在中国所有的古典长篇小说中，《石头记》的命意是最容易把握的。

《石头记》全书提及的人名，数以千计，在情节结构上的主要角色（宝、黛、钗、云），大家都清楚，但对在寓意方面具有纲领性的人物，了解得并不多。我以为甄费、贾化、严老爷、娇杏四人，可框定《石头记》理念谱系。

多年前，我曾出版过一本《红楼人名寓意》（《红楼心史》丛书之一）的小册子，选取20余个人名进行探讨，抛砖引玉，可惜赏音者寥寥。

此书以“严老爷”开卷。严老爷虽然只在小说第一回出现一次，且只闻其名，未见其人，但所寓严君子小人之辨、严义利之辨、严理欲之辨、严华夏夷狄之辨、严进退出处之辨，贯穿《石头记》全书。因为这一人名对理解小说思想最具启发意义，我曾节略之，发表于《红楼梦学刊》。

严老爷之名在甄费与贾化书斋相见时出现，明白了严老爷的寓意，甄费、贾化也不在话下——甄费是君子、道义、诚敬的化身，贾化是小人、利欲、苟且的化身。命名出典都在《中庸》，而且他们也用行为进行了自我诠释。这三个人无疑是全书寓意的纲领性人物。

义利之辨，是儒家（尤其是宋明理学）伦理学和价值观的核心内容，影响甚至主导古代中国文化的品质和发展方向。程颢曰：“天下之事，惟义利而已。”（《河南程氏遗书》卷一一《明道先生语一》）朱子曰：“义利之说乃儒者第一义。”（《晦庵集》卷二四《与延平李先生书》）奉程朱为正宗的王夫之更是重言反复，明诏大号：“天下之大防二，中国夷狄也，君子小人也。非本末有别，而先王强为之防也。”“以要言之，天下之大防二，而其归一也。一者，何也？义利之分也。”（《读通鉴论》卷一四）“存义利之大闲，而后不辱君子之道。严哉！舜、跖之分，其不容相涉久矣。”（《宋论》卷一四）小说第一回，甄费在本朋友通财之义赠送贾化入京赶考的盘缠时说：“弟虽不才，‘义利’二字却还识得。”这句话分量极重，太平闲人让读者“不可以闲言略过”，但这位“为往圣继绝学”的张横渠（二程的表叔、老师）后人没有告诉我们原因，二百多年来，也几乎无人关注。

我向来以为，主流红学一直与儒家学说过不去。反孔孟之道，自然有人标举；不反孔孟之道，也要反儒学；不反儒学也要反礼教；不反礼教也要反理学。何曾想，《石头记》竟然以最“保守反动”的程朱理学，立下了自己的沉锚。

很多人以为程朱理学是伪君子，说《红楼梦》宣扬程朱理学，当然令人失望。难道宝玉批评柳五儿“酸文假醋”“道学先生”是作者夫子自道？岂不憋闷煞人也么哥?！这部小说肯定有矫正、超越程朱理学的地方。于是重新审视娇杏。有请贾夫人！

“娇杏”音谐“侥幸”。我曾认为《石头记》借《中庸》“君子居易以俟命，小人行险以徼幸”区分甄费、贾化，特为贾化“小人”注脚。今日视之，感觉有些肤浅、片面。当娇杏做了贾化夫人，是可以这样解释的；当她是甄费婢女的时候，应当另作别解。

杏有文明教化之象。圣人讲学杏坛，进士及第后乌帽簪杏宴琼林；稻香村“有几百株杏花，如喷火蒸霞一般”；李纨在此守节教子，都带有正能量。甄费为真儒正士，娇杏在旁，雨润红香，颇能点缀。再就是所谓君子，也不必如程老夫子一样整天板着脸，王道迂阔，不妨偶露风怀，稍通权变。而《石头记》全书于袭人深文苛责，如果不是以儿女律士大夫，即使程朱学人卫道士，也要指责作者以戕贼为仁义。理论可以高调入云，人性还是需要平衡。理学得种种恶谥，首先是它本身就有理过则窒、礼过则拘、义过则暴等违逆人性倾向，再就是它凌空蹈虚，容易被人（尤其是褊狭之人）曲解。

对于隐括《石头记》全书思想的四个人，甄费与严老爷，贾化与娇杏，是“偶类”；甄费与贾化，严老爷与娇杏，则是“伍比”。

小说第一回甄费与贾化书房叙谈，以消长昼。“方谈得三五句话”，家人报严老爷来拜，甄费到前厅应酬，向贾化谢罪。贾化说：“老先生请便。晚生乃常造之客，稍候何妨。”甄费与严老爷应酬时，贾化与窗外掐花的娇杏非礼相视，眉目送情。贾化听小童说甄费前厅留饭，“遂从夹道中自便出门去了”。这段描写，有些不合常理，但每一字皆有深意。

甄费、贾化、严老爷、娇杏这场戏，其月其时，皆当（或近）地支之“午”。《诗大序疏》引《汎历枢》“午亥之际为革命”。甄士隐、贾雨村、严老爷、娇杏四人，夏日中午同时亮相而不相聚，即演明清“革命”改朝换代之后，一代儒者“飞鸟各投林”的艰难选择。而予“求善价”“待时飞”都特别关注，区别对待，以儿女律士大夫，提纲挈领，表现作者予夺褒贬的价值体系。方谈得三五句话，严老爷即来，寓严君子小人之辨，严义利之辨，辨之当早，以防微杜渐。贾化称自己是“常造之客”，承平正常生活条件下，君子与小人可共存，并且觉迷之，拯救之，不必高立崖岸。《周易》“义者，利之和”，苏轼《苏氏易传》“义非利则惨洌而不和”，两者亦不必过于对立——每个人内心都存在义利两种思想，最难的不是做别人道德的审判官，而是认识自我，超越自我。严老爷自然不是常造之客，他的到来预示非常之变，需要有人舍利取义，无我无欲，牺牲奉献，绝侥幸，辟邪说。程朱理学将义利之辨由汉唐朴素谊注引向形而上学空谈（甚至成为党争“酵母”），无限地拔高义而贬低利，甚至标举存天理、灭人欲，本身也有应对政治危机的需要。

按小说中交代，贾化即将入京参加春闱大比，应该是个“举人老爷”，甄费家来客，完全可以作为副宾或副陪，较之只有两人的饭局更不落寞（甄费非善于逢迎之人）。甄家人手不多，娇杏可以端茶、斟酒、上菜等。甄费冷落贾化而闲置娇杏，当然不是为了撮合这段突破阶级壁垒的情缘，而是作者为了寓意需要的特意安排。

甄费，字士隐，取典《礼记·中庸》“君子之道，费而隐”。郑玄注：“言可隐之节也。费犹佹也，道不费则仕。”朱熹《中庸章句》：“费，用之广也。隐，体之微也。”联系上下文，朱熹的解释更通达一些，但《红楼梦》似兼取郑注。太平闲人特别提示，“费”同“废”。君子之道，由格、致、正、诚、修、齐、治、平到明明德于天下，最终到参赞天地之化育，的确广大深微。但不同历史时期或人生不同阶段，有不同的任务重点，亦各有其时代限制。若运值否塞，生无道之世，不妨遁世无闷，存文献，传信史，居易俟命，守先待后。不当像贾化（“求善价”的林黛玉、“待时飞”的薛宝钗等为贾化分身，影射怀才而不甘寂寞的士大夫）那样，“不管黄道黑道”，唯富贵功名是求。

王国维《国朝汉学派戴阮二家之哲学说》言清代学术变迁：“雍、乾以后，汉学大行，凡不手许慎、不口郑玄者，不足以与于学问之事。于是昔之谈程朱陆王者，屏息敛足，不敢出一语。”梁启超更夸张，说清代中叶，“家家许、郑，人人贾、马”。（《清代学术概论》第二十一章）《石头记》正产生于理学消沉的这一时期，却不随时流。而且无独有偶，产生于这一时期的《儒林外史》、“高密诗派”同样标举程朱理学，同样为知识精英说法。《儒林外史》与《石头记》同样有金陵情结，其第一回“说楔子敷陈大义，借名流隐括全文”中的王冕，相当于甄费，而危素、时知县，相当于贾化（表字时飞），都有隐括全书的作用。吴敬梓除了在小说中让杜少卿对攻讦朱子者进行反击，还著有《诗说》，发扬光大朱子《诗集传》（朱子经学中最受汉学家非议的著作）。而高密三李以二程学行相勉。李宪噩与程颐相似，坚守原则底线，绝不通融。李宪乔则近似程颢，周旋官场，稍能变通活泼，但沾染了些许客气。《红楼梦》整理者程伟元是程颐三十一世孙，又是“高密诗派”刘大观的弟子，但他淡薄功名，无意进取，而程甲本卷前，八旗旧族、进士身份的高鹗之序排在程伟元序之后；程乙本《红楼梦引言》文后两人共同署名，程伟元（小泉）仍在高鹗（兰墅）之前。这在极端重视功名官位伦次的清代很不正常，只能理解为出于对程颐的尊重。嘉庆初年，程伟元任沈阳书院掌院，朝鲜（举国仍重程朱之学）燕行使者或枉道会见，应也是出于对伊川老先生的尊敬。

很多人不喜欢程朱理学，但仍喜欢私淑程朱的文学作品，或者还因为此书作者、编者们有其他用意（如引入乾隆中兴起的今文经学变通思想）。参透其中机关，方可研究《石头记》和乾隆时期的文学。其中一个原因就是程朱理学把道统放在君统之上，以理学限制极端专制而又肆意妄为的君权。乾隆皇帝有对程朱观点的批判（多从维护专制极权方面出发），甚至撰专文《御制书程颐论经筵札子后》驳斥程伟元祖先以教师爷般的口气对皇帝宣讲的“天下之治乱系宰相”的观点。另一个原因是清廷统治把知识分子（士）作为重中之重，以编纂史书作为为清廷洗白美化的主要手段，而“求善价”、“待时飞”、不甘寂寞的一些知识分子，不能如王冕、甄费之“道费则隐”（王冕不与“自南定西北，万古一英雄”的推翻元朝统治的朱元璋合作），入其彀中，“为他人作嫁衣裳”。

清代中叶，在所谓“盛世”光圈下，却是儒家道统和士大夫气节沦落至极的时期，是中华文明的“急流津觉迷渡口”。于是《儒林外史》《红楼梦》与“高密诗派”，借程朱理学倡导耿介，严君子小人之辨、严义利之辨、严理欲之辨、严华夏夷狄之辨、严进退出处之辨，以反抗专制极权，捍卫心目中的道统，并为一代沦落的知识分子、士大夫之流敲响警钟。

《春秋繁露·玉杯》：“《春秋》之道，视人所惑为立说，以大明之。”君子之行权与小人之行险，亦令人迷惑难辨。《红楼梦》写甄士隐与贾雨村皆容娇杏，在甄士隐（君子）是偶露风怀，稍通权变；在贾雨村（小人、常人）则或是人欲横流，没有原则底线。《春秋》别嫌疑、明是非，致严于一字，其实同是一字，也不能以文害辞，以辞害意。说甄费、贾化、严老爷、娇杏四人框定《石头记》理念体系，虽然娇杏被研究者忽视，但若不理解这个形象的寓意，则难以完整地把握这部小说的思想体系，更不会灵活地把握这部小说的思想体系。

“严老爷”寓意

《红楼梦》的人物命名艺术历来为人称道。清乾隆十九年（1754）进士周春《阅红楼梦随笔·红楼梦约评》云：“盖此书每于姓氏上着意，作者又长于隐语廋词，各处变换，极其巧妙，不可不知。”自称“上下六十年，始泄此中秘”的太平闲人张师吉《红楼梦读法》说得最好：“是书名姓，无大无小，无巨无细，皆有寓意。甄士隐、贾雨村自揭出矣，其余则令读者自得之。有正用，有反用；有庄言，有戏言；有照应全部，有隐括本回；有即此一事，而信手拈来。从无有随口杂凑者。可谓妙手灵心，指挥如意。”这里介绍一个能“照应全部”的人名——严老爷。

《红楼梦》开卷首回，甄士隐邀贾雨村到自己书斋中品茶闲话，以消永昼，方谈得三五句话，忽家人飞报：“严老爷来拜。”士隐慌忙起身谢罪道：“恕诳驾之罪，略坐，弟即来陪。”雨村起身也让道：“老先生请便。晚生乃常造之客，稍候何妨。”士隐遂到前厅与严老爷周旋去了。雨村在甄家书房，与窗外甄家丫鬟娇杏眉目传情，“一时小童进来，雨村打听得前面留饭，不可久待，遂从夹道中自便出门去了”。

严老爷只在本回中出现一次，作者也没有介绍其来历底细。但考虑到甄士隐是一个“无甚富贵”且没有什么功名的乡绅，严老爷不速而至，也没写有什么仪仗，似乎他的地位也高不到哪里去。再就是能与甄士隐这种恬淡之人交往，且可以共谈于樽俎之间，似乎其人品趣味也低不到哪里去。故此人显然是个寓意性人物。甲戌本侧批：“炎也。炎既来，火将至矣。”似乎以严老爷之来预示毁灭甄家的那场火灾。今日红学家提及严老爷者，寥寥无几，唯脂批是从。而太平闲人张师吉《妙复轩评石头记》批云：“烈烈炎炎中假话三五句，严老爷便来了，写得怕人。”似乎以严老爷之来提示阴起午中，与冷子兴、詹子亮提示阳生子半，可以相互发明。物极必反，天道如此。

《红楼梦》作者惯于一手二牍或多牍，微词曲笔，无所不用其极，对严老爷之“严”字寓意，也可以从其他方面探究。我认为严老爷最明显的寓意是“严君子小人之辨”。

毫无疑问，甄士隐有君子之风，贾雨村乃小人之尤。真士隐而假儒存，令人联想起“君子难进易退，小人易进难退”“卑鄙是卑鄙者的通行证”之类的警句。甄士隐姓甄名费字士隐，取典于《中庸》：“君子之道，费而隐……君子之道，造端乎夫妇；及其至也，察乎天地。”其妻子封氏“情性贤淑，深明礼义”，不是为封肃家教出考，也是旁注“士君子”三字。正如贾雨村娶的甄家丫头名娇杏（侥幸），不过是取典《中庸》“君子居易以俟命，小人行险以徼幸”，作住在葫芦（糊涂、胡虏）庙攻时尚之学而“不在黄道黑道”的贾雨村“小人”之脚注而已。

当甄士隐与贾雨村相会，“方谈得三五句话”，严老爷便突然出现，不仅演君子小人防之当严，而且演辨之当早。古今名儒中，王船山最重君子小人之防。《宋论》卷一四：“存义利之大闲，而后不辱君子之道。严哉！舜、跖之分，其不容相涉久矣。”《读通鉴论》卷一四：“天下之大防二，中国夷狄也，君子小人也。非本未有别，而先王强为之防也。”又曰：“以要言之，天下之大防二，而其归一也。一者，何也？义利之分也。生于利之乡，长于利之涂，父兄之所熏，肌肤筋骸之所便，心旌所指，志动气随，魂交神往，沈没于利之中，终不可移而之于华夏君子之津涘。故均是人也，而夷、夏分以其疆，君子、小人殊以其类，防之不可不严也。”但在现实生活中的君子，不像王船山一样，孤处于深山岩穴之中、纸墨简册之间；他们像兰竹，常生于荆棘丛杂之际，不能不与小人周旋。何况贼是小人，智过君子，欺之必有其方。还是在第一回，甄士隐邀贾雨村中秋赏月，雨村吐露抱负：“非晚生酒后狂言，若论时尚之学，晚生也或可去充数挂名。只是如今行囊路费，一概无措，神京路远，非赖卖字撰文，那能到得。”这其实就是乞讨了。善于成人之美的甄士隐不待说完，便道：“兄何不早言？弟已久有此意，但每遇兄时，并未谈及，故未敢唐突。今既如此，弟虽不才，‘义利’二字却还识得。且喜明岁正当大比，兄宜作速入都，春闱一捷，方不负兄之所学。其盘费余事，弟自代为处置，亦不枉兄之谬识矣。”当下即命小童进去，速封五十两白银并两套冬衣。可怜识得“义利”二字的忠厚君子甄士隐，老老实实做了教猱升木、翼虎食人的“冤大头”。

当然，从某种意义上说，《红楼梦》一书不是写给甄士隐这样的君子看的，而是写给贾雨村之流看的。古人云：虽桀纣，亦有道心。何况一穷途潦倒的书生。第一回立贾雨村小传，句句生刺，而太平闲人解释贾雨村名、字寓意：“化，变化也，能变一时之是非，则假亦可化而为真，奈何其不化也！有多少期望意。”虽然贾雨村如他自己所言，“下愚不移”，难得一笑相逢，尘凡顿易，但甄士隐对他似乎有“不度尽众生，誓不成佛”的耐心，最终让他在急流津觉迷渡口，忏悔平生，听甄士隐详说太虚情，“虽不能全然明白，却也十知四五”。于是走出名利场，归结红楼梦。如此，则读《红楼梦》虽须严君子小人之辨，但也应从发展的眼光看人。

《红楼心史》序

在我之无未识的童稚时代，第一次偷偷翻看《红楼梦》，当时最大的奢望就是发现几幅插图。可翻遍全书，除了第八回的通灵宝玉和宝钗金锁的图样，一无所获。对于这两样东西，当时也还不知是什么物事，上面弯弯曲曲的篆字，一个也不认识。不过通灵宝玉和璎珞金锁的模样，却留在了我的记忆之中，并在以后随着翻阅小说次数的增多而印象越来越深，同时也产生了越来越多的疑问：通灵宝玉象征着什么？它何以有如此不凡的来历与能起死回生的神通？上面的铭文与长达百万字的小说是什么关系？这些铭文的含义是什么？

有时旧的疑问没解决，又产生新的疑问；大的疑问没解决，又产生很多小的疑问："莫失莫忘"的内容是什么？为什么要"莫失莫忘"？如果遗忘又会怎样？怎样理解"仙寿恒昌"？什么是"邪祟"？怎样"除邪祟"？什么是"冤疾"？如何"疗冤疾"？如何理解"祸福"？判断"邪祟"的标准是什么？作者予夺褒贬的立场在哪里？是反孔孟还是皈依孔孟？是推崇"四书"（包括朱注）还是厌恶"四书"？是反程朱的还是修正程朱？是反礼教的还是弘扬礼教？是女性主义还是"以儿女律士大夫"？作者是汉族本位还是首崇满洲？是"耻情正觉"还是"爱情自由"？小说中哪些人物身上有"邪祟"？哪些情节描述了"邪祟"？……

多年来，这些问题纠缠着我，折磨着我。其间我也博览过一些红学研究著作，但不足以释我大疑。由此想来，一个人遵循教科书，未尝不是坏事，至少可省却许多烦恼。

几度风月几度春秋，一直到了世纪之交，我快到不惑之年，《红楼梦》小说都被我"翻烂几套"了，学识与阅历也稍稍丰富，关于《红楼梦》的思想体系，也逐渐暗然日章。五年前，我应邀为山东教育出版社组编的"青少年智育丛书"撰写《观察与记忆》分册，在论述记忆的意义时，有这样一段话：

> 中国历史上最伟大的文学作品《红楼梦》，从某种意义上说，也是一部唤醒记忆、谴责遗忘的伟大小说。群钗中第一个出场，并为全书人物命运缩影的甄英莲，能在几天之内学会作诗，并写出“精华欲掩料应难，影自娟娟魄自寒”咏月佳句的青春少女，怎么会忘记自己的故乡，忘记自己的年龄，忘记自己所经历的患难和凌辱？……“我朝不折一矢，不伤一众，不待年而成帝业”，“天心笃佑，德教弘敷”（均见《大义觉迷录》），这类令人恶心的无耻“假语”，竟被以行政命令的方式在知识界推广。而很多汉族知识分子……甚至不知疲倦地为他们歌功颂德。曹雪芹于是满怀沉痛，作《红楼梦》一书，若谶若纬，诡词明义，以梦幻寓现实，以家寓国，以儿女律士大夫，揭清廷之腥秽，倡中华之光复。通灵宝玉上“莫失莫忘”四字，是最无畏的抗议，最严峻的告诫，最沉痛的叮咛，是全书灵魂所在。

通灵宝玉背面的几行字：“一除邪祟，二疗冤疾，三知祸福”，正是记忆——历史的妙用。历史记录罪恶，抨击暴行，揭露谎言，谴责遗忘，一字之贬，严于斧钺，此所谓“除邪祟”；表彰良善，安慰无辜，“千红一哭，万艳同悲”，忠魂冤鬼，各有其归，此所谓“疗冤疾”；“以史为镜，可以知兴替”，彰往所以察来，记住黑暗所以远离黑暗，掌握历史规律与其趋势，革故鼎新，变法改制，兴利除害，斡旋气运，为万世开太平，此所谓“知祸福”。

《红楼梦》第八回咏通灵宝玉一诗，仅有八句，而有两句诗谴责遗忘：“失去幽灵真境界”“白骨如山忘姓氏”。遗忘，在有的时候是一种罪，一种不容饶恕的罪。要补天地缺陷，首先要修补被践踏、歪曲了的记忆。

一个民族灾难深重，并不可怕，甚至可以说是一种独特的财富。但一个民族若遗弃记忆，出卖记忆，那就是背叛人类的良知，出卖自己的灵魂。这样的民族将永远不会摆脱被奴役的命运，永远沉沦黑暗，于是也便无真可言，乏善可陈，更不会有美和尊严。

限于当时的认识水平，这段文字解释通灵宝玉上的铭文含义，还有些粗糙，有些话也过于狭隘，但毕竟已经描绘出所谓的红学体系。强调“记忆”二字，其实也就指出了通灵宝玉是记忆的寓所——“心”的象征。这个“心”字，对于理解《红楼梦》，有万钧之重。中国文化，从某种意义上说，是“心的文化”；而作为中国封建社会百科全书的《红楼梦》，正是一部“正心”之书！太平闲人张师吉《妙复轩评石头记》曾反复提醒读者玉石“演人心”，但由于他没有作系统严密的论述，而且在当时的历史环境下有些话不敢明说，因此他的观点很少受到重视。这恐怕和他说《石头记》“演《易》理”一样，被当作“无中生有的热昏的胡话”。

对于笔者，领悟到这一层，已是饱经艰辛；而要将《红楼梦》中博大精深、包罗万有的“心的文化”表述出来，更为困难。这正如“望尽天涯路”和“走遍天涯路”一样劳逸不均。

摆在读者面前的这四本小册子，收入了笔者十几年来探讨、研究《红楼梦》的心得，也记录了我生命中最宝贵的一段时光的心路历程。其中有些文章在学术刊物上发表过，更多的文章，在网上以“通灵唯心”的网名或签名贴出过（之所以选用这个网名，主要是强调《红楼梦》中的通灵宝玉是心的象征）。与国内外一些红学家和红学爱好者，也作过有益的交流。其中红学研究会理事乔福锦先生赐教最多。乔先生有很深的经学、史学造诣，虽然切入角度和方法与笔者不同，但都认为《红楼梦》有“宗经法圣”的倾向，与郑所南《心史》气息相通，并且都对太平闲人《妙复轩评石头记》有相当的尊重。美国波莫纳学院白亚仁（Allan H. Barr）博士将他本人和美国同仁的一些我感兴趣的红学研究成果惠寄，也令我受益匪浅。道不孤而德有邻，这对我继续研究、阐释《红楼梦》，都是莫大的支持。中国档案出版社近年推出一批很有价值的红学著作（特别是将二十世纪四十年代李辰冬的《知味红楼》整理再版，赢得学界普遍赞誉），能接受一个无名之辈的选题，令人倍感荣幸，李珂编审对本书的结构、体例作了很多宝贵的指导……值此书出版之际，一并致以诚挚的谢意。

由于本书写作时间较长，不同阶段认识水平有参差，即使现在，仍有望道未见之感。还由于在本书最后写作和整理出版之际，适逢所在院校迎接教育部评估，工作量较常年增加数倍，这套小书还有很多地方难以尽如人意。希望读者特别是红学界同仁不吝赐教。

《红楼心史》丛书之一《红楼梦中的神圣诫命》引言

一部《红楼梦》，地负海涵，包罗万象，指出其中有这样那样的思想并予以论证，是再容易不过的事情。但全面阐述《红楼梦》的思想体系，理解其中各种思想倾向之间的先后、主次关系，则是困难的。而要在历史的阶段性、连续性、终极性的动态过程中理解这些关系及其消长演变，就更为困难。应该说，红学史上，尚未有人朝这一方向努力。

通灵宝玉是打开《红楼梦》迷宫的总钥匙。第八回作者开自古说部未有之先例，以“多媒体”的形式描绘的通灵宝玉图形、铭文，还有咏通灵宝玉的那首七律，是对读者最重要的提示、最严厉的批评、最沉痛的叮咛、最神圣的诫命。

毫无疑问，通灵宝玉是作为记忆、思想、情感、意志主宰的心灵的象征。《红楼梦》是一部唤醒记忆、谴责遗忘的伟大小说。通灵宝玉正面“莫失莫忘”的四字铭文，也是对清朝统治者撕裂、践踏、歪曲历史记忆的最严厉的鞭笞。

通灵宝玉背面的三句铭文“一除邪祟，二疗冤疾，三知祸福”，道出了记忆——历史的功用。历史记录罪恶，抨击暴行，揭露谎言，谴责遗忘，唤醒迷茫，激发义愤，号召反抗，拨乱反正，一字之贬，严于斧钺，此所谓“除邪祟”；原始要终，忏悔自新，表彰善良，安慰无辜，“千红一哭，万艳同悲”，忠魂冤鬼，各有其归，此所谓“疗冤疾”；“以史为镜，可以知兴替”，鉴往所以察来，记住黑暗所以远离黑暗，掌握历史规律与其趋势，斡旋气运，革故鼎新，补弊起废，变法改制，自强不息，日进无疆，为万世开太平，此所谓“知祸福”。——这就是《红楼梦》作者的万难心事，这就是《红楼梦》的思想体系。

无论哪个时代、哪个民族的成员，都不应该忘记历史，丧失良知。无论哪个时代、哪个民族的伟大作品，都应该抑恶扬善，推动社会的进步和人性的改良——也就是“除邪祟”“疗冤疾”以消祸求福。当然，不同时代、不同民族善恶是非的标准，是有所不同的。他人之美酒，或为我之鸩毒；昨日之苦水，或为今日之良药。所以研究《红楼梦》，不能以洋律中，不可以今绳古。

据小说第一回，全书事迹，本来是刻在通灵宝玉的前身——补天未用的顽石之上的，而洋洋百万字的鸿篇巨制，化繁为简，最后凝成了寥寥数语的铭文。这几句铭文是中国文化史上内涵最丰富、最深刻的文字之一，任何一个红学研究者都不应轻易放过。我们今天研究《红楼梦》，完全可以由这几句铭文向百二十回巨著辐射，如董仲舒之读《春秋》，“得一端而多连之，见一空而博贯之”，“合而通之，缘而求之，伍其比，偶其类，览其绪，屠其赘”，纲举目张。《红楼梦》之全体大义，必将大明于天下。

人类一切知识、思想，都和记忆的母体有关。但《红楼梦》的“莫失莫忘”有其特指的内容。“失去幽灵真境界”“白骨如山忘姓氏”，在悲愤而严厉地谴责遗忘的同时，也告诉了我们不应失去、不应忘记的是什么。只有不丧失民族良知，只有牢记民族历史上的灾难和耻辱，才有“仙寿恒昌”的希望。所谓“仙”，在这里是自由和尊严的象征。

一部《红楼梦》，以甄士隐成始成终。甄士隐姓甄名费字士隐，取典于《中庸》“君子之道，费而隐……造端乎夫妇；及其至也，察乎天地”一节。作者自称《红楼梦》“大旨言情”，仅就言情而言，其深刻缠绵，亦为上下古今小说之冠，但这只是小说一端。其实作者是从言情出发，以儿女律士大夫，阐述“君子之道”、历史规律，乃至民族的命运，惩创人心，补天济世。其理论基础和衡量是非、予夺褒贬的标准，则是被作者批判地继承了的、具有历史进化和强烈社会变革思想的儒家今文经学（而不是被清朝统治者阉割了的、作为奴化桎梏民族精神工具的伪儒学）。

说《红楼梦》是一部反对礼教的小说，这成为中国文化史上的一个不断讨论的命题。古圣先贤，缘情制礼，“所以通神明，立人伦，正情性，节万事者也”。这是一个社会正常发展的必然要求。礼教正如所有的政治制度一样，其具体条目都有一定的时效性，都必然地会产生这样或那样的弊端。所以又有今文经学与时损益、变法改制之说。至于礼教的基本精神，便是被铭刻于联合国大厦之上的孔子格言“己所不欲，勿施于人”。笔者认为，对于曹雪芹来说，礼教不仅不是杀人的工具，而且是审判“邪祟”的神圣而严峻的律法和治疗“冤疾”的总药方。

中华民族之所以在近世成为“病夫”，不是由于礼法太严厉，而是礼法太宽松。礼法的宽松，使国人如一盘散沙，对国家民族的命运、前途缺乏责任感。于是曹雪芹把弘扬礼教，并使之成为每个国民严峻的、内在的律法，作为自己的使命，以加强民族自尊、自强意识。否则，“礼不下庶人”，《红楼梦》对一个丫鬟袭人的出嫁，谥之为“破席子”，律之以“孽臣孤子”，即使是封建社会最顽固不化的道学家，也要指责他“以戕贼为仁义”。

贾宝玉衔玉而生，其事神怪荒诞；通灵宝玉上的铭文，若符若箓。这可能是“五四”以来，标举“现实主义”的国学大师们对其不屑一顾的原因。而孤臣孽子，操深虑危，诡词以明义，巽词以免祸，若执相而求，真正是“欲追寻，山万重”，咫尺千里，甚至南辕北辙。

衔玉而生这个超自然的情节，还有另一个象征意义。那就是民族自觉、自尊、自强的意识，应该是这个民族成员先验的、绝对的命令。自人类社会产生以来，生而为人，就应该具有这种意识；即使文学史上从来没有《红楼梦》这部作品，也应该保持这种意识。而《红楼梦》之所以创作，则是因为这种意识的极端失落。并且正是由于这种失落，造成了“白骨如山”的浩劫，使整个民族处于饱受压迫和歧视的深渊。

《红楼梦》思想体系中有深沉的民族主义思想，这是绝对的，必然的，不能为之讳亦不必为之讳；《红楼梦》会超越狭隘民族主义，这同样毫无疑问。对我们而言，小说中“疗冤疾”（即自我反思、自我批判、自我救赎）的内容，远比“除邪祟”（即对统治者罪行暴政的揭露和批判以及民族抗争倾向）更为重要。《红楼梦》中变法改制、避祸求福的思想，也会据乱世而升平世，指向儒家消除一切民族隔阂、远近大小若一的太平大同世界。

一个人的心灵，能够通过记忆、通过对历史的了解、感悟，使自己与自己的民族甚至全人类的智慧、命运联系起来，从而不断超越自我。这颗心灵具备万物，含弘诸法，它能迷能觉，能兽能人，能凡能圣，变态无常。伟大的心灵，伟大的作品，必能自觉觉人，引导人们摆脱愚昧、野蛮，走向文明、进步。“欲明大道，必先为史”，无论是贾宝玉太虚观册，还是薛宝琴新春怀古，抑或是曹雪芹在悼红轩翻阅“历来的古史”，都和《神曲》中但丁游历三界一样，都是在对记忆、历史进行检阅、感悟，从而寻找走向真理和至善的道路，而不是在为写自传或家谱搜集材料。

所谓红学，是《红楼梦》文本与红学研究者之间无休止的对话，是作者心灵与研究者心灵之间不断交互作用的过程。《坛经》云："一灯能除千年暗，一智能灭万年愚。"笔者认为，《红楼梦》，也只有《红楼梦》，才配称为这样的智慧之灯。《红楼梦》又是一面镜子，研究者会借助研究对象，认识自己本身。作为中华民族的一员，作为一个普通的知识分子，揭示《红楼梦》的庐山真面目，重申其严峻而神圣的诫命，是对《红楼梦》作者的感谢，也是一种自我救赎。

《红楼心史》丛书之二《红楼易学摭谈》引言：心·史·易·红楼梦

一

据《红楼梦》第一回，这部洋洋百万言的巨著，本来是刻在女娲补天、炼而未用的顽石上的一段石头自述幻形入世的故事，后来这块石头变成通灵宝玉，由贾宝玉诞生时带出娘胎。但上面只有二十四个字："通灵宝玉。莫失莫忘，仙寿恒昌。一除邪祟，二疗冤疾，三知祸福。"

通灵宝玉作为小说主人公的"命根子"，也是我们进入这座千古迷宫的锁钥指南，通灵宝玉上的那二十四个字，实为全书之提纲挈领。晚清以《易》理解《红楼梦》的太平闲人张师吉在其《妙复轩评石头记》中，反复提醒读者，通灵宝玉"演人心"。这个"心"字，无论对于作者还是读者，都有万钧之重。

中国文化，从某种意义上说，是"心的文化"。心性之学，是道家哲学和佛家学说的基础，也是宋以后儒学的核心内容。封建社会后期儒释道日趋调和，也正是以心性之学为桥梁，在本体论和认识论上互为取给。当然三家也有"共享"的文化资源，儒家以《易》为诸经之首，而贾宝玉常读的《周易参同契》，既为道家"丹经之祖"，也被佛家用来作为阐述义理的重要工具。太平闲人以为《红楼梦》中的"一僧一道"，乃作者"借径二氏，以演儒学"，其说自有渊源。

戚序本《石头记》十二回回末总评曰："儒家正心，道者炼心，释辈戒心。可见此心无有不到，无不能入者，独畏其入于邪而不反，故用心炼戒以缚之。请看贾瑞一起念，及至于死，专诚不二，虽经两次警教，毫无翻悔，可谓痴子，可谓愚情。相乃可思，不能相而独欲思，岂逃倾颓？作者以此作一新样情种，以助解者生笑，以为痴者设一棒喝耳！"如此则《红楼梦》之"借径二氏"，也可以解释为在伦理道德实践上借道、释之"炼心""戒心"，辅助儒家之"正心"，以宗教之超越精神，提升儒家之人文世俗精神，“补王化所未及”，此亦《周易》之“神道设教”的功用。

二

《红楼梦》第三十一回，史湘云与婢女翠缕论阴阳，说：“天地间都赋阴阳二气所生，或正或邪，或奇或怪，千变万化，都是阴阳顺逆。”童蒙的翠缕在史湘云的开导下，也明白了“从古至今，开天辟地，都是些阴阳了”。所谓“从古至今，开天辟地”，实际上是说历史。

庄子“《易》以道阴阳”之语，最为人乐道。《易》道广大，无所不包，而史学与易学关系最密切。“六经皆史”而《易》为其首。传说中伏羲一画开天，是《易》的开始，也是历史记录的开始。

《说文解字》：“史，记事者也。从又持中。中，正也。”虽然学术界关于“史”字本义的解释为轩为轾，但这种说法还是较为通达的，也能说明“史”与“易”的关系。

古代统治者每遇重要事情，如祭祀、战争、婚姻、狩猎、生病甚至做梦，都要占卜、咨询，卜中则行之。《说文解字》：“用，可施行也，从卜从中。”从现在发现的商代十五万片甲骨来看，当时几乎每日必卜，甚至一日数卜。占卜运用易理，夏为《连山》，殷为《归藏》，周则《周易》，此皆卜筮之书，亦是遵照一定宗旨整理的卜筮之史。而每次占卜之后，占卜的内容及有关吉凶休咎和卜后的应验（卜辞），被记载下来并刻在甲骨简契上，作为档案保存起来，可以视为历史记载的一种原生形态。安阳小屯村甲骨，其实就是商代的档案馆和图书馆。

在先秦时代，巫、祝、瞽、史常常并称，他们的工作性质大致相同。随着文字的广泛使用，瞽的传史功能日益减退；随着人类认识到天道远而人道迩，神道巫术也日渐淡出统治决策。而后世太史之职，除“记言”“记行”“书法不隐”外，仍兼有巫、祝、瞽的特点。《红楼梦》第五十四回，史太君与两个女先儿（盲人、瞽）说史“掰谎”，褒贬扬抑，仍有其余绪。

史官周旋天人，历记成败存亡祸福古今之道，总结损益否泰盛衰消长之规律，穷神知变，对现在的洞察、对未来的预见，较一般人要深刻准确（当然这种深刻和准确往往被有意神秘主义化了）；所提出的决策、建议，也都能协和中庸，令人“寡过”，具有可操作性。周谷城先生曾说：“史官主贞卜，保图籍，备咨询，在部族首长前，实为一最亲密的而重要之人。”但随着中央集权制的加强，还有统治者对史官矫言祸福的防范，史官的地位也有所下降，甚至等之倡优。《红楼梦》中的“文官”等十二戏子，有影射明史馆博学鸿词的地方。而历史本身，常常假语存而真事隐，成了任统治者打扮的小姑娘，难得“中正”了。

明白了“易”和“史”的这种渊源关系，我们对学者以史证易（如李光、杨万里、章炳麟）、以易解史（如黄道周、王夫之）、即易求史（如章学诚、刘师培、顾颉刚），也就不感到奇怪了。

明末黄道周《易象正》《三易洞玑》以天象历数阐讲《易》理，艰深奥衍，即使《易》学界也很少有人涉及。《明史》卷二五五《黄道周传》记载他于崇祯五年（1632）上疏云：

> 臣自幼学《易》，以天道为准。上下载籍二千四百年，考其治乱，百不失一。陛下御极之元年，正当《师》之上九，其爻云：“大君有命，开国承家，小人勿用。”

黄道周之言，在有些人看来未免夸口，却自有根据。近代易学大师杭辛斋《读易杂识·历数卦气》中一段文字，可与此发明：“吾国历数之精，不但合日月行度之数，并合天地阴阳之气，而人物之生于天地之间者，其荣枯得失，亦莫不与此气与数相合。”《红楼梦》人物命名（特别是“四春”）、季节风物、炎凉荣辱的描写，亦通于此理。如果现代红学大师俞平伯先生也了解这些渊源，他可能就不会主张“严禁阴历”了。

三

《红楼梦》的通灵宝玉，最初是女娲补天未用之五彩石，而小说第一回介绍全书成始成终的甄士隐出场，说“当日地陷东南，这东南一隅有处曰姑苏”云云。小说第十二回说“风月宝鉴”（其实就是说本书）“专治邪思妄动之症，有济世保生之功”。这令人联想起北宋“以《易》为宗”“学贵心悟”的思想家张载著名的“四句教”：“为天地立心，为生民立道，为去圣继绝学，为万世开太平。”（《近思录》卷二）

为何要为天地立心呢？是因为天地“无心”，是因为天地有缺陷（即《中庸》所谓“憾”）。张载《横渠易说》卷三《系辞上》之“鼓万物而不与圣人同忧”一句，首引《老子》“天地不仁，以万物为刍狗”（这也是后现代主义代表人物海德格尔很感兴趣的）。天地化育养成万物，无论东西方，人们都对天地怀有崇敬、感恩的态度。但大自然也充满着毁灭、破坏，充满着偶然性。无论是化育养成，还是毁灭破坏，在天地都是无心为之。所谓为天地立心，有“认识自然，改造自然”，使之为人类服务之意。人是天地的产物，“人谋之所经画，亦莫非天理”。而人类历史与自然史密不可分，都是历史的组成部分。当然，对于“天道远而人道迩”的中国古人来说，所谓历史主要是人类历史。《红楼梦》“补天”，其实是为中华民族斡旋气运。

宋张浚《紫岩易传》卷七：“天地自然之道所以运转今古、育成万物者，备于《易》，发于圣人之心。圣人心法之妙，与天地通一之，所该万无不举，故天地造化之几，赖以财成而成位乎上下。圣人有补于天地至大，其道神矣！呜呼！易者天地之心也！天地之心，圣人先得之，以著见于《易》，然则《易》者圣人之心也。天地之心即《易》之心，《易》之心即圣人之心，曰准曰相，似犹为强名辞耳。以心观之，吾又安知孰为天地，孰为《易》，孰为圣人也哉！学者当反求诸心，以极夫虚静之道。心光所烛，理自不昧。用之于身，用之天下，固无所往而不宜也。可不勉邪？”

张载又有“人本无心，因物为心”之说，很多研究者以为这反映了作者客观事物第一性的唯物主义倾向，其实过于牵强。如果把这两句话换成“人心本空，因物而有”，或不谬于张子。把人心比为一个电脑硬盘，当信息未输入时，与此硬盘皆归空寂；当信息输入之后，信息被编码储存，可以随时加工利用，此信息便不在硬盘之外。张载同时又说：“以闻见为心，则不足以尽心。”人的大脑不仅被动地、机械地接受信息，还能对信息进行甄别、分析，总结出各种规律，引申出各种价值。《红楼梦》第一回写空空道人“因空见色，由色生情，传情入色，自色悟空”，其实就是这样一个过程。“自色悟空”其实可与《易》之“得意忘象”相发明。

人类所有的社会生活、精神生活，都建立在记忆的基础之上。人要参与生活、改造社会，必先认识社会。所以《大学》八事，始于格物致知。通灵宝玉“莫失莫忘”，也是强调记忆的重要。当然，儒家的格物致知，既重视客观的“真”，更重视主观的“善”，所谓“义”“理”“道”，都带有很强的伦理色彩。只是一般人由于根性迟钝、意志薄弱或欲望蒙蔽，难以执着于这些价值。《老子》的“天地不仁”与伪《古文尚书》“人心唯危”相发明（《红楼梦》中说贾宝玉“行为偏僻性乖张”，正是“唯危”）。天地有缺陷，需要圣人为之立心；人心有缺陷，须圣人为之立命（或立道）。这都会影响社会，影响历史，所以能为“万世开太平”。《红楼梦》通灵宝玉反面“一除邪祟，二疗冤疾，三知祸福”，正是这个意思。

通灵宝玉上“仙寿恒昌”这句话，令我联想起《老子》“死而不亡者曰寿”，宋遗民郑所南《心史·久久书》“身可杀，心不可杀；形可泯，理不可泯”，还有《红楼梦》第五十三回宁国府宗祠衍圣公书、太平闲人以为表示作者“自信其书必传永久”的一副楹联——“肝脑涂地，兆姓赖保育之恩；功名贯天，百代仰蒸尝之盛。”

一个人如果能上下其察，具备万物，陶融古今，坚持真理，捍卫正义，遏制邪恶，拨乱反正，参赞化育，斡旋气运，造福生民，他的生命就会超越个人、家庭、阶级乃至民族局限，走进永恒的行列。

四

无论哪一派红学家，都不否定《红楼梦》对《春秋》的师法继承。只是曹雪芹所师法的不仅有属辞褒贬的细节，还有孔子补天济民、为万世开太平的深心大义。

当然，春秋和清代时势有异，仁人志士的使命也便不同。《春秋》为君弱臣强而作，《红楼梦》因“夷狄猾夏”而作；《春秋》重在强干弱枝，而《红楼梦》重在尊华攘夷——当然，两者都有历史进化观，都以《中庸》为归依，都指向远近大小若一的太平大同世界。这也是《周易》“与时偕行”“一致百虑”的表现。

《春秋》为诸史之宗，同时又是“赞《易》”的孔子所修，所以更能与《易》理相发明，都是通变寡过之书，都是“为君子谋”之书。

古人常以“天崩地陷”或“天崩地解”喻帝王去世或改朝换代。黄宗羲《南雷文定》卷一《留别海昌同学序》“天崩地解，落然无与吾事”，即感慨王学末流空谈性命，不能拯救明朝灭亡。《红楼梦》第一回莫名其妙的“地陷东南”，其实亦寓明朝灭亡。至于“补天”云云，则是恢复中华正统，为后世开太平。俞平伯先生在1986年所作《旧时月色》一文中评《好了歌》，指出：“展眼兴亡，一明一灭，正在明、清交替之间，文意甚明。”这已和蔡元培索隐派距离很近了。

作《易》《春秋》《红楼梦》者，皆有忧患，皆写忧患，皆欲去忧患而致太平。太平闲人张师吉《红楼梦读法》：“胡氏曰：‘孔子作《春秋》，常事不书，惟败常反理乃书于策，以训后世，使正其心术，复常循理，交适于治而已。’是书实窃此意。”正由于人们“败常反礼”，社会失范（如明末自上而下的道德灾变），才造成了社会的危机和动乱，生民涂炭。

“常事不书”，最早见于《春秋公羊传》桓公四年春。《红楼梦》借事明义，亦与公羊《春秋》相通，皆本《周易》立象尽意之法，不必遵守传信传疑、直书无隐的史官准则。《周易》中龙潜狐济、格帝享王，与《红楼梦》中衔玉诞生、太虚观册等怪诞诡奇的超自然意象、情节，皆不劳史太君“掰谎”。《红楼梦》中成始成终的两个人物甄士隐与贾雨村，既影射清朝史狱，同时也有《周易》《春秋》立象尽意和借事明义的心法真传。《易》无达占，《春秋》无达例，胡适、周汝昌等“自叙传”派红学家，宝玉必雪芹，贾府必曹府，执相而求，胶柱鼓瑟，难免为古人所笑。

史湘云与翠缕论阴阳易道未毕，就在蔷薇花下拾到贾宝玉丢失的“赤金点翠”“文采辉煌”的金麒麟。麒麟乃史外传心的《春秋》的象征，蔷薇又名“四季花”“月月红”，亦隐“春秋”二字，同时隐炎德汉统。甚至翠缕之名，亦寓虽夷狄猾夏，沧海横流，而人心不死，斯文在兹，正统在兹，不绝如缕。

近代朝鲜学者郑乔先生著《南明纲目》，其自序云："《大易》扶阳而抑阴，《春秋》尊华而攘夷。以为阴胜阳刚则天道衰，夷乱华夏则人道灭矣。呜呼！环顾今日之宇宙，可谓十月之纯阴，而爱新觉罗氏以女真之遗种，窃据支那之全幅，冠履倒置，腥膻弥满，殆三百年所，而上九之硕果，则我东土礼乐文物惟在焉！……要之闽浙之朝迁暮徙，九月之阳也；滇黔以后，则十月之阳也。支那七日之复，抑亦有其日矣。"

我读此文，有点像《红楼梦》第五十二回众人听了薛宝琴念一个大长今式真真国女儿"汉南春历历，焉得不关心"的诗："难为他！竟比我们中国人还强。"

五

明王朝灭亡以后，知识界追究乱亡之由，有归之学术者。而以天下为己任的知识分子，拨乱反正，亦以"明学术，正人心"为第一要务。宋明理学于是成了众矢之的。程朱与陆王，虽门径有异，但在顾炎武眼里，都接近"禅学"：

> 今之言学者必求诸语录。语录之书，始于二程，前此未有也。今之语录几于充栋矣，而淫于禅学者实多。然其说盖出于程门。……夫学程子而涉于禅者，上蔡也，横浦则以禅而入于儒，象山则自立一说，以排千五百年之学者，而其所谓"收拾精神，扫去阶级"，亦无非禅之宗旨矣。后之说者递相演述，大抵不出乎此，而其术愈深，其言愈巧。(《亭林集》卷六《下学指南序》)

《红楼梦》第三回贾宝玉说"除《四书》外，杜撰的太多"；第十九回借袭人之口述宝玉说"'明明德'外无书，都是前人自己不能解圣人之书，便另出己意，混编纂出来的"。所谓"杜撰"、所谓"混编纂"，可能就是指顾炎武所说的"语录"之类的东西。《明史·儒林传》序既言"至专门经训授受源流，则二百七十余年间，未闻以此名家者"，自然杜撰的、臆说的、"六经注我"的著作，也就

“太多”了。

《红楼梦》第五十六回，在荣国府实行经济改革、兴利除弊的探春，批评朱子《不自弃文》“那不过是勉人自励，虚比浮词,那里都真有的”,也被红学界大头翁们视为反理学的重要证据,但相对于清儒对程朱陆王的批评,这不过是毛毛雨。

顾炎武《日知录》卷七《夫子之言性与天道》:

> 刘石乱华，本于清谈之流祸，人人知之。孰知今日之清谈，有甚于前代者？昔之清谈谈老庄，今之清谈谈孔孟。未得其精而已遗其粗，未究其本而先辞其末。不习六艺之文，不考百王之典，不综当代之务，举夫子论学论政之大端，一切不问，而曰一贯，曰无言。以明心见性之空言，代修己治人之实学。股肱惰而万事荒，爪牙亡而四国乱。神州荡覆，宗社丘墟！昔王衍妙善玄言，自比子贡，及为石勒所杀，将死，顾而言曰：“呜呼！吾曹虽不如古人，向若不祖尚浮虚，勠力以匡天下，犹可不至今日！”今之君子，得不有愧乎其言！

颜元是清儒中对宋明心性之学批评最严厉的，他指责朱熹“自欺欺世”“把人引上歧途”，甚至说朱子是金元之功臣，其学为“杀人”之学：“果息王学而朱学独行，不杀人耶？果息朱学而独行王学，不杀人耶?”（《习斋记余》卷六《阅张氏王学质疑评》）他嘲笑宋代以后儒者“却习成妇女态，甚可羞！无事袖手谈心性，临危一死报君王，即为上品矣!”（《存学编》卷一）“正如今日习于纸笔浮文一样，世道人心全坏于此。”（《四书正误》卷三）看来要端正世道人心，继孔孟之绝学，首先要批判程朱陆王。

清儒批判空谈性理，重考证，倡实践，但并不等于不谈心性。毋宁说他们换了角度谈心性——清儒把心思更多地用在了史学方面,而历史不过是“心”的记忆。

顾炎武说：“苟非返普天率土之人心，使之先义而后利，终不可以致太平。故愚以为今日之务正人心，急于抑洪水也。”（《日知录》卷一二“河渠”）而其正人心、致太平的主要功夫，则是“习六艺之文”“考百王之典”“综当代之务”，这些都涉及史学。

斥王阳明为“诬圣之邪说”（《张子正蒙注·序论》）的王夫之，其史论杰作《读通鉴论·叙论四》云：“治之所资，惟在一心，而史特其鉴。”他在《宋论》卷二又将“传信史”与“正人心”相提并论。

作为王阳明同乡后学，黄宗羲没有直接批判王氏，但他穷经博史，经世务实，与顾炎武、王夫之接近。他在甬上创办证人书院的宗旨就是：“学必原本于经术，而后不为蹈虚，必证明于史籍，而后足以应务，元元本本，可据可依。”（见全祖望《鲒埼亭集》外编卷一六《甬上证人书院记》）他在《补历代史表序》中说：“夫二十一史所载，凡经世之业，亦无不备矣。”《清史稿》卷四八六《儒林一·黄宗羲》述黄氏治学宗旨：“尝谓明人讲学，袭语录之糟粕，不以六经为根柢，束书而从事于游谈。故问学者必先穷经，经术所以经世。不为迂儒，必兼读史。读史不多，无以证理之变化；多而不求于心，则为俗学。故上下古今，穿穴群言，自天官、地志、九流百家之教，无不精研。”黄宗羲所谓“俗学”，其实主要指王学末流。章学诚称黄宗羲“言性命者，必究于史，此其所以卓也”（《文史通义》卷五），这才是善学王阳明者；而一代巨典《明史》主要出于黄学弟子之手（虽然后来被掉包窜改）。

清初三大儒也都深于易学，都有这方面专门著述，他们甚至将易学思想贯穿于史论之中，与顾炎武所批判的援老庄说易的空谈大师、一代易宗王衍有异，以至于《红楼梦》中的史湘云与翠缕论阴阳，都能天地古今，广喻博涉。

当然，易学、心学，对史学的影响，不仅是正面的，也有负面的。谶纬迷信、宿命先验、天人感应等“唯心”史观，常与易学纠缠在一起。《红楼梦》中很多梦幻预言超自然的情节，与此有渊源。但正如《文心雕龙·正纬》所说，这类东西“事丰奇伟，辞富膏腴，无益经典而有助文章”。文学创作不是新闻记者的记录，也不是杨振宁的科学启蒙，她从来不拒绝幻想和想象。用今天的文艺理论术语说，这叫浪漫主义。

六

俞平伯先生发表于1925年2月7日《现代评论》周刊第一卷第九期的《〈红

楼梦辨〉的修正》一文，是最早、最深刻、最全面的反思、批判所谓“自叙传”说的文章。文中反复强调：“小说只是小说，文学只是文学，既不当误认作一部历史，亦不当误认作一篇科学的论文。”文中他还自拟了三个问题作为“入学考试”，诘难所谓新红学家：

(1) 人说宝玉是曹雪芹，曹雪芹有没有衔玉而生的奇迹？

(2) 人说贾妃归省为皇帝南巡，何以皇帝变为妃子？贾家有妃入宫，何以曹家没有？

(3) 大观园不南不北，似南似北，究竟在那里？能指出否？

俞平伯先生说：“这种难题，若当我正写《红楼梦辨》时拿来考我，必要曳白的。现在，可不然了。”他是这样“条对”的：

(1) 书中每写到宝玉，作者每把自己的身世、性格映现出来，但却非借此影射自己；故雪芹虽实有其人，而宝玉之奇迹只是虚构，无涉于雪芹的本身历史。再申说一句，就是书中人宝玉，固然其构成分子中有许多“雪芹的”，但亦有许多“非雪芹的”。宝玉和雪芹只是一部分的错综，非全体的符合。

(2) 描写元春归省的排场气派，是从南巡驻跸曹府中得来的提示。但既没有把某影射某，某家影射某家；故贾家的有妃子，无碍于曹家的没有，倒言之亦然。至于把穿龙袍的皇帝换上一个穿凤裙的妃子，这是作者的游戏三昧，腐儒何得而议之！

(3) 作者旅籍，生于金陵，长曾到扬州，终老于北京。他写大观园是综合南北的芳韶风物，创造出这么一个极乐园。若我们作此愚问，“究竟它在那里呢？”则必要碰到一个软如天鹅绒的钉子。作者微哂道：“在我方寸。”

俞平伯先生的这些解释，虽然没有指出这三个对象的象征寓意，他也自谦是“滑头伎俩”，但基本上符合文学创作规律，也与《周易》“立象尽意”相通。遗憾的是，俞老先生本人没有由此推广扩充，他的徒子徒孙，更没有一个人尝试回答这三个问题，都采取了正宗的鸵鸟、滑头战术。当然，为了不被漫画成“道学家”，“无中生有的热昏的胡话”，二十世纪的红学家也很少敢于用易理去解释《红楼梦》。

文学作品是作者心灵“营构之象”，至于他“营构”作品的材料，不排除自己直接的生活经验。但伟大的作家，他们的心灵能具备万物，陶融古今；他们还具有神奇的想象、幻想能力。我们应当品味作者“千红一窟”“万艳同杯”的醉世神功，若以从中离析出某花某草为目的，岂不辜负了作者一番惨淡经营。其实如果曹雪芹“只看到一家一户血泪帐”，拘于个人身世之荣辱恩怨，他也不会成为一个伟大的作家。

《红楼梦》是唤醒记忆、惩创人心之书。唯人心能感动人心，唯人心能与人心共鸣。唯有伟大的心灵，能觉世牖民，导人于至善。俞平伯代曹雪芹所说的“在我方寸”，真可谓旨哉言乎！

俞平伯所说的“方寸”，毫无疑问是指“心”。古人因为“心”的体积小，而以“方寸”“方寸地”代称之。《列子·仲尼》：“吾见子之心矣，方寸之地虚矣，几圣人也。”《三国志·蜀志·诸葛亮传》：“（徐）庶辞先主而指其心曰：‘本欲与将军共图王霸之业者，以此方寸之地也。今已失老母，方寸乱矣。’”此“方寸”虽小，却是阳精灵气所钟、神明之汇，具众理而应万事。每一颗心都含有神性的种子，都有无限的可能性，何况《红楼梦》，何况大观园！

宋罗大经《鹤林玉露》卷六《方寸地》云：

> 或问方寸地，何地也？亦有治地之法否乎？余曰：伟哉问！世之人固有无立锥地者，亦有跨都兼邑者，有无贫富相绝也，惟此方寸地，人人有之。敛之其细无伦，充之包八荒，备万物，无界限，无方体，甚矣！其地之灵也。然此地人人有，而治地之力，不人人能施；治地之法，不人人能知。故芜秽不治者，有此地而不能治、治而不知其法者，虽治此地，亦犹不治。

罗大经之所谓“治地”，亦即大学所谓“正心”。不正其心，则不能修身、齐家、治国、平天下；人心风俗的转移是社会变迁的重要原因。当清朝初年，桑海遗民反思国家灭亡之由，多归之人心沦落。其时文人学者，亦多以惩创人心为首务。从清初到乾隆之世，国人处在“首崇满洲”的统治之下，浸染邪祟，旧病变本加厉，又添新病。特别是在史无前例的文化高压下，知识分子“避席畏闻文字狱，著书都为稻粱谋”，历史遗忘症空前发达。而忘记过去，就意味着背叛，就意味着灾难的轮回重演。《红楼梦》标举“莫失莫忘”，为全书总纲，大义昭如天日，微言万钧一发！

“通灵宝玉”背面的三句铭文“一除邪祟，二疗冤疾，三知祸福”，道出了记忆——历史的功用，也道出了“治心”的要诀。历史记录罪恶，抨击暴行，揭露谎言，谴责遗忘，唤醒迷茫，激发义愤，号召抗争，拨乱反正，一字之贬，严于斧钺，此所谓“除邪祟”；原始要终，忏悔自新，表彰善良，安慰无辜，“千红一哭，万艳同悲”，忠魂冤鬼，各有其归，此所谓“疗冤疾”；“以史为镜，可以知兴替”，鉴往所以察来，记住黑暗所以远离黑暗，掌握历史规律与其趋势，斡旋气运，革故鼎新，补弊起废，变法改制，乾健不息，日进无疆，为万世开太平，此所谓“知祸福”。

《周易·系辞下》：“《易》曰：憧憧往来，朋从尔思。子曰：天下何思何虑？天下同归而殊途，一致而百虑。天下何思何虑？日往则月来，月往则日来，日月相推而明生焉。寒往则暑来，暑往则寒来，寒暑相推而岁成焉。”

人类的历史像一条河流，它的现在里充满了过去，而又包含着未来。《红楼梦》作者有些思想已经过时，但通灵宝玉上的诫命，却有其永恒的意义：任何有良知的人，都应该了解自己民族的历史文化，自觉捍卫国家民族的尊严；都应与邪恶斗争，同时改造自身的劣根性，发奋图强，日进无疆，去开创人类美好的未来。这就是《周易》所说的“与时偕行”。

《红楼心史》丛书之三《红楼人名寓意》引言

人类创造语言，是从命名开始的，伏羲三才参化，一画开天，首先画的是万物滋始的“阳”爻符号。传说仓颉造字，惹得“天雨粟，鬼夜哭”，但“六书”之中，首先有象形名物。基督教《圣经》说“泰初有名”，歌德笔下的浮士德却不赞同。古人对于“名”的看法也带有神秘甚至巫术色彩，但人类创造文化作为一种“符号活动”，为事物命名、“正名”，毕竟是首要的事情。

在人类的命名活动中，最困难的是给人取字。早在先秦时代，古人关于取名便有许多规定和禁忌。《左传·桓公六年》，鲁桓公生子，问名于大夫申繻，对曰：“名有五：有信，有义，有象，有假，有类。以名生为信，以德命为义，以类命为象，取于物为假，取于父为类。不以国，不以官，不以山川，不以隐疾，不以畜牲，不以器币。周人以讳事神，名，终将讳之。故以国则废名，以官则废职，以山川则废主，以畜牲则废祀，以器币则废礼。晋以僖侯废司徒，宋以武公废司空，先君献、武废二山，是以大物不可以命。”王充《论衡·诘术篇》解释其中命名的五条原则：“以生名为信，若鲁公子友生，文在其手曰友也；以德名为义，若文王为昌，武王为发也；以类名为像，若孔子名丘也；取于物为假，若宋公名杵臼也；取于父为类，有似类于父也。”相对而言，《礼记·曲礼》关于命名的原则较为简单：“名子者，不以国，不以日月，不以隐疾，不以山川。”

现代人取名，虽然不必考虑避讳等因素，但仍然是件麻烦事。很多人认为名字的好坏影响人的日常生活，俗语有“赐子千金，不如教子一艺；教子一艺，不如赐子好名”“不怕生错命，最怕起错名”诸说。而取名之事，几乎每个人都会被动或主动地遇到。这也是姓名学逐渐成为“显学”的原因。现在姓名学已经成了包含心理学、社会学、历史学、民俗学、文字学、文学、美学、音韵学、易学等内容的“综合学科”，“姓名文化”可以说蔚为大观。

给现实中的人取名不易，给虚构的文学作品中的人物取名，又谈何容易。鲁迅先生在《且介亭杂文二集·五论“文人相轻”——明术》中说：“创作难，就是给人起一个称号或诨名也不易。假使有谁能起颠扑不破的诨名的罢，那么，他如作评论，一定也是严肃正确的批评家，倘弄创作，一定也是深刻博大的作者。”

给文学作品中的人物命名，与给现实中的人命名，有很大不同。如果说给现实中的人命名寓意更多的包含对被命名人的祝愿和期望，那么文学家给自己作品中的人命名，则更多的包含着他对这个形象的态度和判断，也就是说，当作家为自己作品中的人命名时，他基本上对这个人物已胸有成竹，文学作品中的人名寓意，更像古人所说的盖棺论定的“谥号”。人物是小说的灵魂，探讨文学作品中人物命名的寓意，不但对分析文学形象至关紧要，对了解作者的思想态度和创作意图也会有很大启发。犹记中学时代学过的王安石《答司马谏议书》：“盖儒者所争，尤在于名实，名实已明，而天下之理得矣。”对于研究文学作品的人而言，搞清了人物命名寓意，对于全书的谋篇命意，也往往就思之过半了。

在中国的古典长篇小说之中，如果不算历史演义小说，《红楼梦》中出现的有具体指称的人物，应该是最多的，有七百余人，其中称得上典型人物的有数十个。应该说《红楼梦》也是古典小说中命名艺术最高的，这一点，很早就有学者指出。生于雍正年间、乾隆十九年进士的周春《阅红楼梦随笔·红楼梦约评》云：“盖此书每于姓氏上着意，作者又长于隐语廋词，各处变换，极其巧妙，不可不知。”自称“上下六十年，始泄此中秘”的太平闲人张师吉《红楼梦读法》说得最好：

> 是书名姓，无大无小，无巨无细，皆有寓意。甄士隐、贾雨村自揭出矣，其余则令读者自得之。有正用，有反用；有庄言，有戏言；有照应全部，有隐括本回；有即此一事，而信手拈来。从无有随口杂凑者。可谓妙手灵心，指挥如意。

作者十年辛苦，其中给作品中的人物命名，自然有殚精竭智、踟蹰旬月、拈断数茎的时候，不同寻常。因此今天的研究者探讨作品中人名寓意，也不应鲁莽从事，简而化之。作者在书中对于甄士隐、贾雨村名字寓意的揭示，对巧姐取名过程的描写，即使对这些名字本身的寓意，也只不过略为点逗，仍有无限深意，要求读者“自得之”。

《红楼梦》属辞比事，有“宗经”的倾向，第七十八回甚至借宝玉之口推崇“尚古”“微词”传统，即使有的红学家推崇脂砚斋，也不得不承认作者用“春秋笔法”。研究者解读《红楼梦》，探讨人名寓意，也应该参考儒家经解。儒家经解有其烦琐处，汉代有个叫秦近（延）君的经学家，说“尧典”二字，至十余万言，如果二字平均分配，说“尧”这个人名，也应达数万言。如此大手笔，令人联想起西方经院哲学家讲任一义理，皆可累卷不休；还令人想起陈寅恪先生的名言：“凡解释一字即是作一部文化史。”如果这位经师的“尧典”经说完整地保留到现在，足可验证陈老先生之言。但中国人推崇实用理性，为秦近君的做法叫好的不多，批评他细碎烦琐、滋蔓伤本、牵强附会的人却比比皆是。很多人并未读过秦氏之经注，只是想当然人云亦云。其实只要作者言之有序，层层演绎，触类旁通，再有十万言亦何尝不可！倘若浅见寡闻，强作解人，即数十百字亦嫌啰嗦。

儒家经学作为封建文化的重要组成部分，有些神话色彩浓厚、冠冕堂皇的经解，在今天看来，也神鬼妄诞，荒谬之至。如《春秋》哀公十四年春“西狩获麟”，公羊学权威何休《春秋公羊经传解诂》竟能将它与汉高祖刘邦名姓联系起来：“夫子素案图录，知庶圣刘季当代周。见薪采者获麟，知为其出。何者？麟者木精，薪采者，庶人燃火之意，此赤帝将代周居其位。故麟为薪采者所执，西狩获之者，从东方王于西也。东卯西金象也，言获者，兵戈文也，言汉姓卯金刀以兵得天下。”我们可以否定批判这些谬说，但也应该认识到这些奇谈怪论本身成为重要典故，成为语言资源的重要组成部分，对后世产生影响，甚至为《红楼梦》所取资。《红楼梦》第三十回写宝玉丢麒麟、第三十一回写史湘云“因麒麟伏白首双星”之寓意，就与何休《春秋》义注相发明且更进一步、更深一层。宝玉为心的象征，史湘云则“史”，《春秋》史外传心，所以麒麟只有这两人才有。《文心雕龙·正纬》说谶纬“无益经典而有助文章”。即使无法对这些话语进行所谓逻辑分析和科学实证，我们也应采取宽容的态度。不必像胡适因为《红楼梦》中有衔玉诞生、太虚观册之类神秘主义超自然情节，而认为它“比不上《海上花列传》”。

红学是国学，研究国学应该如现代国学大师陈寅恪先生所说，“必神游冥想，与立说之古人，处于同一境界，而对于其持论所以不得不如是之苦心孤诣，表一种之同情，始能批评其学说之是非得失，而无隔阂肤廓之论。否则数千年前之陈言旧说，与今日之情势迥殊，何一不可以可笑可怪目之乎”。另一位国学大师王国维先生说：“夫天下之事物，非由全不足以知曲，非致曲不足以知全。虽一物之解释，一事之决断，非深知宇宙人生之真相者，不能为也。而欲知宇宙、人生者，虽宇宙中之一现象，历史上之一事实，亦未始无所贡献。故深湛幽渺之思，学者有所不避焉；迂远繁琐之讥，学者有所不辞焉。”（《〈国学丛刊〉序》）本人才疏学浅，对宇宙人生真相，所知寥寥，但对《红楼梦》研读，已近二十年；对祖国历史文化，也能略知梗概。解释一名寓意，还能结合全书结构、命意，参考古人的表述方式及其惯例，尽可能寻找多方面多层次的证据，不滥用发散性思维，虽难以做到“八面受敌”，但自信尚不至于以今绳古，鲁莽灭裂。

我写作本书时，最警惕的是“牵强附会”四字；于是在本书既成之后，我最不怕人指责的，还是这四个字。

《红楼梦》中的服色描写与“改制”意识

对今天的人来说，穿什么颜色、什么样式的衣服，主要是个人兴趣问题或美学问题。但对于古人，却带有很强的政治色彩。每个朝代在这方面都有一些严格而烦琐的规定，当这些规定被破坏时，有人便以为是“王制失序”，甚至称之为“服妖”。古人还赋予色彩以特定的象征意义和神秘内涵，把服色与三统循环、五德终始等联系起来。汉代公羊学大师董仲舒《春秋繁露·三代改制质文篇》：“王者必改正朔，易服色，制礼乐，一统于天下。所以明易姓，非继仁，通以己受之于天也。”在古代，“江山变色”其实就是改朝换代的代名词。由于这样的原因，历代统治者都没有等闲视之，而古代服色也不会像当代流行色一样瞬息万变。曹雪芹出身织造世家，对这一问题可能尤为敏感。《红楼梦》中有关服色描写的内容也确实不少。但红学界在这方面进行专门研究的并不多。郭若愚先生的《红楼梦中人物的服饰研究》[①] 较具代表性，但作者重在研究服装的款式，很少涉及色彩问题。冯其庸、李希凡主编的《红楼梦大辞典》上编中的《服饰》部分，集这方面研究之大成，但仍疏误颇多。本人绝非这方面的专家，管窥蠡测，既为前人拾遗补阙，同时也从这一角度，探讨《红楼梦》中“新周改制”的主题。

一

《红楼梦》第一回作者自称所写之事，“无朝代年纪可考”，其中的服色，与一般礼俗描写一样。作者有时故为含混，非满非汉，非明非清，而又亦满亦汉，亦明亦清。但总的说来清代的特点还是较为突出。这也是小说的时代环境所决定的。

---

① 《红楼梦研究集刊》第十辑、十一辑。

要认识《红楼梦》中的服色描写，必须对明清两代服色的演变有所了解。大致说来，明代华艳，清代质朴；明代尚红，清代尚黑。一般人对此可能有感性的认识：看一些历史题材的电视剧，明代官吏服装花花绿绿，亮丽悦目；而清代朝臣服装非蓝即黑，颇觉单调。明代士流亢阳慷慨，声气标榜；清代缙绅低沉敛抑，万马齐喑，也许与服色不无关系。

关于明代服色的规定，据《明史》卷六七《舆服志三》，洪武三年，礼部言："历代异尚。夏黑，商白，周赤，秦黑，汉赤，唐服饰黄，旗帜赤。今国家承元之后，取法周、汉、唐、宋，服色所尚，于赤为宜。"从之。赤为火之色，明太祖起兵南方，以火德兴邦。又其姓"朱"，与赤同义。这也是明代尚红的原因。

满洲国号，原为"金"，史称"后金"。五行之中，火克金，金生水，水克火。皇太极于崇德元年改国号为"清"，即据五行生克之理。五行方位，水在北，其色黑。北京中山公园社稷坛中的五色土，南方为红色，北方为黑色。

清代的蓝色，有时也相当于黑色。《八旗通志》初集卷二《八旗方位》："两蓝旗位正南，取水胜火。水色本黑，而旗以指麾六师，或夜行则黑色难辨，故以蓝代之。"清代所谓青色，有时也指黑色，梁绍壬《两般秋雨盦随笔》卷七《青》："青与黑殊色，今北人往往谓黑为青。按《戴记·郊特牲》：'或素或青，夏造殷因。'此盖青字之所昉。又《禹贡》'厥土青黎'，王肃云：'青，黑色。'"

李渔《闲情偶记·声容部·衣衫》言及清初"大家富室，衣色皆尚青"，自注云："青非青也，玄也。因避讳，故易之。"如果是避玄烨的讳，那么清人以黑为青，当从康熙朝开始。《红楼梦大辞典》上编之《服饰》部分把青色皆释为黑色，似有道理。但即使清人称黑色为青色时，亦黑者自黑，青者自青。

黑色和蓝色是清代的"国色"，在明代有时却是禁色。《明史》卷六七《舆服志三》："定官民衣服不得用蟒龙、飞鱼……及玄色、黑、绿、柳黄、姜黄、明黄诸色。"又："洪熙中，帝问衣蓝者何人，左右以监生对。帝曰：着青衣较好。乃易青圆领。"这里的"青"，当然不是"黑"。

清代汉族知识分子表现民族情绪，有时也在色彩上做文章，如乾隆朝诗人沈德潜就曾因《咏黑牡丹》"夺朱非正色，异种也称王"招致身后之辱。《红楼梦》第三十五回，宝钗的侍女金莺为宝玉的大红巾打络子，说："大红的要黑络子才好看，或是石青的，才压的住颜色。”薛宝钗也说，用大红的“犯”色。这些话，当然不是为论色彩而论色彩。

二

杨钟曦《雪桥诗话》卷一一谈及清代后期古文经学与今文经学的消长，用了这样一句话：“许、郑之风微而新周改制之说起矣。”所谓“新周改制”，是今文经学龙头《春秋》公羊学派的重要术语，意思是孔子以《春秋》当一王之制，改正朔（以建寅之月为正）、易服色（以黑为正色）、制礼乐的同时，封周朝后裔以大国，使奉其先祀，行其正朔（以建子之月为正），因其服色（以红为正色），用其礼乐。《红楼梦》中的贾政字存周，贾赦字恩侯，即有此意。“存周”与“新周”“亲周”之义相同。《春秋繁露·三代改制质文篇》之“绌夏，亲周”与“上绌夏，下存周”之义亦同。曹雪芹以《红楼梦》拟《春秋》，以“存周”寓存明。周朝以建子之月为正，教尚文，色尚红，所以贾政生日在十一月（建子之月），其生日与贾元春封凤藻宫尚书之日同（见第十六回）。恩侯字赦，赦字由赤、文两字组成。

太平闲人张师吉《妙复轩评石头记》在第二回批语中，解释贾政、王夫人名字寓意：“政乃‘道之以政’之政，如周衰大夫犹有刑政治其私邑者，故字曰‘存周’。而夫人则王氏，其政字注脚在《毛诗·王风》故也。”周室东迁，下同列国，《黍离》之诗，不入《雅》《颂》。其后至汉五百年中，所有称王者，非傀儡，即僭伪；即使孔子之素王，亦假设之王。《红楼梦》中这“贾”字，同样八面玲珑。

《红楼梦》通过色彩表现改制意识，最昭明显著的，是第三回关于贾政和王夫人三个内室的描写。这三个内室分别是荣禧堂、荣禧堂东边的三间耳房、东廊三间小正房。荣禧堂最为富丽堂皇，却从未见贾、王夫妇在此“居坐宴息”。太平闲人以“周室仅存，王降为《风》，东迁下堂之日”喻之。荣禧堂实寓明廷，“地下两溜十六张楠木椅子”，指明洪武至崇祯一十六帝，堂中对联“座上珠玑昭日月，堂前黼黻焕烟霞”，珠字中有“朱”，日月为“明”，霞之色赤，可谓妙合无间。荣禧堂东边的三间耳房，“临窗大炕上铺着猩红洋毯，正面设着大红金线蟒引枕，秋香色金线蟒大条褥”，一路红色，俨然旧贯。但“东廊三间小正房”却光景不同，床上是“半旧的青缎靠背引枕”“半旧青缎靠背坐褥”，椅子上“也搭着半旧的弹花椅袱”，甚至连丫鬟也穿着“青缎掐牙背心”，满眼青黑，很是扎眼。清朝封原镶白旗之包衣奴才朱之琏为延恩侯，奉明之先祀，但并没有让他行明朝正朔，用明朝服色——在英国人庄士敦先生《紫禁城的黄昏》书前，有末代延恩侯朱煜勋的照片，身穿石青色清臣朝服。如果不是借事明义，我们不仅对贾政、王夫人有那么多内室感到奇怪，对他们在色彩方面的好尚习惯，更会莫名其妙。

三

清人入关后，改变汉族服制，但“僧道、妇人、丧服三者未改”①。因此，明清服色的不同，主要体现于男子的着装。《红楼梦》中这方面的内容却不多。太平闲人张师吉于第十五回写北静王与宝玉相见一段中批云：“至本书明说男子装饰，惟雨村、宝玉、北静、包勇四人，其余更无一人何冠何服，有甚深微义，不得以书无朝代浅观之也。”太平闲人所说的四人中，贾雨村、北静王、包勇三人的穿戴，皆一带而过。贾雨村服装，仅在第一回出现。科考前“蔽巾旧服”，为官时“乌帽猩袍”，不类清代。但清人入关后，曾在一个时期保留前朝衣冠。贾雨村的服饰，或亦有所影射。北静王着装，出现在第十五回，上下全白，是丧服，难以算数。包勇的服装，在第九十三回，“头上戴着毡帽，身上穿着一身青布衣裳，脚下穿着一双撒鞋”，可今可古。

贾宝玉作为全书的主人公，他的衣着，也是全部人物中写得最为具体而详尽的一个，并且有一定的规律。总的说来，他居家时比外出衣着华丽，内衣比外衣华丽。他在第三回首次亮相，从外面还愿归来，内穿“一件二色金百蝶穿花大红箭袖”，外罩“石青起花八团倭缎排穗褂”。一回家，就“换了冠带（服）”“身上

---

① 陆燿：《丧服》，见魏源等编：《皇朝经世文编》卷六二。

穿着银红撒花半旧大袄”“下面半露松花撒花绫裤腿”。

这里应特别注意其中的石青色。宝玉作为一个娇生惯养的贵公子，很少外出，但每当外出，往往就穿石青色衣服。第十九回他到袭人家去，“外罩石青貂裘排穗褂”；第五十二回，宝玉去给王子腾拜寿，穿着“大红猩猩毡盘金彩绣石青妆缎沿边的排穗褂子”。《红楼梦大辞典》释“石青”为“如蓝铜矿所制颜料般的蓝色”，并说“清代衣面除黄色外，以石青色为最贵重”，类似解释出现了多次。石青接近蓝色，这没有问题，但它是清代所尚之色，并非所贵之色。《清史稿·舆服志二》言爵公以下品官朝服“蓝及石青诸色，随所用”。清代贵重的颜色，黄色之外，有米色、香色。雍正二年，清世宗曾重申“黄色、米色、香色”之禁。① 昭梿《啸亭续录》卷一《香色定制》：“古之东宫，皆服绛纱袍，盖次明黄一等。国初定制，皇太子朝衣服饰，皆用香色，例禁庶人服用。”

贾宝玉“怡红”、爱红，一旦有“外事活动”，却多穿石青色衣服，这令人感到奇怪。更令人奇怪的是，他出家前外出穿石青色衣服，出家后本应“缁衣顿改昔年装”，却穿起了“大红猩猩毡”的阔斗篷。奇怪的事还多着哪，小说最后一回写宝玉出家，不往别处去，却到了清代“存周改制”之说的策源地常州（古毗陵驿）。贾存周自金陵紧急北返，“日夜逆行”，不走瓜洲古渡，却北帆南渡，到了常州，且“打发家人上岸投帖，辞谢朋友”。他那奇装异服的儿子，既已出家，就应四大皆空，却又在常州郊外运河岸边的茫茫雪地里，莫名其妙地唱什么“谁与我游兮，我谁与从”，还有那么多心事，那么渴望知己。读《红楼梦》者，请先解《公羊传》；欲知其中味，且辨书中色。

四

中国封建社会后期服色由文而质、由华而朴的演变，并非始自清朝建国。早在朱明末年，就已经出现了这种倾向。这对于明代来说是物极必反。服色与风俗相表里，纪昀《四库全书总目》为明代耿定向《先进遗风》作提要，云：“盖明

---

①《清世宗实录》卷一〇。

自嘉靖以后，开国敦庞之气日漓。士大夫沽权营贿，风向日偷。”这在服色方面也有表现。王世贞《觚不觚录》云：“世庙晚年不视朝，以故群臣服饰不甚依分。”这种情况越来越严重，到万历前后，登峰造极。

明代后期服色变化的情况，在方志中也有一定反映。崇祯《郓城县志》卷七《风俗》：“郓地……称易治云，迩来竞尚奢靡，齐民而士人之服，士人而大夫之官。”《博平县志》卷四《人道・民风解》：“……由嘉靖中叶以抵于今，流风愈趋愈下。惯习骄吝，互尚荒佚。以欢宴放饮为豁达，以珍味艳色为盛礼，其流至于市井贩鬻，厮隶走卒，亦多缨帽缃鞋，纱裙细袴。”

物极必反，明代后期服色愈演愈烈的繁华潮流，很多有识之士都予以批判，并表现出人心世道之忧。最后，连皇帝都认识到了问题的严重性。崇祯帝登基后，面对内忧外患、国力衰竭，颇能提倡节俭。这在服装方面最为突出。天启七年十一月，崇祯帝继位不久，便下令罢苏杭织造。崇祯三年二月，又令礼部重新制定宫中器用和官吏衣饰之制，一从节俭。文秉《烈皇小识》卷四：“上禁诸臣服饰，袖长不得过一尺。宫中尽撤金银等器，俱用陶器。并谕诫诸臣，不得擅用金银。”崇祯八年十月三日，他在“罪己诏”中称：“非典礼事，惟以青衣从事，与我行间文武吏士共甘苦之，以寇平之日为止。”谁知寇盗之势，日愈猖獗，于是他的青衣，便再也脱不下来了。

古代舆服之制，上得兼下，下不得僭上。但上过于趋下，亦不足备威仪。崇祯帝劳心焦虑，惶惶求治，而举止乖张，往往欲益反损。李清《三垣笔记・崇祯》：“予尝叹世事之来，必有其渐。毅庙出卖辽参，即建州入中原、遍地贩参之兆；毅庙夹吴昌时于廷，即闯贼遍夹诸戚绅、肆勒多金之兆……毅庙用无赖之武举陈启新为给谏，即建州入中原，将饲马、肩水、放炮各贱役俱任司府守令之兆；毅庙以时艺考内官得入司礼，即建州以时艺考女直、蒙古人得登科名之兆。”不妨再加上一条：崇祯常服青衣，令官员袖长不得过一尺，即清人入关后举世尚青、窄衣箭袖之兆。

元春“行参”小考

元春省亲是《红楼梦》浓墨重彩描写的一次“古今旷典”，小说人物活动的中心舞台大观园因此产生。在等级森严的宗法专制社会，元春以贵妃身份省亲，举手投足，皆关系朝章国献，作者用笔也甚是庄重严谨。太平闲人张师吉批云：“汉宫威仪，写来如见。”[1]

小说第十六回王熙凤与贾琏谈论省亲之事，熙凤说：“可见当今的隆恩。历来听书看戏，古时从未有的。”[2]“凤辣子”不学无文，她的话自然不能认真。但历来文献关于后妃省亲的记载确实不多，留下详细仪注的几乎没有，这也是事实。后妃省亲，非国家常礼。而在省亲过程中，国礼、家礼，颇难折中。繁文缛节载于史册甚至成为定例，适以滋后人之议，这可能是历代文献没有留下详细仪注的重要原因。鉴于这种情况，《红楼梦》的作者于元春省亲能做到护花主人所说“全用正笔细写”[3]，肯定要花费不少心力，以准乎天理人情，参酌历代典制、成例，折中损益，求其至当。

八七版和新版电视连续剧《红楼梦》，元春省亲都出现在第八集。其场面气氛也都还罢了，但对于元春与亲属相见——特别是与父亲贾政相见之安排，都有唐突之处，既有悖情理，也与原著描写不合。

元春省亲，涉及礼学、礼制。清朝是礼学复兴的时代，三《礼》之学，皆以郑玄仪注为宗。对于《红楼梦》的研究者或影视改编者来说，正确理解或处理元春省亲有关礼仪描写，郑玄《皇后敬父母议》是非常重要的一篇文章——从《红

---

① 曹雪芹、高鹗著，护花主人、大某山民、太平闲人评：《红楼梦（三家评本）》，上海古籍出版社，1988年，第272页。

② 曹雪芹、高鹗著，中国艺术研究院红楼梦研究所校注：《红楼梦》，人民文学出版社，1996年，第208页。以下原著引文若不特别说明，皆从此本。

③ 曹雪芹、高鹗著，护花主人、大某山民、太平闲人评：《红楼梦（三家评本）》，上海古籍出版社，1988年，第283页。

楼梦》关于元春省亲的描写看，作者应该看过这篇文章。

东汉献帝建安元年（196），伏完拜屯骑校尉，封不其亭侯，时其女伏寿为皇后，关于这对父女如何相见，成为一时话题。据杜佑《通典》卷六七，当时三公八座议论，提出四种意见：其一，强调皇权，“皇后天下之母也，完虽后父，不可令后独拜于朝”；其二，忠孝兼顾，“当交拜，令后存人子之道，完不废人臣之义”；其三，强调孝道，“子尊不加于父母，‘虽曰天王后，犹曰吾季姜’，欲令完犹行父法，后专奉子礼，公私之朝，后当独拜”；其四，公朝与后宫分别，“皇后至尊，父亦至亲，交拜则父子无别，完拜则伤子道，后拜则损至尊，欲令公朝者完拜如众臣，于私宫后拜如子”。[①] 可能彼此争论难决，特向郑玄咨询——当时郑玄犹为处士，三公八座虚衷谦怀，虽在末世，犹令人感佩。清代陈澧《东塾读书记》卷一五：“郑君为处士，而诸豪杰讨贼，则引以为重；三公八座议礼，则问以取决。千古处士所未有也。”这也是东汉学术彪炳千古的原因。下面是郑玄的观点：

> 四者不同，抑有由焉。天子所不臣者三，其一，后之父母也。天子尚不臣，况于后乎？《春秋》鲁隐公二年，纪裂繻来逆女。冬，伯姬归于纪。又桓八年，祭公来，遂逆王后于纪。九年，纪季姜归于京师。或言逆女，或言逆王后，盖义有所见也。女虽嫁为邻国夫人，其尊无以加于父母；嫁于天子者，此虽已女，成言曰王后，明当时之尊，得加父母也。纪季姜归于京师，更称其字者，得行礼而戒之，其尊安可加父母耳。今不其亭侯在京师，礼事出入，宜从臣礼。若后息离宫，及归宁父母，从子礼。

郑玄之议，以孔子《春秋》为断例，折中群议，理据坚确，为当时和后世奉为圭臬。当然，也有提出异议者，以与郑玄同时且同乡的丞相征事邴原驳议为代表：“《孝经》云：‘父子之道，天性也。’明王之章，先陈事父之孝。女子子出，降其父母，妇人外成，不能二统耳。《春秋左氏传》曰：‘纪裂繻来逆女。’列国尊同，

---

① 杜佑：《通典》卷六七，中华书局，1988年，第1860～1861页。

逆者谦不敢自成，故以在父母之辞言之，礼敌必三让之义也。祭公逆王后于纪者，至尊以无外，辞无所屈，成言曰王后。纪季姜归于京师，尊已成，称季姜，从纪，子尊不加于父母之明文也。如皇后于公庭官僚之中，令父独拜，违古之道，斯义何施。汉高五日一朝太上皇，家令讥子道不尽，欲微感之，令太上皇拥彗却行称臣。虽去圣久远，礼文阙然，父子之义，五品之常，不易之道，宁为公私易节？公庭则为臣，在家则为父，是违礼而无常也。言子事父无贵贱，又云子不爵父。”邴原的观点，与三公八座的第三种意见相近，也与邴原一贯强调孝道有关。《三国志·魏志·邴原传》裴注引邴原《别传》有这样的记载：“太子（曹丕）燕会，众宾百数十人。太子建议曰：‘君父各有笃疾，有药一丸，可救一人，当救君邪？父邪？’众人纷纷，或父或君。时（邴）原在坐，不与此论。太子咨之于原，原悖然对曰：‘父也。’太子亦不复难之。”[①] 对于脾气倔强的邴原，先孝后忠，先父后君，乃至舍君救父，是无须争论的。后世亦间有从邴原之议者。晋武帝太康元年，杨皇后亲蚕。仪注曰：“皇后乘辇，群臣皆拜，安昌君平立（安昌君，杨皇后父也）。至坛，下辇，后乃拜安昌君。及升坛，后乃为安昌君设榻于其位。至还，后复拜。”邴原的观点，在《红楼梦》中也能找到其回声，第十六回贾琏对赵嬷嬷解释省亲的原因：“如今当今贴体万人之心，世上至大莫如‘孝’字，想来父母儿女之性，皆是一理，不是贵贱上分别的。”

与中国同属儒家文化圈的朝鲜在封建社会也遇到过类似的问题。高丽仁宗元年（1123），时仁宗外祖、权臣李资谦当国，学士郑克永等议其班次礼数：“当上书表不称臣，及大宴会不与庭贺，径诣幕次拜，上答拜而后坐殿。”独金富轼上议反对，仍以郑玄之议为准：“后汉献帝皇后父不其侯伏完，郑玄议曰，在京师礼事出入宜从臣礼，若后息离宫及归宁父母，则从子礼。故伏完朝贺公庭，如众臣；及皇后在宫，后拜如子。又东晋穆帝母褚太后见父之礼。博士徐禅依郑玄议曰：‘王庭正君臣之礼，私觌全父子之亲，是大顺之道也。’”李资谦也称金富轼之议为“天下之公论”，不得已而从之。[②]

---

① 陈寿：《三国志》卷一一，中华书局，1969 年，第 353～354 页。

② 佚名：《朝鲜史略》卷六，《景印文渊阁四库全书》第 466 册，台湾商务印书馆，1986 年，第 444 页。

总而言之，《红楼梦》中元春与贾政相见，“王庭正君臣之礼，私觌全父子之亲”，应该是最基本的原则。也就是说，元春省亲，她对父亲必须行子礼或家礼，而父亲则不必对她行臣礼——当然，如果贾政行臣礼，也不过表示“礼敌必三让”，做做样子，不必元春传谕，昭容、彩嫔、礼仪太监也不会让他把动作完成。在小说中，元春驾到时，“贾母等连忙路旁跪下。早飞跑过几个太监来，扶起贾母、邢夫人、王夫人来”，老太太这一跪，就是做做样子。而新旧版电视剧都让老太太着实跪拜，特别是八七版，一直到凤辇缓缓进入荣国府大门，老太太还率众女眷非常敬业地跪在那里，意犹未尽。

细阅《红楼梦》第十八回元春省亲文字，关于贾政，没有一字提到他“跪”“拜”“行国礼”，但在新旧版《红楼梦》电视连续剧中，老人家一双膝盖，都累得不轻。八七版电视连续剧，将贾政在贾母正室向元春问安，元春于帘内行参拜之礼（乾隆抄本《红楼梦稿》有“贾妃垂帘行参拜等事”，其他版本皆无“拜”字），演绎为贾政率众男性族人跪拜元春，且一直到父女隔帘把那篇冠冕堂皇的对话说完，方起身退下。元春端坐帘内高座之上，看着父亲跪在脚下那样长的时间，何其忍哉！新版电视连续剧，贾政免去了这次长跪，且没有垂帘，贾政趋前长揖，被贾妃扶住，贾妃欲行家礼，贾政又扶住，且说“不可，不可”。父女相搀，一边互相打量，一边背诵那段著名的科白。但新版比八七版为贾政增加了另外两次跪拜。小说该回写他与贾赦等在西街门外候驾，电视剧却让他们与贾母等女眷一起在荣国府大门前，石狮子后迎接。凤辇到时，与贾母等纷纷跪地参拜，且一拜再拜。在省亲别墅正殿，小说中明写“礼仪太监二人引贾赦、贾政等于月台下排班，殿上昭容传谕曰：‘免。’太监引贾赦等退出”。贾母等女眷亦如是。新版电视剧则由礼仪太监“宣袭荣国公袭一等将军贾赦、工部员外郎贾政、袭宁国公世袭三品爵威烈将军贾珍、防护内廷紫禁道御前侍卫龙禁卫贾蓉觐见贵妃”，四人鱼贯而入，跪地顿首，元妃方传谕“免”。

自汉魏以后中国人起居由席地变为凳椅，跪拜礼便成了宗法专制社会长幼、等级差别的重要标志。俗语“男儿膝下有黄金”，在一定程度上说明该礼节的严重性。

也许电视剧的编导者们渲染元春的位分之尊，让其父母家人一拜再拜，是为了表现“封建礼教压抑人性”的思想。但《红楼梦》第十六回明言皇上开恩允许省亲，其目的主要是对父母尽孝，不受“国体仪制”的束缚，“略尽骨肉私情，天伦中之至性”，自然当以家礼为主。而若让父母乃至祖母一跪再跪，似乎也辜负了皇上的一片苦心。

中国古代统治者鼓吹儒家“以孝治国”的思想，清代帝王以特有的质朴、认真精神奉行之。康熙帝对祖母博尔济吉特氏（孝庄太皇太后），乾隆帝对母亲钮祜鲁氏，其生前孝敬，死后哀荣，都是相当有名的。曾见过乾隆帝为太后祝寿图，乾隆帝奉觞拜舞，态度甚是认真，而钮祜鲁太后端坐在上。最投入的是康熙帝对孝庄太皇太后的哀慕，史载当太后梓宫奉安寝园时，作为孙子的康熙帝恸哭步送，“遇异校番上，辄长跽伏泣，直至殡宫，颜悴足疲，凄感衢陌”[①]。“长跽伏泣”，其实就是跪拜了。身为帝王之尊，为祖母谢孝，行此大礼，载籍所罕见。寰海尊亲，康熙帝和乾隆帝也算作则垂范了，甚至当时就有人上章批评“国恤淹久，有妨民业”。[②]

玄烨、弘历身为帝王，在尽孝方面如此卖力，贾元春作为贵妃，自然更应知勉。“孝化应隆归省时”，省亲过程中贾政没必要跪拜元春，而元春参拜父亲，无论天理人情，古今公论，还是援历代典礼之成例，都是必须的。这一拜，不但可稍稍释放其孝亲之情，还可仪范天下。真正“不可”者，是新版电视剧中贾政与元春的拉拉扯扯。更何况所有的版本写他们父女相见，都隔着一道不可逾越的“垂帘”！

① 《清史稿》卷九二，中华书局，1977 年，第 2699 页。

② 《清圣祖实录》卷一三三，中华书局，1985 年，第 436 页。

《红楼梦》纲领新说

——兼论《红楼梦》与公羊学的关系

被清代乾嘉学派奉为宗主的汉代经学大师郑玄，曾在《诗谱序》中这样介绍他笺疏《毛诗》的方法：“举一纲而万目张，解一卷而众篇明，于力则鲜，于思则寡。”毫无疑问，这种方法对从事《红楼梦》研究的人也有所启发。那就是，要想使研究工作事半功倍，首先就要弄清楚这部巨著的纲领。

所谓纲领，与主题是近似的概念。而在这方面，红学界为轩为轾，见仁见智，异说纷呈；关于“解一卷而众篇明”的这“一卷”，也所见不一。话石主人《红楼梦精义》以第二回冷子兴演说荣国府总摄全书，是“全部大纲”。王希廉《红楼梦总评》则以第五回十二钗判词为“一部《红楼梦》的纲领”。这两种观点，为红学界较多的人所接受。毛泽东 1964 年 8 月在北戴河同哲学工作者谈话时，提出以第四回为总纲，也曾在红学界产生较大影响。

对文学作品的研究，应以文本为重，什么是纲领，当然以作者自己的话最具权威。而在《红楼梦》中，作者的确曾明白告诉读者全书的纲领。小说第六回，在叙述完贾宝玉与花袭人初试云雨之后，介绍刘姥姥出场，有这样一段文字：

> 按荣府中一宅人合算起来，人口虽不多，从上至下也有三四百丁；虽事不多，一天也有一二十件，竟如乱麻一般，并无个头绪可作纲领。正寻思从那一件事、自那一个人写起方妙，恰好忽从千里之外、芥豆之微，小小一个人家，因与荣府略有些瓜葛，这日正往荣府中来，因此便就此一家说来，倒还是头绪。你道这一家姓甚名谁，又与荣府有甚瓜葛？诸公若嫌琐碎粗鄙呢，则快掷下此书，另觅好书去醒目；若谓聊可破闷时，待蠢物逐细言来。

《红楼梦》用笔，神明变化，无一字轻下，但这段文字，却是全书中最笨拙、最呆板的一段。真如喉中骨刺，眼里金屑。尤其是本回标题有“贾宝玉初试云雨情”之语，读者方兴致盎然，谁知贾宝玉匆匆发轫，作者草草了事，不过数行，便“别无话说”。接下来便是这段琐里琐碎、莫名其妙的文字，未免扫人之兴。但这段文字的确又是全书中最庄重、最醒目、最惊险的文字。

太平闲人张师吉在这段文字下批云：“百二十回文字至此才第六回，便已若无一人可写，无一事可记，岂江郎才尽于此耶？殊不知得头绪、絜纲领都在此，作者断不肯顺笔递出，故特作大提掇、郑重语。”凝结着太平闲人毕生心血的《妙复轩评石头记》，实自此段悟入。其《红楼梦读法》有云：“闲人初读《石头记》，见写一刘老老，以为插科打诨，如戏中之丑脚，使全书不寂寞设也。继思作者既设科诨，则当时与燕笑，乃百二十回书中仅记其六至荣府，末后三至乃足完前三至，则但谓之三至也可，又若甚省而珍之者。而且第三至在丧乱中，更无所用科诨，因而疑。再详读《留余庆》曲文，乃见其为救巧姐重收怜贫之报也，似得之矣。但书方第六回，要紧人物未见者正多，且于宝玉初试云雨之次，恰该放口谈情，而乃重顿特提，必在此人，又源源本本，叙亲叙族，历及数代，因而疑转甚。于是分看合看，一字一句，细细玩味，及三年，乃得之，曰：是《易》道也，是全书无非《易》道也。太平闲人《石头》批评实始于此。”

令人万分遗憾的是，虽然作者明诏大号、高提重按，又有太平闲人的谆谆提醒，这段文字仍被后来几乎所有的红学家们轻易看过，于是《红楼梦》便越说越乱。

作为《红楼梦》纲领的“小小之家”，即包括刘姥姥在内的王家。务农为业，且一开始便“家业萧条”“家道艰难”，以至含羞忍辱到荣国府打抽丰。后文中关于这一家的描写，篇幅也不多。《红楼梦》满纸富贵繁华，而让这样一个人家作为全书的头绪、纲领，的确令人大惑不解。但正如太平闲人张师吉于全书最后总评中所说“会得一阳来复，破疑正自无难”，这里的所谓“来复”，即汉族王统的恢复。进而言之，《红楼梦》以家寓国，以儿女律士大夫，以《周易》演消长，以《春秋》示予夺，以扶阳抑阴演尊华攘夷，悼明屋之墟，悲神州之沉沦，揭清廷之腥秽，倡中华之光复。千变万化，一丝不走。此《红楼梦》至高无上唯一纲领。昧乎此，则差之毫厘，谬以千里。

气运循环，阴起午中，阳生子半。盛极有衰，剥极必复。春天的头绪，在最寒冷的冬至；白天的头绪，在最黑暗的子夜；中华光复的头绪在“乾隆盛世”；倡义攘夷、济险定功，再造王统者多出于霜枝露叶的小小之家。所谓“小小”，所谓“芥豆之微”，形容一阳初生，是万分珍重之词，而月满则亏，物隆则消；暴长之物，其亡忽焉，大又何足贵。

《红楼梦》以贾谐“假”，人人知之，而“假”不仅是与“真”对立的概念，也是与“小”对立的概念。《尚书·虞书·大禹谟》记舜帝赞禹，有“克勤于邦，克俭于家，不自满假”之语，《尚书孔氏传》以“盈大”释“满假”。

《红楼梦》中，烈火烹油、鲜花着锦之盛的贾府日渐衰落，与萧条寒微的王成家日渐发达，是这部书的大消长、大纲领。而作者于前者详写，于后者略写；于前者实写，于后者虚写。是要读者视于无形，听于无声，于无文字处，领略茫茫浩劫，万钧雷霆。

有人说《红楼梦》一书，是悲剧之悲剧，我则说《红楼梦》是一部民族复兴的、乐观主义的、辉煌的预言书。这乐观、辉煌属于刘姥姥及其子孙。一百二十回刘姥姥最后退场时，满口说着“将来怎么升官、怎样起家、怎样子孙昌盛”，这绝对不是插科打诨。

《红楼梦》百二十回大书，只有第六回明确提到纲领、头绪问题，二百余年来惟有太平闲人张师吉注意到这点，并提醒读者。但他在《红楼梦读法》中却又以“情”字为“梦之纲”，这似乎自相矛盾，其实不然。男女之情欲，是人类繁衍的唯一途径，也是人性的轴心。男女关系的状况，能反映一个人的道德水准，也能反映一个民族的进化程度。它是儒家哲学、伦理学乃至政治学的出发点和立足点。圣贤名教，首重谈情，所谓《易》基乾卦、坤卦，《诗》首《关雎》，《春秋》讥不亲迎，《礼》本《昏义》；《尧典》试舜，先降二妃。《毛诗》传《关雎》云：“夫妇有别，则父子亲；父子亲，则君臣敬；君臣敬，则朝廷正；朝廷正，则王化成。”这就是《红楼梦》谈情正旨。前文说《红楼梦》以儿女律士大夫，亦即此意。

《妙复轩评石头记》又以第五十一回为全书纲领。在本回开始即评薛宝琴十首怀古诗，“不惟提契本大段，并通束全书”。在回末总评中又说：“自此回至

'效戏彩斑衣'为一大段，统演宝琴，为'财''色'痛下针砭，即在宣明是书作用，此回又其大纲领处也。"这与第六回以王成家为纲领也不矛盾，而且是全书中最大的照应处。

薛宝琴于小说第四十九回出场，太平闲人批云："琴者，禁也。是书存天理于既灭，实一禁字主之。"回末总评又云："一点阳春，生于积冷凝寒之下，是曰'白雪红梅'，而以宝琴主之，琴固雪女而字梅也。"早在第四十回，史太君命惜春为刘姥姥绘大观园图，惜春万分郑重地接受了这个任务，并告假一年。至第五十回，史太君又冒雪亲至暖香坞，谆谆叮嘱惜春"第一要紧"是把薛宝琴与其侍女小螺捧梅立雪之像画上。太平闲人又批云："此画全幅皆为雪景，此书所演无非阴寒，而要紧即在梅花，春生即在阴寒中矣。"回末总评解释琴字："琴为今之二王，便是王与王连宗之义"，又有"霸王终让空王，春色都来栊翠"之语。毫无疑问，太平闲人看出了薛宝琴是素王的化身。

所谓"素王"，是《春秋》学特有的概念。它最早由西汉公羊学大师董仲舒提出，并最受公羊学派重视。意思是孔子生周道衰微之世，时王不作，大道难行，感麟而作《春秋》，存天理于既灭，遏人欲于横流，为后世立太平之法。汉代公羊家又把孔子奉为汉朝建立的预言者和汉代统治政策的总设计师。《春秋》纬书中有《汉含孳》一种，意思就是孔子著《春秋》，孕育着汉朝的诞生。曹雪芹以《红楼梦》演汉族王统之恢复，以宝琴为素王观念的化身，所谓"二王连宗"，亦即仿《春秋》监于商、周二代，制新王之法。所谓"霸王终让空王"，于《春秋》，贬退吴、楚之王，称之曰子，立素王之统；于《红楼梦》则黜满洲之正统，摒之于藩。这样，《红楼梦》以薛宝琴为全书中幅之主而统摄前后，便不足为奇了。

至此，太平闲人的红学底里也暴露无遗了。他的《妙复轩评石头记》根本不是以《红楼梦》演黑白点子太极圈的《易》道，而是演易代改制的《春秋》公羊学。他的"妙复轩"复的是汉族王统。此号也与曹雪芹"悼红轩"相发明，能哀悼反思、惩创人心，方有来复可言。

《春秋》公羊学，是中国古代社会批判、社会变革思想的集大成者，也是儒家经学中最具开放性的一个流派。从乾隆朝开始，今文经学家们远绍董仲舒《春秋繁露》，把沉寂千年的公羊学发展成了一个以《易》理为经，以天行、人事为纬，以借事明义为基本方法，以改制为灵魂，贯穿六经、包罗万象的大观园式学科，在清代后期取代许、郑之学，风行海内，直接影响了戊戌变法和辛亥革命，并为迎接西方资产阶级思潮的输入，作了心理上的准备。

清代后期的公羊学家多以孤绪微茫接董生自负，未免高远其所自来。其实在公羊学派产生之前，甚至在庄存与之前，公羊学的潜流就存在了，尤其在小说领域，金圣叹批注《水浒》，自称“托古改制”，已是公羊家声口；《红楼梦》第二回把“非常异义”的发明者董仲舒与孔、孟并列为应运而生的大仁者，也是公羊学即将兴起的信号；与曹雪芹同时的吴敬梓著《儒林外史》，把曾仿《周礼》著书，以伊、吕事业自期的王冕放在全书之首，亦有守先待后、立法改制之意。

太平闲人生活于嘉、道之际，其时公羊学已成气候，他批阅《红楼梦》也能比较熟练地运用这种理论，将作者的思想进一步阐明。

今天，提起公羊学，有些人会把它与穿凿附会、谶纬迷信，甚至妖亡迂怪联系起来。这其实是公羊学家知人情厌闻常理，有意神道设教、启人诚敬。他们所演说的道理，往往日用平常，光明正大。而较之某些公羊学家风中狂走的巫士作风，孽子孤臣曹雪芹却明达忧患，渊永纯粹。《红楼梦》中虽有若符、若谶、若偈的文字，有衔玉而生、太虚观册之类超自然的情节，但大都有成例可援，有规律可寻，破解不难。

前面已交代了《红楼梦》的纲领、头绪，现在再结合公羊学观点，从其他方面作一些揭示。

《红楼梦》人物最高权威为史太君，其夫名代善，善谐“嬗替”之“嬗”，寓“易代修史”之意；史湘云佩金麒麟，张真人（荣国公之替身）以金麒麟送宝玉，寓修史须敬天法祖、立素王之法；薛宝琴即素王之化身，其侍女小螺为宣法之号，十首《怀古诗》即行褒贬予夺之权，《青冢怀古》“汉家制度诚堪叹”寓变法当在甄别人才，自强攘夷；大观园即“万物之聚散，皆在《春秋》”之意；大观园图为“母蝗虫”刘姥姥作，即为天下“赤头虫子”汉族子民作，此演《春秋汉含孳》。惜春于暖香坞绘大观园图，乃扶阳抑阴，斡旋气运。冷子兴、山子野、詹子亮，即“阳生子半”；红梅映雪、板儿、青儿，寓阴极阳生，中华光复，神州春回。

小说第六回写刘姥姥一寡妇而“久经世代”，第五十回写薛宝琴一少女，竟走遍三山五岳，事皆难通，但寓意深广。《春秋繁露·三代改制质文篇》：“三统之变，近夷遐方无有，生煞者独中国。”继周而王者，百世可知，皆当出我族类。久经世代，则知汉统之真，而识清历之僭。走遍三山五岳，则王道无外，薄海同仇。

红楼易学："天然""人力"

《红楼梦》第十七回"大观园试才题对额"，写贾政一行来到稻香村，步入茆堂，"里面纸窗木榻，富贵气象，一洗皆尽"。接下来是贾政、宝玉父子一段对话：

> 贾政心中自是欢喜，却瞅宝玉道："此处如何？"众人见问，都忙悄悄的推宝玉，教他说好。宝玉不听人言，便应声道："不及'有凤来仪'多矣。"贾政听了道："无知的蠢物，你只知朱楼画栋、恶赖富丽为佳，那里知道这清幽气象？终是不读书之过！"宝玉忙答道："老爷教训的固是，但古人常云'天然'二字，不知何意？"众人见宝玉牛心，都怪他呆痴不改。今见问"天然"二字，众人忙道："别的都明白，为何连'天然'不知？天然者，天之自然而有，非人力之所成也。"宝玉道："却又来！此处置一田庄，分明见得人力穿凿扭捏而成。远无邻村，近不负郭，背山山无脉，临水水无源，高无隐寺之塔，下无通市之桥，峭然孤出，似非大观。争似先处有自然之理，得自然之气，虽种竹引泉，亦不伤于穿凿。古人云'天然图画'四字，正畏非其地而强为地，非其山而强为山，虽百般精巧而终不相宜……"未及说完，贾政气的喝命："叉出去！"

单就造园艺术而论，贾宝玉的观点问题不大，符合中国古代建筑环境美学、建筑景观"效天法道"、追求天人合一境界的易学思维和审美观，当然也符合现实主义艺术的一般原理。从人性论的角度，追求自由自在，提倡自然朴实，反对压迫束缚、矫揉造作，也是对的。这段话也一直被现当代红学家当作"正理"引用发挥。下面一段评论，就较有代表性：

> 宝玉是性情中人，且至情至性。不隐瞒，不遮掩，听从自己内心的召

> 唤，袒露真实的自我。宝玉表现出了一种新的人格范型。他可以“时常没人在眼前，就自哭自笑的；看见燕子，就和燕子说话；河里看见了鱼，就和鱼说话；见了星星月亮，不是长吁短叹，就是咕咕哝哝的”（第 35 回）；他也可以对自古以来就神圣得不可侵犯的所谓圣贤之书之人之礼公然表示出不敬，甚至蔑视唾弃。喜欢就是喜欢，不喜欢就是不喜欢，如果不喜欢硬要说喜欢，那就是“非其地而强为地，非其山而强为山”，违犯自然之理。

这位研究者把贾宝玉当成了“直情径行”的人物。《礼记·檀弓下》记子游之言曰：“有直情而径行者，戎狄之道也。”恐怕贾宝玉未必赞同。为宝玉所批判的“文死谏，武死战”的明代士大夫，正是这样一些有触必发，不计后果，“一声震得人方恐，回首相看已化灰”的炮仗筒子。

“事非一端，言各有当”，造园艺术不仅有模仿自然一派（西方称之为自然风景学派），现实主义也只是艺术的一个门类。何况艺术家的作品，“看似容易成却难”，他们笔侔造化，妙合天然，正由于他们“反天然”地付出了艰苦的劳动，千锤百炼所致。对于人性来说，也没有无条件的自由。大观园的修建者设计稻香村，有比贾宝玉更进步的理念。古代社会以农业为本，设计此园，有利于生于繁华盛丽的纨绔子弟们知稼穑之艰难，量功德之厚薄，从而产生悯农、爱民之意。康熙帝发现、培植优良稻种（即《红楼梦》中的“御田胭脂米”）的丰泽园，即取此意。太平闲人批云：

> 此段问答，最为紧要。人生缺陷，天实为之。而顺受其正者为天然。然能顺受全在逆折。理欲交攻，人力极苦，是由绝不天然处，而还其天然也。看此处远无邻村，近不负郭，峭然孤出，何等扭捏，虽极精巧，终不相宜，乃为守节人写黄柏滋味也。而孝子忠臣视此矣。

“天地不仁，以万物为刍狗。”天地（自然）不是尽善尽美的，人是自然的产物，人性自然也有缺陷。只有人类能认识自然，改造自然；也只有人类能认识自我，改造自我。这种“改造”，就是所谓“逆折”，就是所谓“由绝不天然处，而还其天然”。人心惟危，危者使其安，此反天然也；道心惟微，微者使其著，亦反天然。从某种意义上说，人只有反天然，才能复其天然，全其天然。魏源《古微堂集·默觚上·学篇四》：

> 一阴一阳者天之道，而圣人常扶阳以抑阴；一治一乱者天之道，而圣人必拨乱以反正；何其与天道相左哉？天左旋，日月五星右转，一经一纬而成文，故人之目右明，手右强，人之发与蛛之网、螺之纹、瓜之蔓，无不右旋而成章，惟不顺天，乃所以为大顺也。物之凉者，火之使热，去火即复凉；物之热者，冰之使凉，去冰不可复热；自然常胜者阴乎？故道心非操不存，人心不引自炽。政教之治乱，贤奸之进退亦然。

无论对于自然界还是对于人性，可能都是如传统中医所说“阳常不足，阴常有余”，所以主张中庸、调和的先哲，鼓吹“扶阳抑阴”，甚至有“存天理，灭人欲”之说。这里的“灭”，也只是表明一种姿态，并不是根除，也不能根除。人欲横流，沧桑颠倒，所以“灭人欲”，乃所以惩创人心，健全人性，为天地鼓吹元气。

魏源《定盦文录叙》中一段话，可与此参看：“其道常主于逆，小者逆谣俗、逆风土，大者逆运会。所逆愈甚，则所复愈大。大则复于古，古则复于本。”孔子著《春秋》，扼人欲于横流，存天理于既灭，乃古今第一大反天然之事。曹雪芹十年辛苦，呕心沥血，写这部《红楼梦》，也是反天然。反天然——压抑或升华本能欲望，正是文明必须付出的代价。

当然，我们还要考察一番贾政、贾宝玉父子产生争论的稻香村，是个什么所在。第十七回写贾政门客曾拟“杏花村”之名，为贾政、宝玉驳斥，贾政以为“犯了正村名”，宝玉则以“杏花”二字“俗陋不堪”。宝玉据唐人“柴门临水稻花香”，拟村名为“稻香村”；又据旧诗“红杏梢头挂酒旗”，拟“杏帘在望”酒幌名，用竹竿挑在树梢头。太平闲人批云：“杏，性也；稻，道也。是悉阐性道之旨，而语面典雅之极。”又云：“日边红杏，天上酒旗，引此句隐寓炳如日星意，重节也。”

从某种意义上说，稻香村是为李纨、贾兰这母子二人定做的。母守贞洁，子慕才良，皆能于绝不天然处，全其天然。品德详明，有光儒道。某些红学家以为李纨是被封建礼教榨干了的女性，贾兰有"禄蠹"倾向，绝对不合作者本意。

贾宝玉为稻香村拟的对联是："新涨绿添浣葛处，好云香护采芹人。"太平闲人批云："《诗》咏《周南》，《颂》升《泮水》。吃紧教化在此，贾兰到矣。"古人称教席为"杏坛"，考中秀才入学宫称为"采芹"，所以对联的第二句也关合"杏"字。而学习知识、技能，培养德性，变化气质，专精刻苦，也是反"天然"的勾当。

小说中，巧姐和贾兰都是演复卦，代表未来的。关于他们，小说也以正笔阐正理。巧姐读《女传》，贾兰承母教，都是不可缺的关目。

提到杏花村，人们最容易想到，但小说正文和太平闲人的评语皆没提及的是杜牧的《清明》诗："清明时节雨纷纷，路上行人欲断魂。借问酒家何处有，牧童遥指杏花村。"其中"清明时节"四字，大有讲究。小说在稻香村后，接下来介绍的景点是"蓼汀花溆"，据太平闲人之评，这一处也好甚了得："《诗·蓼莪》章，孝子之言也……作者引以为教孝之词，而切切叮咛也。"《红楼梦》作者好像宗经法圣，"行在《春秋》，志在《孝经》"。此处众门客先后拟"武陵源""秦人旧舍"二名，贾政以"武陵源"与"杏花村"同样"落实"，宝玉以为"秦人旧舍"四字"越发过露"，有"避乱之意，如何使得?"宝玉之所谓"过露"是指将"秦人旧舍"稍加引申，则有"诽谤本朝"之意。但本书第一百八回"强欢笑蘅芜庆生辰"，又明知故犯，让李纨对出"寻得桃源好避秦"的酒令。

"秦"字在《红楼梦》中，可作"情、清、禽"三解。在此处，当作清朝之"清"。清朝灭亡朱明王朝（李纨亡夫贾珠之"珠"字，拆开便是朱、王二字），摆在汉族士子面前的，是严峻的选择：要么如甄士隐，难回者天，不服者心，无道则废，明夷坚贞，遁世无悔；要么如贾雨村，与时浮沉，侥幸行险，做两截人。《红楼梦》以儿女律士大夫，李纨无疑是前者。"竹篱茅舍自甘心"，隐寓义士不受功名利禄的诱惑，而自全其天赋之民族尊严。可与王夫之、朱之瑜、张煌言、顾炎武之徒并列。

康熙时文人孙枝蔚应博学鸿儒之征，明遗民杜濬贻书争之："今所效于豹人者，质实浅近，一言而已。一言谓何？曰：毋作两截人。不作两截人有道，曰，忍痒。忍痒有道，曰，思痛。至于思痛，而当年匪石之心……且夫年在少壮，则其作两截人也，后截犹长；年在迟暮而作两截人，后截余几哉？”孙氏得书，力辞中书舍人而归，保全了一半清白。杜于皇所说的“忍痒”——拒绝功名诱惑，其实还是“反天然”。可惜《红楼梦》中的袭人，没有杜于皇这样的诤友，而“不得已”顺从了天然之欲，让作者引桃花夫人庙诗（古人有“一树桃花逐水来”“逐水桃花随风散”“三月桃花逐水转”“癫狂柳絮随风舞，轻薄桃花逐水流”等句，清朝固自以为是“水德应运”者。杏花和反天然之文明教化沾边，而桃花逐水，则是人欲横流的天然象征）和孽子孤臣之道热嘲冷讽，并予以“破席子”之恶谥。

红楼《易》学："天根""月窟"的异兆

耳目聪明男子身，洪钧赋予不为贫。因探月窟方知物，未蹑天根岂识人。乾遇巽时观月窟，地逢雷处看天根。天根月窟闲来往，三十六宫都是春。（邵雍《观物吟》）

邵康节《观物吟》，为易学家引用最多的诗。盖自言其学《易》有得，虽偶然触发，闲闲道来，已有通贯人天、周流六虚之气度。"天根""月窟"成为重要的《易》学概念，即自邵子始。此诗对了解集中国文化大成的《红楼梦》也有重要启发。《红楼梦》中关于二至前后（五月、十一月）的描写最多，亦多有象征意义。清代解《红楼梦》用功最深的学者张师吉（太平闲人）传横渠家学，兼通图书象数（张载与邵雍亦相师友），在《妙复轩评石头记》中多次道及康节《观物吟》，进士出身的孙桐生称其"评《石头记》一书，穿天心，蹑月窟，广大精微，表章绝业，洵足与原书并传不朽"，确有渊源。

"天根"指复卦。坤遇震，地雷复卦，夏历（以建寅为正月）十一月之卦，周历为正月，殷历为十二月，月建为子，值冬至，帝王郊天之时，五脏主心，律应黄钟。

"月窟"指姤卦，乾遇巽，天风姤卦，夏历五月之卦，周历七月，殷历为六月，月建为午，值夏至，帝王祭地之时，五脏主肾，律应蕤宾。

程甲本初印《红楼梦》第一幅绣像石头题诗："乾端坤倪，铸尔形耶?""乾端"即天根，太极阴阳鱼黑鱼之白睛，二进制之1；"坤倪"即月窟，阴阳鱼白鱼之黑睛，二进制之0。森然万象，不过此二数之参伍错综。朱熹所谓阴阳之总汇、纲领。贾宝玉与《西游记》中孙悟空的前身顽石皆有二四、三六之数，二四指二十四节气，时间也；三六为周天度数，空间也。宇宙即此石，此石即宇宙。

《红楼梦》第六回“贾宝玉初试云雨情，刘姥姥一进荣国府”，明言此回为“头绪”“纲领”。初试云雨情，是袭人破宝玉纯阳，为姤卦、月窟；一进荣国府，刘姥姥之坤，与板儿之震（东方木，震卦），合成地雷复卦，为天根。小小王家，微阳初生，仅能动葭管轻灰，不及蝴蝶扇动翅膀千百分之一，而万钧雷霆视此矣。

张新之《红楼梦读法》说“《石头记》脱胎在《西游记》”，两书同为演人心之书，同以顽石化人为主人公，同受谐史、物传之影响，也共同借象数易学命名寓意。《西游记》更少卖关子，开卷第一回就大段搬运邵雍高论，还有其《冬至诗》。

“天根”在古代的重要性，今人仍然可以从视觉上认识。北京寸土寸金，但明清帝王冬至“祈天永命”的天坛遗址（“通灵宝玉”上的铭文，颇似帝王冬至郊天之语），现存面积几为故宫加耶路撒冷古城之和的数倍，更比明清雄县、安新县城还大。

月建			寅	卯	辰	巳	**午**	未	辛	酉	戌	亥	**子**	丑
夏	黑	忠	正	2	3	4	5	6	7	8	9	10	11	12
商	白	质	2	3	4	5	6	7	8	9	10	11	12	正
周	红	文	3	4	5	6	7	8	9	10	11	12	正	2
秦	黑	质	1	2	3	4	5	6	7	8	9	正	11	12
卦名			泰	大壮	夬	乾	姤	遁	否	观	剥	坤	复	临
卦象			䷊	䷡	䷪	䷀	䷫	䷠	䷋	䷓	䷖	䷁	䷗	䷒
律吕			太簇	夹钟	姑洗	仲吕	**蕤宾**	林钟	夷泽	南吕	无射	应钟	**黄钟**	大吕
							月窟 命肾 阴起午中 动极生静						天根 性心 阴生子半 静极生动	

表1 《贞元运会表》

研究和讲授《红楼梦》，为了搞清小说中历法（王统正闰）、服色、政教、方位，我画了一个简表（见第57页表1，姑谓之《贞元运会表》），后来发现这个简表对了解《红楼梦》作者的自然观、历史观、人性观也有帮助，对个人了解传统文化，亦有事半功倍之效。拙著《红楼心史》丛书（尤其是第二本《红楼易学摭谈》），粗砂大石，自谓能冲决百余年来研究《红楼梦》意蕴之藩篱，即自此表生发。今仍觉有无穷感会，汩汩欲出。

《红楼梦》中严重的气候反常现象，一共有两次。一次是在第三十回，五月初四日，贾宝玉在蔷薇花下看龄官画蔷，遗失金麒麟，“伏中阴晴不定，片云可以致雨，忽一阵凉风过了，唰唰的落下一阵雨来”。这个历法表述的错误可能连文盲农夫也看得出。第二十七回写四月二十六日未时芒种，自芒种到五月初四最多才八天，每十五日一节气，估计夏至在五月十一。夏至后第三个庚日入伏，两个庚日之间是十天，如此入初伏已经是六月中上旬，绝对不会在五月。自有历法以来，从无端午节前入伏的情况。这可以说是《红楼梦》中最明显的错误。端午前，北方犹是晚春天气。山东有“吃了端午粽，棉衣才不用”之谚。但有意思的是，现存《红楼梦》版本凡有三十回者，都有“伏中阴晴不定”这句话（省去这句话，突然下雨与麦收为难，便不会文从字顺）。红学界很少有人对此作出解释，只有张师吉于回末总评中曰：“夫夏至三庚入伏，人人得知；夏至为五月中节气，亦人人得知。今云‘伏中阴晴不定’，又云‘明日端阳’，岂有五月初四已在伏中者？制伏庚金，预在热毒方张之日，显然矣。闲人评至此，亦有如黛玉之得意，而浮大白以自赏。”仍然未免浅之乎言之。

第二次物候反常现象在第九十四回，时在十一月（冬至月），怡红院枯萎了的海棠花突然开放，人多以为妖异，贾母却这样解释：“这花儿应在三月里开的，如今虽是十一月，因节气迟，还算十月，应着小阳春的天气，这花开因为和暖是有的。”贾母所谓“节气迟”，是因尚未到冬至日。但书中并无天气暖和的记载，贾宝玉在室内都穿“一裹圆的皮袄”。

更重要的是，在这两个最重要的节气关口物候反常的同时，主人公贾宝玉两个重要配饰都丢失了。在夏至前的蔷薇花下，丢失了张真人给的“文采辉煌”的金麒麟；在冬至前赏海棠花开放时（改正朔、变衣冠是改朝换代的硬指标），丢掉了自己的命根子——通灵宝玉。

阴阳失序，物候反常，春行夏令，冬行春令，皆为妖异，危害生灵，甚至影响政权稳定。如果是作者有意为之，更应深究。《春秋》“哀公十有四年春，西狩获麟”，何休《春秋公羊经传解诂》卷一二：“冬言狩，获麟春言狩者，盖据鲁变周之春以为冬，去周之正而行夏之时。”圣人示后人以隙，明变法改制之意。“汉家制度诚勘叹”，《红楼梦》在两个最重要的节点物候反常的描写，是否也传达朝代更替的信息，表现变法改制的思想？

需要指出的是，宝玉“文采辉煌”的麒麟之获得，因张真人以通灵宝玉向徒子徒孙化得，有“万法归心”之象。而预言炎汉诞生的《春秋》之麟的获得，与宝玉失通灵之月，皆为建子之月。

第三十一回“因麒麟伏白首双星”，史湘云与婢女翠缕在大观园拾到贾宝玉丢失的金麒麟前后，有一大段论阴阳的文字，堪称活泼泼的《易》学总论。翠缕“从古至今，开天辟地，都是阴阳”，是为《易》学六宗中考史派总论；而史湘云“‘阴’‘阳’两个字还只是一字，阳尽了就成阴（姤），阴尽了就成阳（复），不是阴尽了又有个阳生出来，阳尽了又有个阴生出来”，深入浅出地介绍了阴阳互根的道理，亦是“蹑天根，探月窟”之论。太平闲人所谓“贞元运会，万古如斯”也，与京房、邵雍象数图书，关闽诸儒之义理《易》学，皆相发明。在经学流派中，新周改制之《春秋》公羊学，融汇《易》学，究际天人。公羊学产生于齐国，而邵雍的《易》学老师李挺之是青州人，亦通公羊《春秋》。《红楼梦》受清中叶兴起的公羊学派影响，渊源稠叠，此亦证据之一。

端午前入伏，是《红楼梦》明显的错误；因麒麟伏白首双星，是小说中的大疑案。一些自作聪明的人以为自己找到了小说破绽，更有甚者认为这是作者没有定稿和“高续”（或夫己氏续）没有接榫的证据；所谓“探佚派”甚至乱点鸳鸯谱，让后来守寡的史湘云改嫁贾宝玉。其实程甲本初印卷前绣像题诗早就言明：“拾得麒麟去，非关风月媒。”非关男女姻缘，乃史外传心（麒麟为史，通灵为心），变法改制致太平。孔子据鲁史作麟经，诡词明义，存天理于既灭，扼人欲于横流，亦蹑天根、探月窟、拯救人心、斡旋气运之书。《石头记》亦犹是耳。

象数图书易学常给人以神秘主义和宿命论的倾向，其实只要我们不过于拘泥，它们可以作为理解人天大道的图解提示。天行闰余不足，人事加减乘除，要达到知几的境界，任何单一的方法是行不通的，最终要发挥主观能动性。连刘姥姥都说“成事在天，谋事在人”。儒家从来不是宿命论者，从格物致知，到修齐治平，最终参赞天地之化育，都需要补天手段。想起了太平闲人老祖的话：“为天地立心，为生民立命，为往圣继绝学，为万世开太平！”

张新之于《石头记》最后一回总评云：“会得一阳来复，解疑正自不难。”能一阳来复、“仙寿恒昌”者，必能善处否剥之际。硕果不食，坚贞无咎，其在巧姐、板儿辈乎？探春把娇黄玲珑的大佛手给板儿，说“拿着玩吧，吃不得的”。板儿把佛手换了巧姐的柚子，也没吃，当球踢着玩。有几人看出其中寓意？

史太君命贾惜春为刘姥姥画大观园图，惜春于暖香坞运作丹青，最后竟然把薛宝琴白雪红梅当作“第一要紧事”，此图是否交给了刘姥姥，后文没有交代。其实凡领会其中寓意者，惜春均已送达！

邵子“因探月窟方知物，未蹑天根岂识人”，令人联想起《大学》云“物有本末，事有终始。知所先后，则近道矣”，但《大学》似仅就认识方法而论，邵子则兼认识之过程、精髓。物物有其天根，事事有其月窟。除恶祝善，当其萌孽之初，用力少而成功倍。“嫌疑微细”，慎终如始，乃《周易》《春秋》所同重。“天根月窟闲来往，三十六宫都是春”，事事物物知其本末先后，且从天行人事盈虚乘除动态感应中把握这些关系，则“近道”矣。三六为周天之数，亦虚数也，不必拘泥。邵子《即事诗》不过自言修身养心符合自然《易》理，身体倍佳心情也不错。班固《西都赋》“离宫别馆，三十六所”，《红楼梦》第九十二回《汉宫春晓图》，亦可参一解。一昼夜之晓，一寒暑之春，一治乱之太平，进而一病之痊，一迷之悟，皆可言复。

《红楼梦》围绕夏至、冬至的描写，每一个名称，都有复杂寓意。学者苟能伍其比，偶其类，参伍错综，究际天人，博贯连通，彰往察来，即可于此书思之过半。

“厉害了，茗烟”

——“鸣豫”必被教训

《红楼梦》所写人物近千，见于回目者不过数十人而已。他们要么是主要人物，要么有重要寓意。程高本第九回《训劣子李贵承申饬　嗔顽童茗烟闹书房》，由两个奴仆担纲回目，自然用意深远。

李贵是“礼之用，和为贵”之简括，在全书中都体现出礼法、秩序、严肃、谦虚、节制、分寸感等正能量，常让主子们黯然失色，敬而远之。拙著《红楼易学摭谈》已有专门阐发。作为与李贵对立的一个形象，年纪较轻、机灵淘气的茗烟，则体现了本能、逸乐、活泼、骄横、狂妄、任性、放肆等东西。“立于礼，兴于乐”；文武之道，有张有弛。但“人心惟危，道心惟微”，少不更事的主人任用茗烟，也是自然之势。李贵没有“礼过则拘”，茗烟早已“乐过则荒”。

茗烟闹学堂，发生于贾府“烈火烹油，鲜花着锦”的豫卦当值之时。豫字古读如夜，烟字又写作菸，而“菸”又读如“豫”，所以“茗烟”谐“鸣豫”。

豫卦“初六，鸣豫，凶”，王弼注：“处豫之初，而特得志于上，乐过则淫，志穷则凶，豫何可鸣？”

第九回说“这茗烟乃是宝玉第一个得用的，且又年轻不谙世事”，非所谓“处豫之初，而特得志于上”者乎？下面是茗烟在全书中的重头戏，演绎“乐过则淫，志穷则凶”甚是酣畅：

> 这茗烟无故就要欺压人的，如今得了这个信，又有贾蔷助着，便一头进来找金荣，也不叫金相公了，只说“姓金的，你是什么东西!”贾蔷遂跺一跺靴子，故意整整衣服，看看日影儿说：“是时候了。”遂先向贾瑞说有事要早走一步。贾瑞不敢强他，只得随他去了。这里茗烟先一把揪住金荣，问道：“我们肏屁股不肏屁股，管你毬毛相干？横竖没肏你爹去罢了！你是好

小子，出来动一动你茗大爷!”唬的满屋中子弟都怔怔的痴望。贾瑞忙吆喝：“茗烟不得撒野!”金荣气黄了脸，说：“反了！奴才小子都敢如此，我只和你主子说。”便夺手要去抓打宝玉秦钟。尚未去时，从脑后飕的一声，早见一方砚瓦飞来，并不知系何人打来的，幸未打着，却又打在旁人的座上，这座上乃是贾兰贾菌。

这贾菌亦系荣国府近派的重孙，其母亦少寡，独守着贾菌。这贾菌与贾兰最好，所以二人同桌而坐。谁知贾菌年纪虽小，志气最大，极是淘气不怕人的。他在座上冷眼看见金荣的朋友暗助金荣，飞砚来打茗烟，偏没打着茗烟，便落在他桌上，正打在面前，将一个磁砚水壶打了个粉碎，溅了一书黑水。贾菌如何依得，便骂：“好囚攮的们，这不都动了手了么!”骂着，也便抓起砚砖来要打回去。贾兰是个省事的，忙按住砚，极口劝道：“好兄弟，不与咱们相干。”贾菌如何忍得住，便两手抱起书匣子来，照那边抡了去。终是身小力薄，却抡不到那里，刚到宝玉秦钟桌案上就落了下来，只听哗啷啷一声，砸在桌上，书本纸片等至于笔砚之物撒了一桌，又把宝玉的一碗茶也砸得碗碎茶流。贾菌便跳出来，要揪打那一个飞砚的。

金荣此时随手抓了一根毛竹大板在手，地狭人多，那里经得舞动长板。茗烟早吃了一下，乱嚷：“你们还不来动手!”宝玉还有三个小厮：一名锄药，一名扫红，一名墨雨。这三个岂有不淘气的，一齐乱嚷：“小妇养的！动了兵器了!”墨雨遂掇起一根门闩，扫红锄药手中都是马鞭子，蜂拥而上。贾瑞急的拦一回这个，劝一回那个，谁听他的话，肆行大闹。众顽童也有趁势帮着打太平拳助乐的，也有胆小藏在一边的，也有直立在桌上拍着手儿乱笑，喝着声儿叫打的。登时间鼎沸起来。

厉害了，茗烟！但乐极生悲，金荣打了他板子，李贵要揭他的皮。当混乱到高峰，彻底失控时，如果不是李贵及时出现，一番折冲弹压，事态扩大了，不知伊于胡底。即使如此，读次回“金寡妇贪利权受辱”，似乎余波难平。后文没有出现金荣、金寡妇报复的文字，但从五行生克来说，最终木受金刑，火为水灭（小说中死于肾病、肺病者亦最多），繁华消歇，茫茫白地。所谓“履霜坚冰，其渐久矣”。

清代红学家张师吉（太平闲人）说茗烟寓“名教湮灭”，与“鸣豫”也相发明。逸乐源于人的本能，不引自炽，名教虽教养难成。但贾府重视娱乐轻视教育。花大价钱养戏班子，但吝于延师。以老而无成的贾代儒为师，以人欲横流的贾瑞为“教务主任”，最终使贾氏私立学校成了“青青子衿”俱乐部。这样的学校与第二十三回茗烟给宝玉采购的“飞燕、合德、武则天、杨贵妃的外传”等读物一样，对血气未定的少男宝玉，虽有启蒙，但弊大于利。二十四回后，贾宝玉为茗烟改名“焙茗”，张师吉以为寓“培植名教”，观过知仁，其理亦通。从另一个角度说，礼过则拘、则烦、则奢（“过”本身是权力和权威的任性），人性、社会的健康，还有待于“乐以和之”。

杜世杰先生以茗烟谐“明阉”，“焙茗”自然是“背明”。明朝之亡，宦寺专政是重要原因。有哪个权阉不是“鸣豫”的？魏忠贤干儿满朝堂，生祠遍九州，堪称登峰造极。

《红楼梦》于人名物名寓意，有一手多牍的现象，也往往就近互注。如贾雨村是小人，第一回与娇杏非礼而视，取典《中庸》“小人行险以徼幸”。第十九回茗烟与卍儿作警幻所训之事，说这卍儿“他母亲养他的时节做了个梦，梦见得了一匹锦，上面是五色富贵不断头卍字的花样，所以他的名字叫作卍儿”，富贵不断头，名节碎一地，何有名教？作者犹恐读者不明，该回又让茗烟陪宝玉访花自芳、花袭人兄妹。武陵有别景，春来仍旧花，任他兴亡转瞬，浩劫轮回，是辈富贵自在，至于礼义廉耻，可能要当作珍宝快投到爪哇国。第五十六回探春背诵“姬子书”堂皇言论，读者莫名其妙，接下来一句“自己骂我自己”就是注解，所谓“姬子书”，“讥自书”也。

豫卦之六二“介于石，不终日，贞吉”，与学堂中的贾兰颇类，为靛缸中白布，别人打架，砚台（石）落在自己座上，贾兰竟能“按住砚”，不生事，得君子之中道。

豫卦之六五“贞疾，恒不死”，令人联想起《孟子·告子篇》“入则无法家拂士，出则无敌国外患者，国恒亡，然后知生于忧患而死于安乐也”。“法家拂士”是讲原则，挑毛病的；是操深虑远，“除邪祟”“疗冤疾”，得“由豫”之道者；

是像焦大、徐怀谦一样厌恶平庸、愚乐、外强中干（教唆茗烟的是贾蔷，“假强”也）的人，绝对不是茗烟那样小贵乍富、肆意妄为、自鸣得意的媚臣谐子——当然，谐臣媚子能得势，必有愚黯、好谀、忮刻、颟顸、顽固自用之主。欧阳修《五代史伶官传序》慨叹唐庄宗之成败曰：“《书》曰：满招损，谦得益。忧劳可以兴国，逸豫可以亡身，自然之理也……夫祸患常积于忽微，而智勇多困于所溺，岂独伶人也哉！”

成窑斗彩与刘老老致富

《红楼梦》第四十一回，史太君带二进荣国府的刘老老游逛大观园，来到妙玉修行的栊翠庵，有两个品茶的场面（栊翠佳色接春陵，妙玉出身之地固与廿八元功之首之蟠香寺有关）。妙玉与宝、黛、钗细品梅花雪，最为读者所叹赏，甚至被某些读者评为小说中最精彩的情节；另一段关于史太君与刘老老“东禅堂”品茶的描写，则很少为人注意：

> 当下贾母等吃过茶，又带了刘老老至栊翠庵来。妙玉忙接了进去。至院中见花木繁盛，贾母笑道：“到底是他们修行的人，没事常常修理，比别处越发好看。”一面说，一面便往东禅堂来。妙玉笑往里让，贾母道：“我们才都吃了酒肉，你这里头有菩萨，冲了罪过。我们这里坐坐，把你的好茶拿来，我们吃一杯就去了。”妙玉听了，忙去烹了茶来。
>
> 宝玉留神看他是怎么行事，只见妙玉亲自捧了一个海棠花式雕漆填金“云龙献寿”的小茶盘，里面放一个成窑五彩小盖钟，捧与贾母。贾母道：“我不吃六安茶。”妙玉笑说：“知道。这是‘老君眉’。”贾母接了，又问：“是什么水？”妙玉笑回：“是旧年蠲的雨水。”贾母便吃了半盏，笑着递与刘老老，说：“你尝尝这个茶。”刘老老便一口吃尽，笑道：“好是好，就是淡些，再熬浓些更好了。”贾母众人都笑起来。然后众人都是一色官窑脱胎填白盖碗。

这段描写中，最引人注意的就是“成窑五彩小盖钟”。按“成窑”，即明宪宗成化年间景德镇官窑瓷器，在明代瓷器中最称珍贵，而成窑五彩，尤无上神品。《博物要览》云：“成窑上品，无过五彩。”“官窑”是专为宫廷烧制瓷器的，妙玉的“成窑五彩”瓷器，和她这个人一样，来历不明。但作者写妙玉请史太君、刘老老用明代瓷器品茶，或望她们生故国之思？以“云龙献寿”为托，或有郑所南《心史》外缄封“大宋世界无穷无极”之意？“史”记帝王之历数，刘老老固“久经世代”者，久经世代者，固宜知汉统之真，而识清历之僭。刘老老酒席间不用瓷杯，而用不怕摔打“厄闰”之黄杨杯，自有深意。

“窑”与《周易》之“爻”同音，如果将“成窑”理解为“成爻”，亦可产生妙解。《周易》揲蓍古法，四营而成易，三变而成爻，十有八变而成卦，其不待四营三变而成者，谓之小衍。《红楼梦》中所成之“爻”，盖剥卦之上九，所谓“硕果不食，君子得舆，小人剥庐”（探春给板儿佛手“吃不得”），亦即复卦初九不远之复。刘老老的对头亲家“王成”之“成”，亦“成爻”之“成”。所谓光复神州，成就王业。这在《红楼梦》只是祝愿期望，所以用“云龙献寿”为托。与春节除夕晚会进行到子夜十二点一阳来复之时，读秒欢呼，共祝愿祖国好同意。马未都称他用成窑斗彩杯喝的茶是一生最贵的，刘老老更不用说。成窑盖钟的寓意，自然也是全书中极为重要的。一阳复生，律应黄钟。五行归土，成窑五色盖钟，即黄钟也。百二十回森罗万象，只为斡旋盖钟中的一阳。

史太君与刘老老所喝之茶，是用“旧年蠲的雨水”所泡，这雨水与妙玉等四人在耳房内品的梅花雪一样，皆阴寒所积。而有了梅花，有了茶，水被烧开了，则阴中生阳。史太君不吃六安茶，因阳之生发，不能安定。她们吃“老君眉”，“老君”者，“老阳”也。宋王观国《学林》卷一：“古之揲蓍者，以九为老阳，以六为老阴。老阳生七为少阳，老阴生八为少阴。”巧姐生于七月七日，为少女，而有时称之为“巧哥”，兼阴阳而言。所谓来复之道，无间男女。

微阳初生，难有作为。只宜潜于九渊，遁于黄钟之管。成窑盖钟被刘老老带走，巧姐最后也“得舆”而到刘老老处避难。五彩之钟，将此微阳盖而藏之，潜滋而暗长之。

刘老老把大半碗“老君眉”一口吃尽，笑道：“好是好，就是淡些，再熬浓些更好了。”虽写出了她的村俗没品位，却也道出了她老人家盼阳之切与扶阳之诚。

成窑盖钟，本是妙玉之物，最终到了刘老老手里。在《红楼梦》诸色人中，妙玉最孤洁而刘老老最村俗，而两人之心，未尝无相通之处。太平闲人《妙复轩评石头记》一再说“书中设为妙玉一人，乃作者自赞其书之妙”。“妙玉”者，“妙语”也，雅俗各极其妙。妙玉之“钟鸣栊翠寺，鸡唱稻香村”诗妙矣，刘老老之红衣女孩抽柴生火的信口开河，亦妙矣，均能为“文妙真人”贾宝玉所心领而神会。

一阳复生，不能久留寂寞空虚之地，应锤炼磨砺，待时而动，见于田，飞于天。此妙玉、宝玉之所以把五彩成窑盖钟送给庄稼人刘老老。妙玉说话好装乔作智，但她让宝玉把成窑盖钟送给刘老老，“只交给他，快拿了去罢”，俨然机不可失，时不再来。而当宝玉的小丫头把成窑钟子来递给刘老老，并说“这是宝二爷给你的”的时候，刘老老接到手里感叹：“这是那里说起？我那一世修来的，今儿这样!”她受了那么多礼物，只有对成爻盖钟的“致谢词”最庄重。以刘老老的教养，她的古董鉴赏水平何以表现得竟像琉璃厂的行家里手？其实刘老老接受的是一项捧天浴日的神圣使命。

刘老老在接受成窑盖钟时，为其“正主”巧姐起名字。她告诫凤姐：“富贵人家养的孩子多太娇嫩，自然禁不得一些儿委屈。再他小人儿家，过于尊贵了也禁不起。以后姑奶奶少疼他些就好了。”所谓“少疼他些”，乃更高一层护持爱惜。君子任重而道远，不可以不弘毅；艰难困苦，玉于汝成。将来巧姐辈能亨屯而济险，保大而定功，自得益于此。

《红楼梦》中的朱子学

传为曾子所撰的《大学》，子思所撰的《中庸》，孔、孟门人记录整理的《论语》《孟子》，统称“四书”或“四子书”。自南宋朱熹撰《四书章句集注》，始有“四书”之名。在很长的一段历史时期内，“四书”被作为封建社会科举取士的初级标准书，也被奉为“圣学之源”。在《红楼梦》作者的心目中，“四书”也有至高无上的地位。贾宝玉说，“除‘四书’外，杜撰的太多”①，“‘明明德’外无书”②，林黛玉初入荣国府，“只刚念了‘四书’”③，这些都是从正面强调“四书”的重要性。小说第二十八回写青年公子们行酒令，贾宝玉建议“用‘四书’‘五经’成语”；第五十回李纨编“四书”谜语，谜底一在《大学》，一在《中庸》。宴乐游戏之际，不忘“四书”，既演通灵宝玉上“莫失莫忘”一句，又演《中庸》“道也者，不可须臾离也，可离非道也”。太平闲人张师吉《红楼梦读法》说此书“祖《大学》而宗《中庸》”“大义阐发《学》《庸》”，确有所见。只是《红楼梦》以儿女情长、家庭细故演绎儒家思想，别开生面，不着痕迹，较之某些之乎者也，非理即文，道学不成道学、稗官不成稗官的作品，自然高出一筹。

明清人所读“四书”，其实即朱熹的《四书章句集注》。虽然统治阶级把朱子之书奉为金科玉律不利于学术的发展，但朱子的《四书章句集注》确是同类著作中的佼佼者。

中国学术大致分汉、宋两派。朱子为宋学宗主，而实兼汉学之长。当代学者张舜徽先生把朱熹作为集两汉经学之大成的郑玄之继承者，其《郑学传述考》云：“元人修《宋史》，列之于《道学传》，其实熹之为学，笃实无虚，与夫束书不观、空谈心性者有所不同，学问极其该博，不仅以理学名也。治经宗尚汉注，

① 《红楼梦》第三回。本书引文第八十回以前从庚辰本，第八十回后从程甲本。

② 《红楼梦》第十九回。

③ 《红楼梦》第三回。

于郑学尤甚推服。”《红楼梦》一书，包罗万象，作者既有格物致知之功，又有悟道通玄之力，于朱子为近。

朱子毕生精力，殚于“四书”。连鄙薄宋学，专与洛、闽为难的纪昀也盛为推服。《四库全书总目提要》称朱子于《四书》，“其判析疑似，辨别毫厘，实远在《易本义》《诗集传》上”①。在笔记小说《滦阳消夏录》中又说：“《论语》《孟子》，宋儒积一生精力，字斟句酌，亦断非汉儒所及。”《红楼梦》第七十三回说贾宝玉于《学》《庸》《二论》“是带注背得出的”，也表明作者对朱子注的肯定和尊重。

《红楼梦》的作者，在一定程度上是宋学的批判者。所谓“杜撰的太多”②，所谓“混编纂”③，所谓“虚比浮词”④，皆切中宋学病根，但尚能为朱子说几句公道话，也算难得。

清代前期，统治者曾极力提倡宋学。康熙五十一年，“理学皇帝”玄烨“以朱子昌明圣学，升跻十哲，位次卜子”⑤。但汉族知识分子，尤其是带有遗民倾向的学者，却极力排斥宋学，提倡汉学，并最终压倒了宋学。清代后期，在科举考试领域，也打出了“圣朝经学昌明，考疑订伪”的旗号，向程、朱宣战。嘉庆十五年（1810）江苏安徽乡试第三场第一题，直接提及《书经》真伪的问题。⑥考生援据阎若璩的《古文尚书疏证》，被宋儒奉为十字心传的“人心”“道心”之类话头，自然可视之为伪窜之文。清朝末年的学者王国维曾不无感叹地说：“雍、乾以后，汉学大行，凡不手许慎、不口郑玄者，不足以与于学问之事。于是昔之谈程朱陆王者，屏息敛足，不敢出一语。至乾、嘉之间，而国朝学术与东汉比隆矣。”⑦ 王氏之言，未免夸张。桐城派方苞、姚鼐、曾国藩等大儒，毕竟还能瓣香朱子，延宋学之脉。

---

①《四库全书总目提要》卷三五。

②《红楼梦》第三回。

③《红楼梦》第十九回。

④《红楼梦》第五十六回。

⑤《清史稿》卷八四《礼志三》。

⑥ 艾尔曼：《清代科举与经学的关系》，《故宫博物院院刊》1996 年第 4 期。

⑦ 王国维：《国朝汉学派戴阮二家之哲学说》。1906 年刊于《教育世界》第 76 号，后收入《静庵文集》，见《王国维遗书》第 5 册。

平心而论，朱子把知识分子从汉唐注疏的烦琐碎屑中解放出来，使儒学焕发了新的生命，功在千秋。我们决不应因他的思想被统治阶级利用而否定其辉煌的学术成就。清代汉学家斥宋学穿凿臆断，空谈误国，这个责任也不应由朱子一人承担。汉学之末流品铜锈、辨蝌蚪，庞杂破碎，其为无用，更甚于宋学。不仅为朱子之罪人，为儒学之罪人，亦中国文化之罪人。

清代是中国古代学术百川汇海的总结性时期，而其主体，为儒家经学。只要我们对清代经学的发展状况稍作了解，就可发现，在官方提倡的程朱理学之外，经学有更加广阔的空间，清代学术的龙头老大——汉学，就是以与程朱理学对立的态度出现。把对程朱某些思想的批评视为反对程朱理学是不合适的，把对程朱理学的批判视为对儒家思想的背叛，更为不宜；把对程朱理学的批评视为反封建思想或“资产阶级思想萌芽”则也有失偏颇。而相对于清代一般的汉学腐儒，曹雪芹对程朱理学的态度要温和、公正得多。

中国古代学者一贯反对以今律古或执古绳今，这和历史唯物主义方法论有相通之处。马克思把历史科学视为“唯一的科学”[①]，总是结合特定的历史发展阶段和特定的社会、文化环境去分析历史现象，即使对人类历史上最残暴不仁的奴隶制度，他也从社会发展史的角度出发，论证它产生、存在的必要性和必然性，研究它的发展过程，肯定它对推动人类进步所起的巨大作用。今天，我国已建立了稳固的社会主义制度，早就应该告别破坏偶像和亵渎神圣的过渡性阶段。即使对程朱理学，我们也应对它进行历史具体的分析，了解它的主要内容，它的方法、体系，它在中国文化史上的地位，它对中国封建社会后期各个方面的影响，它的分合演化，不应再滥用“万恶的”“反动的”“腐朽的”等词汇发泄义愤，摒之万里之外。把这种态度强加于二百多年前曹雪芹这样具有深厚经学造诣和严峻的儒家伦理观念的作家身上，更是无知和荒谬。

曹雪芹对待朱子的态度与同时代作家吴敬梓颇相似。《儒林外史》第三十四回杜少卿针对自己所著《诗说》与朱子有异而解释说：“朱文公解经，自立一说，也是要后人与诸儒参看，而今丢了诸儒，只依朱注，这是后人固陋，与朱子不相

① 卡・马克思和弗・恩格斯：《德意志意识形态》，《马克思恩格斯选集》第一卷，人民出版社，2012 年，第 146 页。

干。”第五十三回又借武书之口说：“做举的，泥定了朱注，越讲越不明白。”

《儒林外史》中的杜少卿是吴敬梓的自传性形象，吴敬梓也有经学专著《诗说》。其友沈大成《全椒吴徵君诗集序》云：“先生少治《毛诗》，于郑氏、孔氏之《笺》《疏》，朱子之《集传》，以及宋、元、明诸儒之绪论，莫不抉其奥，解其症结，猎其菁英，著为《诗说》数万言，醇正可传，盖有得于三百篇者。”①这段话可与《儒林外史》第五十三回武书所说杜少卿《诗说》“引用汉儒的话”相参证。吴氏《诗说》已失传，但由《儒林外史》第三十四回杜少卿关于《凯风》《鸡鸣》二诗的讲解，可略见一斑，虽与朱子不同，但深体物理人情，自是确论。《红楼梦》的作者，对《诗经》也情有独钟。曹雪芹家族成员命名，多取典三百篇，可证其家学。《红楼梦》中作者的代言人贾宝玉，于“五经”中，最先学《诗经》。小说第九回，贾宝玉在学塾已读到“第三本《诗经》”《小雅·鹿鸣》之篇。第七十三回贾宝玉估量自己的学问，“算起‘五经’来，因近来作诗，常把《诗经》读些，虽不甚精阐，还可塞责，别的虽不记得，素日贾政也幸未吩咐过读的，纵不知，也还不妨”。朱熹《诗集传》是明清学塾使用的定本，自然也是贾宝玉所读之本。虽然作者没写贾宝玉能否像《学》《庸》《二论》那样连朱子之注也背得出，但心之所好，可能抵牾不大。

曹雪芹与吴敬梓都深恶八股文，其原因可用《红楼梦》第七十三回贾宝玉的话概括：“原非圣贤之制撰，焉能阐发圣贤之微奥。”第八十一回宝玉讲《论语·子罕》中“后生可畏”与“吾未见好德如好色者也”两章，似因而创，似稚而老，不像《儒林外史》中金东崖，他的《四书讲章》有意与朱子立异，哗众取宠，被杜少卿斥为穿凿不伦。②

以小说传奇，阐圣贤之微奥，也是曹雪芹、吴敬梓的共同取向。质文相循，神奇化腐朽，腐朽化神奇。汉学之注疏考证，宋学之章句语录，再变之后，或为琐碎饾饤，或为无聊空谈。至于分门别派，党同伐异，更等而下之。不登大雅之堂的传奇小说，数变之后，能兼经传诸体之长，“象天地，效鬼神，参物序，制

---

① 沈大成：《学福斋集》卷五。

②《儒林外史》第三十四回。

人纪，洞性灵之奥区，极文章之骨髓者也”[①]，旁通而不滞，日用而不匮，致远而不泥。清代道统正脉，或不在汗牛充栋的《皇清经解》里，而在《红楼梦》《儒林外史》这类别开生面的小说传奇中。

纪昀的《阅微草堂笔记》在乾隆朝文坛堪与《红楼梦》《儒林外史》鼎足，而且气息相通。纪昀自题诗有“寄语洛闽诸弟子，稗官原不入儒家”之句，调侃宋学，未免轻薄。纪昀虽推尊稗官且躬自操觚，但他总纂《四库全书》却很少著录。或因此类著作传统上受轻视，或因它们经不住乾隆时森严文网的检验。而此类著作深入人心，不胫而走，正不必以收入《四库》而增重。

学术是天下之公器，不应义气用事，但贤者难免。当年朱子作《诗集传》，初稿全从《小序》，后因见吕成公推尊《小序》，乃尽变其说。“自是以后，说诗者遂分攻《序》、宗《序》两家，角立相争。”[②] 自相矛盾，力矜气躁，贻误后学。相对于曹雪芹、吴敬梓的温和、公正，朱子九泉有知，亦当感愧。

---

① 刘勰：《文心雕龙·宗经》。

②《四库全书总目提要》卷一五朱熹《诗集传》。

再论“文死谏，武死战”

张岱年《中国文化概论》第九章《中国古代文学》把《红楼梦》视为鼓吹反封建反礼教的作品：“《红楼梦》对封建的国家政治制度、家庭宗法制度、科举制度、婚姻制度以及依附于这些制度的伦理道德、价值规范进行了大胆的否定和批判，成功地塑造了贾宝玉、林黛玉这一对封建官僚家庭的叛逆者形象……把‘文死谏，武死战’的封建道德斥为‘胡闹’……”

我曾作过《红楼问疾之忠烈的遗憾》一文，以为作者对“文死谏”的态度，表现了对明代忠烈之臣过于亢阳愤戾、言路膨胀、不讲方式、骚激声气、自误误国等现象的批评和痛惜，是责备贤者。其言虽浅，但泰华可移，此论难以否定（正如《红楼梦》是一部批判“假敬”、号召真敬、变法复礼之书，同样难以动摇）。

非但如此，后人还有这样的观点：明代帝王，若非士大夫以天下生民为重，危言危行，相与维持，明之灭亡久矣。姚鼐在《翰林论》中针对万马齐喑的清代翰林对明儒的批判，这样为他们辩解：“明之翰林，皆知其职也。谏争之人接踵，谏争之辞运策而时书。今之人不以为其职也，或取其忠而议其为出位。夫以尽职为出位，世孰肯为尽职者？”

感谢《中国文化概论》的编者们，让我更深入地思考这个问题。

那些置个人安危于不顾、仗义直言的士大夫，或“引裾折槛”，或“都亭埋轮”，或“抬棺上书”，甚至自杀以尸进谏，一般不是捍卫君主的权威（忠君），除了前面所言“为民请命，为国除奸，为君主纠过，为天下谋太平”，还有捍卫自己的信念乃至儒家“道统”的倾向。按儒家的理想，君主应该由“吾儒”中人做，而不应该由世路上的英雄做。而事实上只有英雄能夺取政权，而由于传嫡不传贤的皇位继承制，儿孙皇帝、守成之君也难得升堂入室者。但由于任何帝王都希望子孙万代，长治久安，但马上得天下不能马上治之，道统与君统的合作也便成为可能。

在古代，“立法定制”的具体工作，由儒担任。对于有良知的儒者，他们会把民、国、道统放在君主之上，要求君主也遵守这个价值体系（所以有王道亲民、近民等说）。即使朱子，也对封建君主一意孤行提出警告；程子甚至要求封建君主“畏宰相”。如果背叛这个体系，即使不被当作“独夫民贼”诛之（如夏桀、商纣、隋炀），不被当作昏君放之（如大甲），不被谏臣指责，也要被后世史臣贬之，绑在历史的耻辱柱上。事实上，古代所谓“礼”，限制帝王者多而限制臣子者少。贾雨村“正邪两赋”所列“许由、陶潜、阮籍、嵇康、刘伶、王谢二族、顾虎头、陈后主、唐明皇、宋徽宗、刘庭芝、温飞卿、米南宫、石曼卿、柳耆卿、秦少游，近日倪云林、唐伯虎、祝枝山，再如李龟年、黄幡绰、敬新磨、卓文君、红拂、薛涛、崔莺、朝云之流”，其中的男性，为帝王者备受后人讥议，其他人则备受赞誉。其实异地而处，陈后主、宋徽宗若为翰林，必是当家本色；其他人若为帝王，亦足以祸国殃民。郑板桥《念奴娇·金陵怀古·莫愁湖》：“风流何罪，无荣无辱无咎。”以之形容唐、祝辈则可，以之形容六朝君主、唐玄宗、李后主、宋徽宗辈，则不可。当然，使徽宗辈为文士，眠柳宿花，诗酒放诞，不但“无辱无咎”，甚至有誉，今天学者会毫不吝惜地把反礼教、自由、个性、尊重妇女、资产阶级思想萌芽等奖章奉献给他们。

明代学者吕坤有一段话，提到道统与君统的关系：

> 故天地间惟理与势为最尊。虽然，理又尊之尊也。庙堂之上言理，则天子不得以势相夺。即相夺焉，而理则常伸于天下万世。故势者，帝王之权也；理者，圣人之权也。帝王无圣人之理，则其权有时而屈；然则理也者，又势之所恃以为存亡者也。以莫大之权，无僭窃之禁，此儒者之所不辞而敢于任斯道之南面也。

实际上，在封建社会，没有一个帝王作过道统的代表，也没有一个帝王作过学统、文统的代表。曾国藩推举的三十二圣哲，没有一个皇帝。清代乾隆帝作诗四万余首，没有人说他比王士禛厉害。正由于儒士所依据的文化资源是如此雄厚，所以他们面对封建君主的淫威，不是甘心奴颜婢膝，而经常是说硬就硬起来。

封建朝廷一直有朝议制度、谏议制度，纳谏和进谏是古代政治生活中最正常的现象，是统治者兼听而明、行天下之公的表现。明智的君主也会自觉地以儒臣为师友，集思广益。乾隆帝是中国封建专制顶峰时期的君主，也是中国封建社会最后一个大有为之君，他曾一度想恢复三老五更制度。即使这个坚决反对程朱限制君主专制，加强相权的太阿独揽的统治者，面对文臣的据理力争，也不得不服软。《清史稿·刘统勋传》：

> 户部疏论诸行省州县仓库多空阙，上欲尽罢州县吏不职者，而以笔帖式等官代之。召统勋谕意，且曰："朕思之三日矣，汝意云何？"统勋默不言。上诘责，统勋徐曰："圣聪思至三日，臣昏耄，诚不敢遽对，容退而熟审之。"翌日入对，顿首言曰："州县治百姓者也，当使身为百姓者为之。"语未竟，上曰："然。"事遂寝。

乾隆帝欲以满洲笔帖式替换州县官，是清朝政策的表现。在此之前，杭世骏就因上书指责各省督抚尽用满洲官员使弘历暴跳如雷，杭某几遭灭顶之灾。这次他气势汹汹，变本加厉。而刘统勋从容应对，他点头称是。从一个"然"字，我们似乎感受到乾隆帝内心的恐惧和颤栗，他恐惧的不是刘统勋（此公在第二天应对之前，可能也订好了棺材），而是刘统勋背后渊深博大的文化力量，还有历史的审判！

《红楼梦》第七十八回，贾宝玉感叹"奈今人全惑于功名二字，尚古之风一洗皆尽"。其实也未必然。刘统勋的学生、因刘的去世退出政坛的桐城派代表姚鼐，在其《漫咏》一诗中说："秦法本商鞅，日以虏使民。竟能一四海，诗书厝为薪。发难以划除，藉始项与陈。刀笔吏相汉，法令惟所遵。王霸杂用之，叔孙为圣人。盛衰益隆污，治道何由醇？焉知百世后，不有甚于秦？"稍有理解力的人都可以看出，作者在借古讽今，对乾隆朝摧残文化、禁锢思想的政策冷嘲热讽。由此看来，贾宝玉所推崇的"微词"之绪，幽咽泉下，不绝如缕。

斗气、用谋、尚德与改制

——三论“文死谏，武死战”

贾宝玉之论，为明代忠臣烈士不善处生死，自戕祸国，且有损“君父”之德而发，也为他们斗争策略不当而发，而与万马齐喑的清代士流，无甚账算。这在明代后期以来其实是常识，甚至连妇人女子都认识到这一点。梁维枢《玉剑尊闻·贤媛》：“杨忠愍以谏死，王元驭父慨然曰：‘忠臣当如此矣。’母吴氏曰：‘不然，夫人人愿死忠，置人主于何地？不闻古有谏行言听，臣主俱荣者乎？’”贾宝玉“必定有昏君他方谏，他只顾邀名，猛拚一死，将来弃君于何地！必定有刀兵他方战，猛拚一死，他只顾图汗马之名，将来弃国于何地！所以这皆非正死”，较之吴氏维护君父的立场更其鲜明。

明末倪元璐为工科右给事中王元翰所作传记中，有一段论明末党争的话：“倪元璐曰：‘自神祖中叶以来三四十年间，朝廷之局凡三变。其始天子静摄，听臣工群类之自战而不为之理，所谓鼠斗穴中，将勇者胜耳。故其时其血元黄，时胜时败。其既阉寺擅权，宵人处必胜之地，正人亦戢心搏志而甘处不胜，不敢复言战；宵人亦不曰战，直曰禽馘之耳。然其时正人虽婴祸患，其心愈益喜，曰吾君子也。其后魁柄已振，握照虚公，百尔臣工，皆怵然不敢穷战，而阴制以谋，故其时气战者败，谋战者胜；谋阳者败，谋阴者胜。凡明主所钳键以绳贪人者，宵人皆借之以阱正人。其正人既祸败即无可自解，曰吾君子；其宵人亦不靳归名君子，而但使其无救于祸败。宵人正人皆以不敢言党而党愈炽，党愈炽而国是不可问矣。究之指以朋比斥为伪学，窜逐禁锢殆无虚日。予以世患无真品望，不患无真经济耳！所谓道德事功垂之竹帛，贞之珉石，盖概乎未有睹也。嗟乎，此后世之所以衰也！’”倪氏关于“谋战”与“气战”的论断，道出了明末君子忠烈致祸的实质。《红楼梦》第三十六回贾宝玉论文死谏，武死战，也提及“谋”与“气”：“那武将不过仗血气之勇，疏谋少略，他自己无能，送了性命，这难道也是不得已！那文官更不可比武官了，他念两句书污在心里，若朝廷少有疵瑕，他就胡谈乱劝，只顾他邀忠烈之名，浊气一涌，即时拚死，这难道也是不得已！还要知道，那朝廷是受命于天，他不圣不仁，那天地断不把这万几重任与他了。可知那些死的都是沽名，并不知大义。”虽然贾宝玉这段话略带颟顸，但仍不像出自十龄儿童之口，不过是作者用他作为自己思想的传声筒而已。

宋明士大夫，皆好斗气，史家也皆以党争作为两朝灭亡的元恶。而在文史学家眼中，宋明党争激烈频繁的原因，是因为学术（自然也过于简单化）。纪昀《钦定四库全书总目·凡例》：“汉唐儒者，谨守师说而已。自南宋至明，凡说经、讲学、论文，皆各立门户。大抵数名人为之主，而依草附木者嚣然助之。朋党一分，千秋吴越，渐流渐远，并其本师之宗旨亦失其传。而仇隙相寻，操戈不已，名为争是非，实则争胜负也。人心世道之害，莫甚于斯。伏读御题朱弁《曲洧旧闻》致遗憾于洛党，又御题顾宪成《泾皋藏稿》示炯戒于东林，诚洞鉴情伪之至论也。”纪昀《阅微草堂笔记》，针砭程朱之党，有触必发，已接近发狠“斗气”；他编《四库全书》，气脉更壮。

西方有句名言，上帝要谁灭亡，就先让他疯狂。其实何必疯狂，让他常常生气就可以了。一旦生气斗气，他所有的聪明便入歧途。所以智者用谋，最善于激对手生气。诸葛亮借孙权、周瑜的怒气，把三吴数百万众生拉入战火漩涡，骂死王朗，都是经典杰作——王朗被骂死，也是因为他尚有书生的羞耻心，如果是政客，如曹操、司马懿之徒，此计便无用武之地。曹操惊叹陈琳檄文中“赘阉遗丑”的警策，司马懿欣赏诸葛亮所送女装的做工，能有这种度量，自是非常之人。

气战，百害无益，智谋有时而穷，君不见“杰出女性管理者”王熙凤，“机关算尽太聪明，反误了卿卿性命”。至于道德，在党争的漩涡中，即使不成为工具，也会迷失方向。于是《红楼梦》中“汉家制度”，一字万钧，但关键是怎样让这个制度不再“堪叹”！

《红楼梦》女性“缠足”商榷

明清时期汉族人对女性的审美，脚部更重要一些，仅次于头面。光绪二十四年西泠原源子为余知趣《缠足图说》作序，有云：“头面既极美丽，苟不于足下用功，岂非‘半截俊’乎？”“头面美，则有此益显其娇；头面不美，而有此亦可羡补不足。”[①]《红楼梦》又名《金陵十二钗》，其中主要人物，女性居多。作者对女性的描写，美不胜收。其中不少段落，堪称绝妙画本。但一般读者都会发现，作者有意回避对女性脚部的描写。统计所有版本的《红楼梦》，提及女性脚（包括鞋）的文字，不过数处。即使这为数不多的几处，也一带而过。只有第六十九回，贾母看尤二姐，鸳鸯揭起裙子来，贾母瞧毕，称赞“更是个齐全孩子了”[②]，把书中人物和读者的目光引向了女性的脚。可惜作者也没交代尤二姐的脚到底如何“齐全”，甚至连她穿什么鞋子也没写。

《红楼梦》第一回借石头之口，说书中“朝代年纪，失落无考”。作者在人物描写时，对较能体现时代特点和民族特征的地方，往往故为含糊。对于女性脚部的描写，只不过其中一例而已。我们所关心的，是作者对女性缠足的态度，以及由此表现的文化价值取向。

对于今天的人来说，女性缠足，是封建社会戕害女性的野蛮恶习，这毫无疑问。有意思的是，封建社会一些道学先生也反对缠足。如南宋理学家河南程颐老夫子，他活着时不让家中女性缠足；他死后，家族谨秉祖训，也一直不让女性缠足[③]。历代封建帝王，也没有一个人发布诏书，号令缠足。恰恰相反，倒有一些帝王娶不缠足的女子为后为妃（其中明太祖朱元璋的马皇后最为著名），甚至下诏明令禁止缠足。由此看来，缠足不是一种制度，也不在“封建礼教”的范畴之

---

① 高洪兴：《缠足史》，上海文艺出版社，1995 年，第 24 页。

② 见《红楼梦》庚辰本，程本无之。

③ 白珽：《湛渊静语》。

内。它起源比较晚，大约在五代以后。它最初出现，只是一种美容手术而已。

古语云："女为悦己者容。"女性为了美容所表现出的勇敢、冒险精神与顽强毅力，有时是令人惊叹的。从"楚王好细腰，宫中多饿死"，到"小脚一双，眼泪一缸"，其中有多少女性的梦想和辛酸。

美容有时要以牺牲健康甚至戕害身体为代价，一旦成为风俗，危害更大。像缠足这样的陋习，它除了使成千成万无辜女性遭受刖刑，身心摧残，还有更大的危害。《周易》所谓扶阳抑阴，也只是在阴长阳消之时。只是除了像程颐这样具有坚强人格的道学家，有几人能抵挡"于礼无征"的美容风潮。

熟悉清代历史的人，都知道这一时期统治者禁止缠足最严厉，也最为持久。入关之前，即屡有重禁；定鼎北京后，又于顺治二年乙酉（1645）、康熙元年壬寅（1662）、康熙三年甲辰（1664）先后颁诏严禁。康熙三年的诏书中规定，如发现违法裹足者，其父母家长乃至有关地方官员，都要交部议处。由于立法太严，且事涉闺门暧昧，易生弊端，至康熙七年弛禁。但这只是对汉族妇女而言，八旗女子仍严禁缠足，且在乾隆、嘉庆、道光各朝，又多次重申禁令。清朝统治者能以急行军的速度征服中国，能令汉族男人剃头辫发改衣冠，竟不能让汉族弱女子不缠其足，这已令人奇怪；更令人奇怪的是，中国历史上的缠足之风，又是在清代，"到了登峰造极的鼎盛时期"①。对这种现象，仅以习染难去来解释是远远不够的。应该说，清代汉族民众对缠足之风的坚持，还表现了在新的形势下保持民族传统的努力。清代初年，谁要响应新朝"仁政"，为女性放足，可能会受到汉族士大夫攻击。孙之獬效顺清朝，"臣妻放脚独先"②，王熙疏禁缠足，"为臣妻先放大脚事"③，都被当作笑料，流传不衰。

清朝统治者禁止缠足，其出发点并不是保护汉族人的健康，提高其人口素质，而是与剃头辫发改衣冠一样，作为被征服的标识。当他们认识到缠足属自戕自弱，更便于其统治，便乐得做个顺水人情，解除禁令。所以清代汉族人民捍卫民族个性的这种努力，有其悲剧性的一面，也有其非理性的一面。好在后来一些

---

① 高洪兴：《缠足史》，上海文艺出版社，1995 年，第 23 页。

② 史惇：《恸余杂记》。

③ 独逸窝居士：《笑笑录》卷六。

有识之士也认识到了世人迷醉金莲的危害，反对者越来越多，反对之声也越来越强烈，缠足的陋习最终在民国时期消失。清末民初的红学家王国维就曾写过赞美天足女子的词，调寄《蝶恋花》：

> 窈窕燕姬年十五，惯曳长裾，不作纤纤步。众里嫣然通一顾，人间颜色如尘土。　一树亭亭花乍吐，除却天然，欲赠浑无语。当面吴娘夸善舞，可怜总被腰肢误。

据赵万里《王静安先生年谱》，这个“窈窕燕姬”，是一个开羊肉馆的满洲少女。他的另一首《菩萨蛮·玉盘寸断葱芽嫩》①，亦为此女而作。词中所说的“吴娘”，或者就是林黛玉这样的人。由此可见，王国维在对女性的审美观上，与曹雪芹并非一路。

综上所述，缠足并非一简单的现象。不同时代对它有不同的认识，相同时代的人们，对它的认识也互有差异。即使同一个人，对待女性缠足的态度，也会有矛盾。

从《红楼梦》的内容看，作者可能不属于“莲迷”一族。再考虑曹雪芹创作小说时“茅椽蓬牖，瓦灶绳床”“举家食粥酒常赊”的生活状况，手把金莲，甚于画眉，对他也不太现实。但作者似乎对缠足并不厌恶。第七十八回《芙蓉女儿诔》“捉迷屏后，莲瓣无声”就能说明这一点。晴雯是小说中很重要的人物，其聪明俏丽，为大观园丫鬟之首。第五回宝玉太虚观册，首先翻看的就是她的判词。晴雯缠足，还有一证，第七十回：“那晴雯只穿葱绿院绸小袄，红小衣红睡鞋，披着头发，骑在雄奴身上。”据《清稗类钞·服饰类》：“睡鞋，缠足妇女所着以就寝者。盖非此则行缠必弛，且藉以使恶臭不外泄也。”

《红楼梦》作者欣赏裹足，这又可从相反的方面证明。大观园丫鬟中，与晴雯处在两个极端的是傻大姐。第七十三回说她“年方十四五岁……生得体肥面阔，两只大脚，做粗活简捷爽利，且心性愚顽，一无知识”。此人为天足无疑，

---

① 王国维：《苕华词》。

而且是小说中唯一可肯定是天足的人。但她乃警幻仙子所不能教化者，绝对不会成为作者所歌颂、赞美的“情种”。贾宝玉对她也不会感兴趣。

《红楼梦》善于用曲笔，有时虽没写女性的脚，但从姿态上可以推测是缠足。如第三回写黛玉“行动处似弱柳扶风”，第六十三回写邢岫烟“颤颤巍巍的迎面走来”，步履纤纤，不类满洲女子之洒落。

曹雪芹欣赏小脚，与传统审美习惯有关，也与缠足在清代被当成民族个性的标识不无关系。另外，作者是满洲包衣，自家女性不裹足，对女孩子在裹足过程中所受的痛苦和煎熬，缺乏直观感受，对女性的裹足，也就少了一分厌恶和义愤。

《红楼梦》中写女性脚部的文字之所以很少，除了与作者有意回避民族特征太明显的事物有关外，还与作者严肃的创作态度分不开。封建社会女性纤足，一般女性都视为性命，严藏深护。有记载说，当时女性洗足缠足，“日间则掩闭房门，夜间不喜燃灯”，甚至在丈夫面前，也要“匿身床侧放罗帏以自遮”①。高洪兴先生《缠足史》论缠足与性的关系说：“在那个时代，女子的脚被丈夫以外的男子摸着，或者她的弓鞋被人偷走，就像被人强奸，失了贞洁一样……正因为这样，女子将纤足都保护得十分严密，决不让丈夫以外的男子看到摸到，即使是妓女也不肯轻易让人抚摩，而纤足上的服饰如袜如履都属于亵物，即令是父兄子侄，对此都避如蛇蝎，不敢越雷池一步……唯因如此，在一些严肃的图画和影戏中，是不见裙下三寸的。”② 毫无疑问，《红楼梦》是最严肃的文学作品，笔墨也最为洁静；书中的女性又大都是行止见识胜过须眉的“尊贵”之人，不容轻薄亵渎。小说中的“隐足”现象，就更容易理解了。

这样说来，《红楼梦》回避对女性足部的描写，并不是一个特殊的现象，其原因也完全可在传统的范畴内解释。有的研究者以为这反映了作者“难能可贵的民主意识和个性意识”③，也可资为参照。

---

① 高洪兴：《缠足史》，上海文艺出版社，1995 年，第 110 页。

② 高洪兴：《缠足史》，上海文艺出版社，1995 年，第 116 页。

③ 顾克勇：《〈红楼梦〉“缠足”小议》，《济宁师专学报》1998 年第 2 期。

从蟠香寺到栊翠庵

——《红楼梦》的光武情结

前四史皆关系炎汉兴亡，而清人对《后汉书》情有独钟，其原因自然是多方面的。首先是范史宗旨较正，既不贵货殖、进游侠，也不轻仁义、贱守节、否正直，又不掺杂违心诡撰之词。王鸣盛赞范史："贵德义，抑势利；进处士，黜奸雄；论儒学则深美康成，褒党锢则推崇李、杜；宰相多无述，而特表逸民；公卿不见采，而惟尊独行。"（《十七史商榷》卷六一《范蔚宗以谋反诛》）这种观点颇具代表性。王氏身列清华，生当乾隆朝文网严密时代，不顾统治者对《后汉书》多次吹毛求疵（相关诗文刊于《四库全书》本《后汉书》卷首），维护范史权威，甚至对历史上批评《后汉书》的人也加以批评。

王鸣盛对《后汉书》的赞美，也是对东汉政治制度、风俗、学术的褒奖。而这一切，又奠基于光武帝刘秀。作为皇族后裔，曾经是谨厚乡绅、学者和种田高手的刘秀，当王莽篡位、赤眉起事、群雄扰攘之际，从容崛起于陇亩，"沉几先物，深略纬文"（《后汉书·光武帝纪下》），削平祸乱，抵定太平。创业守成，两无遗憾。其德才兼美，虚衷礼让，勤政好学，省吏薄赋（光武后期全国文武官吏仅七千余人，三十税一），师友父子君臣之间，恩礼始终，尤为历代帝王所难能。王夫之《读通鉴论》虽然对他好符谶等事不以为然，但仍然说："自三代而下，唯光武允冠百王矣。"

清人赞美《后汉书》、赞美光武帝及其风云际会的将领，赞美东汉士风民俗，甚至整个清代，为东汉学术（许、郑、何）所笼罩，也许还有更深层的原因。王夫之说："三代以下，唯汉绝而复兴，后世弗及焉，有以夫！"（《读通鉴论》卷六）此言道出了个中奥秘——当然要体会王夫之话中的潜台词：为什么朱明崇祯以后，宗室块肉入手即腐，没有出个光复故物、踵事增华的刘秀，甚至连个偏安继绝的刘备也没有？从更深的心理层次，人们在呼唤、在祈祷光武式的人物出现，恢复中华，洗涤乾坤，再造太平。

从崇祯自尽以后，汉族人民就期待光武式人物出现。吴三桂在崇祯十七年四月给多尔衮的信中就说："我国积德累仁，讴思未泯，各省宗室如晋文、汉武之中兴者，容或有之。"（《东华录》卷四）顾绛改名炎武，即与刘秀好服绛衣，擅武略、复炎统有关（钱谦益藏书处为绛云楼，命意接近，顾炎武之改，或许怕想收他为门下的钱氏埋汰了自己）。当福王在南京即位后，顾炎武作《大行哀诗》，有"秘谶归新野，群心望有仍"之句，用光武、李通故事。此后南明诸王君臣，无不以光武相勉。只是南明皇帝，多暴戾任性，末年横征暴敛，更失人心。加之明臣多出身崇尚虚浮的八股先生，无东汉人之质朴经术，所以旋起旋落，劫波难回。

《红楼梦》一书，没有出现刘秀、光武半个字，却有深沉、执着的光武情结。书中多方面多层次用多种笔法给读者提示，大都有迹可求，有典可据。脂批所谓"不写之写""虚敲实应""羚羊挂角""草蛇灰线""空谷传声""背面敷粉""云龙雾雨""暗度陈仓""打草惊蛇""拆字""暗透"等等，虽然未免故作玄虚，也道出了一些底里。此《石头记》所以有妙玉（妙语）、贾宝玉所以封"文妙真人"也。

荣宁二府都是东汉胶东侯贾复的后代。贾姓源远流长，周康王封唐叔虞的小儿子公明于贾，春秋时为晋所灭，子孙以国为氏，何必自东汉贾复以来，才分枝散叶？西汉上《治安策》的贾谊，似乎比贾复名气更大。作者自于贾复名字身份有所取。说张良、萧何必及汉高祖，说诸葛、关、张必及昭烈帝，提到"贲宠隆于四七"（《全唐文》卷八八五徐铉《唐故德胜军节度使检校太保同中书门下平章事扶风马匡公神道碑铭》）的破虏将军胶东侯贾复，谁能忘记"允冠百王"的光武帝刘秀呢？

无论作者梦想光复中华，还是致治太平，最好的典范都是"光武中兴"。

汉、明都是火德应运。光武帝与朱元璋的诞生，皆有赤光照室之瑞，且朱元璋更昭显些个，以致邻居以为朱家遭回禄，提着水桶来救火。光武帝起兵不久，即有他当年在长安时同舍生强华自关中奉《赤伏符》曰："刘秀发兵捕不道，四夷云集龙斗野，四七之际火为主。"《后汉书》卷一《光武帝纪上》这二十一个字不仅增强了刘秀的自信，也提高了他的号召力，堪称胜过百万兵。从某种意义上说，《红楼梦》就是一部演绎华夏光复之道的《赤伏符》，千头万绪，指向培木生火，炎德重光。拙著《红楼心史》丛书中《红楼易学摭谈》已发掘不少，但仍有无穷剩义。

就《红楼梦》建筑来说，妙玉先后修行所在的苏州玄墓蟠香寺与京城贾府大观园之栊翠庵，都有木盛生火之意，且都与光武君臣有些瓜葛。“蟠香”与“栊翠”都可用《光武本纪》中苏伯阿赞美舂陵郭的话来解释：“气佳哉，郁郁葱葱然。”

苏州吴县西南部太湖之滨的玄墓山，又名邓尉山（玄墓在阳，邓尉在阴），俗称光福山。邓尉之得名，传说因东汉邓禹（贾复初会光武，由邓禹介绍）晚年曾隐此山，学者们考证知其非，但情感上仍然丢不下这位四七元功之首。而在光福山，云台二十八将中贾复等其他二十七人，也有祠庙，被当成土谷神供奉。邓司徒庙也称土地堂，本是“大树将军”冯异之庙。在玄墓有三处邓将军庙，一在光福南街，一在志理村，一在顾巷，据说是邓禹兄弟三人各居一村。

据吴梅村《赠内翰林国史院检讨邓公墓志铭》：“邓氏盖高密侯苗裔，宋建炎中有右正言讳肃者，渡江入吴，归隐于洞庭。”邓禹后代迁吴在宋代，玄墓山邓禹等二十八处祠庙又建于宋代，这之间或许有联系。如果是在南宋，可能不仅为慎终追远、眷怀祖先，应与北定中原、光复故物的心理也有关系。

光福之得名，是因南朝梁太学博士顾野王舍宅建光福寺于邓尉之龟峰而得名（玄墓山也称顾氏家山，至今顾氏宗亲游光福不收门票）——顾氏是少康、勾践之后，也是善于复国的家族。梁国姓为萧，开国皇帝为汉初三杰之一萧何之后、南兰陵（毗陵、常州）人萧衍，梁武帝为齐偏将时就有人预言“萧王大贵”，齐和帝中兴二年进爵为梁王，这自然是为禅位做准备。光武帝曾被更始帝刘玄封为萧王。乾隆帝有诗云：“萧王好谶终兴汉，越子包羞却灭吴。”南朝的萧王其实好谶更甚，有六十四条之多。

至于玄墓之得名，则因东晋青州刺史郁泰玄葬此。为避康熙帝之讳，清人称之为元墓。青州、郁氏，也令人联想起木旺火伏。青州在东方，《礼记·礼器》：“大明生于东。”郁泰玄刺史于东而葬于南，有木生火和有木星入南斗之象。孙光宪《北梦琐言》载唐乾符年间术士边岗因木星入南斗告晋公语："木星入斗，帝王之兆。木在斗中，朱字也。"《旧五代史》附会于后梁太祖朱温。清代反清组织天地会奉"木斗立世香主"，可能受此启发。《红楼梦》第三十九回刘姥姥方讲十七岁穿红衣的茗玉雪地里抽木柴的故事，贾府东南方向马厩就火起（马为午火），自有寓意。

"蟠香寺"《红楼梦》前不见载籍，高启《钟山雪霁图》有"山势识龙蟠，香台拥翠峦"之句，鉴于明太祖孝陵钟山脚下龙蟠也产梅，与玄墓齐名，作者又熟悉高启咏梅诗，或者出典于此。清初曾斩伐孝陵林木（可能殃及古梅），致"葱郁三百年者，一旦遂同赤地"，这可能是为了厌胜，与元初杨琏真迦发南宋诸皇陵建镇南塔是同样伎俩。

不过玄墓确以"香"闻名，所谓"香雪海"即其地。除梅花香外，柏香也很有名，特别是邓司徒庙（"香林第一殿""柏因社""古柏庵"）中被乾隆帝御封的"清、奇、古、怪"四柏，据《光福志》，清代为了防止人们折枝条刮柏香，特建铁栏护之。咏邓尉古柏者，多与成都武侯庙古柏相比，且以为胜之（《本草纲目》以孔明庙柏香为名品"甘香异常"）。而诸葛亮与光武、邓禹都起于南阳，且都从事光复炎汉。司徒庙四松中的"怪"松，可能基因有变异，枝干皆虬曲如龙蟠，似轩辕墓之龙角松。

苏州是文采繁华之地，盛产状元、翰林，但光福一带，风俗相对淳朴，为高人雅士所向往。明末苏州忠烈杨廷枢、明遗民代表徐枋、清初诗坛领袖吴梅村（邓尉山圣恩寺藏经阁，为吴梅村奉母朱太夫人命建，毗陵秦氏助缘）、明史馆总裁徐乾学、经学大师惠栋……或曾在此居住，或死后埋葬于此。而邓尉、灵岩之间，为清初中国佛家中心，其中有和尚而遗民者（如临济三十二世继起，为佛家忠明势力的代表），有遗民而和尚者（如熊开元、董说）。有研究者说康熙、乾隆二帝南巡，屡次到偏僻的邓尉、灵岩，赋诗赐额，赏赐稠叠，和平息这一代僧俗反清意识有关，似乎理所当然。

中国佛家初兴，因金人入汉帝（即图二十八将于云台的光武令子汉明帝刘庄）之梦。达摩为法求人，间关东来，因"赤县神州有大乘气象"。中国佛家在汉族农耕文化圈成长并与之磨合，成为中华文明的一部分。即使佛家为了生存，有依附掌握国家机器世俗政权的必然需要，也“到底意难平”。清初有些佛家人士对明朝的忠贞不渝，为某些遗民义士所不如。

“赤伏符”之“赤”，火也，赤统也；“伏”，藏也，蓄而未发也，潜龙待时也。火藏伏的最佳处所是木石。黄宗羲曰：“君子退藏于密，犹火藏于木石而已。”中华文明发端之钻燧取火，为木石因缘。孔子《春秋》绝笔之获麟，亦赤伏符，古《琴操》言哀公十四年春鲁国采薪者获麟，孔子奉麟之口吐三卷图书，其一即为“赤伏刘季兴”。光武刘秀之舂陵佳气，昭烈刘备之楼桑，皆木盛，阳火之资也。“楼”字，本身有“复”象，可为木盛之形容，花之复瓣者为楼子花，树之高大茂盛者为楼子树。《红楼梦》第三十一回“因麒麟伏白首双星”史湘云与婢女翠缕在大观园有一段关于花木的对话：

> 翠缕道：“这也和咱们家池子里的一样，也是楼子花？”湘云道：“他们这个还不如咱们的。”翠缕道：“他们那边有棵石榴，接连四五枝，真是楼子上起楼子，这也难为他长。”史湘云道：“花草也是同人一样，气脉充足，长的就好。”

文中第一个“楼”字，为花之复瓣；第二个“楼”字，为树之高大茂盛。扶阳抑阴之意，见乎其中。曰“红楼”、曰“蟠香”、曰“栊翠”，皆可相通。“蟠”有伏藏蓄积之意，“栊”有汇聚囊括之象，惟将木气积聚，才成“楼子”，其燃烧才能旺盛红火，此亦自然之理。

《石头记》中的光复之梦，是一种美好愿景，扎根于中华众生不死之心，隐现于麟笔之进退褒贬。善藏者羚羊挂角，无迹可寻；能察者众理皆具，暗然日章。不善藏者如海棠先梅，冬行春令，徒为花妖；如其心已死，其性胶执，恐怕如朝菌夏虫，难喻乎寒冰晦朔。

“圣瑞火德”的明太祖朱元璋发身于皇觉寺，其称帝前，曾自称吴王。《红楼梦》之梦，无与般若；蟠香寺、栊翠庵花木繁盛，关甚禅机（栊翠庵十月盛开雪中的梅花与九曲十环一百二十节的竹根雕盏，甚至违背物理）？

清初僧人木陈道忞应召入京（有点像董说《西游补》中与小月王相见的杀青

大将军陈玄奘），成功使福临回向佛家，又劝止福临随他出家，作“拖泥带水”、护法弘法的人间帝王。这位“弘觉国师”，曾打过与玄墓圣恩寺、“天下灵岩”皆有渊源的前南明宰相熊开元，并曾住持青州明衡王府舍所建之法庆寺，有文献记载，“黑海心悲只问禅”的林四娘也曾受其教导。此公在与新朝“合作”之前，一度是最激烈的忠明派或复汉派。曾有一南明将军见天下事难为，欲随他出家，木陈赠诗以光复相勉：

倒翻大海洗青天，火德吹教死复燃。
拨乱方才成至治，曹溪不说太平禅。

帝化旁分阃外天，苏途四海谊当然。
问君何日昆阳战，倚马长书露布禅。

《红楼梦》与《战国策》

太平闲人张师吉《红楼梦读法》云："是书叙事，取法《战国策》、《史记》、三苏文处居多。"《战国策》善写计谋应对，章学诚称之为"行人辞命之极"（《文史通义·诗教上》），《史记》、三苏文亦深受其影响。刘熙载《艺概》："《国策》文有两种，一坚明约束，贾生得之；一沈郁顿挫，司马子长得之。"三苏奉"六国都宰相"的苏秦为祖先，其受《战国策》影响更是理所当然，这也是朱熹称苏轼学术"不纯"、列之杂学的原因。

《红楼梦》文本中，提到《战国策》只一次：第七十三回贾宝玉检讨自己的学问，"至于古文，这是那几年所读过的几篇，连《左传》《国策》《公羊》《穀梁》、汉唐等文，不过几十篇，这几年竟未曾温得半篇片语，虽闲时也曾遍阅，不过一时之兴，随看随忘，未下苦工夫，如何记得"。看来宝玉看的是类似林云铭《古文析义》（小说中还提到他的《庄子因》），或吴氏兄弟因袭《古文析义》所编之流行本《古文观止》之类选本。

所谓脂批，也有一处提及《国策》，第三回黛玉初到贾府，听人报："宝玉来了！"黛玉心中正疑惑着："这个宝玉，不知是怎生个惫懒人物，懵懂顽童？"甲戌侧批："文字不反，不见正文之妙，似此应从《国策》得来。"

我本人在读《红楼梦》时最强烈地联想到《战国策》，是读到袭人挟制宝玉、固结王夫人之类文字的时候。其简练揣摩，似苏秦之抵掌赵王；其循循善诱，如触龙之说赵太后；其危言动人，胜范雎之见秦王。英雄不问出处，《战国策》中穷巷掘门、桑户棬枢的流浪汉能言善辩，可玩诸侯于鼓掌之上，取卿相如探囊，壮寒士之心。袭人出身下层社会，以丫鬟而操纵主子，也为贫女张目（虽然作者不这样认为），连对袭人深恶痛绝的太平闲人在袭人向王夫人告密一段文字后也大赞"皎皎如月，滔滔如河"，不以人废言。

从《春秋》末年政在家臣开始，"士"这个阶层，就进入了最扬眉吐气的时代。对于他们，所谓国，所谓君，不过是自己谋取富贵、成就声名的小小棋子和傀儡。而摆脱道德羁绊的士子，充分发挥了他们的潜力，《战国策》之雄隽、敷张、扬厉、恢奇、汪洋恣肆，也是那个时代知识分子精神风貌的表现。

如果我们把战国视为历史上“士”这一阶层首创性和自立精神发挥的最充分的一个时期，则秦汉而后，基本上每况愈下。

汉代去古未远，贾生史迁，自然流风可追；何况《战国策》既为刘向编定，或许增加了一些汉人雄厚的气质，也未可知。

汉魏之际，合久而分，如东周情形。时势艰危，英雄割据，唯才是举，各竭智虑，一时英雄辈出，颇有些战国气象。建安风骨，不让先秦诸子。

隋以后虽然科举取士，然唐代兼容，宋代右文，韩潮苏海，犹能见国士无双之余波微澜。韩愈在毛遂自荐的《上宰相书》中，对战国之士出仕“于周不可，则去之鲁；于鲁不可，则去之齐；于齐不可，则去之宋、之郑、之秦、之楚”，似有羡慕之意，但谁让他生不逢时。

章太炎认为，自宋朝以后，中国的“士”失去了自立精神。这一点，曾批评科举把士变成“盗贼”（比贾宝玉“禄蠹”还要严厉）的朱熹，就已感觉出来了，他曾慨叹：“人须是气魄大、刚健有立底人，方做得事成。而今见面前人都恁地衰，做善都做不力，便做恶也做不得那大恶，所以事事不成。故孔子叹不得中行而与之，必也狂狷乎？人须有些狂狷，方可望。”（《朱子语类》卷四三）至于造成这种现象的原因，除了科举的束缚，封建专制的加强，朱子本人耗费毕生心血所建立的“致广大，尽精微，综罗百代”的理学体系，也有一份“功劳”。《红楼梦》中妙玉说宋朝以后无好诗，诗为心声，既然作诗的士人阶层心灵普遍狭隘堕落，自然写不出好诗。涂瀛（读花人）《红楼梦论赞·柳湘莲赞》说“然纨绔中无雅人，文墨中无确人，道学中无达人，仕宦中无骨人”，正是明清儒林写实；即使奸臣，也气局偏狭，量小易满，奸而不雄，“便做恶也做不得那大恶”——贾雨村得到甄府丫鬟为妻妾，便欢喜得不行，还希望他如所谓曹雪芹祖先老阿瞒那样轰轰烈烈，气吞宇宙，挟天子令诸侯、窃国盗天下、整顿乾坤、改天换地？

《红楼梦》的作者，有严峻的道德观念，他和历史上很多人那样欣赏战国纵横之士的才辩智谋，但鄙视他们的朝秦暮楚，侥幸行险，有才无德。苏秦“人生世上，势位富贵，盖可忽乎哉”，正堪做空空道人《好了歌》只有功名、金银忘不了之注脚。而后者的诛贬，更严厉一些。《红楼梦》中的袭人自表心迹是为了“争荣夸耀”（第三十一回），作者对她的态度也显而易见。

顾炎武《亭林集》卷五《华阴王氏宗祠记》：“昔春秋之时，弑君三十六，亡国五十二，而秉礼之邦，守道之士，不绝于书，未若今之滔滔皆是也。此五帝三王之大去其天下，而乾坤或几乎息之秋也。”其实不仅是春秋之时，战国之时守道之士亦未尝绝迹。颜斶之归真返璞，鲁仲连之义不帝秦，百世之下，犹令人想望风采。即使明清之际，王船山之壁立万仞，顾亭林之明夷坚贞，仍然是寒泉硕果。此《红楼梦》所以于待时飞、求善价、趋时尚的人丛中着一甄士隐也。甄士隐恬淡功名，居易俟命，有似颜斶；其抢过道士褡裢，一声“走罢”，掷地有声，担荷天下兴亡，舍我其谁！其见义而作，俨然鲁仲连！

红楼史案：山子野（山子张、万季野）

大观园是《红楼梦》中人物活动的主要舞台，也是一个具有复杂象征寓意的载体。它的建造者，当然应该引起研究者的重视。

在《红楼梦》的人物中，大观园的修建者命名最为诡异，虽然只在第十六回出现过，但异文有多种。脂批系统中，一般称他“老明公号山子野”，但梦稿本、舒序本在“老”字之前，又加了个“胡”，甲辰本则以“名”字代“明”字。程本作“胡老名公号山子野”。

“山子野”之号，由清朝前期园林建筑世家“山子张”化来，自然有张涟、张然父子的影子，很多研究者也指出这一点。但《红楼梦》命意隐微，一手多牍，此人其实还兼指对《明史》编纂做出最大贡献的万斯同。

万斯同，字季野，号石园，浙江鄞县人，师承黄宗羲，博通经史，尤精明朝史事。康熙十八年，受监修明史总裁徐元文、叶方蔼之聘，与侄万言北上，以布衣参史局，不署衔，不受俸，无纂修之名而有总裁之实，先后协助明史总裁徐元文、张玉书、陈廷敬、王鸿绪。诸总裁“建纲领，制条例，斟酌去取，讥正得失，悉付斯同典掌”（钱林：《文献徵存录》卷一，咸丰八年有嘉树轩刊本）。历二十余年，劳心史事，且聚缙绅讲学。康熙四十一年去世。

清代文禁森严，这在另一方面令清代文人工于趋避。除谐音会意之外，还有以同韵相代者。壁立万仞的顾炎武，也精于此道——或者替他编刊文集的贤甥“玉峰三徐”，精于此道，这些人身份有些像《儒林外史》中编纂宋、金、辽史的危素，王冕所谓“有诡”气者。如以“虞”“牧”代“胡”“虏”，较常见。《亭林诗集》卷二《路舍人家见东武四先历》，以“东”代“隆”，以“先”代“年”。对这些避讳，连明史掌故家谢国桢有时也不知所云，曾以“东武”推测为淮王年号。

《红楼梦》以“山子野”代“万季野”，第一字两名同韵，第二字两名谐音（其实在有些地区“子”和“季”发音相同），第三字两名则完全相同。“山子野”，音谐“瞎子也”，可指万季野由于编纂明史，积劳成疾，双目失明事。

说《红楼梦》中有明史公案，这已无需证明。金陵十二钗、姑苏十二戏子，隐指参与《明史》编纂的博学鸿辞之徒，也很容易看出。所谓大观园，兼指明清宫廷、明史馆、明史。蔡元培《石头记索隐》，其所指人物原型，大都是明史馆中人。虽然过于胶着，但绝非毫无影响。

山石张建园的高峰，正与明史编纂的高潮同时。山石张父子与《明史》编纂者也多有交往。他们在南方给热衷明代历史纂述的钱谦益、吴梅村修过拂水山庄、竹亭别墅，张涟甚至曾嘲笑钱、吴贰仕清廷，二人不以为悖。在北京，给曾主持明史编纂的冯铨、王熙修过金鱼台别墅和怡园，为主持博学鸿词考试的冯溥修过万柳堂（亦园）。其中万柳堂其实就是明史编纂者公余聚会的主要场所。至于经山石张修葺的三海西苑，是明清历史的主要舞台，明史馆成员多有赐居苑内者。

其实建园与修史，也有相通之处。苟能进乎技，皆可合乎道。黄宗羲在《张南垣传》中写张涟建园：

> 涟为此技既久，土石草树，咸能识其性情。每创手之日，乱石如林，或卧或立，涟踌躇四顾，主峰客脊，大岩小磝，皆默识于心。及役夫受命，涟与客方谈笑，漫应之曰：“某树下某石可置某所。”目不转视，手不再指，若金在冶，不假斧凿。人以此服其精。

比较黄宗羲后学全祖望《万贞文先生传》写万斯同修明史：

> 诸纂修官以稿至，皆送先生覆审。先生阅毕，谓侍者曰：“取某书某卷某叶有某事，当补入；取某书某卷某叶某事，当参校。”侍者如言而至，无爽者。《明史稿》五百卷，皆先生手定。

可谓异曲同工者矣。

“名公”二字，在古代一般与“巨卿”连用，称呼有名望的官绅，好像比“先生”还庄重。一个建园的手艺人，无论他名气怎样大，不直呼之为“石匠”

就算有名了，称之为名公，未免名器之滥，更何况还在前面加上个“老”字。而万斯同虽然是布衣，但学高望隆，“自王公以至下士无不呼曰万先生”（全祖望《万贞文先生传》），自处亦崖岸高峻，“先生在史局时，周旋诸贵人间，不肯稍自贬抑，其题刺则曰布衣万斯同，其会坐则摄衣登首席，岸然以宾师自居”（陈康祺《郎潜纪闻》卷一二）。看他的气概排场，称之为老名公，实在当仁不让。

乾隆初任《明史》总裁的张廷玉《恭进明史表》曰：“惟旧臣王鸿绪之史稿，经名人三十载之用心，进在彤闱，颁来秘阁，首尾略具，事实颇详。”清代满洲人即使是王公，也对皇帝称“奴才”，汉族人一般称“臣”。对皇帝将本朝人称之为“名人”，好像没有先例。乾隆帝见此疏，可能也会嘀咕“哪个名人”。张廷玉应该说“经史臣（或史馆诸臣）三十载之用心”才是。但万斯同以明遗民自处，天下皆知，张廷玉若让他向清廷称臣，未免得罪斯文，故为此笼统含糊之说，而《红楼梦》中遂出现“胡老明（名）公”之诡词。

“明公”二字，一般作第二人称之尊称用，很少见到作第三人称用的时候，这里的“明”字或指万斯同的故乡宁波。宁波明以前称明州，朱元璋称帝，避国号而改。但清人提及宁波风物，仍用古称。黄宗羲《送万季野北上诗》有“四方声价归明水，一代贤奸托布衣”之句（《南雷诗历》）。万斯同《鄮西竹枝词》，有“国史但传四君子，明山尚有五先生”之联。《红楼梦》中的“老明公”或指万季野是宁波来的老先生。

据惯例，山子野似乎姓“野”，而由“胡老明（名）公”，似乎应姓“胡”。看来不能以常例推论。此名可理解为被胡廷奉为老先生的人，是明朝遗民。这样也符合万斯同身份。

太平闲人张师吉《妙复轩评石头记》十六回回末总评，把“山子野”解释为“三子也”：

> 首回明提空空道人改名情僧，改《石头记》为《情僧录》，此其一；东鲁孔梅溪题曰《风月宝鉴》，此其二；曹雪芹增删纂成题曰《金陵十二钗》，此其三。一隐姓字，二出姓字，皆筹画凤藻宫尚书，起造大观园之人也。特于卷中用“全亏一个胡老名公，号山子野”两句点出三人，乃设为问答之

词。若曰筹画此书，起造此园，所赖者何老名公乎？则答之曰三子也。胡，何也，南音“山”“三”不分，“也”音同“野”。看“老名公”三字，作者自许为如何？

太平闲人之解，亦是一说。但加上脂本“至吴玉峰题曰《红楼梦》”，似乎应该“四子也”才是。不过太平闲人所谓的“设问之句”，令人联想起有关万斯同的一个典故。黄宗羲之子黄百家《万季野先生斯同墓志铭》：

余在京时，见立斋先生，论一事曰：“万先生之言如此！”一朝士问曰：“万先生何人？”答曰：“季野。”又问：“季野何人？”立斋先生怫然他顾曰：“恶！焉有为荐绅而可不识万季野者！”

封建社会等级森严，读过《儒林外史》的人，一般会领略明清人于功名一毫难以假借的风俗。万斯同不过一布衣诸生，如未中举前范进一流人物，胡屠户都不放在眼里的货色，竟被王公巨卿奉为宾师先生，对于一般人真是奇了怪了。这一是因为万斯同能卓然自立，再就是难得有徐元文这样以道德学问取人者主持月旦。

《明史》第一阶段成果，后人称之为“徐元文明史稿”。徐元文，玉峰（昆山）人，顾炎武之外甥，在“昆山三徐”中最受顾炎武喜爱，与万斯同谊同金兰。虽然徐氏后人嘲笑“清风不识字”，但满族亲王昭梿还是看出一些信息，《啸亭杂录》指责徐氏兄弟“暗扶明裔”，是能作“红楼梦”者。

《红楼梦》提及大观园的筹划建造者，用笔高提重按，两次提到山子野，都单独出现。正如明史馆诸贤纂述皆经万季野手订，《红楼梦》大观园十二钗住所，皆由山子野位置。对于《红楼梦》的研究者来说，知道“山子野”是“胡老明（名）公”，比那位朝士想知道“万先生何人”，更有必要。

红楼史案：伪甲戌本弥天大谎之“十二巨册”

中国考证之学，极盛于清代，古籍、文物造假，也在清代登峰造极。海王村书商，谁家没有一两抽屉古今收藏家印章，不豢养或联络一批能模仿历代收藏家和文化名人笔迹的书手，或贿赂文物鉴定权威开具违心证明？商鼎汉碑，金印玉玺，宋版元雕都能成批制造，何况当代刊本抄本！

清人造假，有今人不可思议者。曾亲自买过泥抟墨碇和蜡烛的考证学泰斗纪昀撰《阅微草堂笔记》，载其从兄买一烤鸭回家，举箸时才发现，竟然是用全聚德骨架泥塑的“工艺鸭”，连鸭皮也是用纸涂染的。为了不到一饭之费花如此周章，既反映清代生齿日繁，资源贫乏，另一方面也说明“乾隆盛世”生民何等心灵手巧。

旧时代的书坊主，除兼商人、学者于一身，还是心理学家，密切关注收藏界、学术界动向，研究收藏家、学者的趣味需求，以投其所好，并总结出一定的规律。伪脂批甲戌本首回侧批：“世上原宜假，不宜真也。谚云：‘一日卖了三千假，三日卖不出一个真。’信哉！”——这是甲戌本伪造者抄袭光绪刊本《梦痴说梦》（甲戌本伪造刘铨福题跋提及此书）开卷之语：“谚云：‘一日卖尽三担假，三天难卖一担真。’”甲戌本伪造者对此深有体会，也自鸣得意。我们可以设想另一种情况，如果有人将《妙复轩评石头记》这种对本事说不屑一顾甚至尖锐批判的抄本给胡适，再真实、再便宜，他也不感兴趣，甚至白送也不要。当然，如果要价他能承受，也可能买下来销毁——在红学史上，伪造假证者司空见惯；隐瞒、销毁真证者，也自有其人。

对于造假者，学术热点所在，便是其主要市场。辛亥革命以后，传统学术消沉，而红学成为“显学”，造假者逼处这一领域苟延残喘。于是《红楼梦》各种“原稿”抄本、批本一再出现，书契以来所仅见。曾参办曹雪芹与《红楼梦》文物展的刘世德先生说“曹雪芹的文物百分之九十九都是假的”，中国红学会秘书长孙玉明先生驳伪脂批资深拥趸观点时说“曹公史料矛盾多”，二者其实有因果关系。真相只有一个，而谎言可有无穷个。为了圆一个谎，需要撒更多的谎，造更多的假，最终必然矛盾、马脚越露越多。

伪甲戌本的制造者手头有刘铨福手迹，仔细研究过孙桐生卧云山馆刊本《妙复轩评石头记》，但有些资料他们没见到，如张师吉《妙复轩评石头记》手稿，被刘铨福瞒下没给孙桐生，因而《妙复轩评石头记自记》，铭岳（字东屏）致张师吉札及紫琅山人、鸳湖月痴子、五桂山人三《序》都没有刻入卧云山馆刊本《妙复轩评石头记》中。至于与刘铨福交往密切的京官的私人日记等文献，他们也没见到。刘铨福瞒下有作者名字信息的文献，或想攘夺著作权。作伪者伪造题跋，则想为残次的伪造品甲戌本增价。但多言必失，结果在伪造题跋的内容中，暴露出很多内伤。

伪甲戌本跋语除一条外，都伪托刘铨福。家邻海王村的刘铨福是一个捐纳入仕的部曹小吏（时间不长，有名无实），袭家世余荫，以贩卖文物为生，是《红楼梦》中冷子兴一流人物。他结交权贵也是以文物为介，而且结交的档次比冷子兴还要高些，宰相就有好几位——清代台辅重臣处世都很低调，道光帝的老师曹振镛甚至拿小秤杆到菜市场与小贩锱铢计较。相对而言，与刘铨福这种表面是“收藏家”的文物商贩交往，并不怎么太奇怪。

伪甲戌本后有一则跋文：“李伯盂郎中言，翁叔平殿撰有原本而无脂批，与此文不同。”其中“翁叔平”即两代帝师翁同龢——他是将《红楼梦》和妙复轩评本中今文改制思想付诸政治实践的最重要的推手。翁同龢日记中未提及《红楼梦》版本，但他应该读过《红楼梦》。光绪六年十二月初十日（1881 年 1 月 9 日），翁同龢到总理衙门参加会见外国使节的联谊，有位美国人向他请教学问，提及《红楼梦》，遭翁氏呵斥“不当读”。也许甲戌本作伪者以为刘铨福结交不上翁同龢，却想拿这位重臣为伪书增重。但刘铨福与翁同龢其实颇有交往，根本用不着李伯盂（宗晟）为介。同治年间北京士绅中有一个赏金石、吃素食的小圈子，他们定期聚会，轮流做东。翁同龢、刘铨福都是圈中人。此外会中人还有招抚义和团的主谋徐桐（荫轩），他是张师吉同父异母小弟张师佑（左侯）的进士同年；还有一个史致谔（勖斋），是张师吉的母族。翁同龢也是刘家商品的主顾，有时从别处买得刘家倒卖出去的碑帖而相转告（上面或有翁氏题跋），搞得刘铨福甚是难堪。

从翁同龢日记看，刘铨福至少从同治六年初（也就是他将《妙复轩评石头记》瞒下著作者信息转借孙桐生之时）就患病在身，逐渐淡出翁同龢、徐桐的素食圈。自同治八年过后，杜门卧床，再没在公共场所出现过，直至同治十一年去世。伪脂批拥趸们为了替甲戌本伪托的刘铨福跋语圆谎，把他的卒年往后推，后有卒于光绪六年（1880）、卒于光绪七年（1881）以后、卒于光绪中叶卧云山馆本刻竣问世以后等结论。坚定捍卫甲戌本的徐恭时明明查到刘铨福同乡通家杨翰（此人与孙桐生也有交往）刻于同治十二年（1873）的《息柯杂著》中有刘铨福"殁"的记载，也因其与甲戌本伪跋矛盾而认为"不确"。如果说杨翰可能得之传闻，孤证不立，那么陈定祥《黄陶楼（彭年）先生年谱》中关于谱主的大舅子同时又是谱主儿子岳父刘铨福的去世时间记载更确实一些，即同治十一年，正与杨翰说互证。《大清畿辅列女传·大兴刘尹玉、子妇刘己未》（两人为刘铨福的妹妹和女儿，又是黄彭年的妻子和儿媳）记载刘铨福卧病，其"十二龄"的女儿刘己未"侍疾床前"时，被许配给黄彭年的四子黄国瑄；在刘铨福"卧病三年"期间，刘己未"侍汤药，涤厕牏，未尝顷刻离"；而在刘铨福去世后，刘己未的兄弟"不相能"，她"时时调解之，内外无闲言"。刘己未"年十七来归"，也就是十七岁时出嫁。按照礼制，父亲去世后三年女儿才能出嫁，那么刘铨福最晚应该在刘己未十四岁时去世。"己未"作为人名，很可能是因为她出生于己未年，即1859年；十四岁是虚岁，周岁当为十三，那么刘铨福当去世于1872年，即同治十一年，跟《黄陶楼（彭年）先生年谱》中记载的刘铨福去世时间完全一致。

《翁文恭公日记》同治六年丁卯正月十五，"午诣刘子重处素饭。子重、慕杜、鹤生作主，余与荫轩、屺山、芷汀、勖斋、泉生在坐。子重疾不能陪。肴馔极精，器皿极古，惜客不尽佳耳"。

刘铨福得了什么病，自己请客都不能相陪，那么快就去世？《翁文恭公日记》同治七年戊辰（1868，伪甲戌本后有本年秋伪托刘铨福题记）三月廿四日，还是午间聚餐，他所见到的刘铨福"支离偃蹇，殆病风矣"。又据《大清畿辅列女传·大兴刘尹玉、子妇刘己未》，刘铨福"病痿痺，其女己未年甫十二龄，侍疾床前"。综合这些记载，刘铨福得的可能是脑血栓或帕金森综合征。在清代医疗条件下，得了这类病，基本很难康复。要一个生活都难自理的中风患者执细管，作蝇头蚊脚行草，还要写得和少壮时一样“挺秀可喜”，违背“科学”。欧阳健说甲戌本为刘铨福伪造，重病在身的刘铨福也应向他讨回清白。最好找到甲戌本外同治七年后“支离偃蹇”的刘铨福书写的“挺秀可喜”的细小行草，再下结论不迟。

甲戌本伪托刘铨福跋语中，最突兀的是未署时间而末题“云客又记”并钤“阿瘖瘖”方印的一则（图 1）：

> 近日又得妙复轩手批十二巨册，语虽近凿，而于《红楼梦》，味之亦深矣。

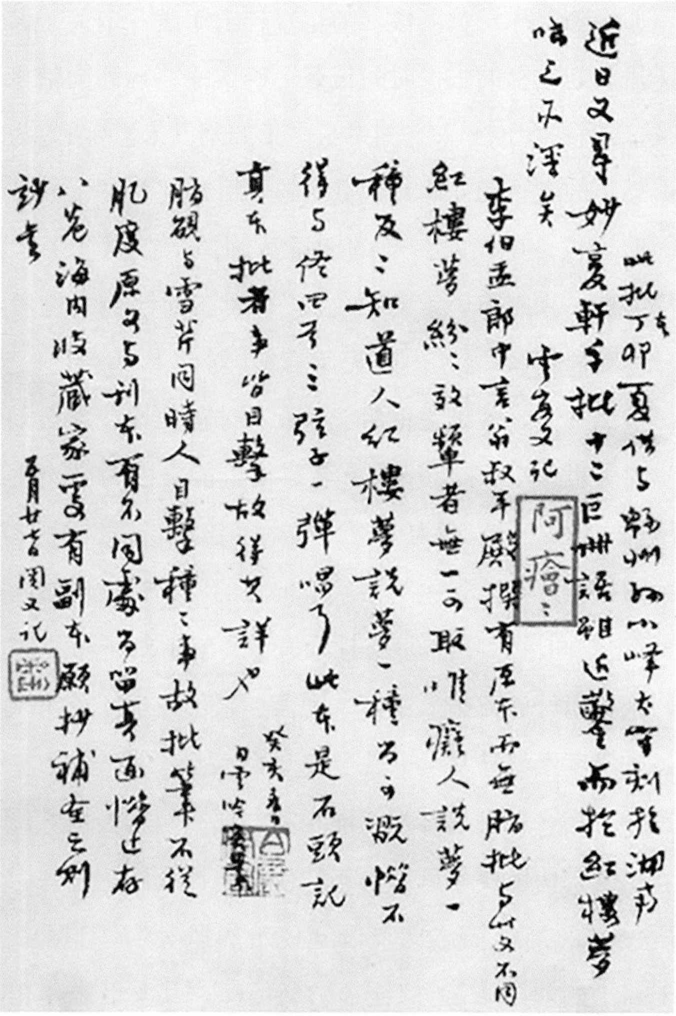

图 1　甲戌本《红楼梦》伪刘铨福跋语

这则文字字体比相邻的两边大，抬头又高出相邻两边四五字。加上表示惊奇得意的“阿瘖瘖”，说明作伪者有意强调，唤起读者注意。右边的一则似是补注：“此批本丁卯夏借与绵州孙小峰太守，刻于湖南。”

甲戌本造假者攀扯《妙复轩评石头记》，所为何来？此书为张师吉一生心血结晶，所谓“上下六十年，始泄此中秘”（张新之出生于乾隆五十四年，三十七岁着笔评《石头记》，前后二十四年，道光三十年完成时六十一岁，举成数而已），真知灼见，得未曾有，连冯其庸都说妙复轩评本批语“讲得对的地方比错的地方多得多”。清末以来汇评本多以妙复轩评本为主体，很多书坊借此大发其财。作伪者攀扯此本，和刘铨福交通权贵一样，皆具商人智慧。至于再牵扯孙桐生做形象代言，更容易理解。孙氏为《妙复轩评石头记》耗无穷心力，倾尽家财，哪个文物商贩不想碰上？从另一个方面说，刘铨福、孙桐生堪称伯乐，而甲戌本和两个伯乐攀扯上，自有人当作千里马出高价。

但就是作伪者这则最重要的广告，露出了最致命的破绽！

所谓“巨册”，应该表现在体积上，即又长、又宽、又厚，还要有一定的重量。但《妙复轩评石头记》“十二巨册”手稿，历史上从来没有过，这是作伪者看了光绪年间卧云山馆刊本想当然“推论”出来的。《石头记》正文近百万字，张师吉所加评语三十余万字，卧云山馆刊本正文每面十行，行二十五字，分装十册，每本较一般版本都厚一些。想象如果是手稿，按甲戌本每面十二行，每行十八字，卷帙更为可观。作伪者没见张师吉手稿原物，也没见过相关描述，还没见过被刘铨福瞒下没有给孙桐生的几篇序，遂有“十二巨册”之臆测。

张师吉是东西南北之人，他的著作主要完成于羁旅，所谓“桨声灯影都圆梦”，评本就放在行箧中。带大部头既不方便，也不利于保存。被刘铨福瞒下的五桂山人《妙复轩评石头记序》中有“笑而启以簏，出评本，薄薄帙”之语。要知道，当时张新之已完成“二十卷”，应该有“两巨册”了，而谓之“薄薄帙”，五桂山人撒谎了吗？

现在国家图书馆所藏《妙复轩评石头记》抄本，其实就是张师吉原稿。孙桐生同治丙寅、丁卯间向刘铨福借阅，将张师吉评语录于刻本上还给刘铨福，刘铨福再将它与被瞒下的几篇序记合而为一的。

自20世纪60年代一粟《红楼梦书录》著录此书，并摘抄被刘铨福瞒下的序记，人们对此书才稍知大概。可惜一粟先生描述仍然简略，而后好像也没有研究者查阅深究。笔者曾到国家图书馆调阅此书，费近两天时间翻检一过，所得颇多。稿本用纸为细薄而韧的澄心堂纸，开本长十七厘米，宽十二点五厘米，近于巾箱本。全套书二十二册，总厚十五厘米左右。其总的体积与普通的中号盒装面巾纸差不多，重亦如之。

书经过修补，新加蓝纸封面，但基本上修旧如旧，没有打破原来的分册，每册扉页（原来的封面）都有序号并注明回数。

原书有二十三册，缺第十五册（七十六至八十回）。各分册厚薄不均，第一册最厚，包括紫琅山人、鸳湖月痴子、五桂山人三《序》，《妙复轩评石头记自记》《铭东屏书》《太平闲人石头记读法》和一至十五回评语。第贰册最薄，仅三回（十六至十八回）评语，不到二十页，两三毫米厚。这种情况估计是张新之将不同阶段的评语汇集装订所致。

读了原稿，我们才真正理解为何孙桐生说整理此书“费无穷心力”“心力交瘁”。此书不录小说正文，但有某某句、某某段等标识。如果张师吉二十余年中使用不同版本，孙桐生又使用不同于张师吉的版本，那是相当麻烦。更困难的是，手稿正文以草体为主，字体极小（书开本小但每面十四行，行约三十三字，几乎是程本每面字数的两倍。而伪甲戌本只有十六回，却分装四册，伪跋中又莫名奇妙地说“止存八卷”），难以识别。如果谁将张师吉手稿中的“唐寅”读成“庚黄”，还算他略知草法，而不能说他和《红楼梦》中贾宝玉和薛蟠一样，变着法儿糟蹋曹寅的名讳。

伪脂批拥趸或许又发挥天马行空的推理想象、强词夺理的能力，说那十二巨册是张新之回北京后整理出来的。但谈何容易！制造残缺不全的脂批本，都要雇佣一大堆写手，诗酒放旷的张师吉在垂老残年整理出“十二巨册”，这比高鹗在数月之内“续写”大故迭起、荡气回肠，令陈寅恪、钱锺书、王国维击节赞叹的后四十回还要有难度。当然，最好能提供（或部分提供）十二巨册的实物和同治末、光绪初刘铨福“挺秀可喜”真迹，那才真正的“阿瘤瘤”。多言何益哉！

红楼史案：陈宝钥与林四娘

清人关于青州人林四娘故事的记述中，除《红楼梦》外，几乎都提到顺康之际任青州海防道的闽人陈宝钥，此人可说是有关林四娘故事中另一核心人物。

林四娘是个传说人物，陈宝钥在历史上则实有其人。台湾银行经济研究室编印的《台湾文献丛刊》中的《台湾通史》《台湾割据志》《台湾郑氏记事》《闽海纪要》《台湾郑氏始末》《海纪辑要》《闽海纪略》《赐姓始末》《台湾外纪》等史籍中，皆有陈宝钥事迹记载。清代乾隆《晋江县志》有他的小传，并收入他的诗歌。林云铭《挹奎楼文集》有《陈绿崖诗序》，即应陈宝钥之邀作。陈宝钥任青州海防道期间，与本地文士李澄中、安致远、丁耀亢、李象先、刘翼明等人唱和，亦见诸人集中。其中李澄中为康熙己未博学鸿词山东唯一获隽、与修《明史》者，据李澄中自传《三生记》，陈宝钥是最早欣赏他的地方官。林云铭说林四娘帮助陈宝钥“观风试士，衡文甲乙悉当”。自明代中叶起，青齐人文蔚起，清初尤极盛，王培荀《乡园忆旧录·序》甚至说清初山东风雅“以一隅敌天下之半”。

陈宝钥，字绿崖，一字大莱，福建晋江人，南明唐王隆武二年丙戌（1646）举人，永历九年（1655）郑成功设六部官，陈宝钥被委任为协理礼官。次年，因郑成功雄猜苛刻，陈宝钥惧得罪，自泉州降清。清廷以监司用，清顺康之际，在青州海防道任。康熙元年壬寅（1662），吴三桂弑永历于云南，明统绝祀。郑成功、李定国以忧愤卒。清廷委陈宝钥招降南明残部，同时命后来曾为曹寅老师的周亮工代之。陈宝钥后来又任江南驿传盐驿道，兼扬州钞关。康熙九年（1670），赴贵州粮驿道任。吴三桂反清，陈宝钥从之，被委以按察使之任。康熙十八年（1679）二月，复降于清，回乡终老。有《陈绿崖诗集》传世，乾隆时被列入《禁毁书目》。

陈宝钥降清的原因与施琅相似，主要是因为与郑成功的恩怨，未必彻底丧失民族立场，所以与充满亡国之悲的林四娘能产生共鸣。他后来又一度加入反清行列，他的诗文有不少缅怀前朝、表彰遗民之作，被清廷禁毁，也是证明。

从一些迹象来看，林四娘好像影射郑成功派到青州处决叛徒的刺客——郑成功疾恶如仇，最恨叛徒，连敌方杀主反正者他都处死，何况对于背叛自己的人。这位福建侠女先冒充衡府宫人以色相为手段接近陈宝钥，伺机下手。在林四娘的同乡本家林云铭笔下，林四娘一行曾与陈宝钥方进行过战斗。陈宝钥如临大敌，“调标兵二十名守门”，并“大呼发炮矢”御之。在李澄中笔下，林四娘的到来造成了陈宝钥之弟非正常死亡，同时陈宝钥母亲在老家去世。但在安致远、蒲松龄、王士禛等人笔下，两人最终发生爱情故事。

其实如果曲中存直，不仅陈宝钥，即使郑成功的南安同乡洪承畴，也未必甘心做民族罪人。他们对清廷一些压迫性的恶行暴政，也得间予以潜消良多。不过无论如何，这些人面对《红楼梦》中那位誓死报国的林四娘，面对贾宝玉“何事文武立朝纲，不及闺中林四娘”的谴责，都会无地自容。

红楼史案：紫檀堡

《红楼梦》第三十三回“不肖种种大受笞挞”，忠顺王府戏班子“妩媚温柔”“名驰天下”的小旦蒋玉菡（琪官），在京东二十里处紫檀堡新添置下一座别墅，过起独立生活。忠顺王爷太喜欢琪官，派长史寻找。长史知道琪官与宝玉交好，且将北静王送给他的名贵猩红色茜香罗汉巾交换宝玉的松花汗巾，宝玉只得说出实情：“大人既知他的底细，如何连他置买房舍这样大事倒不晓得了？听得说他如今在东郊离城二十里有个什么紫檀堡，他在那里置了几亩田地，几间房舍。想是在那里，也未可知。”此事招致贾政对宝玉最严厉的惩罚，差点断送他的性命。

宝玉因与蒋玉菡的关系“大受笞挞”，有两个影射，一是揭示清初“逃人法”的残酷（宝玉有“窝逃”嫌疑，参见《红楼指邪：逃人暴政》），再就是涉及史案文字狱——有些研究者把宝玉与蒋玉菡的关系说成是反礼教的叛逆表现，把贾政对他的惩罚说成封建卫道士的行为。其实游荡优伶，是封建社会纨绔子弟生活腐朽的表现。

“紫檀堡”肯定是个有寓意的名字，谁要以为小说是写实之作，到北京东郊探访或在卫星图上寻找紫檀堡，就是笨伯——虽然今天北京东四环高碑店桥西北侧有中国紫檀博物馆。

紫檀是自古公认的名贵木料，为热带植物，主要产于印度、南洋，纹理细密，木质坚硬，有自然香味。用紫檀做的手匣，就价值不菲，据传拿破仑墓前有五寸长的紫檀木棺椁模型，参观者皆惊为稀有。郑和下西洋以后，海外紫檀被明朝官商垄断；国内紫檀，自三山五园被列强焚抢，存者亦寥寥。北京、台北两故宫博物院所藏紫檀家居大件，屈指可数。以紫檀建城堡，较之黄金屋，还要难得。陈丽华女士花20年时间搜集，并多次远赴亚洲热带雨林区采购，所得也有限，紫檀博物馆中黄花梨、楠木、乌木家具可能更多一些。

对于文化人来说，最宝贵的是书籍，出于对书籍的珍爱，他们常用最珍贵的材料为书籍（特别是秘籍）作装璜。书签、书别、书匣、书套、书轴、夹板，名目不少；紫檀、象牙、珊瑚、玳瑁、玉石应有尽有；插套、四合套、六合套、“卍”字套、如意套、云头套，花样繁多；镶嵌、镀金、雕漆、描金、掐丝，艺精工巧。现在学术界认定的几个与《红楼梦》有关的家族曹、高、李，都有内务府背景，而印制御制书籍是清代内务府的重要工作。

《红楼梦》中的“紫檀堡”应该是指书籍，琪官的名“玉菡”，也是装书籍的函套。古书中常见的“玉函金笥”“玉函金版”“玉函金钥”，都和书籍有关。马国翰的“玉函山房”是辑佚书之处。

唐代李浚《松窗杂录》记载，唐玄宗时，宗室宁、岐、薛诸王各轮日载笔于乘舆前，成《内起居注》三百卷，“率以五十幅黄麻为一编，用雕檀轴，紫龙凤绫褾。书成，宁王上请自部纳于史阁。上命赐以酒乐，共宴侍臣于史馆。上宝惜是史尤甚，因命别起大阁以贮之”。

《红楼梦》中也出现过“雕檀”二字，第五十回《芦雪庵（庭）争联即景诗 暖香坞雅制春灯谜》中薛宝钗所制谜：“镂檀锲（镂）梓一层层，岂系良工堆砌成？虽是半天风雨过，何曾闻得梵铃声！”“锲（镂）梓”就是刻书，其实比“雕檀”与书籍更密切。第五十、五十一回的谜语，都是史太君所命，其实都相当于作史（史太君夫名代善，所谓代嬗修史，是中国的传统），薛宝琴的谜语诗名就是“怀古诗”。这两回所有的谜语诗，都是咏史诗。宝钗之谜语可能是咏叹《明史》被反复篡改、忌讳推诿、旷日持久、不得竣工之事。

《中国树木分类学》介绍：“紫檀属豆科植物，约有十五种，产于我国的有两种，一为紫檀，一为蔷薇木。”王世襄先生在《明式家具珍赏》中提到“美国施赫弗曾对紫檀作过调查，认为中国从印度支那进口的紫檀木是蔷薇木”。按现代植物学界的认识，蔷薇木实际上就是印度所产大果紫檀，是草花梨当中的一个品种。方以智《物理小识》卷八述香料，说：“古城出麝香木，暹罗出罗斛香、梨香、降真香，渤泥有金脚脑、水札脑，登流眉有蔷薇木。”

我曾以“龄官画蔷”寓写史，史湘云叔父史鼐为保龄侯，“龄”即纪年、编年。紫檀长寿、蔷薇长春，皆与“史”字相发明。谈迁《北游录·纪闻·修史》：“《明史》成，止编年。范文程阅《二十一史》，谓编年未尽，仍另撰。”其实这次修史，因天启、崇祯年间事实散佚，参考无凭，编年也没有完成。

清代文字狱主要是史狱。私藏明代野史，就是罪过；私藏明令禁毁之书，尤为大逆不道。康熙时博学鸿儒、明史馆纂修朱彝尊携带抄书手私入禁中抄录四方所进图书，遭人弹劾，由于朱氏为康熙帝赏识，仅受到免官处罚。如果将禁中紫檀玉函秘籍窃出，那麻烦就大了，可能有性命之虞。

胡适对周汝昌“封锁”庚辰本考

周汝昌在1976年修订版《红楼梦新证》中，有一段话，摘录如下：

> 他是收藏甲戌本并且最早得见庚辰本的人，他凭借这种资本作了那一点“考证文章”高踞红学权威的宝座之后，就算了结，绝无半点将此两本公诸世人，使之广布流传的意思（他当时是有这个条件的），却拿出什么“程乙本”来欺世惑人。只这一点也说明他之搞《红楼梦》实是别有用心……（说也奇怪，后来有关图书馆的某任馆长曾明白向人表示：“有专家提出了，庚辰本不准借给周汝昌！”）胡适这个人，他到底是不是真的搞《红楼梦》……

对于胡适曾对周汝昌封锁庚辰本一事，学界多以为不可信，亦无人深究。清史大家杨启樵先生在《周汝昌红楼梦考证失误》一书中为胡适辨诬，摘引了这段文字后说：“读了异常寒心，胡先生将珍藏的价值连城的甲戌本都借给了周先生，怎么会指使他人拒绝借书。”周汝昌本人在以后出的版本中，也删去了这段文字。

周汝昌在“文革”前后写的一些揭批胡适的文字，事实大都是可考的。而胡适将甲戌本秘不示人，经周汝昌指证，更成铁案。胡适曾批评刘文典将珍贵资料“居为奇货、不愿示人”，是“以市侩自待”，并提高到是否“替国家开一条生路”的高度。临到本人，很长时期则是“绝无半点”公布的意思。

胡适封锁或不想让周汝昌看到庚辰本，也是有案可查的。1948年6月底，周汝昌自胡适处携得伪甲戌本归后，产生了会齐甲戌本、戚序本、徐藏本（庚辰本）“三真本”，“集本校勘”的想法，7月11日致胡适信中，向胡适借戚序本，并请胡适代向徐星署借庚辰本：

> 徐星署先生之八十回本，现无恙否？如果将来我要集勘时，先生能替我

借用吗？此事极关重要，虽然冒昧，但我不能不先在此提出来，向先生请示的。希望先生能先加开示。

胡适在7月20日的回信中，对周汝昌张大新红学的计划很是赞赏，答应借给他戚序本，允诺提供“一切可能的便利与援助”。但对庚辰本他不但不代借，而且放烟幕弹：“可惜徐星署的八十回本，现已不知下落了。徐君是王克敏的亲戚，当年也是王克敏转借给我的。听说，有一部八十回本在一两年前曾向藏书家兜售，现不知流入谁家。将来或可以出现。”

胡适的搪塞很勉强，当时脂批本和迷信脂批的学者屈指可数，胡适如果真不知道，那就很难令人相信了。周汝昌后来在回忆录中说：“其实徐本不曾让书贾兜售。况且，若兜售《石头记》抄本，那聪明的书贾第一个就会先到胡先生门前，请他过目。”胡适也低估了周汝昌、周祜昌兄弟的活动能力。

在这封信的结尾部分，胡适告诫周汝昌：“撇开一切成见，以‘虚心’做出发点，也很重要。你说是吗?”这隐隐表露出胡适对周汝昌隐瞒庚辰本去向的原因。在说这话之前，周汝昌因为曹雪芹生年问题已与俞平伯争论（俞周“世纪争论”的开始），俞平伯面对周汝昌的讽刺蔑视，让周很不受用；而李希凡所说周汝昌对脂批的崇拜，也已初露端倪。不管胡适有没有预感到，如果他让周汝昌拿到庚辰本，会更激化周汝昌与俞平伯的矛盾。从好的方面说，胡适不想让周汝昌得到庚辰本，也是保护他，等过些时候再说。并不一定需周汝昌学孙楷第，将自己的著作署名“藏晖先生编次，玉言居士参订”才借给他。何况胡适本人已接受俞平伯对甲戌本是过录传抄本的定论，并且为庚辰本写的跋中，也说此书是“过录本”。周汝昌说胡适研究《红楼梦》是“别有用心”，不是真的研究《红楼梦》，亦可谓“悟证”者矣。

周汝昌当时不知就里，他在7月25日寄给胡适的信中说：

徐本迷失下落，真是可惜！先生既知一二年前兜售之事，为何当时不加注意而任其流转呢？此本亦归先生，不亦正应该吗！果尔，此时我要集校，则脂本、徐本、戚大字本（我未见）、程甲乙本，皆出自先生一人所藏，诚盛事佳话也！依我想，此徐本难出北京城去，藏书有名者，当亦屈指可数。务希先生设法辗转一求此本之下落，谅未必不能发现也。翘企翘企！

随着这封信，还有周汝昌写的跋甲戌本的长文。本来是交给赵万里在《民国日报·图书》上发表，被赵万里以即将停刊（其实没有停刊）婉拒（或者赵早就拿给胡适看过，胡适指令不能发表）。这篇跋文（《跋脂文》）应该是胡适对周汝昌封锁庚辰本最重要的原因。

《跋脂文》从某种意义上说也是周汝昌对俞平伯赫然亮剑之文。文章用文言写成，翻空斗奇，抑扬顿挫，气势如虹，全面批驳俞跋和高鹗。结束部分指出胡适民国二十年嘱俞平伯评阅题记，“亦以良马属伯乐之意，俞先生因有一跋焉，然该跋褒少而贬多，不免窃为胡先生扫兴！吾因是而深致感慨，觉识真赏佳之匪易也”。可以想象如果俞平伯先生看到这篇文章，将会如何。文末周汝昌宣言：“吾已发心集众古本，校勘写定，以复雪芹之旧!”

可以想象，温文尔雅的胡适看到这样的文字是何等慌张。他将周汝昌文章放在住处三个月；还向周汝昌建议删去五分之四，保留研究甲戌本异文的文字；一再教训周要谦虚，少成见，并于 8 月 7 日给周汝昌的信中特别叮嘱：“此文中如驳俞平伯一段可全删。俞文并未发表，不必驳他。”还说：“此文且存我家，等你回来再面谈。我的评语，你不必生气，更不可失望。”需要“面谈”者，有些不便写在纸上。胡适与郑振铎所说的赵万里的联系，就多通过面谈或电话联系，几乎不落在纸面上——也可能“阅后付丙”了。胡适阻止了周汝昌与俞平伯的论争，好在周回信说不生气，“只有惊宠、庆幸”。

俞平伯甲戌本跋文，是胡适的一块心病，他与俞平伯疏远即因此事。此文其实早已在 1931 年 7 月 31 日发表于《大公报》，题目是《脂砚斋评石头记跋》。好在小豆腐块不很显眼，注意者不多。如果周汝昌《跋脂文》发表，势必导致对甲戌本真伪的调查考证，俞平伯自然会说出“造伪”“有罪”的真相来，那局面就难以收拾了。更何况胡适已经默认了俞平伯的观点。

鲁迅曾指出胡适治学“往往恃孤本秘笈，为惊人之具”。一旦能证明所谓“孤本”是伪造的，彼所谓“大胆假设”、凌空支离的先入之见便会原形毕露。由于他太依赖孤本秘籍，对造假便失去鉴别力，甚至一再参与造假。周汝昌欲与俞平伯就甲戌本一决雌雄，充分论证，有利于红学健康发展。这也是按照胡适辨伪五问首先要解决的问题，也是绝对回避不了的问题。为了彻底弄清这个问题，迂远烦琐，所不必避，亦所不能避，追求所谓“剪裁”“简洁”，欲瞒混欺世，反而是可笑的，也是不可能的。胡适知道，来路不明的锣鼓最好蒙起来唬人，若用力敲打，会破绽毕露，满盘皆输。所以胡适坚决制止了周汝昌与俞平伯的论战，并对他“封锁”庚辰本，除了因庚辰本作伪的迹象更明显（连伪跋都没有来得及造一篇，印章也没几个），还想遏制周汝昌，以免新红学从内里杀起，灰飞烟灭，白地茫茫！

在 8 月 7 日信的天头，胡适加了几句：“吴晓铃先生说，徐藏八十回本，听说索价奇高！我们此时不可太捧此本了。”吴晓铃当时是燕京大学教授，著名藏书家，《石头记》舒序本、籀红室抄本都经他收藏。徐家曾向吴晓铃兜售此书，不想再上当的吴晓铃转告了胡适。这再次证明胡适是清楚庚辰本下落的。北平和平解放后，徐家出售此书，又是通过吴晓铃联系到郑振铎，由郑振铎写介绍信致燕京大学以七十美元收购。

周汝昌说“有关图书馆的某任馆长”曾对人说“有专家提出了，庚辰本不准借给周汝昌”，鉴于胡适 1948 年 12 月 15 日离开北平，胡适对周汝昌封锁庚辰本不会晚于此时。而庚辰本自徐家入藏燕京大学图书馆在 1949 年 5 月，周汝昌称自己也是作伐者。在这之前，该书仍然在徐星署家。所谓“某任馆长”又是误记或杜撰。此人其实就是藏有庚辰本晒蓝本的时任北京图书馆善本部主任、一直在胡周间周旋的赵万里。胡适不但企图阻止周汝昌见到庚辰本纸本，而且还严禁赵万里将自己收藏的晒蓝本给他看。赵万里便听从了胡适的建议。最终另一个藏有晒蓝本的陶洙找到了周汝昌，周汝昌以甲戌本录副本与陶洙庚辰本晒蓝本互借，其时已是北平解放后。周汝昌说庚辰本晒蓝本只有陶洙和赵万里（陶洙所送）有，似亦不确，俞平伯手里也有一套——庚辰本史上唯一可查的收藏者、韵宝斋古玩铺东家徐星署，是俞平伯姐姐的公公。

“新红学”百年：还有多少“传抄秘籍”

民国时期史学权威邓之诚在其 1934 年 7 月 8 日的日记中，有这样一段话：

> 唐十二书来索还《天步真原》，谓已过七日，疑被人重钞。又谓燕京欲印行，为杜绝原主再售。此君病至此，尚作无谓用心，而不知传钞本并不贵重也。

此处《天步真原》，是清初薛凤祚所译的波兰传教士穆尼阁天文著作稿本，藏书者唐倬章欲售于邓氏，先让邓验货。过七日没消息，怕被重抄，致书索还。次日，邓派人冒雨返璧。不到半月，唐倬章便于 7 月 23 日去世了。

邓之诚对唐某行事有些鄙夷，但他所说“传钞本并不贵重”，自有道理。对生于民国的人来说，传统雕版印刷或活字印刷已逐渐被淘汰，伪造旧刻本工本巨大，伪造传抄古本却非常便捷容易。但传抄本无意的脱误和有意的增损窜改，往往大量存在，所以收藏价值不高，学术研究参考意义也不大。俞平伯在 1931 年看到甲戌本，在跋语中说“此书之价值亦有可商榷者”也正因它“非脂评原本，乃由后人过录”，对版本“价值”的态度，与邓之诚类似。但话又说回来，在一个学术失序的过渡期，如果有高手将这些广有异文的抄本熏染做旧，再请（或伪造）名人题跋，变着花样叫卖，却不难身价万倍。邓之诚不时到琉璃厂买旧纸、衬纸，常年雇佣多人抄书，其实就是以此为发财之道。《永宪录》就是经他之手，让曹家多出一个王妃，且让童年的曹寅提前就业，做玄烨伴读，才卖了好价钱。

鲁迅说胡适治学秘诀，“恃孤本秘笈，为惊人之具”。而胡适治红学所谓的“孤本秘籍”，几乎都是来历不明的传抄本。

胡适在其 1922 年 4 月 19 日日记中记述他得到《四松堂集》付刻底本的情况：“此为近来最得意的事，故详记之。书店若敲我竹杠，我既记下了这些材料，也就不怕他了！他若讨价不贵，我也不妨买了他，因为这本子确可宝贵。杨钟羲说他辛亥乱后失了此书刻本，似系托词。无论如何，我现在才知道刻本于我无大益处。”

所谓“《四松堂集》付刻底本”，当然是抄本。它同样有增损窜易的现象（也有人说完全是伪造的）。卷首纪昀序之后，还有一则署“纪昀又识”的行书（刻本有序而无这则题识），一看就绝对不是纪昀的字体。在“纪昀又识”之后，又有一则说明：“按，上章钤于序末。”可能这则附识后没有盖章，而抄胥所录纪昀序末有“晓岚”一章（其实应与纪昀为裕瑞《清艳堂近稿》作序一样，钤“纪昀之章”），并把正文中“年七十有”四字盖住。纪昀是编书的老手，会这样手忙脚乱？所谓“底本”第一册有刻本未收之《挽曹雪芹》诗一首，且题下少见地注明作诗的时间“甲申”，又用贴条半遮半掩地盖住。事实上这首诗也为曹雪芹卒年之争增加了不少波澜。

后来胡适得到给红学带来“划时代影响”的所谓脂批残抄甲戌本，作为支持自叙说最有力的证据和回击蔡元培及其他索隐派的最有力武器，种种操作，更令人眼花缭乱，但至今仍有人视为法书宝卷。

炮制《红楼梦》旧抄本者，努力做成程高付刻底本模样的“兰墅太史手定”之百二十回“梦稿本”，和陶洙参酌各种抄本及程高刻本抄成的八十回“北师大藏本”，工作量巨大，但并没有掀起多大波澜，好像也没有赚大钱。

甲戌本出世的时代，是中国历史上古籍辨伪的巅峰时期。本来古籍辨伪至清末廖平、康有为，已脱离正轨，而胡适一度鼎力支持并参与“古史辨派”。但强调“疑在信先”的胡适等人却对与脂砚斋相关的资料盲目地轻信，甚至回避、阻止相关辨伪。

康有为得意门生梁启超在《中国历史研究法》中所列辨伪十二例，其一：“其书前代从未著录或绝无人征引而忽然出现者，十有九皆伪。”其三：“其书不问有无旧本，但今本来历不明者，即不可轻信。”事实上直到今天，我们仍没有在清代刻本中发现红学界无人不知无人不晓的“脂砚斋”字样。而截至胡适购买甲戌本时，与甲戌本同样来历不明的相关抄本，胡适并没见到。但胡适已在1927底完成的《重印乾隆壬子本〈红楼梦〉序》中认为甲戌本是“曹雪芹未死时的抄本，为世间最古的抄本”！

胡适在其作于1924年的《古史讨论的读后感》中，提出对待证据首先要考问五个问题（在作于1930年的《介绍我自己的思想》等文章中又多次重复）：“（1）这种证据是在什么地方寻出的？（2）什么时候寻出的？（3）什么人寻出的？（4）依地方和时候上看起来，这个人有做证人的资格吗？（5）这个人虽有证人资格，而他说这句话有作伪（无心的，或有意的）的可能吗？”

对于甲戌本，在没有经过这些质疑的洗礼之前，应没有作为论证《红楼梦》性质的资格。而最有条件回答这些质疑的就是胡适，但他并未回答，也始终没有吐露售书者的姓名。

胡适为甲戌本题跋，请的第一个“名人”是他的学生、北大浙派祖师俞樾的曾孙、对甲戌本精准了解的《红楼梦辨》（主要观点来自顾颉刚）作者俞平伯。但出身名门、人脉广大、家境优裕的俞平伯没有像顾颉刚那样跟从胡适，而且他也有较深的文艺理论修养。在距《红楼梦辨》出版不到一年，赢得一片赞美声的时候，1924年1月，俞平伯即在《语丝》上发表了《修正〈红楼梦辨〉的一个楔子》的文章，说“少作已经要不得了，而依照他们的估量偏又加上一重新的要不得”。在1925年1月16日发表于《现代评论》周刊第一卷第九期的《〈红楼梦辨〉的修正》中，俞平伯从理论的高度区分“自叙传与自叙传的文学”“历史与历史的小说”，检讨“我们（包括胡适、顾颉刚）以考据癖气读它”，“拘泥”“刻板”“可怜而可笑”。正是有了这种认识，他在阅读甲戌本时，保持了警惕，发现了不少破绽，且在跋语中希望“后之观者”继续“析疑辨惑”。

胡适对俞平伯的批评和辨伪未作回应，但敬而远之，并尽可能掩盖其影响。1948年7月，周汝昌将自己写的《跋脂文》寄给胡适看，该文主要批驳俞平伯为甲戌本写的跋语，批评俞平伯不能“识真赏佳”。但文章寄给胡适后，胡适建议删去五分之四，保留研究甲戌本异文的文字，并于8月7日给周汝昌的信中特别叮嘱：“内文中驳俞平伯一段，可全删。俞文并未发表，不必驳他。”其实俞平伯甲戌本跋文，先以《脂砚斋评石头记跋》之名在1931年7月13日发表于《大公报》，后以《脂砚斋评〈石头记〉残本跋》之名著录于1936年上海良友复兴图书公司出版的《燕郊集》。周汝昌对搜集红学资料一向勤奋，自然会见到，胡适也会看到。胡适阻止周汝昌发表此文，实害怕他惹怒俞平伯再次引起争论。

周汝昌曾对胡适将甲戌本长期秘藏不公之于世，并对他封锁庚辰本表示困惑：

> 他是收藏甲戌本并且最早得见庚辰本的人，他凭借这种资本作了那一点“考证文章”高踞红学权威的宝座之后，就算了结，绝无半点将此两本公诸世人，使之广布流传的意思（他当时是有这个条件的），却拿出什么“程乙本”来欺世惑人。只这一点也说明他之搞《红楼梦》实是别有用心。

周汝昌说胡适搞《红楼梦》“别有用心”，一语中的。胡适在《红楼梦考证》中对其恩人蔡元培种种诋毁，超出常理，这其实是在皖派领袖人物陈独秀被浙派扳倒后，胡适作为皖派干将的一次还击。至于胡适不想将甲戌本、庚辰本公之于众，还因为当时刘铨福儿子刘士考、孙刘博琴，还在琉璃厂营生（胡适亚东图书馆合伙人陈独秀所有之崇古斋在琉璃厂，胡适每需书，常命琉璃厂、隆福寺书贾寻求），从他们那里弄清刘铨福去世年月不难。刘铨福至少从同治六年（1867）初就患中风，生活难以自理，至同治十一年（1872）去世，伪甲戌本上同治六年以后刘铨福“秀挺”的细小行草，绝对不可信。还有，伪刘铨福手稿有“妙复轩手批十二巨册”之语，且不说这是一部没有原文的评本，而非批本，全书仅三十万字左右，蝇头细书根本用不了“十二巨册”；俞平伯还可到北京图书馆寻出太平闲人张师吉《妙复轩评石头记》手稿，中号盒装面巾纸大小，不过斤把重（此书除了孙桐生几个更正的浮签，无任何收藏者题跋、盖章，符合刘铨福藏书习惯）。物理性的证据更使甲戌本造假者无所遁形。至于庚辰本，他的收藏者就是俞平伯称为“姻丈”的徐星署，俞平伯比对甲戌本更清楚它的来历。周汝昌已与俞平伯开始其“世纪争论”，俞平伯被惹急了，宁可让庚辰本砸在亲戚手里，也会揭破底里。欧阳健先生发觉甲戌本上的刘铨福墨迹，与曾任胡适书记员、并“誊校”过甲戌本且在亚东图书馆出过书的程万孚笔迹相似，也值得进一步探究。

考证辨伪，有“孤证不立”之说，造伪者自然也会采取“反侦察”手段，智周百虑。康有为“论证”刘歆伪造《左传》云：

> 歆以其非博之学，欲夺孔子之经，而自立新说以惑天下。知孔子制作之学首在《春秋》，《春秋》之传在《公》《穀》，《公》《穀》之法与六经通，于是思所以夺《公》《穀》者……求之古书，得《国语》，与《春秋》同时，可以改易窜附，于是毅然削去平王以前事，依《春秋》以编年，比附经文，分《国语》以释经，而为《左氏传》。作《左氏传微》以为书法，依《公》《穀》日月例而作日月例。托之古文以黜今学，托之河间、张苍、贾谊、张敞名臣通学以张其名，乱之《史记》以实其书，改为十二篇以新其目，变改"纪子帛""君氏卒"诸文以易其说，续为经文，尊"孔子卒"以重其事，遍伪群经以证其说。

康有为说这话，就像刘歆身边端茶研墨的贴身书童，看得认真，说得详切，但他给刘歆及其造假团队安排的工作量实在巨大，而所伪窜之《史记》、"群经"，又是知识界最熟知的典籍，让人难以信服。造伪者当然不会如此大胆地怀疑脂本，但他们会"反照宝鉴"，师刘歆故智为证脂本之真，并做一些配套工作。于是有了《枣窗闲笔》，于是又有了《长白艺文志》《裕懢霆藏书目录》（陶洙的《脂砚余闻》可能漏洞太多，最终没有出手）。但《长白艺文志》《裕懢霆藏书目录》本身是问题抄本且不说，即使是真本，只是能证明曾有《枣窗闲笔》之抄本，不能证明它没有被"改易窜附"，更不能因此证明脂砚斋抄本是真本。也许捍卫此说者还有后续"证据"，但愿他们不要继续演绎便捷廉价的传抄本把戏了，花大成本搞个"贵重"的旧刻本出来，只要出现在 1927 年以前、内有"脂砚斋"三字，无论像与不像，都会在红学界掀起讨论。

为龙抉神目，为蛇添病足

——伪甲戌本对首回正文的“演绎”

俗语有“万事开头难”之说，伪甲戌本为了先声夺人，对《石头记》开卷首回的“演绎”，功夫最深，评语最多，正文改动亦为残书十六回第一，但留下的硬伤内伤也最多最严重。

伪甲戌本把首回开始“此开卷第一回后”大段文字移入“凡例”，不合文体，冯其庸指“凡例”为书商伪造，虽出于对收藏甲戌本复制本奇货自居的反感，但理据是充分的。甲辰本将这段文字作为第一回回前评，同样蹊跷。

该回最令人瞩目的是甲戌本独有而为其他所有版本所无，紧接一僧一道“说说笑笑，来至峰下”之四百余字：

坐于石边，高谈快论。先是说些云山雾海、神仙玄幻之事，后便说到红尘中荣华富贵。此石听了，不觉打动凡心，也想要到人间去享一享这荣华富贵，但自恨粗蠢，不得已，便口吐人言，向那僧道说道：“大师，弟子蠢物，不能见礼了。适闻二位谈那人世间荣耀繁华，心切慕之。弟子质虽粗蠢，性却稍通；况见二师仙形道体，定非凡品，必有补天济世之材，利物济人之德。如蒙发一点慈心，携带弟子得入红尘，在那富贵场中、温柔乡里受享几年，自当永佩洪恩，万劫不忘也。”二仙师听毕，齐憨笑道：“善哉，善哉！那红尘中有却有些乐事，但不能永远依恃，况又有‘美中不足，好事多魔’八个字紧相连属，瞬息间则又乐极悲生，人非物换，究竟是到头一梦，万境归空，倒不如不去的好。”

这石凡心已炽，那里听得进这话去，乃复苦求再四。二仙知不可强制，乃叹道：“此亦静极思动，无中生有之数也。既如此，我们便携你去受享受享，只是到不得意时，切莫后悔。”石道：“自然，自然。”那僧又道：“若说

> 你性灵，却又如此质蠢，并更无奇贵之处。如此也只好踮脚而已。也罢，我如今大施佛法助你助，待劫终之日，复还本质，以了此案。你道好否?”石头听了，感谢不尽。那僧便念咒书符，大展幻术，将一块大石登时变成一块鲜明莹洁的美玉，且又缩成扇坠大小的可佩可拿了。

这是一段非常值得商榷的文字。古有生公说法顽石点头之说，这壁厢大士真人演说荣华富贵，惹得补天石大动凡心，急欲受享。俞平伯说这段文字“不见得精彩”，推测后来被作者删去。是否原作本有，是否为作者所删，值得怀疑（若作者所删，其他相应段落，必做调整）。后来造伪者删去这段，也是因为它语焉不详。

但其他脂本，因少了这段文字，高十二丈、四方二十四丈的巨石突然变成扇坠大小的美玉，显得突兀扞格，气脉不通。惟有程高本因前文有“自去自来，可大可小”八字（伪造成程高“手订”底本的梦稿本以修改的方式加入了这八个字），显得简洁通顺。

关于这段文字在其他脂本的消失，与民国以来京城古籍造假圈因缘稠叠，既贩古籍又研究红学的周绍良先生最早提醒读者，这是由于抄者翻夹页而跳过两页，即前页的B面和后页的A面。类似说法还有几种，如杨传容“脱落一页”说和金品芳的“翻页串行”说。徐乃文先生认为这些说法皆不能成立，主张甲戌本添加“独衍”之说。想来也是，无论抄书、校书还是看书，开卷首回，精神最专注集中，翻检次数也最多，这四百余字在全书第一回第一页，怎么后来的脂本说翻夹页就翻了?

其实伪甲戌本，其文本和评语，主要来自清末民初上海有正书局狄葆贤窜乱的《国初钞本原本红楼梦》（胡适以为此本之外，全是程高系统，但一看书名便有多重陷阱、欺骗），亦即被后人视为脂本之一的所谓“戚序本”（其实上面根本没有脂砚之名）。狄葆贤在眉批中多次提醒读者该本与“今本”（程高本）之不同，实际上是他组织篡改程高本，冒充“原本”，招揽兜售。由于狄葆贤曾发布广告，以千字十元、六元、三元不等报酬征求《石头记》批语，遗老遗少和穷困书生们为了生计，应征者不少，这个戚序本自然成为他们作伪批的底本。胡适在

《红楼梦考证》引用有正本，且提及“提高了戚序本（其实是狄乱本）的价值”，更是脂本“作伪太多”的诱因。

戚序本第一次将程高本“自去自来，可大可小”八字删去，也第一次出现了前后不能照应的情况。甲戌本伪造者照抄后，发现了这一问题，伪增了那四百余字拙劣文字。伪造者熟悉版本装帧，设计了跳页或脱页的假象，可谓巧且险矣。由于骗人有术，至今还有很多红学家还以为伪甲戌本是“最接近作者原稿”的一部抄本。

“自去自来，可大可小”八字，无论对第一回，还是对全书，都是画龙点睛。清代最杰出的红学家张师吉以为《石头记》“脱胎于《西游记》”，通灵宝玉“演人心”，虽然“捣持”“国初钞本原本”的狄葆贤和后来伪脂本制造者，参考过张师吉《妙复轩评石头记》，但皆未能深入体会。不但去取鲁莽，批点更是一塌糊涂。

《西游记》首回形容孕育孙悟空的石头：“其石有三丈六尺五寸高，有二丈四尺围圆。三丈六尺五寸高，按周天三百六十五度；二丈四尺围圆，按政历二十四气。上有九窍八孔，按九宫八卦。”黄周星说“不过只说心耳”。《石头记》首回说通灵出身：“原来女娲氏炼石补天之时，于大荒山无稽崖炼成高经十二丈，方经二十四丈顽石三万六千五百零一块，娲皇氏只用了三万六千五百块。”张师吉以“十二丈”应十二辰，“二十四丈”应二十四气，至于“三万六千五百零一块”，则应“周天度数三百六十五，积百年则三万六千五百有奇，一者，奇也，概岁差也”。人心能包容时间空间、精神物质，尽天道，全人道，备王道，宇宙全息在是，历史文化全息在是。一人之心，即千万人之心，《西游记》咏心猿“历代人人皆属此”，人人觉悟，人人有真宝玉矣。《中庸》“放之则弥六合，卷之则退藏于密”，《石头记》“自去自来，可大可小”的注脚太多太多。《孟子·告子上》：“孔子曰：操则存，舍则亡，出入无时，莫知其乡，惟心之谓与?”此“莫失莫忘”“无稽崖”之出处。

心既能具备万物，又能扫空一切。崇脂批者问，石头既自去自来，何必劳动茫茫大士、渺渺真人？而不知茫茫渺渺亦心体之诠释，如谐史王宗沐《朱华觉侯列传》、尹一文《天君本纪》中众多人物一样作用！

玉备君子五德，明德之极，止于至善，此“扇坠”之由来；中医以心神为朱雀，住绛宫，此通灵宝玉所以“大如雀卵”；赤霞（瑕）宫、绛芸轩，也有了出处。

哲学意义上的“心”，是个形而上的概念，本不可见。性空缘起，道不虚明，言不孤立，立象尽意，借事明义。一旦明心见性，智慧圆融，自可忘言遗象。“阻超凡佳人双护玉”一回，觉悟了的贾宝玉说“我已经有了心了，要那玉何用”。

伪脂批炮制者，多属辛亥以来遗老遗少，为迎合学术热点买卖古籍，维持生存于愿足矣，智量为生活所限，不可能去深入体会书中微言妙理。

狄葆贤团队和后来的伪脂本伪造者以“十二丈”总应十二钗，二十四丈照应副十二钗，堪称只有高颜忘不了者矣，但于“三万六千五百块”下批曰“合周天之数”，可谓不伦不类。

力主《石头记》是“科学化”写实的周汝昌认为“自去自来，可大可小”为程高妄改，这一改，“把它弄成一桩‘神魔’性的东西”。其实程高文本，为谐史、物传、寓言最常用拟人手法（《石头记》是最典型的谐史题目），伪甲戌本妄增之“大施幻术”则是典型神魔小说伎俩。胡适晚年正是因这类情节说《红楼梦》不配称为“平淡无奇的写实”作品，“毫无价值”的。

其实《国初钞本原本石头记》和后来所有的伪脂批本，在删去“自去自来，可大可小”八字后，不仅巨石变为扇坠雀卵般大小、小儿之口能衔、少女之手可把难以理解，神瑛侍者的出现，尤其突兀。

本来程高本中，神瑛侍者是补天顽石锻炼通灵后，“自去自来”，偶尔到三生石畔、灵河岸边警幻仙子处，在寓居赤霞（瑕）宫期间，与绛珠仙草结下一段恩情。以后历劫下世，贾宝玉与通灵宝玉皆补天顽石后身，是一非二。“国初钞本原本”和后来的伪脂本都删去了其出处，下手就是“时有赤瑕宫神瑛侍者”云云，俨然一个一直在青埂峰下，一个一直在赤霞（瑕）宫中，从来没有瓜葛。书中连袭人这样的丫鬟出场都介绍身世，神瑛侍者何等重要，竟然毫无来历？这样如何让通灵宝玉成为贾宝玉的“命根子”？

可以说伪甲戌本首回伪增四百余字这一巧而险的捣鬼，暴露了自己，更将所有的后续伪造者推向二难境地：如果伪装“原本”，与程本立异，要么保存赘疣病足，要么仍断节错铆，最终所有其他脂本选择了后者，都无一例外遗传了狄氏“国初原本”作伪的致命伤。

董康的抄书团伙

《邓之诚日记》于“民国三十二年二月十日”条下，有这样一段文字：

> 程树德所作《论语正义稿》卖与瞿兑之所主编译馆，得银五千。董康大起忻羡，与瞿约定撰稿，每千字酬三十元，乃大集书手八人，抄撮成书，凡二百万言。瞿欲翻前议，董竟拼老命，经多人调解，仍由编译馆出六万金畀董买了。

胡适曾说：邓文如记忆不可靠（针对曹寅曾为康熙侍读，曹家出了两贵妃，其实都是为了诓骗胡适与周汝昌，以便售卖假书）。上述这段文字问题也很多，文中所谓“银五千”“六万金”，当指白银五千两、六万两。每千字酬三十元，当是三十银元（库平七钱二分，成色八九之银元，相当于加收火耗与铸币税的一两白银），而非国民政府的法币、北平伪政府的“中联券”，抑或汪伪政府的“中储券”。

按一般的说法，民国政府财政部于 1933 年“废两改元”，“所有公私款项之收付与订立契约票据及一切交易，须一律改用银币，不得再用银两”，废除了通用一千多年的银两制度，银元成为单一的主币。但才过两年多，由于美国为摆脱国内经济危机，增发货币，加足发行通货准备金而增加白银储备，高价收购白银，大量中国银元流向国际市场，造成中国银元危机。为避免经济的全面崩溃，1935 年 11 月，国民政府财政部宣布实施《紧急安定货币金融办法》，即实施法币政策，不准行使银元，并用“法币”收兑银元。全面抗战爆发，沦陷区还禁止使用法币——当然，官方禁止是一回事，民间实际交易又是一回事，一般人对迅猛贬值的“信用货币”（纸币）完全不信任，包括曾任伪中华民国临时政府司法委员会委员长、最高法院院长等职的董康。

程树德曾在北京大学等高校讲授法律（与董康同行），因七七事变后北平高校陆续南迁而失去教职，他在贫病交加的境况下，历时多年，艰难完成《论语正义》（出版时改为《论语集释》）。伪华北编译馆馆长瞿兑之对程树德此书付了丰厚稿酬，既因此书有较高学术水平，也有经济救援之意。至于董康能投机获得巨款，则是利用了他在伪政府的权势和法律专长（可能与瞿兑之签了合同）。

民国以前，抄书、刻书的价格都不甚高，叶德辉《书林清话》载明代刻书，每百字二十文左右；清末银价大涨，最贵的每百字不过一百三十文。至于抄书，明代抄一部书，抄工仅得几钱银子，清末价高者“以四五十文论字之百数”。若以每两白银兑换两千文制钱计算，抄四五百字，才得一钱银子，董康竟然能以每百字得银三两，为清末抄工的一百多倍！在中国出版史上，“现抄现卖”而卖出如此高价，仅此一家（要知道白银此时比胡适买伪甲戌本时还值钱）。马克思说资本“为了100％的利润，它就敢践踏一切人间法律；有300％的利润，它就敢犯任何罪行，甚至冒绞首的危险”，法律专家董康操纵的可是百分之一万多利润的买卖，怪不得他要“拼老命”力争。

程树德《论语集释》，最后脱稿于1942年，次年由华北印书局出版。估计董康与瞿兑之订立著作合同，不会晚于1942年。至1943年2月，二百万字的著作就已脱稿，若非团体合作抄撮成书，速度绝对不会如此之快。所得亦可谓丰厚。胡适的伪甲戌本二十万字左右，如果让董康推销，应该是六千银元，而不是三十——何况人家还抠了好多印章，工序更复杂一些。

董康纠集的八人抄书团伙值得注意，李国文先生在《上当的红学家》中说，围绕曹雪芹，有一个以脂砚斋为首的指导曹雪芹创作的批评家兼抄胥群体，“人数应该有七八个人或者更多一些的样子”。李先生替曹雪芹招待费担忧：“如果曹雪芹有义务要管他们饭的话，这一桌食客真够他一呛。”对于绳床瓦灶的曹雪芹，喝稀粥吃菜根也供不起，何况偶尔还要来两壶小酒。

这八个人中，应该有董“司法委员会委员长”手下的陶“秘书长”（董某也会躬自操觚）。他们与伪造脂本的那“七八个人或者更多”有重合处。如果找到董康团伙炮制的这部二百万字的巨著，对比伪脂本字迹，真相自然会水落石出（已有人在做）。

据董康《东游日记》（《书舶庸谭》）记载，这个团伙中的陶“秘书长”还杜撰过一部《脂砚余闻》，可能怕穿帮，始终没有出手——或者等待配套的伪书问世后再出手——反正主流红学出于曹雪芹资料饥渴症和维护自己的学术地位，对相关造假几乎没有免疫力。

此人无声胜有声

——顾颉刚对伪甲戌本的沉默

顾颉刚是所谓“新红学”的重要创立者，助成胡适《红楼梦新证》与俞平伯《红楼梦辨》两部“开山之作”，但其后便专注辨伪，很少再涉及红学，对所谓“脂本”更保持了惊人的沉默。

1927 年 6 月，胡适得到“甲戌本”以后，除了他的私人秘书程万孚等，学界最早得知甲戌本的消息并首先阅读的，是顾颉刚。

现在学界认为胡适在从来历不明的胡星垣手里购得甲戌本后，最早于 1927 年 8 月 11 日致钱玄同的信中向外界透露他“近日收到一部乾隆甲戌抄本的《脂砚斋重评石头记》”之“奇遇”。再后来就是《申报》1928 年 3 月 18 日所登无畏庵主《许杨联欢宴中之谈片》所记 3 月 15 日胡适在上海鸿庆里宴会中吹嘘“近得一部曹雪芹生前《红楼梦》之抄本”。

欧阳健先生在《从日记的缺失看胡适的红学》一文中认为，胡适收购到密切迎凑“新红学”观点的甲戌本这样的大喜事，“首先该告知”俞平伯、顾颉刚，“因材料不存，胡适是否写了信、信中讲了什么，均不得而知”。

欧阳健先生的推测是有道理的。虽然胡适对不利于自己的材料（日记、书信）进行销毁、挖改，甚至节略另抄，但这些只是他自己手里的东西。别人的日记和别人手里的书信等材料，他未必都有机会像对待徐志摩身后遗著那样能够做手脚。

从顾颉刚日记、书信中，我们可以得知，胡适在尚未与胡星垣成交时，就已经将消息告知顾颉刚；成交后，他首先给顾颉刚看。当然，他更希望顾颉刚这位已在史学界崭露头角、勇于判断的学术新锐引用此书，助己学说，以巩固已有之学术成果，提高自己的声望，并且带动亚东图书馆系列新式标点小说的畅销。

顾颉刚在 1927 年 7 月 30 日寄胡适信中说：“抄本《红楼梦》已弄妥，极快。

但可卿之死，我和平伯怎样讨论，已记不起。学问之事，不进则退。这一年中我确是退得多了。”在1927年10月2日日记中又记：“看《脂砚斋批本红楼梦》。适之先生持《脂砚斋批本红楼梦》为是书抄本之最古者，其中有曹雪芹之事实焉。”两处所提的《红楼梦》抄本，毫无疑问是甲戌本。这一时期胡适的日记多已被销毁或尚未见天日（特别是他自己提及1927年6月6日起始的一册），但从顾颉刚日记看，1927年5月到10月，胡适与顾颉刚除通信外，他们曾在上海、杭州多次见面。其时顾颉刚在广州中山大学任史学系主任，校务委员傅斯年为了使顾颉刚避开鲁迅的锋芒，让他出差为中山大学购书。顾颉刚主要在江浙一带与藏书家和书商周旋。听说胡适已经与胡星垣成交，顾颉刚“极快”（很欣慰）。至于“可卿之死，我和平伯怎样讨论，已记不起”云云，是胡适点拨顾颉刚，甲戌本“可以证明”顾颉刚与俞平伯《红楼梦辨》中关于天香楼一案的主张，并希望他写文章制造声浪。

1927年7月30日顾颉刚致胡适的信，台湾联经出版公司2007年点校版《顾颉刚日记》将其中的“买妥”改为“弄妥”，是极其不妥。查《胡适遗稿及秘藏书信》中顾颉刚原稿草书，实当释为“买妥”。否则，就是胡适将刚购得的甲戌本让顾颉刚捯饬，为了避免被重抄复制，力求其“快”（或书仅十六回，抄写易成）。以胡适的关系，根本没有必要麻烦当时需要加夜班写书目卡片的顾颉刚。

胡适于1927年5月17日，自美国经日本回国，下榻上海静安寺路1225号沧州饭店。22日，早晨刚从香港抵达上海的顾颉刚即与胡适在亚东图书馆见面，同时在座的有《每周评论》的出资人张祖训和亚东图书馆经理汪孟邹——大家注意，也就在这一天，神情恍惚的胡星垣给胡适写了那封推销《脂砚斋重评石头记》的信件——这封信半个多世纪之后才得见天日。

胡星垣之所以不将甲戌本卖给以公款广购古籍的顾颉刚，除了顾的名声不如胡适，也是因为顾颉刚是将古书辨伪发展到高峰的人。平心而论，顾颉刚辨伪有过头之嫌，但目光思路异常犀利。何况他多与书估打交道，什么作伪的花样没见过，甲戌本这等破绽百出的烂污货色，怎能逃过其法眼？就是甲戌本经过胡适这个冒牌的伯乐摩挲赏鉴，高度肯定之后，顾颉刚其实并不买账。“适之先生持”云云，表明他并不认可。否则，胡适将此“奇宝”先给他看，他即使不像后来周汝昌那样高兴，写篇文章为彼加持，也是应该的。顾先生即使不好名，也应给恩师点面子。也许因甲戌本造假过于拙劣，他丢不起这个人。甲戌本如此，何况后来每况愈下的其他传抄本！顾颉刚对胡适说自己学问“确是退得多了”，当然是自谦，他应该是成熟得多了，不再像助成俞平伯《红楼梦辨》时那样，根本没通读《红楼梦》，就率尔操觚，洋洋洒洒。

顾颉刚在去世前不久写的《我是怎样编写〈古史辨〉的》一文中回忆1929年，他离开中山大学后，在上海见到胡适：“我去看他，他对我说：‘现在我的思想变了，我不疑古了，要信古了！’我听了这话，出了一身冷汗，想不出他的思想为什么突然改变的原因。”

据《顾颉刚日记》记载，他从广东到达上海的时间是1929年3月1日，晚上才安顿好，第二天便去探望胡适，第三天又去。估计胡适对他宣布“要信古”，就在这段时间。这相当于对顾颉刚说要分道扬镳。曾长期受胡适罩护甚至经济资助的顾颉刚，当时感到恐惧，数十年后回想起来仍有余怨。甚至在胡适以洋律中、以洋套中的《说儒》之类大作受到学界驳斥，胡适无言以对时，顾颉刚对此幸灾乐祸（顾颉刚也许最有理据批驳胡适，但慑于其势焰，保持沉默）。

胡适宣布与顾颉刚学术分手，其实理由很多。此时顾颉刚对胡适已有跨灶嫌疑，他已不是胡适写《红楼梦考证》时那个对他多方依赖、言听计从的“书记”。甚至顾颉刚中山大学的学生何定生都写出《关于胡适之与顾颉刚》专著，“欺师灭祖”，嘲骂胡适，抬高顾颉刚。再说，1929年初，顾颉刚因《现代初中教科书·本国史》被禁，害商务印书馆罚巨款，且招来了学界对“古史辨派”的攻击，箭雨也落到胡适身上，甚至害亚东图书馆《古史辨》滞销，影响了胡适财路。善于趋利避害的“狐仙”，也急于割席。当然，更直接的原因是顾颉刚对胡适视为至宝的甲戌本的冷遇。

俞平伯于20世纪二三十年代首先在理论上反思，批判了自叙传，并提示胡适历史与文学不是一回事，又断定甲戌本是传抄本，“价值有可议”，因此被胡适冷淡，甚至日记中都长期不出现他的名字。顾颉刚冷遇甲戌本后，胡适的报复更阴毒。在说自己“要信古”（其实他只信甲戌本这种对他有利的货色，历史虚无主义老而弥甚）对他提出警告后，其他方面也予以打压。民国第一次评选中央研究院院士时，他的推荐名单上无建树卓著的顾颉刚。倒是与顾颉刚学术路数不同，且已与其交恶的傅斯年度外持公，推荐了顾颉刚。最终顾颉刚也当选——当然相对于顾颉刚，敢批驳胡适观点的牟宗三、以《中国哲学史》跨灶胡适《中国哲学史大纲》的冯友兰，受到的打击、排挤就更严重了。

真假有无与“借事明义”

——兼论索隐派

《红楼梦》开卷之“作者自云”明确告诉读者，他已将“真事隐去”，故有“甄士隐”（真事隐）、“贾雨村”（假语存、假语村言）之名。全书将真假有无，始终对勘。太虚幻境“假作真时真亦假，无为有处有还无”的对联，最为人乐道。

很多人把“真”“有”理解为故事原型、历史事实，并大搞其索隐。这种做法虽未可全非，但显然有舍本逐末之嫌。我们认为，要真正理解真假有无的关系，首先应当了解中国古代文学借事明义的表述方式。这种表述方式，作俑于《春秋》。

今天，我们把《春秋》当作鲁国的编年史，甚至当作山东最早的方志看待。但当年孔子修此书，却不以编史为意，而以立法定制为心。历史著作要求据事直书，登“真”“有”而黜“假”“无”，征信考实，不虚美，不隐善；而孔子之作《春秋》，则行笔削之微权，隐括使就绳墨，加以褒贬是非，以见微言大义。

《春秋》不但对历史事实的真假有无、传闻异辞、矛盾症牾不予关注，甚至有意改变史实的本来面目，以示予夺。如僖公二十八年晋文公以霸主召周天子与诸侯会盟，《春秋》却书曰“天王狩于河阳”；吴越之主皆自立为王，而《春秋》却称之曰“子”。诸如此类，清代经学大师皮锡瑞称之为“义本假借，与事不相比附”。但皮氏同时又说：“然则《春秋》作伪欤？不知为假借，而疑为作伪。”①

毫无疑问，“借事明义”是反历史的做法。这种方法与文学创作更接近一些。可惜后世史学家，误会孔子之意，自觉不自觉摹仿《春秋》笔法，出现了郑樵所说的情况：“凡秉史笔者，皆准《春秋》，专事褒贬。”② 有人说中国无信史，与

---

① 皮锡瑞：《经学通论·春秋》。

② 郑樵：《通志·总序》。

此不无关系。

古代有的史学家，甚至取传奇小说所载之事，录入史册。如司马光著《资治通鉴》，有杨贵妃为安禄山请“洗儿钱”之事。此事两《唐书》所不见，《通典》《唐会要》所不载，仅见之《天宝遗事》这类无聊小说，司马光采之，绝非以纪实征信为心，显然以资治、儆戒为目的。与《红楼梦》第五回“安禄山掷过伤了太真乳的木瓜”异曲同工。

冠冕堂皇的经史，其所述之事，尚非全是实录，必真必有，更何况稗官小说！张竹坡云：“稗官者，寓言也。其假捏一人，幻造一事，虽为风影之谈，亦必依山点石，借海扬波。”① 这是《春秋》借事明义在小说中的发展。《红楼梦》第七十八回贾宝玉作《芙蓉诔》之前，想到了《春秋左传》“潢污行潦，蘋蘩蕴藻之贱，可以羞王公，荐鬼神”，已见作者以小喻大、以微见显之意。又云：“况且古人多有微词，非自我今作俑也。”更见作者师法之所在。清代评点《红楼梦》者，一再说书中有“春秋笔法”“春秋字法”“史笔”，自是真知灼见。《春秋》是编年史体，以文运事，受诸多限制，《红楼梦》是传奇小说，以文生事，剪裁布置，抑扬渲染，皆随作者之意，“或用实典，或设譬寓，随意所之，信笔而去。喜则以文为戏，悲则以言志痛。辞达意尽为止，何必若世俗之拘拘于方寸之间哉”②。所以我们读《红楼梦》，关键在于把握作者善善恶恶、予夺褒贬的立场，体会作者满纸荒唐言后的万难心事、无限沉痛，探索其中反映的历史规律和时代精神。若忽视这些内容，将小说中的情节、形象与历史事件、人物相比附，对号入座，不仅舍本逐末，而且必然出现大量的牵强附会，还会导致读者对小说片面、狭隘的理解，变开张天岸马为局促辕下驹。什么明珠家事说、和珅家事说、张勇家事说、傅恒家事说、董小宛说、雍正夺嫡说、曹雪芹自传说……把一部封建社会的百科全书，视为一家一人的阴私秘史，这对《红楼梦》是何等的贬低。

《红楼梦》是一部诗化的小说，我们可以以诗与历史的关系相喻。清代诗人中，吴梅村最善咏史，但因用典不切，屡屡遭人讥议。连对他推崇备至的赵翼也

---

① 张竹坡：《〈金瓶梅〉寓意说》。

② 庚辰本《红楼梦》第七十八回。

指摘其诗“与题不称，而强为牵合”“随手阑入，不加检点”。[①] 近人邓之诚先生《清诗纪事初编》序引黄宗羲“当以诗证史，不当以史证诗”为之解，最为合理。某些索隐派著作之所以可笑，正是由于他们“以史证诗”。

当年鲁迅先生发表《阿Q正传》时，很多人以为作者在骂自己。先生作小说，有时也的确顺便调侃、揶揄某些人。但阿Q这个形象，实集中了我们民族乃至整个人类的某些劣根性，直到今天，仍有无量众生会从阿Q身上看到自己的影子。与此同理，《红楼梦》中的荣宁二府，反映了封建社会末期阀阅大家盛衰荣辱的共同特点，人们自然可以从《红楼梦》产生前后的许多权贵之家的历史，看到荣宁二府的影子。索隐派找出的“本事”越多，越证明作者塑造形象的典型性，而对某一具体的索隐派，也是最有力的驳斥。

“索隐”二字，在红学界某些人的眼里，已经成了牵强附会的代名词。但这两个字，本来还有些体面。《易·系辞上》有“探赜索隐，钩深致远”之语，足见古人不废。致远必自迩，索隐必自显，所以《易》卦取象，多日用平常之物。唐代司马贞撰《史记索隐》，重在正音释义，是一部平实周详的训诂之作。较之古人，红学索隐派未免好奇过甚，所以往往捷径窘步，小禅自误。《红楼梦》第七十八回贾宝玉感慨“微词”之绪不传，“尚古之风一洗皆尽”，我们于红学索隐派，实有同感。

平心而论，索隐派在红学史上产生并层出不穷，并非偶然。它与史学在古代文化中的崇高地位有关，也与清代嘉庆以前文网森严致使文人记事委曲避讳不无关系，更由《红楼梦》属辞比事而有意大量设谜、若符若谶所造成。有些迷谶，如第五回十二钗判词，第五十一回薛宝钗怀古十谜，至今尚未有令人信服的解释。要破解这些谜谶，索隐派使用的一些方法，诸如拆字、射覆等等，仍有用武之地。但毫无疑问，这些方法不会也不应该成为研究《红楼梦》的主要方法。甚至可以说，即使不破解这些谜谶，也无妨于我们对《红楼梦》思想、风格的把握。正如我们读宋遗民郑思肖的《太极祭炼》《锦钱余笑》《心史》，即使不理会“大无工十空”“本穴世界”这些个笨谜和大量若符、若誓、若偈、若铭、若谶的

① 赵翼：《瓯北诗话》卷九。

晦涩文字，仍能体会到作者对赵宋王朝万折不回、昭之天日的丹心赤诚。

最后，在反思索隐派的同时，我们当然不要将它的外延扩大，把凡结合历史文化背景和作者生平家世进行的研究者，一概视为索隐派，一概予以牵强附会之评价。知人论世的原则永不会过时，对于《红楼梦》这部具有浓厚时代色彩和个性特征的作品，尤不可偏废。

红楼词林：玉堂人

《红楼梦》中，无论所直接描写的对象，抑或是“以儿女律士大夫”所寓指的对象，主要是士儒阶层。其中对明清士儒“精华”所荟萃的中央政府核心决策机构和史料记录、史书编纂部门翰林院、内阁的示意，或明或暗，数以百千计，而尤以“玉堂”为著。

第四回“护官符”：“贾不假，白玉为堂金作马。”

第五回《乐中悲》说史湘云：“好一似，霁月光风耀玉堂。”

第十七回至十八回林黛玉《世外仙源》诗：“香融金谷酒，花媚玉堂人。”

第五十三回写元宵节史太君花厅摆设：“又有各色旧窑小瓶中都点缀着‘岁寒三友’‘玉堂富贵’等新鲜花草。”

第七十回，薛宝钗应史湘云倡导所作柳絮词《临江仙》开头两句：“白玉堂前春解舞，东风卷得均匀。”

在古代文献中，特别是唐宋以来，“玉堂”二字，使用最多的是指代翰林院、史馆，如果与金马连用，则十之八九指馆阁翰林。其中宋太宗为宋代学士院题“玉堂之署”榜，为之推波助澜。宋代叶梦得《石林燕语》卷七道其颠末：

> 学士院正厅曰“玉堂”，盖道家之名。初，李肇《翰林志》末言居翰苑者，皆谓“凌玉清，溯紫霄”，岂止于“登瀛洲”哉！亦曰“登玉堂”焉。自是遂以“玉堂”为学士院之称，而不为榜。太宗时，苏易简为学士，上尝语曰：“‘玉堂’之设，但虚传之说，终未有正名。”乃以红罗飞白“玉堂之署”四字赐之。易简即扃鐍置堂上。每学士上事，始得一开视，最为翰林盛事。绍圣间，蔡鲁公为承旨，始奏乞摹，就杭州刻榜揭之，以避英庙讳，去下二字，止曰“玉堂”云。

“玉堂”二字，未必是道家（包括医家）先用之，但也许由于道家的玄元圣祖老子就是柱下史官出身，即《汉书》所谓“道家者流，盖出于史官”，翰林院、史馆借用道家仙山宫阙名目最多。“柱下”也可以作为翰林、史馆的代称。《红楼梦》中史太君与“终了真人”张道士交情极深，有的研究者甚至说他们是一对“老情人”，而不知其渊源有在。

“玉堂”在先秦文献中就已出现，为华屋、宫殿之美称。如《韩非子·守道》：“人主甘服于玉堂之中。”宋玉《风赋》，“然后徜徉中庭，北上玉堂，跻于罗帷，经于洞房，乃得为大王之风也”。

汉代宫殿，未央宫、建章宫皆有玉堂殿，其中未央宫玉堂殿有前后大小两处。据《关中胜迹图志》中的《汉长乐未央宫图》标注，玉堂殿在未央宫宣室之西，而相当于后世翰林院、史馆的石渠、麒麟、天禄（《红楼梦》第五回《燃藜图》与此有关，而“黎阁”“黎照阁”亦可指代史馆和翰林院）诸阁，则在玉堂殿后区，隔金马门。金马门原名鲁班门，又称黄门。汉武帝时，得大宛马，乃命以铜铸马，立于鲁班门外，作为相马楷式，因称金马门。金马门（金马署、金闺署）后世也被用来作为翰林院的代称，而翰林也可以被称作“金闺”“金闺彦”“金马客”“金马词臣”。其实汉代即使进入未央宫三阁校书的文士，只有特殊机缘，才能历金门、上玉堂、居台辅，扬历中外。否则，就如明清终老的侍读、侍讲、编修等翰林，也就和有名无实的长门怨妇差不多了（未央宫中，南出长门，石渠、天禄二阁，一左一右）。无论如何，金马玉堂，在汉代以后，成了文人学士梦牵魂绕的所在。

《红楼梦》五处提及“玉堂”，其中三处与史姓有关，且与十二钗中最重要的三位女性（林、薛、史）有关。史湘云无论，宝钗固应“才人赞善”（赞善为詹事府官，亦出翰林）之选者，象征学海文林的黛玉潇湘馆“来仪”匾额，亦翰林故事，且其中有对联“绿窗明月在，青史古人空”。至于“贾不假，白玉为堂金作马”，可解为清廷虽然是伪朝僭统，也装模作样开史馆修史；还可解为清廷虽然修成的是假语谎言的秽史，但也是翰林太史高手们草创的。

木石生火，明朝圣瑞火德；金玉生水（玉为金之精，亦水母也），清廷水德应运。《红楼梦》中金玉姻缘与木石姻缘的对立，表现了清代汉族士儒在玉堂金马的朝廷的诱惑与忠于前朝的山林隐逸之间的纠结。这种纠结，自然也表现在史书编纂的宗旨中。博学鸿儒之徒与山子野（万季野）辈溪壑分离，隐忍史局二十余年，唏嘘编纂，最终被张如圭（张廷玉）辈掉包篡改，特别是“楼子上起楼子”的南明五朝，被全部黜除。且为人做嫁衣裳的宏博之徒受甲科排挤，或卷入党争漩涡，后事难继，名利皆虚，自然也莫怪他人嘲笑频了。张廷玉《恭进明史表》也提到此书经“名人”数十载用心，而《明史》雕檀镂梓，颁行天下，物议纷然，岂皆博学鸿儒与万季野辈“良工”原作本意乎？

除玉堂外，翰林院在古代还被称为“玉署”“玉局”“玉府”“玉除”“群玉山”（宋代翰林院有“群玉亭”）。《红楼梦》中人物名字，有“玉”字或从玉者很多，以致凤姐不以为然：“讨人嫌的很！得了玉的益似的，你也玉，我也玉。”这种言论，也有对汉族士儒热衷功名、不择出处的批评和惋惜。

我曾说《红楼梦》中有一部明史馆公案（当然不仅如此），并以顾炎武韵目代字法指出大观园设计建造者“山子野”有影射《明史》实际总裁万季野处。梁恭辰《楹联四话·厅宇》以为，自宋太宗为苏易简飞白题榜后，“玉堂”二字“遂专属之翰林”，其言未必。即使如此，《红楼梦》对于“玉堂”重言反复，且大观园群玉荟萃，也未免过于露骨了些。虽然这也仅是全书的豹之一斑。

据《楹联丛话》卷五记载，清代翰林院署有何焯所撰楹联：“仪凤祥麟游集盛，金书玉字职司勤。”这令人联想起荣国府荣禧堂的那副：“座上珠玑昭日月，堂前黼黻焕烟霞。”较之何氏过于著实之作（潘祖荫“玉堂修史文皆典，香案承书望若仙”更著实，横批可为“黼藻国华”），荣禧堂楹联似乎还要华藻赡丽，有廊庙气象。如果清人不忌讳“日月为明”，悬于翰林院特别是明史馆，那也是极好的。

红楼词林：红香圃（芍药茵）

自南朝诗人谢朓作《直中书省诗》，有“红药当阶翻，苍苔依砌上”之句，芍药遂与词馆脱不开干系，芍药省、（红）药省、（红）药署遂成中书省之代称。由于中书舍人与翰林院、史馆工作性质相近，历史上离合瓜葛不断，所以芍药也可以作为翰林院、史馆的标识。虽然自唐代以后，芍药在群芳中逐渐落谱（一直到杨贵妃时代，沉香亭畔牡丹仍被呼为“木芍药”），以致“四大名花”乃至“十大名花”均与它无缘，但文人学士对此花仍情有独钟。

我曾说，《石头记》绝对模仿了谐史物传，甚至说它是一部放大了的《毛颖传》(或《反毛颖传》。谐史物传在韩愈是热衷，在《石头记》是冷讽)。而韩愈(明清翰林院中唯一有专祠的文人）笔下的毛某，职位正是“中书君”。“玉堂修史文皆典，香案承书望若仙”，如此则《石头记》中的毛半仙也有其来历。

明代翰林院又多了一段芍药佳话。明宣宗幸文渊阁，命于阁右筑石台，植淡红芍药一本。景泰初，增植二本，左纯白，右深红。大学士李贤名淡红者曰“醉仙颜”，纯白者曰“玉带白”，深红者曰“宫锦红”，与众赋诗，名曰《玉堂赏花集》。被甲科词林称为画匠翰林的文徵明有《禁中芍药》诗云：

仙姿绰约绛罗绅，何日移根傍紫宸。
月露冷团金带重，天风香泛玉堂春。
千年想见翻阶咏，一笑羞称近侍臣。
不似人间易零落，上方元自隔凡尘。

清康熙博学鸿词鳌头、授翰林院编修与修《明史》的彭孙遹有《冬夜与庭表逊来薙宫话旧感赋》诗云：

二十年前与计偕，一时英俊尽同侪。
姓名半向金闺谪，邱陇多将玉树埋。
往事岂期红药省，旧游重到绿槐街。
风光报答真无计，垂老空怜志愿乖。

《群芳谱》中的植物，在《红楼梦》中最出彩的应该是芍药和梅花。百二十回目录也只有“红梅”“芍药茵”是以本色现身。湘云醉眠芍药茵，与宝琴白雪红梅同是《红楼梦》人花相映最美的画本，堪称双绝。而湘云醉眠尤其赏心悦目。

史湘云是“幸生来，英豪阔大宽宏量，从未将儿女私情略萦心上，好一似，霁月光风耀玉堂”的角色，如此虽然醉眠芍药可能被措大作为意淫范本（太平闲人所谓“造孽”），但湘云此态应非春梦婆作应，如果下一转语，《桃花扇》中“不因重做兴亡梦，儿女浓情何处消”最当。她喝的酒，其实是千红一哭，万艳同悲。“红香圃”其实是“红伤圃”。

《红楼梦》第五十一、五十二回之元宵节春灯谜、怀古诗，与六十二、六十三回之宝玉生日之射覆、占花，都关系《明史》编纂，且相互照应，四者都用度词隐秀的谐史笔法——上下千古，生活于文禁森严的清人最擅长此道。元宵节以宝琴为主，宝玉生日以湘云为主。凫靥裘加身的宝琴是素王，麒麟在怀的宝玉、湘云是《春秋》之“史外传心”。其间妙义，层出不穷。

湘云酒令，一醒一醉，皆用欧阳修文。“奔腾而砰湃”，出《秋声赋》；“泉香而酒冽”出《醉翁亭记》。欧阳修文章，在八大家中，情文并非最出色，连他自己都要让苏轼出头。作为少女的史湘云，似乎不应该是醉翁的专门粉丝。但欧阳修是继迹马、班的史学大家，《新唐书》《新五代史》的作者，更是明清史馆群贤学习的榜样。清代东阁大学士、翰林院掌院学士、《四库全书》首任正总裁刘统勋为内阁值庐书联，“天下文章莫大处，龙门声价最高时”，用欧阳修故事；晚清翰林曾国藩与同僚为欧阳修过生日，用“天下文章莫大乎是”分韵赋诗。而清代三百年，“最大”的文章，中外士人最关注的文章，杀头流血最多的文章，实际写作最旷日持久、创历史纪录的文章，有过于《明史》者乎？

醉翁之意不在酒，在乎兴亡之间。湘云第一酒令《秋声赋》“奔腾而砰湃”之后，紧接着是“诗圣”杜甫感慨丧乱最杰出的“诗史”《秋兴八首》中的诗句“江间波浪兼天涌”。

“闻道长安似弈棋，百年世事不胜悲。王侯第宅皆新主，文武衣冠异昔时。”杜甫《秋兴八首》中此类诗句，曾在经历过明末清初浩劫轮回的汉族士儒心中产生强烈共鸣。做过贰臣的钱谦益的《投笔集》一书，几乎全和此诗。开卷第一首就有“楼船荡日三江涌”之句，这是形容他的学生郑成功于顺治十四年北伐之初的赫赫声势。这次北伐，是复明势力的回光返照。郑成功斜飞侵劫，轻进易退，丧失最后的时机，辜负了大江南北纷纷响应的有利形势，被梁化凤妙手反扑，惨败南还。从此，不待虎兔相逢之际，两地生孤木的桂王朱由榔被擒被害，明亡清兴，已尘埃落定。这次北伐，也是沉沦胡沙黑海的汉族士儒最后一场复兴梦。钱谦益和《秋兴》诗的还有“梦到红云深殿里，玉皇新点侍宸班”之句。史湘云香梦沉酣，不及儿女私情，当有此境？史湘云醉语呢喃的“梅梢月上”，对应宝琴“明月梅花一梦”。且“梅梢月上”在骨牌为“长五”“幺五”“长五”组合，或者隐指南明五王。

清朝有学者题诗云：“湘云不与宫车会，独识南安老太妃。”如果宫车会、元春省亲相当于明史开馆，那么湘云是不与其事，则指集南明史学大成的温睿临。所谓湘云嫁与卫若兰，倒不如说他们合二为一。说大观园总设计师山子野有影射《明史》实际总裁布衣万斯同，是学顾炎武“韵目代字”；说关注汉南的卫若兰为以《南疆逸史》续补《明史》，存麟笔大义的温睿临，则是同声近音假借，不妨学学湘云稍微“咬舌”一下。

温睿临《南疆逸史·凡例》自述其述作起因：

> 昔吾友四明万子季野方辑《明史》，语余曰：“鼎革之际，事变繁多，金陵、闽、粤，播迁三所，历年二十，遗事零落，子盍辑而志之，成一书乎？”余曰：“是《明史》之所赅也，余何事焉？”万子曰：“不然。《明史》以福、唐、桂、鲁附入怀宗，纪载寥寥，遗缺者多。倘专取三朝，成一外史，及今时故老犹存，遗文尚在，可网罗也。逡巡数十年，遗老尽矣，野史无刊本，

> 日就零落，后之人有举隆（隆武）、永（永历）之号而茫然者矣。我侪可听之乎?”余曰：“是则然矣，其间固有抗逆颜行，伏尸都市，非令甲之罪人乎? 取之似涉忌讳也，删之则曷以成是书?”万子曰：“不然。国家兴废，何代无之，人各为其主，凡在兴朝，必不怒也，不得已而遂其志尔。故封阡表容，赠通祀阙，历代相沿，著为美谈。本朝初定鼎，首褒殉国诸臣，以示激扬，其在外者，不暇及尔。褒与诛可并行也。且方开史局时，已奉有各种野史悉行送部，不必以忌讳为嫌之令矣。采而辑之，何伤?”余因曰：“诺。”

这两人一唱一和，才是归结兴亡案的“白首双星”。而在《桃花扇》中的双星是张瑶星（经星）与老赞礼（纬星）。

南明五朝，就是史湘云与翠缕（朱明不绝如缕）入大观园看到的“楼子上起楼子，接连四五支”的榴花。榴花与芍药，都是五月的主盟花。古人咏榴花，有“照眼明”“红楼主”等形容。而经学家解芍药，以为“离草”，《易》曰“离也者，明也”，正南方之卦也。宝琴不云乎：“江南江北一般同，偏是离人恨重。”

“阿房宫，三百里，住不下金陵一个史。”史家如此富贵，难道还要史湘云做女红贴补? 倒不如理解为清修《明史》虽规模浩大，旷日持久，但不允许为弘光立本纪——当然更不允许为两唐王、桂王和监国的鲁王立本纪。

春灯谜一回，李纨制“‘观音未有世家传’。打《四书》一句”，湘云猜是“在止于至善”（与“在明明德”相连），黛玉猜是“虽善无征”。我曾经有抬杠之意：那五台山文殊、九华山地藏、峨眉山普贤，难道就有子孙后代，家谱家传? 联想到观音居南海，乃尔释然。《石头记》之南，与文天祥“指南”之南，郑思肖“所南”之南相通。

红楼词林：谏之道

姚鼐在《翰林论》中曾将明清翰林在谏诤方面做过比较：“明之翰林，皆知其职也。谏争之人接踵，谏争之辞连策而时书。今之人不以为其职也，或取其忠而议其言为出位。夫以尽职为出位，世孰肯为尽职者?”魏源在《明代食兵二政录序》中曾做类似比较，结论也大同小异：“（明代）士自成进士释褐以后，则不复以声律点画为重，士得以讲求有用之学，故中材之士，往往磨厉奋发，危言危行，无所瞻顾，凡本兵、吏部文武之任，往往有非常豪杰出乎其间……（清代）士之穷而在下者，自科举则以声音训诂相高；达而在上者，翰林则以书艺工敏；部曹则以胥史案例为才，举天下人才尽出于无用之一途，此前代所无也。”

明代言路活跃甚至过于膨胀，除了与明代统治者“清仕途，培士气”，明代中后期予智自雄、标榜声气的心性之学等因素有关，也与明前期帝王鼓励谏诤有关。据黄佐《翰林记》卷八《责尽言》：“圣祖立国，不设谏官，使人人皆得以尽言，而尤责备于近侍。”明成祖与翰林解缙讨论“敢言之臣难得”问题时，解缙以为“敢为之臣易求，敢言之臣难得。敢为者强于己，敢言者强于君，所以王、魏之风，世不多见。若使尽言者无所畏，听言者无所忤，天下何患不治”，成祖深以为然，“朕与尔等皆勉之”。“朕以一人之智，处万几之繁，岂能一一记忆不忘，一一处置不误。拾遗补过，近侍之职。”（《皇明政要》卷八）

朱元璋、朱棣父子，位列历史上残暴的专制君主行列，但并不以为自己的话一句顶一万句，更不要求臣子理解也要执行，不理解也要执行，相信到迷信的程度，甚至他们能接受比较尖锐的批评。臣子更不以一味颂圣伟光正为然。试观明臣指斥君过，虽敌国之檄文，亦未必如此尖锐激烈。

明世宗在历代君主中，属中上品，海瑞上疏直斥：“嘉靖者，言家家皆净而无财用也……天下之人不直陛下久矣!”明神宗属于不作为的皇帝，对维护自己尊严方面同样不当回事，以致成为众矢之的。臣子好像不批评皇上不足以立德养望。雒于仁斥神宗"嗜酒""恋色""贪财""尚气"，四毒俱全，张养蒙指责他"好逸""好疑""好胜""好货"，四好皆偏。田大益最危言耸听："陛下迩来乱政，不减六代之季。一旦变生，其何以托身于天下哉!"联想起李自成讨明檄文，说乖张无常的亡国之君明思宗只不过"君非甚暗，孤立而炀蔽恒多"，何客气乃尔！难得朱翊钧好脾气，只当秋风过耳。

与明代相比，虽然清代并非万马齐喑，但像明臣那样犯颜直谏者凤毛麟角。这除了清人过度接受了明代教训，也与清朝帝王忌讳恒多，不待见直臣有关。清朝暴政如逃人、圈地、屠城、剃发、投充，流毒寰宇，历代所无，清廷明确规定，这些都属于过滤词汇。奏疏中如出现，一概治罪，本不许封进。这些硬性规定，也有效地封住了言臣之口。积威之下，"万马齐喑"也就自然而然了。于是才有姚鼐、魏源之徒对明代风气的艳羡。

面对朝廷祸国殃民的败政，敢于进谏比沉默值得赞美。但谏之不当，其害处比沉默还大。所以要讲究进谏的方式。不妨分为不同等级：

第一，进谏不仅能让君主旷若发蒙，欣然听受，而且还给予褒奖，加官进爵。此为上上。这种情况，一般在君正臣良的情况下才能产生，如唐太宗之于魏征。有意思的是，通过频繁进谏，参与缔造中国封建社会盛世贞观之治的魏征，愿为"良臣"，而不愿为"文死谏"的忠臣。"良臣，稷、契、咎陶是也。忠臣，龙逄、比干是也。良臣使身获美名，君受显号，子孙传世，福禄无疆。忠臣身受诛夷，君陷大恶，家国并丧，空有其名。以此而言，相去远矣。"忠烈之臣"身受诛夷，君陷大恶，家国并丧"，误君、祸国、殃民、害己，此贾宝玉所以有"置君于何地，置国于何地"之谴责。

能让被谏者心悦诚服，需要高超的技巧。"婉而言之，而人主吾悦；戆而言之，而人主吾亮；浅而言之，而人主吾解；深而言之，而人主吾思；广而言之，而不吾迂；数而言之，而不吾厌；危而言之，而不吾怒；骤而言之，而不吾疑。"（《明文海》卷九六邹观光《谏难上》）花大姐进谗王夫人，其用心不可学，其简练揣摩可师。

第二，能力回天听，没有褒奖，也不秋后算账。此为上中。这种情况较多见。

第三，能使君主不得不听，但怀恨在心，寻机报复。这也算达到了进谏目的。此为上下。明正德十四年，自翰林倡导，百官谏阻武宗南巡，皇帝廷杖从事，杖死 11 人，下狱 39 人，远谪 10 人，但最终南巡没有成行。

第四，进谏被婉拒，或皇帝打太极，研究研究，考虑考虑，“知道了”。此为中上。明神宗最擅此道。

第五，被坚决拒绝，但不予惩罚。此为中中。

第六，不仅被坚决拒绝，而且被痛惩。此为中下。

第七，进谏不但被拒绝，而且激发最高统治者的逆反心理，变本加厉。此为下上。

第八，由于谏诤、拒谏，上下交怨，戾气弥漫。此为下中。嘉靖时大礼议之后，就是这种情况。

第九，群臣门户水火，燕雀处堂，形成党争癌瘤。此为下下。明之末世是矣。尤以三案为著，环环紧扣，敲响明亡丧钟。

第十，“卖折”进谏，较之门户义气，更下一等。是为下贱。晚清言路，多此等货色。

第十一，逢君之恶。此尤下贱者。

第十二，不但逢君之恶，而且久假不归，冥顽不灵。此最下贱者。

第十三，不用自己的头脑思考，唯权威是从，仍在反孔孟反礼教的学奴。

红楼词林：鳌宫客

薛宝琴十首《怀古诗》谜，隐括全书，也隐括明清兴亡。在这之前，宝钗、宝玉、黛玉各作一谜，都有关史书编纂。宝钗“镂檀锲梓”明言剞劂；宝玉“琅玕节”则青史汗简。一言《明史》难厌人意，如梵铃之降伏人心；一言著史者悼念、回报前朝之良苦用意。词义均较显豁，只有林黛玉一诗费人思量：

> 騄駬何劳缚紫绳，驰城逐堑势狰狞。
>
> 主人指示风云动，鳌背三山独立名。

有人说这则谜语隐走马灯。虽然走马灯与嘘唏答上苍的吹火筒皆关“赤统”，但走马灯又名鳌灯、鳌山灯，清代且有“不见鳌灯不是春”之说。谜底谜面相犯，无此道理。如《山海经》大荒山为日月所出入，《红楼梦》以大荒山寄寓悼明，是含蓄的；钱谦益和杜甫《秋兴》诗“扶桑高柱大荒山，交会朱明在此间”，则太露骨矣。

我以为这是作者感叹万斯同与宏博们《明史》成果被满族贵族鲁莽攘夺，欺世盗名之事（图 1）。开始两句言虏儿（騄駬）野蛮尚武，不懂文法（紫绳），所谓清风不识字，只识弯弓屠掠，“强吞虎豹势如蜂”。但他们也到玉堂颐指气使，每有成果，列名在先。“騄駬”不仅音谐虏儿/胡儿，还隐指弘历叔父允禄。

鳌背三山亦是玉堂史馆的别称，且可分化出很多异名：鳌禁、鳌峰、鳌宫、鳌掖、鳌岭、鳌岫、鳌头（唐宋翰林学士、明清必为翰林的状元）、鳌山长（翰林承旨学士、掌院学士）、鳌宫客（翰林、史官）、鳌纪（史书）、螭鳌、金鳌、三神山、三岛、仙岭、蓬莱、蓬壶、蓬观、方壶、瀛洲……甚至单一个“鳌”字，亦可指代翰林院、史馆。北宋范镇《奉和君实早朝书事》：“近来君在告，连值几番鳌。”此处之“鳌”，即翰林学士院。

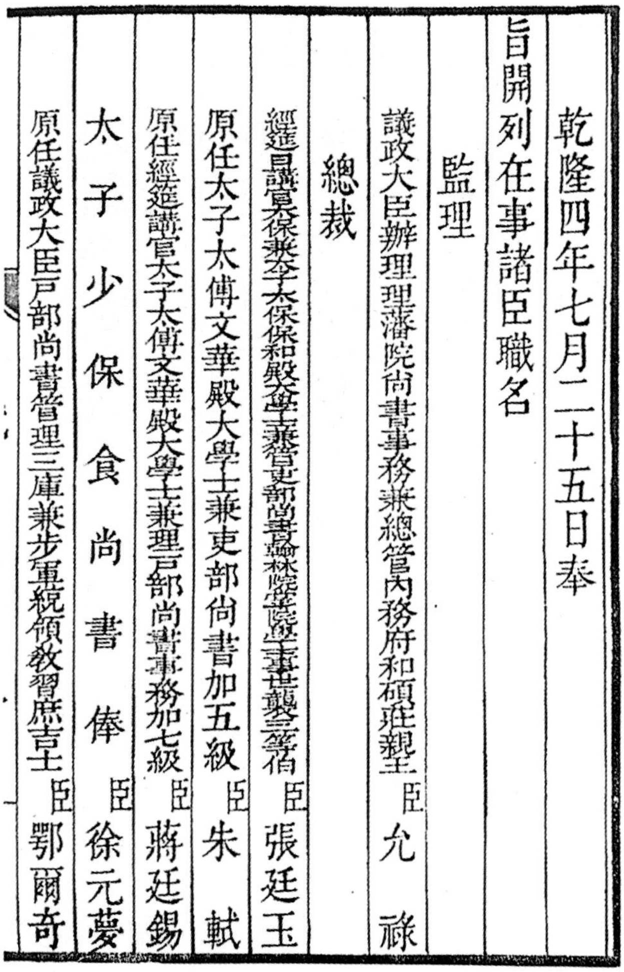

乾隆四年七月二十五日奉
旨開列在事諸臣職名
監理
議政大臣辦理理藩院尚書事務兼總管內務府和碩莊親王臣允祿
總裁
經筵講官太保兼太子太保保和殿大學士兼管吏部尚書翰林院掌院學士事世襲三等伯臣張廷玉
原任太子太傅文華殿大學士兼吏部尚書加五級臣朱軾
原任經筵講官太子太傅文華殿大學士兼理戶部尚書事務加七級臣蔣廷錫
太子少保食尚書俸臣徐元夢
原任議政大臣戶部尚書管理三庫兼步軍統領教習庶吉士臣鄂爾奇

图 1　清乾隆四年（1739）武英殿校刻本《明史》职名表首页

鳌峰石在元代翰林院中实有此物，本是金将金兀术运到北京鼓楼西大街私宅的汴京艮岳。金兀术私宅在元代为翰林院史馆所在地。元翰林吴当《鳌峰石》云：

鳌峰石在玉堂前，近与蓬莱御阁连。
积润出云秋漠漠，孤根承露夜娟娟。
土花剥尽生光怪，海峤移来阅岁年。
艮岳遗墟归草莽，金题犹识旧时镌。

清代言翰林史馆掌故，必提此石。而鼓楼西大街在《儒林外史》《红楼梦》中均提及。《儒林外史》中住在鼓楼西大街的危素，是《辽史》《金史》《宋史》的主要撰写者，并为《元史》的修纂保存了最重要的实录资料。《红楼梦》中邢岫烟典衣的“恒舒典”当铺，在鼓楼西大街。《诗》云“日升月恒”，“恒舒”者，《明书》也，《明史》也。

红楼词林：风流主

清代经学家刘逢禄在《公羊何氏释例》中发挥《春秋》“大一统”思想云：“欲攘蛮荆，先正诸夏；欲正诸夏，先正京师；欲正士庶，先正大夫。”如果引而伸之，“欲正大夫，先正其魁”，应该不算牵强（正之术无他，《红楼梦》第一回之严老爷而已，严义利之辨、严君子小人之辨、严华夏胡虏之辨也）。而明清二代上下六百年，纵横数万里，如果不论道德操守、政治气节，就学识之渊博、才华之富赡、声名之广被，实无过于“两朝领袖”“广大风流教主”钱牧斋者。《石头记》惩创人心，不能舍此人；且其中有一部《明史》公案，更不能无此名公。

《石头记》中的宝玉绛云（芸）轩与宝琴《广陵怀古》，皆关涉钱氏，而后者不啻直书其名——当然还有与他二而一的名妓柳如是。

钱谦益为万历探花，六朝词林，早年即成《太祖实录辨证》三卷，弘光朝时曾以礼部尚书“求退居修国史，即家开局”；入清后以礼部侍郎管秘书院事，充修《明史》副总裁；告病退居后在绛云楼著《明史》，积稿数尺。可能他太过张扬，以致黄道周壮烈殉难前除写下“纲常万古，性命千秋”外，还说过“虞山不死，国史未死也”。

钱谦益有一别号“石渠旧史”，石渠本未央宫儒臣校书处，其旧址至今仍存，距陇海铁路线千余米。此处石渠乃指翰林院国史馆。

吴伟业《题鸳湖闺咏四首》其三将绛云与修史联系起来：

> 绛云楼阁敞空虚，女伴相依共索居。
> 学士每传青鸟使，萧娘同步紫鸾车。
> 新词折柳还应就，旧事焚鱼总不如。
> 记向马融谭汉史，江南沦落老尚书。

《广陵怀古》的“蝉噪鸦栖转眼过”，既说钱谦益声名狼藉，文不足重，也斥他和与名妓柳如是周旋的其他士大夫亵渎名器，行如禽兽，与《桃花扇》描写为妓女李香君题诗的张溥等名流采用了同样笔法，“那些莺颠燕狂，关甚兴亡”！

“隋堤风景近如何”，最醒目。隋为杨姓建立的王朝，柳如是本姓杨名爱。隋堤，又是柳之别称。《隋书·食货志》：“又自板渚引河，达于淮海，谓之御河，河畔筑御道，树以柳。”后来诗人咏柳，“隋堤”遂与“梁苑”“霸陵”并重。与柳如是也有关系的贰臣谢三宾《柳》诗云：

曾赐隋堤姓，犹怀汉苑眠。
白门藏宿鸟，玄灞拂离筵。
一曲春湖畔，双眉晓镜前。
不愁秋色老，所感别经年。

据陈寅恪考证，这首诗是怀念杨爱的。

“隋堤风景近如何?”风流云散，繁华休歇，如是而已（柳如是末路为爨下老婢，死得很惨）。人生无常，君子疾没世而令名不称焉。钱柳之徒没世，虚名是有的，但未必如李纨那样“令后人钦敬”。

“只缘占得风流号”，明清二代，有钱牧斋在，不得移之他人；正如“大偏宫”之于清东陵风水墙外昭西陵庄妃博尔济吉特氏（王化始于闺门，《石头记》秉承“欲正京师，先正宫闱”，若真有反满之意，揭露宫壶腥秽，不写“慈谟开大统，懿训定中原”，捧天浴日，缔造清廷，且疑有下嫁多尔衮事迹的“太皇太后”，乃是最大缺典），任何人不得夺之。柳如是《庚辰仲冬访牧翁于半野堂奉赠长句》称颂谦益，有“江左风流物论雄”之语。钱谦益殿试名列一甲（差点把状元搞到手），官职到尚书（差点入阁为相），闲居为东林党魁，诗开一代风气，文为江南祭酒，崇祯帝称他“博通今古，学贯天人”，阉党称之为“天巧星浪子”，黄宗羲称他“四海宗盟”，洪承畴赠匾“风雅典型”，他的藏书富甲天下，老来艳福更不浅。翻书赌茶，自赵明诚、李易安之后，几成绝响。钱、柳的绛云楼重开新局，虽红颜白发，情色悬殊，至于才情学识，似胜原创。不过李易安乱离之后，还为宋朝保存了一部孤本实录；绛云楼一炬，却将钱柳《明史稿》烧得无影无踪（即使没烧，也逃不过清廷严厉的文网）。

钱谦益的风流之名，在与柳如是结缡后，更是锦上添花。陈寅恪《柳如是别传》：

> 至牧斋以匹嫡之礼待河东君，殊违反当时社会风习，招来多数士大夫之不满，乃必致之情势。此点牧斋岂有不知之理，但舍是不能求得河东君之同意。在他人如宋辕文、陈卧子辈，早已不敢冒天下之大不韪而为之，今牧斋则悍然不顾，作此破例之事。盖其平日之心理及行动，本有异于宋、陈之徒。当日阉党仿《水浒》所撰之《东林点将录》指为"天巧星浪子"者（参见澄海高氏玉笥山楼藏稿本），固由于此。名流推为"广大风流教主"者，亦由于此。

钱谦益的作为，不仅"惹得纷纷口舌多"，还招来板砖瓦片如雨下。这其中除了维持士大夫体统，恐怕也有羡慕嫉妒之感。关于钱柳之事，有真的，也有无中生有、以讹传讹的。《海角遗编》第三十二回中的《鹧鸪天》："失节乡官里巷羞，书生却少远谋猷。只道降臣家必保，争先尽向宅中投。遭屠戮，总无留，长街短巷遍行搜。弄巧成拙被人笑，笑他血溅绛云楼。"绛云楼在遭回禄之前，已毁于红眼者之笔。

乾隆帝为张廷玉所编的《词林典故》作序，内有"任之大者责弥重，誉之来者毁亦随"之语。对此自然之理，身际其会的钱谦益自然明了。其《与族弟君鸿论求免庆寿诗文书》云：

> 夫有颂必有骂，有祝必有咒，此相待而成也。有因颂而召骂，有因祝而招咒，此相因而假也……今吾抚前鞭后，重自循省，求其可颂者而无有也。少窃虚誉，长尘华贯，荣进败名，艰危苟免，无一事可及生人，无一言可书册府。濒死不死，偷生得生。绛县之吏不记其年，杏坛之杖久悬其胫。此天地间之不祥人，雄虺之所慭遗，鸺鹠之所接席者也……子如不忍于骂我也，

则如勿颂。子如不忍于咒我也，则如勿祝。以不骂为颂，颂莫祎焉。以无咒为祝，祝莫长焉。

这与应鸿博特科诸公好引孔稚珪《北山移文》典故（薛宝琴《钟山怀古》亦用之）一样，自我解嘲而已。

《广陵怀古》之“惹得纷纷口舌多”，显然较之《钟山怀古》的“莫怨他人嘲笑频”更严厉。盖后者为吴梅村之辈发，所谓“无端被诏”，乃童蒙求我，非我求童蒙，仍然有点狷介，较之牧斋主动降清，权奇多事，容有差别。至于写他们做两截人，都非死心塌地，甚至对“口舌多”“嘲笑频”之过为已甚有所开脱，皆有忠厚之遗。

红楼词林：梦坡斋（毗陵邑）

在《红楼梦》第八回，贾政、贾宝玉的书房名“梦坡斋”“绛芸轩”同时首次出现，如果是他们自己命名的，应该各有寓意。贾政的梦坡斋，好像是表达他对宋代文化名人苏轼的景仰之情（明代有一名叫张渊的文人就因酷嗜东坡诗而号“梦坡”）。一般评点者也这样认为。甲戌本侧批：“使人起遐思。妙！梦遇坡仙之处也。”甲辰本：“妙！梦遇坡仙之处也。”太平闲人评语最多：“坡乃苏玉局，政此梦无苏时，两玉终局坐此矣。坡又言不平，是书为不平写。”就连电视连续剧也善解人意，“梦坡斋”墙上悬苏轼《赤壁赋》条幅，书斋摆中华书局版盒装廿四史（如果再摆上孔凡礼先生点校编写的苏轼诗文集、年谱，岂不更有窍）。

贾政梦东坡应该不像孔子梦周公一个梦法。无论就个性还是才学，贾政都与天真烂漫、才华洋溢的苏轼毫不相干。当然，粉丝崇拜的对象，多与自己相去天渊。当代对苏轼最敬仰且研究苏轼最勤的孔凡礼先生，木讷诚悫，严谨不苟，与苏轼的沧海横流，也非一路。只是贾政与东坡差别似乎更大些。

贾氏父子的“梦坡斋”与“绛芸轩”寓意，应有一定联系。绛芸轩与翰林史馆有关（见“北廊芸”一篇），梦坡斋与翰林史馆同样能建立联系。本来贾政字存周，就包含着存史的意思，其父名代善（嬗），其母姓史，所谓“易代修史”。而“史存则周存”，文献足征方有政教可言。东坡晚年提举成都玉局观，所以人称“苏玉局”。而“玉局”与“玉署”“芸局”“芸署”皆为翰林史馆的别称。张廷玉《恭进明史表》提到的“玉局”是《明史》馆。清代汉族人，一般非进士不为翰林，非翰林不为学士、不为詹事，且非翰林不为学政。贾政不但称“老学士”，还出入东宫、担任学政，种种迹象表明他与翰林史馆有关——可能是清代八旗中不由科甲进身，学无所成，教无其方的“斗字翰林”。又据宋洪遵《翰苑遗事》：

俗称翰林学士为“坡”，盖唐德宗时，尝移学士院于金銮坡上，故亦称銮坡。唐制，学士院无常处，驾在大内则置于明福门，在兴庆宫则置于金明门，不专在翰林院也。然明福、金明不以为称，不常居之尔。谏议大夫亦称“坡”，此乃出唐人之语。谏议大夫班本在给舍上，其迁转则谏议岁满方迁给事中，自给事迁舍人，当时语云饶道升上坡去，亦须却下坡来。以谏议为上坡，故因以为称。见李文正所记。

这段文字不但能说明“坡”与翰林史馆的关系，也能解释陈寅恪《金明馆丛稿初编》之“金明”之取典。陈氏曾为民国中央研究院院士，这个机构的地位与清翰林院史馆相当。这个取名与其《柳如是别传》借钱柳联络郑成功复明，表现了他对民国或传统文化的情愫。

苏轼是中国历史上影响最大的翰林之一，只是他在黄州取“东坡”之号时，尚未入词林，但对琼楼玉宇，早就心向往之。《红楼梦》第四十一回栊翠庵品茶，妙玉给宝钗用的茶杯“𤫩瓟斝”三个隶字，后有一行小真字，是“晋王恺珍玩”，又有“宋元丰五年四月眉山苏轼见于秘府”一行小字。宋元丰五年时，苏轼在黄州，根本未到京城半步，更遑谈入秘府。所谓“秘府”，即石渠、天禄之类的宫廷珍宝图书收藏处，文臣非翰林、史官难得一窥。苏轼在元祐年间受高太后赏识，“乘风归去”，很快有翰林学士知制诰之职。此处将王恺与苏轼并写，或者说他们都是祖尚虚浮、骚激声气的人物而已。另，“𤫩瓟斝”为葫芦器，“丰”与“隆”可互训，在清代帝王严格挟制下的假语存《明史》于乾隆四年（1739）告成，五年以后颁行天下学宫，小说或许对此有所影射。

第七十八回“老学士闲征姽婳词”，贾政述恒王（衡，永历帝因原封国在衡阳，亦称衡藩）府姽婳将军林四娘故事征诗，众门客说：“这原该如此。只是更可羡者，本朝皆系千古未有之旷典隆恩，实历代所不及处，可谓‘圣朝无阙事’，唐朝人预先竟说了，竟应在本朝。如今年代方不虚此一句。”这段肉麻的歌颂，无疑是反话，是对历史上实施文字狱时间最长、手段最严厉的清廷莫大的讽刺。

《红楼梦》最后一回写贾政在金陵为贾母等安葬完备，因接到宝玉出走家信，急急返回京城。接下来有这样一段描写：

> 一日，行到毗陵驿地方，那天乍寒下雪，泊在一个清净去处。贾政打发众人上岸投帖辞谢朋友，总说即刻开船，都不敢劳动。船中只留一个小厮伺候，自己在船中写家书，先要打发人起早到家。写到宝玉的事，便停笔。抬头忽见船头上微微的雪影里面一个人，光着头，赤着脚，身上披着一领大红猩猩毡的斗篷，向贾政倒身下拜。贾政尚未认清，急忙出船，欲待扶住问他是谁。那人已拜了四拜，站起来打了个问讯。贾政才要还揖，迎面一看，不是别人，却是宝玉。贾政吃一大惊，忙问道："可是宝玉么?"那人只不言语，似喜似悲。贾政又问道："你若是宝玉，如何这样打扮，跑到这里?"宝玉未及回言，只见舡头上来了两人，一僧一道，夹住宝玉说道："俗缘已毕，还不快走。"说着，三个人飘然登岸而去。

自金陵返北京，应由镇江、扬州之间沿运河北上，何用北辕南辙到常州？此处特笔描写自然有其寓意。从全书看，也前后照应。贾政书房名梦坡，而苏轼终于常州，后人称"毗陵先生"，其《易传》被后人称《毗陵易传》。常州运河岸边的舣舟亭，据说是东坡系舟处。乾隆帝六下江南，题诗赠匾不绝。其二下江南时，为舣舟亭题"玉局风流"一匾，表达对一代才人的敬仰。有清一代，甚至中国历史上最重要的文化事件之一就是出现了将《易》理与公羊《春秋》相发明的"新（存）周改制"的"常州学派"。从《红楼梦》的属辞比事、微言大义来看，其受常州学派的影响不一而足。贾政与东坡以及常州的关系，似乎也提示这一点。常州学派以庄氏世家的学说为纲领，"庄严一家"。第一回甄士隐与贾雨村（二人是君子、小人的代表）方聚首，便有"严老爷"来拜。严老爷，固有严义利之辨等义，此亦为常州学派反复强调者。魏源就称常州学派最早显山露水的庄存与"于《诗》《易》君子小人进退消长之际，往往发愤慷慨，流连太息"。在贾政生活的时代，清朝已是一座朽烂的大厦（英国使者马戛尔尼言之为"一艘破烂不堪的头等战舰"）。惟贾政者，在常州（武进）郊外、运河岸边，面对茫茫白地，目送披大红猩猩毡斗篷的绛芸轩主宝玉远去，其亦何思何虑？惺惺乎，昭昭乎？昏昏乎，梦梦乎？

红楼词林：王希献

《红楼梦》第五十三回贾府祭宗祠，有“贾氏宗祠”一匾及两边长联“肝脑涂地，兆姓赖保育之恩；功名贯天，百代仰蒸尝之盛”。关于匾联的书者，程高本皆作“特晋爵太傅前翰林院掌院事王希献书”，所谓脂抄本（除了被指篡改的所谓“脂晋本”）多作“衍圣公孔继宗书”。那些崇拜脂批的人以为二者不同是相当严重的事情。如胡文彬就认为，匾联是衍圣公孔继宗书，“作者就把荒淫无耻的贾府同孔老二拴在一起，把批判的矛头直指这个孔孟之道的祖师爷”；如果偷梁换柱，易为王太傅所书，则“削弱原著对孔孟之道的尖锐批判”，有蓄意破坏“批林批孔”运动的嫌疑。

清代对《红楼梦》研究用功最勤的太平闲人则把王希献解释为“王朝文献”。其说“特晋爵太傅前翰林院掌院事王希献”是作者“自写其书为王朝文献，掌翰林爵太傅，以文为教也”，似觉牵强。不过作者有拟孔子《春秋》应天作素王（新王、假王）之事，则是显而易见的。而宝琴为素王化身，所以此匾此联，乃至整个祭祖仪式，皆自宝琴眼中写出。正如很多红学家指出的那样，宝琴在除夕观礼贾府祭祖，是书中最荒唐之事，却是作者对读者明显的提醒。可惜读者很难“得一端而多连之，见一空而博贯之”耳。

又，“希献”者“羲献”也，指书法史上的“二圣”王羲之、王献之。清代帝王点状元、选翰林时，十分看重书法，但各自好尚又有所不同。顺治帝喜欧，康熙帝爱二王，雍正帝习董，乾隆帝重赵。一个最明显的例子，高士奇书学二王，得些形神，于是在不是进士、不中特科甚至不是举人的情况下而为玄烨书画顾问，入翰林院为侍读学士，且得赐谥“文恪”。以此而论，“翰林院掌院事王希献”可以与尊唐诗一样，作为《红楼梦》与康熙朝翰林院史馆有重要关系的证据之一。

清朝翰林院掌院论官职不过从二品，清初往往以礼部侍郎兼任。而太傅为正一品，且一般官至大学士、尚书方授此职。《红楼梦》将“前翰林院掌院事”特提，乃特别提示与史馆的关系。

在顺治至乾隆四朝之中，王姓曾掌翰林院事且授太傅者，只有宛平王熙一人。如果说钱谦益是清初退职在野的士大夫中“占得风流号”者，王熙应该是在朝为官的汉族官员中最得意者。王熙与乃父王崇简一起投顺清朝，通过自学，迅速掌握了满语（贾母所谓噶猢狲尿者），官职进得飞快。没几年，父子并入词林。顺治帝所谓“父子同官，古今所罕”。王熙于顺治十五年，擢礼部侍郎，兼翰林院掌院学士。以后平步青云，在党争激烈的清初政坛竟然无惊无险，为两朝帝王股肱心膂。他是唯一的一个参加顺治皇帝遗诏起草工作的汉官，也是最早参与军机的汉官。三藩之乱时，康熙帝杀死吴应熊、吴世霖以打击吴三桂，就是此公主意。康熙二十一年，拜保和殿大学士，兼礼部尚书；以太祖实录成，加太子太傅；后监修《明史》。王鸿绪总裁《明史》，为他引荐。王熙去世后，康熙帝命皇长子直郡王胤禔、大学士马齐临丧，行拜奠礼。他生前富贵，死后哀荣，在汉大臣中得未曾有。

《红楼梦》“欲正士庶，先正大夫”，而欲正大夫，赫赫如此公，自然不能放过。且与“占得风流号”绑定钱谦益一样，须从多个角度锁定。

小说第五十四回，史太君针对女先生所说《凤求鸾》中残唐五代之际两朝宰辅金陵王忠之子王熙凤（第一百零一回散花寺大了口中成了“汉朝的王熙凤”）在赶考路上向李乡绅之女雏鸾小姐求婚之事，大掰其谎：“开口都是书香门第，父亲不是尚书就是宰相，生一个小姐必是爱如珍宝。这小姐必是通文知礼，无所不晓，竟是个绝代佳人。只一见了一个清俊的男人，不管是亲是友，便想起终身大事来，父母也忘了，书礼也忘了，鬼不成鬼，贼不成贼，那一点儿是佳人？便是满腹文章，做出这些事来，也算不得是佳人了。比如男人，满腹文章去作贼，难道那王法就说他是才子就不入贼情一案不成？”

王熙凤（凤哥儿）与《凤求鸾》的男主人公同乡同名又同姓，一有兄曰王仁，一有父曰王忠，音谐“忘仁”“忘忠”亦相映成趣。《红楼梦》是唤醒记忆之书，运值否塞，汉族士大夫“功名”“娇妻”“金银”“子孙”都忘不了，只有仁义忠孝，民族大义，“丢在爪哇国去了”！《红楼梦》之“末世”，亦即《凤求鸾》

之残唐五代，沧桑颠倒、世代嬗替之时。《红楼梦》以儿女律士大夫，夫妇之道为人伦之本，《凤求鸾》之王熙凤，能苟且于男女，其于君臣与民族大义，亦必能便宜行事，什么“危邦不入，乱邦不居”“道废而隐”“不仕无义”“洁其身而乱大伦”之诫命，亦可置若罔闻。苟且行险，以侥幸于功名富贵，滔滔皆是，所谓“鬼不成鬼，贼不成贼”。贾母对才子王熙凤的批评，与乾隆皇帝批评文坛泰斗钱谦益的诗异曲同工：“平生谈节义，两姓事君王。进退都无据，文章那有光。”

王崇简、王熙父子因作为清朝死心塌地的奴才而显赫一时，但也同样引来皮里阳秋，口舌不少。纪昀为王崇简的《青箱堂文集》所作提要云“徐乾学序谓其卮词谰语，无非仁义道德，殆不免于微词”，盖讥其“忘仁忘义忘道德”也。《阅微草堂笔记》卷一记乾隆初王熙怡园境况：

> 东光李又聃先生尝至宛平相国废园中，见廊下有诗二首。其一曰：“飒飒西风吹破棂，萧萧秋草满空庭。月光穿漏飞檐角，照见莓苔半壁青。”其一曰：“耿耿疏星几点明，银河时有片云行。凭阑坐听谯楼鼓，数到连敲第五声。”墨痕惨淡，殆不类人书。

宛平王氏并没有犯什么大事，但也很快“悲凉之雾，遍被华林”。富贵无常，性命千秋。怡园风景近如何哉！

红楼词林：北廊芸

《汉书·高帝纪》记载高祖七年："二月，至长安。萧何治未央宫，立东阙、北阙、前殿、武库、大仓。"颜师古注曰："未央殿虽南向，而上书奏事谒见之徒皆诣北阙，公车司马亦在北焉。是则以北阙为正门，而又有东门、东阙。至于西南两面，无门阙矣。盖萧何初立未央宫，以厌胜之术，理宜然乎？"

未央宫北阙曰玄武，东阙曰苍龙。其不立南阙（《括地志》甚至说未央宫无南门），甚至不轻启南门，盖南方朱雀为火神之位，宫殿、书简，皆当避火。

中央电视台热播的考古巨制《消失的建筑·风云未央宫》有一段关于南阙的解说词："当年未央宫前殿所建的阙已找不到痕迹。我们只能从长安城遗址中建章宫所留下的残阙，想象当年阙的威仪。"这段解说词更证明史书记载的真实。

未央宫作为西汉举行朝会的主要宫殿，从某种意义上是汉宫的代名词。其建筑布局、理念对后世历代王朝都有深刻影响。

未央宫金马门相对玉堂殿，为北门。唐代翰林院在银台门北，翰林称"北门学士"。后代相沿为故事。叶梦得《石林燕语》卷七：

> 唐翰林院在银台之北。乾封以后，刘祎之、元万顷之徒，时宣召草制其间，因名"北门学士"。今学士院在枢密之后，腹背相倚，不可南向，故以其西廊西向，为院之正门；而后门北向，与集英相直，因榜曰"北门"。两省枢密院皆无后门，惟学士院有之。学士朝退入院，与禁中宣命往来，皆行北门，而正门行者无几。不特取其便事，亦以存故事也。

准确地说，唐代翰林院、学士院在大明宫（《红楼梦》第十三、十八两回，均提及此宫）西门右银台门之北。陆游《后园闲步》诗："人生要是便疏豁，金马银台莫问津。"银台门为大明宫西门，而称翰林为北门学士（大明宫北门为玄武门及左右之银汉、凌霄二门），原因是据宋程大昌《雍录》卷四《南北学士》记载，翰林院、学士院不仅在大明宫北（偏西北），还“其居处在弘文、集贤之北也”。

明清翰林院在承天门（今天安门）东南方向，但有时仍称翰林太史为“北门学士”。乾隆帝《御制诗二集》卷三一《命邹一桂为设色古干梅辄叠前韵》：“我会其意不能工，北门学士其咨尔。”邹一桂于雍正五年（1727）以二甲第一名授翰林院编修，乾隆时官至内阁学士。“北门”作为翰林、史馆代称，有时又称北宫、北廊、北扉。苏辙《栾城集》卷四六《谢翰林学士宣召状》两则，其一有“北廊奏事，有如李绛之忠”之语；其二有“今臣与兄轼皆尘西掖，继入北扉”之言，皆用翰林故事。明清紫禁城午门，非大典不轻启。皇帝出入，多自神武门；文武入朝，多自东华门和两掖门，亦受未央宫制的影响。

朱彝尊《严中允瀛台侍直诗序》说唐学士院无定所是错误的，但翰林学士为天子侍从，除了绝对不能像《宰相刘罗锅》中乾隆帝所说的“瀛洲新翰林”刘墉那样竟敢在皇帝情热如火时频频宫外惊驾，一般皇帝之所在，翰林学士皆可侍从。作为朝廷代称的廊庙、庙廊、朝廊、廊署，无论东南西北，皆不在话下。如蓬山也是翰林玉堂的代称，康熙时“同博学鸿儒”高士奇的《蓬山密记》，记他如何成就玄烨学问，地点有畅春园，有西苑，而无一字及靠近东交门巷的翰林院官署。

《红楼梦》中的贾芸，是贾宝玉影身（间色）之一。一个“芸”字，使他与书籍简编脱不开关系。第二十四回从贾宝玉眼里看贾芸：“只见这人容长脸，长挑身材，年纪只好十八九岁，生得着实斯文清秀，倒也十分面善。”这是用谐史笔法来形容书简。

芸为书香，去蠹避虫。当然，有此药效的不仅有芸香，贾芸向开香料铺的舅父卜世仁（贾芸在书中差不多也是香料贩子了）赊借的“麝香”“冰片”也有此效，只是成本较高而已。由于芸能避虫，所以曾向“母蝗虫”刘姥姥讨要蝈蝈的巧姐（小蝗虫）看到贾芸，就放声大哭。巧姐代表来复，麟经中之“螽”也。后来贾芸与贾蔷参与出卖巧姐。被邢大舅比作龟将军的贾蔷与鳌纪、龟鉴、船（传也，史传也）也有些关系，两人沆瀣一气，固不允许“复明”意识存在。其解分别见拙著《红楼人名寓意》中的《贾蔷》《巧姐》二篇。

贾芸在大观园中种树，即铺排文章。其树自方椿处买来。椿者，长寿也，纪年也。贾蔷的相好龄官又名椿龄，史湘云叔父史鼐为保龄侯，皆关史书纪年。如果指康熙时博学鸿儒鳌头彭孙遹或乾隆初《明史馆》中积极分子杨椿，也有些影响。其解参见《红楼人名寓意》中的《龄官》《史湘云》篇。

芸编为立言备忘之物，而言为心声，所以贾宝玉（心）认贾芸为子。其奈皆假何！贾芸为五嫂之子，五嫂者，胡骚也，邪祟也，非助识前言往行的书香也。

贾芸送宝玉白海棠。海棠者，来自外洋夷服。夺朱僭正，异种称王。故《红楼梦》中花妖为海棠。贾宝玉为赏花妖换去“一裹圆”（非旗服），而失通灵。“一阳旋复占先梅”，冬行春令，此复非真复。

贾芸与林红玉（小红）暗通私情。小红为黛玉影身，且红玉为芍药，亦关系中书君。宝玉与黛玉、贾芸与小红皆以香帕为媒，巾箱与书籍亦相伴，奈其上“湘江旧迹已模糊”“青史古人空”何！

贾芸与倪二瓜葛亦有寓意。倪二者，逆臣、贰臣或其后人，以金银贿赂史官，以便其在史书中不太难看。如贰臣左梦庚贿赂孔尚任，《桃花扇》中把逆臣左良玉写得慷慨激昂，好不体面。孔尚任在《桃花扇》中坦白“世事含糊八九件，人情遮盖两三分”。这也是《明史》在人物评定方面存在瑕疵（太平闲人解忠靖侯史鼎云：“‘忠靖’音中净，东厕也。鼎为器，东厕之器。而姓史，乃贾母内家。其纳污含垢为何如！又湘云所自出，亦不为讳矣。作者笑里藏刀。”）的原因之一。至于倪二宿主王短腿，其南明诸王乎？所谓“逃跑天子”，不恨马少生两条腿，但恨其腿短耳。

贾芸与倪二那十五两三钱四分二厘的银子，是交易。贾芸曾莫名其妙为宝玉提亲，对头开了好几家当铺。当铺乃作交易之处，敢情贾芸想让宝玉和他一样做交易。而小说中唯一有名儿的当铺为薛家“恒舒典”，日升月恒，《明书》也。

富有藏书的翰林院史馆又称芸局、芸署。汪由敦《除夕和赵学斋韵》：“芸局图书从汗漫，青编姓氏惧湮沦”（自注：“是夕灯下编订《明史·文苑列传》），此处“芸局”与张廷玉《恭进明史表》中的“玉局”均指明史馆。这也是贾宝玉与贾芸的因缘。

红楼词林：尊唐诗

晚清时期有人将翰林院社论与太医院药汤相提并论，其讽刺意义显而易见。垂裳端拱官排场，四平八稳一般化。特别是清末，以楷法取翰林，多数侥幸玉堂者不过馆阁体字匠而已。但平心而论，清代翰林总体上优于明季。特别是康熙中叶博学鸿儒特科之后，一时词林，足以傲视千古。明清六百年玉堂学问文章，以此时最著。就诗坛而论，明清尊唐派群体，亦以此时玉堂“金闺”擅长。

今天看来，贯穿有清一代的唐宋诗之争，有点像闹剧，大部分鼓吹尊唐尊宋者不过乡愿门户之见。但仔细寻绎，却有着惊人的复杂性。围绕着这一课题的专著、论文，也可以说汗牛充栋，光博士学位就成就了数以十计。但好像还没有人探讨作为诗化小说甚至部分以传诗为目的的《红楼梦》与清代两派诗学离合消长的关系。

从诗学发展史来看，清初由于惩明代学盛唐而流于模拟肤廓，多兼取中晚，调剂宋元。矫枉往往过正，一时鄙薄唐诗“迂夸”“空壳大帽”者有之，嗤杜甫为村夫子者有之，甚至有“家眉山而户剑南”之说。

本来，宋以后学唐诗者，无唐人胸襟气魄，所处时代环境更远异唐人（宋代不以诗取士，诗学自无唐人专精），纵然鼓努作气，厚重傅色，极力“挦扯”，多不免优孟衣冠。翰林人士再加上一层庙堂官腔，尤面目可憎。但清朝前期诗人经历易代之变，入劫出劫，句参沧桑，即使模拟唐人，家国身世感慨往往而见，为风雅增重。如朱庭珍《筱园诗话》以为清初宗唐诗人吴梅村太史：“吴梅村祭酒诗，入手不过一艳才耳。迨国变后诸作，缠绵悱恻，凄丽苍凉，可泣可歌，哀感顽艳。”“倘不身际沧桑，不过冬郎《香奁》之嗣音，曷能独步一时？”

康熙朝翰林院成为尊唐派大本营，与帝王之倡导有关。毛奇龄《西河诗话》卷五：“益都师相尝率同馆官集万柳堂，大言宋诗之弊，谓开国全盛，自有气象，顿骛此佻凉鄙弇之习，无论诗格有升降，即国运盛杀，于此系之，不可不饬也。

因庄诵皇上《元旦》并《远望西山积雪》二诗以示法。”

上有所好，下必甚焉。康熙朝翰林院掌院、史馆总裁徐乾学、梁清标、王鸿绪、冯溥、王掞等自然也是尊唐者。至于考选庶吉士（翰林院诗学教材为《唐音》《唐诗正声》，尊唐是玉堂“金闺”们邀宠的“爱的发声练习”）、博学鸿儒，自然也选取尊唐派人物。如果你是铁杆尊宋派，即使你“学贯天人”，恐怕也难在玉堂立足。对于博学鸿儒们来说，原来就嗜好唐诗者，自然赚便宜；原来偏好宋元者，自然也移步换形——服务的王朝都可放弃，何况其他！

明代以王世贞、李攀龙为代表的尊唐诗人多回旋部曹，但其诗名远远高出词馆；清代前期诗坛承明之余绪，尊唐却成了“玉堂家法”。倒是没有被点翰林的田雯、汪懋麟，却有意尊宋卑唐以伸其气。

尊宋尊唐的两个极端人物汪懋麟（入明史馆而未授翰林）、毛奇龄关于苏轼《惠崇春江晚景》“春江水暖鸭先知”优劣的争论，被后来私淑宋元的王士禛、袁枚甚至钱锺书诟笑。本来毛奇龄带有点理性的批评被尊宋派恶搞为“鹅岂后知”。毛奇龄诗文皆“推倒一世”，学问开乾嘉风气，岂真是“灭裂”（钱锺书语）不知诗者？诗人之幽默，诗人之卖萌，诗人之偏激，诗人之真性情也。甲科特科、翰林进士，同在史馆，《红楼梦》中芳官说得好，“梅香拜把子——都是奴几呢”，何苦再争高下，殃及唐宋诸贤。

“博学鸿儒”中选者中，施闰章（学术上尊宋理学家）为尊唐领袖，曾自选唐人长律百首以为倡导，被称之为“馆选”，与《宋诗选》相敌。施氏去世，李澄中、庞垲后继。王泽弘为庞垲《丛碧山房诗集》作序：“昔施愚山、李渭清论诗史馆。愚山谓渭清曰：‘雪崖诗根柢唐人，取才汉魏，方今宋元大倡，和者数千，而能古调自爱如此，吾重之慕之，愿吾子之与之终之也。’二子亦互相砥砺，古道自许。然而人弗尚也，近始稍有好之者，过庞李而问道焉。”其中李澄中一直以汉魏盛唐为宗，于顺康之际，先后受陈宝钥（《聊斋志异》《池北偶谈》等所述林四娘的情人）、周亮工（亦曹寅之师）这些禁毁诗人赏识。周亮工最早指出其诗“重气色”的唐人做派，但仍以其诗能鞭策天下。至于庞垲，鸿博之前犹不免私淑宋元。据李澄中《庞雪崖〈丛碧山房诗〉序》：“昔予来京师，识庞子雪崖最早。一日，出所为《丛碧山房》旧稿相示，时尚沿近今之习，予读之弗善也。

无何，雪崖与余同寓悯忠寺侧，距夹巷不百步，乃相与扬扢风雅之旨，日取少陵诗，研索其法。兴至有作，辄互持就正，至三易稿不为嫌……如是者五年所，雪崖之诗老放平淡，婉而思，庄而有则，盖非近今之诗，而具体乎少陵之诗者也。”文中同时对宗尚宋元者有所批判：“近世士大夫厌盛唐之整栗，而矫之以宋元，袭其险僻之字以为新颖，其弊至于鄙率浅俚而不可救。”庞垲不仅自己移步换形，也影响其乡亲边汝元、边中宝辈尊唐宗杜。

庞、李二人，为北方狷介之士，相对于江浙诗人，较为孤立，当时又为“莺偷百鸟声”、门户广大的王渔洋所掩罩，其诗作流传不广。笔者费数年之力，将李澄中残存著作收集点校，即将付梓，颇震撼于其典雅宏丽。故知文学史晦暗角落实在太多。

《红楼梦》致憾于清代官修史书“真事隐而假语存”“青史古人空”，书中人影射翰林史官者最多。作者有无数暗示，群钗诗学宗唐卑宋也是其一。

第四十八回黛玉教香菱学诗，是集中体现尊唐倾向的描写：

香菱因笑道：“我这一进来了，也得了空儿，好歹教给我作诗，就是我的造化了。”黛玉笑道：“既要作诗，你就拜我作师。我虽不通，大略也还教得起你。”香菱笑道：“果然这样，我就拜你作师。你可不许腻烦的。”

黛玉道：“什么难事，也值得去学！不过是起承转合，当中承转是两副对子，平声对仄声，虚的对实的，实的对虚的，若是果有了奇句，连平仄虚实不对都使得的。”香菱笑道：“怪道我常弄一本旧诗偷空儿看一两首，又有对的极工的，又有不对的，又听见说‘一三五不论，二四六分明’。看古人的诗上亦有顺的，亦有二四六上错了的，所以天天疑惑。如今听你一说，原来这些格调规矩竟是末事，只要词句新奇为上。”黛玉道：“正是这个道理。词句究竟还是末事，第一立意要紧。若意趣真了，连词句不用修饰，自是好的，这叫做‘不以词害意’。”

香菱笑道：“我只爱陆放翁的诗‘重帘不卷留香久，古砚微凹聚墨多’，说的真有趣！”黛玉道：“断不可学这样的诗。你们因不知诗，所以见了这浅近的就爱，一入了这个格局，再学不出来的。你只听我说，你若真心要学，我这里有《王摩诘全集》，你且把他的五言律读一百首，细心揣摩透熟了，然后再读一二百首老杜的七言律，次再李青莲的七言绝句读一二百首。肚子里先有了这三个人作了底子，然后再把陶渊明、应玚，谢、阮、庾、鲍等人的一看。你又是一个极聪敏伶俐的人，不用一年的工夫，不愁不是诗翁了！”香菱听了，笑道：“既这样，好姑娘，你就把这书给我拿出来，我带回去，夜里念几首也是好的。”

黛玉听说，便命紫鹃将王右丞的五言律拿来，递与香菱，又道：“你只看有红圈的都是我选的，有一首念一首。不明白的问你姑娘，或者遇见我，我讲与你就是了。”香菱拿了诗，回至蘅芜苑中，诸事不顾，只向灯下一首一首的读起来。宝钗连催他数次睡觉，他也不睡。宝钗见他这般苦心，只得随他去了。

唐代诗学，自《文选》来，由唐上溯汉魏六朝为尊唐派正路。陆游是宋派的两大代表之一，黛玉称其“浅近”，并不针对所举两句，而是尊唐派对宋诗普遍的看法。“人生要是便疏豁，金马银台莫问津”，陆游未入词馆，没有经过玉堂“慎司喉舌”的练习，过于“疏豁”，浅近率意习气难除（东坡自元祐年间入词馆后，应制之作也冠冕堂皇）。但连学贯天人的钱谦益在以杜诗立骨后，还要以苏、陆行气，青春少女如此鄙薄放翁，未免让尊宋者难以为情。

对于宋诗另一代表人物苏轼，群钗也没放过。请看第三十八回咏蟹诗：

宝玉笑道：“今日持螯赏桂，亦不可无诗。我已吟成，谁还敢作呢？”说着，便忙洗了手提笔写出。众人看道：

持螯更喜桂阴凉，泼醋擂姜兴欲狂。
饕餮王孙应有酒，横行公子却无肠。
脐间积冷馋忘忌，指上沾腥洗尚香。
原为世人美口腹，坡仙曾笑一生忙。

黛玉笑道：“这样的诗，要一百首也有。”宝玉笑道：“你这会子才力已尽，不说不能作了，还贬人家。”黛玉听了，并不答言，也不思索，提起笔来一挥，已有了一首。众人看道：

铁甲长戈死未忘，堆盘色相喜先尝。
螯封嫩玉双双满，壳凸红脂块块香。
多肉更怜卿八足，助情谁劝我千觞。
对斯佳品酬佳节，桂拂清风菊带霜。

宝玉看了正喝彩，黛玉便一把撕了，令人烧去。

文中提及东坡，两首诗风格也近苏轼。黛玉说“这样的诗，要一百首也有”，仍是以“鄙率浅俚”视之。

第四十九回群钗论诗，不提宋人：

如今香菱正满心满意只想作诗，又不敢十分罗唣宝钗，可巧来了个史湘云。那史湘云又是极爱说话的，那里禁得起香菱又请教他谈诗，越发高了兴，没昼没夜高谈阔论起来。宝钗因笑道：“我实在聒噪的受不得了。一个女孩儿家，只管拿着诗作正经事讲起来，叫有学问的人听了，反笑话说不守本分的。一个香菱没闹清，偏又添了你这么个话口袋子，满嘴里说的是什么：怎么是杜工部之沉郁，韦苏州之淡雅，又怎么是温八叉之绮靡，李义山之隐僻。放着两个现成的诗家不知道，提那些死人做什么！”湘云听了，忙笑问道：“是那两个？好姐姐，你告诉我。”宝钗笑道：“呆香菱之心苦，疯湘云之话多。”湘云香菱听了，都笑起来。

清代尊唐派以史馆为盛，湘云史姓，自尔更甚。否则，东坡之烂漫，放翁之豪迈，又岂是上不得台面者？

第六十三回述妙玉之言：“古人中自汉晋五代唐宋以来皆无好诗，只有两句好，说道：‘纵有千年铁门槛，终须一个土馒头。’”鉴于妙玉欣赏的两句诗为宋人杨万里之作，她等于说自宋代（包括宋代）以后无好诗，正铁杆尊唐派声口。

《啸亭杂录》卷八《张文端代作诗》：

王文简公士禛，诗名重于当时，浮沉粉署，无所施展。张文端公英时值南书房，代为延誉。仁皇帝亦素闻其名，因召渔洋入大内，出题面试之。渔洋诗思本迟滞，加以部曹小臣，乍睹天颜，战慄操觚，竟不能成一字。文端公代作诗草，撮为墨丸，私置案侧，渔洋得以完卷。上笑阅之，曰："人言王某诗为丰神妙悟，何以整洁殊似卿笔。"文端公谢曰："王某诗人之笔，定当胜臣多许。"上因命文简改官词林，因之得置高位。渔洋感激文端终身，曰："是日微张某，余几作曳白人矣。"

此事可能是指康熙十七年（1678）王士禛受到皇帝的召见，"赋诗称旨，改翰林院侍讲，迁侍读，入直南书房"。南书房从某种意义上是文臣最接近统治核心的地方，入值南书房是翰林共同向往。王士禛成为清代汉臣由部曹入词馆值南书房的第一人。其时他虽诗名甚高，但正尊尚宋诗，尚新"爱好"。他不能完卷未必是诗思迟钝或恐惧，而是自揣宋元习气不合格式。"替考"者张英则久擅台阁应制之体。王士禛中年以后由宋返唐（至少应制之体学唐人），也可能与此有关。此事类似《红楼梦》第十八回黛玉替宝玉作《杏帘在望》，黛玉固宗唐者，其诗为应制体。宜乎"凤藻宫尚书"元春最赏此首。"凤藻"即"龙纶""圣藻"，最能体现帝王好尚。而"盛世无饥馁，何须耕织忙"，且令人联想起博学鸿儒试题《省耕诗》。

红楼词林：崇董子

《红楼梦》第二回“正邪两赋”论，研究者多以为是作者借贾雨村之口阐述自己的哲学观、人性论。文中所列“应运而生”的“大仁者”清单：“尧、舜、禹、汤、文、武、周、召、孔、孟、董、韩、周、程、张、朱”（程本与所谓脂本，大同小异，皆不遗“董”字），差不多就是儒家道统传授简表。“正邪两赋”在性善性恶问题上争论了两千多年的中国，不过是老生常谈的问题。将董仲舒与孔、孟等人并列，在《红楼梦》之前似乎尚未出现过。

韩愈《原道》述儒家道统传承次第：“尧以是传之舜，舜以是传之禹，禹以是传之汤，汤以是传之文武周公，文武周公传之孔子，孔子传之孟轲。轲之死，不得其传焉。荀与扬也，择焉而不精，语焉而不详。”文中只字没提董仲舒。

宋儒孙明复《董仲舒论》：“孔子而下，至西汉间，世称大儒者，或曰孟轲氏、荀卿氏、扬雄氏而已，以其立言垂范，明道救时，功丰德巨也。至于董仲舒，则忽而不举。”

在汉以后的很多人眼中，董仲舒不如“剧秦美新”、政治节操有问题的扬雄，甚至难与贾谊、东方朔、两司马辈争席。同为汉朝今文经学大师，董仲舒的地位长期比不上何休。何休的《春秋公羊解诂》完整地被收入到《十三经注疏》，而作为何注“所本”的董氏著作在东汉以后多已散佚。后人辑佚掇拾，但已难见完璧。

董仲舒被看好是在清代中叶以后，这也与帝王的好尚有关。乾隆帝终生欣赏董子，居潜邸时所作《日知荟说》就言：“夫湛深经术，孰有过于仲舒者！”乾隆七年（1742）二月的经筵上说：“夫万民之心，一大君之心也。董子曰：‘君心正而天下莫不归于正。’”据钱大昕为庄有恭所作墓志记载：“上御极之四年，诏以廷试进士，撰拟颂联，献谀非体，且启请托之弊，命大臣集议，制策当取通达治体，以汉晁错、董仲舒，唐刘蕡，宋苏轼为式。于是番禺庄公以第一甲第一人登

第。读卷日，拆号得公名，天颜喜甚。引见，授翰林院修撰，入直南书房。”武进庄氏与庄有恭同谱连宗，得其风气，乾隆十一年（1746）庄存与探花及第，乾隆十九年（1754）乃弟庄培因状元及第，皆得益于精通董学（在这之前，乾隆元年庄存与亲家翁刘纶中博学鸿儒一等一名亦沾光不少，后刘纶之孙、庄存与外孙刘逢禄发扬光大公羊学）。据梁章钜《归田琐记》回忆嘉庆七年（1802）他参加殿试，读卷官朱珪曾拟擢梁卷为第一，“因余文中能用《春秋繁露》语也”。在刘逢禄的学生魏源、龚自珍以后，董仲舒开始取代许、郑成为学术界新旗帜。晚清将今文经学推向高峰的《春秋董氏说》，直欲奉董子夺孟轲之席：“若微董生，安从复窥孔子之大道哉!”

如果说清儒过甚地批判程朱是针对清朝统治者“佯浮慕”程朱，阉割程朱，借力打力，钳制天下的逆反，那么风起玉堂凤池青萍之末，逐渐耸动天下的今文学派过分地推尊董子，则应不乏“顺水推舟”（乾隆帝喜欢董仲舒，除了猎奇心理，也许因董学有许夷狄进于中国的变通思想，能为清廷合法地位辩护），将经学引向社会批判、政治变革甚至革命之路的倾向。至于毗陵学者，则又近绍晚明东林学派之风。明末砥柱天下的东林党与清末雷霆万钧的今文经学，都源于常州，这也并非巧合。而研究常州词派、诗派，阳湖文派，也不能忽视这方面的影响。

《红楼梦》最后一回写贾政（字存周）自南京紧急回都城，却北辕南辙到了毗陵驿；前文没说他与常州人有何交游，却派出很多家人上岸投帖，辞谢朋友（敢情这些朋友都是“道费则隐”）。而他那娇生惯养的宝贝儿子竟突然有了特异功能，穿着那著名的阔斗篷，赤着双脚在运河岸边的冰天雪地中与父亲相见。从常理来说，这段发生在常州的情节非常荒谬，但其中有“存周改制”之非常意义。笔者在《红楼心史》丛书中关于小说中正朔、服色、方位等考证，以代数之精密、物理之确定，多重多面论述《石头记》与春秋改制的关系。可惜索解人非常之少——虽然无论哪派红学都不否认《红楼梦》使用《春秋》笔法。

在封建社会，董仲舒最受肯定的主张是“罢黜百家、尊崇儒术”和“大一统”思想，而在今天被视为思想专制之阶厉；他一直受诟病的杂于谶纬阴阳鬼神之学，在今天仍被视为传播封建迷信，程、朱称董仲舒“见道未精”，也应与此有关系。

红楼词林：文官倡

远古史、巫、医不分，皆能交通天地鬼神，影响君主统治决策，乃至日常起居。后世史官地位有所下降，一方面是因专制加强，不待见史官碍手碍脚；另一方面，也是人文意识的觉醒，对某些史官装鬼弄神、矫言祸福、危言耸听不以为然。

汉代史官的地位还不算太低，在某些方面的权力在丞相之上，即所谓“郡国计吏，上计于太史，而后以其副上于丞相、御史”。但太史公司马迁就已经慨叹：“文史星历近乎卜祝之间，固主上所戏弄，倡优畜之，流俗之所轻也。”（《报任安书》）司马迁似乎有贬低卜祝、倡优的意思，其实论源头，和史官一样，都与巫觋有些瓜葛。

《红楼梦》中的十二戏子是十二钗的影身，这在红学界已是常识。她们其实又都影射以博学鸿词为代表的《明史》馆中的汉族知识分子。所以十二优伶中，文官既不是小生，也不是老生，演技也不出色，在《红楼梦》中戏份也不多，却俨然班首。小说中凡戏子们一同出现的时候，几乎都作“文官等十二个”“文官等”（参见第二十三、二十七、三十、四十、四十一、五十四、五十八诸回）。如果读者觉得这是表彰文官具有卓越的组织才能，或赞叹这个戏班子有高度的团队精神，那就偏颇了。太平闲人《妙复轩评石头记》于二十三回“因贾蔷又管理着文官等十二个女戏子”句下批云：“十二钗一映，而此曰文官等，重文章也。”

文官者，史官也，所以在第五十八回这个剧团解散时，文官跟定了史太君。其实十二钗、十二优伶无非文官，无非翰林。第三十回戏子们雨后在怡红院“把些绿头鸭、花鸂鶒、彩鸳鸯，捉的捉，赶的赶，缝了翅膀，放在院内顽耍”，这些鸟儿正诠释“翰林”二字——博学鸿词中式后所授检讨、修撰、赞善等六、七品文官的补子为鸂鶒、鸳鸯，至于绿头鸭则是野鹜，即所谓“野翰林”。如果这些野生鸟类（绿头鸭且是候鸟）不像“月夜感幽魂”那回嗅王熙凤脖子并对其拱爪的大狗有一样寓意，岂是少女们容易得手者？

小说第五十四回文官回史太君为李婶和薛姨妈点戏的一段话，是她在书中最长的也是最主要的“台词”：“这也是的，我们的戏自然不能入姨太太和亲家太太姑娘们的眼，不过听我们一个发脱口齿，再听一个喉咙罢了。”李婶薛姨妈喜得都笑道：“好个灵透孩子，他也跟着老太太打趣我们。”史太君点的戏是芳官的《寻梦》和葵官（后归史湘云）的《惠明下书》，皆关合立言、明史。

十二戏子由贾蔷与单聘仁、卜固修从苏州（状元戏子小妾为此地特产）采买而来，归贾蔷管理，“蔷”与“墙”同音，《诗经·国风·鄘风·墙有茨》：“墙有茨，不可扫也。中冓之言，不可道也。所可道也，言之丑也。”《红楼梦》第一百一十七回王仁讲笑话，把贾蔷比作元帝庙的龟将军。元帝即玄武帝，清朝避康熙帝玄烨讳，改元为玄。博学鸿词科考正在康熙朝，古人以臣之仕君，比女之事夫，参加鸿博考试者，不少明朝臣子，甚至参加过抗清斗争，他们改弦易辙，弹冠相庆，做两截人，岂不如薛霸王所说“嫁了个男人是乌龟”（清初用人，不管阉党义子，还是降闯逆臣，皆来者不拒，此时乃中国历史上最轻士节的时期之一，而《红楼梦》却严君子小人之辨），真不知是喜是悲。博学鸿儒皆受朝廷征聘，应征者被称之为“征君”或“聘君”，所以有“单聘仁”之名。同时“聘”亦谐“骗”。统治阶级征聘是骗，五十鸿博修史也是骗——谎言粉饰骗天下后世，也未尝不是诡词隐义骗当时的统治者。至于卜固修，既是对统治阶级厚颜无耻的嘲笑，也是对应聘的一百多名征君的斧钺之诛，其“修”字，亦关合修史。

十二戏子中演技最出色、在小说中戏份最多者为龄官。龄者，年纪也。史书编年，以年系月（季），以月系日，以时序为经。所以史湘云的叔父史鼐封“保龄侯”。小说第三十回“龄官画蔷”，实隐喻写史书。蔷薇，在中国古代又有玫瑰、月季、四季花、长春花、月月红、十二月花等别名，既关合“通灵宝玉”之“玉”，又关合龄官之“龄”。写史书当尊《春秋》（麟经）褒贬义例，这是清代史官所不敢想象的。乾隆帝《明史纲目书成有述》曰“亦曰此心无予夺，敢云我志在春秋”，可见乾隆帝不敢更不欲以春秋大义为准的来编纂史书。帝王如此，臣子更谨小慎微。乾隆初曾与修《明史》的汪由敦《史局口号》：“敢从班马论家法，且续金元整旧函。”《儒林外史》第一回中为王冕所不齿的危素曾参与《金史》《元史》编纂，清代纂修《明史》的汉族知识分子多是危素的徒子徒孙，无一人有王冕、甄士隐的操守。他们编纂的《明史》，也只不过是一部为清朝统治者涂脂抹粉的精致的王朝史而已。龄官画蔷，而贾宝玉失其麒麟，春秋大义，坠于地矣。此所谓“假”蔷。

《红楼梦》强调“立言”，言出诸口而为心声，所以宝玉衔玉而生；言所以纪事明道，故有“真事隐、假语存”之说。孔子曰：“言之无文，行而不远。”文官，所以司言者欤？欧阳修《代人上王枢密求先集序书》：“君子之所学也，言以载事，而文以饰言。事信言文，乃能表见于后世。”《红楼梦》中的真事隐而假语存，所谓文官者，皆失其职。

把博学鸿词比为倡优，对于清代人而言，并非拟于不伦。被强聘而坚不与试的傅山在《霜红龛集》中有一则关于博学鸿词的记载，可见当时舆情一斑：

> 天生丈人来自燕……又说轻薄子以如今两起排胜之事作对，曰“博学宏词，清歌妙舞”，吾颇谓不然。博学宏词焉敢与清歌妙舞者作偶？果有一班青阳繁华子，引商杂羽落梁尘，惊鸿游龙回艳雪，真足令人死而不悔，复安知所谓学文词者？博杀宏杀，在渠肚里，先令我看不得，听不得，想要送半杯酒不能也。

程甲本卷前有二十幅插图及题赞，太平闲人以为皆作者所作，其中《女乐》（图 1）有题词云：

> 艳舞娇歌，乱红沾袖香生鬓。紫菱洲近，惊散沙鸿阵。弦管无情，竟作晨钟信。休重问，梵声禅韵，千里江南恨。

词后注云“调寄菩萨蛮”，但与曲谱不合。左下方钤一方形印章云“舞裙歌扇逐时新”。皆可以与当时人们对博学鸿儒的评论参看。其中“千里江南恨”一句，最耐人寻味，似乎与薛宝琴所说真真国女儿关注汉南相呼应。

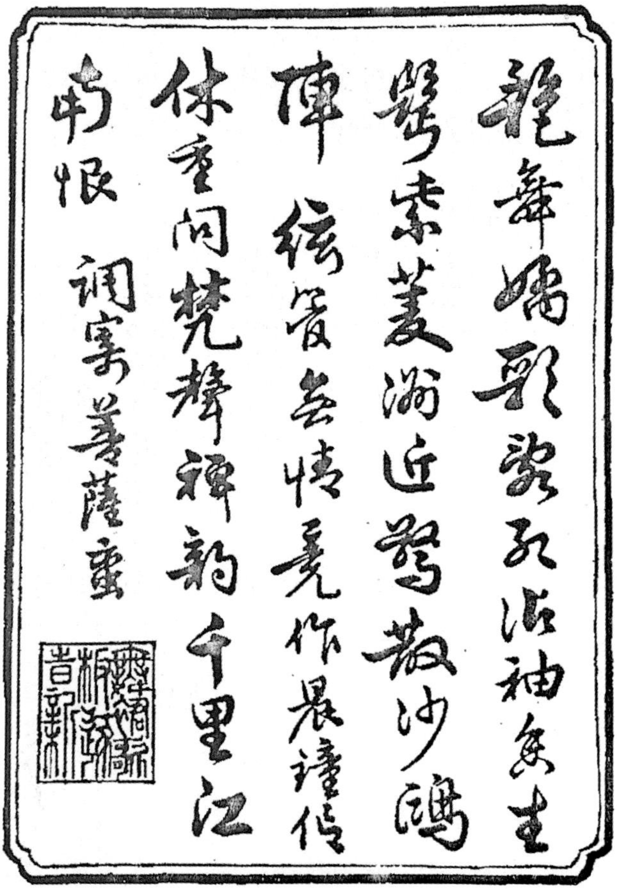

图 1 《红楼梦》程甲本卷前题词《女乐》

即使参加博学鸿词考试被录取，并被授予官职者，亦有以倡优自悲者。江南三大布衣之一严绳孙被逼入试，不完卷而退场，以期脱身羁绊。但康熙帝久闻其名，破格特取，授官翰林院检讨，命其与修《明史》，严绳孙却好像不怎么得意，也不怎么领情。其《秋水集》中小令《菩萨蛮·托兴》一首，即嘲讽博学鸿词：

> 君恩自古如流水，梨园又选良家子。都作六宫愁，传言放杜秋。 倾城争一顾，那用论缣素。几个定横陈，丹青不误人。

严绳孙小词中的“梨园”，兼指宫苑。其实倡优与宫女，相去不远。《红楼梦》第四回写薛宝钗“近因今上崇诗尚礼，征采才能，降不世之隆恩，除聘选妃嫔外，在仕宦名家之女，皆亲送名达部，以备选择为公主郡主入学陪侍，充为才人赞善之职”而赴京待选，却住进荣国府的“梨香园”（其实就是“梨园”），而赞善，乃翰林官名。

参加博学鸿词考试者，多年纪不小，甚至为明朝遗民。鸡皮黄脸，红粉重敷；秃头白发，杏花再簪，对镜自照，成何面目。虽“横陈”二字，令人不堪，亦未免浪费资源。而刘姥姥插花游园，酒屁臭气，熏染怡红之床，自有其粉本。苏轼“人老簪花不自羞”，亦可诠释“卜固修”。

《红楼梦》第五十一回，薛宝琴新编怀古诗之《钟山怀古》：“名利何曾伴汝身，无端被诏出凡尘。牵连大抵难休绝，莫怨他人嘲笑频。”这与第五十回史湘云所编《点绛唇》“溪壑分离，红尘游戏，真何趣？名利犹虚，后事终难继”的谜底均为耍猴。博学鸿词诸公，为名利所惑，轻于出处，做了统治者的玩物，为天下后世所笑，用陆陇其的话说是“轻薄出于自取”，怨不得他人。

鸿博诸公，也有自我解嘲的。如其中的佼佼者、清代一流人物的朱彝尊（蔡元培《石头记索隐》所谓林黛玉原型），将自己应诏后的诗文，命名为《腾笑集》，与薛宝琴《钟山怀古》皆取典南朝齐孔稚珪《北山移文》中的周颙故事。只是朱彝尊出仕清廷与周颙之“始终参差，仓皇反复”性质不同，朱彝尊出仕，要顾忌民族大义，周颙则不必考虑这一问题。

在清代文学名著中，把博学鸿词（当然还有其他没有骨气的知识分子）喻为倡优，当然不仅《红楼梦》一部。孔尚任《桃花扇》以忠义予倡优，实鞭挞士大夫连倡优不如（这与《水浒传》以忠义予盗贼类似，都不是表彰倡优、绿林这类行业）。这与《长生殿》写乐师雷海青骂安禄山及诸降臣，用意类似。《儒林外史》写杜少卿不应博学鸿词廷试，其中一个原因就是不想做倡优、猕猴，任统治者玩弄；小说塑造的戏子、“皇明义民”鲍文卿有行有守，亦以此愧士大夫。《聊斋志异·张贡士》写张某“寝疾，仰卧床头。忽见心头有小人出，长仅半尺；儒冠儒服，作俳优状。唱昆山曲，音调清彻，说白、自道名贯，一与己同；所唱节末，皆其生平所遭。四折既毕，吟诗而没”。王士禛《池北偶谈·心头小人》一则，与此大同小异。这个张某，即清初山东文士、“安丘富人”张贞（字杞园），曾受康熙己未博学鸿词之荐，因丁母忧未与试，后来不知怎么谋得了个不入流的翰林院孔目之衔（连鸂鶒补子也没得）。张某热衷功名，且善于钻营交际，士林多有微词。不过以小人倡优嘲之，未免过分。

康熙己未鸿博之科，是清代历史的一个重要转折，标志着汉族知识分子（特别是清初久经压迫、打击的南方知识分子）与清代统治者全面合作的开始，甚至可以说是中国封建社会最后一个也是最长的一个所谓“盛世”的起点。当然它也是清代学术文化的一个重要转折，从此以后，清初博大恢宏的经世之学进入尾声，向细密烦琐、玩物丧志的考据之学演变。清初知识分子危言危行的骨鲠气节，随着文字狱的严酷，也逐渐荡然无存。满目都是歌功颂德，涂脂抹粉，制造盛世动人气氛的货色。

对于统治者笼络人心、消弭反侧的“阳谋”，一些有风骨的人士是有所觉察并坚决拒征的。其中以顾炎武表现得最突出，不惜以死相抗。当时常熟人吴龙锡有诗云：“终南山下草连天，神敖犹惭古史笺。到底不曾书鹄板，江南惟有顾书年。”（《清稗类钞・讥讽类・终南山下草连天》）诗中的顾书年即指顾炎武。只是像顾炎武这种人实在是凤毛麟角，当时更多的士子把博学鸿词视为终南捷径，削尖脑袋，百计钻营。徐珂《清稗类钞・讥讽类・博学宏儒本是名》：

慈溪郑寒村太守梁，见康熙宏博开科之杂流竞进也，嘲以诗。其一云：“博学宏儒本是名，寄声词客莫营营。比周休得尤台省，门第还须怨父兄。”其二云：“补牍何因也动心，纷纷求荐竟如林。总然博得虚名色，袖里应持廿四金。”

这与曹家驹《说梦》记好事者讥顺治三年参加乡试的“山林隐逸”之诗异曲同工：“一队夷齐下首阳，几年观望好凄凉。头上整齐新结束，胸中打点旧文章。当时义不食周粟，今日还思补达粮。早知薇蕨终难咽，悔杀无端骂武王。”八股取士制度，断送朱明江山，但在清代，成了统治者笼络人心的重要工具。博学鸿儒特科，只不过其补充而已。

博学鸿儒之出处苟且，从《红楼梦》中也能看出一些影响。小说第十六回贾赦派贾蔷到苏州采买戏子，有这样一段描写：

> 贾蔷又近前回说："下姑苏聘请教习，采买女孩子，置办乐器行头等事，大爷派了侄儿，带领着来管家两个儿子，还有单聘仁、卜固修两个清客相公，一同前往，所以命我来见叔叔。"贾琏听了，将贾蔷打谅了打谅，笑道："你能在这一行么？这个事虽不算甚大，里头大有藏掖的。"贾蔷笑道："只好学习着办罢了。"

贾琏所说的"藏掖"，敢情就有求荐者袖里的"廿四金"之类！贾琏之"琏"，与敛财之"敛"同音。贾蔷说"学习着办"，乃效法贾琏敛财乎？

钮琇《觚剩》续编卷二："是年应试中选者，俱授翰林院检讨，然其人各以文学自负，又复拓落不羁，与科第进者前后相轧，疑谤旋生，多不能久于其位，数年以后，鸿儒扫迹于木天矣。"《红楼梦》第五十八回写戏子和大观园婆子的矛盾，或有影射：

> 且说大观园中因贾母王夫人天天不在家内，又送灵去一月方回，各丫鬟婆子皆有闲空，多在园中游玩。更又将梨香院内服侍的众婆子一概撤回，并散在园内听使，更觉园内人多了几十个。因文官等一干人或心性高傲，或倚势凌下，或拣衣挑食，或口角锋芒，大概不安分守理者多。因此众婆子无不含怨，只是口中不敢与他们分证。如今散了学，大家称了愿，也有丢开手的，也有心地狭窄犹怀旧怨的，因将众人皆分在各房名下，不敢来厮侵。

五十名鸿博之一李澄中的《艮斋笔记》(其中有关于林四娘的故事，而林四娘情人陈宝钥为最早赏识他的人) 记亲身经历："当是时，风俗重甲科，自宋后不复以制科取士，内外臣工创见朝廷此举，咸窃窃然以为怪，不独同列嫉之若深仇，大臣亦罕能将顺其美者……薛方山《纪述》载王文恪常言，以科目收天下之士，以制科收非常之才，如此而天下无遗才矣。俗儒无识，以熙朝之盛典，几等于纳粟之铜臭，妒嫉倾陷，靡所不至。呜呼，可慨也已！"说什么金马玉堂，功名荣耀，却原来等同纳粟铜臭脂粉倡优。最后一句叹息深长沉重，似乎传达了"被骗"的感觉。

红楼言情：秦可卿寓意

太平闲人说《红楼梦》前十六回，是铺排场面，分派角色；第十七、十八回方点定戏文，副末登场。至第十九回，才开全本传奇。秦可卿在第十三回就死去了，也就是说在她死的时候，这部书的序幕还没有开始，或最多相当于序幕。

但伟大的艺术家，在落笔之前，已胸有成竹。从场面、角色安排，已见全书深邃的思想、恢宏的气势。

在铺排场面、分派角色的时候，为什么浓墨重彩地写一个在主戏中没有的人物呢？其实所有的场面、角色，都是寓意。既已把寓意交代，便可“得意忘象”，不再拖泥带水。第一回甄士隐、贾雨村会面时，严老爷出现，此公虽然就露面一次，但他“严君子小人之辨”的寓意，却贯穿全书。《红楼梦》全书“大旨言情”，于人世纷纭万象之中，辨君子小人，别嫌疑、明是非，“必以情”，而尤以男女之情为枢机。《中庸》所谓君子之道，“造端乎夫妇……察乎天地”，由君子之道而可知小人夷狄之道。秦可卿正是“情（欲、淫）”的化身。

一

太平闲人在第五回秦氏出现时批云：“秦、禽同音，转声为情，《红楼》首叙此人，则《红楼》自云‘谈情’正面反面一齐在内。”第七回秦钟出场，太平闲人又批云：“秦钟，情种也。小字鲸卿，则总读为情字曰情情。情有指点意，有太息意，有斟酌意，有恐惧意，鲸鲵吞噬，谁则当之？”“《红楼梦》曲首云：‘开辟洪蒙，谁为情种？’彼情种乃仙佛圣贤之根蒂，指通灵未失说；此情种乃饿鬼畜生之萌蘖，指通灵既失说，风月情浓之混号而已。故后云彼此以号混称。”

“秦”转音为“情”，在后鼻音发音不准的南方人那里，最为常见。“鲸”与“情”，也极为相近。有人说警幻仙子也是秦可卿的化身，就是从谐音上证明：

> 秦、情音近，唯一不同的只是韵尾-n、-ng。像苏州人读起来毫无区别，一音而已。警和秦、情主要不同也只是气的送与不送，全清和次清的不同，苏州人有全浊音，也不过是清浊之异。可见，从宽泛的角度言，警、情、秦实在可以作互为假借字用。曹雪芹就是利用读音“相同”，从语义上联系、转换，产生一种意义的联想，在文学的写作手法上辟一天地，把《红楼梦》的主题思想突了出来。[胡子远、宋玉昆：《论秦可卿》，《苏州大学学报（哲学社会科学版）》2000年第1期]

“鲸”字和“警”字读音相同。既然“警”字能与“情”字假借使用，“鲸”字自然亦可。但“警幻”之“警”字，自有其寓意，太平闲人所谓“有指点意，有太息意，有斟酌意，有恐惧意”。再就是“钟”本身就是儆戒醒迷之物。

不过以“秦”为“情”，在古诗中常见。徐陵《玉台新咏》卷八《敬酬刘长史咏名士悦倾城》：

> 不信巫山女，不信洛川神。何关别有物，还是倾城人。经共陈王戏，曾与宋家邻。未嫁先名玉，来时本姓秦。粉光犹似面，朱色不胜唇。遥见疑花发，闻香知异春。钗长逐鬟髮，袜小称腰身。夜夜言娇尽，日日态还新。工倾荀奉倩，能迷石季伦。上客徒留目，不见正横陈。

所谓“姓秦”可能出自古乐府《陌上桑》（郭茂倩《乐府诗集》卷二八）的秦罗敷之典。其实那个采桑女也未必真姓秦，姓秦者，乃言其美丽令人一见“生情”而已。《古诗为焦仲卿妻作》（徐陵《玉台新咏》卷一）：“东家有贤女，自名秦罗敷。可怜体无比，阿母为汝求。”这个秦罗敷，也只是美丽女子的代名词。再如南朝梁人费昶《春郊见美人》：“薄暮高楼下，当知妾姓秦。”（冯惟讷《诗纪》卷九二）唐人宋之问《和赵员外桂阳桥遇佳人》：“金鞍白马来从赵，玉面红妆本姓秦。”（《全唐诗》卷五三）刘长卿《戏赠干越尼子歌》：“北客相逢疑姓秦，铅花抛却仍青春。”（《全唐诗》卷一五一）皇甫冉《见诸姬学玉台体》：“由来道姓秦，谁不知家楚。”（《全唐诗》卷二四九）……皆可连类而及。这些所谓秦姓女，都令人一见情生，动好逑之念。

以“秦”寓“情”的小说，也不只《红楼梦》。小说第九十三回提到的《占花魁》男主人公“秦小官”，据冯梦龙的《醒世恒言》第三卷《卖油郎独占花魁》，他姓秦名重。其实也是说他是“情种”“钟情”，以情为重。看《红楼梦》中这段描写：

> 果然蒋玉菡扮着秦小官伏侍花魁醉后神情，把这一种怜香惜玉的意思，做得极情尽致。以后对饮对唱，缠绵缱绻。宝玉这时不看花魁，只把两只眼睛独射在秦小官身上。更加蒋玉菡声音响亮，口齿清楚，按腔落板，宝玉的神魂都唱了进去了。直等这出戏进场后，更知蒋玉菡极是情种，非寻常戏子可比。

从也是“情种”的贾宝玉眼里，最能诠释秦小官“情种”寓意。近代小说中有署名海上独啸子的《女娲石》，第六回花血党首领剑仙女史对人自称：“妾姓秦，名爱浓。”名与姓也能相生发。

当然，古代诗文中还有用“情”字的其他谐音来寓情的。如明遗民董说《西游补》中的“鲭鱼精”“杀青大将军”，刘禹锡《竹枝词》：“东边日出西边雨，道是无晴却有晴。”（《全唐诗》卷三六五）。

《红楼梦》受明末小说《小青传》影响的痕迹较明显，曹寅的老师周亮工的《书影》卷四有一段关于这本小说命名寓意的文字：

> 丙寅年予在秣陵，见支小白如增，以所刻《小青传》遍贻同人。钟陵支长卿语余曰：实无其人，家小白戏为之，俪青妃白，寓意耳。后王胜时语予：小青之夫冯某，尚在虎林，则又实有其人矣。近虞山云：小青本无其人，其邑子谭生造传及诗，与朋侪为戏，曰小青者，离“情”字正书“心”旁似“小”字也；或言姓钟，合言成钟情字也。

但在小说中，小青姓冯，且有女弟子冯子云。“冯”者，“逢”也。情生于心，因外缘而发。特别是男女之情，必有外缘遇合，方有“钟情”可言，方有悲欢离合。《红楼梦》中对有些像“东府里蓉大奶奶品格”（第七回）的香菱一见钟情的冯渊，为秦可卿请医生治病的“冯紫英”命名，亦与此相通。

二

20世纪红学家大都把《红楼梦》“大旨言情”之“情”，视为男女之情。把解放此情、追求爱情自由视为反孔孟、反封建、反礼教的进步行为；把限制此情视为顽固封建。这是一种鲁莽灭裂的做法。

“情”是中国古代文化中一个极其重要的概念，儒家思想并不排斥情（包括男女之情）。《红楼梦》成始成终于甄士隐（名费），其出典在《中庸》：“君子之道，费而隐。夫妇之愚可以与知焉，及其至也，虽圣人亦有所不知焉。夫妇之不肖，可以能行焉，及其至也，虽圣人亦有所不能焉。……君子之道，造端乎夫妇，及其至也，察乎天地。”《韩诗外传》卷五的一段文字又与此发明：

> 子夏问曰：“《关雎》何以为《国风》始也?”孔子曰：“《关雎》至矣乎！夫《关雎》之人，仰则天，俯则地，幽幽冥冥，德之所藏。纷纷沸沸，道之所行。虽神龙变化，斐斐文章。大哉《关雎》之道也，万物之所系，群生之所悬命也，河洛出书图，麟凤翔乎郊。不由《关雎》之道，则《关雎》之事将奚由至矣哉? 夫六经之策，皆归论汲汲，盖取之乎《关雎》。《关雎》之事大矣哉！冯冯翊翊，自东自西，自南自北，无思不服。子其勉强之，思服之。天地之间，生民之属，王道之原，不外此矣。”子夏喟然叹曰：“大哉《关雎》，乃天地之基也。”《诗》曰：“钟鼓乐之。”

谁都不否认，《关雎》是情诗，但天地自然之理、王道之原，皆与此情相同。有男女然后有父子君臣礼仪，所以“六经之策，皆归论汲汲，盖取之乎《关雎》”。六经生于人情，而又来规范人情。欲生民老有所安，少有所怀，内无怨妇，外无旷男，各遂其情，不正是一味压抑人情吗?

清代钱泳《履园丛话》卷二三有一则《情》，也可参看：

> 天地不可以无情，四时万物皆以情而生；人生不可以无情，三纲五常皆以情而成。推而广之，风云月露，因人而情；山川草木，因人而情。声色可以移情，诗酒可以陶情，情之所感，寝食忘焉；情之所钟，死生系焉。然则情也者，实天地之锁钥，人生之枢纽也。然情有公私之别，有邪正之分。情而公，情而正，则圣贤也。情而私，情而邪，则禽兽矣，可不警惧乎！

明末抗清官员、殉难前写下“纲常万古，性命千秋”的道学家黄道周，也曾写下“情欲不宣，非乖则孤”的文字（黄道周《榕坛问业》卷八）。不过是言常道，非言处变，言常人而不言非常。

如果把孔子、黄道周等人的话断章取义，很多人可能会以“歌颂爱情”“反对礼教”拍案相许。这却是见其一端，不及其余。

人类的生活永远是丰富多彩的，而情感生活只是一部分。把人类需求任何一方面极端化，都是人性的扭曲畸形，包括对感情。《楞严经》的“纯情即堕”发人深省。在进行文化研究时，只有把“情”这个概念与另外一些重要概念如形、气、心、性、道、理（礼）、德等放在一起考察，才能认清它的位置。由于我们不专门进行哲学探讨，故而结合诸儒绪论，隐括朱子性理之说：“先天地生者曰太极，鸿蒙开辟，太极动而生阳，静而生阴。阴阳交感，化生万物，气以成形理亦赋焉。人秉二气五行之秀，得天地生物之心以为心，虚灵洞彻，藏往知来，众理具足（性即理即道）。人心的无限可能性，未发谓之中，既发谓之情，发而中节谓之和，谓之善、谓之理；发而不中节谓之偏、谓之伪、谓之恶。人心唯危，道心唯微，为了寡过，要以礼制心，以义制事。”

朱子把心性说得天花乱坠，好像是个性善论者，但他说的只是一种理想状态，或者指出人性发展的方向。其实他还是“正邪二赋”论者：

> 问：心之为物，众理具足，所发之善，固出于心，至所发不善，皆气禀物欲之私，亦出于心否？曰：固非心之本体，然亦是出于心也。又问：此所

谓人心否？曰：是。子升因问：人心亦兼善恶否？曰：亦兼说。（《朱子语类》卷五）

《易》曰："吉凶悔咎生乎动。"同一动，吉居其一，而不吉居其三。在形下世界，人性之恶表现得更淋漓尽致一些。第一百一十八回，宝玉针对宝钗劝他讲究"人品根柢"，说了这样一段话：

据你说人品根柢，又是什么古圣贤，你可知古圣贤说过"不失其赤子之心"。那赤子有什么好处，不过是无知无识无贪无忌。我们生来已陷溺在贪嗔痴爱中，犹如污泥一般，怎么能跳出这般尘网。如今才晓得"聚散浮生"四字，古人说了，不曾提醒一个。既要讲到人品根柢，谁是到那太初一步地位的！

宝玉之言，有自己的忏悔，有对贾府众生的论断，也有对现实的隐微批判。《红楼梦》第一百一十一回写鸳鸯自经前与可卿的一番对话，也涉及心、性、情、淫的关系：

谁知此时鸳鸯哭了一场，想到"自己跟着老太太一辈子，身子也没有着落。如今大老爷虽不在家，大太太的这样行为我也瞧不上。老爷是不管事的人，以后便乱世为王起来了，我们这些人不是要叫他们掇弄了么。谁收在屋子里，谁配小子，我是受不得这样折磨的，倒不如死了干净。但是一时怎么样的个死法呢？"一面想，一面走回老太太的套间屋内。刚跨进门，只见灯光惨淡，隐隐有个女人拿着汗巾子好似要上吊的样子。鸳鸯也不惊怕，心里想道："这一个是谁？和我的心事一样，倒比我走在头里了。"便问道："你是谁？咱们两个人是一样的心，要死一块儿死。"那个人也不答言。鸳鸯走到跟前一看，并不是这屋子的丫头，仔细一看，觉得冷气侵人时就不见了。鸳鸯呆了一呆，退出在炕沿上坐下，细细一想道："哦，是了，这是东府里的小蓉大奶奶啊！他早死了的了，怎么到这里来？必是来叫我来了。他怎么又上吊呢？”想了一想道：“是了，必是教给我死的法儿。”鸳鸯这么一想，邪侵入骨，便站起来，一面哭，一面开了妆匣，取出那年绞的一绺头发，揣在怀里，就在身上解下一条汗巾，按着秦氏方才比的地方拴上。自己又哭了一回，听见外头人客散去，恐有人进来，急忙关上屋门，然后端了一个脚凳自己站上，把汗巾拴上扣儿套在咽喉，便把脚凳蹬开。可怜咽喉气绝，香魂出窍，正无投奔，只见秦氏隐隐在前，鸳鸯的魂魄疾忙赶上说道：“蓉大奶奶，你等等我。”那个人道：“我并不是什么蓉大奶奶，乃警幻之妹可卿是也。”鸳鸯道：“你明明是蓉大奶奶，怎么说不是呢？”那人道：“这也有个缘故，待我告诉你，你自然明白了。我在警幻宫中原是个钟情的首坐，管的是风情月债，降临尘世，自当为第一情人，引这些痴情怨女早早归入情司，所以该当悬梁自尽的。因我看破凡情，超出情海，归入情天，所以太虚幻境痴情一司竟自无人掌管。今警幻仙子已经将你补入，替我掌管此司，所以命我来引你前去的。”鸳鸯的魂道：“我是个最无情的，怎么算我是个有情的人呢？”那人道：“你还不知道呢。世人都把那淫欲之事当作‘情’字，所以作出伤风败化的事来，还自谓风月多情，无关紧要。不知‘情’之一字，喜怒哀乐未发之时便是个性，喜怒哀乐已发便是情了。至于你我这个情，正是未发之情，就如那花的含苞一样，欲待发泄出来，这情就不为真情了。”鸳鸯的魂听了点头会意，便跟了秦氏可卿而去。

小说第七十三回说贾宝玉能将《四书章句》中的《学》、《庸》、二《论》“带注背得出”，秦可卿在这里成了贾宝玉和朱子的代言人。所谓“喜怒哀乐未发之时便是个性，喜怒哀乐已发便是情了”，与王阳明四句教中“无善无恶是心之体，有善有恶是意之动”相发明。性乃心之体，情乃意之动。性非“本善”“本恶”，而包含着一切善恶的可能性，而情及其见于事的后果，是有善恶的。《红楼梦》首除邪祟，如果你不能别嫌疑、明是非，善善恶恶，贤贤贱不肖，而“公说公有理，婆说婆有理”、模棱两可，结果必然会纵容邪祟，冤屈良善。

秦可卿之“兼美”，与“鸳鸯”，皆阴阳同体，“道心”“人心”合一者。鸳鸯偏于阳，偏于道心；可卿偏于阴、偏于人心。一死于纵欲，一死于贞烈。前者轻于鸿毛，后者重于泰山。所以于前者暗写，不过“匹夫匹妇之为谅也，自经于沟渎而莫之知也”；于后者明写，为史太君殉葬，非为贾母添荣，乃为简策增光。

“道”与“性”都是形而上之物，认识它们要通过喜怒哀乐既发后的“情”与“事”。喜怒哀乐既发之后，“必有事焉”。香叶阁主人《〈再生缘〉序》：“诗以言情，史以记事。至野史弹词，或代前人补恨，或恐往事无传。虽里俗之微词，付枣梨而并寿。”《再生缘》是20世纪国学大师陈寅恪先生非常看重的作品，与《红楼梦》也有气脉相通之处。香叶阁主人说“诗以言情”，但情外未尝无事在；“史以记事”，而事中善恶褒贬，未尝不关乎情。《红楼梦》《再生缘》兼诗与史。静啸斋主人为明遗民和尚董说的《西游补》作《〈西游补〉答问》，其中云：“四万八千年俱是情根团结。”这与前文引钱泳以情为“天地之锁钥，人生之枢纽也”相发明。何况贪欲是历史的杠杆，卑鄙是卑鄙者的通行证，这是史太君为何视秦可卿为“重孙媳中第一个得意之人”（此老其实尚无别的重孙媳）的原因。而《红楼梦》之情、之事，如《春秋》，常事少，败礼乱常者多。所以读者当反照风月宝鉴，生戒惧心，而毋生效法心。

三

小说第五回贾宝玉与贾母等到宁国府会芳园赏梅，一时倦怠，贾母命人带他去歇息，秦可卿主动讨差：

> 贾蓉之妻秦氏便忙笑回道：“我们这里有给宝叔收拾下的屋子，老祖宗放心，只管交与我就是了。”又向宝玉的奶娘丫鬟等道：“嬷嬷、姐姐们，请宝叔随我这里来。”贾母素知秦氏是个极妥当的人，生的袅娜纤巧，行事又温柔和平，乃重孙媳中第一个得意之人，见他去安置宝玉，自是安稳的。

宝玉被带到侄媳的香艳闺房，梦游太虚幻境，并在警幻仙子指导下，与兼有宝钗、黛玉之美的可卿，同领云雨之事，最后在被海鬼夜叉拖入万丈迷津的噩梦中惊醒。

宝玉的这个梦有丰富的象征寓意，它预言隐括全书。宝玉最后坠落万丈迷津，令人想起《楞严经》所记的“纯情即堕”。宝玉梦中与可卿的云雨之事，很多批评家说是暗写。护花主人王希廉在第六回回末总评中写得最明白：

文章有暗写，有明写。不便明写者，当暗写，宝玉于秦氏房中梦教云雨是也；不必暗写者，即明写，宝玉与袭人初试云雨是也。

秦氏房中，如果梦中云云，宝玉何必含羞，又何必央求别告诉人？宝玉说“一言难尽”，又细说与袭人，其情其事，跃然纸上。

秦氏房中，是宝玉初试云雨，与袭人偷试，却是重演。读者勿被瞒过。

现代红学家俞平伯先生在《红楼梦辨》中赞同此观点：“秦氏实贾蓉之妻而宝玉之侄媳妇；若依事直写，不太芜秽笔墨乎？且此书所写既系作者家事，尤不能无所讳隐。故既托之以梦，使若虚设然；又在第六回题曰‘贾宝玉初试云雨情’，以掩其迹。其实当日已是再试。初者何？讳词也。”其实即使不是“梦为真时真还梦”，没有乱伦实迹，也是有所思才有所梦，亦应该警醒防嫌。

梅花开时，一阳来复之际，其在一年之候，犹人生意识初觉的少年时代。当此之时，进德修业，潜龙毋用，戒之在色。而不能因其倦怠，间其日新之功，以花为“媒”，会桃李之芳园，叙乱伦之乐事。曹寅的老师周亮工《书影》开卷，录其父周文炜“有益于世道人心”的《观宅四十吉祥相》，“十二岁以上小童不入内户，女童不出内户”。所谓防嫌于微，杜祸于渐。贾母妄称“史太君”，倚老卖老，不能以史为鉴，一再因姑息溺爱而废礼，贻害后世。

《红楼梦》人物的年龄是一笔糊涂账。第三回说宝玉是“青年公子”，而据周汝昌《雪芹生卒与红楼年表》分析，初试云雨的贾宝玉可能十岁不到，而比他“大两岁”的袭人也才十二岁！（《红楼梦新证》，棠棣出版社，1953 年，第 176 页）再参考韩婴《韩诗外传》卷一论男女精化之通：

传曰：天地有合，则生气有精矣；阴阳消息，则变化有时矣。时得则治，时失则乱……阴阳相反，阴以阳变，阳以阴变，故男八月生齿，八岁而

> 龆齿，十六而精化小通；女七月生齿，七岁而龀齿，十四而精化小通。是故阳以阴变，阴以阳变，故不肖者精化始具，而生气感动，触情纵欲，反施化，是以年寿亟夭，而性不长也。

据此推论，能成功试云雨的贾宝玉，当在十六岁左右。有人把贾宝玉试云雨看得非常轻松，周汝昌先生说这是“两个天真小孩子的胡闹”[①]，但他没想到这种“天真”胡闹的后果是非常严重的甚至是致命的。周汝昌似乎以年龄小减轻对他们胡闹的指责，其实年龄越小，危害越严重。北宋唐慎微《证类本草》卷一：

> 夫人之生，以气血为本，人之病，未有不先伤其气血者。世有童男室女，积想在心，思虑过当，多致劳损。男则神色先散，女则月水先闭。何以致然？盖愁忧思虑则伤心，心伤则血逆竭，血逆竭，故神色先散，而月水先闭也。火既受病，不能荣养其子，故不嗜食。脾既虚，则金气亏，故发嗽。嗽既作，水气绝，故四肢干。木气不充，故多怒，鬓发焦，筋痿，俟五脏传遍，故卒不能死，然终死矣。

思虑过当，忧恐交加，如果再频频尝云试雨，更雪上加霜。唐慎微这段话，可论定秦可卿之生死，较张友士的诊断明晰痛快。也可论定贾宝玉之未来，生活在脂粉堆中，又不能检点，其结果就是方在盛年，便醉生梦死了。他出家，或不一定因看破红尘，而是因为不能人道了，难以应付宝钗、袭人无厌之求了。

但这种事情发生在他人身上是喜剧，发生在自己身上就是悲剧。有研究者说贾宝玉身上本来寄托着贾府中兴的希望、贾府的未来，但由于秦可卿的引诱（应该也由于贾母的废礼纵容），使他走向“色鬼”一途，整天在儿女情长方面用功夫，毁灭了自己也断送了贾府的未来。作者并没有完全摆脱传统的“万恶淫为首”和“女祸”思想——何况这些思想也并非没有根据。

---

① 周汝昌：《红楼梦新证·引论》，棠棣出版社，1953年，第21页。

读红随笔：散花菩萨与“朱明”

《红楼梦》第一百零一回《大观园月夜感幽魂　散花寺神签惊异兆》中散花寺尼姑对史太君、王熙凤讲述散花菩萨的来历：

> 这个散花菩萨来历根基不浅，道行非常。生在西天大树国中，父母打柴为生。养下菩萨来，头长三角，眼横四目，身长三尺，两手拖地。父母说这是妖精，便弃在冰山之后了。谁知这山上有一个得道的老猢狲出来打食，看见菩萨顶上白气冲天，虎狼远避，知道来历非常，便抱回洞中抚养。谁知菩萨带了来的聪慧，禅也会谈，与猢狲天天谈道参禅，说的天花散漫缤纷。至一千年后飞升了。至今山上犹见谈经之处天花散漫，所求必灵，时常显圣，救人苦厄。因此世人才盖了庙，塑了像供奉。

“头长三角，眼横四目，身长三尺，两手拖地”隐篆书“朱明”二字。与第二十七回四月二十六日未时交芒种节祭饯花神相照应。“未”字为“朱”去其首，“朱”字篆书上三角，下两手拖地，中有三横。“明”字古音读“芒”，篆书与“四目”横排相近。花神为木德真君，培木生火，菩萨父母打柴，与刘姥姥所说十七岁红衣少女抽柴寓意同。饯花散花悼红，皆红消香断之后，“代嬗修史”。

王熙凤散花寺判词：“去国离乡二十年，于今衣锦返家园。蜂采百花成蜜后，为谁辛苦为谁甜！”第五回元春判词有“二十年来辨是非”之语，刘姥姥、焦大也说过“二十年”如何如何，似乎书中人是供职《明史》馆二十余年的编修，感慨自己的成果被王鸿绪、张廷玉辈窃取篡改，失去麟经“春王正月”之大义。

太平闲人评论“散花菩萨”一段文字，说“用木生火以制金，一书作用”，又以“天三生木”为据说“头长三角，眼横四目，身长三尺，两手拖地”隐“木”“林”二字。又说“菩萨为心，书演一心”，亦通。《说文》解释朱为“赤心木”，菩萨之心，也是红的！

甄宝玉“勇”于改过

甄宝玉是《红楼梦》中千呼万唤才出来的人物。第二回其业师贾雨村就为他立一小传，给读者留下鲜明印象，其后多次提及，贾宝玉甚至梦寐中与之相见。但一直到第一百一十五回才现真身。他亮相的表现让贾宝玉失望，恐怕读者也感到意外。最终贾宝玉“超凡入圣”，出家做和尚；甄宝玉皈依儒家正统，立德立言，修齐治平。

由于甄宝玉明显是贾宝玉的影身，我们可以说书中写贾宝玉，实际上大部分也是写甄宝玉。家世贵盛，祖母溺爱，少不更事，“暴虐顽劣”，“放荡弛纵，任性恣情”，喜欢在女孩堆里厮混……这些也是纨绔子弟共性。他们见面时，家庭都遭遇过“萧索”变故，两人个性也都非复畴昔。甄宝玉浪子回头，一变至道；贾宝玉虽然对世俗来说仍是废物，但纨绔习气也已收敛。

其实早在第五回贾宝玉神游太虚幻境时，警幻仙子受荣宁二公之托，对贾宝玉“以淫止淫”，目的就是让他“留意于孔孟之间，委身于经济之道”。后来贾宝玉淫则止矣，“经济之道”则未也。第九十五回包勇对贾政述甄宝玉也曾病中做梦看册子，醒悟后一改前非，读书上进，且帮父亲料理家务——这正是荣宁二公所期望的样子。甄宝玉改过通过包勇讲出也有寓意，自胜者强，改过最需要三达德之一的“勇”。

甄、贾宝玉见面还有一个背景：海疆凯旋，太平有象。从清廷平定三藩、收复台湾以后，人心思治，汉族士大夫普遍与清廷合作，士风敛抑，学风亦大变，由明末凌空蹈虚、荡闲逾检的心性之学转向客观务实的经世、考证之学。壁立万仞的黄宗羲送儿子黄百家服务清廷；《桃花扇》的作者孔尚任“倒行逆施”，捐纳监生；甄宝玉（还有同调的贾兰）的选择也算与时俱进。“令闻广誉”，孟子所美，被贾宝玉蔑称为“禄蠹”的队伍中，也有人会勉为圣贤之徒。

小说第一百一十八回，贾玉玉与宝钗讨论“赤子之心”，贾宝玉有“尧舜不强巢许，武周不强夷齐”之说。他自己是勉为巢许、夷齐的，甄宝玉、贾兰勉为皋夔、伊尹，亦并行而不悖。

贾宝玉与甄宝玉不同的结局，与家庭教育有关。贾宝玉一直是放养的“富贵闲人”，甄宝玉则有良师（进士出身的贾雨村绝胜老而无成的贾代儒），且曾代父理家，应对世务，磨砺器识。有论者视甄宝玉为违背人性之“伪人”，而不知其为“克己复礼”、改过迁善之真君子。

伪《枣窗闲笔》厚诬后四十回为“伪续”，一个重要的证据就是甄宝玉与贾宝玉后来性情各异：

> 观前五十六回中，写甄家来京四个女人见贾母，言甄宝玉情性并其家事，隐约异同，是一是二，令人真假难分，斯为妙文。后宝玉对镜作梦云云，明言真甄假贾，仿佛镜中现影者。讵意伪续四十回家，不解其旨，呆呆造出甄、贾两玉，相貌相同情性各异，且与李绮结婚，则同贾府俨成二家，嚼蜡无味，将雪芹含蓄双关极妙之意荼毒尽矣。吁！雪芹用意，岂惟至五十六回而始发哉？其于第二回贾雨村与冷子兴言，其在金陵甄家处馆时，见甄宝玉受责呼姐妹止痛，及惟怜爱女儿情性等语，已先为贾宝玉写照矣。伪续之徒，岂得梦见！

但伪造《枣窗闲笔》者没有认识到，两人在择师方面的巨大差异，会对他们产生影响，更不会体会作者表现“性相近、习相远”，展现人生多种可能性的意图。

甄宝玉之配，王夫人与甄夫人等先后议贾惜春、薛宝琴，最后定于李绮。三人皆能“复”者，而李绮尤合。李者礼也，绮者美也。又绮为宝琴之名，即黛玉所谓“琴者，禁也”，能降伏甄宝玉之心者。紫鹃看到甄宝玉时痴想：“可惜林姑娘死了！若不死时，就将那甄宝玉配了他，只怕也是愿意的。”而李为“木”“子”，李绮与甄宝玉结合，其实就是“木石姻缘”！

转变前的甄、贾宝玉，皆少年轻狂；转变后的贾宝玉，不失为狷；转变后的甄宝玉，则俨然中庸。真实的人生（乡愿流俗不与），不外这三种类型。有论者以为宝玉一体多身，表现出作者思想的矛盾，还有论者以为表现了作者理想与现实的冲突，殊不知这正表现了作者对人性与历史的全面认识与“人道浃而王道备”的宏大意图。

张涟在北京的活动及其卒年考略

一

张涟是明末清初杰出的园林建筑家，他将山水画之理通之叠石堆山，巧夺天然，领一代风气。但关于他的卒年，史志却无明确记载。一般的说法，认为他卒于康熙十年（1671）左右。《中国大百科全书》建筑、园林、城市规划分册，美术分册，《中国园林艺术词典》皆持此说。但这种说法与有关史实出入太大。

张涟晚年主要在北京活动，参与了许多王公园林和皇家园林的修建。了解张涟在北京的活动，可以帮助我们更准确地把握张涟卒年的下限，同时对有关清代宫苑建筑沿革及其艺术风格的研究也不无裨益。

康熙时著名历史学家戴名世《张翁家传》[①]，对张涟在北京的活动作了比较清楚的介绍：

> 益都冯相国构万柳堂于京师，遣使迎翁至，为之经画，遂擅燕山之胜。自是诸王公园林，皆成翁手。会有修葺瀛台之役，召翁治之，屡加宠赉。请告归，欲终老南湖。南湖者，君所居地也。畅春苑之役，复召翁至，以年老，赐肩舆出入，人皆荣之。事竣，复告归，卒于家。

戴名世文中之张涟事迹，得之于张涟之子（可能是张然），比较可信。清人著述多以万柳堂、瀛台、畅春苑之建归于张涟次子张然（字陶庵）名下，一是因为疏略，再则由于当时张然是其父的得力助手。张然跟随张涟的时间最长，也最得其父真传。父子有时分工合作。据陆燕喆《张陶庵传》记述[②]，两人建席本祯

---

① 戴名世：《南山集》卷七。

② 陈从周：《中国园林》，广东旅游出版社，1996 年。

东园时，“南垣治其高而大者，陶庵治其卑而小者”。当张涟应冯溥之邀进京时，年已90岁上下，龙钟老迈，更赖张然侍奉杖履。阮葵生《茶余客话》卷九引某人嘲张南垣父子诗，有“荷杖有儿扶薄醉”之语，就是说这种情况。张涟去世后，张然继续服务于内务府，前后近30年，并且子孙“世业百余年未替”，人称“山石张”①。

二

冯溥万柳堂是张涟在北京建造的第一座园林。此园始建估计不早于康熙十一年（1672）。据《清史稿》冯溥本传记载，在此年之前，冯溥即以衰病累疏乞休。本年，冯溥64岁，乞休之意益决，康熙帝再次挽留，许以70岁方可告退。冯溥为了消磨在北京的剩余岁月，在京城东南广渠门内买得涝洼荒地30亩，建别墅曰“亦园”，募人于园中种柳万株，又构堂五楹，曰“万柳堂”，盖慕元宰相廉希宪故事。后来人们径呼亦园为万柳堂。

由于是权宜之计，万柳堂建得比较简单。朱彝尊《万柳堂记》云：“聚土以为山，不必帖以石也；捎沟以为池，不必甃以砖也。”亦园之名，有虽不是园也算是园之意。

清初戏剧家、造园理论家李渔于康熙十二年（1673）夏至康熙十三年（1674）暮春，最后一次客游北京。当时亦园还在建造之中，李渔作《万柳堂歌呈冯易斋相国》一首，有句云：“只恨堤宽柳尚稀，募人植此栖黄鹂。但种一株培寸土，便称业主管芳菲。”李渔之诗作于康熙十三年初，此时吴三桂已率兵叛乱。南方多事，冯溥告归更是不知其期，也许这也是他修建亦园的原因。

万柳堂最后完成，不会晚于康熙十七年（1678）。朱彝尊《万柳堂记》云：“堂成后，适四方人士应召至京师。”这里所谓“四方人士”，是指参加博学鸿儒考试之人。试期是康熙十八年（1679）春，十七年底，与试人员已会集北京。

吴梅村《张南垣传》有“晚岁辞涿鹿相国之聘，遣其仲子行”之语。所谓

---

①《清史稿》卷二九二《张涟传》。

“涿鹿相国”，即明万历进士、天启时大学士、魏忠贤余党、入清仍居相位的冯铨。此人与吴梅村有些交情，顺治中吴氏复出，即与冯铨举荐有关[①]。冯铨在北京的园林，位于天坛以北金鱼池畔。谈迁《北游录·纪闻下·丧礼》：“冯铨家京师，于天坛北凿池蓄朱鱼，亭台鼎立。”但后人往往把冯铨和冯溥混而为一，甚至把万柳堂记于冯铨名下。红学家胡文彬先生编《高鹗诗文集》，为《过万柳堂拈花寺》作注，说万柳堂为“元初廉希宪的别墅，在北京广渠门内东南角，明代已荒废。清初为冯铨别业，后归石文柱”，即踵其误而增华。不久前清史编委会《清代人物传稿》上编第五卷中的张涟、张然父子合传，仍以万柳堂属之冯铨：“大学士冯铨在京师营造府宅，名万柳堂，特迁人往邀张涟。冯铨臭名素著，涟托病不出。再请，遂派张然前往。”之所以产生这种误会，一是由于冯溥、冯铨两人同姓，再则由于两人与张涟都有瓜葛。可能有的学者把“溥”当成了冯铨之字。而吴梅村卒于康熙十年（1671），冯铨仅比吴氏晚死一年，张涟进京，与此二人恐怕都未曾谋面。

三

张涟参与瀛台的修葺，大致在康熙十九年（1680）和二十年（1681）。高士奇《金鳌退食笔记》卷上述瀛台沿革，说此处在明代为阅稼处，林木深茂，有村田水舍之观。至清顺治时，别建宫室，为避暑之地。“康熙庚申复加修葺”。修葺的主要项目有“于水边堆叠奇石”“构亭于无逸殿旧址，曰流杯亭”。同卷记白塔山（琼华岛）云：“辛酉冬，运是山之石于瀛台，白塔之下，仅余黄壤。”庚申为康熙十九年，辛酉为康熙二十年（1681）。

张涟很善于改建旧园。瀛台之葺，因明代之古木用宋代之奇石（艮岳石），质料规格，无与伦比。《国朝宫史》载乾隆帝咏赞瀛台之诗最多，有“瀛台信瀛台，木石皆神仙”[②]、“是处万景全，结构如天成”[③] 等句。乾隆帝于园林颇喜变

① 《满汉名臣传》附《贰臣传·冯铨》。

② 《国朝宫史》卷一四《御制望瀛台未至寄题其壁诗》。

③ 《国朝宫史》卷一五《御制淑清院流杯亭作》。

更，但对瀛台假山除题了“夺造化功”等字外，未动什么手脚。甚至直到今天，瀛台假山仍保存完好，可以说它是北京唯一幸存的张涟作品。

乾隆帝咏赞瀛台的诗虽多，但其诗中关于瀛台沿革的考证并不确切。作于乾隆十八年（1753）的《御制瀛台即景杂赋》① 云“流杯亭是胜朝迹，从未临流泛羽杯”；同年所作《御制仲夏瀛台即景杂咏》② 六首之三又云“假山树子近天然，阅世于今四百年”。瀛台之树，有明代所遗，这没什么问题。但假山之叠、流杯亭之建，才 70 年出头而已。弘历真不愧“天纵圣明”。

明末清初著名画家王时敏有《乐郊园分业记》一文，说张涟为他营造乐郊园，“庚申经始，中间改作者再四，凡数年而后成”。陈从周先生《说园》之四引此文，并于庚申之下注云：“清康熙十九年，即公元一六八〇年。”此注有误。王时敏与张涟年纪相近，同受业于董其昌门，他就去世于康熙庚申之年，此后不会再与张涟打交道。乐郊园实建于明万历、天启之际，比康熙庚申早了整整一个甲子。陈老为著名的园林建筑专家，史实考证非其所长，所以有此疏忽。

四

考证张涟的卒年，最关键的是弄清畅春园的建造时间，而这恰是清代宫史研究的一个难解之谜，众说纷纭。

畅春园的前身是明代武清侯李伟后代的清华园，入清后归肃亲王所有。清初历史学家谈迁北游，曾于顺治十二年（1655）七月辛亥日亲游其园。《北游录·纪邮下》载当时见闻，说园中亭台楼阁俱有，且经肃王“加葺”，谈迁赞美此园，有“巧夺天成”之语。可能在康熙帝亲政以后，巡视京郊，爱此园之美，肃亲王显亲王便纳献邀宠。也就是说，畅春园并不是在废墟上建造的，它在成为御苑之前，就已经有相当规模。

目前所见清代文献中与畅春园有关的年份，最早是康熙十八年（1679）。《清会典事例》卷一一五一“前锋统领职掌”条下载：“康熙十八年定，圣驾驻跸畅

---

①《国朝宫史》卷一四《御制瀛台即景杂赋》。

②《国朝宫史》卷一四《御制仲夏瀛台即景杂咏》。

春园，以前锋统领、护军统领二人驻扎，督率参领官校守卫传筹，与紫禁城同。”这可能是康熙帝接受献纳不久，偶尔驻跸的情况。同书卷一一九六“内务府屯粮”条下载康熙二十三年（1684）奏准，“畅春园内余地及西厂二处种稻田一顷六亩，令附近之庄头壮丁每年轮种。给予石景山等处地十一顷三十四亩四分，以为耕种稻田之资”。这可能是张涟、张然父子继瀛台之后，修葺此园，至二十三年告一段落。其时张涟97岁，若说他自此解事南归，成其正果，比较可信。

另据《清史稿》卷一一八《职官五·内务府》：康熙“二十五年，畅春园设柴炭库，置无品级库掌二人，库守八人”。这似乎说明康熙帝打算在这里长期生活、听政。《清圣祖实录》《康熙起居注》记载康熙在畅春园的活动时间，最早是康熙二十六年（1687）二月。本月二十二日，御驾由玉泉山移居畅春园，至三十日回紫禁城，八日之内，曾三次“御畅春园内门”处理政务。从此，畅春园便成了康熙朝重要的政治舞台。

畅春园占地近千亩，环周十余里。它由王公园林而改建为帝王离宫，不可能一蹴而就，也绝非仅张涟所能办。张涟主要的本领是堆石叠山，他在瀛台、畅春园的主要工作也在这方面。

瀛台、畅春园的宫殿楼阁，大都出自清代与“山石张”齐名的建筑世家“样式雷”成员之手，而据雷金兆作于康熙五十八年（1719）的《雷氏迁居金陵述》①，雷氏族人最早应募北上是在康熙二十三年癸亥。至于说康熙两次南巡后，让吴人叶陶仿江南园林建御园，也并非不可能。但江南园林大都玲珑小巧，在畅春园内空余之地，可建上十个八个，以为点缀。陈康祺《郎潜纪闻初笔》卷六竟说畅春园一树一石皆叶氏布置，其言夸矣。

张涟享年97岁左右，并不奇怪。他好书画，喜游览，性格豁达，皆利于长寿养生。康熙时70岁以上在朝为官者大有人在，依旧五更待漏，随班上朝，若非张涟确实龙钟老迈，康熙帝也不会格外开恩，赐以肩舆。

---

① 王其亨、项惠泉：《“样式雷”家世新证》，《故宫博物馆院刊》1987年第2期。

五

古人有易代修史、人死立传的传统。现存张涟最早的传记，是吴梅村的《张南垣传》。吴氏卒于康熙十年（1671），按一般的习惯推算，张涟应死于吴梅村之前，最迟不应晚于康熙十年。但如此算法，实大错而特错。

《张南垣传》中有“退老鸳河之侧”之语，这里的“老”是“养老”，而非“老死”。古代官绅修建园林，大都为退老休养之计，张涟虽被某些人称为“石匠”，但实际上是一位艺术家，抗礼公卿，狎侮名流，并非普通劳动者。到了晚年，自己也想摆谱，筑舍于鸳河之侧，遥借烟雨楼美景，聊以卒岁。甚至还学宋代“桃李嫁东风郎中”张子野 85 岁买妾故事，娶一幼妓①。如此折腾，尚未尽兴，又亲自恳请吴梅村为自己立传：“吾惧石之不足留吾名，而欲得子文以传之也。”

明末清初，标榜之风极盛，生前立传，并非奇事。除张涟外，著名说书艺人柳敬亭也曾求吴梅村为自己立传。与张涟一样，柳敬亭也被后人减了寿数。据《梅村家藏稿》卷一〇《楚两生行并诗序》记载，吴氏作《柳敬亭传》是在顺治十二年（1655）柳氏依松江提督马逢知之前，而直到康熙十五年（1676），柳氏还在掉弄其三寸之舌。《辞海》《辞源》却说他约卒于康熙九年（1670）。可怜张石匠、柳麻子，他们求吴梅村为自己立传，本想借其文采传之不朽，哪曾想后人竟因此支派他们做短命诗人的跟班长随，同赴黄泉。

---

①《吴梅村诗集》卷五《嘲张南垣老遇雏妓》。

叠石名家张然事迹丛考

在研究清代北京皇家宫苑和私人园林的沿革中，张涟、张然父子是非常重要的人物。其中，张然似乎比其父更应引起研究者的重视。因为他在北京活动的时间远远长于张涟。清初，贰臣宰相、涿州冯铨在北京金鱼池附近修建园林，聘请张涟。张涟托词老迈，命张然前往。大约在康熙十年（1671）以后，张然侍其父入京，参与了一些皇家、私人园林的修建。谢国桢先生《张南垣父子事辑》[①]（以下简称《事辑》）前言所谓："北都则南海之瀛台、玉泉之静明园、西郊之畅春园、王学士之怡园、冯益都之万柳堂，皆出南垣父子之手。"但张涟入京时，已是耄耋之年，行动不便，这些园林的修建，张然之力居多。还有，张涟去世以后，张然在北京供奉内廷，又达数十年之久。

谢老《事辑》说"知南垣、陶庵之轶事者甚鲜"。其实知陶庵（张然字）之轶事者尤少。《事辑》至今是这方面文献的翘楚，但也详于父而略于子。本人对清代历史颇感兴趣，翻阅文献典籍，偶有出谢老《事辑》之外者，不辞谫陋，为之拾遗补缺。前蒙《故宫博物院院刊》不弃，将拙作《张涟在北京的活动及其卒年考略》[②] 发表，尚有未尽，续草此文，仍请方家赐教。

一、钱谦益关于张然的记载

目前发现关于张然最早的记载，可能是钱谦益《初学集》卷一〇作于明崇祯九年丙子（1636）的《云间张老工于累石许移家相依赋此招之二首》，其一云：

百岁平分五十春，四朝阅历太平身。

---

① 谢国桢：《明清笔记谈丛》，上海古籍出版社，1981 年，第 297～309 页。

② 王宪明：《张涟在北京的活动及其卒年考略》，《故宫博物院院刊》2000 年第 4 期。

长镵短屐全家具，绿水红楼半主人。

荷杖有儿扶薄醉，缚船无鬼笑长贫。

山中酒伴更相贺，花发应添爱酒邻。

此诗谢老《事辑》未载，但所录阮葵生《茶余客话》卷九《张南垣父子善叠假山》条引此诗“荷杖有儿扶薄醉”句，以为是“调南垣父子也”。由于阮葵生此书写于乾隆后期，钱谦益为乾隆帝所深恶痛绝，为文人所忌讳，作者只好隐去其名，而以“昔人”二字代之。

一般人都以为钱谦益的拂水山庄出张南垣父子之手，这首诗似乎也提供了证据。但《初学集》卷九作于崇祯三年庚午（1630）的《戏为拂水筑台歌赠嘉定夏生华甫》，有句云“登台四顾咸叹息，问谁筑者夏华甫”，又有句云“指麾幸有松圆老，敢贪天功僭旗鼓”。则即使南垣父子参与拂水山庄的修建，也只是部分的或者是改建。

不过钱谦益这首诗，对我们了解张氏父子生平还是有重要参考价值的。如果崇祯九年张涟真是五十岁，应该生于万历十四年丙戌（1586）。按一般情况估计，张然在这一年可能二十岁左右，也已是阅历万历、泰昌、天启、崇祯的“四朝太平身”了。

二、吴梅村与张然的交往

明末清初文人中，吴梅村是与张氏父子交往比较密切的一个。谢老《事辑》所录《梅村家藏稿》之《张南垣传》，是现存第一篇关于张涟的传记，也是影响最大的一篇。黄宗羲《撰杖集》中之《张南垣传》（一作《张石工传》），是黄氏据吴梅村《张南垣传》改写的。两篇传记中都提到张涟有四子，能衣食父业。但四子中能独当一面者，不过仲子张然、三子张熊（字叔祥），其中又以张然最著。

《梅村家藏稿》附录之《梅村先生年谱》顺治五年戊子（1648）条下注引《松霞公日记》云：“甲申正月，晤张南垣于吴骏公之居梅村。”甲申为明崇祯十七年（1644），估计张然与吴梅村的交往也不会晚于这一年。

《梅村家藏稿》卷八《楚云》诗序云："余以壬辰上巳，为朱子葵、子葆、子容兄弟招饮鹤洲，同集则道开师、沈孟阳、张南垣父子。"壬辰为顺治九年（1652）。鹤洲草堂出张然三弟张熊之手[①]，程穆衡《吴梅村诗集笺注》以为诗中的"张南垣父子"指张涟和张然[②]，其实张然不一定在座，张熊倒应该和他父亲在一起——张涟能参加如此高级别的宴会，是因为张熊修筑鹤洲草堂的功劳。至于在修建的过程中父兄有没有提供帮助，那是他们的家务事。

顺治十年（1653）九月，吴梅村应召北上，士绅饯行，发生了黄宗羲《张石工传》所述吴梅村与张涟以"有窍""无窍"相嘲的一幕。估计张然也可能与此盛会。

就现存的材料来看，张然比乃父更有修养。张涟除绘画叠石外，就是"好举里巷谐媟以为抚掌之资"[③]。而据冯金伯《国朝画识》卷八记载，张然却还有"工诗"的本领。而吴梅村为江南诗坛盟主，他们的共同语言应该更多些。

三、张然为冯铨建园的时间

吴梅村《张南垣传》："晚岁辞涿鹿相国之聘，遣其仲子行。退老于鸳湖之侧，结屋三楹。"张然此行，好像也是"山石张"第一次北上，有关时间，当然是个重要问题。

可以肯定地说，张然北行，是在吴梅村为张涟作传之后。但这篇传记没有注明写作时间，《梅村先生年谱》也没提及。我们只好从其他方面找线索。

谢老《事辑》按语提到明末清初遗民史学家谈迁《枣林杂俎·义集·技余》记载"有柳敬亭、张南垣二传，已佚"。其实《枣林杂俎》是一部史料汇集，其中作品很少出自作者本人之手。而且不仅谈迁这部作品，还有他的《北游录》，其中抄录吴梅村诗文，连篇累牍。《柳敬亭传》《张南垣传》在《梅村家藏稿》卷

① 宁波师范学院黄宗羲研究室编：《黄宗羲诗文选》，华东师范大学出版社，1990 年，第 356 页。

② 程穆衡原笺、杨学沆补注：《吴梅村诗集笺注》，上海古籍出版社，1983 年，第 256 页。

③ 吴伟业：《张南垣传》，谢国桢：《明清笔记谈丛》，上海古籍出版社，1981 年，第 300 页。

五二是连在一起的。《枣林杂俎》中有目无文，可能作者没来得及抄写。《北游录·纪闻》有《上吴骏公太史书》二札，主要是求吴氏借书。吴梅村也把自己尚未出版的文集让他订正。所以第二札中有这样一段话："日袖大集，迨昏而竟，回环抽绎，遂涉连辰。窃有私旨，临文勃露，不敢辄匿，谨质之大君子。"由于时间紧迫，二《传》文又太长，当时还没有复印设备，谈迁只好录其目而舍其文。《枣林杂俎》虽有崇祯十七年（1644）高弘图序，其所收资料却一直到顺治十四年（1657）作者去世为止。所以一般说来，《张南垣传》可能在顺治十年吴梅村应召北上之前就写好了。《北游录·纪闻下》中《丧礼》一条所记冯铨"于天坛北凿池蓄朱鱼，亭台鼎立"的园林，可能就是张然的作品。

四、康熙年间张然在北京的活动

康熙年间张然与其父一起在北京的活动，参见《张涟在北京的活动及其卒年考略》，不再详述。但可以再提供几条证据：据冯溥《佳山堂诗集》记载，万柳堂建成于康熙十二年（1673）八月①。康熙十六年（1677）左右，张然又为万柳堂新筑一土山并画《亦园山水图》，冯溥作《题张陶庵画亦园山水图》等诗报之。王崇简《青箱堂诗集》卷三三有《酬张陶庵筑园》诗，作于康熙十七年戊午②，则亦园建成，当距此年不远。

冯金伯《国朝画识》卷八《张然传》："康熙己巳，供奉内廷三十余载，恩宠甚渥，赐宸翰联额颇多。"康熙己巳为康熙二十八年（1689），估计这是张然在父亲去世、守制服满之后，再次进京。前文说崇祯九年（1636）时张然二十岁左右，又过五十三年，这时张然应该七十多岁了。如果再供奉内廷三十余年，恐怕力不从心。如果说他从康熙十九年（1680）左右修瀛台，到他结束内廷供奉，前后三十余年，还是可信的。照此计算，张然可能要活到九十多岁，和他父亲一样

---

① 冯溥：《佳山堂诗集》卷五，《四库全书存目丛书》集部第215册，齐鲁书社，1997年，第92页。

② 王崇简：《青箱堂诗集》卷三三，《四库全书存目丛书》集部第203册，齐鲁书社，1997年，第284页。

长寿。

康熙帝在《庭训格言》中说："人果专心于一艺一技，则心不外驰，于身有益。"他特别举"匠役"为例："其巧绝于人者，皆寿至七八十，身体强健，画作如常。"并说："凡匠役人等，各有密传技艺，决不肯告人。而朕问之，彼若开诚明奏，朕必密之，不告一人也。"张涟、张然父子，都曾承康熙帝恩宠，康熙帝也可能向他们垂询叠山建园之道。园林之理，与诗文相通，这对康熙帝在御园写一些即景之作，也会有一定的启发。

五、张然的后人与"山石张"的式微

盛淑清《清代画史增编》卷一四，有张然二子小传："张元炜，忘其字，然子，画承家法。""张淑，然子，亦善画。"张元炜，《国朝画识》卷八作"元玮"，《国朝耆献类征》卷四二七作"元伟"，能画，但无修建园林的记载。张淑是"山石张"最后一代传人，光绪《嘉兴府志》卷五一《张涟传》："子然、熊及孙淑，传南垣之术，康熙间，先后应召供奉内廷，凡经营位置，悉令然等董其役，屡邀恩赉。及淑没，其术遂不传。"《清史稿·张涟传》说"山石张"在北京"世业百余年未替"，其中康熙年间最为辉煌。

直到现在，笔者尚未发现雍正以后"山石张"在北京活动的记载。大概雍正年间"山石张"已经式微。陈从周先生以为"山石张"的衰落是由于张氏后人"童昏"，"邈难得其先人之术"[①]。应该说，不排除这方面的因素。但也可能有其他原因，譬如说由于"山石张"供奉内廷时间太久，所见、所闻、所传闻太多，引起雍正帝猜忌，从而疏退，也在情理之中。还有，到了清代中期，随着社会经济的繁荣，人们对园林的审美趣味也开始多样化，奢华风气有所抬头，雕琢华丽，好大呈奇之风盛行。宫苑建筑方面更为突出，质朴无华的畅春园被逐渐废置，繁华盛丽的大杂烩圆明园取而代之，就是证明。"山石张"即使有康熙帝所谓"密传技艺"，也难以抵挡"运会"的转移。

① 陈从周：《中国园林》，广东旅游出版社，1996 年，第 199 页。

关于西花园

故宫博物院明清档案部编《关于江宁织造曹家档案史料》第八三、九五、九六、九七件，均为内务府有关曹寅修造西花园工程经费的奏折。

修造西花园，是曹寅晚年的重要活动。不少红学家曾注意此事，但主要就此园的位置进行考证，很少涉及其他问题①。其实此园关系康熙朝政局与曹寅、李煦两家盛衰，皆非同小可，值得进一步探讨。

一

《清史稿》卷一一八《职官五·内务府》畅春园官属条下，有康熙四十三年增西花园八品总领二人、无品级总领一人等记载。西花园是畅春园之附属花园，又相对独立，我们首先想知道，康熙帝何以叠床架屋，修筑此园。这在清代官、私方文献中很难找到答案，倒是《清代帝王传略·玄烨》中提及此事："玄烨在畅春园之西修筑了一处较小的园林，赏赐给幼年即被立为太子的次子胤礽。"

说西花园因太子而建，还是比较合理的。康熙后期，诸子多已成人，且加封爵位并赐府邸、园林。如畅春园北一里的圆明园，即为皇四子胤禛封雍亲王后拜赐。只是后来尾大不掉，吞并了附近一些皇亲园林，取代了康熙时畅春园的位置。

一般皇子尚有赐园，身为皇储的胤礽当然也应有专用园林。至于他的园林建在畅春园附近，则是为其观政、受教提供方便。

康熙中后期畅春园是极其重要的政治舞台，玄烨在此听政的时间，较之在紫禁城为多。吴振棫《养吉斋丛录》卷一八说康熙帝"计一岁之中，幸热河者半，

① 参见周汝昌：《红楼梦新证·史事稽年》，"康熙五十一年条"，人民文学出版社，1976年，第524页。

驻畅春者又三之二”。康熙五十一年（1712）第二次宣布废太子，就是在畅春园；康熙六十一年（1722）玄烨去世，也是在此地。

玄烨修建西花园，也许还有更重要的目的，那就是与他曾一度想“致政太子”的计划有关。康熙四十七年（1708）十月初二日，玄烨在示诸皇子大臣的上谕中说：“朕无日不向皇太子胤礽言治理天下，爱育黎庶，维系人心之事。又尝慕宋孝宗之孝养高宗，语胤礽曰：将以政事付汝，朕当择居水土佳处，时闻汝之令名，以优游养性。迨后见其所行不善，难托重器，遂绝此望。”[①] 估计玄烨退居二线，备位顾问之后，所选之“水土佳处”，畅春园、西花园必居其一。乾隆帝退位前，曾在圆明园中建长春园，在紫禁城建宁寿宫花园，作为禅位后养息之地，可谓无独有偶。

西花园处万泉河畔，东依畅春园，西览香山秀色，北望蓟门烟树，无忝“水土佳处”之称。《日下旧闻考》卷七八录乾隆八年御制《西园泛舟至圣化寺》诗，有“万泉十里水云乡”之句，则此园又有北国江南之胜。西花园正殿为“讨源书屋”，不像畅春园正殿“九经三事”那样具有行政色彩，“讨源”二字，还表现了一代“理学皇帝”对学问的兴趣。康熙五十一年（1712）春末（此时太子名分尚存），玄烨游西花园，并作《畅春园西新园观花》诗，有句云“心向诗书奥，精研莫可荒”[②]，亦有“讨源”之意。西花园寺院名“圣化”，又有太平功成之意。如果玄烨兑现他说的话，让胤礽如愿以偿，自己在西花园做他的太上皇，流连晚照，研讨学问，优游养性，也算功果圆满。谁知事与愿违。

二

西花园修建的时间，是另一个重要问题。周汝昌先生以为，此园是曹寅在北京任内务府郎中时所建[③]。据此推算，西花园之建，应在康熙二十九年（1690）

---

① 《清圣祖实录》卷二三五。

② 王志民、王则远校注：《康熙诗词集注》，内蒙古人民出版社，1994 年，第 607 页。

③ 参见周汝昌：《红楼梦新证·史事稽年》，“康熙五十一年条”，人民文学出版社，1976 年，第 522 页。

曹寅出任苏州织造以前，这个时间显然太早。且不说一个小小郎中，能否担当此任；康熙朝虽然吏治泄沓，也不至于一件工程过二十多年才予销算。康熙帝也不会在一个花园修了二十多年后还称它为“新园”。

前引《清史稿·职官五》，西花园设立官属，是在康熙四十三年。估计西花园始建不会晚于此年，也不会太早于此年。

康熙五十一年（1712）十一月十四日内务府奏曹寅家人呈报修建西花园用银折，有“拆撷芳殿用匠及将拆下物品运至西花园，共用银一千八百八十二两三钱”等语，则曹寅修建西花园当与拆撷芳殿在同一时期。只是撷芳殿的沿革也是清代宫史上的一大疑案①。

撷芳殿在紫禁城东华门内，三座门以北，是一组非常重要的建筑群。明代此处为端本宫，是太子的专用宫殿。清康熙时，胤礽被立为太子，也以撷芳殿为寝宫。康熙帝第一次废太子后，曾对臣子们说：“胤礽宫人所居撷芳殿，其地阴黯不洁，居者辄多病亡。胤礽时常往来其间，致中邪魅，不自知觉。以此观之，种种举动，皆有鬼物使然，大是异事。”② 国储为天下之本，其所居之地，自当慎重。玄烨令曹寅拆撷芳殿，或是为了消除邪魅。曹寅此项工作，从某种意义上说，关系国家未来。《红楼梦》第十六回，贾元春晋封凤藻宫尚书，加封贤德妃，赖大回家报喜，说“如今老爷又往东宫去了”，而大观园之筹建，亦于此回。这类情节，对于曹雪芹，或不无来由。

《关于江宁织造曹家档案史料》第五四件，康熙四十七年（1708）九月二十三日八贝勒等奏查报询问曹寅李煦家人等取付款项情形折，疑与修建西花园经费有关。从康熙四十四年（1705）三月到康熙四十七年九月，内务府总管灵普（太子胤礽乳母之夫）等人，先后分批从曹寅、李煦处取银共八万五千七百六十两。其中有付给工匠、戏子的劳务费五千七百六十两，有各处使用，“记有帐目”的四万两，有交给广储司收存的两万两。其中所谓工匠，疑即修建西花园的工匠，而所谓戏子，疑与西花园配套的戏班子成员。各处使用的四万两疑为采买建园各种物料之费。至于没有下落的那两万两，可能由胤礽自肥了。臣子结好储君，以

---

① 王宪明：《撷芳殿三题》，《紫禁城》1998年第2期。

②《清圣祖实录》卷二三四。

为他日之利，在封建社会不足为奇。对曹寅、李煦这些个包衣奴才来说，太子更不可得罪。以胤礽的器识，他不会把康熙帝要归政于他的话慎秘不出，可能会添油加醋，以为勒索之口实。曹、李二人，也因此而少所顾忌，以至亏空越来越大。及至胤礽废、康熙帝死，大树既倒，猢狲尽散，一败涂地，正在情理之中。

三

周汝昌先生说畅春园、西花园“李煦、曹寅与有密切关系”①，这原是不错。李煦曾于康熙二十七年至三十一年间任畅春园总管，曹寅又修西花园。但周先生又说“畅春园乃康熙帝命曹寅监修”，未免疏忽。其实不仅畅春园非曹寅监修，即使西花园他也只是参与了阶段性、部分工程。《关于江宁织造曹家档案史料》第九五件，有“补修旧有房屋、河泊岸闸”等语，由此可见，曹寅不是创修，而是“增葺”。又据第九七件，曹寅修造西花园前后两期工程，共用银十九万余两，这个数字对皇家园林来说，未免太少。清朝后期慈禧太后在清漪园基础上修建颐和园，有八千万两、三千万两之说。由于建颐和园挪用海军经费是项黑工程，难得确数，但估计不会少于数百万两。建成后每年的维修费用还要十五万两。如果建西花园只用一二十万两白银，未免少得可怜。再如，《红楼梦》第十六回写贾府为迎元妃省亲，单只“下姑苏聘请教习，采买女孩子，置办乐器行头等事”，就要从江南甄家支三万两，“置办花烛彩灯并各色帘栊帐幔的使费”又要两万两。大观园尚未破土，单只配件就用去如此之多，其全部工程决算，可能会超过曹寅修建西花园工程所用款项。有人据此推断大观园只能以皇家园林为原型②，也不妥当。

曹寅在江南，公务繁忙。他回北京晋见居停，最多两三个月的时间。他承包西花园工程，似乎不必始终靠上，能够委派专人，设计方案，提供经费，也就可以了。当然，曹寅于园林一道也并非外行，《楝亭诗钞》中歌咏园林者甚夥。他

① 参见周汝昌《红楼梦新证·史事稽年》，“康熙五十一年条”，人民文学出版社，1976 年，第 525 页。

② 冯精志：《百年宫廷秘史——〈红楼梦〉谜底》，中国文联出版公司，1992 年，第 81 页。

在江南扬州、江宁，都曾为康熙帝修建行宫。他还曾在扬州白沙地方自建“渔湾”别墅。如果不是这样，曹家的巨额亏空便少了着落，曹雪芹写大观园也没有了家学渊源。

玄烨在北京修建园林，而让远在江南的曹寅参与，这与他喜爱南方风物不无关系。还有，自唐宋以来，百工技巧，多出江南。修建西花园的能工巧匠，为西花园配置的戏班子，以及陈设古董，自然也要如《红楼梦》第十六回所说，应下江南办理。于是曹寅、李煦便成了冤大头。

康熙四十五年（1706）四月三十日内务府奏请将宫中用车交三处织造报效承造折有云：“查车库现有朱沿元青车四十辆，内廷主子出入畅春园，或恰排在同天，有时用五六十辆，有时用七八十辆……因此，请增制朱沿元青车六十辆。此项增加车辆，既有现成之南省制藤、油漆巧匠，请交三处织造官员，由彼等报效。”康熙帝降旨：“不必交给杭州，著交曹寅、李煦制造。南省所造车轮不好，著在此地制造，只令他们制造车沿、车顶可也。钦此。”① 奏折中的畅春园，可能包括已初具规模的西花园，而“内廷主子”，包括胤礽无疑。胤礽赋性奢侈，善于摆谱。因他之故，宫廷用车要增加一倍还多。由此看来，修建西花园，并不是一个孤立的事件。

玄烨欲“致政”太子，自然应有个过渡时期。康熙三十五年、三十六年，他两次亲率大军西征噶尔丹，都留胤礽在京监国，代行君权，即为试其清浊。其后胤礽逐渐“专擅威权”②。康熙五十一年（1712），第二次废太子后，玄烨在一次上谕中云：“即今皇太子饮食服御等物，较之于朕，殆有倍之。伊所奏欲责之人，朕无不责；欲处之人，朕无不处；欲逐之人，朕无不逐。惟所欲诛之人，朕不曾诛，以朕性不嗜杀故耳。”③ 由此看来，胤礽虽未践帝位，也着实过了一把瘾。《红楼梦》第十六回出现了“太上皇、皇太后”等字样，第四十回史湘云对酒令，有“双悬日月照乾坤”之句，用李白《上皇西巡南京歌十首》所咏唐玄宗、唐肃宗父子故事，并非空穴来风。

---

① 故宫博物院明清档案部编：《关于江宁织造曹家档案史料》第三三件，中华书局，1975 年。

②《清圣祖实录》卷二三四。

③《清圣祖实录》卷二五一。

四

康熙五十一年（1712），无论对曾一度为西花园主人的胤礽，还是对曾参与西花园修建工程的曹寅，都是一个关键的年头。这年春节，曹寅在北京。正月十五日，还到畅春园领宴观灯，并作《畅春园张灯赐宴归舍恭纪四首》。正月二十五，内务府奏请清查修建西花园经费问题，此时曹寅仍在北京。二月初十日，曹寅陛辞南归。七月初，便因风寒转疟疾，一病不起，于本月二十三日“身虽死而目未瞑”①。九月，复废太子。十一月，又穷究西花园经费一案。曹寅死得可真是时候。

次年三月十八日，为玄烨六十寿辰。吴振棫《养吉斋丛录》卷一一：“仁庙六旬万寿，举行盛典，最称繁丽。”其中即有江宁、苏州、杭州三织造的庆祝经棚、彩坊、鼓亭、演戏彩台、香亭等。此时李煦在北京“瞻天颂圣”，自称“闻所未闻，见所未见”②。面对空前的繁华盛丽，最难受的当然是太子，他的帝王梦终于烟消火灭。而曹、李两家，对未来的命运，也应该有些预感了。

建造皇家园林一般工程浩大，难于一蹴而就。但西花园在康熙五十一年（1712）已建成，这基本没有疑问。玄烨的《畅春园西新园观花》可以作证。西花园在玄烨六旬以前建成，或有特别用意。他说过欲学宋高宗故事。赵构传位时五十五岁，做了三十二年皇帝，后来又做了二十五年太上皇。也许大清的一统帝王，比称臣纳贡的儿皇帝有干头，玄烨一再食言恋栈。康熙五十二年（1713）玄烨六十大寿，应该是一个很好的机会。此时他在帝位的年限，三代以后，已无人能及；最高的权力也未尝不是一种负担，数之重役之复，他也应该有些厌倦了。更何况他年老体衰，对政务也已力不从心。玄烨政尚宽大，以致天下贪墨肆虐，相沿成风。朝野臣民，也盼望“天命维新”。身为太子的胤礽，更是不耐其烦。可惜他没想到，越是在这种时候，其父越容易狐疑，政敌对他的陷害越是阴险狠毒，他就越应该韬光晦迹，恭敬有加。谁知养尊处优惯了的他，依然我行我素，

① 故宫博物院明清档案部编：《关于江宁织造曹家档案史料》第八八件，中华书局，1975年。
② 故宫博物院明清档案部编：《李煦奏折》第一七五件，中华书局，1976年。

锋芒毕露，躁急竞进，终于使玄烨痛心疾首，恩断义绝。

玄烨性喜园居，御制诗集中歌咏园林者不少。有关畅春园者尤连篇累牍。但对西花园，除《畅春园西新园观花》一诗外，再无其他。其中或不无隐衷。

据说曹雪芹晚年曾移居西山，“黄叶著书”。站在香山峰顶，畅春园、西花园历历在目。这里也应是曹雪芹伤心落泪之地。

撷芳殿三题

故宫东华门内、三座门以北，有一组绿色琉璃瓦顶建筑群，由若干殿、门、墙组成三组并列的院落，通称“南三所”，又称“撷芳殿”。撷芳殿从来不是指一座孤立的宫殿，而是一个建筑群落的概称；它也不是一个正式名称，而是一个约定俗成的称呼，因明代有一园门题有“撷芳殿”三字而得名。明清两代，这里的建筑虽时有废更，为端本宫，为慈庆宫，为南三所，但撷芳殿这一名称仍被沿用下来。其得名之由与沿袭之故，颇似老北京人所说的大栅栏，这种情况在地名学上也比较常见。

撷芳殿位于故宫东隅，建筑算不上宏丽，但明清两代围绕太子废立而进行的长期、激烈的宫廷斗争，都与它有关，并且与《红楼梦》及据考证为曹雪芹祖父的曹寅，也有重要关系。

撷芳殿与明清宫廷斗争

史学界多以为明朝亡于万历。神宗皇帝宠郑妃、废朝政、重赋敛、用宦官、开边衅、启党争，实为元恶祸首。而发端于万历年间的梃击、红丸、移宫三案，环环紧扣，敲响了明朝灭亡的丧钟。三案之第一案梃击案就发生在撷芳殿——当时叫慈庆宫。

万历四十三年（1615），当时朱常洛已封太子十余年，福王朱常洵也已之国，但郑贵妃谋废东宫，更加阴险狠毒。在此之前已经有了预言太子将废的妖书案和郑贵妃宫人请巫蛊诅咒皇太子事。这年五月，一个名叫张差的男子手持木棍，突闯东宫，危及太子，此事很容易令人与郑贵妃联系起来。而明神宗也不加深究，将张差与据说是“指使”者的太监处死了事。不久神宗去世，光宗继位。朱常洛身体本来虚弱，又经不起郑贵妃所进美女的蛊惑，很快大病不起，服了李可灼的

“仙丹”红丸，未几死去，由此引出红丸案。光宗去世后，其宠妃、原为郑贵妃私人的李选侍赖在乾清宫不走，大臣刘一燝、周嘉谟及言官杨涟、左光斗等人惧怕李选侍挟熹宗以干国政，乃奉熹宗暂住慈庆宫，迫使李选侍移往仁寿殿，此为移宫案。由此可见，明代三案首尾都与撷芳殿有关。

三案本是皇室家务事，难以分出是非曲直，可诸臣不明事理，各执一辞，争个不了。万历以后门户相轧，必以三案为口实，也给权阉魏忠贤排斥异己提供了方便。《三朝要典》成，而东林党人厄。魏忠贤死后，三案之争仍然不熄。特别是郑贵妃嫡孙福王朱由崧南都称帝后，阉党阮大铖钻营得宠，力翻旧案，排挤善类，朝堂不靖，加速了南明的灭亡。甚至到清康熙年间修《明史》，于三案是非，史馆成员仍有争议。

而与此同时——康熙年间，清朝围绕着太子胤礽之废立进行的宫廷斗争又开始了。其时间之长，斗争之激烈，并不逊于明万历时期，甚至有些手段也大同小异，如符咒、离间、造谣等。凑巧的是，明万历时国本之争的重要角色王锡爵之孙王掞，在康熙时做了太子胤礽的师傅，成了太子党的中坚。只是清朝统治者吸取了明朝的教训，并没有形成门户水火之局。而自雍正朝开始的秘密建储制，也未尝不殷鉴于明代。更巧的是，康熙时太子胤礽宫人所住的地方，正是万历时太子朱常洛所住的撷芳殿。据《清圣祖实录》卷二三四载，康熙帝第一次废太子后曾对朝臣们说：“胤礽宫人所居撷芳殿，其地阴黯不洁，居者辄多病亡。胤礽时常往来其间，致中邪魅，不自知觉。以此观之，种种举动，皆有鬼物使然，大是异事。”看来胤礽的体质与当年朱常洛也极相似。朱常洛的虚弱多疾，是否也与撷芳殿一带阴暗不洁的环境有关？

曹寅与撷芳殿

《关于江宁织造曹家档案史料》载有一份康熙五十一年十一月十四日《内务府奏曹寅家人呈报修建西花园工程用银折》，其中有这样的话：“拆撷芳殿用匠及将拆下物品运至西花园，共用银一千八百八十二两三钱。”西花园，即位于北京大学左近原畅春园西之附属花园。畅春园之无逸斋及西花园，胤礽都曾住过。

曹寅拆撷芳殿建西花园的确切年代，颇难考证。据《清史稿·职官五·内务府》载，康熙四十三年置西花园八品总领二人，则西花园之建、撷芳殿之拆应在此年前后。

单士元先生在《故宫札记·故宫南三所考》中说，他曾查阅过北京图书馆藏康熙末年《皇城衙署图》，图上南三所一带有撷芳殿之名，建筑为一所，并非三所。单老断言，这里建筑“盖仍属明代撷芳殿之旧。可知在康熙时尚未建筑三所也”。单老又查阅了约制于乾隆十四年至十五年的《京城全图》，图中此位置已绘成三所了。接着，他又花费了一个多月时间，在大量的档案材料中，找到了一条关于南三所建筑年代的史料。那是乾隆三十一年内务府的一件奏销档，其中云：“查撷芳殿改建三所房间，系乾隆十一年三月内兴工，次年竣工。”

至此，南三所的改建时间已十分明了，但问题是在曹寅拆撷芳殿和乾隆十一年（1746）改建南三所之间，这一带有没有动过土木已难考证。据王先谦《东华续录》载，乾隆三年（1738）十月，“皇太子金棺发引，上幸撷芳殿赐奠”。这里所说的皇太子即乾隆帝与孝贤皇后所生的皇次子永琏。乾隆帝已亲书密旨定为皇太子，不想于此年夭折。如果曹寅全拆撷芳殿而又没有新建宫宇，这位端慧皇太子的棺材岂不是放在露天？

另据《春明梦余录》《悫书》《酌中志》等书记载，撷芳殿建筑组群除主体建筑慈庆宫（端本宫）外，尚有穿殿及奉宸、勖勤、迎禧、昭俭等宫，而曹寅所拆撷芳殿，很可能只是这个建筑组群的一部分。如果当时已将此处建筑全部拆除，那么这里也不曾废弃，而是在乾隆十一年改建南三所之前还有过一次改建。否则，永琏何以停灵撷芳殿？

当然，乾隆改建南三所时，对原来的建筑是否有所保留也未可知。而南三所建成后，撷芳殿之称却保留了下来。民国时所编《清宫述闻》是这样介绍南三所的：“文华殿东桥北，殿宇三所，是为撷芳殿。凡大内俱用黄琉璃瓦，惟此用绿，为皇子所居。中所为皇上潜邸，其前为王公大臣轮班直宿直房。”这里的皇上，当然是指嘉庆帝颙琰。

撷芳殿与《红楼梦》

《红楼梦》第十六回写贾政奉诏入宫，不久管家赖大等回荣国府报信，说贾元春已晋封凤藻宫尚书，加封贤德妃。还说“如今老爷又往东宫去了”。明清加封贵妃之典，都无贵妃亲属到东宫谢恩一项。贾政此时系一员外郎，他到东宫的目的，我们不得而知。且看东宫与撷芳殿的关系。

撷芳殿位于紫禁城东南、太和殿东侧。明清皇宫建筑上应天文，太和殿（明代之奉天殿）相当于紫微垣中天皇大帝星座对应的建置，天文上主太子的星座为“前星”，在天帝星座前方东侧。撷芳殿的位置，正应是东宫之所在。明代撷芳殿又称端本宫，“端本”之本即“国储为天下之本”之意。撷芳殿南三座门之中门曾有名曰前星门，“前星”即太子之星。三座门前有桥梁三虹，系仿太和殿前金水桥。总之，撷芳殿的规模，其实就是大皇宫内的一个小皇宫。

《红楼梦》写贾政朝见东宫，如果指的是明代，我们很难指出它写的是哪一个时期；如果影射清代，则比较容易指出其大致年代。因为有清一代只有康熙帝的次子胤礽被封为太子并开詹事府。胤礽于康熙十四年（1675）被封为太子，至康熙五十一年被最后废除，其间虽有专用宫殿——乾清宫东侧的惇本殿，但他的宫人还是住在撷芳殿，胤礽也时常往来其间。

贾政朝见东宫自然令人联想到据说是曹雪芹祖父的曹寅与东宫及撷芳殿的关系。由于曹家是皇室家奴，他家不得不讨好皇太子，并受其勒索。《关于江宁织造曹家档案史料》收有康熙四十七年九月二十三日《八贝勒等奏查报讯问曹寅李煦家人等取付款项情形折》，提到从康熙四十四年至四十七年，灵普等人先后向曹寅索取白银共五万两。灵普一作凌普，是皇太子胤礽乳母的丈夫。《清圣祖实录》卷二三四载有康熙帝斥胤礽之语，说他“赋性奢侈，著伊乳母之夫凌普为内务府总管，俾伊便于取用”“同伊属下人等恣行乖戾，无所不至”。真是知子莫若父，对曹寅的勒索，即为一有力证据。上引八贝勒奏折还提到从康熙四十四年三月至四十七年九月，曹寅、李煦按月支付戏子、工匠银两，共计八千六百余两。如此巨额的劳务费，可能与建造西花园有关。胤礽第一次被废太子是康熙四十七年（1708）九月，最后一次被废是康熙五十一年（1712）十一月，恰恰在这两年、这两月康熙下令清查曹寅等人的账目，可能是为了收集胤礽为太子时勒索自俸的罪证。

更值得我们注意的是《红楼梦》第十六回写贾政从皇宫回来，便筹建别墅，准备迎接元妃省亲。修建大观园时，“先令匠人拆宁府会芳园墙垣楼阁，直接入荣府东大院中”，又将荣府旧园的“竹树山石以及亭榭栏杆等物”，“挪就前来”。这与曹寅拆撷芳殿修畅春园西花园异曲同工。修建大观园的山子野，可能影射康熙朝最负盛名的园林建筑世家“山石张”。宋代有两个张先都字子野，这里可能以野隐张姓。“山石张”世家的张涟、张然曾参与北京许多皇家园林和王公园林的修葺建造，曹寅、李煦都可能与他们合作过。

《红楼梦》中写在修建大观园的同时，贾琏派贾蔷带其乳母赵嬷嬷两个儿子赵天梁、赵天栋等下姑苏聘请教习，采买女孩子，置办乐器、行头。并且不用带银子去，因为据赖大说，江南甄家还收着荣国府五万两银子，写一封书信会票带去，“先支三万，下剩二万存着，等置办花烛彩灯并各色帘栊帐幔的使费”。这与胤礽借故派凌普等人去南方向曹寅等人索要银两也极相似，恰巧曹寅被勒索的银两也是五万，也是分期支付。

畅春园是由明代京国第一名园武清侯李伟的清华园改建的，是康熙朝最重要的皇家园林，也是宫廷斗争的重要舞台。康熙帝一生主要在此处理政务，并最终在这里驾崩。曹寅的内兄李煦曾任畅春园总管，而曹寅曾督建西花园，对于发生在这里的政治斗争内幕，他们比别人更有条件了解。

红学索隐派以为《红楼梦》是影射康熙朝历史的政治小说，自传说以为小说中的荣国府影射作者的家庭。曹寅拆撷芳殿建畅春园西花园，与二者都有关系。且在某些细节上，小说与历史事实都有惊人的相似，值得更深入地研究。

畅春园恩佑寺

2000 年 6 月初，北京市文物研究所在北京海淀西上坡西发掘出畅春园及其附属的西花园部分遗址，旋即进行了保护性掩埋。一时间媒体纷纷报道：“畅春园露出旧时模样”“考古发掘填补空白”！这里暂且不说报道用词准确与否，但发掘本身确实引起了不少人对这座曾经辉煌显赫的古典园林的关注。

畅春园的前身，在明代是有“京国第一名园”和“江北第一名园”之称的皇亲武清侯李氏的别墅，明末遭到破坏，清初归肃亲王豪格所有，并重新修葺。康熙初年，豪格的后代将其献于康熙皇帝玄烨，先后经清初建园名家张涟、张然、雷发达、叶陶等规划增修，成了当时皇帝避暑休憩和政治活动的重要场所。畅春园西路的无逸殿曾是皇太子读书观政之所，太子大婚后，康熙帝命曹寅拆故宫东华门内撷芳殿，修建西花园，赐予胤礽。胤礽自无逸殿迁居西花园后，无逸殿成了皇子读书之所。胤礽被废，西花园也为诸皇子所居。康熙帝去世后，圆明园取代了畅春园的地位。乾隆时期，乾隆皇帝弘历奉其生母孝圣皇太后钮祜鲁氏颐养畅春园。乾隆四十二年（1777）钮祜鲁氏去世，此园逐渐被冷落。1860 年 10 月 7 日，畅春园继圆明园之后遭到英法联军的洗劫，从此鞠为茂草。今北京大学西门对过东向并立的恩佑寺、恩慕寺两座残存的寺庙山门，稍北刻有“畅春园东北界”的石桩，以及北大校园内未名湖西土山下的乾隆御制诗碑，为畅春园仅存的遗物。关于畅春园和西花园的沿革、营造及与《红楼梦》作者家世的关系，笔者在《撷芳殿三题》(《紫禁城》1998 年第 2 期)、《张涟在北京的活动及其卒年考略》(《故宫博物院院刊》2000 年第 4 期）等文章中作过些考证，可以参考。

第二次鸦片战争时期遭英法联军焚掠的北京西郊三山五园，除畅春园外，其他园林都有一定程度的恢复或略存轮廓，并被定为全国或北京市重点文物保护单位，至今游人不绝。文人学士更不吝其谈锋，不惜其笔墨。唯独畅春园受到不应有的冷落。西方列强对畅春园的毁灭，几乎达到“隳人之枋”“灭人之史”的程度。现在，对于恩佑寺、恩慕寺两座山门的保护和修缮，才使进出于燕园的师生和过往于颐和园路上的行人，得以多少领略一些历史上曾经有过的辉煌。而此次对畅春园进行的考古发掘，是这座名园被毁后的第一次，亦有彰微阐幽之效。

这次发掘的畅春园遗址，只是一组建筑物的基础部分，还谈不上什么“旧时模样”。真正保留一点旧日风采的，实际上只有恩佑寺与恩慕寺的两座山门。

恩佑寺建于雍正元年（1723），是雍正帝为乃父荐福所建，供奉康熙帝遗像。恩慕寺建于乾隆四十二年（1777），是乾隆帝为其母孝圣宪皇后荐福而建，主要供奉药师佛。由于这两座佛寺都是表现孝道的，所以寺额皆有“敬建”字样，《燕园说故》中介绍北大名胜时误以为“敕建”，系作者粗心或想当然之故。这两座佛寺是畅春园不同阶段的标志：恩佑寺的修建，标志着畅春园全盛时期的结束，其地位即将被圆明园所代替；恩慕寺的修建，则预示着畅春园被逐渐冷落，其地位就连清漪园（后来的颐和园）也不及了。

两寺的命名表现了雍正、乾隆父子二人不同的心理和个性。所谓“恩佑”，是雍正帝希望刚刚过世的老爷子加恩保佑自己（不能保佑老八、老九），表现了雍正帝强烈的权力欲望，也反映出了他刚刚即位时对自己险恶处境的担忧。还有，即使雍正帝并非如其政敌所说是鸩父矫诏篡位，他的皇位由来其实也并不怎么磊落。在康熙帝遗诏宣布之前，他早已暗结党羽，周密布置，《春秋》诛心之论，难逃于天地之间。雍正帝既有愧于乃父，所以即位不久便首创先例，不伦不类，为其父建佛寺荐福，使鬼有所归，而不为厉作祟。后来，他又把帮自己夺权的第一功臣“舅舅隆科多”，囚禁在畅春园外的三间小屋内，有点类似三国时司马氏处置成济。乾隆年间，乾隆皇帝弘历经常出入畅春园，并重葺当年康熙帝的宴寝之所清溪书屋，在此徘徊瞻顾。其作于乾隆三十三年（1768）的《清溪书屋》诗云：“况此轩皇成鼎处，云天仰望益愀然。”思慕之情，溢于言表。相对而言，作为人子的雍正皇帝对乃父则未免薄情，他在位期间几乎无游幸畅春园的记载。有人认为雍正帝建恩佑寺、不敢游幸畅春园，是由于他曾弑父，害怕玄烨的冤魂找他算账。其实，即使雍正帝没有对老爷子下黑手，面对畅春园风物，想起当初那些不光彩的勾当，同样也会“有点烦”。至于恩慕寺，似乎没这么多讲究。“恩慕”二字是承恩佑寺和南苑康熙帝为其祖母孝庄文皇后祝釐所建的永慕寺之名而来，表现了乾隆帝对母后的感恩和思慕，颇具纯孝的味道，没有恩佑寺那样炙手可热的功利色彩。

在所有的畅春园遗迹中，我们最应该注意的就是恩佑寺。这座寺庙之所以重要，首先在于它的位置。这里属于畅春园东路，即康熙皇帝亡故之所——清溪书屋范围。乾隆帝在《清溪书屋》诗序中云：

畅春园中是处为皇祖宴寝之所，我皇考改建恩佑寺以奉御容。乾隆癸亥，奉移于安佑宫。逮今四十余年，有司以修葺告成，敬诣瞻仰并纪是什。

这段话很容易让人产生误会，如认为恩佑寺佛殿是由清溪书屋改建的，或者说恩佑寺就是清溪书屋故址。其实，雍正帝建恩佑寺时，清溪书屋被划入恩佑寺之内，但那只是供奉康熙帝御容之处，而非佛殿。根据《日下旧闻考》卷七六对畅春园的介绍：清溪书屋坐北朝南，恩佑寺正殿在其偏东，坐西朝东。其前两座配殿南北相对。乾隆帝将康熙帝御容奉移圆明园西北四十景之一“鸿慈永祜”之安佑宫（北大校园内的华表原在安佑宫前），也并没有把恩佑寺再改成清溪书屋，而只不过是将清溪书屋从恩佑寺独立出来而已。中国第一历史档案馆编《清代档案史料——圆明园》第316件，内务府总管明善于咸丰十年十月初四日奏查圆明园内外被焚抢情形，将“恩慕寺、恩佑寺、清溪书屋、阅武楼”并举。据《日下旧闻考》卷七八，阅武楼属西花园。

有关九王夺嫡、雍正篡位的传奇、小说与影视作品，叠床架屋、汗牛充栋，甚至历史学家也为此争论不已。人们发挥自己的想象力，设计了无数种可能的情况，却很少有人进行实地考察。恩佑寺乃至有关畅春园的史实被冷落，就是很好的证明。

在演绎九王夺嫡的各类作品中，影响较大的是二月河的《康熙大帝》与《雍正皇帝》。两书均把康熙帝之死视为书眼，极力渲染，却与基本的史实相去甚远。如《雍正皇帝》第四十九回中，说康熙帝晏驾之地是澹宁居北一箭之地，“园中之园，宫中立宫”穷庐。且不说清代宫苑建筑几乎没有以“庐”命名者（可能因为此字音谐“虏”字），单说“穷”字，则自有园林以来就没人将其用作斋室之名。至于写到时近冬至，“穷庐”之前依然“丛丛灌木，阴森森碧幽幽遮天蔽日”，还有“秋虫”；康熙帝将死，众上窥伺，事机之会，稍纵即逝，胤禛竟不在畅春园附近的圆明园起居，反而“拖着沉重的步履回到了雍和宫”……更与史实毫不沾边。书中还对《红楼梦》搞了一点演绎索隐，如把隆科多比为贾府焦大，于是有了康熙帝穷庐顾命，对隆科多提及西征科布多身陷危境，多亏隆科多背着杀出重围，靠一个窝头和隆科多喝马尿省下的半葫芦水，度过三天的传奇。当然，畅春园与康熙帝之死对《红楼梦》并非没有影响，曹雪芹的祖父曹寅监修过畅春园之西花园，曹寅之内兄李煦、李炆先后参与过畅春园的管理，曹雪芹写《红楼梦》中的大观园，自有其生活基础与家学渊源。康熙、雍正之间变幻莫测的政局，直接影响了曹、李两家乃至曹雪芹本人的命运。可以肯定地说，如果继位的不是雍正帝，曹李两家完全可能是另外一种样子，曹雪芹不会过绳床瓦灶的生活，甚至根本不会产生《红楼梦》这部伟大著作。

康熙六十一年（1722）十一月十三日戌时玄烨咽气前后，属于历史上那些“最富于孕育性的时刻”，是无数历史因果和谜团的纽结所在。而清溪书屋——恩佑寺，便因这个时刻而获得了某种特殊的文物价值。古代建筑具有其物理的实在性与数学的精确性，是其他任何历史资料所不能替代的。建议有关部门，在恩佑寺山门附近立一块说明碑，这样不仅可以增加人们的历史知识，同时也有利于这一重要文物古迹的保护和利用。

论红打油（续）：太平闲人（附张新之小传）

（张师吉妙复轩《石头记》百二十回后评语——也是全书总评真迹）

世人爱读三家注，谁识宛平张昨吾。
龙沙台海圆长梦，悬之日月耀寰宇。

附：张新之小传

张师吉，字新之，号昨吾，晚号太平闲人，宛平问亭先生仲子也。幼承庭训，于学无不窥。顾性放旷，不为绳墨所拘，屡试不第。道光中，援例为知县，发江西。摄靖安，地僻频灾，建义仓，民尸祝之；调丰城，当众水之冲，土堤时溃，倡修石坝，民受其庇。卒以工程费巨，被劾去官。晚岁游幕以终。著《草野存心》《妙复轩评石头记》，识者重之。

（三家评本为清末以来最通行版本，文内夹评全出张师吉手，回后总评亦以张师吉最多且深造有得。姚燮、王希廉早为学人关注，整理妙复轩评本的孙桐生也有专门的研究学会了，太平闲人籍贯、家世，由于奸商刘铨福故意隐瞒，费学人无量心力，讫无定论——胡文彬先生关注太平闲人数十年，得出的结论竟然是“北京旗人”。笔者事机偶然，确考其籍贯、身世、轶著。今日世界，卦当重离，万物皆相见。又逢国家重修清史，资料空前公开，《石头记》创作之谜、脂批造假之谜被揭开之日，已经不远了。）

张新之《草野存心》与其《妙复轩评石头记》

清道光初年，宛平诸生张新之与同学董蔗芗（原名兰，字者香，改名用威，改字蔗芗），从学于红学题咏派代表人物沈谦（谱名或“改名”锡庚，字青士，萧山举人，侨寓宛平，所谓“丰台沈青士”），于《红楼梦》亦皆有所会心。张尤青出于蓝，其《妙复轩评石头记》与乃师《红楼梦赋》，堪称卢沟桥畔红学的“连枝芍药”。但一为体大思精、辅经翼史的学者之书，一为感慨深长、清词丽句的才子之笔。张书后来居上，影响深远，为评点派红学最卓越的代表。

道咸之际，张新之佐其结拜兄弟台湾知府裕铎幕，在台南完成《妙复轩评石头记》。其时这位“太平闲人”处鸦片战争之后，洪杨举兵的多事之秋，目击时艰，思有以济之，乃作《草野存心》一书，有正学术、举人才、筹夷防、弛烟禁、讲武备、裁冗员、议盐课、定田制、增官俸、免追欠等题目。多切中时弊，振聋发聩。其论弛烟禁，见解尤其卓绝。

清廷禁烟，主要出于财政考虑。不禁烟，白银流于外夷，国家将“无可以充赏之银”。但从另一角度看，在当时条件下，越严厉禁烟，洋人走私烟土的利润越高，白银外流的速度越大，因禁烟不力被罢黜的官吏越多，政治上被逼上死路的人也越多，需要的治理成本越大，告密之风越风行，风俗越败坏，社会危机越严重。张新之以为，如果鸦片弛禁，“辗转流通之财，仍在内地”，也只是从财政上考虑。同时代欧美列强，对吸食鸦片，却睁一只眼闭一只眼。英国政府贩运到中国的印度鸦片吗啡含量仅为4%～6%，而进口到国内自家享用的土耳其鸦片吗啡含量则高达10%～13%，自国王至庶民，多有吸食。乔治三世因嗜食鸦片，导致精神癫狂。如果中国政府在加强制度戒烟、励志戒烟和药物戒烟的同时，开放罂粟种植，以中国人的聪明才智和工艺水平，开发多种鸦片产品，满足国内少数人需要、增加税收之余，回敬西方列强，蠹彼之财、钝彼之兵，岂不大妙！咸丰九年，清廷开放烟禁，后来同治中兴，与此不无关系。

盐政与台湾关系尤大。海产品在台湾人民饮食结构中占很大分量，台湾气候炎热，渔民捕捞之后，需将鱼腌制保鲜，用盐量巨大，岛民以海水泼石，很快凝卤结晶，成本极低。相对而言，国家食盐专卖，盐税与盐价齐升，严查私盐，对台湾当地人民无异掠夺。当地人民反抗不断，与此关系极大。如果说摊丁入亩、永不加赋是清朝最大的仁政，食盐强卖专卖且为筹军饷不断加价，则是最大的败政。因出售盐引不达标被罢职的官吏比禁烟不力者还多。太平闲人议盐政，主张“天下之利与天下公之”，对治台尤为对症之良药（不知林如海怎么看）。

张新之出身刑名世家，其父年轻时游幕，修金有时一年八百两（后其父中顺天乡试副榜，与吾乡琅邪琴派世家王森文同年，且同在陕西为官，皆精乐理和京房《易》学，相互酬唱论学）；张新之在江西做过两任知县（由监生考选教谕加捐），加养廉银年薪不到一百两，与江西粮道贾政一样入不敷出，自然知道“增俸禄”对廉政建设和维持管理阶层的必要。

清朝至道光朝，人口增长到巅峰，民贫国乏，度支窘迫。中兴理学、道德修养不低，穿破衣服（五两银子一个补丁）的无能皇帝旻宁，竟然如《红楼梦》中的探春，生财有道，造衅启争。颁布“廉政”规定，强令官吏弥补亏欠。很多勇于有为的官吏（当然也往往大把花钱）被当作老虎苍蝇拍死。道光十九年（1839），张新之就因追任内因修建义仓和长江堤坝造成的亏欠被革职拿问，告别了八年的“扰扰缁尘”。有人曾慨叹，整顿吏治之前，国家只有洋人一患；追缴亏欠之后，域内盗贼蜂起，一岁之追欠，不如一月增加之军费。张新之主张“免追官亏”“不至浑贤不肖而一之”，既有亲身感受，也是识大体之言。

一部《红楼梦》，严义利之辨，严君子小人之辨。全书成始成终的甄士隐与贾雨村为君子小人之化身。但君子甄士隐对小人贾雨村是资之、助之、觉之、救之，而不是揭之、暴之、拍之、灭之。一息尚存，允厥自新，这也未尝不是为国家厚民德培元气。后来中兴名臣胡、曾、左、李等存心行事，多有与张新之《草野存心》相合者（也幸亏旻宁死得早，换上了道德极差却不束缚人才手脚的皇帝）。

“礼失而求诸野”，《草野存心》器识宏远，达权识变。相对而言，亲自拿小秤杆与街头商贩锱铢较利的曹文正公（振镛），和他教导出来的谨愿乡老般的旻宁，实无君相之度。他们做平民，也会为有些豪侠气概的泼皮倪二辈所侮笑。为君作相，便成了屠戮人才、窒息九州生气、败坏天下的罪人。对外割地赔款，丧权辱国，对内自废其势，酿成大乱。

对照《草野存心》，我们也许会发现《妙复轩评石头记》中更多的是针对道光朝的议政微言。两书对后世道德偏执狂和求治太锐的政客，也堪称宝鉴。张新之以京房《易》解《红楼梦》，接近今文经学，敢于以经议政甚至干政，董仲舒《贤良策三》引汉武帝语“善言天者必有征于人，善言古者必有验于今”也。而翰林院是北京今文经学（常州学派）的传播中心，张新之家在翰林院西对门，翰林院倡导今文经学官职最高的是张新之的舅老爷、为庄存与《春秋正辞》作序的大学士朱珪。

张新之生母出寄籍宛平的山阴史氏（祖籍余姚），同学董蔗芗祖籍山阴，其世亲大兴朱氏祖籍萧山，其师沈青士为萧山人，皆来自师爷之乡（绍兴府寄籍宛平、大兴参加顺天乡试和会试中式者，有时超过土著）。他半生为幕客，可能也受影响。明朝与太监共天下，清朝与胥吏师爷共天下，《红楼梦》中奸雄贾雨村“受教”于葫芦庙出身的门子，道学贾政在粮道任上为书办傀儡，稍作点逗。张新之应该是此辈中佼佼者，不但世事洞明，人情练达，熟悉钱谷刑名，还有忧国忧民之心。一般师爷之于学问著述，本来是渔郎不问江山秀，张新之竟能“胸罗六籍铸经神”，尤难能而可贵。

茧绸小考

《红楼梦》第四十二回，二进荣国府的刘姥姥告别回家，凤姐赠送礼物，其中有“两个茧绸”。王利器先生所编的《李士桢李煦父子年谱——〈红楼梦〉与清初史料钩玄》，雍正元年条下查抄“办理李煦产务之奴才马二之家产”的清单中，也有茧绸制品：“茧绸短大襟夹袍一件，折银七钱”“旧茧绸短大襟单袍一件，折银五钱”。

茧绸一物，清代小说中往往提及。产生于《红楼梦》之前的《醒世姻缘传》第八十四回，家住北京的童奶奶为即将赴四川成都府经历任的女婿狄希陈打点行李，嘱咐说：“如今兴的是你山东的山茧绸，拣真的买十来匹，留着送堂官合刑厅。”这里的山茧绸，就是茧绸。与《红楼梦》创作几乎同时的《儒林外史》第一回写王冕从山东济南避难还乡，送给秦老两样礼物，其中就有“一匹茧绸”。

毫无疑问，茧绸是《红楼梦》提到的众多消费品中较具时代性和地方性的一种。但“茧绸”一词，在今版《辞海》《辞源》中却都查不到。《红楼梦大辞典》引清初人叶梦珠《阅世编》卷七“山东茧绸，集蚕茧为之”作解释，似觉含混：什么绸子不是集蚕茧为之？

民国四年（1915）版《辞源》收有“茧绸”词条：“茧绸，丝织物，以柞叶饲养的柞蚕丝所成。山东织成的最有名。上品出自昌邑县，宁海（今牟平）及栖霞所织者，质较粗。染为各色，以制衣服。亦输出外国，夏季西服用之。”这个解释也没有说出茧绸得名之由。

清初益都人孙廷铨《南征纪略》中有《山蚕》一条，对我们了解这个概念最有帮助。文中说，山蚕即野蚕，“食槲名槲，食椿名椿，食椒名椒。茧如蚕名，缣如茧名”。也就是说，所谓茧绸，是与桑蚕丝绸（家蚕丝绸）区别的概念，约定俗成，本没有什么科学性。除“茧绸”之称外，还广有异名：土绸、山绸、毛绸、大茧绸、槲绸、樗绸、椒绸、椿绸等等都是，今天一般概称之为柞丝绸。

我们祖先利用野蚕的历史，最早可追溯到《禹贡》时代。所谓“莱夷作牧，厥篚檿丝”，历代经学家多以“丝”即野蚕丝或山茧丝。但在古代，野蚕基本处在自生自育的状态。野蚕成茧，古人视为上瑞，史不绝书。一直到明代中期，还有这样的记载：英宗正统十年“十二月，真定府所属州县，野蚕茧，知府玉以丝来献，制幔褥陈于太庙之神位”（何乔远《名山藏》）。山蚕由天降祥瑞而成为日用平常，由自生自灭而人工育种放养，茧绸成为中上层社会热门的消费品，始于明朝末年。清康熙初交城知县赵吉士《寄园寄所寄》云：“茧绸明初尚未行。至明季崇祯时，臣僚闻上恶其华丽，遂多以茧绸为服，始盛行。”当然，我们还可以把茧绸的流行与明末商品经济的发达和所谓资本主义萌芽等联系起来。

明朝自万历以后，国事糜烂，财力衰竭。崇祯帝力图挽回危局，在拼命加派赋税的同时，也倡导俭约，甚至皇宫中的器皿也以陶器代替金银，以至文秉《烈皇小识》有“樸极则鬼”之讥。崇祯帝的做法，虽然无补国事，却因此使茧绸大兴，这似乎也说明，自上而下，不难转移风俗。至于清代茧绸的长期盛行，当然另有原因。清朝衣冠之制，以夷变夏，以质变文，不尚华艳；而身受左衽之辱的汉族士大夫阶层，相对于明代之标榜声气、亢阳慷慨，明显倾向于低沉敛抑，这在社会文化各个方面都有表现，茧绸的流行也是征验之一。

山蚕的养殖，其实不过是人工育种，布散树上，放养后仍处在野生状态，自然成茧，不必伺候三眠。由于山蚕的生活习性与家蚕不同，所产之丝也别具特点。山茧丝较桑蚕丝粗，含胶量少，韧性、吸水性较强，古人常用以做琴弦、渔网、细罗网、缝纫线。以山茧丝所织之绸，也有许多优点。孙廷铨《茧志》说茧绸有五善：“色不加染，黯而有章，一也；浣濯虽敝，不易色，二也；日御之，上者十岁而不败，三也；与韦布处，不已华，与纨縠处，不已野，四也；出门不二服，吉凶可从焉，五也。”叶梦珠《阅世编》卷七说出于山东椒树之品，“色苍黑而气带椒香，污秽著之，越岁自落，不必浣濯而洁”。王培荀《乡园忆旧录》卷八形容茧绸之质感：“振之丁丁然，握之如撚沙。”王元綎《野蚕录》卷二引传闻说榆蚕之茧，“得之制为衣，可御炮火”，这与某些美国科学家用蜘蛛网研制避弹衣一样，可能有些蹊跷。不管怎样，茧绸能长期流行、至今不衰，实非偶然。

昌邑成为茧绸最重要的产地和集散地，首先由于它处在山蚕养殖的策源地和山茧的主要产地山东，并邻近山茧的另一重要产地辽东。此外，与曹寅的内兄李煦也不无关系。李煦出自昌邑姜氏，康熙时他任苏州织造期间，亲族来往频繁，江南一带先进的丝织技术因此传到昌邑，使这个海滨斥卤、桑柘难生的地方成了世界闻名的丝绸之乡。中国红学会会长冯其庸先生曾于20世纪90年代初到昌邑考察，在事后写成的《关于李煦》（《红楼梦学刊》1996年第4期）一文中，也指出李煦与昌邑丝绸业的关系，只是他没有特别说明昌邑与茧绸的关系。

一般红学家认为，《红楼梦》开笔于乾隆九年（1744）前后，而此时正是山东茧绸大行天下、山茧养殖技术广泛传播之时。当时各省看到山东养山蚕得利，纷纷效法，但苦于不得要领，在他们的请求下，清高宗弘历于乾隆八年（1743）十一月初八令山东巡抚喀尔吉善纂修山东养蚕成法，刊送各省（《清高宗实录》卷二〇四）。这样，曹雪芹把茧绸写入《红楼梦》，更不足为奇了。

洛（罗）兴华事件考略

故宫博物院明清档案部编《关于江宁织造曹家档案史料》第一五五件，雍正三年（1725）九月初七日，内务府总管胤禄等面奏胡凤翚、曹頫呈报查问洛兴华被山东巡抚拘捕缘由折，是一件有重要价值的史料。

奏折中的内容，大致是说：雍正三年初，山东巡抚陈世倌因本省昌邑县知县详禀，说有个姓洛的隐藏了三个旗人妇女，陈世倌即委派官员，行文至江南省扬州府江都县，将这里一个名叫洛兴华的老人解至山东。洛兴华于雍正三年五月一日被逮，六月初四日，自扬州起身，二十一日到山东。官员审理后，发现是一个误会。原来隐藏三个旗人妇女的是一个姓洛的瞎子，已在北京被逮。且就在陈世倌行文江南后不久，“圣上已先降旨，命内务府衙门明白咨行，将在京师之洛瞎子，连同他的妻孥，送往山东巡抚，转交昌邑县看守”。陈氏又于六月初二日复行文江南，通知停止解送，但已来不及了。陈世倌与洛兴华相见，略作解释，给他十六两盘费银，遣送回乡。七月二十一日到扬州。

雍正帝对此事非常重视，七月初四日，洛兴华还在由山东返回扬州的途中，胡凤翚、曹頫就已经“接奉钧府清字咨文内开：住在扬州之洛兴华，汝等都认识，著将以下缘由向他晓谕，此皆主上明鉴，特施鸿恩与他，不要害怕，将陈世琯捕拿他时，受了什么痛苦，或者何人与他不合之处，汝等详细询问，将其缘由明白提出，回报本府，本堂等候奏闻”。由此亦可见雍正帝耳目之广与号令传达之速。

毫无疑问，山东巡抚陈世倌处理这件事情产生了失误，雍正帝对他也深致不满。《世宗宪皇帝朱批谕旨》卷二四《朱批陈世倌奏折》，于陈世倌在雍正三年六月初三日写的一封举荐人才的奏折上批云：“前者罗瞎子之事，真成大笑话矣，将无天夺汝魄乎?”陈氏不久即被革职。

雍正所说的“罗瞎子”，即洛瞎子，“罗”为本字。《关于江宁织造曹家档案史料》中的胤禄等人的奏折，是由内务府满文奏销档翻译，误罗为“洛”，复误陈世倌之“倌”为“琯”。由满文译汉文，对音定字，这种情况，经常发生。

周汝昌《红楼梦新证·史事稽年》对洛兴华事件一带而过，说：“此系一老年人无辜误被拘捕，问明缘由奏复，由内务府总管庄亲王胤禄面奏。事与曹頫无干。”其实此事不仅与曹頫有干，与李煦关系更大。甚至在《红楼梦》中，也能发现一些影迹。可惜的是，王利器先生编《李士桢李煦父子年谱》，对此事也没予注意。

一

洛兴华在供词中有这样的话：“陈巡抚说，由昌邑县详报拿我，看来或是昌邑县人把我陷害的么？我非常恨！但是不知陷害我的人，若将此问昌邑县知县和陈巡抚时，才可得知陷害我的人。如果查出仇人，我虽死亦甘心。现在主上如此大恩，我还怕谁。”以雍正帝之雄猜狐疑，洛兴华知道的已经太多，足以让他死无葬身之地，他还想弄个水落石出，“真成大笑话矣”。但今天，可以把真相揭穿了。洛兴华被误逮一案，实与雍正帝抄没曹雪芹祖母家一事有关。

昌邑是曹雪芹祖母李氏的故里。据康熙年间李氏之兄李煦参修并于苏州刊印的《昌邑姜氏族谱》，李煦之父李士桢本昌邑明末秀才姜演次子。原有兄弟五人，依次是士棨、士桢、士橓、士楷、士模。明崇祯十五年（1642）十二月十六日，入关掳掠的清军攻破昌邑，合邑缙绅全部殉难，姜氏一家尤惨，除姜士模一人外，其他丁壮或死或走。乾隆七年《昌邑县志》卷六《人物·忠烈》记殉难富绅士子有职名者六十九人，其中姜姓七人。七人中，即有李士桢之父姜演、兄姜士棨。其三弟姜士橓、四弟姜士楷皆下落不明。李士桢被掠，继正白旗李姓为子，因改姓。崇祯十七年（1644）随清兵入关，即与老家联系，亲族来往非常频繁。李士桢之妻王氏、李煦之妻韩氏，皆昌邑人。李士桢之长女也嫁到了昌邑。乾隆《昌邑县志》卷六《人物·列女》记载姜氏，“巡抚赐姓李名士桢女，金台生员李锦章子枝仙妻也”。红学界知道曹寅这个连襟的人，可能也不多。

李煦任苏州织造时，为老家所办实事最多，单只《昌邑姜氏族谱》，就参修并刻印两次，一次是康熙三十六年（1697），一次是康熙六十年（1721）。康熙六十年李煦在苏州第二次刊印的族谱，最为风光体面。李煦与他时任徐州知府的堂弟姜焯邀请大量名人为族谱作序，其中就有陈世倌的本家、时任工部尚书的陈元龙。陈元龙落款时自称“年家弟”，这也有来由。海宁陈氏出自渤海高氏，而高姓出自姜姓。陈元龙与高士奇通谱，为叔侄关系①。铁岭高其佩与陈奕禧互认本支兄弟②，也与此有关。古人联宗通谱，法门广大，实非现代人所能思议，也没有必要去考证勾稽。

就在二刻《昌邑姜氏族谱》工竣不久，李煦大难临头。康熙六十一年（1722），玄烨去世，胤禛继位，不久即罢其官，籍其家，逮捕其子女、家人。《关于江宁织造曹家档案史料》附录《有关苏州织造李煦被抄家及审拟史料》的雍正二年十月十六日奏折，有这样一段话：“李煦家属及其家仆钱仲璿等男女并童男幼女共二百余名口，在苏州变卖，迄今将及一年，南省人民均知为旗人，无人敢买。”这就是洛兴华事件发生的远近背景。

二

李煦任苏州织造三十年，颇能乐善好施。当时诗坛领袖赵执信有诗云：“三十年中万宾客，那无一个解思君。”③ 其实到李煦署中做客的文人学士，包括赵执信在内，都是《红楼梦》中贾雨村、詹光、单聘仁一类人物，平时阿谈奉承打抽丰，一到危难关头，不落井下石，已属难得，至于援手相救，可能做梦也不会想到。谁知当李煦大难临头时，竟有一个年老瞎子，能为程婴、杵臼之行，救其家属脱离苦海。

《有关苏州织造李煦被抄家及审拟史料》中的雍正元年六月十四日奏折中上报清查李煦在苏州家属，有“随从李煦之家属十四名口”“李煦家属十五名口”等语，可雍正二年十月十六日的奏折，说解送北京后，竟成了“李煦之妇孺十

---

① 《清史列传》卷一〇《高士奇传》。

② 刘廷玑：《在园杂志》卷一。

③ 赵执信：《饴山诗集》卷一七。

口”。这中间的差额，其实就有罗瞎子援救出的“三个旗人妇女”。

雍正时，体现残酷民族压迫的“逃人法”，余威仍在；旗汉之间，区别尚严。所以李煦家人在苏州变卖，人们一听说是旗人，皆敬而远之。时过一年，仍没脱手。只好解运到北京，一部分让“功臣”年羹尧拣取，一部分交崇文门人市变卖。只是年羹尧也好景不长，被他拣去的李氏家人，还得被变卖。

罗瞎子与洛兴华，可能是同乡本家，如若不然，就不会被抓错。扬州为歌舞繁华之乡，看洛（罗）兴华，虽年已八十二，但仍口舌利落，很像个说书的，也许还是柳敬亭的弟子呢，否则他很少有机会与曹頫、胡凤翚二人都认识。至于罗瞎子从事说书业，更容易理解。可能他经常出入李家，受过李煦的一些周济，当李煦一家面临灭顶之灾时，知恩图报，见义勇为，甘当“窝主”。至于他把救出的李煦家属送往山东昌邑，其中原因不言而喻。

李士桢父子在昌邑姜氏家族一直享有很高的声望。清代《昌邑姜氏族谱》一共六次刻印：康熙三十六年、康熙六十年、乾隆三十三年、嘉庆二十二年、同治九年、宣统元年，各谱均把李氏父子所作《宗训》和《序》置于卷首，后世姜氏族人一般称李士桢为“中丞公”，称李煦为“煦祖”。今天仍保存完好的昌邑姜氏祠堂（《红楼梦学刊》1991 年第 3 期有冯其庸先生所摄照片），十年以前还悬挂着《煦祖行乐图》[①]。当年昌邑姜氏受李煦提挈不少，危难之际，更应念骨肉之情，一为援手。对李煦的下场，姜氏家人也非常痛心。乾隆五年，李煦的堂弟姜焯作了一篇《群生自造化说》[②] 大书深刻，高悬于姜氏祠堂，垂示子孙。全文以“善恶之报，如影随形”为纲，劝子孙“素位而行，居易俟命”，不要“妄自行险侥幸”，文中就事说法：“即目前亲睹报应之远在儿孙，近在身者，指不胜屈”，说的是谁，也不言而喻。“素位而行，居易俟命”，李煦不足语此，其子李鼎更不足语此。而当李家大难临头时，得罗瞎子之助，也从另一方面说明了善恶报应之理。

① 张在湘、蔡万江篇：《潍坊文化通鉴》，山东友谊书社，1992 年，第 908 页。

② 同治九年刻本《昌邑姜氏族谱》卷首。

三

司马迁作《史记》，重游侠，与自己的身世有关。他因为李陵说公道话而陷囹圄，当时朝廷上下竟无人为其主持公道，以至身受腐刑，满腔苦郁怨恨，无处发泄，乃借游侠以愧士大夫，以存三代直道。曹雪芹表彰倪二、刘姥姥等人，或亦有此意。《红楼梦》第五十四回写贾府除夕观剧，其中有明代徐元《八义记》之《观灯》一折。《八义记》是有关春秋时程婴、杵臼等人救赵氏孤儿的故事。曹寅、李煦鼎盛时，门客之众，不让赵盾，何其中义士之少！曹雪芹虽知“势败休云贵，家亡莫论亲”之理，亦不能不为之痛心。这时竟有个年老体迈的瞎子，知恩图报，古道侠肠，曹雪芹对此肯定会永志不忘。

《红楼梦》中刘姥姥的形象，或许就有罗（洛）瞎子的影子。前文说罗瞎子很有可能是个说书的，刘姥姥似乎也善此道。观第三十九回《村姥姥是信口开合，情哥哥偏寻根究底》，其造诣不让专业水平。古代说书者，多以历史故事为蓝本，亦可与第六回说刘姥姥“久经世代”相发明。这类人物，对富贵之家，不失为一种有益的调剂。

刘姥姥救巧姐脱骖大难，与罗瞎子救李煦家眷，其事尤为相近。小说第一百一十九回，当巧姐眼看就要被贾环、贾芸、王仁、邢德全这些个狠舅奸兄，卖与外藩王府，众人不知所措之时，刘姥姥出现，对正在伤心大哭的干女儿巧姐说：“你这样一个伶俐姑娘，没听见过鼓儿词么，这上头的方法多着呢。这有什么难的。”“一个人也不叫他们知道，扔崩一走，就完了事了。”刘姥姥所说的“鼓儿词”敢情就是《八义记》一类的故事。不过方法虽多，危险也大。刘姥姥身当此任，不愧大智大勇。这个老寡妇，不仅令荣宁二府的爷儿们黯然失色，也令詹光、单聘仁那些个门客无地自容。“礼失而求诸野”，鼓儿词中有春秋大义，市井乡曲中，岂少侠烈之人？不可以“女篾片”轻觑了刘姥姥。

罗瞎子救出的李煦家眷是“三个旗人妇女”，刘老老救巧姐脱险，是与平儿同乘一车，也恰是三个妇女。我们不必说《红楼梦》中所写之事全为写实，但这类情节，曹雪芹自有生活基础。

四

现代法律有回避制度，它规定审判人员、检察人员、侦察人员及其他有利害关系人员，不得参加与本人有利害关系或其他关系的案件的审判、检察或侦察。这不仅是为了维护法律的公平，对维系风俗也有重要作用。雍正帝处理案子，却反其道而行之。他往往有意安排与当事人有重要关系的人参与案件的处理。其中，让胤禩同党相互议罪定罪，就是他的代表作。这确实也是一种非常有效的政治策略，往往能置政敌（或潜在的政敌）于进退两难、动辄得咎的被动境地，任他宰割。

不管胤禛有意无意，他处理洛兴华一案，仍是老一套。先后参与审理此案的多与李煦有重要关系。曹頫自不必说；陈世倌与李煦同出姜姓，海宁陈氏与昌邑姜氏世谊颇敦；至于雍正之弟内务府总管胤禄，其母密妃王氏为李士桢妻王氏的侄女。陈世倌办理罗瞎子一案或许有意草率敷衍。雍正打击政敌，残酷无情，杀人不眨眼，李煦不过一包衣下贱之人，多有得罪，竟能全尸以终，也许与胤禄的周旋不无关系。政治斗争，风云莫测，恩怨难凭。《红楼梦》第一百一十六回贾宝玉重游太虚幻境，见到一副对联："过去未来，莫谓智贤能打破；前因后果，须知亲近不相逢。"这对于曹雪芹，或许也有感而发。

李煦于雍正七年（1729）二月去世，而其堂弟姜焯的《群生自造化说》却作于乾隆五年（1740）孟夏，这中间可能又有变故发生。据《清高宗实录》记载，乾隆四年（1739）十月有治庄亲王胤禄与废太子之子弘晳等逆谋一案，周汝昌《红楼梦新证·史事稽年》以为"此案甚关重要，且极可能与曹雪芹家再度惨败之由有涉"。此案中，与李煦有葭莩之亲的庄亲王胤禄是盟主，李煦之子李鼎、李鼐等也"极可能"不知深浅，参与其中，以致最终一败涂地，令其叔父姜焯痛心疾首。

最后需要说明的是，李士桢嫁给昌邑金台李枝仙的女儿，并不是罗瞎子救出来的。据乾隆《昌邑县志》卷六："枝仙病卒，遗子沛仁甫二岁，姜时年二十，食饮不入口者四日。翁姑大恸曰：'汝死，老幼将谁依?'姜乃勉进勺水，以节自矢。姑常思儿涕泣，姜反制泪劝之，事亲终年。课子书，每加笞挞，不以茕独姑息也。卒年八十二。”她嫁到昌邑李家，是康熙朝前期无疑。曹寅的这个姨姐，不像巧姐，倒有点类似李纨。

《红楼梦》与山东林四娘四题

《红楼梦》中的青州林四娘

《红楼梦》第七十八回“老学士闲征姽婳词”所述青州恒（衡）王府宫人林四娘“忠义”殉难的故事，是小说中唯一一段有明确历史背景的文字，因此历来受红学界重视。这个故事在清代流传颇广，如林云铭《挹奎楼文集》、王士禛《池北偶谈》、王士禄《燃脂集》、蒲松龄《聊斋志异》、杜乡渔隐《野叟闲谈》、陈维崧《妇人集》、陈奕禧《虞州集》、李岳瑞《春冰室野乘》、杨恩寿《姽婳封》、龙门经天氏《姽婳将军》、李澄中《艮斋笔记》、安致远《青社遗闻》、邱琮玉《衡藩宫词》、陈恒庆《谏书稀庵笔记》等著作，均有记载。其中李澄中为诸城人，安致远为寿光人，邱琮玉为益都（今山东青州）人，陈恒庆为潍县人，故里皆在今潍坊境内；王士禛、王士禄兄弟是新城人，但都自称是青州诸城人；曹雪芹的祖母出自昌邑姜氏。这应了古人的一句话：地近则易核。

记载之家既多，自然传闻异辞。如一般记载中林四娘是个风华正茂的女子，而《艮斋笔记》却说她“手若枯树皮，或木魅所化”；《青社遗闻》说她四十多岁，快到更年期了；除《红楼梦》《姽婳封》《姽婳将军》外，林四娘故事中的男主角都是顺康之际青州海防道陈宝钥；除《野叟闲谈》《虞州集》故事发生在济南外，其他都发生在青州；除林云铭外，其他人记载林四娘故事都与明代衡王府有关。

诸家记载中录林四娘自作诗歌，有作一首十二句者（王士禛、蒲松龄），有作三首者（李澄中），而陈维崧作一首四句，且与王士禛作于康熙十一年（1672）的《故宫曲》二首之一近似。王士禛原诗为：“湿萤几点粘修竹，昏黄月映苍烟绿。金床玉几不归来，空唱人间可哀曲。”（《渔洋山人诗集》卷四）林四娘诗为：“玉阶小立羞蛾蹙，黄昏月映苍烟绿。金床玉几不归来，空唱人间可哀曲。”

青州衡王，人们称之为“衡藩”或“青藩”；南明最后一个帝王——永历帝原为桂王，封于南岳之下的衡州，明清人有时亦称之为“衡藩”。明嘉靖《青州府志》载冯裕挽第一代衡王朱祐楎文有“锡祚南岳”之语。《红楼梦》中之“恒”（日升月恒隐“明”字）王，或兼指永历帝。第二十七回写四月二十六日未时“芒种节”，而据邓凯、黄宗羲等记载，吴三桂弑永历，在康熙元年（1662）的四月二十五日深夜，若交子时，已是二十六日。“明”古读“芒”，“朱”去首画便为“未”。则四月二十六日为朱明亡国纪念日。林黛玉于是日作《葬花吟》，感深伤极，令人想起郑成功、李定国。

诸城李澄中笔下的林四娘

清代作家笔下的青州林四娘故事，除《红楼梦》第七十八回“老学士闲征姽婳词”有些激昂慷慨，其他大都着力渲染浓郁的亡国哀思，尤以诸城李澄中《艮斋笔记》卷六所述最为悲凉，而且魔幻离奇，较之《聊斋志异》有过之无不及。下面是李澄中所述林四娘故事全文：

> 青州观察陈公大莱，名宝钥，闽人也。下车数月，即奉檄开故衡王宫。当是时，别殿长廊已毁，惟寝殿一院尚扃耳。公率众往启之，见群蛇蜿蜒满院中，无可下足处。闭之三日，及再至，悄然无所有。架上故纱衣迎风作灰飞去。碗中雀卵大如豆，盖宛然《连昌宫词》中故事也。壁间题绝句三首，墨淋漓未干。其一云：“静锁深宫十八年，谁将故国问青天？闲看殿宇封乔木，泣望君王化杜鹃。”二云：“海国波涛斜夕照，汉家箫鼓靖烽烟。红颜力弱难为厉，蕙质心悲只学禅。”三云：“日诵准提千百句，闲看贝叶两三篇。高唱梨园歌代哭，请君独听亦潸然。”是夕公独坐阁内，闻有泣诉声，以为冤魂也。命之见，曰：“无衣，不敢出。”与之衣，仍不见。曰：“须自大门焚楮迎入。”如其请，竟亦无所见。后颇厌之，威之以火炮，了无所惧。又现形横屋上，其长竟屋，微茫莫可名。一日，忽有女子至其弟某所，自称林四娘，侍者曰东姑。四娘朱帔翠翘，东姑青衣而已。观察闻之，置不问。会元日，观察晨起。朝贺毕，胥吏在署中未散，有少妇盛饰自内出，众惊避，

以为观察眷属也。惟一小吏识之，随至马神庙，取所供白水，三噀之。回至堂后，乃坐。小吏捧茶以进，徐言曰："俗语谓公门中可修行。汝等善事官人，作好事，勿为恶，鬼神殛汝矣。"小吏唯唯，窃视其手，若枯树皮，或木魅所化耳。居半年，去之蜀中。后观察以内艰归，其弟寻亦卒。

如果说《红楼梦》中的青州林四娘是一个殉国忠烈，那么李澄中《艮斋笔记》中所述林四娘，就是一个亡国冤魂。她从青州莫名其妙地"去之蜀中"，令人联想起亡国的杜宇，也令人联想起《红楼梦》中的紫鹃。

据李澄中《艮斋文集·三生记》："辛丑，以制义诗赋见知于观察陈先生大莱；癸卯，复以诗赋见知于周栎园先生。"辛丑是顺治十八年（1661），癸卯是康熙二年（1663）。林四娘的故事，即发生在癸卯前后。辛丑、癸卯之间的壬寅之岁（1662），吴三桂奉清廷命，弑南明永历帝于云南昆明，明祚永绝。是年郑成功、李定国以忧愤卒，清廷派郑成功原部将陈大莱招抚郑成功余部。

陈大莱（宝钥）为林四娘故事中另一核心人物，在所有林四娘故事的讲述者中，只有李澄中和林云铭与他有交往的记载。

周栎园即清初文坛领袖人物周亮工，康熙初任青州海防道时，延揽文士，扶轮大雅，李澄中最受知遇。康熙五年（1666），周亮工由青州海防道改任江安粮道，驻节南京，与任江宁织造的的曹玺成莫逆之交，曾指点曹雪芹祖父曹寅读书。巧的是，江宁织造署衙门所在，本永乐之子汉王朱高煦后人府邸，俗称"汉府"（今天这里仍有"汉府街"），而朱高煦，永乐十三年（1415）五月，朱棣曾封他于青州，府邸已建，但朱高煦觊觎东宫，迁延不就，永乐十五年徙封乐安州。青州的"汉府"在明代就废弃，而南京的"汉府"在清代却成了曹家三代处理政务和生活的地方。

林四娘的故事与明崇祯甲申青州之变

红学界研究《红楼梦》第七十八回"老学士闲征姽婳词"所述青州恒（衡）王及其宫人林四娘殉国故事，一般都提及发生于明崇祯甲申之冬的青州事变。

崇祯甲申九月二十九日辰时，赵应元、杨王休率领一支队伍，由青州东门入城，杀清招降山东、河南侍郎王鳌永，盘踞月余，招兵买马，欲扶衡王朱由棷登基，远近响应，震动清廷。虽然最终失败，但这是易代之际青州乃至山东影响最大的一次反清行动。

关于这次事变，清代以来的史志著作大都称是李自成部下所为。《清世祖实录》顺治元年十月壬戌："梅勒章京和托等自军中奏报：臣等率师至山东，流贼旗鼓赵应元等诈降入青州，杀招抚侍郎王鳌永，据其城。臣等即率师往援，擒斩应元等，恢复青州。"《清史稿·世祖本纪》所载略同："流贼余党赵应元伪降，入青州，杀招抚侍郎王鳌永，和托等讨斩之。"今人编写的《青州市志·大事记》于 1644 年条下亦书："冬，李自成部将赵应元等诈降入城，'封府库，禁杀戮'，占青州城。清梅勒章京和托等率军往援。李士元刺杀赵应元，纳清兵入城。"

当然，也有例外。清雍正年间所修《山东通志·人物志》部分的《王鳌永传》，说他"为乡民赵应元所杀"。"乡民"之称，虽不算准确，但较之"流贼余党""李自成部将"，似更妥当些，至少没给予政治上的定性。

明末清初，很多人在明朝、清朝、李自成之间游移不定、朝秦暮楚。我们只能说某个人在参与某个历史事件时属什么集团，而很难给予总的定论。赵应元、杨王休，在参加农民起义军前，是明朝的子民、官吏，在进入青州时，他们已背叛了李自成，成为忠于明朝的军队。如果不是这样，我们就无法解释他们为什么对青州衡王那么客气，"要立衡王登基""欲挟衡藩南渡"。因为藩王是明末农民起义军重点打击的对象。起义军所过之处，他人可赦，惟宗室无得免者，而且对他们采取虐杀，南明福王被杂鹿肉煮食便是最好的例子。赵应元、杨王休在青州盘踞月余，衡王府竟安然无恙。如果不是他们心向明室，绝不会有这样的结局。

让我们再看一下赵应元和杨王休的来历。

赵应元，原为明末河南副将、后来参加农民起义军的贺一龙（革里眼）之心腹。由于贺一龙不服李自成辖制，于崇祯十六年（1643）三月与罗汝才同时被李自成设计杀害。事后，李自成派左金王贺锦、争世王刘希尧招抚了赵应元，并任命他为威武将军帅标旗鼓。李自成攻占北京，派他带五百人到山东，走到长山（今周村），被原明三边总督、兵部右侍郎李化熙招抚。

相对于赵应元，杨王休的身世更容易了解。他是天津盐山人，崇祯三年（1630）举人，与“状元宰相”魏藻德同榜。崇祯末，任山西潼关兵备道。李自成下潼关，杨王休降，被任命为兵政府侍郎。袁良义《明末农民战争》第八章：“李自成的部将旗鼓赵应元、政府侍郎杨王休在三月被派往青州，后入长山县，领五百骑驻在周村，与高密起义军首领张舆相联系，坚持抗清斗争。”说赵应元与杨王休同时被派往青州，不知作者何据。且赵应元、杨王休是先驻军长山，数月后才进占青州；在占领青州后，才与张舆等联系。杨王休到长山，也受明兵部右侍郎李化熙的招降，这毫无疑问。《明末农民战争》的作者有意避讳这一点，实无必要。

赵应元和杨王休投奔李化熙是在崇祯十七年（1644）五六月间，而据《国史列传·贰臣传》，李化熙“归诚”清朝是在本年八月，则当他招降赵应元、杨王休时，必以明朝名义。而赵应元、杨王休既接受招降，就已属于忠于明朝的军队。甚至在李化熙经不住同乡前辈、清招抚侍郎王鳌永的劝诱，投降清朝后，赵应元、杨王休仍忠于明朝，坚持抗清。他们占领青州之时，清朝尚有西顾之忧，南明四镇罗列江北，山东义军云集。此时南明若有一旅之师东进，犄角呼应，则山东难为清有。既有山东作屏障，南明尚能苟延残喘。可惜弘光小朝廷燕雀处堂，忙于内争；史可法庸碌无能，调动无法，却都对清朝存有幻想，急于议和，一再错过大好时机，永劫不复。正所谓“汉家制度诚勘叹，樗栎应惭万古羞”。

山东失守，南明以“靡饷二十万，逗留怨望”（《弘光实录钞》卷三）等罪，严惩了山东总兵邱磊，但已无济于事。贾宝玉《姽婳词》“天子惊慌愁失守，此时文武皆垂首。何事文武立朝纲，不及闺中林四娘”，于明末君昏臣庸，深致沉痛。古人以诗咏史，不在比附事迹，而重在褒贬是非，此其一例。

考察崇祯甲申冬青州事变真相，李化熙是最关键的人物。发动青州事变的两人，都曾由他招降。此外，李化熙还与林四娘的故事有重要关系，他就是王士禛《池北偶谈·林四娘》中那个藏有林四娘诗“写本一卷”的长山李五弦（五弦是李化熙之字）。

《红楼梦》的作者了解青州事变真相是完全可能的。李化熙之子李斯佺（字松客）康熙时任两淮盐运使，与曹寅、李煦长期同事，情好甚密。曹寅《楝亭诗别集》卷四《题高使君指头生活为松客运使四首》，即为李斯佺作。李斯佺也喜欢网罗掌故，王士禛《居易录》卷五所记王进保定汉中的故事，即听李斯佺所说，这与自号遗民外史的曹寅有同好。朱彝尊《曝书亭集》卷二三有《五月晦曹通政寅招同李大理煦李都运斯佺纳凉天池水榭即席送李大理还苏州》一诗。这些人在宴游之际，谈古论今，或许会提及青州事变与林四娘这类疑案、谜案。贾政对幕友们称林四娘的故事为“千古佳话”，此事在康熙时是文化圈内的热门话题。李斯佺家供养发动青州事变的赵应元、杨王休等，据王士禛《池北偶谈》，他家还藏有林四娘诗写本，必为喜欢搜罗明末清初文献的曹寅所垂询——当然，所谓林四娘，所谓林四娘诗，可能都是子虚乌有，不过寓言而已。

姜四姐与林四娘

红学界一般都知道，曹雪芹祖母李氏之父李士桢本明末昌邑秀才姜演之子，崇祯壬午（1642）清兵入关破昌邑，将士桢及其妻子王氏掠走，士桢后为正白旗李西泉继子，改姓李氏。尽管很多红学家将李士桢家事附会《红楼梦》情节，有些过头，但《红楼梦》第七十八回所述青州林四娘（这是个民间文学学者所谓的“箭剁式”人物）故事，仍令人联想起壬午之难中姜家烈女姜四姐。

雍正《山东通志》卷二九《列女志》：“姜氏女，生员姜腾蛟女，名四姐，崇祯壬午，闻兵至，自缢。”

关于姜四姐的事迹，康熙和乾隆《昌邑县志》都有记载，较《山东通志》为详，《昌邑姜氏族谱》有顺治末任河南兵备道的扬州人盛治写的《姜烈女传》，最为详尽：

> 烈女，昌邑姜环璧茂才闺秀也。环璧生子四女一，最珍视女，妻傅氏尤爱怜之，十岁教以女红织纴组纠之类，暇则使诵《女训》《列女传》《女四书》诸籍。烈女以是洞明大义，死生祸福早不足以动其中也。先世有本宗女适庠士黄卷，卷卒，女年少，欲以身殉。既念姑舅老子稚，矢志守节，以守志名子，训遗经，卒成名食廪饩，越三十年而死。环璧每艳称之，烈女曰：“为女子者顾视命耳，命不辰而为节为烈，此自分内事，天下有见分内事而

曰是大异事乎?”环壁闻之称善……明崇祯十五年冬，大兵围昌城，时环壁家城南甘泉社地，乡人尽惊骇遁，环壁亦将行，顾念女幼不能致远，意踌躇。女从容进曰：“行无虑，女有术能远也。”匆匆间犹以《列女传》数条，请环壁强语之。有顷，举家行，呼女不应，入室视之，已自经于梁间矣，时年仅十六。烈女既自经，环壁以兵近行迫，止覆藁焉。明年春由海上反，庐舍已尽焚掠，于败垣下得尸，面如生时不少变，葬之。厥后仍多著灵异，环壁虞涉诞弗言也。同时有史氏二烈女五姐、盈姐，因城陷难死。乡人闻姜死，以昌邑三烈女并称之。姜烈女行四，人又称为姜四姐云。

论曰：世人尽云能读书耳，一旦遭祸患，改节易行者多矣。否则侥幸于万有一免之途，终至不能免，此得谓之读书乎哉?姜烈女以一闺中少艾，手《列女传》，跬步弗越，当祸患之至，令其同遁远方，或亦苟免于难；而从容早计，视死如归，盖不惟能善全其身，抑亦能善全其亲矣。吁!读书如姜烈女，直可愧彼服古一生而辱身末路者!

历来研究《红楼梦》者，大都将恒王（衡王）和林四娘遇难与崇祯壬午清兵入关屠掠山东联系起来。昌邑是《红楼梦》中荣、宁二府祖先胶东侯贾复所封六县之一的下密所在地，衡王“赐履因齐国”，亦姜氏祖先故国。因昌邑有芙蓉池，所以昌邑又称“芙蓉城”，法若真《黄山诗留》卷八《答李毅可方伯》有“自是芙蓉旧世家”之语。《红楼梦》第七十八回与《姽婳词》虚实对应的文字是《芙蓉诔》，《芙蓉诔》中有“列羽葆而为前导兮，卫危虚于旁耶”之句。康熙《昌邑县志》卷一《天文志·星野》：“按昌邑分野在危之次……《春秋》《史记》以及前后《汉书》皆云虚危属青州，昌邑，固青属也。”林四娘行四，晴雯死时宜年十六，亦与姜四姐巧合。更巧的是，盛治《姜烈女传》文末一番议论，与《姽婳词》“何事文武立朝纲，不及闺中林四娘”，皆以弱女子愧士大夫。我们不必说《红楼梦》中林四娘、晴雯以姜四姐为原型，但作者可能受此类故事启发。姜四姐为昌邑姜氏伦常表率，《昌邑姜氏族谱》中盛治的《姜烈女传》可能应李士桢或李煦所请而撰，此谱首刻由李煦独立承担。考虑到曹、李二家的特殊关系，曹雪芹熟悉这个故事是完全可能的。

青州偶园与大观园

引　言

青州偶园的前身，是《红楼梦》第七十八回贾宝玉《姽婳词》中所咏青州恒王（即明代衡王）府的东花园，这已没有疑问。衡王府遗物如桂树、迎春、太湖石等至今仍面对游人，作沧桑见证。不过，至于说偶园假山的筑造者与《红楼梦》中大观园筹建者的原型相同，则要作一番交代。

《红楼梦》第十六回，说大观园“全亏一个老明公（有版本作‘胡老明公’）号山子野者，一一筹画起造”，还说“凡堆山凿池，起楼竖阁，种竹栽花，一应点景等事，又有山子野制度”。

一个建造花园的匠人而称之曰“老”、曰“公”已属奇闻；“山子野”这个号也很古怪。但令人遗撼的是，纵然《红楼梦》的索隐者、评论者牵强附会，无孔不入，竟没有人对此老的来历加以注意。较有权威的脂批乙卯本，也只有“妙号”“随事生名”两句话。

其实，无论从《红楼梦》所描写的时代、大观园的建筑特色，还是从“（胡）老明公”“山子野”中所隐的姓名来看，如果从历史上寻找其原型，他只能出自中国园林建筑史上最有创造性，同时又在明清两代久享盛誉的“山石张”家族。具体说他就是张然。张然字陶庵，他曾与父亲张涟一起参与过偶园主人冯溥在北京的别墅万柳堂的筑造以及青州偶园的改建。

“山石张”世家

“山石张”第一代杰出的宗匠是生活在明末清初的张涟。根据黄宗羲《张南垣传》、吴梅村《张南垣传》、戴名世《张翁家传》、《清史稿·艺术传·张涟传》

以及近人谢国桢先生在《明清笔记谈丛》中所录《张南垣父子事辑》等资料，关于他的身世成就，我们可以有大概的了解。

张涟，号南垣，原籍浙江华亭，后徙居秀水，遂改籍。他性好山水，耽于游艺。少年时，曾学画于董其昌，尽得其笔法，四方争以金币来购；后专治园林，以山水画之理通之于堆土叠山，开辟了中国园林建筑史上一个辉煌的时代。吴梅村、黄宗羲、戴名世等都在他们为张涟作的传记中高度评价了他在这方面的首创之功。黄宗羲还特别将他和元代雕塑大师刘元相比，慨叹曰："画师之名者不胜载，而塑工之名者一二耳"，更见其难能可贵。

张涟筑造假山的另一大特点是不以质料取胜，去奢从俭、化繁为简。清初名公显秩建园林，多耗费巨资，罗致异石，竖险峰，架洞壑，构危梁，梯鸟道，竞奇斗奢。张琏对此却嗤之以鼻。他不仅认为这样建园林劳民伤财，还认为这样的园林"气象蹙促"，无自然之致；其建造者是"据盆盎之智以笼岳渎"的"笨伯"，将艮岳、狮子林一笔抹掉。黄宗羲给我们介绍了张涟本人建假山的情况：

> 于是为平冈小坂、陵阜陂陁，然后错之石，缭以短垣，翳以密篠。若是乎奇峰绝嶂，累累乎墙外而人或见之也。其石脉之所奔注，伏而起，突而怒，犬牙错互，决林莽犯轩楹而不去，若似乎处大山之麓，截溪断谷，私此数石者，为吾有也。方塘石洫，易以曲岸回沙；邃闼雕楹，改为青扉白屋；树取其不凋者，石取其易致者，无地无材，随取随足……当其土山初立，顽石方驱，寻丈之间，多见其落落难合，而忽然以数石点缀，则全体飞动，若相唱和。荆浩之自然，关同之古淡，元章之变化，云林之萧疏，皆可身入其中也。

此外，张涟还特别善于改造旧园。如他一生建造的最著名的园林畅春园——康熙帝一生主要在此园处理朝政、生活居住，并最后在这里驾崩，就是由明代京国第一名园、武清侯李伟的清华园改建。畅春园及其毗邻的西花园，均为曹雪芹的祖父曹寅任内务府郎中时督造，而曹寅之内弟昌邑李煦又曾任畅春园总管。另外几座皇家园林，玉泉山静明园、香山澄心园、瀛台等，也是在明代旧址上改建。康熙朝大学士王熙的怡园，是由明代权奸严嵩的旧园改建。由旧园改建新园，不仅省人力、省物料，而且借助旧园古木繁花，更易出自然之景。

张涟前半生，主要活动于吴越一带。黄宗羲说“三吴大家名园，皆出其手”。而根据戴名世《张翁家传》中的记载，大约在康熙初年，冯溥在北京天坛以东、广渠门内建万柳堂，遣使迎张涟进京，“自是王公园林，皆成翁手”。以至于康熙帝也耳闻其名，用他参与了一系列皇家园林的修建，且“屡加宠赉”，甚至“赐肩舆出入”。

张涟共有四子，都能衣食父业。其中二子张然、三子张熊较有名，而又以张然成就最大。张然曾供奉内廷三十余年，他的名声甚至超过了他的父亲，以至有人把张涟的账也记在他身上。如王士禛《居易录》就说王熙怡园，为“华亭张然所造”。还有一本《茶余客话》甚至说瀛台、玉泉山、畅春园，都为张然所布置——当然，有很多名园，很可能他们父子都参与筹划建造，这笔账也难以算清。据《清史稿·张涟传》载，从康熙时代起，张氏一家“世业百余年未替”。

古代有“七匠八娼”之说，即匠人在下九流中与娼妓并列。用今天的话说，他们属于劳动人民。但张涟却受帝王恩遇，卿相礼重，学界泰斗、文坛领袖也为之作传，乃至标名史册，可谓千载一遇，辉煌至极。

应该说，张涟的园林建筑风格，与他的个性也极有关系。张涟和一般明代遗老一样，由于饱经世变沧桑，颇落拓不羁，豁达放旷。戴名世说张涟与清初文坛领袖钱谦益、吴伟业两人是布衣交，他“常嘲笑两人，两人弗为怪”（《南山集》卷七《张翁家传》），黄宗羲则较详细地记载了他挖苦吴伟业背叛明朝、贰事清朝的轶事，当时吴竟“不以为忤”。张涟在园林建筑方面大刀阔斧、改革创新，正是其个性的表现。而他的去奢从俭、化繁为简的朴实风格，又与康熙帝崇尚节俭的时政不谋而合。“山石张”风格，也便成为康熙时代园林建筑风格的典范。

“山子野”建大观园

以蔡元培为代表的“红学”索隐派认为，《红楼梦》是“康熙朝之政治小说”。胡适、俞平伯等人所标举的自传派及其他流派，大都认为与作者曹雪芹的家世有关，而曹家烈火烹油、鲜花着锦的辉煌时期正是在康熙年间。在这一时期，黄宗羲说“三吴大家名园，皆出其手”，戴名世说北京“诸王公园林，皆成翁手”，吴梅村说“群公交书走币，岁无虑数十家，有不能应者，用为大恨”。如果这些说法与史实出入不大，那么我们说大观园的营造者山子野的原型是山石张家族中人，几乎就没有再加考证的必要了。

山子野在《红楼梦》中没有直接出面亮相，但从他的建筑风格、方法等各方面看，与山石张并无二致。特别是在假山的构筑这一关键性方面，尤为波澜莫二。

大观园是在旧园基础上改建、扩建的。《红楼梦》第十六回介绍了它的起造情况。它以宁国府会芳园为基础，又将附近荣国府旧园“竹树山石以及亭榭栏杆等物”“挪就前来”，“凑来一处”，“纵亦不敷，所添亦有限”。这与山石张善于改造旧园，随地取材，量材而用的特点何其相似。

《红楼梦》中写贾府人物穿戴、饮食、摆设等方面，往往极尽奢侈豪华，而大观园虽然是一个非常复杂的象征本体，又有作为贵妃省亲别墅的特殊建筑要求，但在主要方面，它仍然体现出与山石张建筑风格一致的朴实自然的特色。第十七回贾政带宝玉及众门客游览刚刚竣工的大观园，他们来到正门之前，“左右一望，皆雪白粉墙，下面虎皮石，随势砌去，果然不落富丽俗套”。“不落富丽俗套”也可以说是大观园总的特点。

古代园林中的假山，犹如人脸上的鼻子，至关紧要，也最能体现一座园林的特点。《红楼梦》作者写大观园中假山，绝无危峰、飞梁、鸟道景象。作者用了“翠峰”“青山”“土山”等词，并写这山怀抱竹篱茅舍的稻香村而能相互协调，甚至连卫道士贾政上山攀藤抚树，都不失岸然道貌。这又令人想起山石张凿池堆山的特点：以凿池之土堆成冈阜，再在土阜上叠石，既省工料，又便于栽树。所叠之山，用吴梅村的话说，就是“有林泉之美，无登顿之劳”。

至于大观园“移山水画为石工”的特点，连村俗的刘姥姥都看得出来。《红楼梦》第四十回刘姥姥赞美大观园，“竟比那画儿还强十倍”。以至于贾母差派惜春，让她为刘姥姥画一幅大观园图，又引出了第四十二回宝钗论画的长篇大论。宝钗在画论中称赞大观园的妙处，与刘姥姥一唱一和：“这园子却是像画儿一般，山石树木，楼阁房屋，远近疏密，也不多，也不少，恰恰的是这样。”黄宗羲说，以山水画之理通于堆土叠石，自张涟始，当然也以山石张本色当行。

山子野的建园过程和速度与山石张也极相类似。张涟、张然父子营造园林，重在写意，且胸罗丘壑熟能生巧，速度极快。有时岁数十家。黄宗羲《张南垣传》中说：

涟为此技既久，土石草树，咸能识其性情。每创手之日，乱石如林，或卧或立。涟踌躇四顾，主峰客脊，大岩小磝，皆默识于心。及役夫受命，涟与客方谈笑，漫应之曰：“某树下某石可置某所。”目不转视，手不再指，若金在冶，不假斧凿。人以此服其精。

大观园如此浩大的工程，又全靠山子野一人筹划、制度，而第四十二回林黛玉说：“这园子盖才盖了一年。”如此从容，如此神速，求之康熙年间，恐怕非山石张之精能工巧不办。

“山石张”“山子野”释名

营造假山者，明清苏州人称之为花园子，扬州人称之为石工，湖州人称之为山匠，张涟除了这些称号，还有一个“张石匠”的雅号。等他受冯溥之邀，到北京开业后不久，又赢得了“山石张”的称呼。

北京人好将某种行业与特别善于经营这种行业人家的姓氏连在一起称呼，如醋谭、酱李、豆腐高，叫起来很顺口，也是绝妙的广告招牌，《红楼梦》中薛蟠岳家人称“桂花夏家”就是因为他家开桂花局，垄断“长安城里城外”的桂花市场而得名。清代，我们称与山石张齐名的园林建筑世家雷氏家族为“样式雷”也是一例——样式雷家族主要善于建筑楼台殿阁（即样式房）。

有的研究者根据北京人这个习惯，认为山子野姓野或姓子野。这样理解，未免太直接了。太平闲人张新之在《红楼梦读法》一文中提示读者：“是书名姓，无大无小，无巨无细，皆有寓意”，“从无有随口杂凑者”。且不说野与子野这两种姓氏极为罕见（至少《百家姓》中没有），即使是常见的姓氏，也应别求所指。

其实子野二字，实隐姓张。首先，张和野二字含义有相近之处。野字的贬义可释为张狂、粗鄙，褒义可解为进取、质朴。《论语·雍也》中“质胜文则野”，《论语·先进》中“先进于礼乐，野人也”，两个野字，都可作后面一种意义理解。

再查《古今人物别名》，历史上字子野或号子野者，共得十三人，其中倒有两个姓张名先字子野的，都是宋朝人，一个博州籍，一个乌程籍。他们的姓、名、字意义相互生发，都有进取、争先之义。其中乌程人张先，是与柳永齐名的词人。他的词，以善用“影”字著名，自称“张三影”，清代陈廷焯《白雨斋词话》云：“张子野词，古今一大转移也。”他可以说是历代子野中最著名的一个。《红楼梦》中山子野之子野，不仅影射张姓，而且也赞美了山石张在园林建筑方面勇于创新的进取精神及其朴实自然的风格特点。

另外，“老明公”或“胡老明公”，似乎隐指张然。张然字陶庵，大家知道，与山石张一样“性本爱丘山”的晋代高士陶潜还有一名叫渊明，还有一字是元亮。张然取陶庵之字，或正是出于对这位高士的敬仰。而《红楼梦》的作者，又以“老明”对“渊明”，给读者作了另一个重要提示。

冯溥偶园

张涟、张然父子扬名北京，与冯溥的援引是分不开的，戴名世《张翁家传》已言之；北京东城广渠门内冯溥别墅万柳堂，是山石张在北方所建第一座名园，这已毫无疑问。并且从此开始，山石张的活动中心也由江南移到北方。冯溥与山石张家族缘分之深，更不待言。

康熙二十四年（1685），七十四岁的冯溥不顾玄烨的再三挽留，告老还乡，退居青州，“辟园于居第之南”（咸丰《青州府志》卷四六）。此时正是张涟父子在北方声名鼎盛之际，冯溥珍重晚景，自然要请自己的故交为自己精心设计、建造，遂使偶园假山成为迄今为止“康熙风格”硕果仅存的一座丰碑。

偶园与康熙畅春园、澄心园、静明园、王熙怡园等一样，都是山石张在旧园基础上翻新改建的。它的前身为衡王府东苑，约建于明成化年间。

衡王府是甲申明亡之际长江以北元气保全得最好的一个亲王府。清顺治初年，末代衡王朱由椒降清，于顺治三年（1646）五月被清政府以私匿印信谋为不轨的罪名，将他与被俘的弘光帝朱由崧、潞王朱常涝等十一位明宗室一同处死。衡王府也被抄没，财产被变卖出租，以充军饷。一直到康熙帝登基，清政府还在对衡王府财产进行挖掘、清理。《清代档案史料丛编》第四辑《户部尚书车克题清察山东衡府遗物情形本》中有“内掘刨三十余处”等语。但不管怎样，到了康熙二十四年左右，衡王府东花园已为冯溥所有。

根据有关文献记载，原衡王府东苑似也有假山。明遗民顾炎武《衡王府》诗中有“起榭出林容”之语，冯溥之弟冯灏《过衡府东苑》诗中有“幽岩策杖青还黯”的句子。估计偶园中现存的十三块太湖石可能就是原衡府假山的材料。据说有人曾出一两石头一两银之价买其中的几块，冯氏子孙仍拒绝出售。也只有用这样的奇石叠成的假山，才合穷奢极欲的亲王胃口，但这种假山却与山石张的建园风格难以协调。

今天呈现在我们面前的偶园假山，虽然饱经沧桑，但仍然保持着山石张的风貌。叠山用的材料，全是普通的、不规则的石头。三峰假山，高不过寻丈，无突兀之态，却令人品味不尽。特别令人赞叹的是山上的苍松翠柏，高大挺拔，大有喧宾夺主之势。这些松柏树干深埋山体，不像建山时所栽，倒像山依树而筑。又读康熙时著名诗人、冯溥的学生赵执信《冯文毅公别业古柏》一诗，有“排突云窟盘山根”“碧鬣苍鳞欲飞起”等句，其所咏古柏，疑即假山上的古柏。苏东坡《书雪堂》文中说：“台榭如富贵，时至则有；草木如名节，久而后成。”特别是松柏，树龄不到数十年乃至百年以上，很难以“古”字相称。而赵执信写此诗为康熙三十四年（1695），此时冯溥已卒三年，而偶园新建不过十年。所以此古柏必为衡王府遗物无疑。

偶园假山三面绕墙，一面临池。墙仿佛画框，“截溪断谷”，使其余势不尽。犹如南宋马远的山水画，以小见大，以少胜多。《红楼梦》第十七回写大观园中“那大主山所分之脉，皆穿墙而过”。此墙与偶园假山之墙，同为山石张灵心妙用。

古代建筑园林有“借景”之说。以前偶园以南无高层建筑，登上假山之巅，城南三山（云门山、劈山、驼山）之秀色，可以尽收眼底。偶园假山上曾有云镜阁、卧云亭建筑，可能因此得名。

树老则斜阳不去，墙低则远景皆收，无怪乎冯溥对此山极为喜爱。他将偶园中最重要的建筑名之曰“佳山堂”。“佳山堂”面对假山的主峰，是冯溥退居后宴游、会客的主要场所。他的诗集也命名为《佳山堂诗集》。从佳山堂南望假山，逆日光而观，更觉氤氲深秀、葱茏蕴藉。

康熙年间，山石张在大江南北，留下了数以百计的园林建筑杰作，但经过数百年沧桑销磨，多化为冷烟，鞠为茂草，或被改建——乾隆帝就是这样一个好事的祖宗。他建园像作诗一样夸多斗富。不仅将圆明园建成一座拥挤不堪的大杂烩，还将山石张的作品畅春园、澄心园、静明园等改建扩建，以新为毁，面目全非。时至20世纪80年代，同济大学古园林建筑专家陈从周教授断定，偶园假山为全国幸存的唯一一座“康熙风格”假山。他不顾古稀高龄，三次来青州，在佳山堂前，流连感慨，还特别关照有关单位，一定要保护好这座假山。陈从周教授堪称山石张的千古知音。

结　语

二百多年来，《红楼梦》的读者、研究者，被作者装进大观园这个闷葫芦里。在为其辉煌的艺术成就震惊的同时，也为其中无数的谜所困惑，以至见仁见智，异说纷呈，但我们相信无论作者为了避开乾隆时代严密的文网，使用多少隐讳的手法，洋洋一百二十回，近百万字的巨著，总会留下一些破绽，从而使我们找到解开这些谜的突破口。

清代曾花了六十年功夫、毕生研究《红楼梦》的太平闲人张新之认为，贾宝玉咏青州恒王宫人林四娘《姽婳词》的第七十八回，“乃作者自明其书来历也”。被现当代红学家推崇备至的脂砚斋则以第十七回贾政、宝玉及众门客游大观园为“一部之纲绪”，因为它是“后文十二钗书，出入往来之境”（见乙卯本评语）。青州偶园与二者都有关系。虽然它与大观园的关系较为间接，却为我们提供了了解大观园的最可宝贵的参考实物。

青州衡王府与《红楼梦》

朱明一代，曾有三位宗室亲王分藩青州。其一为齐王朱榑，明太祖朱元璋第七子。洪武三年（1370）封，洪武十五年（1382）就国。建文元年（1399），以谋为不轨，废为庶人。燕王“靖难”，诏复其国，又因骄纵不法，于永乐五年（1407）再废，宣德三年（1428）赐死。后世子孙居南京。清代青州学者李文藻曾著有《齐藩录》，惜已失传。

其二为汉王朱高煦，明成祖朱棣第二子，永乐二年（1404）封，成祖令他之国云南。高煦觊觎东宫，以偏远为由，拒不赴国。永乐十三年（1415），改封青州，亲王府及世子府已建，仍迁延不就，益行不法。永乐十五年（1417），徙封乐安州。宣德元年（1426）八月，因谋反被逮至北京，废死西内。高煦在南京的故第，俗称汉府，在清代为江宁织造署衙门——曹雪芹祖上三代为江宁织造，即在此处理政务。

衡王是明代封藩青州的最后一个王爵。明宪宗朱见深第七子朱祐楎，于成化二十三年（1487）被封为衡王。弘治十二年（1499）三月就藩青州，传六世七王，共一百四十余年。清兵入关，末代衡王朱由棷降服。顺治三年（1646）五月，清廷以私藏金玉银印、欲行谋反等罪名，将他与被俘的南明弘光帝朱由崧、潞王朱常淓等明宗室共十一人处死，并将衡王府抄没，才算最后完结。

一

一个城市在一个朝代，竟先后有三个亲王分藩于此，从某种意义上说明了这里地理位置的重要性。

青州处三齐形胜之地，自古兵家必争。汉时言天下形势，首关中，次三齐，所谓东齐、西秦。唐代杜牧《罪言》历数古今治乱，断云：“山东，王者不得，不可为王；霸者不得，不可为霸；猾贼得之，是以致天下不安。”宋代苏轼任密州太守时作《论河北京东盗贼状》亦云：“山东自上世以来，为腹心根本之地，其与中原离合，常系社稷安危。”杜牧、苏轼虽是文人，但所见不虚。少康中兴、齐桓称霸、慕容僭王，都是有力的证明。南宋嘉定年间杨安儿与明永乐时唐赛儿以女流据青州起事，尚能震动天下，更为雄辩。

明太祖朱元璋于元至正二十七年（1367）十月定策北伐，先取山东。十一月，徐达即攻克益都。山东平定以后，明军西征北讨，势如破竹。《明史·袁崇焕传》提及毛文龙曾说“牧马登州，取南京如反掌”，不久多铎南下，卒应其言。

明末北都陷落，山东本来应成为南京的有力屏障。尤其是青州，当时周围义师云集，衡王府又为北方唯一没有损伤元气的亲藩，财力雄厚，若因时乘势，自可做出一番轰轰烈烈的事业。安致远《玉碏集·李将军全青纪事》载，青州守将李士元曾这样劝衡王：“神京失守，闯贼西窜，社稷无主，中原鼎沸。王亲宪皇之子孙，据全齐形胜之地。山东豪杰荷戈砺刃，大者数万，小者千百为群，引领以望王义师之起。胜兵百万，可传檄而集。南塞大岘之口，北扼河济之冲。鼓行而西，以光复我明旧物。将见燕蓟士女，皆箪食壶浆以迎王师。谁复有与大王争衡者？不然，今坐失事机，万一瞻乌靡定，异姓代兴。彼时下尺书以征王，王岂能长享此藩封乎？”（同治二年版《玉碏集》卷二）可惜这样宝贵的建议竟被懦弱而又吝财自封的朱由棷拒绝。不久，衡王便向清招降山东、河南侍郎王鳌永递了顺表。

崇祯十七年（1644）十月，被《明史》称为“忠勇最著，死事亦最烈”的宁武总兵周遇吉的残部，在赵应元和原明潼关道杨王休的率领下，杀王鳌永，占领青州，招兵买马，欲扶衡王朱由棷登基，可惜事又不成。后赵应元与杨王休被杀，清兵重占青州，衡王便成了清人刀下鱼肉。

周汝昌《红楼梦新证》述及崇祯十七年青州之变，以为此事“充其量，可以左右明、清未定之局”，自是明见。衡王若肯倡议反清，即使不成大事，也足以牵制清军，缓解南明危机。可惜朱由棷妍皮痴骨，不堪重任。而易失者时，难平者事，机会一去，永劫不复。

在清人占领山东的同时，南朝政府忙于内部斗争，一再错过大好时机。虽然王遵坦、丁耀亢领导的一支部队曾一度收复青州府所属之日照、诸城、安丘等县，但迫于清军威胁，不敢深入，未几南窜。最终三齐山河十二，为清人唾手而得，成为多铎南下的插虎之翼。

《明史·周遇吉传》载李自成攻占北京后，曾对人说："他镇复有一周总兵，吾安得至此。"没想到令李自成敬畏的周遇吉之残部，又在青州成为清政府心腹之患。周遇吉本传还提到他的夫人刘氏在丈夫遇难后，带领一些女兵奋勇抵抗，最后壮烈牺牲。刘氏是曹寅《表忠记》"乱箭"一出的主人公，又是曹雪芹《红楼梦》第七十八回所述青州林四娘的原型之一。贾宝玉《姽婳词》"纷纷将士只保身，青州眼见皆灰尘""何事文武立朝纲，不及闺中林四娘"，乃慨叹周总兵之不复有，而以妇人女子深愧明末之文臣武将。

二

明清之际，有许多著名的文学家在他们的作品中提及衡王府。明代后七子的首领王世贞，嘉靖年间任青州分巡道，曾应邀到衡王府做客，并赋《衡王雪中赐宴诗》；清代诗坛泰斗王士禛多次到过青州，凭吊衡王故宫，留下许多诗文。小说中提到衡王府的也很多。产生于明末清初的《醒世姻缘传》，其女主人公薛素姐之父曾在衡王府任纪善之职，薛素姐就出生在青州。蒲松龄《聊斋志异》中的《林四娘》《王成》《冯木匠》《莲花公主》等篇，都与衡王府有关。当然，最令人关注的是《红楼梦》第七十八回所述青州衡王与林四娘的故事。

红学中的索隐派多认为《红楼梦》是影射明清兴亡的政治小说，而小说第七十八回"老学士闲征姽婳词"又是这部小说中花较多笔墨叙述的唯一一个明确涉及明末清初历史的故事，所以它历来为红学家们所重视。清朝红学评点派最杰出的代表、太平闲人张新之在此回回末总评中说，这段文字，是作者"自明其书来历也""欲令人寻绎于本书文字之先"。刘铄《红楼梦真相》一书第一章，认为"老学士闲征姽婳词"具有反清意义，无疑是想先声夺人；冯精志《百年宫廷秘史——〈红楼梦〉的谜底》一书，把《从明清最后一役看〈姽婳词〉的产生》一节文字放在全书最后，则是想以此为终极证据。即使力诋索隐派、坚持自传说的周汝昌对这段文字也极其重视，他在《红楼梦新证》中花了很多笔墨对此事进行考证，并说："《红楼梦》无闲文赘笔，八十回将尽，情事纷繁之间，忽以此'闲题'占去一回书之大半，用意安在？费人思索。"可惜自传说的先入之见，使他不能深入"思索"下去，他关于衡王府的史实仍然所知甚少，也就不可能得出坚实的结论。其他《红楼梦》的研究者，所知衡王府事迹似乎并不比周汝昌多，也只能停留在推测的水平。刘铄《红楼梦真相》说《石头记》《情僧录》寓指红丝石的故乡青州之《青乘录》，即《青州纪事录》；吴世昌《读〈红楼梦八十回校本〉散记》说《红楼梦》"以恒王青州为正统，而王故明旧主"，这些创见虽新人耳目，却缺乏充分的证据。其实林四娘的故事对于《红楼梦》的意义，比这些偏颇的说法更为广大深远。

《红楼梦》一书，是纪史演经之作，以家寓国，以儿女律士大夫，以家庭细故阐天理人情（这种构思方法，在文学史上并非独一无二，在《红楼梦》前，有《金瓶梅》；在《红楼梦》后，有《儿女英雄传》），其命意、笔法，最近于《春秋》。由于作者生活在文网极盛的乾隆时代，其微词隐约、巽词委曲，甚至谶纬射覆，凡所谓"危行言孙以避当时之害"者，无所不用其极。作者给我们布设了古今中外第一大谜阵，二百多年来，有多少《红楼梦》的研究者和读者，为此困惑终生。

董仲舒《春秋繁露》论《春秋》云："其辞体天之微，故难知也。弗能察，寂若无；能察之，无物不在。是故为《春秋》者，得一端而多连之，见一空而博贯之，则天下尽矣。"又云："《春秋》论十二世之事，人道浃而王道备，法布二百四十二年之中，相为左右，以成文采。其居参错，非袭古也。是故论《春秋》者，合而通之，缘而求之，伍其比，偶其类，览其绪，屠其赘，是以人道浃而王法立。"这些方法完全可通之《红楼梦》的研究。倘能如此，我们终会发现，《红楼梦》矛盾处全是警省，含糊处皆生妙解。

无论说林四娘是镇压农民起义的刽子手也好，还是说她是反抗清朝的民间英雄也好，她最后是尽忠于明朝。贾宝玉长歌当哭的《姽婳词》，重在"何事文武立朝纲，不及闺中林四娘"两句。以儿女律士大夫，愧士大夫，是这部作品的大章法。

三

青州在今天是属于潍坊市的一个县级市，但在古代，它为郡、为部、为道、为路、为军、为府，不仅地域广大，且屡经变迁。汉儒孔安国说尧时青州跨海而有辽东，顾炎武以为“隔越巨海，道里殊远，非所谓因高山大川以为限之意”（《日知录》卷二二），但东汉光武帝、唐（周）武则天时曾以辽东属青州，则有案可稽。

《尚书·禹贡》说“海岱惟青州”，后世文学家诗文中的青州，除指特别的行政区外，多是《禹贡》意义上的青州。青州甚至可以作为“东方”“东土”的代名词。辽东、朝鲜，若以东西南北四方而论，也可称之东方。清《八旗通志初集》卷二《八旗方位》云：“国家创业东方，木德先旺。”《朝鲜王朝实录》中也往往自称“东方”“我东”“青丘”，而称中国为“中州”“中华”“神州”。

现在河北、辽宁正争夺曹雪芹的籍贯，但曹雪芹、《红楼梦》却与山东、青州缘分独深。红学界多赞同曹雪芹祖籍辽东，而古代辽东曾属青州。曹姓有三个重要来源：一出郭国，周武王封颛顼之后，曹挟于邾，子孙以曹为姓；一出于姬姓，周武王封曹叔振铎于曹，子孙以国为氏；还有杞国之后夏侯氏冒姓曹氏者，曹操之父曹嵩以夏侯氏为宦官曹腾养子，改曹姓。邾国、杞国、曹国，都在山东境内。春秋时杞国在今诸城、安丘、昌乐一带，传统上是青州地域。处于淮泗之间的邾国，按《周礼·夏官·职方氏》九州划分，也属青州。因《周礼》之青州，兼徐州之地：“其川淮泗、其浸沂沭。”还有，曹姓历史上最杰出的才人曹植，不仅出生于山东，而且在汉末曾受封临淄侯。齐国故都临淄，在明清两代都隶属青州府，王士禛《林四娘歌》序把“临淄”作为青州的代名。无怪乎曹寅从北京到南方，每走到山东境内，即有如到故乡之感。《楝亭诗钞》卷五有作于康熙五十一年（1712）（也是他去世之年）的一组《南辕杂诗》，其中在山东境内写的有如下三首：

荠麦风多迫晓寒，华筵坐久视香盘。

故乡咫尺书频到，画鹤堂阴遍牡丹。

不遇王乔死即休，吾山何必树松楸。
黄初实下千秋泪，却望临淄作首丘。

崀岈青压钟吾国，沂水流经郯子城。
二十三年真抹电，野桥何处记铃声。

诗中的“故乡”“吾国”不难理解，其中的“首丘”，是曹寅借同姓先人临淄侯曹植忠于东汉的故事，曲折地表现对亡明的怀念。可谓知其本者。

明朝灭亡前，清兵于崇祯十二年、十五年两次入侵山东，掠夺了大量人口。崇祯十五年（1642）之入关，共破明朝八十余城，其中山东就有六十余座。青州府十四州县，竟然被攻破十个。曹寅的岳父李士桢就是在崇祯十五年十二月十六日清兵攻破莱州府所属之昌邑县后被掳走“从龙辽左”的。传为《红楼梦》修订、续作者的高鹗，其祖上是明清莱州府属之高密人。高鹗的铁岭同族、杰出的指画家高其佩之子高纲《雪声轩诗集》，自题“高密”郡望。《八旗画录》说铁岭高氏“先世自高密迁铁岭，隶汉军镶黄旗”，没说何时，可能也是崇祯十五年冬高密遭蹂躏时被掳去的“人畜”。据《五庆堂曹氏宗谱》，辽东曹氏始居铁岭卫。明万历四十七年（后金天命四年，1619）努尔哈赤攻下铁岭，全毁此城。可惜不知此时曹氏、高氏之具体情况。

《红楼梦》中荣、宁二府是东汉中兴名将胶东侯贾复之后，而贾复所封六县之一的下密即在李士桢的故乡昌邑境内。这一带在明朝，又恰是青州衡王府脂粉田最集中的地区。李士桢、李煦父子，多次回昌邑省亲，并在这里购置田宅，修建祠堂。《红楼梦》第一百零六回、一百零七回，一再提到“东省地土”“东省地租”，可能也与此有关。而李煦死后，葬于昌邑，也与史太君魂返江南一样，是“落叶归根”。

李家与曹家，休戚相关。李煦之妹为曹寅之妻，曹寅死后，李煦对曹家极尽关照。徐恭时《曹雪芹传略·重临秦淮》引传说认为曹雪芹曾娶李煦的孙女、李鼎之女为妻，也有可能。

李煦之父李士桢原为姜姓，所谓营丘分派，霸国余裔。崇祯十五年十二月十六日昌邑被攻破，姜姓拒敌被杀，见于乾隆《昌邑县志》记载者有七人，其中即有李士桢的父亲姜演、兄姜士柡。《红楼梦》中最悲壮慷慨的文字是《姽婳词》，而林四娘殉国与姜氏父子就义之时间、地点皆相近。与《姽婳词》对应的文字是《芙蓉女儿诔》。昌邑又名芙蓉城，法若真《黄山诗留》卷八《答李毅可方伯》有“自是芙蓉旧世家”之语，《芙蓉女儿诔》中有“列羽葆而为前导兮，卫危虚于傍耶”之句。天文分野，危虚主齐国，就明代而言即衡王封国。顾炎武《衡王府》诗第一句“赐履因齐国”，乃用昌邑姜氏始兴公姜子牙故事。昌邑毗邻青州，当然是藩封卫城。所以“芙蓉女儿”，似寓“昌邑女儿”。饱受凌辱的曹李二氏后人，回顾慷慨奇节的明代先辈，当然有无尽感慕。《风》《骚》以香草美人喻贤臣，《红楼梦》以儿女律士大夫，“伍其比，偶其类”，《姽婳词》即《芙蓉诔》，善读《红楼梦》者，当于脂粉恩怨中感会沧桑风霜。

曹寅的两位姜姓姨姐

周汝昌先生《红楼梦新证·人物考》之《李氏世系表》记载李士桢名下，只列嫁给佐领周承诏的一个女儿。嫁给曹寅的那个女儿怎么办？周汝昌先生有高招，又亲自做主给李西泉过继了一个儿子，让他也生个女儿，嫁给曹寅，同时担纲《红楼梦》中贾夫人原型角色。

本人翻故纸堆，又发现了李士桢两个姜姓女儿，而且在李士桢、李煦编的《昌邑姜氏族谱》中也未发现相关记载，不知周老先生还有何高招圆通一下？

王利器先生称《红楼梦新证》每一页都有错误，但像这类错误他是看不出来的。王先生作《李士桢李煦父子年谱》，似乎没翻阅过《昌邑县志》《昌邑姜氏族谱》等核心资料就敢下笔，也是好勇过人。

至于李士桢是否只有嫁给曹、周、李、王的这四个女儿，也难说。且不说古人对于女性，家谱、碑传或不载，或缺略，更遑谈李士桢家庭背景的复杂，满汉通婚的忌讳。（按：本文在博客上发表时配有图片，介绍了新发现的李士桢的两个女儿，一个是乾隆《昌邑县志·列女传》记载的嫁给李枝仙者，另一个是《相州王氏族谱》中嫁给王沛憬者。）

“姜半县”或“半红楼”

——李士桢、李煦家族

姜姓在《百家姓》排第三十二，在全国人口数量上估计是中等水平，但论对中华文明的影响，却是一超级大姓。炎帝开辟洪荒，四岳佐禹治水，太公鹰扬八百，桓公九合诸侯……在中华文明的重要组成部分齐文化中，姜姓贡献极大。产生于清代的中国文学史乃至世界文学史上最伟大的长篇小说之一《红楼梦》，无论是作者家世，还是作品题材，都与昌邑姜氏有重要关系，新加坡红学家皮述民先生甚至有“苏州李家（出昌邑姜氏）半红楼”之说。

姜姓远祖，可上溯到远古帝王炎帝。传说炎帝神农氏生于姜水（今陕西宝鸡岐山县西一带），并以水名为姓，后代子孙相沿。清代刊刻的《昌邑姜氏族谱·渊源谱图一》曰《帝纪》，列少典神农至榆罔九代八君，注曰：“右图为姜氏生民受姓之源。少典生民也，炎帝受姓也，临魁至榆罔则嗣续也，以皆在帝位，故曰《帝纪》。”《渊源谱图二》曰《世纪》，列赐姓姜氏的四岳自节茎至伯夷八世。《渊源谱图三》为《齐纪》，列自太公封齐至田常篡位期间历代国君世次。

姜姓为昌邑最大的族姓，当地民间数百年来一直流传着“昌邑县，姜一半，天地不变姜不乱”的乡谚。据《昌邑姜氏族谱》，昌邑姜姓有两个来源。一为北宋靖康年间避金兵之乱，自宁海（今山东烟台牟平区）迁来，始祖为姜喜，六世之前，有纪名碑记流传；六世之后，因元明之际兵乱，文献难征。《昌邑姜氏族谱·渊源》有《自宁海迁昌邑谱图》。另一为元代中叶，自黄城阳迁入，始祖为姜文庆。《昌邑姜氏族谱》以姜文庆为第一世，五世为率，分支别派，至今已近三十世。

李士桢的直系祖先

在最近数十年来，昌邑姜氏与《红楼梦》的关系，越来越受到红学研究界的重视。这方面的著作不少，专门著作有王利器先生的《李士桢李煦父子年谱》①，皮述民先生的《苏州李家与红楼梦》②，故宫博物院明清档案部《李煦奏折》③等。另外冯其庸先生《曹雪芹家世新考》，周汝昌先生《红楼梦新证》等著作，也有大量文字涉及昌邑姜氏。只是由于这些研究者没有见到《昌邑姜氏族谱》，对历代《昌邑县志》也不熟悉，对李士桢、李煦的姜氏祖先，几乎没做介绍，更没有谈及他们与昌邑本家的来往。本文介绍昌邑姜氏，侧重于这方面内容。

先看李士桢的直系祖先。李士桢在昌邑姜氏中属湾崖（此湾至今还在，为昌邑城区最大的天然水面）一支，为姜文庆第十一世孙。其十代直系祖先依次为：姜文庆、姜行简、姜二德、姜叔宝、姜瑄、姜镗、姜太淳、姜民望、姜若默、姜演。

在这十人中，姜镗、姜民望、姜演属于乡绅阶层。据《昌邑姜氏族谱》："镗，瑄六子，字重器，明成化甲午举人，弘治十一年任南直隶凤阳府通判，慈祥辨狱，尝活百人。精医，施药济众，凤、昌《志》，史载勋《昌邑纲纪志》皆称之。"康熙《昌邑县志》卷六有《姜镗传》，较《昌邑姜氏族谱》的记载稍简略。李士桢"从龙入关"后，于康熙二年（1663）回乡省亲，重修坟墓，并立石碣，亲撰《镗祖茔碑记》，文中云："万物本乎天，人本乎祖，故尊祖与敬天一也……缅维我太高祖之行状，以乡荐而佐郡凤阳，恺悌居心，宽平敷政，尝辩冤狱，立活百余人。事上闻，孝庙大嘉之。疾归林下时，究心轩歧奥旨，施药济众，善难指数。乡先辈史文贞公先生《昌邑纲纪志》及《昌邑县志》，其功德班班可稽也。"史载勋《昌邑纲纪志》已佚，但《昌邑姜氏族谱》载有《朱姜二先生纲纪志》，是明成化十年（1474）昌邑县同时乡试中式的朱进、姜镗二人合传，文长不录。

姜镗之孙姜民望继承了祖父的事业，《昌邑姜氏族谱》："民望，太淳次子，字天彦，御医，例赠光禄大夫、巡抚广东等处地方提督军务兼理粮饷盐法都察院右副都御史。"

姜演为李士桢生父，明末秀才，死于崇祯壬午之难，康熙《昌邑县志》卷六

① 王利器：《李士桢李煦父子年谱——〈红楼梦〉与清初史料钩玄》，北京出版社，1983 年。
② 皮述民：《苏州李家与红楼梦》，台湾新文丰出版公司，1996 年。
③ 故宫博物院明清档案部编：《李煦奏折》，中华书局，1976 年。

《贞烈·壬午兵变城守死难绅衿》有传："生员姜演，贫士，镗之曾孙，守东南角，城陷被执，索财物刀背交加。演詈骂被杀。"有意思的是，这位抗击清兵被杀的秀才，清代竟得到了朝廷封赠。乾隆《昌邑县志》卷五《赐封》："姜演，以子士桢贵，赠通议大夫，巡抚广东右副都御史。"

崇祯壬午姜氏家难

明崇祯十五年壬午（1642）冬至次年春，清兵数万入关屠掠，共破关内州府县城八十八座，其中山东即有六十座。明代辽东属山东布政使司管辖，清八旗汉兵中以山东人最多；向导孔有德、尚之信等，崇祯初又曾在山东驻军作乱，易于安排奸细，里应外合，故所向披靡。据乾隆《昌邑县志》卷六《忠烈》之死难知县李萃秀传，"警闻戒严，决策坚守，城几保全，以土人泄机……城遂陷，死之"。所谓土人，可能是奸细。

康熙《昌邑县志》卷一《天文志·祥异》于明崇祯十五年条下记载："本年十二月，清兵数万围昌，至十六日城破，官民杀戮一空，尸积重叠。好义者每街二十余步即聚尸五七十为堆，加房木引火于上，炎焰上腾，腥风扑地，惨不可言。"当时曾成功保全昌邑西邻潍县，并且在清兵攻昌邑时曾主动向东增援，攻击清兵的潍县知县周亮工（此公后来曾为曹寅之师）在《通慉》一书中有《过昌邑》诗：

残城门不闭，永日意如昏。
过市声全咽，逢人发半髡。
寒风吹白骨，阴雨泣新魂。
始悟身犹在，徘徊泪自扪。

这些文字，与《大义觉迷录》中"我朝不折一矢，不伤一人，不待年而成帝业"之类文字参看，令人感慨。

在昌邑的这场浩劫中，姜氏一族，创深痛巨。乾隆《昌邑县志·忠烈》记殉难官绅士子有职名者六十九人，其中姜姓七人。七人中，即有李士桢之父姜演、兄姜士柼。另有姜惺法、姜恂法，都是姜镗的玄孙，为李士桢堂兄弟。

据《昌邑姜氏族谱》记载，姜演共有五子，依次为士柼、士桢、士橳、士楷、士楧。其中老大姜士柼战死，老二姜士桢与妻子王氏一同被掳，后为正白旗李西泉继子，改姓。老三姜士橳、老四姜士楷皆下落不明（他们即使战死，由于没有功名，也不会载入县志忠烈传）。这样只有最小的一个姜士楧幸免于难。

《明清史料》辛编第十本《兵科抄出山东巡按余日新题本》，叙述昌邑被清兵攻破的过程及殉难官绅后，有云："臣察看得平度、昌邑二州县，素称疲困，平度先经孔贼残破，兼无正官；昌邑途冲，关厢寥阔，强奴云扑，支撑实难。署印州同卢宏胤等，昌邑知县李翠秀等，各官虽无守御之能，均尽效死之义。绅士抗节不屈，妇女闺媛死不受辱，均应优恤以励世风者也。"在昌邑壬午之难中，姜氏也出现了一位赫赫有名的烈女。

雍正《山东通志》卷二九《列女志》："姜氏女，生员姜腾蛟女，名四姐，崇祯壬午，闻兵至，自缢。"关于姜四姐的事迹，康熙和乾隆《昌邑县志》都有记载，较《山东通志》为详，《昌邑姜氏族谱》有顺治末任河南兵备道的扬州人盛治写的《姜烈女传》，最为详尽：

> 烈女，昌邑姜环璧茂才闺秀也。环璧生子四女一，最珍视女，妻傅氏尤爱怜之，十岁教以女红织纴组紃之类，暇则使诵《女训》《列女传》《女四书》诸籍。烈女以是洞明大义，死生祸福早不足以动其中也。先世有本宗女适庠士黄卷，卷卒，女年少，欲以身殉。既念姑舅老子稚，矢志守节，以守志名子，训遗经，卒成名食廪饩，越三十年而死。环璧每艳称之，烈女曰："为女子者顾视命耳，命不辰而为节为烈，此自分内事，天下有见分内事而曰是大异事乎？"环璧闻之称善……明崇祯十五年冬，大兵围昌城，时环璧家城南甘泉社地，乡人尽惊骇遁，环璧亦将行，顾念女幼不能致远，意踌躇。烈女从容进曰："行无虑，女有术能远也。"匆匆间犹以《列女传》数条，请环璧强语之。有顷，举家行，呼女不应，入室视之，已自经于梁间矣，时年仅十六。烈女既自经，环璧以兵近行迫，止覆藁焉。明年春由海上

返，庐舍已尽焚掠，于败垣下得尸，面如生时不少变，葬之。厥后仍多著灵异，环壁虞涉诞弗言也。同时有史氏二烈女五姐、盈姐，因城陷难死。乡人闻姜死，以昌邑三烈女并称之。姜烈女行四，人又称为姜四姐云。

论曰：世人尽云能读书耳，一旦遭祸患，改节易行者多矣。否则或侥幸于万有一免之途，终至不能免，此得谓之读书乎哉？姜烈女以一闺中少艾，手《列女传》一编，跬步弗越，当祸患之至，令其同遁远方，或亦苟免于难；而从容早计，视死如归，盖不惟能善全其身，抑亦能善全其亲矣。吁！读书如姜烈女，直可愧彼服古一生而辱身末路者！

历来研究《红楼梦》者，大都将恒王（衡王）和林四娘遇难与崇祯壬午清兵入关屠掠山东联系起来。昌邑是《红楼梦》中荣、宁二府祖先胶东侯贾复所封六县之一的下密所在地，衡王“赐履因齐国”，亦姜氏祖先故国。因昌邑有芙蓉池，所以昌邑又称“芙蓉城”，法若真《黄山诗留》卷八《答李毅可方伯》有“自是芙蓉旧世家”之语。《红楼梦》第七十八回与《姽婳词》虚实对应的文字是《芙蓉女儿诔》，《芙蓉女儿诔》中有“列羽葆而为前导兮，卫危虚于旁耶”之句。康熙《昌邑县志》卷一《天文志・星野》：“按昌邑分野在危之次……《春秋》《史记》以及前后《汉书》皆云虚危属青州，昌邑，固青属也。”林四娘行四，晴雯死时宜年十六，亦与姜四姐巧合。更巧的是，盛治《姜烈女传》文末一番议论，与《姽婳词》“可怜文武立朝纲，不及闺中林四娘”，皆以弱女子愧士大夫。我们不必说《红楼梦》中林四娘、晴雯以姜四姐为原型，但作者可能受此类故事启发。姜四姐为昌邑姜氏伦常表率，《昌邑姜氏族谱》中盛治的《姜烈女传》可能应李士桢或李煦所请而撰，此谱首刻又由李煦独立承担。考虑到曹、李二家的特殊关系，曹雪芹熟悉这个故事是完全可能的。

李士桢及其后代与昌邑亲族的交往

清朝定鼎北京后，原先被掳掠去的汉族民众随从入关，他们由于不堪虐待和思乡心切，多逃回故乡。清廷为了维护满洲贵族的既得利益，制定了惨无人道的

“逃人法”。山东被掳掠的人最多，于是成了受逃人法危害的重灾区。但李士桢算是幸运儿，他被旗人认作干儿子，又成了皇帝的世仆，他回乡省亲，自然用不着冒什么风险。《昌邑姜氏族谱》中有康熙二年（1663）李士桢写的《镗祖茔碑记》，其中有这样一段文字：

我生不辰，罹变壬午，身入他乡。从龙得返中原。叨国初特拔，历官七地。今忝授参政而兼分晋臬，因署裁奉有改补之命，假道旋里，祭告先茔。

李士桢还本“因公厚族”之义，先后捐资为姜氏昌邑始祖姜文庆墓置赡田四亩五分有奇，为本支置应付徭役的甲下田七亩六分一厘。李士桢于康熙二年（1663）撰《文庆祖茔墓赡田碑记》立石，李煦于康熙三十六年（1697）撰《姜氏甲下田地碑记》立石。此二文皆载于《昌邑姜氏族谱》。

李士桢、李煦父子对昌邑姜氏的最大贡献，是纂修、刊刻《昌邑姜氏族谱》。《昌邑姜氏族谱》由姜镗初修于明代弘治年间，不幸毁于明末壬午之乱。清康熙十七年（1678），李士桢从兄姜扬波等从残谱及断碑中将谱收集齐备，并进行续修。此是为一修，但因无力刊刻，只存手稿。康熙二十四年（1685），姜士楧、姜舜龄、姜扬波等携谱稿赴广州访李士桢，求其修订刊行。李士桢为谱作序，并撰《宗训》若干则附于谱后。康熙三十六年（1697），李士桢去世，其侄姜焯携谱稿到苏州，与李煦共商刊刻之事。李煦感慨不已，对先祖遗愿未酬，深表自责，对资费表示“余独任也”。至此，族谱首刊，是为一刻，印四十本发行于族间。至康熙六十年（1721），时姜焯任徐州知州，又率众进行续修，并请第六十七代衍圣公孔毓圻、吏部尚书孙鹏翮、户部尚书田从典、工部尚书陈元龙、文渊阁大学士兼礼部尚书王掞等当代名宦作序。从此以后，《昌邑姜氏族谱》基本五十年一修。最近李士桢第十三世侄孙（昌邑姜氏第二十四代）姜龙启先生，七修族谱，仍然延续这个传统。

雍正帝登基后，对先朝旧臣进行打击，昌邑姜氏对李氏这个本家也曾伸出援助之手。故宫博物院明清档案部编《关于江宁织造曹家档案史料》第一五五件，提到雍正三年（1725）初，山东巡抚陈世倌因本省昌邑县知县详禀有个姓洛（据原始档案，应该是姓“罗”）的隐藏了三个旗人妇女，即委派官员行文至江南省扬州府江都县，将这里一个名叫洛兴华的老人解至山东。洛兴华于雍正三年五月初一日被逮，于六月初四日自扬州起身，当月二十一日到山东。后来陈世倌发现这是一个误会。原来隐藏三个旗人妇女的是一个姓洛的瞎子，已在北京被逮。且就在陈世倌行文江南后不久，“圣上已先降旨，命内务府衙门明白咨行，将在京师之洛瞎子，连同他的妻孥，送往山东巡抚，转交昌邑县看守”。陈氏又于六月初二日复行文江南，通知停止解送，但已来不及了。陈世倌与洛兴华相见，略作解释，给他十六两盘费银，遣送回乡。洛兴华于七月二十一日到扬州。参阅《有关苏州织造李煦被抄家及审拟史料》雍正元年六月十四日奏折中上报清查李煦在苏州家属，“随从李煦之家属十四名口”“李煦家属十五名口”，可雍正二年十月十六日的奏折说解送北京后，竟成了“李煦之妇孺十口”。这中间的差额，可能就有罗瞎子援救出的“三个旗人妇女”。这些人到昌邑，应该有昌邑本家接应。

乾隆五年（1740），曾托李士桢、李煦之荫任徐州知府的李煦堂弟姜焯忽然作了一篇名为《群生自造化说》的文章，全文如下：

> 按：造者，事之始；化者，事之终。自造化者，祸福无不自己求之者。群生尘世，喜乐者安荣，避忌者忧患。然安荣原非高远难求之术，不过素位而行，居易俟命，行此庸德……其安其荣，造化本无安排，总是善恶之报，如影如形，皆因此造，自然此化。可怜下愚痴民谬认“道在人为”四字，遂妄自行险侥幸，噫！其涸也，可立而待也。愚年逾耄耋，稍历闻见，即目前亲睹报应之远在儿孙，近在身者，指不胜屈。因此参透“自造化”三字精切，故特表为安荣宝丹，以遗子孙。群生当急切参其旨趣，不可须臾离也。岂不胜遗金玉与子孙万万乎？
>
> 时乾隆庚申孟夏八十二岁焯撰于倦还庐次，并书刻板，谨悬祠堂之侧，垂示子孙，触目警心，世遵勿替，是即永言孝思也。

据《清高宗实录》《乾隆朝上谕档》，乾隆四年（1739）十月至十二月有治庄亲王胤禄与废太子之子弘皙等逆谋一案。是年十月，宗人府议奏庄亲王胤禄与弘皙、弘昇、弘昌、弘晈等“结党营私，往来诡秘”，请将弘皙绞立决，庄亲王胤禄及弘昇俱革去王爵、永远圈禁。乾隆帝念亲亲之谊，只将弘皙永远圈禁于景山东果园，其余革爵罚俸。周汝昌《红楼梦新证·史事稽年》以为“此案甚关重要，且极可能与曹雪芹家再度惨败之由有涉”。此案中与李煦有葭莩之亲的庄亲王胤禄是盟主，李煦之子李鼎、李鼒等也“极可能”不知深浅，参与其中，以致李家最终雪上加霜，一败涂地。

清代顾公燮的《顾丹五笔记》记李煦、李鼎父子：“康熙三十一年，织造李煦莅苏。三十余年，管理浒关税务，兼司扬州鹾政。恭逢圣祖南巡四次。克己办公，工匠经纪，均沾其惠，称为李佛。公子性奢华，好串戏，延名师以教习，梨园演《长生殿》传奇，衣装费至数万；以致亏空若干万。吴民深感公之德，而惜其子之不类也。”李煦之过于慷慨，已是难以持久；李鼎这种人，更难以指望他知道分寸。作为李煦胞弟、李鼎叔父的姜焯眼见他们一败涂地，为之痛心疾首，因作此文，警戒族人，也算近取其譬。

昌邑姜氏的几家亲戚

红学界一般人都知道曹寅与李士桢的亲戚关系，曹寅娶李士桢女为妻，还有人以为曹雪芹的妻子可能是李煦之女，并将这两个女性与《红楼梦》中的史太君、史湘云相联系。其实曹家也有数女嫁到李家。据《昌邑姜氏族谱》，李士桢第三子李炘“娶曹氏，生三子：以堉、以垍、以埥”；李士桢四子李灿之次子李圻，“字兆基，号野园，生于康熙丁丑年二月二十一子时，娶曹氏、王氏，生子鉴”。这样我们对曹、李两家非同一般的关系，就更容易理解了。

李士桢的妻族王氏，也非常重要。康熙《昌邑县志》卷六《人物志·荐举》：“李士桢，立本社人，字毅可，本姓姜，镗之玄孙。壬午城陷，同室人王氏俱归旗下，改今姓。”如此则王氏本李士桢入关前结发之妻。杜臻《广东巡抚都察院右副都御史李公士桢墓志铭》[①]：“生于万历己未岁四月二十三日亥时，卒于康熙

① 钱仪吉：《碑传集》卷六六。

乙亥岁三月二十二日申时，享年七十九。元配王氏，系出山左望族，今封夫人。”万历己未为1619年，至崇祯壬午（1642）已二十四岁，考虑到古代婚龄低，应该结婚了。据姜氏族人讲，李士桢妻子为昌邑王褥人。王姓在昌邑并非巨族，但正和《红楼梦》中王板儿家与王子腾家连宗一样，他们与山左王姓大族连宗，在当时是风气所趋。实际上，不仅山左王姓，天下王姓，几乎都被自称琅邪王氏的诗坛泰斗王士禛“整合了”。康熙帝的密妃（庄亲王胤禄的生母）为王姓，知县王国正女[①]，有人说与王士禛妻子同族本家，估计也是连宗。

清初，曾一度开放满汉通婚，李煦的原配韩氏，就是昌邑人。据李果《前光禄大夫户部右侍郎管理苏州织造李公行状》[②]：“娶韩氏，昌邑庠生晋卿公女，持躬端重，有材德。当圣祖南巡时，行宫之内，公所未及计算者，夫人辄能指办。以命妇朝谒皇太后，应对得体，皇太后以夫人汉人女晓习规矩为难。”韩晋卿可能就是顺治八年贡生韩名汉。乾隆《昌邑县志》卷六《人物志·文学》：“韩名汉，字素翁，生而颖悟，书再过不忘。既长，博极群书，工草隶，善诗画，以恩贡授广东陵水令……著《河洛渊源》《阴符经解》。诗有《南中》《京邸》《故园》《归来》等集。”张良为韩国人而有名于汉，韩又自晋分出，这可能是其名字号出典。

古代族谱，往往记生男不记生女，古人传记也详男而略女，杜臻《广东巡抚都察院右副都御史李公士桢墓志铭》记李士桢子女，只提到李士桢一个女儿：“王夫人出，适局承韶佐领。”周汝昌《红楼梦新证·儿门亲戚》惑于此，把曹寅之妻李氏视为李士桢侄女或继女。其实李士桢的女儿不止有两个，乾隆《昌邑县志》卷六《人物·列女》：“姜氏，巡抚赐姓李名士桢女，金台生员李锦章子枝仙妻也。枝仙病卒，遗子沛仁甫二岁，姜时年二十，食饮不入口者四日。翁姑大恸曰：‘汝死，老幼将谁依?’姜乃勉进勺水，以节自矢。姑常思儿涕泣，姜反制泪劝之。事亲终年。课子书，每加笞挞，不以茕独姑息也。卒年八十二。”红学界知道曹寅这个李纨式姨姐的，也不多。

据《昌邑姜氏族谱》卷首张志栋序：“余邑汇珍姜君与余少相善也，结为婚

① 唐邦治：《清皇室四谱》卷二《后妃》。

② 李果：《在亭丛稿》卷一一。

媾。其兄中丞毅可公与余兄亦为姻戚。”张氏为清代昌邑科名仕宦最显的家族，张志栋与其兄张志禧，张志栋两个儿子张勿我、张勿迁，先后进士及第。张志栋曾历官福建、浙江、江西巡抚。张、姜二族，姻亲稠叠。李士桢子孙中，娶张氏为妻者不少，据《昌邑姜氏族谱》，李士桢四子李灿之长子李以采，“娶张氏，继张氏”。张志栋曾为李士桢《抚江政略》《抚粤政略》作序，文中称李士桢为“同里戚属”①。李士桢的《抚江政略》《抚粤政略》后被江西建昌知府高琦合刻于江西，名为《李大中丞政略》。高琦为八旗才女之首《红雪轩稿》的作者高景芳之父，高景芳为靖逆侯张勇之子张仁宗之配。红学索隐派中有一种影响很大的“张侯家事说”，以为史太君原型为高景芳。辽东高氏中最显赫的铁岭高氏，万历年间自高密迁去，所以指画家高其佩有时自署“高密”籍贯。而高氏又源于姜氏。高琦《李大中丞政略跋》：“念及渊源，不觉一往而深。”② 其潜台词非常丰富。

姜氏姻亲中最显赫的家族，应该是清朝前期有“半朝”之称的满洲八大家之一的佟氏。《昌邑姜氏族谱》介绍李士桢子李炆：“炆，士桢五子，行六，字晓庵，任畅春园总管，奉差佐理两淮盐漕事务。生于康熙戊申年十二月初十巳时。娶佟氏，生二子，以坦、以儿。卒于康熙丙申年正月初五申时。葬通州红果园西新庄之东向阳。”李炆毫无功名（李煦还是荫监），而宦途还算风光，可能得力于岳家。而佟氏自隆科多被雍正帝卸磨杀驴后，也逐渐不能“领袖朝班”了，李家失去这个声援，也就更加没落了。

姜氏与昌邑柞丝绸业的崛起

清代中后期和民国前期，昌邑曾长期为世界性柞丝绸织造、贸易中心，并且是这种技术向全国传播的中心。自清朝后期中国加入世界商战以来，柞蚕丝绸曾经是中国垄断国际市场的传统骨干商品。中国柞蚕丝绸出口的鼎盛时期，一度在

---

① 转引自王利器：《李士桢李煦父子年谱——〈红楼梦〉与清初史料钩玄》，北京出版社，1983年，第288页。

② 转引自王利器：《李士桢李煦父子年谱——〈红楼梦〉与清初史料钩玄》，北京出版社，1983年，第289页。

同类产品占有世界贸易90%以上的份额。以至于康有为在公车上书中主张实业救国，特别举山东人制野蚕（即柞蚕）丝成绸，“夺洋人之利”为例。这种产业的兴起，昌邑姜姓的贡献是最大的。

一般人介绍昌邑丝织业的兴起，都提到李煦，他任苏州织造期间，将江南丝绸织造的工具、技术传到昌邑，使昌邑的丝绸织造技术融入了江南血统，并将昌邑丝绸推向全国市场。这基本上是可信的。

《红楼梦》第四十二回，二进荣国府的刘姥姥告别回家，凤姐赠送礼物，其中有“两个茧绸”。王利器先生所编的《李士桢李煦父子年谱——〈红楼梦〉与清初史料钩玄》，雍正元年条下查抄“办理李煦产务之奴才马二之家产”的清单中，也有茧绸制品：“茧绸短大襟夹袍一件，折银七钱”“茧绸短大襟单袍一件，折银五钱”。这里所谓“茧绸”，即柞丝绸。《红楼梦》中第五回预示巧姐命运的那幅画：“一座荒村野店，有一美人在那里纺绩。”令人联想到李煦在昌邑那个守节的寡妇姐姐和李煦被抄家后逃往昌邑的家眷，她们是否会从事茧绸的纺织？

昌邑成为茧绸最重要的产地和集散地，与其地理位置也有重要关系，它处在柞蚕放养的策源地和山茧的主要产地山东，并邻近山茧的另一重要产地辽东。实际上，东北的柞蚕放养和柞绸纺织，也与昌邑人传播技术有关。现在辽宁省丝绸行业骨干企业丹东丝绸二厂，其前身为浙江商人罗坤祥委托昌邑人姜言令、韩效思开办的义泰祥丝织厂①，这两个人一为李煦本家，一为李煦妻族。

姜氏为柞丝绸产业做出贡献，自然还有更远的背景。姜氏自古是一个富于流动性、适应性和商业精神的家族。姜太公治齐，崇贤尚功，优先发展工商业，“通商工之业，便鱼盐之利”（《史记·齐太公世家》），“劝女工，极技巧”（《通鉴外纪·周纪一》），这与传统宗法社会重农抑商是有差别的。这在姜太公后代身上，也有所表现。清康熙二十一年（1682），李士桢莅任广东巡抚，次年清兵占领台湾，李士桢及时上奏，要求康熙帝本“恤商裕民”之意，及时开放“海禁”②，并区分海关税和常关税，减轻商贾负担，使广东对外贸易迅速恢复。其弟姜士楧、侄孙姜舜龄前往广东探视，也感受到那里的商业气氛。李士桢在广东

---

① 韩玉恩：《我的父亲与义泰祥丝绸厂》，《昌邑文史资料》1989年第4辑。

② 李士桢：《抚粤政略·奏疏》。

巡抚署为《昌邑姜氏族谱》作《宗训》（姜氏后人称之为《中丞公宗训》），与我们常见的宗训、家训“唯耕唯读”相比，也有不同之处：“凡吾子孙当敬守祖训，除耕读之外，或务商贾贸易，亦可经营谋食。”这种对“商贾贸易”的开明态度，在传统社会是少见的。这对其昌邑亲族从事工商贸易，也是一个巨大的支持。康熙二十三年，李煦曾任宁波府知府，这也是对外开放的重要口岸（特别是对日本），同样会对昌邑亲族产生影响。《红楼梦》中对薛宝琴家经商，没有表示反感，对她跟随父亲下西洋买货，接触真真国女儿式的西洋人，甚至表示羡慕。这一切，应该也有生活基础。

康熙《昌邑县志·风俗》：“敦本抑末，士勤于学，农务于耕……无复业商者。”曾几何时，昌邑竟成了国际闻名的丝绸贸易中心，并且是北方著名的侨乡之一。昌邑姜姓从多个方面，促成了这种风气的转变。其实昌邑人的选择，也是后来我们民族选择的方向。虽然当年昌邑姜姓与其乡亲，背起绸包，推起板车，间关河山，远涉重洋，餐风露宿，周旋于异域绝俗，奔波于兵荒马乱，未必了解他们行为的意义。

曹府不演《桃花扇》

洪昇的《长生殿》与孔尚任的《桃花扇》为清代剧坛“双璧”。康熙中后期，二剧风行南北，其时恰当曹家江南鼎盛。曹雪芹的祖父曹寅精于戏曲，并且家中备有戏班。但他对这两部作品，却表现了不同的态度。

曹寅似乎对《长生殿》特别偏爱。据金埴《金箱说》，康熙四十三年（1704）甲申，洪昇游江宁，曹寅迎至织造府署，“乃集江南、江北名士为高会，独让昉思居上座，置《长生殿》本于其席，又自置一本于席，每优人演出一折，公与昉思雠对其本，以合节奏，凡三昼夜始阕。两公并极尽其兴赏之豪华，以互相引重，且出上帑兼金赆行，长安传为盛事，士林荣之”。曹雪芹在《红楼梦》中也曾提及《长生殿》的关目：第十一回庆贾敬生辰所演《弹词》，为《长生殿》第三十八出；第十八回迎贾元妃归省所演的《乞巧》，为其第二十二出。

相对而言，孔尚任的《桃花扇》就未免太受曹氏祖孙冷落了。至少直到现在，还没发现曹家上演《桃花扇》的记载；《红楼梦》中也没有提及《桃花扇》的文字。应该说，这种情况很不正常。孔尚任《桃花扇·本末》云“长安之演《桃花扇》者，岁无虚日”，而《桃花扇》的剧情，以南京为中心，遗老尚存，风物依旧，曹寅更应感兴趣（何况曹寅还写过同类题材的《虎口余生》）；曹家的戏班子，上演过不少二三流的作品，为什么唯独冷落了“新词不让《长生殿》，幽韵全分玉茗堂”、堪敌一部南明兴亡史的《桃花扇》？

清初文坛领袖、曹寅幼年曾亲承教诲的周亮工所著《书影》卷九中有一段话，也许能帮助我们找到答案：

> 海盐有优者金凤，少以色幸于严东楼，东楼昼非金不食，夜非金不寝也。严败，金亦衰老，食贫里中。比有所谓《鸣凤记》，金复涂粉墨身扮东楼矣。近阮怀宁自为剧，命家优演之。怀宁死，优儿散于他室。李优者，但

有客命为怀宁所撰诸剧，辄辞不能。复约其同辈勿复演。询其故，曰："阿翁姓字，不触起，尚免不得人说；每一演其撰剧，座客笑骂百端，使人懊恼竟日，不如辞以不能为善也。"此优胜金优远矣！不知怀宁地下何以见此优。

周亮工无疑是以倡优律士大夫，李优对待阮大铖的态度，确实也体现了古人忠厚的道德原则。凑巧的是，曹寅家庭戏班的曲师朱音仙就曾在阮大铖手下讨过生活，《楝亭词钞》有《念奴娇·题赠曲师朱音仙》，注云："朱老乃前朝阮司马进御梨园。"曹寅是否因尊重朱音仙而兼及阮大铖，于是不忍上演《桃花扇》?

曹府不演《桃花扇》，也许更碍着马士英之子马銮的面子。康熙初年，曹玺曾聘马銮为曹寅塾师，师生关系甚好，《楝亭诗别集》卷二有《见雁怀马伯和》《哭马伯和先生二首》。相对于阮大铖，马士英人品更高一点，夏允彝《幸存录》称他为"小人中之君子"，甚至许他为忠臣。南京陷落后，他与方国安合兵抗清，兵败，为清兵所杀。《明史》虽列之《奸臣传》，仍能存其曲中之直，如阮大铖阴谋将东林一网打尽，而为士英所拒即为一例。而东林党人免却这场劫难，又恰与曹寅塾师马銮有关。据王昶《青浦诗传·顾在观》，马銮为阻止其父兴大狱，"几谏，至于挽须抱项，涕泣随之。诸君子得以从容引退，未出亦各高卧里门"。《桃花扇》出于奸臣亡国的安排，对马士英未免漫画化了，他的角色也是个大花脸——净，在《入道》一折，让霹雳雷神把马士英劈死，更是荒诞。

当《桃花扇》完成之时，马銮早已辞世，朱音仙也未必还健在。但曹寅仍不让在家中上演《桃花扇》，足见忠厚；而曹雪芹因父祖恩谊，不忍提及此剧，也体现了古道遗风。

李后主与宋徽宗

新加坡诗人潘受先生吊李后主坟诗，脍炙人口。诗云：“月明故国空回首，春去花看落正纷。淮北舟归除是梦，江南巷哭岂堪闻。词人不幸为天子，异代相怜有道君。千载邙山满枯骨，夕阳何处吊荒坟?”诗中把李后主与“道君皇帝”宋徽宗相比，颇得其伦：二人都风华绝代，李后主的词，宋徽宗的画，均堪称艺林瑰宝。二人都不识政体，不恤政事，贪酒色，喜游艺，佞佛老，昏庸懦弱。后来都做了亡国之君，受尽屈辱。

不过相对而言，李后主在人品上要高于宋徽宗。作为君王，他的“失德”之处比宋徽宗要少。他的朝中虽也有佞臣（如冯延巳），但与高俅、蔡京相比，未免小巫见大巫；他虽然也骄侈，但不像徽宗那样劳民伤财，大兴土木。马、陆二氏的《南唐书》都称赞他是个“爱民”的仁君。他被掳北上，死在北方，“江南人闻之巷哭”，也说明人心不死。连举兵讨伐的宋朝皇帝都说“江南无罪”，只好把天下一家，卧榻之侧不容他人安睡，作为出师之名。最后，李后主的懦弱不竞，客观上也顺应了国家统一的历史潮流，使天下蒙受其福，免却兵灾浩劫。宋徽宗的懦弱无能则恰恰相反，使中原人民陷入到异族统治的黑暗深渊。

《红楼梦》第二回贾雨村正邪两赋，把陈后主、唐明皇、宋徽宗与古今逸人高士、奇优名倡相提并论。曹雪芹没把李后主列在这个队伍中，其中缘由值得思考。

应该说，《红楼梦》作者对李后主是很熟悉的。灭亡南唐、俘获后主的宋将，就是曹雪芹光荣的远祖曹彬。小说中也多次提及与李后主相关的典故，如第二十三回林黛玉因听《牡丹亭》艳曲“良辰美景奈何天，赏心乐事谁家院”联想到了李后主词“流水落花春去也，天上人间”之句。第七十六回史湘云对林黛玉说：“你可知宋太祖说的好：‘卧榻之侧，岂容他人酣睡?’”第七十九回夏金桂嫁到薛家，看到才貌俱全的香菱，越发添了“宋太祖灭南唐”之意。第八十七回黛玉自叹孤凄："真是李后主说的，'此间日中，只以眼泪洗面'矣！"

李后主与曹雪芹一样是以少胜多的作家，曹寅主持编写、刻印的《全唐诗》搜罗向称完备，只收入李后主十七首完整的诗和一些零章断句。他以词闻名，而传世之作，仅四十余首。

丹诚神血所凝，不以其少而少之。

“汪恰洋烟”与“依弗哪”药膏

周策纵先生在《〈红楼梦〉“汪恰洋烟”考》中说，《红楼梦》提到的三十余种西洋名物，经过海内外学人考证后，只有两件，“大家还不知道究竟是什么”。这两件便是第五十二回晴雯治病用的“汪恰洋烟”和“依弗哪”药膏。

经过海内外学人们的不懈努力，这最后的难题似乎也有了眉目。关于“汪恰”，周策纵认为是英语 Virginia、Virgin 或法文 Vierge 的对音。“汪恰洋烟”即产于北美的弗吉尼亚的鼻烟或烤烟（Virginian tobacco）。“依弗哪”据说是来自法语 éphédrine，即治感冒、贴头疼的“麻黄浸膏”。

《红楼梦》中出现的西洋风物，应该不单是为了斗奇炫富，而是有一定的寓意。至于这寓意是因名字音译的谐音产生，还是因名物本身的背景而产生，当然还要考虑小说作者和修订者对西洋历史文化了解的程度。可惜目前对这方面我们所知不多。

不久前到加拿大考察，经过中部萨斯喀彻温省（Saskatchewan），彼邦人士介绍其首府里贾纳（Regina），发音快时，听起来好像“瑞纳”“亚纳”，不由我就心中一动。当时没有认识到 Regina 与 Virginian 有联系，而是因为“瑞纳”等发音与“依弗哪”以及罗马教廷赠给南明永历皇帝太后“亚纳”的教名近似。我怀疑彼邦是否也有省音简称，如国人称北京为京，称济南为济。询之当地华侨通掌故者，Regina 为拉丁文“女王”的意思，与英国王室确有瓜葛。萨省举行一些历史性庆典，伊丽莎白二世有时也会亲临。

今天美利坚的 Virginian，原是英国在海外建立的第一块殖民地。雷利爵士（Sir Walter Raleigh）于 1584 年率领商船航行北美在此登陆，命名寓意是纪念“贞后”（The Virgin Queen）伊莉萨白女皇（Elizabeth Regina）。后来英国殖民者从西印度群岛引入优良烟种，这里成了著名的烟草产地，供应英国和欧洲大陆。与曹雪芹几乎同时代的美国国父华盛顿，就是弗吉尼亚烟农和庄园奴隶主

(George Washington 烟草种植园，有三百多黑奴从事繁重劳动)。1759 年他运销了五十大桶 (hogsheads) 淡巴菰到英国去。晴雯吸的鼻烟中，说不准就有美国国父和他的奴隶们的劳动成果。

再后来，因为英国痛改前非，不想再做奴隶贩子 (但继续做毒品贩子)，并采取得力措施打击贩卖黑奴的活动，触动了北美种植园主的利益。于是他们愤而反叛。北美独立战争，从某种意义上说，是保卫黑奴贸易的战争。后来美国南北战争，南方保卫蓄奴制，林肯主要目的则是维护国家统一。华盛顿在英国的仇国法兰西、西班牙等国支持下，最终取得胜利。其间一些尊王派北迁，并成功挫败 Washington 部对北方的觊觎。于是有了今天的加拿大。

如果说雷利爵士命名的 Virginian，主要表现其骑士情怀的话，加拿大一些与英国女王有关的地名 (萨省首府 Regina，BC 省会城 Victoria)，则是表现尊王意识。

需要指出的是，在雷利爵士首航 Virginian 后不久，1596 年 (万历二十四年)，伊丽莎白女皇就派本杰明·伍德 (Benjamin Wood) 带着她亲笔写给中国皇帝的信，出使中国。而在美国独立后，与欧洲大陆的贸易受英国的封锁，只有据说是曹雪芹祖母之父的李士桢任广东巡抚时建立的广州十三行对美国完全开放，使其获得外贸收益。Virginian 宝烟可能直销中国。那时，一穷二白的美利坚有一个梦，就是有朝一日，能与大清帝国一样富有。但从 GDP 占全球比例来说，美国经济顶峰时期，也没超过乾隆年间。而当时与中国打交道最多、传闻“依弗哪”产地的法兰西，还在实行初夜权、世卿世禄，资产阶级启蒙思想的老祖宗伏尔泰，不仅羡慕孔孟之道，以为是理性的最高体现，而且羡慕八股取士制度，以为是最公平先进的文官考试制度。

桑梓情深

虞舜时代的伟大丰碑：营丘九头图与崇山石祖林

一

《水经注·湘水》：

（南岳岣嵝）山下有舜庙，南有祝融冢，楚灵王之世，山崩，毁其坟，得营丘九头图。禹治洪水，血马祭山，得金简玉字之书。

张衡《思玄赋》：

流目眺夫衡阿兮，睹有黎之圮坟。

唐李善《文选注》：

黎，高辛氏之火正，谓祝融也。圮，毁也。楚灵王之世，衡山崩，而祝融之墓坏，中有营丘九头图矣。

《大正新修大藏经》卷五一引《南岳总胜集·祝融峰》作：昔楚灵王时融顶崩，获人皇九首之图。

“营丘”，一般指齐国都城。齐都数迁，皆名营丘，均在泰沂山地以北，莱州湾南岸。这一带是远古东夷部族的大后方、大本营、蓄水池，是中华文明发祥的木本水源之地。有意思的是，有关“营丘九头图”的记载，也一直和远古东夷部落联盟的领袖们瓜葛稠叠。

屈原《九歌·湘夫人》：“九嶷缤兮并迎，灵之来兮如云。”萧兵先生在《楚辞新探》的开篇里就运用比较神话学的方法，论证了《楚辞》中的“九嶷”就是九根柱状的石柱，即“列石”：

> 发现大石文化遗迹较多的东方（夷）以及南方（楚）正存在太阳崇拜。《九歌》的《东皇太一》和《东君》就是明证。……耐人寻味的是，葬于九嶷、庙竖列石的帝舜以及与之同格或一体的帝俊、帝喾都是东方夷人集群的最高祖先神兼太阳神。

萧兵先生援引有关祝融墓营丘九头图的记载后这样说：

> 这条重要的材料可以做两种解释：一是这里的重黎墓（或祝融墓）有碑碣或画像石，上面刻着“营丘”和九头怪物，有如《古地图》九块列石上的纹饰；二是墓室里有壁画，绘着九头怪神，有如《天问》之“雄虺九首”，汉王延寿《鲁灵光殿赋》所述“五龙比翼，人皇九头”的祠庙壁画。这也有助于推测九嶷舜墓的形制。另外，《大司命》“导帝之兮九坑”的九坑（或作九冈），闻一多先生以为指楚之冈山，那上面可能有颛顼庙（颛顼跟帝舜、祝融一样原是东方的祖先神兼太阳神），这“九冈”跟“九嶷”“九头营丘”“九阳”等一样都以“九”为神秘性序列数字，莫非也与某种太阳神文化建筑有关？

众所周知，远古东夷太阳崇拜、飞鸟崇拜、男性生殖器崇拜有其同一性。所谓“九嶷、九头、九阳”，其实就是新石器时代男性生殖器崇拜的产物——石祖。

性器崇拜曾是人类蒙昧时期信仰的表现形式，是当时社会形态的心理折射。从考古遗存来看，女阴崇拜（如胶、辽等地区发现的石棚）是母系氏族时期的产物，是母权的折射；对男根的崇拜可能在母系社会就产生，但其盛行则在父系氏族取代母系氏族以后。这种崇拜也不是如某些学者所说，是远古东夷族群所特有，但东夷石祖崇拜的遗存较多，则是事实。近来被人注意的山东昌乐县营丘镇崇山石祖林，最有代表性——它可能就是“营丘九头”。

司马贞《补史记·三皇本纪》:“人皇九头，乘云车，驾六羽，出谷口，兄弟九人，分长九州，各立城邑，凡一百五十世，合四万五千六百年。”

所谓“营丘九头”(人皇九头)，应该是远古东夷部落分掌九州(远古九州，在今山东境内泰沂山地及其周围地区)的首领们在东夷中心城邑营丘(部落联盟首领所居)附近崇阳山树立的象征各自祖先的石祖，崇阳山就是分掌九州的首领们盟会祭祖之处。至于“营丘九头图”则是将这些石祖刻于石上或绘于兽皮等物上，以便随时随处祭拜，相当于后世的宗谱、宗氏图。元潘昂霄《金石例》卷一《墓图》:“宗久图碣二，一埋中宫之下，一立中宫之上。太原以坟茔中心为宅神，亦中宫之义也。”祝融后代由东夷播迁湖湘，坟墓中有营丘九头图也便不足为奇了。屈原在《离骚》中自称是东夷古帝高阳(颛顼)之苗裔，他对这个谱系也许有所了解。

宋代罗泌《路史》卷二《九头纪》:

> 人皇九男相像，其身九章，胡洮龙躯，骧首达腋，出刑马山提地之国。

清代王谟《汉唐地理书钞》辑《荣氏遁甲开山图》云:

> 人皇兄弟九人，生于刑马山，身有九色。

“刑马山”三字令人联想起前面所引《水经注·湘水》“禹治洪水，血马祭山”之语。古东夷民族还保留着游牧时期的一些传统，重大祭典用马为牺牲(这种传统在后来的齐国仍然延续，临淄、寿光等地发现的殉马坑就是证明)。在崇山石祖前面，有些光滑的土丘，估计是焚埋祭品之处，如果挖个探坑，发现马骨或马骨化石遗存，更能证明这一点。

二

昌乐崇山，当地人有称“崇阳山”者，有称“石屌山”者，《太平寰宇记》

《隋书·地理志》称之为“丛角山”,《金史·地理志》、马端临《文献通考·舆地考》称之为“聚角山”。

整个昌乐县境，处在郯庐断裂带的沂沭断裂段，是中国新生代第三纪火山口分布最集中的地区，山峰数以百计，其中比崇山高大者比比皆是，但上面提到的几部古籍介绍昌乐（营丘）境内山脉，只有两座，都将偏远卑小的崇山列入，其原因颇令人思量。

《太平寰宇记》卷一八介绍“丛角山”得名之由，说是因“山有三峰，岌如丛角”。这种解释显然是望文生义。所谓三峰，不过东西相连的三个小岭埠，根本无岌如之形，虽地老天荒，消磨奇峻，也不能若是之速。所谓“丛角”，当指崇山西北坡之石祖林。古人所谓“角先生”，指男性生殖器官，这也是常识。

曾多次到崇山考察的山东大学美术考古研究所所长刘凤君认为，崇山是远古时代的祭台遗址，而这些巨石是巨石崇拜时期的遗物，也是远古东夷父系氏族社会进入盛期、男性生殖崇拜时期的产物，距今已有4000多年的历史！在世界范围内，巨石崇拜时期留下的遗物，多属自然石崇拜。像这样巨型而又逼真的“石祖”艺术聚集于一个祭坛，实属世界奇迹。

崇山在东夷中心城市——姜太公受封后齐国最初建都之地的古营丘东南方向数公里处，而石祖林的主体在崇山的西北方向，两者正好相对，这应该不是巧合。

恩格斯在其《家庭、私有制和国家的起源》中指出，废除母权制是“人类所经历过的最深刻的革命之一”“在历史上出现的最初的阶级对立，是同个体婚制下的夫妻间的对抗的发展同时发生的，而最初的阶级压迫是同男性对女性的压迫同时发生的”“母权制的被推翻，乃是女性的具有世界历史意义的失败”。这种失败的结果，女性所付出的代价，便是人类历史最伟大的进步：进入文明社会。这场革命留下的最重要的遗存，也许就是残存的石祖。

学术界对于父权制确立以后文明产生的判定标准，主要有城市的出现、文字的产生、金属工具的使用、国家制度的建立，等等。中华民族的文明曙光“出乎震”，无论文献记载还是考古发掘，都提供了有力的支持：崇山西北不远弥河西岸发现的寿光边线王古城，有都城规模；在昌乐境内发现的刻在骨头上的鸟篆，比甲骨文早上千年；在传为虞舜故里的诸城呈子大汶口—龙山文化遗址发现了青铜片，将我国的青铜器历史提前了一千年。受舜禅让而建立的第一个世袭王朝，一直到少康中兴，其主要统治区域在潍坊境内。据《竹书纪年》，夏太康、帝相时，先后居潍坊境内的斟鄩、斟灌（相当于都城或行都），而少康中兴，主要战场在潍河流域。

《国语·周语上》载内史过云："昔夏之兴也，融降于崇山。"韦昭注："融，祝融也；崇山，崇高山也，夏居阳城，崇高所近。"《竹书纪年》卷上："禹治水既毕，天锡玄圭，以告成功。夏道将兴，草木畅茂，青龙止于郊，祝融之神降于崇山，乃受舜禅，即天子之位。洛出龟书，是为洪范，三年丧毕，都于阳城。"

王宁先生认为，"融"与"彤"通，降于崇山的乃尧子丹朱（彤朱、驩兜、驩头、欢朱），禹所居阳城，为后来的青州南阳城，所谓洛，即弥河，古称巨洋水，至今寿光仍有"北洛""洛城"等地名。① 这里的"崇山"，是否就是昌乐石祖林所在的崇山，也值得玩味。我认为，这里的"崇"不是"高峻"的意思，而是"钦崇"的意思。山不在高，在这里举行庄严的祭典，也可以名为之"崇山"，《书·舜典》"放驩兜于崇山"，或者舜禅让时，丹朱仍在壮年，使之到崇山奉尧之祀，有存亡继绝之意，也使唐尧之灵有所归而不为厉。《北堂书钞》卷一五七引《帝王世纪》云：尧生于丹陵，封于唐。景以恩以为："丹陵即古丹山，也即今尧山，山在齐东今昌乐县以西，尧山下有尧河，古称丹水。昌乐县境内今以唐、鄌为地名者，不下七八处。《昌乐县志》称：该县有尧子丹朱冢。"② 更为巧合的是，20 世纪 80 年代，在昌乐西南的临朐县西朱封村，发现了三座迄今为止规格最高的龙山古墓！

我们注意到，史学界很多人对于远古帝王主要产生于东夷族团以及夏朝在泰沂山以北建立持否定态度。联想到史学发达的封建社会，都发生过把孟姜女从齐长城拉到秦长城的典故，在政治统治中心转移（即使政治中心转移后，潍坊仍长期为文化学术中心。封建社会学术文化以经学为主体，今文经学宗伏氏，古文经

---

① 王宁：《"夏居河南说"之文献考辨——兼说二里头文化非夏文化》，《枣庄师范专科学校学报》2003 年第 1 期。

② 景以恩：《华夏血缘族团源于东方新探》，《复旦学报（社会科学版）》1999 年第 1 期。

学宗郑氏，二氏之后，皆在潍坊）以后，“传疑时代”的历史真相经过历代层累式变异、附会、穿帮、作伪，淹没于“中原大合唱”，也就不足为奇了。

三

黑格尔以为地理环境是民族精神自我发现的场地，是历史的必要基础，并说北温带“是历史的真正的舞台”，而“在寒带和热带上，找不到世界历史民族的地盘”。① 黑格尔的后学马克思进一步发挥了他的思想：“资本的祖国不是草木繁盛的热带，而是温带，不是土壤的绝对肥力，而是它的差异性和它的自然产品的多样性，形成社会分工的自然基础，并且通过人所处的自然环境的变化，促使他们自己的需要、能力、劳动资料和劳动方式趋于多样化。”② 马克思的论断，令人联想起凝结着东方古老智慧的《周易》中“物相杂故曰文”的至理名言。

潍坊地区作为中华文明的重要发祥地，其历史文化的博大深厚、丰富多彩，在一定程度上验证了这个规律。潍坊地区自南而北，依次是山地、丘陵、冲积平原、滩涂、海洋，物产丰富多样，其中特别值得一提的是，潍坊是中国海盐文化发祥地，人类生活必需品海盐的生产和贩运，尤其是文明的重要催化剂之一。海盐和海产品的食用，再加上东夷民族又非常讲究生活，使东夷民族身材高大、健壮，繁殖力旺盛，这也使东夷成为向亚欧大陆纵深和太平洋沿岸发展的策源地。近五六千年来，潍坊地区的气候和全国气候相同，总趋势是由温暖转向凉爽，由湿润逐渐干燥。新石器时代，正月的平均气温比现在高出 3℃～5℃，年平均气温大概高出 2℃③，其时洪水泛滥，气候炎热。与潍坊地区有关的大禹治水、后羿射日，对当时气候状况有所折射，而由潍坊地区史前人类遗迹中发现的喜暖性动物獐骨陪葬品和喜暖性植物竹节的残灰，也证明了这一点。而迎战大洪水的挑战，使东夷文明产生了空前飞跃。

北京大学气候学专家王绍武教授曾指出：“历史记载、古气候、古环境及考

① 黑格尔：《历史哲学》，生活·读书·新知三联书店，1956 年。

② 马克思：《资本论》第 1 卷，人民出版社，1975 年。

③ 张岱年等编：《中国文化概论》，北京师范大学出版社，2004 年。

古证据一致表明，中国北方在公元前第三个千年后期有一个洪水期。大禹治水标志着洪水期的结束。”[①] 这次洪水和其后到来的剧烈的气候突变，把许多古文化毁灭了。华北的红山文化、河南的仰韶文化、东南沿海的良渚文化，还没有进入父系社会，就突然消失——或不能适应环境变化，或被强力扩张的古东夷部族征服同化。考古遗存证明，东夷文化圈周围的古文化，离东夷文化中心越远，其文化沉寂或空白越大。而在这场空前的自然灾害面前，已经进入父系社会、身体素质最好的东夷人依托泰沂山地和山东丘陵这座不沉的诺亚方舟，勇敢地迎接挑战。这场给人类带来空前灾难的特大洪水，空前地激发了东夷民族的智慧和创造力，提高了生产力水平和文明程度，磨炼了东夷人民的意志，也使先进的父权制更加巩固，涌现了尧、舜、禹、皋陶、益、稷、契等一大批杰出的部落领袖（炎、黄、尧、舜这些父系军事民主时代的部落领袖，不可能在仰韶、红山、良渚等母系氏族社会产生）。由于治理洪水符合所有部落的共同利益，促成了较大范围的部落联合。于是治水的过程也是部落融合统一的过程，社会组织性加强的过程，是权力高度集中的过程，也是权力异化的过程，是对权力产生崇拜和占有的过程，是产生权力争夺的过程，因此是产生保证权力实施和维护对权力占有的暴力机器的过程——国家孕育的过程。由于治水主要完成于虞舜在位期间，于是我们可以说虞舜时代拉开了中华文明的伟大序幕。

崇山石祖正是在这样一个需要巨人而产生了巨人的时代刻造树立的，它们那生气勃勃、精力弥漫、傲立苍茫的气魄，也是那个时代精神的展现。当然，那个时代野蛮未化，蒙昧犹存，当时先民视为神圣庄严的生殖崇拜，从后世宗法礼教的眼光看，可能是粗野猥亵。孔夫子删述《六经》，司马迁著《史记》，都会以“怪力乱神”或“荐绅先生难言之”之由而摈弃之。在儒家礼教指导下编纂的中国经史，掩盖的历史真相岂止生殖崇拜！儒家因“法祖”而尊亲避讳，掩盖历史，美化祖先。但这个“祖”字，甲骨文作“且”字，仍以男性生殖器象形，而后世圭、笏、碑、塔、牌位、华表等礼器，仍然是生殖崇拜的升华或变形。

由此看来，对崇山石祖林的考察，可以帮助我们了解中华民族重要源头的古

---

① 王绍武：《夏朝立国前后的气候突变与中华文明的诞生》，《气候变化研究进展》2005 年第 1 期。

东夷民族的成长和播迁，认识远古原始宗教、图腾崇拜、石头文化、美术史、雕塑艺术、民风民俗、性文化、宗法制萌芽、阶级的产生、国家的建立，尤其可以帮助我们重新认识被服务于宗法礼教的历代儒家和史学家掩盖歪曲了的远古历史真相和远古部落领袖的真实风采。

诸城前寨大汶口文化陶文解读

在诸城博物馆所藏众多文物瑰宝中，有一块被列为国家一级文物的破陶片，别看它不起眼，却比相同体积的金玉翡翠还要宝贵千倍万倍。它就是1973年发现于诸城前寨大汶口文化遗址刻有图像文字的陶缸残片。

这块陶片上残存的图像文字，也只是一个字或符号的一部分，主要是几个齿状组合，图案上涂有朱色。对照1960年在莒县陵阳河大汶口文化遗址陶器上发现的一个完整的图像符号，前寨陶文残存部分，与其相应部分大致吻合（图1）。

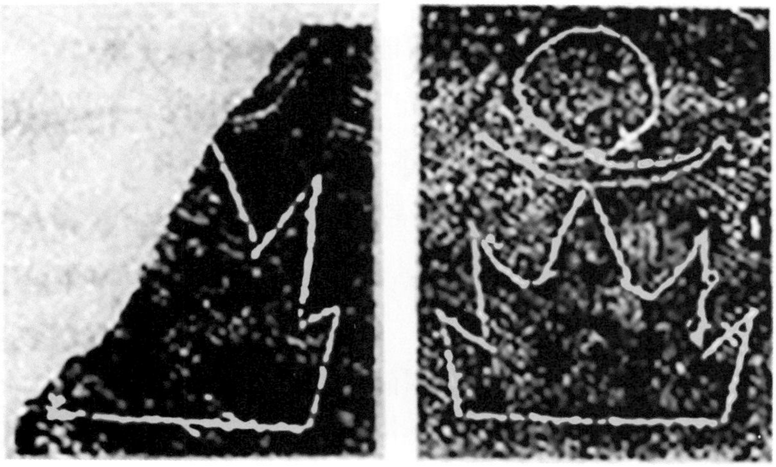

图1

这个图像文字，由自上而下三部分组成，上面是一个圆圈，中间舟形或月牙形，下面是相联的五个齿状图形。莒县大朱村古文化遗址、安徽蒙城尉迟寺遗址也曾出土刻有相同符号的陶器。莒县陵阳河、大朱村文化遗址，湖北石家河文化诸遗址肖家屋脊等处还出土了刻有较之上面提到的符号缺少下面五齿状符号的陶器。一般以为这两个符号的象征意义是相同的，后者是前者的简化。

考古界一般认为，这种符号或文字是远古生活在泰沂山地及周边地区的东夷部族所特有，在其他地区发现，反映了东夷部族的迁徙和文化互动情况。

考古工作者和文字学家对上述陶文或符号的看法各有轩轾。有说是图腾，有说是族徽，或释为“旦”[①]，或释为“炅”[②]，或释为“昊”或“皞”[③]，或释为“炟”[④]，或释为“熄”[⑤]。甚至对该陶文组成部分观点也不一致。如其中月牙形，或释为阳乌，或释为云气，或释为月。[⑥] 不过绝大部分学者都赞同该陶文与太阳崇拜有关，也都赞同该陶文为中国早期图像文字，把它作为研究文字起源的珍贵资料。此外，研究远古东夷原始宗教、天文、历法等课题，往往也涉及该陶文。

在远古东夷部族进入新石器时代（父系氏族时期）的大汶口文化和龙山文化时期，先民的原始宗教或原始信仰中，有一个序列值得我们特别重视，那就是太阳崇拜—飞鸟崇拜—生殖崇拜—祖先崇拜。这个序列既有同一性，也有变异性。

《易・系辞上》“悬象著明，莫大乎日月”，普照万物，给大地带来生机和活力的太阳，至今仍是人类崇敬的对象。而在远古天造草昧的时代，特别是在人类尚未掌握对火的应用时期，每当漫漫长夜或连续雨雪等灾害性天气，人类对太阳的期盼更为迫切，对太阳神的崇拜有可能是最早的自然崇拜。

地球上动物之中，禽鸟“得气之先”，所谓鹤知夜半、雄鸡鸣晓、飞燕报春、凤凰朝阳，禽类与人类一样，夜视性都不强（即使猫头鹰夜间捕鼠也主要靠听觉），而禽类的天敌猫犬二科及黄鼠狼甚至蛇类，却善于夜间活动。黑夜使禽鸟感到恐惧。一旦太阳出来，光明普照，会给它们带来安全感，所以清晨百鸟欢鸣，仿佛是对太阳的礼赞。

在人类由山洞穴居向平原农耕定居的过程中，曾有个丛林文化时代。在这一时期，人鸟最相亲近，鸟卵也是人类赖以生存的重要食物来源。在令人恐怖的漫漫长夜，一旦听到鸟的鸣叫，蜷缩在黑暗寒冷中的先民就有盼头了。太阳的形状

---

① 于省吾：《关于古文字研究的若干问题》，《文物》1973年第2期。

② 唐兰：《中国奴隶制社会的上限远在五六千年前》，《大汶口文化讨论文集》，齐鲁书社，1979年。

③ 陈五云、刘民钢：《释“昊”》，《华夏考古》2003年第2期。

④ 王树明：《谈陵阳河与大朱村出土的陶尊“文字”》，《山东史前文化论文集》，齐鲁书社，1986年。

⑤ 陆思贤：《我国最早的文字》，《书法》1988年第6期。

⑥ 关于前寨陶文的更多不同解释，参见刘德增《鸟图腾、刻画符号与中国文字起源》，《齐鲁师范学院学报》2011年第2期。

像鸟卵，而鸟能和太阳一样在空中飞行，鸟的羽毛像七彩阳光一样灿烂……按照先民的原始类比、泛神化思维，太阳应该是神鸟的本家。在太阳的众多异名中，与鸟相关的最多：阳乌、赤乌、乌阳、乌轮、乌焰、旸乌、灵乌、织乌、赤羽、踆乌、赤鸦、金鸦、曙雀、三足乌……《山海经·大荒东经》“汤谷上有扶木，一日方至，一日方出，皆载于乌”。在古代画像中，日鸟一体的构图也不少概见。诸城的母亲河潍河之“潍”，在古籍中或作“淮”，或作“维”，或作“惟”，总以“隹”为偏旁，《说文》：“隹，鸟之短尾总名也。”山东境内大河，唯潍水之名与鸟关系密切，所以景以恩先生曾说“潍水流域为鸟夷发祥地”①，主要是根据文献所载，现在出土文物的证据也越来越多。

有巢氏是人类丛林时代的部落领袖的代表，郑樵《通志·三皇世谱》称之为“始君”，也是中华第一位住房设计大师。当人类繁殖，洞穴不足，露居野处又极为艰苦且不安全，他教人巢居，有以鸟为师的倾向。《艺文类聚》卷一一、《初学记》卷九引《遁甲开山图》云：“石楼山在琅邪，昔有巢氏治此山南。”诸城确有石楼山，乾隆《诸城县志》卷六《山川考》：“石楼山，县东南百一十里，接胶州铁橛山之阳。”宋代罗泌《路史》卷二九：“娄，石楼也。《开山图》云：石楼山在琅邪，昔有巢氏治此。在城阳县东北有娄乡。”杜预《春秋释例》卷六释“牟娄”：“城阳诸县东北有娄乡。”考虑铁橛山之阳的石楼山，与此位置不甚相符。汉晋诸县治在前寨东南数里的石屋山（庙山）北，石屋山或石楼山。在诸城南呈子遗址二期（相当于龙山文化时期）文化遗存中，发掘出两处房基，都是不规则的圆形②，仍有模仿鸟巢的成分。郑樵《三皇世谱》把发明人工取火的燧人氏视为“有巢之子”。而据《路史》卷五，燧人氏“游于日月之都，至于南垂，有木焉，鸟啄其枝，则然火出，圣人感之，于是仰察辰心，取以出火，作钻燧，别五木以改火”。

燧人氏人工取火，与有巢氏筑巢而居，都是以鸟为师。啄木鸟啄枯木取虫，用力很猛，节奏很快，产生火星引燃木柴，今天能用摩擦生热的物理学常识解释。历史上一些鸟衔火点燃古建筑的记载，也可作如是观。诸城呈子大汶口文化

① 景以恩：《华夏血缘族团源于东方新探》，《复旦学报（社会科学版）》1999 年第 1 期。
② 杜在忠：《山东诸城呈子遗址发掘报告》，《考古学报》1980 年第 3 期。

层出土三足全是鸟喙状的陶鼎（见左图），三足乌式陶鬶，有飞鸟崇拜，有对太阳的崇拜，也寄托了人类对火的崇拜和征服的欲望。并且“吉祥一家”日、鸟、火三者之间有内在联系。丁山以为燧人氏即火神炎帝，亦即兵神蚩尤。① 蔡运章以前寨陶文为八卦中象征火的“离”卦卦象，表现对太阳的崇拜。② 据《周易》，离卦有雉、火、日、电、明、枯木诸象，令人不由怀疑《易经》渊源与东夷文化的关系。

人类能人工取火，不仅能化腥臊，杀病毒，促进身体和智力的进化，还促进了制陶、冶金技术的产生。人类对火的崇拜也由来已久，对前寨陶文的解释，很多也与火相关。燧人氏因发明人工取火而被推为部落领袖或帝王，自然也顺理成章。

前寨陶文有释为“昊”者，以为是少昊、太昊之族徽。燧人氏在古书中也曾被称为少昊。郑樵《三皇世谱》：“天皇伏羲氏，少昊燧人之子，母曰华胥。”而伏羲又被称为“太昊”，是“一画开天”、创始易学的人文初祖。伏羲之子孙伏姓、宓姓名人，诸城最多；先秦两汉之际，诸城易学最盛，或与此有关。

梁孝元帝《金楼子》卷一：“太昊帝庖牺氏，风姓也，母曰华胥。燧人之世，有大迹出雷泽，华胥履之，生庖牺，蛇身人首，有圣德。燧人氏没，庖牺氏代之，继天而王，首德于木，为百王之先。”华胥履大人迹之雷泽，与虞舜打渔之雷泽，或为一处。李澄中诗《诸冯行》、文《渔村木芝庵记》，皆提及今诸冯附近，雷岭之下的水泊为雷泽。考古学家王树明等以为太昊指虞舜，并根据莒县陵阳河出土陶尊文字中有刻画“◇”形符号者，隶释其为古代“凡”字的祖形，发源于一种吹奏器物，通转为风，即为太昊或者虞舜的徽号，为“舜生诸冯（今诸城、莒县交界处）”和“太昊风姓”找到了强有力的物证。③ 至于太昊与伏羲连

---

① 丁山：《中国古代宗教与神话考》，龙门联合书局，1961 年。

② 蔡运章：《中国古代的卦象文字》，《“纪念甲骨文发现一百周年国际学术研讨会”纪要》，1999 年。

③ 王树明：《帝舜传说与考古发现诠释》，台湾《故宫学术季刊》1992 年第 4 期第 9 卷。

为一体，有考古学家认为是汉以后的说法，是吸收了苗瑶民族关于女娲兄妹成婚繁衍人类的传说而形成的，不足为据；再就是"伏"可能为"风"之音转，羲为太阳，"前者得之于太昊之姓，后者得之于太昊之名"① ——按照古史辨派，"三皇""五帝"系列皆"层累地造成"。

当然，即使是层累虚构，往往也有其历史根据作为推断的基础，并且要大致符合事物发展的因果规律。

王夫之《思问录》："中国之天下，轩辕以前，其犹夷狄乎！太昊以上，其犹禽兽乎！"太昊时代，大致相当于大汶口文化中晚期，正是父系氏族社会形成时期，太昊不知其父，其妹女娲与之成夫妻且代之称帝的记载，说明母系社会残余甚至族内婚遗俗仍然残存。皇甫谧《帝王世纪》言"太昊制嫁娶之礼"，大汶口文化遗址墓葬有等级不同的家族墓，有夫妇合葬墓，也算与史实不悖。

先民掌握了人工取火，制陶、炊饭、取暖、开荒（火耕），对山林资源的消耗必然空前增大。由于火食，人的体质智力进化，寿命增长，人口必然膨胀，山林之果实、鸟卵等生活资源必然紧张。先民对水生动物、陆生爬行和哺乳类动物的需求增大。远古气候较今湿润，且海平面高，河湖密布，水产在生活资料中比重不小。《汉书·律历志》言太昊"作罔罟以田渔，取牺牲"，同时太昊变少昊"以鸟纪"为"以龙纪"，说明龙图腾的出现，乃先民由山林走向河湖和旷野时期的产物。由《夏小正》演绎出的七十二候所谓"雀入水为蛤""雉入水为蜃"，说明先民努力保持信仰的连续性。在渔猎、农耕乃至部落间为争夺生存资源进行的战争中，男性的作用日益增强，男权制也逐渐确立、巩固。《淮南子·齐俗训》："帝颛顼之法，妇人不辟男子于路者，拂之于四达之衢。"按之《史记·五帝本纪》，颛顼是虞舜的六世祖。从诸城呈子遗址的大汶口文化墓葬来看，已有"男尊女卑"的现象，即规格高、随葬品多、墓前灰坑祭品遗物丰富的墓主，一般为成年男性。而在诸城东南胶州三里河大汶口文化遗址中，情况则相反，多数高等级的墓主为女性。这可能既有阶段性差异，也有地域性差异。

前寨陶文式图像文字的产生，是适应原始祭祀仪式（咒语、符箓、占卜）需

---

① 常兴照：《少昊、帝舜与大汶口文化》，《文物春秋》2003年第6期。

要的产物。《淮南子·本经训》记载“昔者仓颉作书，而天雨粟，鬼夜哭”，这种浓郁的神秘性正是原始祭祀及信仰的本质特征。这种文字在泰沂山地周围广大地区多处发现，说明大汶口文化原始信仰有比较高的同一性。它应该是东夷民族进入父系社会之后，颛顼“绝地天通”的原始信仰之后的产物。

母系氏族和进入父系氏族的一段时期内，祭祀活动是松散的、多元的。这就是古籍中所说的“家为巫史”的现象。《国语·楚语下》：

> 古者民神不杂……及少昊之衰也，九黎乱德，民神杂糅，不可方物。夫人作享，家为巫史，无有要质。民匮于祀，而不知其福。烝享无度，民神同位。民渎齐盟，无有严威。神狎民则，不蠲其为。嘉生不降，无物以享。祸灾荐臻，莫尽其气。颛顼受之，乃命南正重司天以属神，命火正黎司地以属民，使复旧常，无相侵渎，是谓绝地天通。

《国语》所说的活动混乱状况，未必仅存在于少昊统治衰微时代，在“有祀无戎”的母系氏族时期可能更严重。在世界其他地区和民族的远古社会或原始社会形态，同样有类似现象。英国著名的社会人类学家马林诺夫斯基说过：“对于蛮野人，一切都是宗教，因为蛮野人恒常都是生活在神秘主义与仪式主义的世界里面。”① 毫无疑问，这种状况造成社会资源的极大浪费，制约着社会进步。韦昭《国语注》解释“绝地天通”为“绝地民与天神相通之道”，即把祭祀群神之权收归专门的神职人员南正掌管，改变了原来人人可以与天神交通的状况。这是公共权力干预人们信仰的最早文献记载。颛顼这次貌似“政治专制”“文化垄断”的改革，既促进了社会分工，解放了生产力，也使原始信仰文化获得了相对独立的地位和集中发展的可能。作为上承炎黄、下启尧舜的一代部落联盟首领，颛顼的改革和文化整合，在上层建筑领域为国家的产生扫清了道路。

需要指出的是，这次改革与后来周公“制礼作乐”有着本质的不同。颛顼的改革使原始祭祀专门化，没有改变神道设教为主的内容；周公制礼则是以宗法伦

① 马林诺夫斯基：《巫术、科学、宗教与神话》，中国民间文艺出版社，1986年，第8页。

理代替神道设教，以民为邦本，以德之有无高低作为天地鬼神是否凭依的标准，后来孔子所谓“敬鬼神而远之”，虽然保留了一些神道设教的成分，但其宗教成分无疑大大淡化了。我们可以把周公制礼作为原始宗教的终结和中国文化轴心时代的伟大序幕。

由太阳崇拜、飞鸟崇拜、龙蛇崇拜，再发展到男性生殖器崇拜，进而过渡到宗法制萌芽的祖先崇拜，经历了一个较漫长的过程。这个过程在中华民族发展史上有非常重要的地位，但若详细探究，不但如司马迁《五帝本纪赞》所说难以“雅驯”，而且书阙有间，文献不足。但从山东方言称男性生殖器官曰“鸟”、曰“蛇”，称性行为曰“日”，祖宗之祖字本为“且”，为男性生殖器象形（亦似直立之蛇），仍可见文化积淀。

今天诸城以北七十公里左右昌乐崇山（古称崇阳山、丛角山、聚角山），仍然残存着远古东夷先民生殖崇拜的石祖林。其体积之大，数量之多，雕刻技艺水平之高，在世界范围内都是罕见的。而诸城、昌乐在远古都在泰沂山北东夷文化圈内。

恩格斯在其《家庭、私有制和国家的起源》中指出，废除母权制是“人类所经历过的最深刻的革命之一”“在历史上出现的最初的阶级对立，是同个体婚制下的夫妻间的对抗的发展同时发生的，而最初的阶级压迫是同男性对女性的压迫同时发生的”“母权制的被推翻，乃是女性的具有世界历史意义的失败”。这种失败的结果，女性所付出的代价，便是人类历史最伟大的进步：进入文明社会。前寨陶文、崇山石祖林等应该是这场革命留下的宝贵遗存。

前文所引《路史》载燧人氏“仰察辰心”“别五木以改火”，含有历法之萌芽。而在历法方面做出空前贡献的，还是颛顼。张富祥在《东夷古史传说》中说：“颛顼‘绝地天通’的宗教变革措施，在‘火正黎司地以属民’——尤其是在重视农事的意义上，也可说是一次原始历法的改革。”① 火正黎即颛顼子祝融，《礼记·月令》郑玄注云：“祝融，颛顼之子曰黎，为火官。”哲学史家庞朴先生旁征博引，提出上古存在“以火纪时”，以大火（心宿、天蝎α、大辰）昏见为岁

① 张富祥：《东夷古史传说》，山东文艺出版社，2004年，第45页。

首的历法（即“火历”）之说，并以诸城前寨陶文等为实物证据，他把前寨陶文三部分解释为日月火“三辰”，特别指出诸城前寨陶文在花纹上涂有红色，像是为了祭祀仪式而用，“诸城前寨陶片涂‘日月火’为红色，更是带着浓厚的崇敬、畏惧、感恩、祈求心绪于其中的”。[①] 庞先生还指出民俗中祀灶神、舞龙灯（以珠戏龙）是“火历在文化中的象征性遗存”。《尚书·尧典》：“乃命羲和，钦若昊天，历象日月星辰，敬授民时；分命羲仲，宅嵎夷，曰旸谷，寅宾出日，平秩东作，日中星鸟以殷仲春，厥民析，鸟兽孳尾。”在《山海经·大荒南经》中，羲和是帝俊（舜）之妻；据《禹贡》，嵎夷涉潍水流域。《左传·昭公十七年》载郯子对昭公问：“昔者黄帝氏以云纪，故为云师而云名；炎帝氏以火纪，故为火师而火名；共工氏以水纪，故为水师而水名；太昊氏以龙纪，故为龙师而龙名。我高祖少昊挚之立也，凤鸟适至，故纪于鸟，为鸟师而鸟名。”其实无论以何物为纪，无论历法简单原始还是高级复杂，都会包含四时（四季）的内容，而东夷八神祠之中的四时神祠，在历史上长期属诸城的琅邪山。

王制莫大乎正朔。历法的创制与男权确立、原始信仰改革都是对人类文明影响深远的大事，被司马迁指派为虞舜六世祖（也被楚人屈原奉为远祖）的大汶口时期东夷部落领袖颛顼均与其事，值得文化史研究者特别重视。

对于远古历史，辗转传闻，文献残缺，得之考古发掘者也极其偶然、有限，而史前诸帝之名或者是族称，或者为神称，或者职位之称，更兼之先民游耕游牧，迁徙不常，族名、地名、祖先牌位、神祇也随之辗转播散。更何况，遥遥华胄，牵强攀附，由来已久，并非自近世编纂家谱始。所以史籍中关于远古帝王记载穿帮乖谬，同名异指，皆不足为怪。谁要是想做出排他性论断或细节描绘，都是非常危险的。司马迁继父为太史公，去古未远，《史记》为史家绝唱，而留下舜娶曾祖姑娥皇、女英为妻，传位于四世族祖禹，周武王以十四世祖伐十四世族孙纣而代之王等笑柄。以《山海经》中那位东南西北无弗至、伟大发明家多其子孙的帝俊为例，晋郭璞《山海经注》以为“帝俊即帝舜”，《说文》“舜”字段注：“舜者，俊之同音假借字，《山海经》作帝俊。”王国维《殷卜辞中所见先公先王

---

① 庞朴：《“火历”三探》，《文史哲》1984 年第 1 期。

考》旁征博引，以为帝俊即帝喾，亦即商人高祖夔。丁山《中国古代宗教与神话考·帝喾也是夔》赞同郭璞、王国维诸说的同时，又说“喾即黄帝”。郭沫若《卜辞中之中国古代社会之研究》也以为“帝俊与帝喾为一人，则帝舜与帝喾亦当为一人”，并说“凡神话传说之性质，一人每化为数人，一事每化为数事，此乃常见之事实，殊不足怪”① ——后世文学家“杂取种种，合成一个”的做法，在先民神话传说中也司空见惯。这也提醒关注和研究远古最伟大圣王虞舜的人，视野不要过于狭隘、孤立。要特别注意虞舜与时代相近、血缘相近、地域相近的其他部落领袖的关系。但无论怎样，我们说，这些帝王身上凝聚了中华先民特别是东夷先民的聪明才智和人格光辉，应该是没有问题的。对于诸城来说，这些远古帝王，如高天之云，地底之泉，未必不在是，也未必专在是。与诸城相关的记载众多，说明了这一带确曾是远古东夷大本营，是中华文明重要发祥地。

① 郭沫若：《沫若文集》第 14 卷，人民文学出版社，1963 年，第 325 页。

说“诸”

——青铜时代“者”国的前生后世

诸城作为县名，始于隋，因其前有始于前汉之诸县；诸县之得名，因其前有鲁国之诸邑。《春秋》鲁庄公二十九年（前 665）鲁国“城诸及防”，是现存典籍中“诸”作为地名第一次出现。历代《诸城县志》述诸城沿革，基本以此为起点。《孟子》有“舜生于诸冯”之说，虽然出在《春秋》之后，但一般说来，“诸冯”之名应早于诸邑。

20 世纪以来，诸城及附近地区田野考古收获丰富，陆续发现的大汶口陶文、商周青铜铭文中，有些信息对我们了解“诸”地的历史、“诸”的本义很有帮助。

1960 年以后，在诸城西南不远的莒县陵阳河一带的大汶口文化晚期遗址中，陆续发现一些单字陶文，最著名的是被一些考古家释为“旦”字的陶文，与后来诸城前寨大汶口遗址出土的陶缸残片上的陶文相近。还有一个构型为下部如方形土台，上部如禾状或树状的单字，李学勤释之为“封”，王树明以为是“南”字的祖型。孙敬明将其与甲骨、金文比较，以为此字与“封”“南”的主体结构有别，而与商代的金文“者”字形相近似，主体结构亦较一致，可视为“者”字的祖型（图 1）。初步结论：“‘者’为地名或族名，当先于舜而出现，至虞舜时代的‘诸冯’，尚名曰‘诸’，其字仍作‘者’。”① 可惜没联系“者”之本义进行解释。

陶文　　甲骨文　　金文　　小篆

图 1　“者”字字形演变

按《尔雅·释水》：“水中可居者曰洲，小洲曰渚。”李巡注：“四方有水，独

① 孙敬明：《考古发现与齐史类征》，齐鲁书社，2006 年，第 487 页。

高可处，故曰渚。”《韵会》：“者，古文渚字，故从旅声。后人以者添水作渚，以别者也之者，故者但为语助。”《释名》：“渚，遮也。能遮水使旁回也。”这可能是“者”发音为“遮”的原因。孙敬明所指“者”字祖型，高台上有植物，自然水所难没，人所易居。

渚为水陆相薄之处。《诗经·召南》“江有渚”，《毛传》“水歧曰渚”，《经典释文》引《韩诗外传》“一溢一否曰渚”。《小雅·鸿雁之什·鹤鸣》：“鱼潜在渊，或在于渚。”此数处之“渚”，似乎可作港汊理解。人居之渚，为近水之陆；鱼游之渚，为近陆之水。近水之陆雨季有为水所没者，为水族觅食佳处，也是人类捕捞作业场所。近陆之水旱季有水退为陆者，腐殖质丰富，耕耘播种，会有好的收成。淤泥(特别是湖湾岸边积年的“岗子泥”)细腻富有韧性，是做陶器的好材料。

据相关考古资料，后李文化、大汶口文化时期，乃至龙山文化中期以前，潍河流域接近亚热带气候，降水丰沛，河湖港汊密布，其时海平面也高，山地之外，供人农耕定居的地方很少，且大都近水。即使龙山中后期开始气候向干冷方向转变，亲水而居仍然是人类较佳选择。

凡渚、陼、都、诸皆自“者”孳乳而来，其训与州、洲、丘等相近。孙敬明以为诸城北乡都吉台之“都”可能也由“者”演化而来，1981年在都吉台出土的“赒孙叔子”盘（现存诸城博物馆)，《海岱古族古国吉金文集》将其列为者国遗物。有人聚居则成邑，邑大且设神社，则为都。《史记·五帝本纪》说虞舜：“一年而所居成聚，二年成邑，三年成都。”诸冯东南潍河河道宽阔，古称雷泽，西北靠低缓的岭阜，民间称历山，这一带确实适合远古先民居住。至于“诸冯”之得名，按王献唐先生观点，因曾有虞舜所出之风夷居住得名。王树明先生曾将莒县陵阳河与诸城前寨出土的日月山组合的陶文释为“昊”，又将在陵阳河发现的大汶口陶尊刻画为“◇”符号者隶释其为古代“凡”字的祖型，发源于一种吹奏器物，通转为风，即为太昊或者虞舜的徽号，作为“舜生诸冯（今诸城、莒县交界处)”和“太昊风姓”的有力物证①，与王献唐所见互为发明。而上海博物馆藏一“者◇”鼎（图2)，陕西省岐山县博物馆藏有一“◇者”方鼎，如果不是

① 王树明：《帝舜传说与考古发现诠释》，台湾《故宫学术季刊》1992年第4期第9卷。

赝品，那就为王献唐、王树明等人的观点提供了实物证据。上海博物馆所藏“者◇”鼎上还有一组数字“七六八六七五”，以单数为阳，偶数为阴，合成一损卦。损卦卦辞为“有孚，元吉，无咎，可贞，利有攸往。曷之用？二簋可用享”。“损”与“益”相对，烹调食物各种食材之间互为损益，成就美味，以“簋”祭祀祖先，款待宾客，也是以损求益，谋求和谐。“者◇”鼎及其铭文，与虞舜、诸国、易学、音乐、烹饪等都有关系，对我们认识远古诸城文化很有启发。

图 2　上海博物馆“者◇”方鼎拓片

商代甲骨文卜辞中有与陵阳河“者”相近之字，只是下部之高台易为“田”，此字卜辞中与“土”相连，王国维释为“邦土”，郭沫若则释为“相土”：“邦音虽在东部，然每与阳部字为韵，则邦、相音相近，古人之为邦土者，后人音变而为相土也。”① “邦土”变为“相土”，应该与汉代避高祖讳也有关系。“邦”字从丰，“相”则目中见大树，皆可意会为植物茂盛，生态良好，宜人居住，与“者”字本义接近。诸冯北二十公里有相州镇，即王金铃先生在《虞舜大传》中多次提及的象舟墟。一般人以为相州之得名，由“像舟”而来。因为相州地近潍河，古代潍河经常泛滥改道，遂使此地像舟船一般。此类说法自是揣测之词。清乾隆《诸城县志》卷一四《金石考》录宋代《东岳天齐仁圣帝碑》残文，介绍说“庙在相州镇东，碑在庙东”。碑文中有“相州村”，且有“□（阙文，当为‘相’）州村人物繁盛，土壤良沃”之语，又据该志卷七《建置考》“相州集左天齐庙，

① 郭沫若：《卜辞通纂》，《郭沫若全集·考古编》第2卷，科学出版社，1983年，第353～354页。

唐贞观元年建，有宋碑”，由此知相州之名，由来远矣。

商周时代的者（诸）国，文献典籍中信息很少。乾隆《诸城县志》卷一六《历代地理沿革表》序：“诸之名始见于《春秋》，杜预以为鲁邑，而《路史·国名纪》谓为彭姓国，高阳氏后，《春秋地理志》又云商之侯国，志出近代吴伟业，不知其所据何书也。”杜预说《春秋》鲁庄公时所修筑之诸为鲁邑，是合理的，如果其时诸还是一国，何以朝聘盟会，从不见其踪影？以诸名地甚至以诸冯名地者非一，不排除鲁国之诸邑原属诸国，归鲁后称之为诸。至于《路史》所谓诸为彭姓国，高阳氏后，王献唐《释醜》云：“诸城之诸国，盖有一度经彭族就近占领，为其宗主，故《路史》云‘彭姓’，又言‘春秋诸国’，殆入春秋时如此也。”[①] 罗泌单文无证，王献唐亦揣度之词，略备一说。至于吴伟业说诸为商之侯国，可能因不见周封诸国之记载。

青州苏埠屯出土商代亚醜族之青铜觥、爵、罍、甗，多件铸有“亚丑者（诸）后以大子尊彝”铭文，王献唐以为“乃姒姓之诸君，媵其长女者”[②]。1974年，莒县中楼镇崔家峪出土一批周代青铜器中，有“者游父匜”。孙敬明以为可能是莒攻伐诸国后掳掠之诸国宗庙重器。关于诸国史事，先秦历史文献中几乎不见只字，其疆域沿革也难得其详。

春秋时期诸城、安丘一带有一州国，又名淳于国。鲁桓公五年（前707），“州公如曹”，《公羊传》：“外相如不书，此何以书？过我也。”曹国在鲁西，州国在鲁东，州公前往曹国，自然要经过鲁国。

《史记正义》卷一〇五《扁鹊仓公列传》注引《括地志》云：“淳于国城在密州安丘县东北三十里，古之斟灌国也。春秋‘州公如曹’，传云‘冬，淳于公如曹’，注《水经》云‘淳于县，故夏后氏之斟灌国也，周武王以封淳于公，号淳于国也’。”

周代五等之爵，公最高；《春秋》笔法，于爵位也大有讲究。如杞国本公爵，《春秋》或书“侯”，或书“子”，因其行事而变异称呼，以见褒贬。

孔颖达《春秋正义》这样解释：“《周礼》，公之地封疆方五百里，侯四百里，

---

① 王献唐：《释醜》，《山东古国考》，齐鲁书社，1983年，第253页。

② 王献唐：《释醜》，《山东古国考》，齐鲁书社，1983年，第23页。

伯三百里，子二百里，男一百里。隐五年《公羊传》曰，天子三公称公，王者之后称公，其余大国称侯，小国称伯、子、男，然则三公之外爵称公者，唯二王之后杞与宋耳，此州公及僖五年晋人执虞公并是小国，而得称公者。”周武王所封虞公，为仲雍之后，封为公爵，见尊亲之谊，州为夏后，因其为王者之后，封为公爵，存亡继绝。

《世本》《通志·氏族略》均说州国（淳于国）是姜姓国，王献唐以为淳于改姜姓，只是一部分，时间在周初。其实王献唐未免过信古籍记载，《世本》说州国为姜姓国，与《路史》说诸国为彭姓国一样，可能都是揣度之词，因州国密迩齐、莱、纪等姜姓国家而想当然。至于《通志》，沿袭《世本》之说，也没提供证据。

王献唐《释醜》，为论述夏商至春秋潍淄流域夏后姒姓国兴亡消长之作，他在该文最后部分总结道：“高密有禹封之说，安丘、诸城、潍县、寿光，皆有姒姓国，益都复有姒姓族徽铜器。知此一带，不特为帝相、少康两代政治战争中心，且为夏代王室分封之集团矣。”其中诸国，在商代一度为疆域广大、文物发达之旧邦。孙敬明《诸史揆度》云：“商代地处潍淄流域之古国，以其青铜器铭文为证，强者莫过于亚醜和诸。”①

这样一个国家在历史典籍中竟然没有留下多少痕迹，未免令人大惑不解。王献唐先生《释醜》中从语音学角度论述州国其实就是诸国：“州盖淳于之合音，淳于即州。州音古隶幽部，淳于合音为诸，隶鱼部，音近通转，犹洲亦为渚也……淳于既可合音称州，亦可合音称诸。诸其急读之本音，州其急读之转音，就淳于求之，原名当为诸。”其实从语义学角度，州、诸（者、渚）本义亦可互训，所谓“四方有水，独高可处”也。

---

① 孙敬明：《诸史揆度》，《考古发现与齐史类征》，齐鲁书社，2006年，第488页。

论沂沭断裂带是中华文明的产床

无论泰山、沂山，都不是孤立的几个山头，而是一个地理系统的组成部分。中国古代所谓地理学，往往从整体看部分，一丘一壑，必求其来龙去脉。同时还有政治神学的倾向。关于“泰山龙脉”有西南来说，有东北来说。特别是康熙帝著《泰山山脉自长白山来》①，因南来之迹不明显，对传统的“泰山为中条之尽”的说法予以彻底否定，断言泰山“实发龙于长白山”。玄烨此论，实际为清朝入主中华张目。他的奴才学者们自然阿附恐后。但也有学者不买账。如桂馥、魏源，仍坚持泰山中条东来之说。② 清代后期陶澍更创新说，以为天下山川，皆发源于昆仑。入中国者分为两支（或三支）：一由岷山向东南蔓延，为南干。一历陇西、嶓冢、太白，至终南分为两支：一支出华潼、渡砥柱、起太行为北干，直走医巫闾入海，至高丽南转，浮登莱而结聚于泰山；一由终南趋商洛为中干，经南、汝、光、陈，至徐州渡河，经吕梁、下伾、邹、峄，亦结聚于泰山。所以“泰山为中干、北干合龙之所，实首尾一龙。其间元气包括，条理精密”③。无论从哪个方向来，潍坊南部群山都是重要组成部分。乾隆《山东通志·山川志》说诸城西南的回头山为“岱脉之所回也”，说沂山“古所谓东泰山也，实为岱脉结顶之处”。

沂山位置的重要，还因为它处在由著名的沂沭断裂带切割泰沂山地形成的连接泰沂山以北与中原的重要交通线上，沂山东南不远的穆陵关又是这条黄金交通线上最重要的关口。关于沂沭断裂带，《山东国土资源》2004 年第 4 期有对它的专条解释，摘录如下：

---

①《清圣祖御制文集·四集》卷二七。

② 参见桂馥《札璞》卷九《答周书昌论山东地脉书》；魏源《释道山北条阴列二》，载罗汝怀《湖南文征》卷一五。

③ 王培荀：《乡园忆旧录》卷五，齐鲁书社，1993 年，第 259 页。

沂沭断裂带属郯庐断裂的中段，1948 年地质界前辈李四光教授就指出："横过山东从南边的沂水到北边的潍县有一强烈的破碎带，这个破碎带显示了新华夏系挤压的特点，形成时代为白垩纪。"

沂沭断裂带的航磁场特征明显，在卫星照片上影像清晰。它南起郯城，北入渤海，纵贯山东中部，将山东分为东、西两个地块。它大致沿沂河、沭河及潍河河谷分布，呈北东 10°～25°方向延伸。它南窄北宽，北段宽达 60km，南段只有 20km。

沂沭断裂带由四条断裂组成，自东而西为昌邑—大店断裂、安丘—莒县断裂、沂水—汤头断裂、鄌郚—葛沟断裂。断裂切割，形成堑垒式结构，即中央为地垒凸起，两侧为地堑凹陷；南北两端又叠置了中、新生代凹陷。上述凹陷中充填了巨厚的中、新生代碎屑岩和火山岩系。

由4条主干断裂组成的沂沭断裂，是鲁西隆起和鲁东隆起两个Ⅱ级构造单元的分界线，对山东省地层、构造、岩浆活动及矿产分布有明显控制作用……

沂沭断裂带的新构造运动强烈，是中国东部著名的地震带。在公元前 70 年至今的两千多年历史长河中地震活动频繁。五级以上有记载的地震就有五次，五级以下小震常年不断。其中，以 1668 年 7 月 25 日莒县和郯城间的地震最为有名，曾造成极大破坏。

郯庐断裂是世界大陆上规模最大的平移断裂之一，有人认为这条断裂带向西南延伸到越南，向东北延伸到俄罗斯远东地区，全长近 5000 公里，比著名的东非大裂谷还长。[1] 但这条断裂带在山东发露最明显，尤其是它切割泰沂山地留下的地堑，基本约束了潍、弥、沂、沭等河道的走向。

潍坊南部的泰沂山脉基本是东西走向，与沂沭断裂带在沂山穆陵关一带几乎垂直交叉。于是穆陵关就不仅是鲁中北通中原的要道，而且是整个泰沂山区的交通枢纽。一旦发生战争，这里当然是兵家必争之地。不必说孙膑马陵杀庞涓，刘裕北伐灭南燕，檀道济驱叔孙建，即使 20 世纪台儿庄战役，孟良崮、南麻、临

① 孔庆友编著：《山东地学话锦绣》，山东科学技术出版社，1991 年，第 8 页。

朐战役，穆陵关一线的得失对双方也都生死攸关。雍正《山东通志·形胜志》说青州府："大弁南盘，振翼而临徐兖；岠嵎左贯，抵掌而控登莱。面穆陵十二之层关，凭渤海三千之巨浸，缅彼一匡之霸业，固藉人豪；揽兹四塞之岩疆，实缘地险。"这里的"地险"有造化巨斧的天然凿痕，也有自黄帝就开始的"披山通道"① 的经营。

当然，沂沭大裂谷除了造成纵穿泰沂山系的地堑，强烈的地质活动还使裂谷内及其两侧生成了丰富的矿产资源，如金矿、铜矿、铁矿、蓝晶石、金刚石等，有些矿产远古先民就已经发现并开采利用。罗泌《路史·少昊》注云："今临朐有熏冶泉，源麓之侧有祠曰冶泉祠，《广雅》以为金神之祠。"说明临朐冶原曾是东夷先民金属冶炼的中心，古"铁"有作左金右夷者，似乎也说明东夷人最早进入铁器时代。

中华文明上下五千多年，其中有接近一千年属于东夷民族创造的大汶口—龙山文化。而考古学泰斗苏秉琦教授认为："山东的大汶口文化同龙山文化代表了山东新石器时代的一前一后的两个不同发展阶段；它们各自的文化特征又是如此清楚而又相通的；那么，我们只是在山东东南部的临沂地区和昌潍地区看到两者的衔接点（集中分布地区）。"② 而临沂与昌潍（潍坊）都在沂沭断裂带上。而潍坊的考古发现明显处在优势：穆陵关往北不远，弥河岸边临朐西朱封发现迄今最高级别的龙山古墓；再往北不远，还是弥河岸边的寿光边线王，发现规模宏大、城中有城的龙山遗址。中国社科院考古研究所研究员吴汝祚曾指出，拉开中华文明史序幕的海岱大汶口—龙山文化，"不是以泰山为中心的周围一带地区，而是向东移到山东半岛，可能在潍坊一带地区内"③。那么临沂大汶口—龙山文化的所谓"衔接点"或"集中分布区"，是由潍坊向中原传播遗留下来的。考古学家杜在忠认为，被视为夏朝都城的二里头文化居民是一个用鼎不用鬲的族支，这正是山东潍、淄流域大汶口—龙山文化系统的一个特征。④ 无论怎样，我们都可以说，沂沭断裂带是中华文明的产床。

---

① 司马迁：《史记》卷一《五帝本纪》。

② 苏秉琦：《山东史前考古》，《山东史前文化论文集》，齐鲁书社，1986 年，第 20 页。

③ 吴汝祚：《论大汶口文化的类型与分期》，《考古学报》1982 年第 3 期。

④ 杜在忠：《试论二里头文化的渊源——兼述泰山周围大汶口—龙山文化系统的族属问题》，《史前研究》1985 年第 3 期。

琅邪四时主祠与中华“历数”

“琅邪台是迄今已知的地面上遗迹尚存的我国最早的观象台遗址。”天文学家们如是说。

琅邪台作为兼具观象授时与祭祀功能的古观象台，其时代上限可推至古东夷文明全盛之尧舜时代，下限至中央集权建立并巩固的秦汉时代。

琅邪台上四时主祠为古东夷八神祠最南的一座，《史记·封禅书》述四时主祠位置与功能：“琅邪在齐东方，盖岁之所始。”太史公的表述不算准确，应该说：“琅邪在齐南境，盖历之所始。”王制莫大乎正朔，历法为古代政治制度最重要、最神圣的内容，岂可忽之哉！

当唐尧对虞舜说“天之历数在尔躬”时，事实上已将天下重任放在虞舜肩上。徐北文先生《大舜传》开篇就写童年时代的舜自诸冯随乡老前往琅邪山祭四时主，堪称神来之笔。

就在虞舜时代，人类迎来了大自然最空前的挑战，这便是由气候变冷带来的一系列毁灭性的自然灾害，许多古文化消失或被毁灭，唯有已进入父系部落联盟时代的古东夷集团，依托泰沂山地（琅邪山亦其余脉）这座不沉的方舟，经受住了这次最严峻的考验，并在联合治水、抗御灾害过程中，空前提高了社会生产力和社会组织水平，建立了早期国家。所以很多史学家说大舜当国的虞朝是中国最早的朝代。那时的东夷是亚欧大陆乃至太平洋沿岸最辉煌的文明灯塔。不少学者把四时主视为农业之神，奉虞舜为“皇始祖”的王莽受禅改制，曾将司农之官改为“羲和”（尧时历官）。其实，三面受海朝拜的该神也是海洋之神。东夷古国与后来的齐国都是管子所说的“海王之国”。汉代以后，琅邪山海神庙取代了四时主祠。

琅邪台不仅是海洋文化和大陆文化（农耕文化）的交汇处，还是中华文明的大绾结所在。战国时秦越两国，一在西北，一在东南，古人形容事物之间毫不相干为“秦越”，但越与秦都曾筑台琅邪，以致此台有“秦台”“越台”之别称。齐与楚，一在北海，一在南海，所谓风马牛不相及，但齐国之有琅邪与楚国自越国夺取琅邪，前后不过二百年间！

考古学家在美洲古印第安文明中发现了与远古东夷文明类似的遗存，有史学家论证，东夷先民可能渡渤海海峡北上，越今俄罗斯远东地区，过白令海峡，抵阿拉斯加。也有学者推断，东夷先民可能南下，缘陆逐岛而行，自新西兰顺西风漂流至阿根廷一带登陆。无论南北，当东夷先民集结方舟出发时，他们需要的不仅是海洋文化所赋予的征服欲望、冒险精神和无比的勇气，还需要有丰富的天文、季风、洋流等方面的知识。而这些都与四时运行有关。

琅邪山顶南侧本来有一高近两丈的天然石峰，考虑到先民的灵石崇拜，它可能是四时主神所式凭，羲和观测日月星辰，定两分两至，“敬授民时”之处。公元前219年，秦始皇东巡，将此石峰修整成棱角分明、上狭下阔之圭形四面碑体，李斯撰文颂秦德，自正北面开始（与四时主祠正门或祭祀广场相对），由右而左，刻于石上，至西面而止。公元前209年，秦二世胡亥东行郡县，于石之西面始皇刻文空余部分，刻诏书于其旁。其后两千多年中，夏阳炙其南，春雨蚀其东，冬雪磨其北，三面字书皆漫灭无存，唯有金风送爽，护持神物，西面刻字，大部完好。今尚存十三行残文，除二世诏书十一行外，还有两行（存五字半）为始皇时刻颂文后的从臣姓名。

在历史上，曾登琅邪台祭四时神主的一统帝王中，秦皇、汉武皆有“千古一帝”之称。秦为舜臣伯益之后，与莒同祖，对始皇来说，他巡幸海疆，有怀祖倾向。唐尧苗裔汉武帝曾受封胶东王，其乳母为东武侯郭它之母，他对海洋有留恋之情，也在情理之中。但秦皇汉武祭神望海，不过是东夷海洋文化的“回光返照”，他们并无开拓海疆之愿心——虽然始皇派出的徐福与三千童男童女的船队，实际上是中华历史有确切记载的第一次海外探寻。

伴随着徐福船队帆影的消逝和秦皇汉武翠辇远去，中国创造了农耕文明的辉煌，但琅邪台戒坛荒凉，神灵寂寞。

清朝光绪二十六年（1900），在八国联军进攻中国前的一个风雨交加的夜晚，始皇刻石中唯一幸存的琅邪刻石突遭雷电缠曳，轰然崩颓。梁启超后来叹曰：

“此区区者，乃与帝王之运同斩，不亦异乎?”其时全球已进入万国交通时代，专制独裁，闭关锁国，已落后于世界潮流。琅邪刻石的崩坏，毋宁是上天对中华之警告：“三千童子已成魔，四亿醉民尚酣睡!”

民国初年，诸城学界前辈王景祥、孟昭鸿与县视学王培祜从琅邪台搜集散碎碑石粘合，此中华历史重要的物理见证得以保存下来。

琅邪刻石崩裂之时，正中华历史最黑暗之秋，浩劫轮回，创深痛巨。最主要的外敌入侵和民族耻辱，竟然来自海上，甚至来自“三千童子”的后代！如今百年过去，中华民族经过涅槃重生，国富兵强，海权意识也空前觉醒。琅邪台胜地重新，登临者背靠神州宏阔纵深，面向大洋无边雪浪，看风云卷舒，巨轮往来，听潮起潮落，龙吟鸥啸，缅怀唐尧虞舜之盛德，秦皇汉武之伟业，可以站在四时主祠和琅邪刻石原址深情祈愿并自信地高呼：“二十一世纪是中国的世纪!”

东海广德王神庙遗址

——秋日海滨戏语

巍巍广德王，渊圣运太清。
波澜贞世运，宽广见心胸。
武人毁紫坛，羽士收彤弓。
他日新衮冕，应与岱宗同。

莱州城西北九公里处的东海神庙，前身是汉代海水祠，隋大业年间建海神庙，自唐代以后，国家祭祀东海之神（古代东海相当于今之渤海、黄海、东海），一直在此处，金与元初南海之神、江渎之神也望祀于莱州（同时南宋祭东海在明州），且望祀北海（贝加尔湖或北冰洋）于莱州不远的登州。明清时由朝廷每年春分、秋分派员往莱州祭祀，宋时则由莱州知府春分日主祭。皆国家常祀。1946年秋，国民党进攻胶东，中共地方武装为防止此地成为据点，将其拆毁。

东方三大，海为之最。其于生民福祉、国家安危尤息息相关。而三大之崇礼，唯海神最卑。岱宗本来与东海之神同一行政级别，但后来登极称帝，东海之神仍与济渎、沂镇同一待遇。虽东海有善下之德，未免识者有不平之心。何况自三王祭川，先淡后咸；孙武讲兵，皆讳言海；若宋若明若清，皆视海军为赘疣。不得其利，反受其害。

既然海神庙被毁，就有一个重建的问题。据说有关投资方数年前就与莱州方面商讨重建，只为地点问题（有建议在三山岛改建），逡巡未决。其实，笔者认为，可由中国道教协会方面组织修建，规模视岱庙，主殿如天贶殿，加尊号“渊圣广德大帝”。同时配合海洋博物，民俗展览。至于地点，历史传统、天文地脉实在此处，倒不必考虑其他。

韩信坝与楚汉潍水之战

公元前204年冬楚汉潍水之战，不仅是汉军平定山东的决定性战役，也是楚汉战争的重要转折点，是少数对历史进程产生直接影响的战役之一。项羽文靠范增，武仗龙且（后世西楚霸王庙，一般以二人配享）。范增在潍水之战前即已被陈平用计离间，抑郁而死。一旦龙且尸横潍畔（外加二十余万精兵），楚汉相争的结局，不待智者可知。这也是韩信在潍水之战后邀功请赏要大牌的原因，并由此引发刘邦忌心，埋下长乐钟室结局的种子。《红楼梦》中《淮阴怀古》“三齐位定盖棺时”与刘禹锡《韩信庙》“每一寻思怕立功”，叹淮阴之勋烈而吊其不终，可谓异曲同工。

潍水之战，汉军以少胜多，被称为“千古奇战”。韩信取胜的因素自然很多。汉军虽然人数少（再少估计不止两三万人，当然，到底多少人，还是司马迁说了算。而司马迁为了彰显韩信之功，显汉帝之失德，不无倾向性），但兵精将良，上下齐心，乘破代、赵、燕、齐连胜余威，士气高昂。齐军先为郦食其游说降汉，又为韩信突袭，兵气难扬。仓皇危急之际，求救于昔日冤家项羽，主客之兵协调不易。楚军主将龙且与项羽一样勇余于谋，防患不密，虑敌不周，更因轻敌麻痹，以致兵骄而败。最重要的原因，是韩信料敌如神，善用天时地利，将潍河之水变为十万奇兵劲旅，抵消了齐楚联军数量的优势，杀了龙且措手不及。

潍水之战，发生的具体时间是汉高帝四年十一月，当时犹沿用秦历，以农历冬十月为正月但仍称十月，如此则十一月为高帝四年的第二个月份，相当于周历之正月。对应公元纪年仍然与汉高帝帝三年相同，即公元前204年。有些学者根据中国历史纪年表，把潍水之战说成发生于公元前203年冬，是错误的。至于平定三齐的战役持续到公元前203年初春，则是可能的。演绎楚汉相争最下工本的80集电视连续剧《楚汉传奇》第71集，在潍水决战的早晨，龙且说“此刻正值深秋”，甚至龙且潍滨落难奔逃时，出现树木葱茏的镜头，编剧难道认为汉帝仍然用周正？潍水之战后，汉军与齐楚联军的战场又扩展到大半个山东，“信遂追北至成阳，虏齐王广。汉将灌婴追得齐守相田光，进至博阳。田横闻齐王死，自立为齐王，还击婴，婴败横军于嬴下。田横亡走梁，归彭越。婴进击齐将田吸于千乘，曹参击田既于胶东，皆杀之，尽定齐地”[①]。到了刘邦派张良封韩信为齐王，已是高帝四年的二月，也就是高帝四年的第五个月份。

农历十一月，齐鲁间河水已经结冰。《春秋》用周正，二百四十二年之中，春正无冰只有一次，发生于桓公十四年（前698）。汉高帝四年，史书上没有气候反常的记载，仲冬之月，估计依然是“水凌盈谷，积雪被崖”的北国风光。冬季是北方河流的枯水期，而楚军大多来自多水的南方，山东的冰原疏林未免让见惯碧波扁舟的楚国健儿感到单调。说不定人马饮水问题都难得到解决，所以不担心受到水攻。换句话说，如果是在酷暑炎夏，韩信放下的那点水，不够他们冲个凉的。从水中出来的楚兵更活泼精神，龙且将道谢不暇。但他们不会料到北方的河水在冬季如此之寒凉砭骨；也不会料到，水中还会有刀锥斧锯般的冰块；更不会料到，夹杂于洪涛激流中的冰凌断人马之腿，破人马之肚，夺人马之性命，较之枪林弹雨，更难防范。所以说韩信潍水之战，善用天时。

但不管怎样，潍河不是一条特别大的河流，且潍水之战的战场在中游，潍河较大的支流汶水尚未注入，又在冬季枯水期（这一点今天与汉初区别仍然不大），能够集中起对齐楚二三十万大军造成重大杀伤力和震慑力的水量，并非易事。这又表现了韩信对地利的充分利用。

潍水之战的中心战场在当时高密城（俗称城阴城，当时齐楚联军大本营）西五里的潍河两岸。而潍河从今诸城北巴山之西北流至今峡山水库库区的河道，情况比较特殊。从卫星云图上看，这一段河道在潍河中游类似蜂腰。巴山以南、古高密城西以北的潍河，河床都非常宽阔。历史上，潍河在这些河段改道频仍。但巴山至古高密城西这一段，河床相对狭窄，最窄处大小古县（汉代石泉县）村东的河道，两岸之间不过二百米左右。这一段河道两岸地形都比较高（特别是东岸），历史上改道也不严重。如果进行实地考察，你还会发现，巴山以南、古高

---

① 司马光：《资治通鉴》卷一〇。

密城西以北的潍河，多为土岸沙床，而巴山至古高密城西这一段，不少河段为石河，即河岸、河床均为石质。这其实是我们星球上最长的断裂带——郯庐断裂带东侧地堑切割自白龙山、巴山向西北延伸的山岭（郑玄墓所在的砺阜及峡山、程符山皆其延伸，清雍正《山东通志》称之为“泰山右卫”）造成的下陷与潍河激流多少万年冲击的结果。如果你从小古县村北的325省道潍河桥上下看，就可发现河水中有石突起，与水面成七八十度角，这是大自然神工鬼斧留下的痕迹。

历史上清康熙年间博学鸿儒李澄中最早注意到潍水石河的情况。他在《观淮阴侯囊沙三坝记》中这样写道：“潍故沙河，至此石崚嶒起，色黝颓作奇鬼形，狞狞争向。水夹河约二里，石忽起水中，流水迅急不能下，啮石，洄洑声砰激震两崖间。屏息听之，隐隐有角声，有鼙鼓声，慑人气不得语。”李澄中把河道说得太宽了，他也不清楚郯庐断裂带地堑下陷对潍水石河形成的作用。至于他在文中和一般好古之徒一样指点韩信囊沙筑坝留下的痕迹，更是不考虑物理之自然。韩信如果真曾囊沙筑坝，其寿命不会超过半年。要么为附近居民放沙取袋，要么在潍水之战发生的当年春夏汛期到来之时，被冲得无影无踪。多少当年建于平畴的通都大邑，今天要找点痕迹，还要借助洛阳铲，在峡谷激流中临时修筑的沙堤，想在沧桑两千多年后寻其踪迹，岂非痴人说梦？

由于自巴山至古高密城西的潍河河道狭窄，落差又大，韩信冲断齐楚联军的水量，不需要特别之大。胜负机会，稍纵即逝，只要胸有成竹，把握时机，水流时间也不需要太长，甚至不需要太大的杀伤力，只要造成齐楚联军阵脚慌乱，前后不能相顾，对于韩信，也算达到了目的。虽然古代史学家对于潍水之战的描写过于简略，我们仍然看出齐楚联军主力大半渡河，在潍河激流将其冲为东西两段后，汉军伏兵集中精锐，先取龙且中军。龙且死，其副将周兰被俘，楚军自然溃不成军。兵败如山倒，齐军纷纷逃亡，汉军有充裕的时间收拾他们。有学者因为冬季潍河枯水便对潍水之战怀疑甚至彻底否定，所谓“潍水之战，水淹楚军是妄言”①，未免过于武断。

结合古代水利常识和某些迹象，韩信截潍水，利用了不少人工设施。如当时

① 程步：《真韩信　心态荣辱》，青岛出版社，2010年，第116页。

冬季，潍河河道上有不少季节性半堤半桥的“舆梁”。

《孟子·离娄下》：“岁十一月，徒杠成；十二月，舆梁成。民未病涉也。”朱子《四书章句》解释说：“杠，方桥也。徒杠，可通徒行者。梁亦桥也，舆梁，可通车舆者。周十一月，夏九月也；周十二月，夏十月也。夏令曰十月成梁。盖农功已毕，可用民力。又时将寒冱，水有桥梁，则民不患于徒涉，亦王政之一事也。”《朱子语类》卷八三载朱子又这样解释孟子之语：“十一月徒杠成，十二月舆梁成，这分明是九月十月，若真是十一月十二月时，寒自过了，何用更造桥梁？古人只是寒时造桥度人，若暖时又只是教他自从水里过。看来古时桥也只是小桥子，不似如今石桥浮桥恁地好。”孟子好诡辩，以逻辑不严谨和概念模糊见长，但他属辞比事，好近取其譬。深秋时节钉桩架木，便行人渡河；初冬筑便桥，便车马往来。这是齐鲁间数十年前尚存的风俗。至于其中缘由，非本地人，难得其详。

笔者出生于潍河岸边，村东是渡口，距潍水之战战场也不远。童年时代潍河永久性桥梁少得很，交通要道长年有渡船。行人为省船费，水不太深时也徒涉。渡船有时也用不上，水太大怕冲走，水太小又容易搁浅（潍河枯水季与旺水季流量相差能达数百千倍），冬季水中有冰，容易损伤木船，一般也不摆渡。至于九月徒杠，十月舆梁，也是见过的。潍河是季节性河流，秋冬之时，行潦渐尽，河道收窄，所谓“徒杠”“舆梁”，都是临时性设施，用不多人力，数日可成。至于为何此时修桥，与农闲关系不大，一是因为易成，所耗人力物力不多；再就是因为水冷，徒涉对人体有害；最致命的是冬季河水中有冰，容易伤及车与牲畜。记忆中的“舆梁”，两边以稻草编织的沙袋筑堤（几乎不用石头），河道中钉粗木桩若干，架承重木若干，为通水桥洞，“桥”面再铺上数重草帘，撒上沙土即成。由于气候寒冷，水沙冻结，坚固性问题不大。来年春汛时，桥一般是自然冲毁，回收部分木料。巴山上下的潍河两岸，自古是经济文化发达地区，名城星布，估计这种季节性桥梁很多，韩信于巴山北潍河峡谷处选择比较高大坚固的“舆梁”，用沙囊封住桥洞，再于桥上垒叠沙袋，如此建“坝”，可谓事半功倍。放水时派壮士拉倒或砍倒木桩，简易堤坝可顷刻崩决。如果利用潍水落差，多建几座这样的速成堤坝，自上而下依次决口，水量不断增大，在两崖收束下，水流更为湍急。在决坝之前，夜晚气温寒冷，静止的水更容易结冰，决坝后冰层龟裂，变成型号不等的刀锥，借激流给予的速度，更具杀伤力。

韩信也可能利用潍河及其支流的永久性人工设施。作为农业古国，中国水利事业特别发达。治水的老祖鲧禹父子，一个善于修坝筑堰，一个善于开河挖渠。《世本》有“鲧娶有莘氏女，谓之女志，是生高密（即禹）”之语，作为东夷颛顼之后，他们与高密有特别瓜葛。何况《尚书·禹贡》中有“潍淄其道”的记载。更何况鲧与禹治水的直接领导者是出生于潍水之战战场之南不远的诸冯的虞舜。作为催发中国历史上最伟大的社会变革（国家出现）的大洪水，对生产力的促进，首先是水利事业。如果神禹曾疏导潍河，最困难的应该是巴山之北这一段石河。至于为何让河道这样狭窄，可以假设受当时生产力水平所限，也可以假设是为了后人建坝方便。

在潍水之战发生前不久的战国时代，是中国封建社会第一次水利建设的高峰。井田的废除和铁器农具的使用，使修建大型的水利工程成为可能，李冰父子在四川主持修建的都江堰，郑国在陕西主持修建的郑国渠，西门豹在河北主持修建的漳水十二渠，为其中赫赫有名者。

潍河冲积平原，自古是山东最重要的农业区。田氏篡齐之前，安平至琅邪间广大地区，为其根据地。潍河中下游在其中，潍河东西岸的高密（城阴城）、平昌（龙台城、城阳城）为其重镇。田氏为收拢人心，大斗贷米，小斗收进，是有资本的。

从古籍文献看，在潍水之战战场及周围，有一个可能是山东最大的水利灌区和水稻产区，这个灌区的一些水库，兼有为城市供水的功能。

潍河西岸有以浯水堰为枢纽的灌区。清嘉庆《莒州志》卷一《山川》引《三齐记》云：“桓公尝堰浯入荆，溉田万顷。”这里的桓公应该是齐桓公姜小白，这与桓公之相管仲重视三宝之首的“大农”有些关系。《管子·度地》这篇桓公与管子的对话录堪称中国古代最早的水利学专著。“善为国者，必先除其五害……除五害……以水为始”，可见水利建设之地位。

《太平寰宇记》卷二四引《三齐略记》云：“昔者堰浯水南入荆水，灌田数万顷，今尚有余堰，而稻田畦畛存焉。”较之《莒州志》所引《三齐记》讲得更具体，好像灌区规模也大一些。

发源于沂山东麓太平山的浯水为今天安丘与诸城的界河，下游称渠河，可能因为对于生活于两岸的人来说，浯水被充分利用于农业灌溉，几乎相当于一条主干渠道。诸城北部地势北高南低，渠河水自北而南，因高就下，能灌溉的农田面积达到万顷或数万顷。当然，浯水河道也不宽阔，蓄水能力有限，堰浯水南入荆河，也非止一处。

今诸城北部有两条荆河，皆通渠河。其一为发源于诸城北部荆山的荆河，自古平昌城（今都吉台）入渠河。《艺文类聚》引晋伏琛《齐地记》："平昌城有井，与荆水通，有神龙出入焉，故曰龙城。"《太平寰宇记》卷二四引《三齐略记》云："平昌城内有台，高六丈，台上有井，井与荆水通，失物于井，或得于荆水，有神龙出入其中，故名龙台城。"而据《水经注·潍水》："浯水又东北径平昌县故城北，古堨此水以溢溉田，南注荆水。"而荆水自平昌县"又东北流而注于潍水"。由此可见直到郦道元时代，荆河本非渠河支流，而在荆河与浯水之间，曾经有一道或数道人工渠道或运河。当然，由于沧桑变迁，荆河中游河道淤塞，而今天的荆河北入渠河的水道，未必就是当年挖的人工渠。平昌为三齐名城，城区龙山、岳石、商周遗存丰富。战国田齐宗室公孙潮子墓离此地也不远。明万历《诸城县志》曰："城阳郡，汉文帝因封景王章创置……汉城阳在县北六十里城阳乡。"又曰："汉城阳国浯水入焉，韩信北追齐王广至城阳城即此，内有斗鸡台。"此处说城阳为平昌有误。城阳战国时代为莒邑。莒地山川险阻，齐国国君多次避难于此。春秋姜齐时小白曾出奔于莒，战国田齐时乐毅帅燕兵破临淄，"王与太后奔于莒，逃于城阳之山"①，后安平君田单自即墨反攻复国，"为栈道木阁，而迎王与后于城阳山中"②。《史记》《汉书》中的田儋传，韩信攻入临淄，齐王广东走高密，相国田横西走博阳，守相田光南走城阳，将军田既军于胶东。也就是说，潍水之战时，田横、田光、田既没有参与，潍水之战后，博阳、城阳、胶东仍为齐守。齐王田广在潍水西岸被击溃后，投奔城阳田光，韩信斩龙且后，下一个要解决的自然首先是田广，顺便攻占了城阳。至于平昌，地处平川，汉军不难

---

①《说苑》卷一二。

②《战国策》卷一三。

一鼓荡平，且地近潍水之战主战场，韩信不可能留为后患。

东去平昌故城五公里左右，葛冈之东，有一道自渠河南去的宽阔的废渠，南入长阡（乾隆《诸城县志》作“千”）沟，长阡沟亦名荆河或小荆河，或为原荆河下游故道。小荆河东北流，在所谓韩信坝的上坝与下坝之间，注入潍河。两河交汇处西距20世纪40年代割据一方的枭雄张步云出生地双庙村不远。至于浯水，其入潍处在下坝（北梁子）以北数里，已到今日峡山水库库区。乾隆《诸城县志》卷六《山川考》于长阡沟后加按语云：

> 《水经注》“潍水北过平昌城东，荆水入之”，“又北，浯水入之”，是先纳荆后纳浯矣。不知荆水在长千沟西北二十里外已入浯水，东北合流，未尝自达于潍。道元误以长千沟作荆水耳。又曰浯水径平昌县故城北，古堨此水以溢溉田，南注荆水，亦指葛冈南掘通之渠，其云“南注荆水”，即指今之长千沟也，一误皆误矣。

李文藻之论，未免刻舟求剑。郑樵所谓“郡县之设，有时而更；山川之形，千古不易”，只论其常，未通其变。不用说小小的荆水，中华民族的母亲河黄河改道频仍，不同历史时期的入海口南北相去数千里；四渎中赫赫有名的济水，历史上或塞或枯或伏或被夺，今天还有多少痕迹？潍河巴山北不长的河段，有三道水坝，浯水偌大灌区，难道会只有一道水坝？且平昌古城，规模不小，城壕用水、生活用水需量浩大，建坝蓄水理所当然。乾隆《诸城县志·山川考》说自锡山、荆山到当时高密凉台村北的“西北境之北条山”岗脉，被今人所谓“小荆河”上游的人工渠所断，“渠长四五里，阔二十丈，深二丈”。小荆河流域是诸城最为低洼的地区，今天五莲境内墙夼水库的水，可顺着石渠，一路抖着瀑布（在相州镇境内落差仍达十余米），流入荆河。北部又有一道岭岗，让浯水借势南流。这一带一些村庄名字所带州、泊、洼、沟、池、沙、阡、渠等字，说明这一地区与水关系密切，作为历史上曾有万顷（或数万顷）稻田的灌区和洪水频发地区，水流蓄积通泄的系统，都应该很发达。

如果这些水利设施在当时已经存在，韩信可将浯、荆二河河堰所蓄及灌区泊塘之水由荆河轻易导引至潍水，不用囊沙筑坝，只要开启水门（闸）即可，还摆脱了上坝蜂腰河道。由于是在汉军联营的潍河西岸，且有所谓“西北境之北条山”岭阜的遮挡，更不易为楚兵步马哨探察觉。

潍水东岸有以巴山北三坝和古高密城南方圆二十里的泊塘为枢纽的灌区。浯河、荆河之水，也可以在上下坝之间注入潍水，成为该灌区水源。这个灌区也曾经是水稻产区，汉代甚至一度有稻城。《齐乘》卷四：

> 稻城。高密西南，潍水堰侧。土人呼堰为赵贞女防，南有高堤，谓是岑彭冢，皆谬。此即稻城遗迹。春秋称琅邪之稻，自汉有塘堰，蓄潍水以溉稻，因名其城。武帝封齐孝王子定为稻侯。郡国志亦谓之郑城，康成故宅在此。旁有稻田万顷，断水造鱼梁，岁收亿万，号“万匹梁”，今其遗迹鞠为榛莽矣。

《齐乘》所谓之“高密”，乃今之高密城，汉代夷安。稻城所在位置在古高密之西南，今天峡山水库库区。至于稻田面积，古籍中记载各异。唐《元和郡县志》卷一一：“潍水故堰在县东北四十六里，蓄以为塘，方二十余里，溉水田万顷。”与《齐乘》相同。《太平寰宇记·河南道·密州·高密县》载其地有“万匹梁”“有稻田十万顷，断水造鱼梁，岁收亿万”。而《水经注》记载最少，只有“一顷许”：

> （潍水）乱流历县西碑产山西，又东北，水有故堰，旧凿石竖柱断潍水，广六十许步。掘东岸，激通长渠，东北径高密县故城南。明帝永平中，封邓震为侯国，县南十里，蓄以为塘，方二十余里，古所谓高密之南都也。溉田一顷许。陂水散流，下注夷安泽。潍水自堰北径高密县故城西。

大河筑堤坝，塘方二十里，只灌一顷田，犹如以整头大象或座头鲸喂一只宠物猫，必无是理。《水经注》此处文字有讹脱无疑。昔日可能是山东最大的水稻产地，今天为山东最大的人工水库取代。郦道元未言潍水堰建造的时间，考虑到当时高密是齐国东部重镇（相当于陪都），地势相对较高，地近潍水，至少在战国时期，就应有在潍水拦河取水的设施。从《水经注》叙述，可推断出潍水坝在古高密城西南潍水上，于上坝、中坝取水都可能。但上坝东岸没有向东开掘长渠的痕迹（如果有的话，因为是石岸，应该和浯河长阡沟一样，留下清晰的痕迹）。自凉台村东中坝截水的可能性更大一些。

《齐乘》卷四介绍“龙且城”：“龙且城，高密西南四十里潍水之东，楚将龙且所筑，水西即且冢，冢南曰梁台，韩信囊沙壅水之地，亦曰城阴城。”文中“梁台”即今“凉台”古称。《尔雅·释宫》：“堤谓之梁。”“梁”可兼指堰坝堤防，“梁台”很可能与“万匹梁”有关，为古代管理水坝、启闭水门的人员住所。

凉台之南潍河东岸，自潍河引水的渠道不少（今天多用机器扬水），在古高密城南十里左右，有水城村，应该就是《水经注》所谓高密县南十里方二十里的蓄水塘北端。

如果凉台村东的水坝和原高密城南的蓄水塘在潍水之战前就存在，汉军只要控制住水坝，韩信水攻楚军的工作就更简单了，而且时机也最容易掌握。《孙子兵法》曰：“兵无常势，水无常形。”战场形势，瞬息万变。如果水来得过早，把汉军渡河挑战者先淹了；如果楚军只渡一小部分，主力仍在东岸，目的也达不到。只有楚军大半渡河并且主将也渡河的情况下，洪水来到，才恰到好处。以此而论，要准确把握时机，水坝决口也不应离战场太远。

考虑到上坝河道过窄，即使有足够存水，下泄速度也不会太快，上窄下宽的河道与过远的距离（上坝距战场中心还有二十里路左右流程），都会减弱水流的威力。当然，如果当时有上坝，韩信也乐得开掘放水，增加洪水威力。

凉台村建在被称为诸城北条山的岗阜与潍河相交处，是一块台地，潍河在这里出现一个“S”型的弯道，凉台便在S下方向东凸出处。民间传说凉台村东至今仍存的高达七米的土台，是当年韩信“点将台”或指挥台。隔河七八里外，便是齐楚联军大本营高密城。站在这里举目四望，当年战场一览无余。如果要欣赏高密八景之一的“潍沙落雁”和诸城八景之一的“韩坝秋月”，此处位置也很理想。

即使当时楚汉在坝区对峙，当韩信看到刚愎轻敌、求胜心切的龙且已经渡河，在楚军眼皮底下开闸毁堤也来得及。

据古籍记载，古代潍河东岸百尺河上，还有一个小型灌区，本来不值一提，但其地近高密，与潍水之战也有些瓜葛。《水经注·潍水》：“应劭曰，县有密水，故有高密之名也。然今世所谓百尺水者，盖密水也。水有二源……同泻一壑，俗谓之百尺水。古人堨以溉田数十顷。”据此，古代百尺河下游曾属高密，且为高密得名之由。百尺河上，也曾有水堰截水灌溉。有人认为“百尺”是言河流之短，好像不然。百尺河由源头到巴山脚下入潍处，接近百里，是潍河东岸最长的支流。百尺得名，据民间传说，与潍水之战有些关系。传说韩信不是将龙且楚军用河水冲断，分而歼之，而是直接水淹高密城。高密城墙高九十九尺，单阻潍水不够用，也阻密水助势，终于能使水深达到百尺，高过城墙。但当时高密城头有头神牛，有多少水喝多少，韩信又派人于上游撒麦糠，神牛喝了麦糠，呛了嗓子，打了个喷嚏，连喝进去的也吐出来了，水漫高密，喉头难受的神牛蹦到了潍县。原潍县城关西南白浪河西岸文昌阁下，有一世代久远的铁牛，据说与此有关。铁牛体积不大，但高扬脖颈（不像被麦糠呛了，倒像被冰凌卡了），很有精神。

传说归传说，如果潍水之战时百尺河上真有水堰，韩信也会乐得掘堤放水，以增加胜算筹码。

想象当双方开战时，汉军依次开启百尺河坝、上坝、浯水与荆水坝，众流夹带浮冰汇聚下坝，且将满溢，韩信看到龙且已经渡河，下令开闸决堤，自中坝至高密城正西，不过一二里，河道不宽，激流瞬时可到。最倒霉的是还在渡河的齐楚健儿，在漩涡中挣扎，被冰块所切割，人仰马翻，血沫沸腾，鬼哭狼嚎……已渡河之楚军回顾胆寒心乱，未渡河者惊慌后退。汉军士气高昂，风卷残云。

出生于潍河岸边的中国文联前副主席陶钝在《在韩王坝上狂想》中写道：“韩王坝是潍河流经诸城县城北五十里东岸的一座小土石山的山麓。河水在星罗棋布的石坝中间曲折流过。因为这片石坝曾是韩信囊沙壅水大败龙且的古战场而得名。……这一场战争在潍河西岸留下了许多军事村名：大营、小营、营马、料疃、九台……问题是囊沙壅水，水流到哪里去？又从哪里流回来？以潍河为界，诸城县城北有两片大洼地：东洼叫做黄疃洼，南北长约三十里，东西约十里；西洼叫做程戈庄洼，东西约二十里，南北短些。韩信要士兵就两个洼地的地势，一向东，一向西，挖了两条大沟，通着潍河。这两条大沟在我的故乡徐家河岔村北入潍，都叫做韩信沟。把壅住不能北流的河水，经过两条沟流到东西两个大洼里存起来；沙囊撤后，这两洼的存水又返回河道，所以把楚军截为两半。”

此说颇有人赞同。但这两个所谓大洼分别处诸城东西两郊，虽说是洼地，高出潍河河面也数以丈计。至于是否曾蓄水，尚未见诸记载。且如果此两处各方圆数百平方里原有蓄水，挖条沟能泄入潍河，腾出大片耕地，前人何乐不为？如果临时蓄水，即使能将居民迅速迁移，仲冬枯水季节，多长时间才能蓄满？为了让潍河水进入洼地和让洼地水再流入潍河，要挖多少道运河般的沟渠，建多少道坝堰？汉军兵力本来有限，阵亡伤病之余，还有数以百十计新占的城市需要留守弹压。三齐尚未全下，西楚大兵临境，需分兵拒守。在此倥偬鞅掌之际，难道还要将汉军主力变成一支水利建设专业队伍？何况即使成功蓄水，徐家河岔村距战场中心五六十里，巴山之前，河道宽阔，如何控制这些水在间不容发的时刻出现在楚军步马正徒涉的河道？

关于韩信囊沙截潍水，最不靠谱的是清初安丘学者张贞的观点。张贞在其为王士禛誉为“体大思精”的《杞纪》之“杞城四境图”中，标记韩信坝于潍、浯二水交汇处，民国《安丘续志》地图从之。今天一些安丘的文史爱好者更是坚信此说，甚至踵事增华。

浯河入潍，在高密城西北十数里处。不但汉军筑坝是在两军对阵之处，汉军如果要在东岸合龙，还要同楚军商量；就是蓄水之处，也会达到高密城正西，根本不用什么哨探，在高密城墙上西望，就会一览无余。弄不好凌晨会被水面的冰坼声吵醒。面对此种景况，龙且虽至愚，还能上当吗？

楚汉潍水之战的历史，令人联想起新中国成立初期经典战争片《南征北战》中的一段镜头。国军张军长进攻山东解放区屡遭挫败后，想借大沙河上游大坝之水，创造军事奇迹，在南京和美国顾问团前长脸。这位张将军性格类似龙且和张灵甫，但决坝阻敌之策，却善于师古。在这方面乘胜追击的解放军指挥者未免千虑一失。幸亏有一支民兵游击队，在国军工兵将要按下起爆电闸的刹那，张瑞芳扮演的女民兵队长恰好剪断引爆电线，炸药哑火，解放军骑兵步兵顺利渡河，截断敌人退路，发起排山倒海般攻势，最终活捉了张军长。

有时非常几微偶然的因素能影响战争胜负甚至历史进程。《南征北战》中那个山东大嫂提前零点几秒的咔嚓一剪，半两拨万钧。这一举动使张军长创造奇迹的梦想破灭，也使蒋介石解决占中国麻烦十分之六的山东问题，再无翻盘的可能。

韩信在潍水之战的恰当时机，让来自泰沂山地北坡的水顺势冲下，《南征北战》中在关键时刻阻止了泰沂山地南坡的水下泄，都直接影响了历史天平的倾斜。

《国语》云："川壅而溃，伤人必多。"中国先秦儒家主张仁义行师，反对诈谋奇计，更反对"以水为兵"。春秋齐楚阳谷之约，有"无障谷"之文；葵丘之盟，有"无曲防"（一作"无壅泉"）之条，绝不是反对兴修水利，发展农业，而是反对把水用于军事目的。这和今天反对使用核弹、生化武器一样，都是想尽可能减少人道灾难。这方面典范人物是宋襄公。泓之战时，楚军大白天在宋军眼皮底下渡河，宋襄公不仅不瞅瞅上游有没有大坝水库，整楚军一下，甚至不准干扰楚军渡河；更有甚者，楚军全部渡河后没列好阵势，也不准进攻。一直到数量占绝对优势的楚军全部渡河，军容齐整了，才擂鼓决战。宋襄公虽然惨败，但赢得了后世不少经学家"大仁至义"的赞美。战国时期田齐宗室军事家司马穰苴作《司马法》云："逐奔不过百步，纵绥不过三舍，是以明其礼也；不穷不能，而哀怜伤病，是以明其仁也；成列而鼓，是以明其信也；争义不争利，是以明其义也。"仍尊仁义行师之道。甚至与韩信同时的成安君陈余，仍有古人遗风。汉赵井陉之战前，广武君请兵奇袭韩信，但"成安君儒者也，常称义兵，不用诈谋奇计"，因此为韩信所乘，身死国破。而在潍水与韩信对阵的贵族将领田广、龙且可能仍闻宋襄、成安之风而兴起，不仅不为奇计，甚至不防别人的阴谋。我们将楚宋泓之战与楚汉潍之战做一对比，就可以看出节操早碎于胯下的无行之徒韩信对仁义行师的践踏颠覆，到了何种程度！长乐钟室之报，来何迟也！

楚汉骑兵主力的潍畔决战

——兼论灌婴对平定三齐的贡献

楚汉潍水之战发生时期，是中国社会空前巨变的时代，也是军事史上的大变革时代。传统的战争规则正在被抛弃或改写。就在潍水之战前数月，汉赵井陉之战，有儒者之风的成安君陈余，仍遵仁义行师古法，“不用诈谋奇计”。而与他对阵、节操早碎于无赖胯下的韩信，已经无所不用其极了。当时战争还有一个趋势，就是骑兵在战争中的地位不断提高，逐渐取代了战车。而在潍水之战乃至整个平定三齐战役中，汉军灌婴所率领的郎中骑兵（汉军骑兵主力），起了关键作用。龙且所率千里赴援，号称二十万，实际可能不过数万的楚军，其中有在彭城大比分战胜汉军与诸侯联军、几乎俘虏刘邦之楼烦骑兵，也是楚军骑兵主力。所以潍水之战也是楚汉骑兵主力最后一次生死对决。

很多人研究潍水之战，多根据《史记》中对此役记载较详的《淮阴侯列传》记述下结论。以为韩信破赵降燕后，被刘邦于修武夺其军，令韩信“收赵兵未发者击齐”。有些研究者以为这大约数万的“赵兵未发者”，便是扫荡三齐、鏖战潍水的主力。于是得出韩信囊沙出奇，以少胜多之类结论。其实大谬不然。

司马迁是伟大的文学家，但作为史学家，未能差强人意。文学家重视行文气势、情节，史学家重视客观全面。司马迁有时不免为艺术性牺牲客观性。美言不信，信言不美，有时他宁取其美，不取其信。再就是司马迁受汉帝阉刑大辱，胸中勃郁不平，于史实不无抑扬选择。关于韩信军功，未免有意突出，极尽渲染，以彰汉帝之寡恩。还有，司马迁叙事常将一事散见相关人物本传，此详彼略，要完整了解一个事件，需要参互观之。而《史记》中那些写得荡气回肠、绘声绘色、颊上添毫、远胜好莱坞剧本、令人过目便终生不忘的华章（如《项羽本纪》《淮阴侯列传》等），可信度远不如读起来沉闷掩沓如流水账的篇什（如《灌婴列传》等）。

遍览《史记》《汉书》，参加平定三齐的汉军列侯数以十计，灌婴、曹参为其佼佼者。灌婴及其郎中骑兵在楚军援齐以前，即东属韩信。当韩信破赵降燕时，他却奉刘邦命出击楚军侧后，绝其粮道。《史记·灌婴列传》中是这样叙述灌婴在平齐战役中的作为：

> 三年……以御史大夫受诏将郎中骑兵东属相国韩信，击破齐军于历下，所将卒虏车骑将军华毋伤及将吏四十六人。降下临菑，得齐守相田光。追齐相田横至嬴、博，破其骑，所将卒斩骑将一人，生得骑将四人。攻下嬴、博，破齐将军田吸于千乘，所将卒斩吸。东从韩信攻龙且、留公于高密，卒斩龙且，生得右司马、连尹各一人，楼烦将十人，身生得亚将周兰。齐地已定，韩信自立为齐王，使婴别将击楚将公杲于鲁北，破之；转南破薛郡长，身虏骑将一人；攻博阳，前至下相以东南僮、取虑、徐。

从这段文字可以看出，在平齐的所有重要战役中，灌婴及其郎中骑兵都是最受依赖的突击重拳。一路俘获齐国骑将，收编齐国骑兵，也进一步壮大了郎中骑兵的力量。《高祖本纪》述潍水之战，韩信之外，仅提及灌婴一人："韩信与战，骑将灌婴击，大破楚军，杀龙且。"《项羽本纪》亦然："淮阴侯与战，骑将灌婴击之，大破楚军，杀龙且。"

所谓"郎中骑兵"，是公元前205年刘邦五十六万大军在彭城遭受项羽率三万骑兵突袭，落荒而逃，妻子老父被虏为人质后组建的"特种部队"，其班底来自秦降卒。据《史记·灌婴列传》，刘邦自彭城西逃，同时收集散兵，驻军荥阳。接下来便是郎中骑兵初建时情况：

> 楚骑来众，汉王乃择军中可为车骑将者，皆推故秦骑士重泉人李必、骆甲习骑兵，今为校尉，可为骑将。汉王欲拜之，必、甲曰："臣故秦民，恐军不信臣，臣愿得大王左右善骑者傅之。"灌婴虽少，然数力战，乃拜灌婴为中大夫，令李必、骆甲为左右校尉，将郎中骑兵击楚骑于荥阳东，大破之。

郎中骑兵成立不久，便在灌婴的率领下击败“乘胜追击”的楚军骑兵主力，扭转不利战局。其后不断壮大。钱文子《补汉兵志》论汉代中国各地军事上不同特点：“大抵金城、天水、陇西、安定、北地、河东、上党、上郡多骑士（骑兵）；三河、颍川、沛郡、淮阳、汝南、巴蜀多材官（步兵）；江淮以南多楼船士（水兵）。”兵贵神速，在中原、华北、华东广大地区作战，对军队机动性、突击性要求更高。于是骑兵也成了决定战争胜负的重要因素。骑兵本非荆楚特产，项羽的战马和骑射兵源主要是巨鹿之战大胜所获蒙恬、王离旧部楼烦骑兵，由于连年损耗，秦赵等战马产地又尽为汉军占领，得不到有效补充，此消而彼长。这也是楚汉兴亡的一大原因。

在有关楚汉战争的叙述中，“楼烦”是出现频率较高的词汇。楼烦本是北方游牧部族一支（也有说是周所封子爵之国），曾立国于山西西北、内蒙南部，兵将强悍，善于骑射，毗邻赵国曾受其侵逼。至赵武灵王，师其长技以制之，败其国而致其兵，赵国一度强大。所谓“楼烦兵”“楼烦将”不一定是楼烦国人，更不是军事建制名称，而是指“擅骑射”的军人，与今天我们戏称皮肤黑或不怎么白的同胞为“非洲人”同理。《项羽本纪》：“汉有善骑者楼烦，楚挑战三合，楼烦辄射杀之。”此人实为川人。与灌婴一同破龙且的丁复，原为赵人，归附刘邦，“为楼烦将”。

汉族人把马作为交通、仪仗工具使用，由来已久，但用于军事进攻要晚于北方游牧民族。一般说来春秋已有萌芽，战国时期与游牧民族毗邻的秦、赵等国开始大力发展骑兵，骑兵作为一重要兵种登上军事舞台。马匹的消耗也空前严重。刘邦称帝后，竟然找不出四匹个头一般、颜色相同的仪仗马。汉初为马源充沛的匈奴所窘，与此也有关系。灌婴郎中骑兵以秦降卒为班底，韩信所将“赵兵之未发者”，又是来自最早实行“胡服骑射”的赵国（韩信之生去赵武灵王之死不过数十年），其中自然也有楼烦兵将。在燕赵齐鲁方圆数千里战区，骑兵的突击性、机动性得到充分发挥。潍水之战发生于公元前204年深冬，秦、赵地区的士卒战马，较之主要来自淮河以南的楚军更习惯于冱寒，这也是汉军的优势。

早在灌婴担任汉军“骑兵总司令”前，就已经与龙且交过手，并处上风。据《史记·灌婴列传》，汉王二年（前205），“击项羽将龙且、魏相项他军定陶南，疾战，破之。赐婴爵列侯，号昌文侯，食杜平乡”。灌婴自被任命为郎中骑兵将领后，屡败龙且和楼烦军，俘其将领。韩信安排灌婴在潍水西岸伏击龙且也自然考虑这一因素。龙且与韩信一向没有过招，放马涉潍水追击佯败的韩信，想捉住韩信。没曾想半路杀出年少气盛、骁勇无比的冤家对头灌婴，即使没有夹杂冰凌，迅猛倾泻的潍河水冲断他的后续部队，曾经是败军之将的龙且，也会气为之夺，胆为之落，不等他定下神来，就被以逸待劳，早就对这个活靶子密切关注的郎中健儿乱箭穿胸。如果龙且以前没有与灌婴过招并成为手下败将，以他好以老眼光低看对手的习惯，对韩信这种安排可能会有意见：毕竟咱是楚国老二，让个小贩与我对阵（灌婴早年贩布为业，不排除联络旧日商界同行向韩信推销沙囊，小赚一笔），有些不够级别。潍水之战灌婴一次俘虏楚国楼烦将十人，这也是整个楚汉战争中俘获楚国骑兵将领最多的一次。楚国骑兵的主力基本在潍水之战中被汉军歼灭或改编，项羽的乌骓宝马，空前孤单。

陆机《汉高祖功臣颂》论灌婴：“颍阴锐敏，屡为军锋。奋戈东城，禽项定功。乘风藉响，高步长江。收吴引淮，光启于东。”没提他平定三齐之功。平心而论，灌婴杀龙且擒周兰，即使比不上率五千郎中骑兵追击项羽，迫其自刎乌江，较之他在大局既定后提劫官子，“收吴引淮”，还是远远高出。可能陆机也和后世文人学者和影视编剧一样，太多受司马迁《淮阴侯列传》抑扬煽情的影响。

郑公祠的“朝山”

——碑产山

史学大家孙敬明先生在2004年所作《新立郑公法相碑记》（刻石立于郑公祠左前方）中，有“砺埠之厚，潍水之远，巴山之高”之语。游郑公祠读此《记》者，多不知“巴山”为何物。砺埠、潍水与郑公祠、郑康成墓的关系，文献记载明晰，差不多是眼前风光，而极目四望，巴山何在?

笔者曾得便向孙先生和潍坊郑学研究倡导者、老家就是郑公村的王振民先生请教，两先生咸云，数十年前，站在郑公祠高台郑公像前正南望去，可见今诸城境内巴山金顶。现在，站在郑公祠门口南望，由于峡山水库烟波蒸腾，加之潍河谷地林木日盛，空气能见度有变化，已很难望见巴山身影了。

如果打开地图，发现两先生所言有据。巴山在郑公祠正南二十公里左右，都在东经119.45度附近。

在古代文献中，巴山与砺埠也曾有混淆，起因于元代于钦《齐乘》。《齐乘》卷五云：“康成祠墓，胶州高密县西北五十里刘宗山下。山产磨石，古砺阜也。《水经》亦谓之碑产山。”《水经注·潍水》介绍潍水与密水（百尺河）合流后在当时高密县境内流经情况：

(潍水)乱流历县西碑产山西，又东北，水有故堰，旧凿石竖柱断潍水，广六十许步。掘东岸激通长渠，东北径高密县故城南。明帝永平中封邓震为侯国，县南十里蓄以为塘，方二十余里，古所谓高密之南都也。溉田一(千)顷许。陂水散流，下注夷安泽。潍水自堰北径高密县故城西。汉文帝十六年，别为胶西国。宣帝本始元年，更为高密国。王莽之章牟也。潍水又北。昔韩信与楚将龙且，夹潍水而阵于此。信夜令为万余囊，盛沙以遏潍水，引军击且，伪退，且追北，信决水，水大至，且军半不得渡，遂斩龙且于是水。水西（应为“东”）有厉阜，阜上有汉司农卿郑康成冢，石碑犹存。

《水经注》明确说潍水自碑产山开始，向北经过潍水坝区（有上中下三坝）、高密城西、稻城、楚汉潍水之战主战场，才到砺埠（在潍水东，《水经注》误为西），两者南北相距五十余里。于钦误读《水经注》，从此谬种流传。钱仲联先生眼里“清诗三百年，王气在夜郎”所系的贵州遵义学者郑珍，给“家郑康成”过生日，都拜巴山：“敢瓣汉宫香，敬仰碑产拜。”现代“青岛文博之父”诸城学者郑时，看出《水经注》碑产山与砺埠是两地，但仍以砺埠为碑产山。他在为清代《说文》学大师安丘王筠（故里距郑公祠不远）所作《王菉友年谱》，于咸丰三年（1853）条下云：

初，道州何绍业子毅，藏有摹懋勤殿本郑康成画象，先生借临一本。安丘县重修学宫文昌阁魁星楼，先生自晋寄像，属刻石于学宫郑公祠，并作记。（《郑康成画象刻石》《菉友遗文》）王献唐曰：“郑君（康成）墓确在潍水西岸之刘宗山附近，尔时属高密辖境，其实系今之安丘境也。菉友先生以郑君为安丘人，非无稽。砺阜者即《水经注》之厉阜，又名碑产山，即今巴山。余以为道元误指刘宗山为砺阜耳。①

今所谓砺埠，在郑玄墓东北数公里处，海拔 80.8 米，面积 0.8 平方公里，古称刘宗山，因山体小，形如铃铛，又名铃铛山。民国高密学者王丙爔先生为作《郑康成年谱》，曾亲到郑康成墓一带考察，并作《谱碑碣》一文附卷后。文中说刘宗山距郑玄墓十三里，非砺埠，而以郑康成墓所在的土岗为砺埠。这道土岗大致南北走向，据王丙爔文中介绍，他来此考察时，土埠的高峰在郑康成墓后半里。今天考察，郑墓在此土埠南坡，从郑公祠南门到郑墓，要经过两层阶梯，估计郑墓地面要高出门口数米。这道岗埠向北伸入峡山库区，与水库中的七兰岛和北岸西接峡山东麓、伸入水库的七里兰半岛为一脉，将峡山水库分为东西两个

① 《清诒堂文集·附录》。

库区。

王利器先生撰《郑康成年谱》，大段摘引王丙爔《谱碑碣》一文关于砺埠的考证（王献唐先生给他提供的稿本），似乎比较赞同王说。但我以为王丙爔先生有些过于较真。刘宗山不高（数千年伐山取石，也损耗山容。现在又成为铁矿区，将来此山成为大坑都有可能），但位置形势非常重要。它是汉代高密城之北山，有玄武之象。且城阴之北，处郯庐断裂带东堑之景芝断裂和昌邑一大店断裂之交，岗岭起伏，而以刘宗山为首领。汉代高密郑氏家族各墓在山前东西排列，似乎是郑氏家族墓地的“靠山”（郑玄八世祖郑崇尚书墓在郑康成墓东三里，以刘宗山为靠山更明显一些）。作为砺埠，正当其地。

我们再看巴山。清雍正《山东通志》卷六《山川志》：“泰山右卫：自胶州之五弩山分支而西北，入诸城县境为白龙山、为巴山，又北入安邱县境，一支为峡山、为岞山……”峡山、岞山在郑公祠西北。与郑公祠隔潍河相对的盖公山、黄公山，郑公祠东北之砺埠，东南之金宝山（也是古高密城东南，楚汉潍水之战后掩埋战殁者尸骨于此）、顷王岭（刘统勋故里逄戈庄村东），大致为这支“泰山右卫”之分支萦带。

在郑公祠周围这些低山、岗岭中，巴山对于汉代高密至关重要。海拔 149 米的巴山是汉代高密境内最大、最高之山（今日高密境内亦无海拔超百米之山），它无疑是汉代高密的主山。至今城阴一带居民，还流传着一些关于巴山与高密城的传说。有一传说古代修建高密城时，从西南山区取土石，过潍河时车太重，扒下一些来，形成巴（扒）山。

当代有个笔名叫莫言的高密作家，写过一部自我评价较高的中篇小说《红耳朵》，其主要舞台“巴山镇”，其实是诸城市相州镇，主人公以相州七村山东共产主义小组创始人之一王翔千（高密管氏与相州王氏亦有葭莩之亲）为主要原型。相州镇在巴山西南数里。莫言这样处理，说明“巴山文化”对他也深有影响。

巴山北坡，低缓绵长，使汉代高密地势南高北低。这为古代高密水利建设提供了得天独厚的条件。《水经注·潍水》所谓高密城南“方二十余里”的水塘，有潍水建坝修渠引来之水，也有巴山以东至顷王岭的雨水、山泉汇集注入。这个巨大的人工水库不仅使古高密农业能进行稻作生产（郑公祠南有“稻城”遗址），也为古高密城市用水、排水，提供了方便。自这个水库下泄的水（可能也包括古高密城的城市废水），注入连通胶莱河的夷安泽（即潴泽、西泺、百脉湖，在今高密城北，元代后因作为胶莱运河“水柜”，逐渐枯竭）。

巴山山形端庄，正峰突出，堪舆学称之为贪龙，主贵。清乾隆末诸城文人窦汝斑读书巴山，其《重游巴山口成三律》之二有句云：“堪舆吾略解，食笋见龙精。”并自注：“巴山之尖直固，是贪龙也。”山东境内所见贪龙之山，莱州文峰山、平度天柱山、青州玲珑山，都有郑康成同宗郑道昭刻碑或题字，亦有占风水之意。

巴山别名，除“碑产山”外，还有“卑产山”。《旧唐书·五行志》：“太和二年六月七日，密州卑产山北面有龙见。初，赤龙从西来，续有青龙、黄龙从南来，后有白龙、黑龙从山北来，并形状分明，自申至戌方散去。”宋书升《旭斋文钞》中为王玮庆私园所作《退园记》云：“案碑产山，今曰巴山，碑巴声相转，山产声相犯，故又省呼云。”

著名水利学家姚汉源认为碑产山就是《左传》中“邶殿”的音转[①]，即碑产山就是春秋时的邶殿。《左传·襄公二十八年》：“与晏子邶殿，其鄙六十，弗受。”杜预《春秋左传注》于“其鄙六十”下注云：“邶殿，齐别都。”姜齐与莱子国，边界在胶、潍之间，潍河流域为边鄙，没有问题。齐国后期，也只有巴山北之边长两千余米（三百雉）、周长八千余米的古高密城才有资格称为别都。晏子是夷维人，夷维即今之高密，“维”疑与潍水有关，《汉书·地理志》潍水亦作“维水”。碑产山与晏子故里地缘相近，把此地封给晏子，也是合乎情理的。今人一般以为邶殿在昌邑西北之古都昌地，或者都昌为邶殿六十邑之一。这一带在晏子生活的时期，久为诸田所关注，势在必得，晏子也不敢火中取栗。

出生于巴山南十余里徐家河岔村的中国曲艺家协会前主席陶钝则以为巴山原名为“坝山”，因韩信曾在山北不远潍河上筑坝，水淹楚军而得名。在其回忆录《一个知识分子的自述》中说自己故家“正北是坝山”，括弧内注云“后来称巴山”[②]。

---

① 武汉水利电力学院、水利水电科学研究院《中国水利史稿》编写组：《中国水利史稿》（上册），水利电力出版社，1979 年，第 241 页。

② 陶钝：《一个知识分子的自述》，山东人民出版社，1987 年，第 1～2 页。

郑时与王献唐先生以砺埠为碑产山别名，除了地缘相近，可能是由于“碑”与“砺”形义皆相近。再就是两位先生好像受交通条件所限，都未亲履郑公祠，徒依鲁鱼亥豕、斑驳舛误（有些是有意附会、曲解）的文字记载和不讲比例，五官错位的古代疆域图［如清乾隆《莱州府志》卷首舆图高密县部分（图 1），竟把“郑玄庙”标志在潍河与渠河的河套间］，故难得其真。巴山距离郑康成墓五十余里，它绝不是郑公所葬之山（主山、靠山、坐山），而是郑墓的朝山——或许有人又会说巴山离郑墓太远，但从堪舆学角度，朝山不怕其远。距离愈远，山体愈高大，其福荫愈悠久。郑玄墓西数十里今牟山水库库区，原董家庄北，有汉豫章太守孙嵩（郑玄师友）墓，为在安丘作《孟子注疏》的赵岐设计，以牟山为朝山，距墓穴不过数里，虽然也“藏风聚气”，且出土之画像富丽闻名寰宇，但格局未免局促。孙嵩、赵岐以及宁拜孙嵩为师不礼郑康成的朱虚人邴原（魏文帝之师），都尚今文学，且均为实践性人才，在墓葬选择方面也有表现。

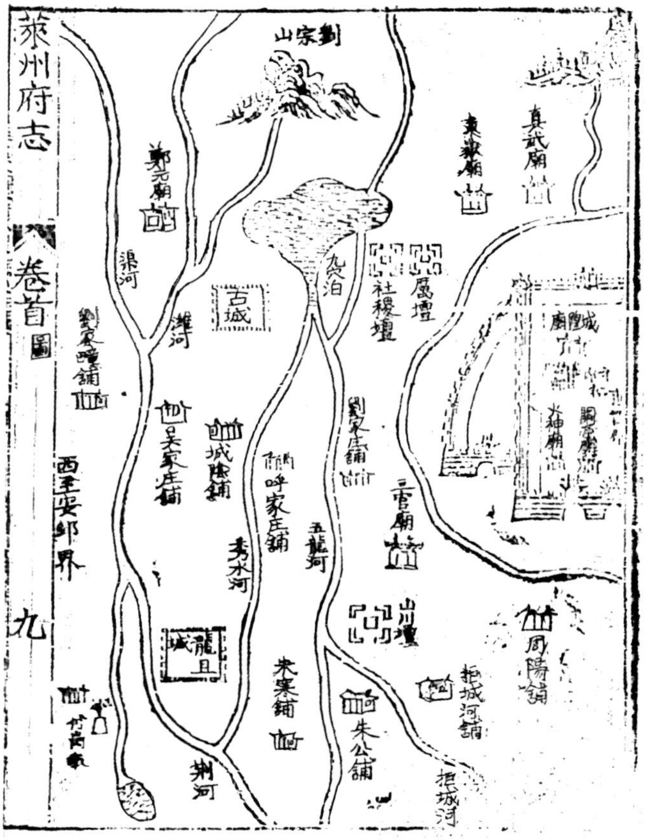

图 1　乾隆《莱州府志》卷首高密舆图

渠河（浯水）是潍水最重要的支流，沿岸多古城，如灵门、姑幕、平昌（龙台城）等。孔子女婿公冶长墓，在其南岸锡山脚下。渠河自西南来，在郑康成墓南十余里，注入潍河峡山库区——可视为郑墓内堂水。如今，峡山水库已通过南水北调、引黄济青等渠道，常年得长江、黄河水补充。万历《莱州府志》高密县境图（图1），把“郑玄庙”标志在潍河、渠河之河套，已是荒谬。所画渠水，竟然是从城阴城西北方向远远流来，注入潍河。这已不是五官错位，而是手足倒置了。古今治《水经》者，往往付出大半生精力，难有成就。不仅阙文错简、鲁鱼亥豕有无穷官司；即使亲履其地，目见耳闻，也未免偏颇。何况郯庐断裂带桑海陵谷之变，稀松平常。郑樵“山川之形，千古不易”，其实未必。

清末，曾在王家巴山村王家处馆、有清代三百年经学殿军之称的通儒潍县宋书升（他的同乡前辈“公复学派”创始人韩梦周，也曾在王家处馆）《初篁书庐文稿》中有《巴山记》一篇，这样描述巴山：

> 巴山者，东武城北方百余里平原之突起秀拔者也。其西为潍水，南为百尺水，山正当二水交处。有小阜陂陀而下，正峰高仅里许。晴明之际造其颠，视南则九仙、五莲、马耳、烽火、常山、卢山，远近参差，攒青郁紫，皆在襟带前，若众宾与主人之相为酬酢。

由这段文字可见巴山在潍河中游一带山水格局中的地位。文中所举各山，均为“泰山龙脉”发露。按照清儒桂馥、包世臣等人的观点，发脉于昆仑的中华北干之山自太行东北行，绕渤海自辽东过峡，形成山东半岛诸山，先西南行，至诸城东南回头山（苏轼称之为“转头山”），与由河南嵩山经徐州吕梁东北来的中干之山合龙北上，结穴于泰安。顺着这条“龙脉”的方向，并由此分支的巴山、峡山，正在其右，故《山东通志》谓之“泰山右卫”。文中所谓“百尺水”，又称密水，顾祖禹《读史方舆纪要》卷三六又云此水为“高密水”，不知所出。遍考古代典籍，可以断定汉代先后属胶西国、胶西郡、高密国、高密侯国、北海郡的高密县，其南至就在巴山脚下的密水，而郑玄墓与砺埠，则接近其北至。

《世本·帝系篇》介绍大禹身世：“鲧娶有莘氏女，谓之女志，是生高密。”

所以高密人以大禹为同乡，其出生地或在巴山脚下“高密水”畔。巴山之南十余公里，有舜生地诸冯。巴山之西三十公里左右，即汉代朱虚县境（潍河支流渠河发源于朱虚境内、沂山之东的太平山）。朱虚因尧子丹朱封地得名，《水经》所谓“朱虚县泰山”（今沂山）周围和潍河流域，是龙山时代（唐虞）考古文化最发达的地区，考古学家认为这一带是唐尧故国。陶器史上的奇迹蛋壳陶（舜陶）在这一地区出土的种类最多、工艺最高。潍河上游之诸国，为商代夏后姒姓之国。下游峡山之北，夏代帝相时都城斟鄩、代夏的寒浞、夏后杞国先后建都于是（河南二里头覆盖仰韶文化层、与潍水龙山文化特征相近的所谓夏文化层，应该是少康在潍水流域中兴夏朝后迁徙的遗存之一）。这不仅证明作为东夷部落联盟大本营的潍水流域是中华文明发皇之地，而且也验证了恩格斯的名言：“血缘亲属关系是联盟的真实基础。”[①] 在古代交通和其他统治条件下，相同血缘、语系的部落联盟的有效统治区域其实是有限的，其迁徙、分化和文化传播则是无限的，这是尧、舜、禹生地、陵墓异说纷纭的原因。

半个世纪以前，中国社科院考古研究所研究员吴汝祚曾指出，拉开中华文明史序幕的海岱大汶口——龙山文化，“不是以泰山为中心的周围一带地区，而是向东移到山东半岛，可能在潍坊一带地区内”[②]。现在，有了更多的文献学和田野考古的证据支持这个推论。

有人把夏朝作为中国第一个朝代，还有学者把虞朝作为中国第一个朝代，这都还有待讨论（对于有些历史学家，这两个朝代还是层累地虚构附会而成）。但说汉朝奠定了中国疆域的基础并确立了中华文明的走向，争议不大。中华民族的主体为汉族，国际称中国学为汉学，都因汉朝得名，也是常识。汉朝“火井三炎”，汉朝学术文化的三大高峰，都与唐代大和二年品类齐全的群龙会集之郑玄故里有重要关系。

前汉之兴，潍水一战，韩信利用“泰山右卫”提供的地利之便，决坝击半渡，全歼龙且率领的楚军骑兵主力（曾在彭城以大比分溃败汉军），决定了楚汉兴亡的终局；光武中兴，有潍水樊崇率“思汉”之赤眉为之扫荡中原、华东之新

① 《马克思恩格斯选集》第 4 卷，人民出版社，1972 年，第 90 页。

② 吴汝祚：《论大汶口文化的类型与分期》，《考古学报》1982 年第 3 期。

莽势力，廿八元功之首的邓禹，又被封为高密侯；于西蜀延汉祚的刘备，本人是郑康成的学生，他的臣子亦多郑公门徒和私淑者。其中有名诸葛亮者，是樊崇部镇压刘盆子长乐宫骚乱的卫尉诸葛稚的同族后人，诸葛亮的祖先诸县（故墟在诸城西南潍水左岸石屋山下）人诸葛丰，与郑康成九世祖郑宾，又同出东武名儒贡禹门下，家学、乡学，渊源相近。

学术文化方面，汉武以前，以黄老之学为主流，胶西盖公为宗主——前汉胶西国为全国方仙道中心，盖公的老师乐瑕公、乐臣公也在胶西境内活动。据《史记·老子列传》，老子七世孙李解，曾为胶西王太傅。可以说汉代方仙、黄老之学，荟萃于高密。汉武帝独尊儒术，胶西相董仲舒为倡导——潍水流域是全国今文经师最集中的地区。以被奉为学术之源、政纲之本的《易》学为例，两汉传经表中，潍水流域的《易》学经师，超过长江流域、珠江流域之和，且大部分受黄老天人之学的影响。古文派学者，在高密也不乏其人。高密侯邓禹十三子，人专一经，其中肯定有古文派学者（与郑玄切磋的邓子然疑即邓禹之裔）。“胶西前辈郑康成，千载遗风及后生”（苏辙《送傅宏著作归觐待观城阙》），两汉学者乃至中国封建社会学者，当然以“囊括大典”的郑康成影响最大。郑康成生当齐学（今文经学、黄老之学）昌盛之地，充分吸收了这一地区的文化积累；又出于宗族情结，与邹鲁、中原、西北崇尚古文经学（古文经学奉周公为宗主，与郑玄皆出姬姓）的学者充分交流，注释了晚出的《周礼》（郑玄称之为“皇祖大经”）等著作，使之成为儒家经学和中国文化的重要组成部分。中国内陆农耕区祖先崇拜、宗法色彩浓重的学术文化与自然崇拜、海洋色彩明显的齐学充分交流融合，通变至道，完成了中国儒学的一统。郑玄糅合今古，使之具有更复杂的光谱，能适应更多更广的社会环境，最终使齐鲁地方之学成为国家主流之学，甚至成为世界显学。郑玄曾游学的邹鲁、中原、关中等地，在郑学“一统”中国学术的过程中，起了接应和推进的作用。

与儒学相反相成的方仙道也受到提引，不断超越，最终由讲究服食养生的地方小众群体，成长为有系统理论的道教。

物一无文，有容乃大，万事皆然。当代发端于潍水流域的农业产业化，起初主要是为了解决包产到户后农民生产过剩问题，由简单的加工销售，到搞多种经营大合唱，到贸工农一体化。历届党和国家领导人高度评价，大力推广。农业产业化，打通了中国经济和社会生活的任督二脉，它不仅是一次真正的农业革命，空前地改变了农民的生产方式，而且深刻地改变了他们的生活方式；它还是人类文明史上最大规模、最全产业链的工业化伟大史诗的序曲。而农业产业化的开创者中，就有郑康成族裔、得利斯集团董事长郑和平先生。四十多年前建筑的得利斯总公司办公楼，其尖顶向北正对巴山。郑公祠、巴山、得利斯办公楼，几乎在同一条直线上。出生于郑公村、曾任潍坊艺校校长的王振民先生，是教育产业化的最早实践者之一，曾将潍坊艺校分校办到北京、济南等大城市，其经验向省内外推广，促进了中国高等教育的爆发性增长，为中国最大规模的工业化及时提供了大量实用性人才。潍水流域处齐、鲁、莱之交，海洋文化与农耕文化之汇，这一带生民既有包容之胸怀、集成之宏规，更有创始之勇锐。

人类的山水崇拜与生俱来，中国人“事死如事生”，阴宅阳宅，理有相同。古代风水说，其表述方式有唯心、神学倾向，但其内核颇多与现代生态环境学相发明，更在民族心理上留下了深厚的积淀，形成集体无意识。郑姓“肇洪源于有周”，《诗经·大雅·公刘》：“既溥既长，既景乃冈。相其阴阳，观其流泉。”姬郑对风水的讲究，可谓源远流长。窦汝珽《重游巴山口成三律》，还提及巴山与马耳山，“精华拟两雄”，而马耳山“青牛郑氏”初居地和初祖墓选址，早已是风水学史上的千古佳话。郑康成同宗（俗有“天下无二郑”之说）宋遗民巨擘郑所南《答吴山人问远游观地理书》中一段话，对我们很有启发，录之结束本文：

> 若不能见吾双足之下来龙，则不知吾眼底所见八方来龙；若不见吾眼底八方来龙，则不知此县此州、众山众水、一丘一壑各各来龙；若不见县州、山水、丘壑各各来龙，则不知九州、五岳、万山万水各各来龙，则不知至远八方、遐陬绝域、四大海中、一切大小山水、洲潭诸国、不与南阎浮提中国接壤之地各各来龙；毕竟毕竟不知渺渺茫茫、无边大地大海全体来龙。欲知茫茫渺渺、无尽无尽、大海大地全体来龙，胡不以仰观俯察、近取远譬之理，反复精思天地人之全体，更反复精思之，复反复精思之，求于必悟，以通其太妙！

悠悠岁月　长长的歌

——从远古东夷乐舞到近代诸城琴派

“鲁省为礼乐之邦，琴学之盛，首推东武。”[①] 诸城派（琅邪派）古琴在晚清浮出水面，迅速成为齐鲁乃至北方琴系的领袖。民国初年其代表人物王露、王宾鲁分别由章炳麟、康有为荐引，以其卓越实力主盟南北二京，使诸城琴派影响空前扩大，并在后来所谓古乐复兴和中华国乐走向现代、走向世界的过程中，担当了重要角色。并最终在2010年被联合国教科文组织确定为人类非物质文化遗产保护项目。

叶明媚在其《古琴音乐艺术》中说：“古琴主要为知识分子所弹奏的乐器，所以其音乐是在一高度文化架构的背景下产生的。”[②] 与此同理，我们也可以这样说，古琴流派一般产生于文化高度发达的环境中。孕育诸城琴派的齐鲁故国，为中华文明木本水源之地。先秦两汉，圣贤接迹，百家腾跃；为儒林之渊薮，经师之堂奥。诸城琴派形成的明清时期，是山东文化在金元萧条后全面复归并巩固其文化大邦地位的又一黄金时代，在很多方面，都出现了全国性领军人物。以与古琴关系较密切的诗歌（都是表达生民“心声”的重要工具）为例，李攀龙、王士禛、赵执信、高密三李先后号召天下，影响深远。清后期诗人王培荀曾自豪地说：“自明中叶，中原坛坫，必援山左树旗鼓。国初以来，人文蔚起，不曰‘南施北宋’，即曰‘南朱北王’。赵秋谷以偏师锐进，所向摧廓。至如康熙十子，曹礼部贞吉、田中丞纶霞、颜考功修来、冯舍人大木、谢中郎方山，以一隅敌天下之半。”[③] 诸城一方形胜的九仙、五莲，曾是清代诗坛尊唐派会聚之处，推崇盛唐的李澄中、周斯盛、洪嘉植，标举中晚唐的高密诸李、诸单，都曾流连其间。

---

① 詹澂秋：《琅琊王心葵先生略传》，今虞琴社《今虞琴刊》创刊号，1937年5月。

② 叶明媚：《古琴音乐艺术》，商务印书馆（香港），1991年，第22页。

③ 王培荀著，蒲泽校点，严薇青审订：《乡园忆旧录·自序》，齐鲁书社，1993年。

诸城古琴植根于齐鲁大地渊深博大的礼乐传统中，源远流长。关于音乐、古琴的起源，历来众说纷纭，但《礼记·乐记》所云“昔者舜作五弦之琴，以歌《南风》。夔始制乐，以赏诸侯”，却是相对权威的记载。虽然舜是传闻时代的人物，其出生地也有多种说法。但其为东夷之人，基本可成定论。诸城派琴人、诸城琴派研究者好拿“家近诸冯”“地近诸冯”说事，亦足见先圣虞舜对诸城琴人的精神激励。

《尚书·益稷》记载了舜帝的乐正夔排练大型团体乐舞《箫韶》的情形：

> 夔曰：“戛击鸣球、搏拊琴瑟以咏，祖考来格，虞宾在位，群后德让。下管鼗鼓，合止柷敔，笙镛以间，鸟兽跄跄，《箫韶》九成，凤凰来仪。”
>
> 夔曰：“於！予击石拊石，百兽率舞，庶尹允谐。”

这部乐舞一直流传到一千多年后，“文人琴”始祖孔子在齐国欣赏其音乐，三月不知肉味，由衷赞叹：“《韶》尽美矣，又尽善也。”（《论语·八佾》）这种极致的审美感受，他在鲁、在周，都没曾获得。齐国在东夷故地，姜氏治齐，不变旧俗；齐国之田氏，又为“大舜之正裔”，齐国礼乐能保留并弘扬周公制礼之前东夷先民雄奇瑰丽的泱泱之风，让有些“礼过则拘”的孔老夫子非常震撼。

这种乐舞其实也是戏曲的雏形。而在音乐发展史上，戏曲与琴乐相互促进。戏曲作为一种“与众乐乐”的活动，乐曲之熏陶、乐理之启迪、乐器之训练，对很多音乐形式的繁荣都有推动作用。

诸城博物馆藏有20世纪70年代境内出土的战国时期编钟、编镈各一套，从铭文上看，为田齐贵族公孙潮子之物。1988年，中央音乐学院的专家对其中的编钟进行了实测，除少数锈蚀严重者外，多数仍具有良好的声音品质。敲击正面和侧面两个部位，均可发出呈大二度或小三度音程关系的两个乐音。全套钟的音域达两个多八度，令专家们赞叹不已，并即兴演奏了抒情的《康定情歌》，其钟声缭绕，悦耳动听①。这些青铜乐器，是诸城地区古代音乐文化发达的证明。

---

① 张健主编：《诸城文物博览》，西泠印社出版社，2007年，第73页。

郑玄《周易注》创六十四卦爻辰之说，并以爻辰与律吕相配，这就将《易》理与音乐联系起来。近代《易》学家杭辛斋先生对此甚是推崇并发明其说："阴阳之气，冲激动荡，发为声音。气不可见，而以音表之，则触耳而能辨其清浊，以耳代目，气之不可见者，亦不啻予人以可见矣。黄帝吹管定律，与干支同为协和阴阳之用，故音出于律，律出于数，数出于阴阳之自然。"① 所以古代音乐家，也大都通《易》学。先秦两汉时期，诸城曾是中国易学中心。现在通行的《易经》文本，由齐人田何手定。而田何之《易》，受自战国时孙虞（字子乘），传于汉初王同（字子中），皆东武人。汤显祖《大司马新城王公祖德赋》"东武世田何之业"②，即取典于此。康熙《诸城县志》列田何于《侨寓传》，其实在田氏篡齐前后，潍河流域都为其根据地（安平至琅邪）的中心，疑"大舜之正裔"的田何就出生、成长在诸城境内封邑，虽谓之东武人亦无不可。诸城琴派代表人物王露、王宾鲁，都强调古琴与《易》道的关系，且能将古琴通于《易》道（《周易》更深受中国戏剧美学之重视）。这与乡学、家学渊源，都有点关系。

根据乾隆《诸城县志》记载，北宋建隆四年（963），五代汉宰相莒国公苏禹珪之子苏德祥状元及第还乡，"太守为置宴作乐，伶人致语曰：'昔年随侍，尝为宰相郎君；今日登科，又是状元先辈。'时人荣之"③。这也是诸城戏曲史上的一段佳话。

金元以后，山东地区的戏曲、音乐活动更为活跃，涌现了高文秀、武汉臣、张养浩、杜仁杰、贾仲明、李开先、冯惟敏、丁耀亢、孔尚任等众多杂剧、散曲作家。其中丁耀亢及其祖丁纯、父丁惟宁皆善琴道，而日照、诸城之丁，与王溥长、王作桢家族姻亲稠叠。

王棠、王概为其父王沛憻所作《念庵府君年谱》（《王总宪年谱》）卷下雍正十年条下，有这样的记载："上元佳节，乡人陈百戏于村左，府君扶杖而观，欢笑竟日。"④ 王沛憻住的村庄是相州镇东南的道明村，隔潍河与今天所谓刘墉庄园的

① 杭辛斋著，张文江校点：《学易笔谈》二集卷三，辽宁教育出版社，1997 年，第 201 页。
② 汤显祖：《玉茗堂全集·赋集》卷三，明天启刻本。
③ 乾隆《诸城县志》卷二九。
④ 北京图书馆编：《年谱丛刊》第 87 册，北京图书馆出版社，1986 年，第 526 页。

栗园酒店相望。乾隆时李文驹《大雪潍河道上过饮王尚木表叔道明村观剧》[①]诗，有“高堂气恺爽，吴儿发清讴”之句。可见这个村既有民间自发组织的“百戏”演出，也有仕宦之家从南方雇来的昆曲班子——也可能是王氏自家供养的戏班子。明清青齐大家，供养戏班的很多，著名的如章丘李开先、长山（周村）李化熙。诸城及其周围地区，供养戏班的也不少。与诸城王氏姻亲稠叠的安丘马氏（就是为诸城王氏媳妇建庵上石坊的那家），清初家庭戏班中还出了一个诗人朱廷佐，《国朝山左诗钞》：“廷佐，安丘人，马孝廉长春家青衣。”[②] 当然，安丘马长春家的戏子，不一定就是安丘人。

清初诸城遗民集团领袖文人琴家张侗《庚辰春偕渔村先生过餐青别墅，闻家童鼓筝，酒酣，主人代为索句题赠》序云：“苏长公别孔密州云，‘阳关三叠君须秘，除却胶西不解歌’，家童胶西人，善筝，因字之曰筝奚。学士李既赠以诗，复嘱予续貂。呜呼！筝奚倘不自废，主人复不许筝奚自废，教之先调其气，自丹田上氤氲及喉，乃噫出为声，则一律两绝，洋溢海内矣。”[③] 这段文字告诉我们，从事戏曲音乐行业，在诸城一带，有一定的社会地位。

王沛憻的从兄、康熙十六年（1677）鲁、豫、晋、陕四省经魁王沛憬（是科解元为王沛憻胞兄王沛思，两人有《元魁合稿》之刻）“继配姜氏，昌邑县任广东巡抚士桢公女”[④]，苏州织造李煦为其内兄，江宁织造曹寅为其连襟，两大织造做养戏班闻名天下，甚至供应宫廷。有了这两家亲戚，诸城王氏购买“吴儿”戏子，延请教习，自然更方便。王沛思重孙王垂绮（字汉之，官至四川新都县知县）曾先后娶两位八旗名门闺秀为妻，其一是云南曲靖府知府佟世荫女，其二为浙闽总督高琦女。高琦长女、被袁枚誉为“本朝之曹大家”的高景芳嫁给家住南京的袭靖逆侯张宗仁为妻，其《红雪轩集》观剧之作屡见，且有《课小鬟学琴》[⑤] 诗，则她擅古琴无疑。清乾隆末周春《阅红楼梦随笔》，以她为贾母原型，

---

① 李文驹：《自怡集》卷下，山东大学图书馆藏清嘉庆二十五年(1820)诸城李氏易安园钞本。

② 卢见曾：《国朝山左诗钞》卷六〇，山东省图书馆藏清乾隆二十三年（1758）德州卢氏雅雨堂刻本。

③ 张侗：《琅邪放鹤村诗集》卷一，山东省图书馆藏清抄本。

④ 王增杰等：《相州王氏族谱》卷二，道光十八年（1838）世德堂刊本。

⑤ 高景芳：《红雪轩稿》卷四，康熙五十八年（1719）刻本。

曹寅为林如海原型，虽然和其他索隐一样无稽，但巧合的是，这两人一个是王沛憬的连襟，一个是王垂绮的姨姐。更巧合的是，贾母曾提及曹寅的戏剧《续琵琶》。在《红楼梦》第五十四回贾母与几个“有戏的人家”谈论音乐，指着史湘云说：“我像他这么大的时节，他爷爷有一班小戏，偏有一个弹琴的凑了来，即如《西厢记》的《听琴》、《玉簪记》的《琴挑》、《续琵琶》的《胡笳十八拍》，竟成了真的了，比这个更如何?”其实琴师是一般戏班子必备，而贾母在这里可能把古琴和琵琶（胡琴）搞混了，这与贾母在礼节上华夷兼用，混淆华夷，甚至以夷变夏，又是相应的。第八十六回宝黛论琴，与曹寅康熙四十五年刊刻于扬州的宋代朱长文的《琴史》中观点大同小异，与王露、王宾鲁琴论也相通，都强调古琴“禁”人心的作用。

清初“东武高士”刘翼明《海上随笔》中有《富贵家买笑》① 一则，慨叹富贵之家宁缠头买笑，不周亲友之急，从另一侧面说明人们对戏曲的热衷。用今天的话说，对戏曲的爱好在这一带有广泛的群众基础，这也是古琴、琵琶等艺术生长的肥沃土壤。20 世纪诸城产生了很多文艺界名人，如孟超、崔嵬、陶钝、李仁堂、王愿坚，政坛名流喜欢吹拉弹唱或作戏曲铁杆票友者也不少，如王尽美、王叔铭，也与本地这种悠久的传统有关。

古琴史上，查阜西第一次将诸城古琴与地方土风联系起来，他说：“王宾鲁的演奏艺术，重视技巧，充满着地区性的民间风格，感染力极强。他在晨风庐近百人的琴会上惊倒一座，这是后来他所传《梅庵琴谱》风行一时之故。”② 所谓“地区性的民间风格”，主要指山东地方歌谣、戏曲、音乐风格，其源头可追溯到虞舜“击石拊石，百兽率舞”的时代——也许原始祭祀歌、乐、舞三位一体，与民同乐，生气勃勃的形式与风格，在民间戏曲中保留得最完整。

提到诸城一带土风，不能不提《东武吟》。陆游《渭南文集》卷一四，有《徐大用乐府序》一文，是为当时密州诸城人徐大用词集所作。文中云：“古乐府有《东武吟》，鲍明远辈所作，皆名千载。盖其山川气俗，有以感发人意，故骚

① 刘翼明：《海上随笔》，青岛市图书馆藏稿本。

② 黄旭东、伊鸿书、程源敏等编：《查阜西琴学文萃》，中国美术学院出版社，1995 年，第 522～523 页。

人墨客得以驰骋上下，与荆州、邯郸、巴东三峡之类，森然并传，至于今不泯也。”

诸城位于山东半岛东南部，地兼齐鲁，带山负海，既崇文教，亦尚功名，民风强劲质直，亦不乏达观。产生于这一地区的乐府《东武吟》，较有代表性地反映了诸城一带的民风和地域性文化特点。以《东武吟》为题的乐府歌谣，多感慨人生际遇，风格苍凉悲壮。苏轼豪放词风，就是任密州太守时受“东州乐府”影响形成的。陆游所说鲍照的作品，很有代表性：

> 主人且勿喧，贱子歌一言。仆本寒乡士，出身蒙汉恩。始随张校尉，召募到河源。后逐李轻车，追虏穷塞垣。密涂亘万里，宁岁犹七奔。肌力尽鞍甲，心思历凉温。将军既下世，部曲亦罕存。时事一朝异，孤绩谁复论。少壮辞家去，穷老还入门。腰镰刈葵藿，倚杖牧鸡豚。昔如鞲上鹰，今似槛中猿。徒结千载恨，空负百年怨，弃席思君幄，疲马恋君轩。愿垂晋主惠，不愧田子魂。

此诗意境风格，与诸城派一些谱子特别是《龙吟馆琴谱》中《关山月》《捣衣》等，颇能相通。

大致可算在诸城文人琴圈子的刘墉，在《观剧》绝句十四首引言中说：“近日剧场，亦清商乐府之遗音也。”[①] 诸城一带的乐府民歌，自然影响这一地区的地方戏曲。“肘鼓子”、茂唱的质朴自然、刚健豪放，与诸城古琴的长绰大注、沉着痛快，虽雅俗相悬，仍神韵相通。

---

① 刘墉：《刘文清公遗集》卷一七，东武刘氏味经书屋道光六年（1826）刻本。

诸城王氏古琴名家考略

“鲁省为礼乐之邦，琴学之盛，首推东武。”[1] 诸城派（琅邪派）古琴在晚清崛起，迅速成为齐鲁乃至北方琴系的领袖。而在这个流派形成的过程中，诸城王氏几位古琴名家王溥长、王作桢、王熙麟，起了重要作用。对他们相关身世、事迹进行考察，有助于我们了解诸城派古琴发展的历史及其思想内涵和艺术特点。

一、诸城派古琴奠基者王溥长

王溥长（1807—1886），字既甫，是诸城古琴奠基者之一。关于他的身世，以其重孙女婿张育瑾先生《山东诸城古琴》介绍的最具权威——其实关于整个诸城古琴派的研究，该文至今仍然是最重要的参考资料之一。但现在看来，张育瑾先生对王溥长的家世好像也不甚熟悉，叙述间有疏误。

张文对王溥长是这样介绍的：

> 王溥长（既甫）1807—1886，山东诸城人，住城里后门口街，系诸城相州王族，好鼓琴，虞山派，其兄王寿常（恒甫）1795—1832，也会弹琴，他父亲是王式钰。关于他的古琴事迹留下的很少，只知道他将琴传授给他两个儿子（王文桢，王心源）和两个女儿。[2]

历来古琴史研究者对王溥长的介绍，基本就是重复这段话，甚至简而化之，直接说王溥长是“诸城城里人”。其实王溥长的家世是可以详考的。

据道光年间王增杰主修的《相州王氏族谱》，自相州王氏始迁祖开始到王溥

---

① 詹澂秋：《琅琊王心葵先生略传》，今虞琴社《今虞琴刊》创刊号，1937 年 5 月。

② 张育瑾：《山东诸城古琴》，《音乐研究》1959 年第 3 期。

长，共传十三世，其直系祖先依次是王庠—王隆—王绩—王允升—王恢基—王锳—王沛憕—王楷—王元爔—王纶陞—王式钰。[①] 乾隆《诸城县志》说：“县中诸王，仕宦以允升后为著。”[②] 至王溥长这一代，仕宦的势头稍杀，但文化素养仍然很高。

相州王氏，本聚居相州，但入清以后，人口急剧膨胀，特别是江南左布政使王锳之后，子孙尤其兴旺。其孙王柼，光儿子就生了十七个，不得不析居各地。王溥长之父王式钰（字谦和），自相州移居诸城后营（在沧湾之南，今诸城市图书馆附近）[③]。

王式钰有三个儿子，长寿常（字恒甫），次延长（字益甫），王溥长是老三。王延长娶曲阜孔昭焱（字仁峰，安徽广德州州判）之女为妻。他有两个族叔王金鉴（字孟明）、王叙钦（字槐庭），各娶曲阜孔广栋（字隆桴，江苏兴化县安丰巡检）女一人为妻[④]。孔广栋、孔昭焱皆出曲阜孔氏八府，即六十八代衍圣公孔传铎第三子孔继洞一支。孔广栋是孔继洞的第六子，孔昭焱则是孔继洞长子孔传杦的第三子，两人是叔侄关系。曲阜孔府是中国雅乐的中心，袭衍圣公孔传铎精通音乐，著有《圣门乐志》一书，其中有关于古琴演奏的论述。诸城王氏古琴也标举中和雅乐，由于这种姻亲关系，诸城王氏受曲阜孔氏音乐文化和古琴艺术的影响，更为方便。

王溥长有三子，长子王斌（字良臣），过继给无子早逝的王寿长。另外二子王文桢、王作桢，皆能传父学。

关于王氏的琴学师承，张育瑾在《山东诸城古琴》中讲得也很笼统：“王既甫的师承，亦无可靠资料，只知道他的胞兄王寿常也会弹琴，他父亲王式钰曾在贵州住过，王寿常从小就跟王式钰在贵州住，并曾游历过江南数省，从他的家庭情况来看，有可能是家传。”贵州之行对王氏琴学影响很大，而据詹澂秋《虞山学派山东琴学家之系统》，随王式钰到贵州的是王溥长而非王寿长：“琅琊王先生

---

① 王增杰等：《相州王氏族谱》，道光十八年（1838）世德堂刊本。

② 宫懋让、李文藻：《诸城县志》卷三二，清乾隆二十九年（1764）刊本。

③ 宫懋让、李文藻：《诸城县志》卷七《建置考》：“由仓湾而南者曰后营，旧为军城时兵营。”

④《相州王氏族谱》卷五、卷六。

名式钰，东武旧族，仕于贵州。广交游，招名士宴饮以时，客有善琴者，自秘其名，妙指希声，冠绝一世。王公询知为虞山学派，遂安车蒲轮延请署中，命其子普常字既甫执弟子礼，朝夕请益，三载而琴学已成。既甫继承庭训，而以琴学世其家。令誉闻于邻封，师事者较众。”① 由于文献难征，这两说目前只能并存。需要说明的是，由于王寿长三十八岁就去世，他的琴艺即使经名人指点，也不可能广大其传。高培芬《诸城琴史五杰及其艺术成就》说“王既甫与父亲和哥哥王恒甫（1795—1832）及诸城琴人王冷泉是诸城最早的琴人”②，说“最早”恐怕未必，但对我们了解王溥长家学情况，也有帮助。

查《相州王氏族谱》，王式钰“字谦和，行一，监生，任贵州黄平州吏目。配单氏，高密县增生善公女”③。又查民国《黄平县志》卷六《秩官》嘉庆年间吏目：“王式钰，山东诸城监生，二十年九月到任。”④ 其继任者道光七年九月到任，看来他在贵州还真待了些年头。

嘉庆二十年（1815）至道光九年（1829），相当于王溥长八到二十二岁（如果张育瑾提供的数字准确），是一个人的音乐接受性最强的时期，如果王溥长真随他父亲游历，遇名师指点，确实值得重视，不管他是虞山派也好，川派也罢——以地缘而论，遇川派名师的可能性更大一些。

说王溥长是金陵派，可能因其所传《桐荫山馆琴谱》曲目与虞山派主谱《松弦馆琴谱》相同较多之故。但《桐荫山馆琴谱》曲目与川派主谱《天闻阁琴谱》相同者更多。再如《桐荫山馆琴谱》中《流水》一曲，《松弦馆琴谱》与《天闻阁琴谱》都有，但王溥长在此曲前的一段题记，明确说：“此系灌口张道士（张孔山）半髯子幼学于冯彤云先生……众谱所无。嗣清咸丰辛酉，搜集古操互相校对，窃恐日久失传，因共拟数字，勉成付梓，冀以寿世。愿我知音切勿妄臆增减，致负前人传述之苦衷，则幸甚。”⑤ 表现了对川派泰斗张孔山的特别尊敬。

---

① 转引自王笑天编著《德音琴声：诸城派古琴艺术与名曲》，泰山出版社，2007 年，第 10 页。

② 高培芬：《诸城琴史五杰及其艺术成就》，《乐器》1994 年第 1 期。

③ 王增杰等：《相州王氏族谱》卷六，道光十八年（1838）世德堂刊本。

④ 陈昭令、李承栋：《黄平县志》卷六第二十二页，贵州省图书馆复制民国稿本。

⑤ 张育瑾、王风襄整理：《桐荫山馆琴谱》，山东文艺出版社，1993 年，第 44 页。

由于王溥长同时代的王雩门（冷泉）也是诸城派的代表人物，关于他们之间的关系也应予以关注。张育瑾《山东诸城古琴》这样介绍王雩门："王雩门（冷泉）约1807—1877（待考），诸城王璊村人，该村在城东五里，好鼓琴、吹箫、写行书、刻图章，系金陵派，藏有明益王琴一张，并辑《琴谱正律》。他弹琴的风格是绮丽缠绵，长于轮指，奏曲的连贯性很强，当时是诸城有名的琴家，他是王燕卿的同族曾祖，也是王燕卿的琴师。"这段文字与对王溥长的介绍一样有武断之处。说王雩门是金陵派，主要因王雩门所传《琴谱正律》曲目与金陵派主谱《松弦馆琴谱》相同者多；说他的琴风"绮丽缠绵"，也是由其后学琴风推测或辗转传闻（张育瑾不可能亲见亲闻王雩门弹奏）。至于王雩门的生年，根据原诸城市文化馆馆长、普庆张崇玖（王溥长之妻为普庆张师贵女）所藏王雩门自著《万古同悲》手迹中的《冷泉纪年》，其生年为"乾隆五十八年癸丑三月丙辰十六酉辛未时"，乾隆五十八年是公元1793年，则张育瑾把王雩门生年推后了十四年。《冷泉纪年》记录止于1869年己巳七十七岁。笔者访查到《璊村王氏族谱》，卷二有王雩门的记载："王雩门，行一，字冷泉，号雪渔。生于乾隆五十八年三月十六日，卒于同治八年十月十四日，寿七十八岁。配张氏，普庆师贵公女，生于乾隆六十年六月二十九日，卒于道光二十五年七月十七日，寿五十一岁，葬东南茔。子一，孔琴。女三，长适贾悦王世太，次适大沟崖管启栒，三适辛庄徐克昌。"同治八年为1869年，张育瑾将王雩门去世的时间延后了八年。王雩门的准确生卒年应是1793—1869年。

张育瑾对王雩门的生卒年限本来就没把握（所谓"待考"），他把二者都搞错了。于是此基础上的一些推论，也便不成立。如他绘声绘色说王宾鲁曾向王雩门学琴（学术界普遍接受），考虑到王雩门去世时王宾鲁刚刚两岁，这几乎是不可能的。

王冷泉所出之王璊王氏在诸城也算望族，在诸城诸王中，论人才之众，仅次于相州王氏。该族虽然也称"琅邪王氏"，且与相州王氏本家的新城王氏有连宗的现象，如新城王祖昌《秋水亭诗草》，卷末有相州王衍福《跋》，自署"侄衍福"，而卷一有写王璊村王宗献的《宗人揖山》。但王璊王氏实出于莱阳李氏。据乾隆《诸城县志》卷三二王家栋传："其先姓李氏，莱阳人。有以赴任过县而病者，倩璊村王某医之，愈，留一子林为某嗣，遂为王氏。”该族名人有王敛福、王汝严、王萦绪、“三文”（王麟文、王凤文、王森文）、“二山”（揖山王宗献、怀山王肇晋）等。相州王氏与王璊王氏姻亲稠叠，王溥长一个堂弟王诚中，就“聘王氏，王璊庄继典公女”[①]。王雩门的长女，嫁与相州王氏同宗的贾悦王世太，其胞弟王雩涝只有一个女儿，“适相州王”。

詹澂秋《虞山学派山东琴学家之系统》讲到王溥长与王雩门的关系：“王既甫攻琴之时，有同邑名士王冷泉雅好琴，与既甫过从无虚日，每当月夕花辰，焚香合奏，似鸾凤鸣，闻者惊叹，赞为希有，自此盛名远播。”[②] 考虑到两人居住地相近，相州王氏与王璊王氏又累世通婚，两人互为师友完全可能。

二、承先启后的王作桢

在诸城琴派发展史上，王作桢是承先启后非常关键的一个人物。他少年学琴之时，恰当前辈王溥长、王冷泉琴艺进入化境；当 19 世纪后期两前辈去世，王露、王宾鲁尚在年幼，他是当之无愧琴界权威。他奖掖诱导后进学琴，并大量斫琴，为诸城派的形成奠定了坚实的基础。[③]

王作桢（1842—1921），字心源，以字行。其名有作“王作祯”者，可能因“桢”“祯”二字形似。还有著作两名并存。如《齐鲁辛亥英烈》一书附录《山东同盟会会员简表》王作桢备注：“又名作祯。辛亥（1911）前入会。”[④] 其实应该作“王作桢”。相州王姓命名，本五行相生为序。其父辈为水，“水生木”，王作桢这一辈多以“木”“树”或带木字旁的字为名。王作桢之字“心源”，有作“西源”者[⑤]，可能是“心”“西”二字音近之故。

关于王作桢的生卒之年，张育瑾《山东诸城古琴》说是“1842 年5月15日—

---

① 《璊村王氏族谱》卷二，清光绪滋德堂刊本。

② 转引自王笑天编著《德音琴声：诸城派古琴艺术与名曲》，泰山出版社，2007 年，第 10 页。

③ 高培芬：《诸城琴史五杰及其艺术成就》，《乐器》1994 年第 1 期。

④ 李宏生、冷家煜主编：《齐鲁辛亥英烈》，济南出版社，1997 年，第 196 页。

⑤ 詹澂秋：《琅琊王心葵先生略传》，今虞琴社编印《今虞琴刊》创刊号，1937 年 5 月。

1921年4月2日”，高培芬说是1842—1919[1]。生年一致，卒年相差两年。根据有关资料，以高说为是。如果真是1921年的话，那么这年就是诸城琴派的大厄之年，因为王作桢的弟子王露、王宾鲁也于该年先后去世！由于《相州王氏族谱》最后一次增修截止于道光十八年（1838），所以他没有出现在谱中。

关于王作桢的师承，张育瑾《山东诸城古琴》说他“从小就跟他父亲王既甫学琴，对瑟和琵琶也曾下过功夫”，但没提与王雩门的关系，这与很多人研究王宾鲁而不提他与王作桢的关系一样，涉及琴人恩怨和门户标榜等很多原因。

有研究者说：“王心源从父学琴逐步继承了虞山派的全部技巧后，又不断跟王冷泉学习金陵派的某些特点加以融会，并通过长期的艺术实践，创立了山东诸城琴派特有的风格。”[2] 虽然有些悬拟——诸城派琴人都善于博采众长，并不仅有虞山派、金陵派两个源头，但并非全无根据。詹智濬（澂秋）先生《琅琊王心葵先生略传》说王心源曾“携冷泉王先生金陵名操三十谱与之”[3]，不管数字是否准确，此事是可能的。王作桢、王雩门两家曲目、立调体系、主要风格相近处很多，也证明了这一点。

古琴是一种实践性艺术，而这种艺术实践所依赖的器具相对而言成本较高。一床品质很好的古琴往往能值中人之产。要推广（难言普及）这种艺术，首先需要一定数量的古琴。工欲善其事，必先利其器，要追求高远的艺术境界，用市面上买的粗制滥造的“野斫”，是难以达到的。王作桢努力培养古琴人才，为此，他也亲自监制、斫造古琴。时际运会，他遇到了一个绝佳的合作者——刘田。

刘田，山东诸城城关人。生于道光年间，卒年不详。是清代闻名全国的斫琴名匠。同治、光绪年间，他先后与王作桢、王露师徒合作，制造了数百床古琴。诸城琴派《桐荫山馆琴谱》称他为“诸城精巧木工”。他制琴精于选材，工艺巧，重视音韵，能制作各种式样的琴，享誉远近。琴人把得到刘田先生制作的琴作为一件幸事。故宫、曲阜孔庙都有收藏。由于刘田先生的成名，后人有模仿伪造

---

① 高培芬：《诸城琴史五杰及其艺术成就》，《乐器》1994年第1期。

② 侯云昌主编：《诸城名人》，西泠印社出版社，2007年，第160页。

③ 詹澂秋：《琅琊王心葵先生略传》。

者，赝品制作粗劣不合法度，音韵更谈不上，琴家一眼就能看破。[①]

王作桢有时还亲自选材、监制古琴。最得意之作是一张仲尼式百衲琴，龙池内有墨笔题字："诸邑东南有卢山焉，上有枯桐一株，同治秋被雷击碎，中有大蝎一只约尺许，余于灰烬中择取佳木一片，诸多补缀，始成此琴，爰名'百衲'。故志之。"制成试音后王作桢爱不释手，终日与此琴为伴。去世时将它传给儿子王熙麟（秀南），王熙麟又传给女婿张育瑾先生（诸城派著名琴家）。据称这是王心源先生监制古琴中最好的一张。王作桢去世后，刘田与王露合作，斫琴数百张，以《千字文》顺序编号。王露从中慎选六张赠送曲阜孔府使用，琴底刻有"弟子王露敬献"字样。[②]

刘田高超的斫琴技艺，推动了诸城古琴的发展；而他能成为一代神工名匠，和诸城琴家与他的切磋也分不开。清代鲁中地区金石学的发达，曾催生了以潍县为中心的仿古铜器制造业，此二事有类似之处。

诸城派另一大师王宾鲁也曾造过古琴。20 世纪初他在济南府历下将军庙街居住时，曾和仙吕氏合作斫琴。不久前在济南发现的光绪年间的一张古琴，琴腹龙池内记有"琅玡王宾鲁燕卿氏手制岁在癸卯中秋之月"等字样，黑色，仲尼式，琴面略扁，有宋琴之形态。张弦试音，音色松透圆润[③]。王宾鲁的造琴技术，与王作桢等前辈的影响，应不无关系。

诸城斫琴业发达，与这里生产优质琴弦原料也有一定关系。从明末以来，诸城南部山区山蚕放养、茧绸织造兴旺起来。清代，这里更成了山蚕放养、茧绸织造技术向省内外甚至国内外传播的重要基地。诸城两大古琴世家相州王氏与王璘王氏为这种技术的推广也做了许多工作。相州王氏王钺《暑窗臆说》、王沛恂《匡山集》中都有关于山蚕的记载，王璘王氏王萦绪、王汝严都亲自在游宦地推广过相关技术，且大有成效。特别是王雩门的高祖王汝严（字伯庄），清末宁海（牟平）人王元綎《野蚕录》卷一："康熙丙戌，学正王汝严，始自青州募人来，教民蚕，并督民植柞。民间以为不急之务，颇病之，数年而后，蚕业大兴，家食

① 高培芬：《清代著名古琴制造家刘田》，《乐器》1992 年第 2 期。

② 张育瑾：《山东诸城古琴》，《音乐研究》1959 年第 3 期。

③ 张富森：《王燕卿先生及其手制的古琴》，《乐器》1993 年第 2 期。

其力，始相与歌功颂德于不置。”① 后来牟平“宁海绸”享誉全球（诸城女婿毛泽东，其敛衣即用宁海疙瘩绸），与诸城古琴世家有一定关系。大家都知道，古人一般用蚕丝制琴弦，而野蚕丝“得地气为独厚”，较家蚕丝坚韧，更为琴家所乐用②，也特别适合长绰大注、指指着实的诸城琴派所用之琴。

清乾隆时期高密诗派班首、著名文人琴家李宪乔有《谢友人寄琴弦》诗：“皛皛数条丝，中有万古声。皎皎百里心，中有万古情。古情非近尚，古声非近听。君子为其难，日饮沆瀣清。”③ 李宪乔之母出相州王氏，其妻则王璘王氏，诸城与高密两城相距恰好百余里（直线距离 54.78 公里），他的琴弦是谁给的，也便不用深究了。

王心源享寿近八十岁，在诸城派琴人中，算是高年。他“嗜书画，好金石，以琴诗自娱。不求闻达”④。晚年加入同盟会，赞成拥护孙中山革命纲领，认定世界潮流所趋不随俗转移，始终倾向共和。他对清廷之腐败、列强之横暴，深恶痛绝。每谈及革命党人的牺牲、革命的壮烈，则慷慨激昂，常言清廷必灭亡，革命必成功。辛亥革命诸城独立期间，心源任县议会议员、军政府谍报。他为诸城的独立曾四处奔走，宣传鼓动，以至曾两次被抓进监狱，祸及全家。

王心源与世长辞时，海内名流闻者悲恸不已，乡谥为“贞毅先生”。商震、丁惟汾及山东省议会代表连同诸城各界人士纷纷送了挽词。弟子王心葵写道：“中国大伟人，曰孙逸仙、曰黄克强、曰蔡松坡，都与君会面无从，但遥慕英风，早订同心深佩服；先生真志士，忆辛亥腊、忆癸丑秋、忆丙辰夏，皆为公亲身所历，纵屡经骇浪，一凭壮气脱阽危。”世交战友隋理堂挽联为：“共和肇造推前辈，累世同盟哭故人。”诸城圣功学校亦为心源先生送了一首挽歌，其词曰：“人琴俱渺共歔欷，天予高年逾古稀。跨鹤西归惊噩耗，十万人家泪沾衣。”⑤

---

① 王元綎：《野蚕录》卷一，农业出版社，1962 年，第 29 页。

② 王元綎：《野蚕录》卷一，农业出版社，1962 年，第 9 页。

③ 李宪乔：《少鹤先生诗钞》卷二，清光绪十二年（1886）李楹西安郡斋刻本。

④ 詹澂秋：《琅琊王心葵先生略传》。

⑤ 侯云昌主编：《诸城名人》，西泠印社出版社，2007 年，第 160～161 页。并参见惠立群等《诸城辛亥独立人物传略》，政协山东省诸城县委员会文史资料研究委员会编《诸城文史资料》第 9 辑，1986 年，第 64 页。

三、王作桢的后代与弟子——王熙麟、王露、王宾鲁

王作桢是诸城琴派第一个卓有成效的古琴教育家。在他之前，诸城古琴主要是父传子承模式，王作桢则第一次面向社会，创办诸城历史上第一个琴社——东武学堂，免费教琴传艺。经过辗转相传，后来其门人弟子已发展到上百人。其中成就、名声最著者，为王熙麟、王露、王宾鲁。

我们先看与他关系最近的王熙麟。在张育瑾《山东诸城古琴》一文关于诸城琴人的介绍中，对于其岳父的介绍可能是错误最少的：

> 王熙麟（秀南）1879—1952 年 2 月 8 日，十二岁时就跟他父亲王心源学琴，继承了王心源先生的精于吟揉、进、复、清微圆润的特点。他会弹奏的曲子有《秋风词》，《良宵引》，《秋江夜泊》，《长门怨》，《春闺怨》，《平沙落雁》，《石上流泉》，《捣衣》，《流水》，《阳关三叠》，《读易》，《参同契》，《搔首问天》，《墨子悲丝》，《普庵咒》，《秋塞吟》等十六个曲子，其中以《长门怨》，《石上流泉》，《秋江夜泊》，《捣衣》，《搔首问天》，《普庵咒》，《流水》等曲子弹奏最精。王心源先生在教琴时对他的要求比较严格，本人在练习上下功夫很大，经常晚上息灯练习，按音十分准确，在吟、揉指法上特别精练，在风格上，节奏上，完全继承了王心源先生的弹奏。1952 年在青岛患肝疾病故。①

需要补充的是，在辛亥革命期间，王熙麟和他父亲一样激进，曾参加“歃血团”，并曾被捕入狱。② 他早年的革命豪情，不可能不影响其琴风。但张育瑾（1914—1981）亲炙王熙麟时，他已经绚烂归于平淡。查阜西对王秀南的评论，受张育瑾的影响：“秀南最守家学，燕卿、心葵均有变。秀南则不仅守家学且长

---

① 张育瑾：《山东诸城古琴》，《音乐研究》1959 年第 3 期。

② 惠立群等：《诸城辛亥独立人物传略》，政协山东省诸城市委员会文史资料研究委员会编《诸城文史资料》第 9 辑，1986 年，第 64 页。

住诸城以琴传家云。心葵子筱润亦自秀南受业。”[①]

王熙麟的弟子可考者有王凤襄（女儿）、张育瑾（女婿）、王筱润（王露子）、王恩荣、孟敦素、裴衣云、台文若等。其中张育瑾在古琴教育、琴史整理方面贡献最大（给琴史造成的混乱也不少）。

我们再看王露，在很多研究著作中，他被误认为是王作桢的儿子，王溥长、王作桢、王露被当成“祖孙三代”。对此，已有人提出驳斥[②]，兹不赘述。之所以产生此类错误，主要是由于他们都是诸城人，都是王姓，再加上“父传子承”的惯性思维影响。但王心葵先生入室弟子詹澂秋先生在其《虞山学派山东琴学家之系统》中根据王凤襄、张育瑾《桐荫山馆琴谱》中王心源称王心葵为表弟而断定他们不是同宗，也有些结论过早。同宗五服亲近，中表较之同宗关系更近。清代山东著名才女单为娟与其四堂姐嫁给王玮庆、王琦庆兄弟，用单为娟的话讲，“四姊与余，在夫家为妯娌，在娘家则姊妹行也”[③]。他们的儿子，从夫家论为堂兄弟，从娘家论则为表兄弟。如果五服之外，叫表兄弟的可能性更大些。

在王作桢诸弟子中，王露的事迹最详为人知。他也是诸城琴派顶峰时期的代表人物。王露（1878—1921），字心葵，号雨帆。住诸城城里西施巷。幼读于家，长学词章。对音乐有特殊的爱好，尤喜古琴与琵琶。十五岁时跟古琴家王心源学琴，数载艺成。又从流寓山东自号“白云道人”的津门马姓学琵琶三年，深得要领，成为北派琵琶演奏的代表人物。1907 年，自费东渡日本留学，入东洋音乐学校精研西洋音乐六年，获学士学位[④]，名甚高噪。章太炎时在东京，听其琵琶演奏，称为“环球无双”。此时，值孙中山倡导革命，始结兴中会于日本。心葵效同学数百人，突起相应，随时随地从事宣传。后人评说：“东武多志士，皆心葵之力也。”回国后，为振兴古琴事业，在济南大明湖畔组织德音琴社，培养了

① 查阜西：《张育瑾谈诸城三“王”》，黄旭东、伊鸿书、程源敏等编：《查阜西琴学文萃》，中国美术学院出版社，1995 年，第 45 页。

② 茅毅：《〈中国音乐词典〉与〈琴史初编〉的两处错误》，《南京艺术学院学报（音乐与表演版）》1991 年第 2 期。

③ 单为娟：《碧香阁遗稿》卷一《谢四姊惠花》题注，民国十六年（1927）高密单氏上海石印本。

④ 张前：《中日音乐交流史》，人民音乐出版社，1999 年，第 374 页。

一批优秀琴人。1912 年，教育部电聘其入都以增订国乐，心葵不应；后又遣专使礼聘，心葵却之。在济南读佛书，调素弦，悠然自适。1919 年，北京大学校长蔡元培聘其担任北大古乐导师，传其绝学，心葵遂往，琴社亦迁入京。校中诸生，从学尤众，造诣较深者有张云鹤、康白情等。在蔡元培支持下，王露与杨昭恕、宋泽等人发起专业音乐理论刊物《音乐杂志》和丝竹组；又发起组织丝竹改进会，从事改良乐器和曲谱。他参与创办的北大《音乐杂志》，已成为研究近现代音乐发展史的重要资料。心葵在北大任教虽仅仅两年，但卓有建树。琴学著述方面，他辑订过《玉鹤轩琴谱》《玉鹤轩琵琶谱》，散见于《音乐杂志》。又总结诸城斫琴经验，遍考群籍，撰写成中国第一部古琴制造的专著《斫桐集》。后来因患中风，右手指失灵，回至济南小清河畔居住，于 1921 年冬病逝在客舍，年仅四十四岁。

王露是中国第一个自费留学的音乐演奏家，也是诸城琴人中唯一一个学贯中西、造诣全面的宗师。1913 年，国学大师章炳麟荐王露为国歌谱曲，在致教育部函文中写道："以不佞所闻，有山东诸城王露，为中国音乐家第一，自俗乐胡琴、琵琶，俗歌二黄、梆子，上至琴瑟编钟古音雅奏，皆能为之。嗣游日本，专肄音乐，西方声律悉能辨及微茫，日本人同学者皆敬重之。光复后已归山东。若征入部中，令定宫谱，庶足以彰盛音。而文辞工拙相同者，孰用孰舍，亦可以是取法矣。"① 章氏对王露的评价是最高的，也是最权威的。

最后我们探讨一下诸城派南宗"梅庵派"的创始人王宾鲁（1867—1921）与王作桢的师承关系。迄今为止，几乎所有的音乐学教科书、工具书、史志，凡提及王宾鲁的师承，都主王雩门亲授。这其实是绝对不可能的。

有人把王宾鲁的师承问题看得很重要，"梅庵派"传人王永昌认为："这一问题与中国诸城琴派暨梅庵琴派发展史乃至中国古琴史有相当关系；王燕卿（宾鲁）既为诸城琴派杰出代表又为梅庵琴派创始人，他的第一、二、三代弟子很多已成为国内外著名琴家，其琴派在中国大陆、港台、美国等地广为流传，影响很大；这一问题还涉及《中国音乐词典》和《琴史初编》及持相同刊介的《中国大

① 陈聆群、齐毓怡、戴鹏海：《萧友梅音乐文集》，上海音乐出版社，1990 年，第 163～164 页。

百科全书》与《辞海》是否需要修订。孰是孰非必被海内外学术界严肃关往。”①对于本人来说，这个问题也关系诸城相州王氏对中国古琴艺术的贡献问题，所以在材料搜集方面也下了点功夫。在见到清光绪版《璘村王氏族谱》和王雩门《冷泉纪年》等资料后，这个问题基本可以定论。去世于1869年的王雩门绝对不可能指导出生于1867年的王宾鲁弹琴！

在此之前，也有人对王雩门、王宾鲁的师承关系提出怀疑，包括最早给出王雩门“待考”的生卒年限的张育瑾先生，在发现王雩门系《琴谱正律》和王溥长系《玉鹤轩琴谱》以后，发现《梅庵琴谱》与《琴谱正律》的明显差异，对以前的观点，提出了修正：“王燕卿先生的师承，过去认为是王冷泉先生，从《琴谱正律》的曲子看来，这一点尚须作进一步的调查研究。”② 其实张育瑾在此等于也否定了他对王冷泉琴风的观点。在这之后，有王作桢琴脉的古琴家茅毅先生提出了更有力的怀疑：

> 冷泉生于1807年，卒于1877年；燕卿生于1867年，死于1921年。（据《桐荫山馆琴谱》）就是说王冷泉先生死时王燕卿才十岁，即使学的话学了多少也可想而知。可王燕卿入室弟子徐立孙在《梅庵琴谱风格》一文中却说：“其家世不能尽悉，仅知其自幼即爱好古琴，十余岁时学琴于王冷泉而青出于蓝。……”（见《梅庵琴谱》）詹澄秋先生曾言王燕卿是随王心源先生学的，因其好自由发挥恶而不授。后又找王心葵先生学，亦因此病先生不授。当然先生们已作古了，无法对证，但他们的琴谱尚传于世。王冷泉先生所弹十三操尽收入其《琴谱正律》，王心源先生之曲目皆收入《桐荫山馆琴谱》，王心葵先生之曲目都收入其《玉鹤轩琴谱》，王燕卿之曲目尽收入于《梅庵琴谱》。拿《梅庵琴谱》与王冷泉之《琴谱正律》对而观之，只有《长门怨》、《水仙操》、《平沙落雁》三曲同名，其中《平沙落雁》冷泉先生是金陵派谱子，而王燕卿却是地道诸城派谱子，与王心源先生的相同，只有个别处

① 王永昌：《为〈中国音乐词典〉和〈琴史初编〉辩正——评“茅文”》，《南京艺术学院学报（音乐与表演版）》1992年第2期。

② 张育瑾：《介绍两部最近发现的山东古琴谱》，《人民音乐》1962年第9期。

装饰发展。①

不难看出，即使茅毅在此文中，也没有完全否定王宾鲁曾学琴于王冷泉。今天，随着《璜村王氏族谱》和《冷泉纪年》的发现，多重可靠证据基本确定王雩门生卒年为1793—1869，两三岁的儿童不可能向衰病残年的古稀老人学古琴。这样一来，徐立孙来历不明的说法可不攻自破，而“十岁超过一天也叫十余岁”②的抬杠更没有必要。于是《中国大百科全书》与《辞海》等权威工具书所要修订的，又绝不仅是王宾鲁是否师从王雩门的问题。

还有一个关键问题，那就是为何王作桢后来不认王宾鲁这个高徒，并且王宾鲁在诸城甚至山东琴界受到排斥？詹澂秋说王作桢“因其好自由发挥恶而不授”，其实是责包茅不责问鼎。对此，张育瑾先生在《山东诸城古琴》一文中曾做过暗示：“古琴在旧社会中有许多封建戒律，如对‘不知音’不弹，不弹‘小调’，对娼妓不弹，不能更改古谱等，诸城也不例外，他对这些封建戒律，作了一定程度的斗争，比较大胆地改革创造。”③ 其中，违背“对娼妓不弹”，“败坏”琴品，玷污门墙，对王宾鲁才是最致命的。如果张育瑾还有为乡贤避讳的含蓄，琴学史家严晓星讲得则比较直接：“王燕卿饱受攻击的真正原因其实是他常带着琴去妓院。懂的人知道他是教妓女弹琴以谋生，却难保有人不另作他想，何况，教妓女弹琴也是坏了‘琴品’的事，衣食无忧的正人君子所不屑为的。”④

王宾鲁出入青楼，对他的琴艺不无影响。给风尘女子授琴，《杏坛吟》《思贤操》等深沉严肃，王道迂阔，不会受欢迎，《杨柳怨》《骂情人》等则比较实用。这些曲子他不会教给士子，但风月场帮衬音乐缠绵绮丽的风格，则可能被他化腐朽为神奇地运用于古琴演奏和教学之中。他所传曲谱加花过多，“三分琵琶七分筝”，可能受这类乐曲的影响。正如对于王燕卿出入青楼不必予以过高评价（上

① 茅毅：《〈中国音乐词典〉与〈琴史初编〉的两处错误》，《南京艺术学院学报（音乐与表演版）》1991年第2期。

② 王永昌：《为〈中国音乐词典〉与〈琴史初编〉辩正——评“茅文”》，《南京艺术学院学报（音乐与表演版）》1992年第2期。

③ 张育瑾：《山东诸城古琴》，《音乐研究》1959年第3期。

④ 严晓星：《王燕卿蒙冤〈关山月〉》，《音乐爱好者》2009年3月号。

升为“反封建、反礼教”），他的琴曲加花、轮指过多，也有得有失。如果说《平沙落雁》加花过多，将归鸿何处、世路渺茫的忧患意识和批判精神冲淡，增强了醉舞狂欢的酒神气息，还算创新，并能折射“五四”前后涅槃凤凰的时代精神，他将塑造王宝钏式女子的《捣衣》（《秋杵弄》）加花过多，在不该用轮指的地方加轮指，把个坚贞苦节擒成春心动荡，“使人有轻佻庸俗之感，这就大大损害了曲中人物的形象”①。

在清末民初诸城琴人中，王宾鲁是最有艺术家气质，同时个性也比较矛盾的一个。他尊崇大雅元音，而不免流连绮丽小调；他告诫弟子不要贪杯，自己却唯酒无量，并有可能死于酒精中毒。对于自己早年进青楼教琴，他自己也不会认为是光彩的事。不过王宾鲁晚年执教南京，没有见到他涉足秦淮画舫的记载，这既是他勇于改过，王作桢、王露等师友规训可能也产生了一定作用。

五四前后，士风丕变。“反封建、反礼教”被当成道德放纵的借口。名流嫖娼屡见不鲜，政界如蒋介石，学界如胡适，都曾频繁出入下等妓院，且写在日记之中。人们对此多出格宽容，甚至誉之为襟怀坦白。王宾鲁不过应邀到青楼授课，提高相关从业人员的文化素质，在当时却受到师友的非难攻击，甚至至今为其后学讳莫如深。这可能因为古琴是在西化滔天洪流冲击下，唯一一个继续保持传统特色和民族个性的艺术门类。与此相应，中国传统重视道德规范和宗法性的特点，在古琴这个超稳定系统中，仍根深蒂固。孔孟桑梓的山东，清代齐鲁理学中心所在的诸城一带，又远较其他地区为甚。

四、余论

清代诸城一带，有浓厚的音乐文化氛围。喜好音乐、善弹古琴者大有人在。这里补充王氏家族中几个音乐爱好者。

其一是王玮庆妻单为娟。民国《高密县志》卷一四《人物传·闺秀》说她“善记悟，通琴理”。她去世后，王玮庆有一首《对琴歌》，就是怀念单为娟的：

---

① 张育瑾：《两部珍贵的古琴音乐文献》，《人民音乐》1961年第2期。

“绿绮五弦琴，泠然静人心。胡为一弦绝，凌乱不成音。敬伯下深幕，终宵泪清涔。谁化烟与雾，听曲投我襟。拂尘挂壁上，金徽光沉沉。”[①] 单为娟之弟单为璁《奉萱草堂诗抄》有《卖琴》七绝一首：“枯木朱丝阅古今，平沙一曲久消沉。近来始信谋生拙，典尽鹤裘又卖琴。”[②] 单为娟之“琴理”可能受自娘家。王溥长外祖父也是高密单氏，诸城王氏古琴与高密单氏交流，完全可能。

其二是王统照的嗣祖父王锡荣（字华卿）。王统照《清诰封宜人显妣李太君行述》说：“盖先嗣王父生平嗜释道，耽音乐，置家事于不问，且性好施予。”[③] 而王锡荣的祖父、乾隆壬子（1792）举人王宸（字枫衣）的老师，是清代中叶公复学派的创始人韩梦周。《东武诗存》录其送韩梦周还乡的《促促行送理堂夫子旋里》[④]。韩梦周也善古琴，《理堂诗集》卷一有《琴歌送别》[⑤]。

再就是王统照的生父王秉慈（字季航）。王统照民国初年将王秉慈杂著《邻翁丛谭》付刻，在《后记》中说：“先考嗜音律，习绘事，虽为时限，不能专精，而丝竹丹青咸具规模。”所谓“丝竹”，应包含弦乐乐器古琴。古琴大师王露与王统照为忘年交。王统照在《吊王心葵先生》中说王露有一“精致的琵琶”，留在他的寓舍[⑥]。王统照父、祖作为音乐爱好者，也应该与王作桢、王露等有交往。人远风微，文献丛残，相关资料，有待进一步挖掘。

---

① 王玮庆：《蒲堂诗集》卷五，山东图书馆藏清嘉庆二十五年（1820）蔗叶山房刻本。

② 单步青：《高密单氏诗文汇存五十七种》，民国十六年（1927）高密单氏上海石印本。

③ 王统照：《王统照全集》第六卷，中国工人出版社，2009 年，第 220 页。

④ 王赓言：《东武诗存》卷一〇上，嘉庆二十五年（1820）化香阁刻本。

⑤ 韩梦周：《理堂诗集》卷一，清道光四年（1824）潍县韩氏静恒书屋刻本。

⑥ 王统照：《王统照文集》第四卷，山东人民出版社，1982 年，第 86 页。

诸城古琴与相州王氏的渊源

对于中国古琴“诸城”和“梅庵”两大流派来说，《龙吟馆（观）琴谱》可以算得上衣钵法卷，而经过王宾鲁（燕卿）及其弟子据此谱改编、修订的《梅庵琴谱》，普及海内，流传欧美，其影响更难估量。

20世纪末，古琴名家谢孝苹在香港中文大学教授饶宗颐的指点下从荷兰莱顿大学汉学图书馆高罗佩藏书中发现了《龙吟馆琴谱》“孤本”，并予以介绍。该书的发现，在中外音乐界曾引起不小的震动。古琴名家、音乐史家纷纷据此撰文发表自己关于琴史的新观点，并展开争鸣。这些研究成果澄清了古琴界相沿已久的以《龙吟馆琴谱》为王宾鲁创纂的误会，但又产生了一些新的误解：一是因《龙吟馆琴谱》第二页琴曲目录之后，有一行字，上端为“大清嘉庆己未冬月”，下端为“历城毛式郇拜稿”，有些研究者论定毛式郇即此书的编辑者；一是因此书封面有“岳莲别墅钞”署记，有些研究者以为此书最早为康熙年间无锡琴僧岳莲所抄录。

笔者是诸城人，颇喜搜罗乡邦掌故，对《龙吟馆琴谱》《梅庵琴谱》中一些曲目从明末以来在诸城及周围地区的流传、授受，略有所知，但说来话长，俟之异日。不过对以上两大误会可轻松摆平。《龙吟馆琴谱》为诸城琴派创始人之一王溥长（既甫）的叔祖王增杰家抄本，“岳莲别墅”乃王增杰在五莲山区的别墅。西岳、南岳的莲花峰，皆称“岳莲”，五莲山天竺峰、莲花峰奇秀不减，或借以为名。也可能取五莲山在岱岳龙脉之意（周亮工《东武怀古》有“泰岱青分未了山”之句，宏觉禅师木陈忞称五莲山“屏翰泰岳”）。王增杰第三子王以键（字星桥）之妻，即毛式郇之女。目录后落款，古籍中向未见此体例，应该序文遗失或缺损。毛式郇嘉庆己未及第，王增杰将家传琴谱请这位新科进士亲家翁（即使尚未结亲，也是世交）作序，借光发利市，也是自然而然。

王增杰自其高祖王沛恂就在五莲、九仙之间建匡山别墅，其祖王椿析居叩官。叩官在五莲山东麓，附近还有其堂叔王柯的源麓（又作“团麓”“原麓”“阮麓”“团楼”“元楼”）山庄。王椿字春木，号寿亭，杜甫有“云断岳莲临大路，天晴宫柳暗长春”诗句，则“岳莲”与王椿名字寓意皆能相互发明。

自万历间蜀僧心空将五朵山自九仙山划出，由万历皇帝赐名五莲山，兴建光明寺后，此地渐成人文荟萃之处。诸城许多世家多在附近选胜结庐，佛、道二教大德名宿，南北文人高士，往来络绎，其中不乏操缦名手，相互切磋赏音，并得山水之助，最终使这里成为齐鲁琴系的重要策源地，而由诸城王氏集其大成。

王溥长家世

王溥长（字既甫）是诸城古琴“五杰”中最早的一位。关于他的身世，以其重孙女婿张育瑾先生 1959 年发表在《音乐研究》第 3 期上的《山东诸城古琴》介绍的最具权威——其实关于整个诸城古琴派的研究，该文至今仍然是最重要的参考资料。但现在看来，张育瑾先生对王溥长的家世好像也不甚熟悉，叙述间有疏误。

张文对王溥长是这样介绍的：

> 王溥长（既甫）1807—1886，山东诸城人，住城里后门口街，系诸城相州王族，好鼓琴，虞山派，其兄王寿常（恒甫）1795—1832，也会弹琴，他父亲是王式钰。关于他的古琴事迹留下的很少，只知道他将琴传授给他两个儿子（王文桢，王心源）和两个女儿。

历来古琴史研究者对王溥长的介绍，基本就是重复这段话，甚至简而化之，直接说王溥长是“诸城城里人”。其实王溥长的家世是可以详考的，甚至可以这样说，19 世纪以来的古琴名家，很少有他这样“豪华”的家世背景。

王溥长家族，是明初由海州云台山迁山东诸城，初居诸城城西小店，后又分居数处。“自小店出者为营子、为相州，又自营子迁出者为新城、为贾悦，故自先世以来，姻亲未结，行次不紊。”

其分居相州者，自第三世起又分为仁、义、智三支。精古琴者，又主要出于长支王仁重孙王恢基的后代。

自相州王氏始迁祖开始到王溥长，共传十三世，其直系祖先依次是王庠—王隆—王绩—王允升—王恢基—王锳—王沛憕—王楷—王元爔—王纶陞—王式钰。

相州王氏，本聚居相州，但入清以后，人口急剧膨胀，特别是江南左布政使王锳之后，子孙尤其兴旺。其孙王柼，光儿子就生了十七个，不得不析居各地。王溥长之父王式钰（字谦和），自相州移居诸城后营（在沧湾之南今诸城市图书馆附近），地近文庙，习音律乐器，可能做过乐舞生。王式钰曾任贵州黄平州吏目，是个不入流的官职，王溥长随父之任，也算见过些世面。

王式钰有三个儿子，长寿长（字恒甫），次延长（字益甫），王溥长是老三。三人皆无功名（也许乐舞生不值一提），但王延长曾娶曲阜孔昭焱（安徽广德州州判）之女为妻，说明王氏古琴一直到王溥长，仍有与曲阜孔庙雅乐进行交流的机会。

王溥长有三子，长子王斌（字良臣），过继给无子早逝的王寿长。另外二子王文桢、王作桢，皆能传父学。

诸城古琴与道教音乐

中国古琴于古于今，其实都是少数“精神贵族”的专利。古琴美学所标举的“清、微、淡、远”，都是难以达到的艺术境界，也远离现实生活。否则的话，也就不会有古琴名家、名派代不数见，而使人兴“知音难求”的慨叹了。

从社会群体来说，古琴特别适合古代的道家，或者说，中国古琴的审美理想受道家影响至巨——其实儒家一些独善其身、幽栖岩壑的高士，与清虚自守、泰然无我、飘然出世、返璞归真的道家名宿，并无二致。魏晋时古琴高手嵇中散形容弹琴之乐的“目送归鸿，手挥五弦。俯仰自得，游心太玄”，对二者都适合。

崂山在明清时代曾是北方道教琴乐一个重镇。据《山东省宗教志资料选编》，万历十三年（1585），崂山太清宫道士耿义兰等与和尚憨山大师为争庙址到北京、济南等地打官司达十年之久。万历皇帝除降旨毁寺外，并赐《道藏》及珍贵的乐谱和精致的古琴三十多张。又据陈振涛撰《清与民国年间崂山道乐考略》载，康熙五十五年（1716），故太清宫道长褚守恃出资重修“遇真庵”，并派太清宫主持叶泰恩任该庙道长，从此，这里便成了太清宫的下院……叶道士精医卜，善古琴，是清初崂山有名的古琴家。在他的教诲影响下，该庙很多小道士能弹琴歌咏。遇真庵是当时崂山东北隅一个颇具规模的道家音乐活动中心，叶道士又是承接明末崂山太清宫古琴家的传人。

诸城王姓与崂山所在的即墨大家族姻亲稠叠，王溥长高祖王楷之第四女嫁即墨郭晟世，王楷长子王焜三女适即墨黄玉章（旭东），这对于他们接触崂山道乐，无疑又多了一层媒介。

在琅琊琴派重要策源地五莲九仙之间，也有精通古琴的道士。道光《诸城县续志》卷二十一载：“张遂初，字元晖，苏州道士，住锡卧象山，多才艺，能吟咏，诗入《山左诗续钞》。”元晖，一作“远晖”，高密三李之首李宪乔《少鹤内集》卷一《与远道人相遇卢山》诗题下注云“道人姓张名远晖，字遂初，苏州人”。这位张道士，还是位古琴高手。王泠泉本家前辈、李宪乔内弟王纯勋（字穆文，号粹庵）有《听远晖道人鼓琴》诗：“非关指与弦，天籁自泠然。相对悄无语，此时当是仙。空山松际鹤，寒夜石边泉。未遇知音者，此情争得传。”李宪乔亦有《石溪宴集听远师琴》诗：“沉沉若将住，黯黯若将去。寥寥失近新，茫茫触远故。黝黝路不分，叶坠秋空云。洋洋忽疏豁，春流赴大壑。道人白玉冠，膝琴石上弹。群贤时列坐，共此风泠然。”诸城普庆张曜初《赠吴门道人张远晖》也提及他弹琴：“何年鹤背下吴门，虚静丰标道气尊。湖海烟云襟袖冷，情怀恬淡笑言温。琴从贺若弦中解，诗向渊明醉后论。野意疏狂应见惯，霜林深处待开樽。”

《诸城县续志》说张远晖住锡卧象山，具体的道院应该是卧象山九仙书院（又名“龙潭书院”“靴谷书院”“孙膑书院”）。清初曾由王姓道士住持，丁耀亢有《龙潭书院王道士过招二首》《怀九仙书院王道士》《宿九仙后书院访王炼师不值》等诗。书院前还曾立有王沛恂功德碑。

诸城琴派风格有浓厚的山林气息，这除了受泰沂山地雄深渊永的风土驯化，与道家琴乐的影响也不无关系。

诸城王氏作家群与“东口大鼓”

——从《四海棠》作者说起

《四海棠鼓词》是清末民国时期在全国很多地区流传的一部山东人创作的说唱文学作品。据不完全统计，有石印、木刻、铅字摆印等十几种版本。其中仅上海的石印本就有上海书局、上海锦章书局、上海江东书局、上海广益书局等多个机构不同时期的印本。我手里有一种上海大新书社 1938 年铅字摆印、由黄胜白“新式标点”的《四海棠》，内容文字与《四海棠鼓词》完全相同，版权页标明“二十七年五版”。这是晚清民国“东口大鼓”和北方大鼓（南方人多统称之为“京鲁大鼓”）在国内势头强劲的表现之一。

在印刷本外，民间还流传着一些《四海棠鼓词》抄本。如诸城市图书馆藏本，诸城籍藏书家郑在时、刘洪金藏本等。此外，《四海棠鼓词》还被改编为楚剧、评剧等地方戏曲。

抄本与刊本正文内容相同，只是诸刊本都没有标注作者信息（但第一回正文都有作者自报家门云“山东青州府诸城县，是编书人九枚山人王绿坡所居之地”），也没有序言，抄本则不仅有这些内容，而且有更多信息。

“青岛文博之父”郑在时先生藏本，书首有同治十二年（1873）抄者手写牌记和题词，题词后署“同治癸酉清和十日仙岩悟客题于潍西之以约堂”，钤“仙岩悟客”印，每回标题前有“蛮触遗踪抄定”字样。另有嘉庆十年（1805）铁石道人序。此书由北京琴岛荣德国际拍卖有限公司于 2015 年春季艺术拍卖会拍卖，可能藏者抄本在淄博购入，拍卖方标明作者王绿坡是淄博人；又因有“潍西”字样，说“仙岩悟客”是潍县人。其实王绿坡、仙岩悟客（蛮触遗踪），均为诸城五大家族之一相州王氏族人。王绿坡为相州王氏十二世王琮，仙岩悟客则为其孙辈、曾任福建仙游知县的王炜堂（字少鹤）。“以约堂”堂号，其后代仍然在用。诗人臧克家原配王深汀（慧兰，臧乐源生母），就是以约堂后人。

相对而言，刘洪金先生所藏清抄本上面的信息最多最宝贵。该本除“铁石道人松崖李庄”（相州王氏世亲李澄中近支玄孙李庄，他也是曾任康熙太子胤礽侍读的相州翰林王沛思女婿、《正蜀统传奇》作者李玠的堂孙，《四海棠》第五回提及善于属对的“诸城李松岩”就是他）序外，另有王琮族叔王绣疆、堂叔王增杰二序。

王琮是清初理学家、诗人王钺的五世孙——自然也是自称“青州诸人”，与王钺兄弟相呼，并为王钺作墓志铭的诗坛泰斗王士禛的五世族孙。其简单世系是：王钺—王沛恂—王相—王元燀—王增贤—王琮。

道光《相州王氏族谱》卷六王琮名下有简单介绍：“字伯州，行五。年七十一岁，葬莲池南原。配孙氏，相州按察司经历景福公女；继台氏，台家大村廷銮公女。嗣子一，万喜。女二：长适寿塔寺王，次适逄戈庄附生刘攀龙。”

王琮岳家人台福元（台五）是有全国影响的“东口大鼓”表演艺术家，相州王氏王仲欣传其艺，成为现代“诸城大鼓”的代表人物。

王增杰（清道光年间《相州王氏族谱》主纂）《四海棠》序言中，有关于王琮生平的介绍：

> 隐士绿坡，名琮，余堂伯彤庭公孙，松溪兄之冢子也。生六岁，使就外傅，颖悟韶秀，迥出超群。与吾年相若，更相善。先伯尝指琮谓予曰：“气清神爽，异日不坠厥志。但骨相太薄，恐不能作青云想耳。”予唯唯，心窃以为不然。后从其父官游川粤黔滇间，音问遂梗者几廿余年。戊午春，琮扶父柩反里。讣至，予急赴其家哭之曰：“汝万里梯航，奉亲骸骨归。艰辛迨甚。予久知汝父为官清慎，不作盈宁计。今家徒四壁，而阮生之贫，何以自聊?”琮稽首哭泣，不知所对。
>
> 逾年，赖族党亲朋，始得粗理丧事，卜地安亲。心力俱瘁，而家益不支。虽啜菽饮水，淡泊自如，而益坚其竹溪之志矣。服阕，或有劝其进取者，曰：“以子才华，何难凤翔鹏抟?而必郁郁于此?”乃叹曰：“人生福命，自有天定。若徒为五斗折腰，恐贻笑渊明。况纵而致之，焉知非祸?”于是近居潍水间，不轻扣缙绅之门。赋诗作画，著书自乐，诚淡如也。

这是目前我们能见到的关于王琮生平最详细的介绍。证之家乘、方志中关于王增贤仕宦经历的记载，完全符合。《四海棠》第一回作者有一段感叹：“倘若是九枚山人早知道一个字，这如今其门如市都来称公。俺也曾富贵场中走了一趟，只落得片瓦无存两袖清风。我但能皮脸一枪扎不透，没的是残茶剩饭尽着饱撑。”对照王增杰关于王琮的介绍，也是实录。

清光绪《增修诸城县续志》卷五“艺文”，著录王琮“《绿坡诗抄》一册”，但至今尚未发现有收藏者，可能已经失传。

诸城相州王氏各类人才，往往以集群的方式出现，王琮自然不是唯一的鼓词作家，李庄在《四海棠》序言中提到了另一个：“忽焉而诸城高直村王氏之《红梅记》出，为文士所争写之而争览之。”《红梅记鼓词》（或《红梅阁记鼓词》）也是东口大鼓常说的书目。虽然李庄没有交代作者名字，但其为相州王氏是没有疑问的。

查《相州王氏族谱》，康熙丁巳四省乡试经魁王沛憬（字沂来）之次子王榶首迁高直村。王榶生母姜氏是苏州织造李煦之妹，所以王沛憬与江宁织造曹寅是连襟。《相州王氏家传·外传·姜孺人》云：“姜孺人者，邑令公沂来继室，昌邑县人，巡抚广东毅可公讳士桢女，督理苏州织造、两淮盐课旭东公讳煦妹也。幼读书，口不言文，能背诵晋唐诗集，尤工针黹，盖庄静纯悫人也……值邑令公方析箸，叔祖母王太孺人住相州，孺人迁高直，相距三里。或迎养或馈食，往来道路者踵相接，一时称孝妇焉。”王榶生了六个儿子，后代繁盛，难以确定《红梅记鼓词》出于谁手。但巧合的是，《四海棠鼓词》和《红梅记鼓词》的作者，都有旗人背景。王琮之父王增贤有两位汉军旗人妻子：“杨氏，铁岭正白旗杨盛芳女；俞氏，吉林正白旗郁林州吏目学曾公女。”

《红梅记鼓词》由明代周朝俊《红梅记传奇》改编，但情节更集中，人物形象更丰满（特别加强了李慧娘的戏份），唱词更感慨淋漓。20世纪50年代诸城人孟超所编昆曲名剧《李慧娘》，明显受《红梅记鼓词》影响。

现当代相州王氏作家，也多有“鼓词家学”的基因。王统照先生《山雨》第九章魏二唱的鱼鼓调“庄家段”，与《四海棠鼓词》开首感叹富贵繁华无常、山水田园有至乐的唱词，几乎同曲同工。在王统照指点下开始文学创作的王意坚

(姜贵)，迷恋鼓词，少年在济南求学时，曾与明湖居一位说鼓书的女艺人有一段忘年恋，在其被誉为“超越了”五四前辈甚至明清前辈的章回体小说《旋风》(被誉为“新《水浒传》”)中，也有所表现。后来他的堂弟王希坚，甚至曾直接用鼓词创作红色作品《老会长》。当代相州王氏作家王金铃先生，不但表现中华文明发皇的章回体史诗性长篇《虞舜大传》，被刘兰芳先生改编为评书激情播讲，反映当代中华盛事的《奥运赋》《冬奥赋》，也被广泛朗诵、咏歌。其中自有家风熏陶，家学渊源。

大鼓艺术虽然被视为民俗文化，但它融合诗、词、曲、小说、音乐、戏剧等众多艺术形式，又与其他艺术形式相互影响、催生。鼓书对小说创作的影响更大些——有些鼓词唱本就被称为“鼓词小说”。民国时期上海大新书局出版王琮的《四海棠鼓词》，就删去了“鼓词”二字，以章回小说形式面貌出现。

单就对文学的影响来说，诸城王氏不是唯一的例子。王氏世亲、《高山下的花环》作者李存葆家族同样与鼓词有较深渊源(李存葆捐巨款重印、续修《东武李氏族谱》)。据清代山东唯一的“博学鸿儒”中式者李澄中《瞽者李杲传》，明隆庆、万历年间诸城以“自制”新曲说《水浒》见长的盲艺人李杲，受李澄中舅父丘志充礼重，李澄中之父李凤郊也请人录其唱词。由于丘志充是《金瓶梅》稿本的最主要收藏者之一，其稿本来源可能就是李杲演绎《水浒传》武松杀嫂数回的“黄书”(脱离脚本增编的内容)，被丘志充、李凤郊等人记录、整理的文字(一个瞎子，手里不可能有唱本，更没有“台本”)。为《四海棠》作序的“铁石道人”李庄，毫无疑问也是鼓词的爱好者，甚至是从业者。

(本文承相州王氏以约堂后人、中央党校王伟教授提供部分资料和修改意见)

诸城古琴与诸城大鼓

2021年，九大古琴流派中诸城派及南传并外传欧美的梅庵派两大流派创始人王露（心葵）和王宾鲁（燕卿）两位大师去世一百周年。按张育瑾先生《山东诸城古琴》一文观点，这两位大师共同的老师王作桢（心源）也去世于1921年。由诸城博物馆馆藏民国八年编成的《王心源乡谥贞毅议》，可以确定王作桢去世于1919年4月。在那个中华民族苦难深重的年代，几位大师先后跨鹤西去，无疑是古琴界巨大损失，但他们的艺术生命并没有结束。他们留下了觉醒、抗争的变徵之音，他们的弟子和再传弟子们仍在传承并发扬他们的成就。

很多琴史研究者指出诸城古琴与民俗土风的关系。著名古琴演奏家、音乐理论家查阜西先生就说："王宾鲁的演奏艺术，重视技巧，充满着地区性的民间风格，感染力极强。"有些人称王宾鲁的古琴演奏"七分琵琶三分筝"，琵琶与筝，皆属俗乐。王露与王宾鲁师出同门，渊源相近，同样受诸城一带土风影响。他的琵琶演奏，被国学大师章炳麟称为"寰球无双"，自然也影响他的古琴。

诸城地兼先秦齐、鲁、莒、莱，带山负海，既崇文教，亦尚功名，民风强劲质直，亦不乏达观。陆游《渭南文集》卷一四有《徐大用乐府序》一文，是为当时密州诸城人徐大用词集所作。文中云："古乐府有《东武吟》，鲍明远辈所作，皆名千载。盖其山川气俗，有以感发人意，故骚人墨客得以驰骋上下，与荆州、邯郸、巴东三峡之类，森然并传，至于今不泯也。"受风土熏染较强的诸城古琴，与标举清、微、淡、远的所谓文人琴，技巧、风格均有不同。"长绰大注"出现的频率较高，沉着、刚健特色较明显。

在诸城一带民间艺术中，大鼓书曾经是晚清民国期间最常见的表演形式。一人，一琴（三弦），一鼓，随地可以开演，长篇短篇随意。而诸城一带，曾是山东说唱艺术的中心。笔者最近搜罗了一些东路大鼓（诸城大鼓）的唱本，发现许多本子的作者或编者就是诸城人。特别是在清末民国被广泛出版，并被改编为楚剧、评剧等地方戏曲的《四海棠鼓词》，其作者就是清乾嘉间诸城相州王氏第十二世王琮（字绿坡，号九枚山人）！更难能可贵的是，其中有描述古琴表演的文字。这对我们认识诸城古琴的历史和风格特点，很有帮助。

《四海棠鼓词》第五回写的女二号张宝翠在陆家花园牡丹亭弹琴，曲中暗讽陆夫人与陆玉英母女浅薄势利，被女主人公陆海棠与丫鬟春红在得春楼上听见，接下来两人有这样一番对话：

> “小姐听这琴音，比奴如何?”“比着你的功夫差着许多，然而指下清白，勾挑不俗，正好为汝之徒。但闻其音，极似江南格调，所弹之曲，放肆无端，惜此人一生狂诈，专好尖刻，岂可列于圣贤之门，不过充为高狂之士。”

张宝翠是常熟人，而常熟是虞山派古琴发源地。琴史研究者多指出诸城古琴与虞山派有渊源。巧的是，王琮的叔父王增馨的岳父、古琴家王建勋（字龙翰，号元功），曾与其姐夫李宪乔学琴于客居诸城、高密一带的苏州人张远晖——苏州也是虞山派重要根据地。张远晖去世，远在岭南的李宪乔作《闻远道人已归道山寄王龙翰》悼念他们的恩师：“几年曾共海边庐，鹤自高飞松自枯。从此云过须亟看，恐师相访到苍梧。”王建勋是诸城古琴“琅邪五王”之一王雩门曾祖辈。

从《四海棠鼓词》中，可以看出王琮懂音乐，关于古琴，说的也是内行话。

《王心源乡谥贞毅议》中，录有王露挽联一副：“中国大伟人，曰孙逸仙、曰黄克强、曰蔡松坡，都与君会面无从，但遥慕英风，早订同心深佩服；先生真志士，忆辛亥腊、忆癸丑秋、忆丙辰夏，皆为公亲身所历，纵屡经骇浪，一凭壮气脱阽危。”末署“表弟王露鞠躬挽”。这破除了古琴界有些人说王露与王作桢是父子的说法。但王露确切家世，还有待考证。王宾鲁与王雩门同属瑞村王氏，与相州王氏也有多重亲戚关系。

在相州王氏族人中，王露与王统照关系比较密切。王心源与王统照是叔侄关系，王统照应称王露为表叔。1920 年夏，王露自北大请假南归，曾将心爱的琵琶交王统照保管。王统照在《吊王心葵先生》诗中，用“铿铮激烈”形容其琵琶风格，颇得要领。

王统照代表作《山雨》第九章，魏二唱的鱼鼓调“庄家段”，其实就是诸城大鼓。文中所谓“余音扯得很长，虽是粗涩喉音，然而使人听去也觉出余音袅荡，有不尽的意味”。这道出了东路大鼓的唱腔规律：多以中音“5”起兴，沉着徐缓；结束句，一般收音在中音“1”上，拖长其音，有曲尽韵余之致。这种唱腔在肘鼓戏、茂腔中也经常出现，并以其强烈感染力给古琴带了节奏。诸城古琴演奏中“长绰大注”技法高频出现，与此不无关系。

东武琴踪：诸城派与曲阜孔氏琴学

从鲁哀公十七年（前478）农历二月十一日孔子卒后第一个周年，鲁国举行祭孔仪式备有音乐舞蹈以来，其礼乐并隆的制度为历代统治者自觉沿袭。即使由于政治、民族等原因，不同朝代的礼服、舞蹈甚至乐谱会有所变化，但乐器基本保持一贯，特别是古琴作为诸乐之统的地位，从来没有动摇过。正因如此，曲阜孔庙在中国音乐史特别是古琴史上有特殊的地位——各地孔庙特别是县级学宫，虽然国家也有祭孔的规定，但与乡饮、关庙祭祀等典礼一样，多文武不齐，甚至废而不举。

曲阜孔庙的乐舞人员，在元代以前，主要由孔氏家族子弟担任。朝廷在衍圣公府设置乐学，只在孔氏族姓中培养礼乐人才。一直到元世祖中统年间（1260—1263），才逐渐更易单姓乐舞生的组队原则，扩大至兖州府各县招收异姓儒童学员。但由于历史原因和孔府的资源优势，享有一定待遇和特权（优免杂差、壮丁等）的乐舞生，仍以孔氏子弟为多，这也是曲阜孔氏音乐人才辈出的原因。

明清之际，孔子六十六世孙古琴家孔兴诱（字启正）组织编写了一部古琴教科书性质的《琴苑心传全编》，所列“同订”“门人”八十人，其中曲阜孔姓就有三十九人，接近五成。需要指出的是，这八十人中也有兖州以外人员，如江南苏州人王治民（字隐臣），青州益都人杨锳等。其中杨锳（字五修）是侨居诸城张氏放鹤园并在诸城去世的画家、高士杨涵的父辈。《东武诗存》卷七有李株《吹箫行赠曲阜杨英》长篇歌行一首，内有“习礼观射闲雍容”，“三叹每抚伯牙琴”等句，知此人亦通音律，但这个杨英生活在乾嘉之际，与参订《琴苑心传全编》的杨锳不是一人。

毫无疑问，《琴苑心传全编》的问世，有力地推动了齐鲁琴学的繁荣。诸城派（包括“梅庵派”）所传琴谱，有些曲目与《琴苑心传全编》同。如《琴苑心传全编》卷一一《平沙落雁》，诸城派各谱均收入；卷九《流水》、卷一四《石上泉流》，诸城派之《桐荫山馆琴谱》《玉鹤轩琴谱》收入；卷一一《风雷引》，《玉鹤轩琴谱》《梅庵琴谱》收入；卷一八之《渔歌》、卷二〇之《秋鸿》，《琴谱正律》《玉鹤轩琴谱》收入。粗略统计，《琴苑心传全编》中至少有十五曲在诸城派各谱中能找到，其中《玉鹤轩琴谱》与《琴苑心传全编》相同者最多，达十谱。

比较《琴苑心传全编》与诸城派各谱，其相同者多抒情色彩浓厚，艺术性强。《琴苑心传全编》中有些说教色彩明显的《杏坛吟》《禹会涂山》《思贤操》《获麟》等，在诸城各谱中找不到。诸城派琴谱中出现频率高的伤情曲《长门怨》《春闺怨》《秋闺怨》，在《琴苑心传全编》中也没有出现。

清初李焕章在其《先贤公冶子祠墓记》中解释诸城一带秦汉时期经学发达的原因，以为与孔子女婿公冶长很有关系："余谓圣门诸贤，多产于鲁。在鲁之东者惟公冶子。汉梁丘贺、伏湛、伏隆诸儒，服道横经，岂闻其风而兴起者乎！公冶子于鲁之东，蔚然洙泗小宗也。《家语》云公冶子鲁人，太史公又曰齐人。诸西介鲁，北介齐，齐田何、辕固诸儒，亦当视公冶子为首倡，盖于齐亦蔚然洙泗小宗也。"曲阜孔庙古琴资源浸润诸城，其中联姻依然是重要渠道。明清之际诸城大族林立，与曲阜孔氏联姻频繁。王溥长的胞弟王延长（字益甫），就娶曲阜孔昭焱（安徽广德州州判）之女为妻。

曲阜孔氏与诸城琴派在20世纪仍然有交流，诸城派宗师王露生前曾在其制作的新琴中慎选六床，在琴背刻以"弟子王露敬献"六字赠奉曲阜孔府。孔子七十七代孙末代衍圣公孔德成曾向王露弟子詹澂秋先生学琴。

需补充说明的是，孔兴诱《琴苑心传全编》所列"同订""门人"，未必都通音律，善古琴，但该书也没有将当时精通音律的孔氏族人都列入。如著名的戏剧家孔尚任（可能由于他年龄太小），他不但通音律，而且能制造乐器，还曾教习雅乐。他本人及其作品家世，与诸城因缘稠叠且与音乐有关。

据清乾隆《诸城县志·人物志》，刘棨康熙年间任山西平阳知府时，祭孔庙，"释奠见笙镛不具，延曲阜孔尚任为制乐器，教以雅奏"。另据袁世硕先生《孔尚任年谱》，康熙四十六年（1707）"仲冬，至平阳，助知府刘棨修《平阳府志》"。

孔尚任自康熙三十九年三月被罢官，不久回乡闲居，生计颇艰。他以花甲之年背井离乡，间关山河，冲风冒寒去平阳，绝对不仅为着"弘文传道"。而刘棨请“正《雅》《颂》岂无庭训”“作《春秋》必赖祖传”的孔尚任制乐修志，也可谓委任得人。

在平阳刘棨幕府的数月时间内，孔尚任留下了不少诗文佳作。其中《腊日客平阳刘青岑太守设鲜鳆鱼享客诗以志异》开篇云：“吾祖昔知密州事，家藏笈稿三百字。纸尾略存海错诗，踌蹰饱啖不满志。”徐振贵《孔尚任全集辑校注评》以为诗中的“吾祖”“指孔霸，西汉鲁人，尝任詹事、高密王相”。注解错误，西汉哪有纸（有纸也保留不到清朝），更无密州。此人其实是北宋继苏东坡之后莅任密州知州的孔宗翰。据《宋史》本传，孔宗翰，字周翰，曲阜人，孔子四十六代孙，官至刑部侍郎，宝文阁待制，以直节清名闻于世。他曾到过密州：仁宗至和元年（1054）任仙源令，以事过东武，晤陈宗古、任建中等人；熙宁三年（1070）中秋，以尚书屯田郎中提点京东刑狱，持节过密州，时陈、任已亡故，孔宗翰题诗于东武馆舍：“屈指从来十七年，交亲零落一潸然。婵娟再见中秋月，依旧清辉照客眠。”熙宁九年（1076）农历八月十五日晚间时分，密州超然台上，明月之下，酒席宴间，苏轼作了两首诗（《和鲁人孔周翰题诗二首》）、一首词（《水调歌头·明月几时有》，即中秋词），千古绝唱中秋词，明显受孔宗翰熙宁三年密州题诗的启发。

刘棨聘请孔尚任前往平阳的目的是制造乐器、传授演奏技艺、修撰府志。平心而论，如果单是为撰写方志，合适的人选很多；说到制造乐器和传授演奏技艺，比孔尚任更合适的人选恐怕难找。

在接受刘棨聘请之前，孔尚任一生中的两部重要戏剧作品（《小忽雷》《桃花扇》）已经完成，并且它们都和乐器有关。“小忽雷”本身就是乐器名字，而《桃花扇》开篇《试一出·先声》下自注：“康熙甲子八月。”梁启超《桃花扇注》云，这是孔尚任纪念他“制乐器成功”。刘棨后人与孔尚任结缘，主要是因为孔尚任收藏的国宝乐器——小忽雷。

小忽雷，又叫龙首琵琶，唐代宫廷乐器，源于唐代南诏乐。其形制棒状梨形，龙首双弦，蟒皮蒙腹，檀木为槽。据说唐文宗时，著名画家韩滉入蜀，得到名贵的沙逻檀木，请乐工制为胡琴二，名曰大小忽雷，进之宫廷，女官郑中丞善其小者，以匙头脱，送崇仁坊南赵家修理。后甘露之变，中丞以忤旨被缢投河，权相旧吏梁厚本在昭应别墅垂钓，援而妻之。郑告以小忽雷所在，梁氏将其赎回。后黄门听其琵琶声，诏入，宣诏赦二人之罪。

康熙三十年辛未（1691），孔尚任于燕市购得小忽雷，欣喜异常。刻二绝于轸上，曰："古塞春风远，空营夜月高。将军多少恨，须是问檀槽。""中丞唐女郎，手底旧双弦。内府歌筵罢，凄凉九百年。"康熙三十三年（1694），他与南曲名家顾彩合作，将郑中丞和梁厚本这段不同寻常的爱情故事加工润色，完成了他的第一部传奇《小忽雷》。这部作品与后来的《桃花扇》传奇有类似之处，都是借儿女之情，写政治斗争、兴亡之感。应该说，这部作品是孔尚任创作《桃花扇》的预演或练笔，在孔尚任的艺术生涯中，有里程碑的意义。

孔尚任对《小忽雷》传奇珍爱备至，但由于经济困难，生前一直没有将它付梓，死后甚至连小忽雷乐器也被子孙变卖了。后来它们又都辗转到了刘棨的玄孙刘喜海手中，刘喜海曾征名人题咏小忽雷、作《小忽雷记》，并亲自校勘《小忽雷传奇》，虽然后来他将这两样东西做女儿的嫁妆，归于华阳卓氏，仍然可以作为诸城音乐史上的一段佳话。

有意思的是，刘棨、刘喜海这对相隔数代的祖孙，与诸城王氏古琴世家都有亲戚关系。刘棨是王沛憻的舅父，刘喜海之母为王沛憻三子王概之女。据《相州王氏族谱》，官至刑部浙江司员外郎的王概有四女，"长适即墨黄，次适曲阜候选训导孔广秀，三适逄哥庄监生刘钟顺，四适逄哥庄乾隆己酉进士翰林院编修仕至吏部尚书谥文恭刘镮之"。刘镮之即刘喜海之父。

小忽雷胡琴及《小忽雷传奇》，清朝末年又辗转归贵池刘世珩所藏，刘氏在其《双忽雷本事·后记》中说："吴中怿年丈云，潍县陈簠斋太史藏山谷《伏波神祠诗》墨迹，卷后刘文清跋云：成邸以此卷并小忽雷易其一铜琴。则此器又曾藏成邸。"成邸即乾隆皇十一子成哲亲王永瑆，陈簠斋太史即陈介祺。潍县陈氏与诸城刘、王、李诸大族姻亲稠叠，也有善琴者，陈介祺族叔陈子懿曾藏唐代雷海青琴。

诸城清爱堂刘氏喜弹琴者也不少，刘墉《刘文清公遗集》卷九有《琴意写照》，写自己弹琴，卷一三有《弹琴次七弟韵》，写其堂弟弹琴。卷一六有《仙人抱琴图》："湘娥愁对九嶷青，却抱朱弦下紫庭。太古遗音谁识得，洛滨弹向玉妃听。”好像对琴史、琴道都知道些。

刘墉的生母为王溥长一族贾悦分支王宸嗣的女儿，刘墉在乾隆十九年所作《贾悦王氏续修族谱序》中回忆这位外公对他的关心和期待：“墉自髫龄随母归宁，朝夕嬉戏，外王考每抚顶而许之，曰：‘异日成吾宅相，有光吾门者，必是子也。’至今言犹在耳，耿耿不忘焉。”诸城清爱堂刘氏、世德堂王氏琴学，都受曲阜孔氏的影响，而王、刘世亲之间相互交流，也是很自然的。

明代瞽者李杲与《新刻金瓶梅词话》

一、李杲说《水浒传》的创新与《金瓶梅》的成书

诸城自古为文献之邦，人们艳说上古舜帝故里，秦汉经师堂奥、方仙渊丛，明清科举仕宦之盛，近现代诗人作家之众。夸耀宇内的九大琴派，诸城有其二；20世纪领导海峡两岸京剧改革的崔嵬，也是诸城人。但几乎没有人谈及诸城古代瞽者对文化的贡献。

瞽者中优秀分子，盲于目而敏于听记，善于思维，巧于立言。在先秦时代，瞽者往往兼巫、史、乐、医等职，属于文化垄断阶层。生于诸城的虞舜智慧圆足，与瞽叟父亲（尧帝乐官）的家学熏染，应不无关系。《周礼·春官·太史》“大师，抱天时，与大师同车”，郑玄注云：

> 郑司农云：“大出师，则大史主抱式，以知天时、处吉凶，史官主知天道。故《国语》曰：‘吾非瞽史，焉知天道。’《春秋传》曰：‘楚有云，如众赤鸟，夹日以飞，楚子使问诸周大史，大史主天道。’”玄谓瞽即大师；大师，瞽官之长。

由此可见，直到春秋时代，瞽官事权仍重。到了战国，辩士纵横，抢了风头；秦一统后，太阿独断，不允许巫史阶层矫言祸福，瞽者社会地位越来越低下。但瞽者赡生，仍然靠医、卜、说唱等老本行，而民间对这个业有专长的阶层，仍有一定的崇敬。瞽者的文化贡献中，自然以说唱最大。一人操三弦鼓板，随地随时演说，通于诗、文、词、曲、音乐、戏剧。童幼所习闻，耄耋仍不厌。开心智，增见识，广艺能。瞽者说唱，对一个地区文化的影响，是不可估量的。

与诸城有甚深渊源的《新刻金瓶梅词话》（明万历丁巳刻本，也是《金瓶梅》

最早刻本，后文或简称“《词话》”）第七十五回言胎教之法：“古人妊娘怀孕，不侧坐，不偃卧，不听淫声，不视邪色，常玩弄诗书金玉异物，常令瞽者诵古词，后日生子女，必端正俊美，长大聪慧。”这好像特意为说唱瞽者打广告。虽然刘向《列女传》有“夜则令瞽诵诗，道正事”的话，但非大贵大富人家难以从事。《词话》将这句话改为“常令瞽者诵古词”，既想为瞽者争取工作机会，又不想让他们上夜班，还不用他们说寡趣的“正事”，而诵唱自己拿手的词曲，可谓考虑周全。第十二回，刘婆对潘金莲称道她的瞎子丈夫刘理星：“他虽是个瞽目人，到会两三桩本事：第一善，阴阳讲命，与人家禳保；第二，会针灸收疮；第三桩儿不可说，单管与人家回背。”金莲用其术，果然有验。第十三回回末，又有这样一段文字：“看官听说：巫蛊魇昧之事，自古有之。观其金莲，自从教刘瞎子回背之后，不上几时，就生出许多枝节，使西门庆变嗔怒而为宠爱，化幽辱而为欢娱，再不敢制他，岂能不信我。”刘瞎子这些本领，虽然源远流长，但作者这段文字也有为广瞽者生路“插入广告”的嫌疑。《续金瓶梅》第十八回，吴月娘向一瞽者问卜，取下“一钱五分重”的戒指作卦资，价钱有些贵，但考虑作者丁耀亢此时也已患严重目疾（白内障），可以理解。

明清之际诸城文人丘志广《柴村文集》卷四有《瞽说》一文，述当时诸城一带瞽者的生存状况：“习阴阳家言命，习卜筮言数，决人贵贱祸福，衣食于奔走，人即神其术，亦终贱之，等于不成人，如瘖聋跛躄，固未闻尊之如贵官长者也，少必作，过必趋也。若品竹弹丝、弄琵琶弦，且梨园子弟一视之矣。下此，则更有不可言者。上不得同于乐官，下不得有如尼山人尽相师之道，而一矜其不成人也。哀哉，民吾同胞，此辈固吾同胞中颠连而无告者也，同人盍一念之耶?”①

弹唱说书的瞽者，被与梨园倡优一例看待。而一般情况下，倡优不能入族谱，且子孙不得应科举。但就是丘志广的堂兄，《新刻金瓶梅词话》原稿最早、最重要的收藏者和《金瓶梅》续书《玉娇李》唯一的收藏者丘志充，曾对一个说唱《水浒传》的瞽者李杲，待以客礼。这位李杲，应该是明代诸城最知名的瞽者。从很多方面看，他就是《金瓶梅》的原创者之一。丘志充的外甥、清代山东

① 丘志广：《柴村文集》卷四，《四库全书存目丛书补编》第97册，齐鲁书社，2001年，第495～496页。

博学鸿儒唯一中式者、康熙朝诗坛尊唐派代表人物之一李澄中《卧象山房文集》稿本卷二有《瞽者李杲传》：

李杲，字东庵，诸城人也。生五岁而瞽。及长，负才气，厌其所学。歌词不工，偶为恶媪所辱，思作小曲报之，竟日不能成一字。乃走入土窖中，自其妻日一进饮食外，卒独居。逾月，慧大开。所撰新曲，无不令人绝倒。所用乡语俚字，尤隽巧过人。世既知其慧，每为演说《水浒传》，杲默听之。去数日，后制为新声，杂以谐谑，又无不人人绝倒者。积二十年，所演《水浒传》已强半。登莱诸郡县盲目者，皆师事之。要其度曲，亦未有及杲者也。

予十三岁始见杲，杲已七十余。耳聋，手三弦不能辨高下，所说《水浒》词，仅能道字，不复成韵矣。自言其少年时，为舅氏丘方伯公所知，其同年某侍御出按江南，道经东武，方伯公具盛馔邀之，令杲手三弦佐卮酒。久之，侍御默不语。方伯公察知其意，徐谓之曰："杲，奇才。其所歌曲，皆自制。以公负人伦鉴，故却梨园而进杲。"侍御惊，令反歌，乃引入座，待以客礼。其为名流所赏如此。先君子遣人录其数十阕，将付梓。然字多土音，不可书，又遭壬午兵火，响遂绝。杲方面丰须，事诸士大夫有大体。性慈，以其子尽为兵所掠，抑郁而卒。

论曰：昌黎代张籍答李浙东书，谓其盲于目不盲于心。杲早瞽，岂有父兄之教而为之，何其工也！即使苏、黄降格为俚词，岂能超杲而上哉？惜其辞与身灭，后世无闻焉。然犹幸有诸盲者习之耳。不然，茫茫人海，谁向村市讴吟中追询所自知有负异才如李东庵其人者乎?①

文中的"丘方伯公"即丘志充，因他曾任山西右布政使，而布政使明清亦称"藩司"或"方伯"。李杲似与李澄中祖父李旦同辈，为丘志充亲戚辈长者，这应该也是丘志充尊礼李杲的原因之一。丘志充的进士同年，以侍御出按江南的，为

---

① 李澄中：《卧象山房文集》卷二，《山东文献集成》第一辑第35册，山东大学出版社，2007年，第280～281页。

平度人贾毓祥。

李澄中出生于明崇祯二年（1629），十三岁时为崇祯十四年（1641），此时李杲七十余，则李杲应出生于隆庆五年（1571）之前。万历《诸城县志》的编纂者陈烨（1530—1608）《仅存集》卷三有《听瞽者唱书》诗云："鼓板齐鸣坐土阶，低腔高调似优俳。也知谚说非真事，且听音声遣闷怀。"这位瞽者或者是李杲，也可能是其同行。《山东曲艺史》的作者曾感叹："北方盲人说书最多，已有千年。但在山东至今尚未发现历史上盲人说书的文字记载，市间所见亦多为演奏乐器的乐师，但更多的则是算卦占卜先生。"① 近年来随着古籍文献的大量出版和网络共享，明清时代山东盲人说书的资料，正越来越多地浮出水面，刷新着人们对文学史和说唱文学史的固有认识。

根据现在掌握的一些资料，明代青、莱、登三府说书瞽者，已经自然形成了一些类似行业帮会的组织。诸城李杲以其高超的艺术造诣，成了领袖人物之一，"登莱诸郡县盲目者，皆师事之"。甚至在他去世以后，仍"有诸盲者习之"。李澄中同宗兄弟、曾长期侨居诸城的清初著名散文家李焕章《织水斋集》中有《老瞽传》，说他的伯父怜恤盲人，每佳节良辰，群瞽偕至，多奏"由房子夜之曲"，益都县北纸坊村老瞽刘前川，独奏"古调旧谱若《孝顺歌》之类"②，为群瞽所侮笑，而为作者所礼重。由此又见说唱瞽者不但有不同群体，而且有不同风格。

李澄中文中说李杲"歌词不工，偶为恶媪所辱"，其实是因他说《水浒传》荤段子太多，且不尊重妇女（《水浒传》《金瓶梅》对妇女都不怎么尊重），为老年妇女所闻，遭怒斥（如果听众中有这位"恶媪"的丈夫或儿子，她发怒更容易理解）。这个"恶媪"，促成李杲说唱艺术的飞跃，其实是东路大鼓和中国文学的"功臣"。20 世纪 20 年代初在青州山东省立第十中学任教的顾随先生，曾撰《山东省民间流行的〈水浒传〉》一文，记民国年间山东大鼓的演出情形。他称这一带鼓书艺人所说《水浒》为"臭《水浒》"，即因其"词句太猥亵"，犹然李杲遗风。顾随说艺人"顶怕妇女们来听，一遇她们来了，他便说'好的'，祈求她们

① 张军、郭学东：《山东曲艺史》，山东文艺出版社，1997 年，第 126～127 页。

② 李象先：《织水斋集》，《四库全书存目丛书》集部第 208 册，齐鲁书社，1997 年，第 725 页。

赶快离开，有时甚至于作揖下跪”[①]。数百年前的李杲，就有过教训了。

臧克家在回忆录中，提及童年时代诸城吕标说书名家娄小苇演说《武松醉打蒋门神》，武松骂蒋门神口溜子带了脏字，被一蒋姓青年砸了场子[②]。清末潍县说书艺人陈锡庆（字双辰）在白浪河沙滩说“脏《水浒》”，受到美国长老会传教士狄乐播（“东方哈佛”广文大学的创办者）的批评，结下梁子，导致1900年火烧乐道院，引发重大国际纠纷。可见说“脏《水浒》”，风险不仅来自中老年妇女。

莫言2012年在瑞典学院发表的文学演讲《我是一个讲故事的人》中，讲述他童年时在集市上听书，回家“绘声绘色”“添油加醋”讲给母亲、姐姐、婶婶、奶奶们听，由此还获得了逢集市免除劳动任务的待遇。莫言家的女性成员未尝不想自己去听书，新中国成立后的说书界也大力清除了黄色内容，但习惯力量仍然起作用。而莫言的创意性复述，实际上也是他最早的文学创作练习。在莫言的某些作品中，我们感受到了潍水民间说唱犷野、恣肆的风格，与《词话》气息相通。

李澄中说“登莱诸郡县盲目者，皆师事之”，也与李杲说唱内容及风格有关。明代山东六府，济南、东昌、兖州为西三府，登州、莱州、青州为东三府。西三府为齐鲁旧邦，农耕宗法文化强势（运河走廊稍有例外），很多说书者奉孔子为祖师，甚至演说《论语》等儒家典籍，李杲的豪放恣肆难有市场。东三府兼莱夷之地，自然崇拜的海洋文化倾向明显，由于孔子为鲁司寇时，夹谷之会曾对来自莱地的乐人大开杀戒，胶东半岛说书者不奉孔子，而奉道家丘长春为祖师；这一带民性朴野、犷直，与李杲街头说书的风格颇契合。而且东三府说书，明清民国时代以盲人为主力，以至于胶东大鼓（东路大鼓）有“盲人腔”“瞎腔”之称。我甚至怀疑“胶东之花”的“茂腔”得名，是由“盲腔”演变而来。至于茂腔实际受胶东大鼓的影响，自然更不待言。

清初诸城放鹤园逸民集团领袖张侗整理、评阅的《李渔村先生稿》，也收入《瞽者李杲传》，稍有异同。文中没有出现丘志充，以“有显者”代之，好像是

---

① 顾随：《顾随全集·著述卷》，河北教育出版社，2000年，第316页。

② 臧克家：《臧克家回忆录》，中国工人出版社，2004年，第71页。

“为尊者讳”；说李杲“七岁失明”，不是五岁；说李杲“所制词，几半《水浒》全部。其村妇、丑妇、拙妇诸阕，尤精思入神”。①

《水浒》是英雄书，一百单八将只有三位女性，且皆性格豪放。《新刻金瓶梅词话》，则以“村妇、丑妇、拙妇”为主要阵营。李杲说《水浒》，女性形象（当然多是反面形象）地位突出，与他受“恶媪”所辱，报复泄愤有关。而他与“恶媪”口舌往来，也为塑造此类形象积累了宝贵的语言素材。

《金瓶梅词话》由《水浒传》武松杀嫂一段演绎而来。前十回承袭《水浒传》，稍稍踵事增华。自第十回“武二充配孟州道”后，则基本上是说书人编造的西门庆猎艳逞势的流水账及其余波，题材吸引人而结构无甚创新。《词话》的主体，可以说是武松充军后卖关子“卖”出来的。西门、金莲闹得欢，难逃武二挖心肝。而对于一班游手好闲之徒，乐得让武二在孟州等地多溜达些时日，以便西门庆、潘金莲们多耍些风流光景，供他们开怀遣闷。当李杲说给士大夫们听时，加入些史事，感慨些时政，也是顺理成章。终于西门庆猎艳逞势的“扣子书”，成了与《水浒传》平分秋色的皇皇大著。

看《词话》，我们会发现作者空间感（尤其是距离感）很差，地理历史知识更是有限。第一回把清河、阳谷说成“东平一府两县”，第二回“山东沧州”，第二十九回“大宋国山东清河县”，第三十六回“滁州之匡庐”。第九十八回写清河县所见：“正东看，隐隐青螺堆岱岳；正西瞧，茫茫苍雾锁皇都；正北观，层层甲第起朱楼；正南望，浩浩长淮如素练。”河北省东南部的清河、枣强，县境几乎相连，按明代知县五百里回避制度，枣强人根本不能任清河知县，但九十一回陶妈妈劝孟玉楼改嫁枣强人李衙内，说清河去枣强“过了黄河，不上六七百里”（差不多是诸城到枣强的距离）；八角镇是开封城西汴州浚仪县名镇，宋代五太一宫中的“西太一宫”即建在此处，宋末“六贼”之一的梁师成即丧命于此。宋话本《宋四公大闹禁魂张》（《水浒传》中武松十字坡吃人肉包子发现指甲盖，被下麻药等情节来自此文）提及此镇，有运河水闸，所以七十一回说是“水关八角镇”，但七十二回竟然又称之为“沂水县八角镇”（“汴州”、“汴水”与“沂水”

---

① 李澄中：《李渔村先生稿》，《山东文献集成》第三辑第8册，山东大学出版社，2010年，第705～706页。

草书近似）。此类马大哈，皆足喷饭。一般来说，古代有秀才文化程度，稍能游历，略知考证，便不会如此草率错乱，更不用说什么博见多闻、体国经野的所谓“大名士”。而对于一个空间感觉受限和没有阅读能力的盲人，这类错误是有情可原的。当然，听书人很少学究，多为开心遣闷，管什么真假对错。

鼓书、弹词的版本，有“台本”“看本”之别。前者为说书人用，或说书人自编，一般深密不出（类似有些教师的备课本）；后者则是书坊出于营利目的，收集、整理，大量印刷，供人阅读（对说书人来说，类似教科书）。对于颇有独创精神的瞽者李杲，这两种本子跟他都没有关系。和他相关的为“录本”，如李澄中之父李凤郊“遣人”记录，且“将付梓”之本——当然，李凤郊不是为谋利，而是惜才。李凤郊的内弟丘志充最礼重李杲，说他收藏的《词话》就是自己或贷人记录的李杲说唱演绎《水浒传》武松杀嫂故事，也顺理成章。

在明清出版物中，小说、鼓词、弹词往往讹舛满纸，尤以将记录本匆匆付印者为甚。一般说来，用笔记录的速度，赶不上说书的速度（古代说长篇大书，难得重复。即使内容重复，语句也未必相同）。加快记录速度，必然导致笔迹潦草，而汉字异形同音者多，符号化的草书一字可以多识，而受雇记录者（抄胥）往往是底层知识分子，文化水平不见得很高，誊真写版时，错讹更容易出现。《词话》将带顶架的大床时而称“拔步床”（第七、八回），时而称“白步床”（第六十二回），时而称“八步彩漆床”（第九十一回），这是同音、近音字造成的，也可能是记录者不止一人。将“岂不信哉”写成“出三不信我”（第十三回），将“浔州”写成“滁州”（第三十六回），将“汴州”写成“沂水”（第七十二回），将陕西巡按御史“宋圣宠”写成“宋盘就”（第四十九回），这是草书识读不慎造成的。当然，类似将汴州写成“沂水”，还因为沂水县与诸城相邻，且明代都属青州府，抄胥更熟悉之故。不过《词话》毕竟经过丘志充、袁宏道、谢肇淛等名人审阅，书坊将这部大部头付印前，也会请一些文士参订，厘正了一些明显的错误。类似将记录本匆匆付刻的《刘公案鼓词》，把刘墉的故乡诸城写成“朱成”；把刘墉表弟、翰林前辈窦光鼐写成“豆光爱”这样的讹舛，并不是很多。

研究界不少学者将丁惟宁视为《词话》的作者（有些学者探讨《金瓶梅》中特有的“诸城方言”，较有参考价值），可能主要因为丁惟宁之子丁耀亢较早读到此书，推崇备至，且著有《续金瓶梅》（也是“词话体”）。但古人著述，讲究避父祖名讳，丁惟宁父单名纯，而《词话》“纯”字数十见，第二十三回且有“纯五”“纯六”字样，似说不通。丁氏与丘、李，都是诸城大家族，且累世姻戚。丘志充的伯祖丘橓，是丁惟宁的业师；丁耀亢的侄女嫁丘志充之长子丘玉常。丁耀亢比李澄中大三十岁，是李澄中写诗的引路人，与李凤郊亦莫逆。他不仅有机会亲聆李杲说书，而且也容易读到李凤郊、丘志充的记录本。甚至丘志充所藏《词话》的续书《玉娇李》，也可能是李杲说书的记录，丁耀亢自然也能寓目，并对他创作《续金瓶梅》，产生了影响。三十多年前，黄霖先生在为齐鲁书社1988年出版的《金瓶梅续书三种》所作《前言》中，断言“《续金瓶梅》的创作是直接受到了《玉娇李》的启发”，他主要根据丁耀亢与丘志充之子丘石常有交往，而下此结论。当我们读了李澄中《瞽者李杲传》，了解丘志充与李杲的关系后，黄霖先生的论断，便有了更有力的证据。

二、《词话》对作者姓字、籍贯的提示

古代通俗小说、鼓词唱本多受士大夫阶层鄙夷，不登大雅之堂，作者或整理者很少署真名实姓。当然也有例外，如丁耀亢《续金瓶梅》，不但卷首《太上感应篇阴阳无字解序》署“惠安令琅琊丁耀亢谨序”，《太上感应篇阴阳无字解》最后署“鲁诸邑丁耀亢参解”，还将自己的形象写入小说。六十二回东汉辽东丁令威、南宋丁野鹤的“转身”明末东海丁野鹤，自称“紫阳道人”者，就是他。五十二回遗世隐修的刘学官，是他另一化身。

清乾嘉之际，与诸城丘、丁、李皆累世姻亲的相州王氏十一世王琮（字绿坡，号九枚山人）撰写《四海棠》鼓词，第一回正文有作者自报家门：“山东青州府诸城县，是编书人九枚山人王绿坡所居之地。”作者还把自己的朋友写进书里，第五回提及善于属对的“诸城李松岩”，就是李澄中的近支玄孙李庄（字敬临，号秋岩、松岩、松崖），也就是为《四海棠》作序的“铁石道人松崖李庄”。李庄的生母为相州王氏第八世王笃宗之女。李庄堂祖父李玠（曾任康熙太子胤礽侍读的相州王氏第八世王沛思的女婿），有《正蜀统》传奇。《正蜀统》已失传，

刘世德以为是戏曲[①]，但我认为也可能是鼓词，甚至是论辩性较强的三国鼓词（不以正统予曹魏而予蜀汉）。文献史上有文体为鼓词而书名为“传奇”者，如吉林大学图书馆藏抄本《集锦传奇》，就是一部鼓词集。李庄在《四海棠·序》开篇云：“诗书之外，有曲有词。词写情而曲传奇，无非文人笔墨之乐事。除斯数者，而有鼓词，亦传奇之词耳。词有二宗，曰南词北词。南词以七字成句，北词以十数字成句。南词以琵琶三弦唱，北词以大小鼓唱之。南词曰平湖调，北词曰天仙调。调不同，唱法不同，其传奇则一。”需要指出的是，所谓“南词”，后人一般称之为弹词，“北词”自然即鼓词，有些学术著作甚至不予区分。“词话”（以曲牌体为主）是弹词与鼓词（都以板腔体为主）的共同来源，且都与戏曲血缘较近。说书行有“书不离戏，戏不离书”之说。民间称弹词、鼓书、琴书类节目为“桌戏”。“双档”或“多档”的说书，表演效果更明显。山东的地方戏，吕剧由山东琴书演变而来，茂腔则与肘鼓子、东路大鼓互为生发。

说唱体《词话》也有作者对自己姓、字、籍贯的反复提示。作者“兰陵笑笑生”，“兰陵”可能不是作者自表乡里，而是提示自己的姓氏。很多研究者探讨这个署名，都提及李白的那首著名的《客中作》：“兰陵美酒郁金香，玉碗盛来琥珀光。但使主人能醉客，不知何处是他乡。”在《词话》中，没出现这首诗，但以带着面具的方式出现了。第六十四回前来祭祀李瓶儿的两个宦官薛内相、刘内相感叹了一番朝政败坏后，不喜欢南戏的刘内相吩咐唱道情的“你唱个《李白好贪杯》的故事”，书中没有叙述演唱的内容，现在也找不到《李白好贪杯》（未必是正名）的作品，但民间流传下来的八角鼓曲《玉液琼浆》，鼓子曲《饮酒词》都有李白《客中作》四句。第三十回提到“天汉桥街上太白酒店”，第三十九回提到“太白李金星”，说明作者太白情结甚深。

李白《客中作》使“兰陵”“郁金香”成了美酒的代名词，并与“酒仙”李白，合为一体。而喜欢文词的李姓人，多以李白为本姓骄傲。我手头有李存葆出资影印的清代《东武李氏族谱》，卷首有咸丰二年（1852）进士李劻（字南渠）所作《族系存考》，说东武李氏族源有二，一来自真定枣强（《金瓶梅》中有些正

① 刘世德：《李玠和〈正蜀统〉传奇》，《文学遗产》1982年第4期。

能量的孟玉楼，最后嫁与真定府枣强李氏得善终），“枣强之迁凡四，东武其一焉”；一来自四川，“自蜀成都而东武、而沂州，又自东武出者，一黄山，一铁岭，又一支入旗籍”。这两种说法都没有确切证据，李澄中比较支持成都说，更多出于对蜀人李白的崇拜，而《新刻金瓶梅词话》对两种说法都照顾到了。

李澄中好友张侗组诗《醉中有所思》第十六首《苏台李氏（渔村）》：“十岁梦李白，辟门投一刺。四十又三年，重押缰畺字。”注云：“梦在癸未，予甫十岁，诗成。丙寅年，已五十有三矣。乙亥春，与先生再过兰陵，马上得句云‘郁金酿出谁家好，重与青莲索取尝’，为之拊掌一笑。”[①] 张侗可谓投其所好。

《词话》中有一个出身低微的李姓人物，却关系全书大局，他就是清河县皂隶李外传。在《水浒传》中，武松为兄长复仇的高潮是狮子桥下酒楼斗杀西门庆。写得惊心动魄，痛快淋漓。但在《新刻金瓶梅词话》中，武松却吃了瘪。《水浒传》第二十六回，武松寻到狮子桥下酒楼，和西门庆坐对席的是一个无名无姓的官人财主，在武松斗杀西门庆过程中，只是受了惊吓，连皮毛也没伤到。在《新刻金瓶梅词话》第九回，李外传取代了那位财主官人的位置，并代替见机逃跑的西门庆受了武松拳脚荼毒，一命呜呼。李外传死，武松充军，受主角光环保护的西门庆逃得性命并有了较长时期的自在生活，于是才有了《金瓶梅》这部千古奇书。李外传者，由李姓人写一部《水浒外传》也。

《词话》是一部暴露黑暗之书、愤世之书，“好人”“正人”很少，但小说结束的时候，却突然出现两个正能量不菲的李姓人，他们就是青州府人李贵、李安叔侄。一个是清河县知县李昌期（枣强人）家的武术教师，一个是济南府守备周秀手下的虞候。一个见证孟玉楼与知县公子李拱璧的姻缘，一个见证庞春梅的结果。

李贵、李安的名字，有一定的寓意性。所谓以义理为贵，守礼法自安。他们的行事也诠释了自己的名字。有实际本领，守本分，知感恩。张竹坡批点《金瓶梅》，以为孟玉楼是作者自况。若以儿女寓士大夫，“三揭红罗两画眉”的孟玉楼，也算得上是于污浊之世曲中取直、守经能权、安身立命之人。但我认为李贵、李安更像作者自况。“贵”与“杲”双声，“安”与“庵”同音。《词话》中

---

① 张侗：《其楼诗集》下卷，诸城博物馆藏清康熙刻本。

的李贵，借用了明代洪楩所编《清平山堂话本》中《杨温拦路虎传》中泰山打擂的棍师飞天夜叉李贵字号，但二者事迹并不相关。《词话》第九十回李贵唯一一次亮相时，念了一段俗唱自报身世，有“分明是个铁嘴行”“动不的手来只动口”等句，似专卖嘴皮子吃饭的。“山东夜叉”之称，一个“夜”字，与终生在黑暗中的盲人，也有关联。他感谢李知县的供养之恩，“多亏了此人未得酬，来世做只看家狗”，似乎已是壮士暮年光景。崇祯本《新刻绣像批评金瓶梅》九十回删去了这一段，使这个人物完全成为一个概念。远不如《红楼梦》中平息贾府学堂骚乱、大事化小的李贵（“礼之用，和为贵”）丰满。

相对于李贵，李安的戏份更多些，抓捕作乱的张胜（第九十九回），拒绝庞春梅诱惑（第一百回），为其中较著者。李安之名，甚至出现在第一百回（最后一回）引首诗尾联“珍重李安真智士，高飞逃出是非门”，如此待遇，也算荣如华衮了。崇祯本的修订者也许以为李安承受不起，把这首诗改换了。

古人称呼姓字，有省略中间一字者。苏东坡，或称之为苏坡。至今成都有苏坡桥（一称“苏波桥”）。李东庵，省去中间东字，就是李庵（安）。

丁耀亢《续金瓶梅》第五十七回，李安再次闪亮登场。金兵攻陷汴梁后，他奉母避难扬州，金兀术陷扬州，他结交“十个义气兄弟”，伺机起义反金。当韩世忠败金兀术于黄天荡，扬州金兵欲赴援时，李安派人联络岳飞元帅，里应外合，光复扬州，宋高宗降旨叙功，首倡举义的李安，“随镇江营效用”。李安的结局，可谓忠孝两全。宋高宗将他分发镇江，这个地方离南兰陵（武进一带）不远。

《词话》第一百回，为避庞春梅粪坑，李安之母劝他投奔叔叔，接着写道：“这李安终是个孝顺的男子，就依着娘的话，收拾行李，往青州府投他叔叔李贵去了。”后面庞春梅又说李安回“青州原籍”。李贵在九十回草草亮相后，小说再没交代其行踪。就李贵与李知县的交情，他应随李知县在任，或去知县故里枣强，回故乡怎么没个交代？李安何以把母亲抛在河北清河，自己回山东青州原籍？青州，东方，万物之所生，循理守礼者生，悖礼乱常者死。还有，青州也是作者故里所在。

丁耀亢《续金瓶梅》中，西门庆与吴月娘的儿子孝哥（了空）被潍州人李全和青州人杨妙真夫妇为女儿锦屏招了女婿。不过他们虽名为夫妇，实为道友。了空不但自己道心坚定，还度化了锦屏（类似道情所唱韩湘子度林英）。最后李锦屏这个潍水女儿，历尽劫波，观空证道，随月娘出家，法名了缘。丁耀亢也对青州情有独钟，除了有些五行八卦引申寓意，同样有乡邦情结。

正如《词话》作者不忘宗族所出的真定府枣强，丁耀亢在《续金瓶梅》中对与丁氏有重要渊源的云台山（诸城五大家族族谱，除李氏外，均有迁自云台山的记载），也予以浓墨重彩的突出。第二十七回“淮安城月娘问渡，清江浦嫠妇同舟”，写吴月娘与孟玉楼由淮安府渡海到云台山清风顶三元庙进香，“把船湾在黑风口里，过了海州城，一路上云台山清风顶来”，后面就是极尽铺排夸张地描写云台山形胜。这与《词话》作者重视枣强道理类似。

李澄中在《瞽者李杲传》中说李杲“事诸士大夫有大体”，这一点与《词话》中的青州李安也有共同之处。而李杲记闻广博，世事洞达，与士大夫的共同语言更多些。第七十一回回前诗：“暂时罢鼓膝间琴，闲把遗篇阅古今。常叹贤君务勤俭，深悲庸主事荒淫。致平端自亲贤哲，稔乱无非近佞臣。说破兴亡多少事，高山流水有知音。”当李杲与丘橓、丘志充叔侄，李凤郊、丁耀亢表兄弟演说西门庆盛衰荣辱，家国一理，引发他们对朝政时事的感叹，引为知音，奉为贵客。这种际遇，对一个被世人视为乞丐倡优的说书瞽者，非常难得。与这些人的交往，也提高了李杲的见识，增强了他说书以家寓国的倾向。如果李凤郊、丘志充郎舅将记录他说唱内容，并整理“付梓”的计划告诉他，李杲自然会感激涕零，全力配合。而李凤郊、丘志充在他们记录、整理的书稿中，仍然透露作者的信息，也难能可贵。

李杲这样杰出的说书艺人在诸城出现，不是偶然的。既得益于本地深厚博大的诗乐传统，也与明清之际诸城世家大族好招徕乐人消闲的风气有关。李澄中的好友、“东武高士”刘翼明《海上随笔》中有《富贵家买笑》[①] 一则，慨叹富贵之家宁缠头买笑，不周亲友之急；在诗歌中他甚至对这种现象予以谩骂：“闾女生财齐富国，常山临代姊兴门。一时鼎鼐无声气，千古优伶有子孙。”[②] 从另一

---

① 刘翼明：《海上随笔》，青岛市图书馆藏稿本。

② 刘翼明：《寄山中旧侣》，《镜庵诗稿·还山草》，《山东文献集成》第三辑第29册，山东大学出版社，2010年，第224页。

侧面说明诸城世家大族对曲艺的热衷，这也是诸城古琴、文学辉映神州的原因之一。

李氏多自视为唐朝宗室之后，李白本家。李姓诗人诗歌多宗唐，而唐诗讲究韵律，颇适宜歌唱。唐玄宗李隆基又被奉为梨园之祖，所以李氏豢养乐人甚至躬自操觚，较之他姓更少心理障碍。

李凤郊、李澄中父子，无疑是喜欢弹唱说书的。他们一个要为李杲出书，一个为之立传，堪称李杲的知己。自然，李澄中在《瞽者李杲传》中对他们父子与李杲的交往有所遮盖、淡化。在李澄中为《李氏族谱》所写的《大传》中，有一个迷恋曲艺的堂兄李巨枢，他是李凤郊二哥李凤俞的次子。传中云："诸生中，李氏率迂谨，公独喜佻达。凡琵琶、弦索、筝箫，靡不精。又喜饮酒，常呼妓燕客。"这就有些西门庆、陈经济的风采了。可喜晚年改辙，且享高寿，"以康熙戊寅六月感呕吐卒，年八十七"。戊寅为康熙三十七年（1698），上推 87 年为万历三十九年辛亥（1611）。李巨枢比李澄中大近二十岁，能赶上李杲说书的黄金时期。以他的性情爱好，自然更容易与李杲交往。

《大传》中为李巨枢父亲李凤俞所作传记中云："先大父为蔚州守，诸父皆读书官舍，闻学使者将按青，乃遣归赴试。"所谓先大父，即李旦，万历二十三年（1595）前后以举人任山西蔚州知州。李旦是诸城无忌李氏明代唯一入仕者，其名与《词话》中的李昌期寓意近似，如果李杲曾随李旦之任，受其恩养，说《词话》中的青州李贵有李杲影子，证据更充分。

《李氏族谱·续大传》中李鹗为其祖父李玠所作传中，称李玠："为文精于理解，长于制艺。卒后检索存录者，尚得数百篇。又时时出其余绪及诗、古文、词曲诸杂作，尤工属对。邑人所传城隍庙诸匾联，犹其戏笔也。"说唱文学比诗词对格律的要求都严，平声分阴阳，仄声别上去。李玠与《四海棠鼓词》第五回提及善于属对的他的重孙辈"诸城李松岩（李庄）"，都深于此道，所以均善属对。

《续大传》中还有李耀庚为其曾祖父李崴（字轸石，号象山，李文驹第五子）所作传，内云："析箸后，移居易安园之东南隅，结庐而居，额之曰'余园'，盖取易安园之余也。后因病目，遂绝意进取，锐志于诗古文辞，自号盲道人……捐馆夕，命笔自挽云：'上之不能显亲，中之不能淑身，下之不能教子，三间屋风雨穷愁，谁谓圣朝无弃物？少而溺于花鸟，壮而溺于诗酒，晚而溺于琴书，五十年襟怀淡荡，方知白日有闲人。’额云‘嚼蜡叹浮生’。亦可以概见生平矣。”对于一个盲人，所谓“琴书”，自然是诉诸听觉的弹唱。李崴风采，类似其高祖辈李巨枢。

清乾隆年间，诸城李姓还出了一个盲人古琴家。臧润《十年草》（诸城图书馆藏清抄本）中有《赠琴瞽李春元》诗云：“三载闻声渠水东，每从捡谱冀相逢。人来驴背青山外，琴响茅庐细雨中。十指雁群惊月夜，七弦梧桐舞秋风。（俱琴曲名）休将缺陷悲双目，消息全凭色相中。”中国九大琴派，秦岭淮河以北只有两派，均出于诸城，即诸城派及南传的梅庵派，但能弹古琴的瞽者，目前只发现李春元一人。

现当代诸城李姓名人中，如百花奖影帝李仁堂、作家李存葆，他们自然也都曾受诸城一带说唱艺术的影响。

说到这里，顺便修正一下学术界关于《正蜀统》传奇作者李玠生年的说法。据诸城《李氏族谱・续大传》，李玠生于康熙十三年（1674）四月初二日亥时，终于乾隆七年（1742）十一月二十五日未时，世寿六十有九。中间康熙二十八年（1689）十五岁补诸生，康熙四十七年（1708）中顺天乡试举人，康熙五十一年（1712）会试中式，而殿试违式被黜。雍正元年（1723），诏许历年殿试被黜者赴京候试，钦取六人，李玠在其中。刘世德先生的《李玠和〈正蜀统〉传奇》用了较大篇幅考证李玠生卒，因乾隆《诸城县志》李玠小传“年十五，补诸生，试辄冠其曹”中“辄冠其曹”的装饰性文字，推断李玠“成绩优异，连战连捷”，由中举年份逆推“他取得生员的资格，则必系康熙四十四年（1705）之事”。又上推十五年，将康熙三十年（1691）作为李玠生年，又根据小传“卒年六十有九”，断定李玠“卒于乾隆二十四年（1759）”。将李玠的生卒年都推后了17年。《清代官员履历档案全编》有李玠雍正元年（1723）自书履历，起头便是：“臣李玠，山东青州府诸城县人，年四十八岁。”① 由李玠生年推算，他本年应是五十岁。清代“官年”一般大大小于“真年”（《儒林外史》中老实人范进五十岁中举，履

① 秦国经主编：《清代官员履历档案全编》第9卷，华东师范大学出版社，1997年，第171页。

历上是三十岁，小了二十岁），李玠自书履历，只差了两岁，还算实事求是。

三、从《玉娇李》到丁耀亢《续金瓶梅》

据谢肇淛《金瓶梅跋》，在《词话》刊刻之前，他曾“于袁中郎得其十三，于丘诸城得其十五”，并指出“仿此者有《玉娇丽》”。沈德符于《万历野获编》卷二五记载他于万历丙午（1606）与袁宏道相见于北京，询问《金瓶梅》抄本流传情况，并有关于《金瓶梅》续书《玉娇李》的介绍：

> 中郎又云：“尚有名《玉娇李》者，亦出此名士之手，与前书各设报应因果，武大后世化为淫夫，上烝下报；潘金莲亦作河间妇，终以极刑；西门庆则一呆憨男子，坐视妻妾外遇，以见轮回不爽。”中郎亦耳剽，未之见也。去年抵辇下，从丘工部六区（志充）得寓目焉。仅卷首耳。而秽黩百端，背伦灭理，几不忍读。其帝则称“完颜大定”，而贵溪分宜相构，亦暗寓焉。至嘉靖辛丑庶常诸公，则直书姓名，尤可骇怪。因弃置不复再展。然笔锋恣横酣畅，似尤胜《金瓶梅》。丘旋出守去，此书不知落何所。

《玉娇丽》与《玉娇李》为一书，作者与《金瓶梅》相同，收藏者都与诸城丘志充有关。于是丘志充长期受金学家关注。马泰来先生在《中华文史论丛》1984 年第 3 期上发表的《诸城丘家与〈金瓶梅〉》长文，爬梳史料，详考丘志充生平事迹。张崇琛先生在《蒲松龄研究》2000 年纪念专号上发表的《〈聊斋志异·遵化署狐〉与丘志充其人》，称丘志充收藏《金瓶梅》及其续书《玉娇李》原稿，是“学术史上的一件大事”。但虽然诸城丘氏家族史被翻了个底朝天，仍然难以断定谁是这两本书的作者。当我们读了李澄中《瞽者李杲传》，知道了这个说书界苏、黄与丘志充的关系，尤其是丘志充的姐夫李凤郊还遣人记录其说书的内容，计划付梓，答案应该初步浮出水面了。

古代鼓书演说者，“卖关子”的功夫是看家本领，往往发挥到极致。节外生枝，枝上生杈，喧宾夺主。由《水浒传》武松杀嫂的故事，演绎成《金瓶梅》大

“关子书”；再根据“因果报应”，照葫芦画瓢，生出《玉娇李》，正是这种情况。记得有东口大鼓艺人，演说小部头《绣鞋记》，开始部分扔绣鞋，惊堂木一拍：“这鞋如果落下，就有大祸发生！”上了关子，那绣鞋停留在空中，十天半月掉不下来。后半部穿绣鞋，再一拍惊堂木：“这绣鞋如果穿上，一切都会水落石出！”又把听众锁在关子里十天半月。记录下来就是两本《绣鞋记外传》。相对于《绣鞋记》，《水浒传》是何等样书？武松复仇、宋金兴亡是何等样关目？更何况带有粉艳色彩的故事，听众最感兴趣，而人类想象力在这方面也最发达。在朱明王朝末世，色情、神魔小说，影射、攻击小说盛极一时，自然又为之推波助澜。

文献记载中见过《玉娇丽（李）》的人极其有限。丘志充、沈德符外，还可能有两人：董其昌与袁宏道。

董其昌在袁宏道之前读过《词话》与《玉娇李》。他之所以能见到这两本书，主要因为他书名满天下，又乐结文字缘，出版者想请他题词作序，以增声价。明嘉靖以后，诸城人文蔚起，很多人（如刘元化、丁惟宁）与董其昌交往；董其昌书写的坊匾、手迹在诸城也不断发现；游学董氏门下的诸城人，也不止一个。除了为金学家们熟知的丁耀亢弱冠（《东武诗存》卷一作“总角”）游董其昌门，还有一个李姓学生。清乾隆《诸城县志》卷三七《人物・武功》：“李从朴字衷一。年二十游京师，受知于董其昌。”所以他有多个渠道看到这两本书。当然，最有可能的是丘橓的子侄辈，将这两本书送呈董其昌审阅题赞。

袁宏道《词话》本，是从董其昌借抄。他在万历二十四年（1596）《与董思白书》中云：“一月前，石篑见过，剧谭五日。已乃放舟五湖，观七十二峰绝胜处，游竟，复返衙斋，摩霄极地，无所不谈，病魔为之少却，独恨坐无思白兄耳。《金瓶梅》从何得来？伏枕略观，云霞满纸，胜于枚生《七发》多矣。后段在何处？抄竟当于何处倒换？幸一的示。”①

可能为了保护劳动成果，古人借阅稿本书，很少给全部。董其昌收到的《金瓶梅》与《玉娇李》未必全，更不用说袁宏道。但袁宏道关于《玉娇李》的介绍，既然能说出梗概，未必全如沈德符所说只是“耳剽”。以他的威望和与董其

① 袁宏道著，钱伯城笺校：《袁宏道集笺校》，上海古籍出版社，2018年，第1596～1597页。

昌的交情，借来翻阅翻阅还是没有问题的。

袁宏道抄录的《词话》稿本，在后来的欣赏、审定过程中，自然会有修改甚至再创作的可能。请看万历二十五年（1597），他写的《听朱生说水浒传》：

> 少年工谐谑，颇溺滑稽传。后来读《水浒》，文字益奇变。六经非至文，马迁失组练。一雨快西风，听君酣舌战。①

袁宏道对小说和民间说书的态度，与他作为“公安派”领袖人物倡导独抒性灵、不拘格套、反对复古的主张是一致的。

朱生是袁宏道在无锡期间，常应召到他住处说书的艺人。袁宏道与朱生（有时也称之为“朱叟”）的关系，与丘志充和李杲类似。袁氏有没有将抄录本《词话》稿本给朱生作说唱底本？或让朱生修改，并按照此模式自己创作、说唱？甚至将其说唱的内容记录下来，增益为《词话》的组成部分，后来辗转编入初刻《词话》中？倘若真的如此，就可以解释万历刻本《词话》何以有些章回风格与全书不统一，且有吴语的现象——特别是五十三至五十七回。

谢肇淛从袁宏道借抄《词话》，是在袁宏道向董其昌借抄十年后，也就是万历三十四年（1606）。袁宏道在公安作《与谢在杭》，催促在南京任职的谢肇淛归还《金瓶梅》抄本，“《金瓶梅》料已成诵，何久不见还也？弟山中差乐，今不得已，亦当出，不知佳晤何时？”读者更思量这十年中，袁宏道的抄本《词话》，有没有改过几番面目？

在上述《词话》的早期读者中，谢肇淛是唯一一个到过诸城的人。万历三十年（1602）秋，时任东昌司理的谢肇淛行部至诸城，时任诸城知县的王之臣接待甚殷，留下了《秋日客诸城同莐伯王明府登超然台》诗。其时王之臣正聘乡居的陈烨、丁惟宁修《诸城县志》，将此诗收入了艺文部分。谢肇淛编刊《小草斋诗集》，收入该书卷二一，诗题改为《密州同莐伯王明府登超然台怀古》。他在笔记《麈余》卷二，有记诸城县风物数则。谢肇淛行部山东，也乐与士大夫做缘。其

① 袁宏道著，钱伯城笺校：《袁宏道集笺校》，上海古籍出版社，2018 年，第 449 页。

时虽负海内重望的丘橓已去世，丘志充尚为诸生，但丘氏依然是诸城大族。他如访问丘橓的兄弟子侄，咨询旧事，是可能的。

古人姓氏后面加籍贯的称呼，一般用之名高位重之人，如丘橓。谢肇淛《金瓶梅跋》应作于万历四十五年《词话》付梓之前，此时的丘志充对于他来说，晚生后进，同部僚友，称呼他为“诸城丘六区”是正道。文中“丘诸城”，解为丘橓家、丘橓后人为妥。谢肇淛之父谢汝韶，因得罪张居正挂冠归里，这与丘橓类似。谢氏著作中批评张居正刚愎、操切、骄奢，连篇累牍，与当时健在的陈烨、丁惟宁也有共同语言。如果谢肇淛与诸城官绅聚会，延请李杲说《金瓶梅》“西门庆工完升级”等回，更能产生共鸣。

谢肇淛与《金瓶梅》抄本缘分最深，与《金瓶梅》产生地诸城的缘分亦不浅。崇祯刊本《金瓶梅》六十四回引首诗为谢肇淛舅父同时是同辈好友的徐熥怀念杭州妓女月仙的《花楼吟咏》。他在《金瓶梅》稿本上动手脚，也留下了幌子。

在所有的人当中，最有可能读到《玉娇李》稿本，甚至听过李杲演说《玉娇李》的，是丁耀亢。黄霖《金瓶梅续书三种·前言》、马泰来《诸城丘家与〈金瓶梅〉》、刘洪强《〈玉娇李〉与〈续金瓶梅〉关系考论》等文章已举出一些理由，还可做一些补充。

与诸城李氏一样，诸城丁氏也是一个热爱曲艺的家族，而且遗存更丰富。丁氏家族自第六世分为七十二支，又以第四十九支丁纯、五十二支丁彩两支人才最众。丁纯、丁彩虽然为两支开宗之祖，且分别立谱，但他们的祖父都是丁宗本。

丁纯这一支无疑是人才最盛的，其子惟宁，孙耀斗、耀亢、耀心，重孙豸佳、大谷、似谷、慎行等，皆知名之士。更难能可贵的是，自丁纯始，丁惟宁、丁耀亢、丁豸佳，连续四代，皆以善古琴称。

丁彩（字前溪，即《聊斋志异·丁前溪》的主角）与其第四子丁惟恕（字心田），皆善散曲，各有小令一卷传世。其子丁惟精（字允中）之孙丁榔（字逸仙），丁榔之长子丁焘（字暗只）、次子丁年（字铁霞），在清初诸城文人圈，也都比较活跃。

较之丁纯一支，丁彩一支与丘氏的关系似乎更密切些。丁彩、丁惟恕的小令数百首，已全部收入《全明散曲》。但收集、保存之功，却出于丘氏。

丁彩《小令集》卷后有丘志充之父丘云嵻《序》。文中述丁彩小令已自成一家，丘云嵻建议他汇为一集，愿出资刊刻，以志不朽，为丁彩婉拒。复求之其次子（文中误为长子）丁惟申（字麓田），仍不应，“且谓其翁之作，率从口头嬉笑”“统无遗稿”。后来发生突转，与说唱瞽者有关：“一夕，区中瞽人高智者过予，业弹唱，颇解人颐，会远人在室，乃命之尽其技，以慰佳客。终席所歌，皆君之小令。坐客无不艳羡，无不一一笔记之。予乃嘱以密求，务得千百数始已也。匝岁，仅得百首，余曲大半出自闾里少年，或从王孙公子之口授者。求之君家父子毫无所得也。”①

丘云嵻文末署云：“癸卯秋八月少林丘云嵻书。”癸卯为万历三十一年(1603)，此时距谢肇淛行部诸城，刚好过去一年。瞎子说唱，众人记录。丘云嵻收集丁彩的小令的方式，类似其侄婿李凤郊收集李杲《水浒传》说唱。鉴于李杲也是丘家常客，甚至更受礼重，丘云嵻、丘志充父子仍然如此操作，是没有问题的。由此益见丘志充家是诸城一带说唱艺人会聚之地，《金瓶梅》《玉娇李》汇聚于此，顺理成章。

丁惟恕《续小令集》为丘志充之次子、同时也是与丁耀亢齐名的丘石常（字子廪）在丁惟恕的次子丁自重（字含庄）的帮助下收集而成，并请名臣钟羽正作序。钟羽正序后的职衔，还是“邑晚学丘石常拜手题”。丘石常复以“山楼”笔名，写了《跋》，述及丁、丘累世交谊：“前溪公钟沉德水，心田公响出云霄。先祖、先六祖以诸父事前溪公，故心田公与先祖、先六祖友于兄弟。心田公每过寒舍，先父事之惟谨，如先祖、先六祖之事前溪公。”文中“先祖”指丘云嵻，“先六祖”指丘云嵻胞兄丘云岘（字名南，号依林，有《杏林集》），“先父”就是《金瓶梅》《玉娇李》的最早收藏者丘志充。

丁耀亢与丘石常是莫逆之交，两人常雅会论文，自然也有机会参与丘家曲艺盛会。他在《续金瓶梅》中频频述及曲艺表演活动，当然有深厚的生活基础——丁耀亢其实自己也是这方面的行家。

谢伯阳先生主编的《全明散曲》增补版，是迄今收录明代散曲作者最多的总

---

① 谢伯阳编：《全明散曲》（增补版），齐鲁书社，2016年，第3330页。

集。书中收录山东明代散曲作者 21 人，其中籍贯属青州的 6 人。丁氏父子外，还有临朐冯惟敏，安丘孙峡峰，益都薛岗、杨应奎。虽然有挂一漏万之嫌，但青州府所占比例已超过四分之一，且其中有明代散曲冠冕的冯惟敏——也是钟羽正在《续小令集·序》中指出丁惟恕所“绍述”者。如果再加上李杲等盲人群体的创作（“词话”韵文主要是散曲），说青州府是明代山东散曲的创作中心，没有问题。

《中国鼓词文学发展史》第六章《清代鼓词的刊行与传播》第三节《清代晚期卷回木刻鼓词小说》有《现存晚清木刻鼓词小说目录》表，表中共列 140 种（含重复），其中明考为山东印刷的为 102 种。也就是说晚清现存全国其他各省木刻鼓词之和，远不及山东。表中列高密县刊印的有 5 种：“高密成和堂”的《包公案》《大破孟州》《绣花扇》，“高密成合堂”（疑与“成和堂”同）的《玉堂春》，“高密德和堂”的《燕王扫北》。这个表其实也挂一漏万，如光绪甲辰年（1904）木刻《天门阵鼓词》卷末云：“众明公若是待买下册看，高密县南关去找德盛堂。”刻于高密无疑。另，孔网上“山东秀才”（诸城人）仍待出售的木刻鼓词《北宋》书影，有一册末尾两句，“众明公若是待把下册买，高密县南关去□□□堂”，也与高密有关。而高密为诸城邻县，四代痴迷曲词的丘橓、丘云嵻、丘志充、丘石常所出的柴村，后来划入高密。

对于山东鼓词作品印刷繁荣，《中国鼓词文学发展史》的作者以为与“山东地区具有传统孔孟文化数千年的沉淀”[①] 等原因有关。其实山东其他领域的印刷，完全难与说唱类作品相提并论。这正所谓有开必先，物以类聚。山东尤其是潍水流域在文学、戏曲、音乐等方面的种种奇迹，与说唱文学的繁荣，自有重要关系。

需要指出的是，丁耀亢创作《续金瓶梅》，经济动机也是其一。清康熙四年（1665）十二月二十四日《刑部尚书龚鼎孳等为审讯丁耀亢事题本》提到：“据张达供，有诸城县捕役张铨来与小的言称，迁丁耀亢为惠安知县后，借以眼疾而不赴任，竟至杭州西湖撰写小说《续金瓶梅》一书，并到处售卖。”[②] 看来《金瓶

① 李雪梅、于红等：《中国鼓词文学发展史》，上海人民出版社，2012 年，第 232 页。
② 安双成：《顺康年间〈续金瓶梅〉作者丁耀亢受审案》，《历史档案》2000 年第 2 期。

梅》印了几次，销路不错。明清易代之后，丁耀亢家业零落。借《续金瓶梅》利润贴补，也在情理之中。小说中的情色描写，未尝不是招徕顾客的手段。《词话》第二十四回引首诗有句：“不因一点风流趣，安得韩生醉后醒。”若无些许风流趣，安得看官掏腰包。

四、《词话》主题、重要事件与诸城之相关

丁耀亢《续金瓶梅》第五十八回阐述他小说创作的宗旨：“世上风俗贞淫，众生苦乐，俱要说归到朝廷士大夫上去，才见做书的一片苦心。”应该说，这也是《新刻金瓶梅词话》的归依。《续金瓶梅》第三十四回一段文字，或者是解读《词话》的要领：

> 有位君子做《金瓶梅》因果，只好在闺房中言语，提醒那淫邪的男女，如何说到缙绅君子上去？不知天下的风俗，有这贞女义夫，毕竟是朝廷的纪纲，用那端人正士。有了纪纲，才有了风俗；有了道义，才有了纪纲；有了风俗，才有了治乱。一层层说到根本上去，叫看书的人知道，这淫风恶俗，从士大夫一点阴邪妒忌中生来，造出个不阴不阳的劫运，自然把“礼义廉耻”四个字，一齐抹倒。没有廉耻，又说甚么金瓶梅三个妇女。即如西门庆不过一个光棍，几个娼妇，有何关系风俗？看到蔡太师受贿推升，白白的做了提刑千户；又有那蔡状元、宋御史因财纳交，全无官体。自然要纲纪凌夷，国家丧灭，以致金人内犯，二帝北迁。善读《金瓶梅》的，要看到天下大大夫都有了学西门大官人的心，天下妇人都要学金瓶梅的样，人心那得不坏，天下那得不亡！

较之丁耀亢，兰陵笑笑生说教的冲动差弱。《词话》第七十回结束时候的感叹“妾妇索家，小人乱国”，二语已将丁耀亢一大段议论概括，且笼罩全书。而小说演绎宋明末世纲纪凌夷，名器斯滥，亦以第七十回最甚。就人物来讲，亦堪称宋末群奸总动员。第三十九回“西门庆玉皇庙打醮，吴月娘听尼僧说经”写的

是西门庆家事，但引首用唐代诗人薛逢《汉武宫词》，则是讥讽帝王崇信道教，宋徽宗、明世宗都在其中："汉武清斋夜筑坛，自斟明水醮仙官。殿前玉女移香案，云际金人捧露盘。绛节几时还入梦，碧桃何处更骖鸾！茂陵烟雨埋弓剑，石马无声蔓草寒。"

以家寓国，以儿女寓士大夫，以宋末寓明嘉靖以后，这是《词话》的枢轴所在。宋末与明嘉靖以后朝政之昏乱相同处颇多：都崇奉道教；都信用宦官；权臣、阉臣横行；党争都比较激烈；都出现了较大的社会危机。巧的是，无论北宋末年还是明末，诸城都有处于党争漩涡的人物，而且都与李氏有些瓜葛。

蔡京当道时，有一段时间赵挺之最逼近其地位。《宋史·赵挺之传》："时蔡京独相，帝谋置右辅，京力荐挺之，遂拜尚书右仆射。既相，与京争雄，屡陈其奸恶，且请去位避之。以观文殿大学士、中太一宫使留京师。乞归青州，将入辞，会彗星见，帝默思咎徵，尽除京诸蠹法，罢京，召见挺之曰：'京所为，一如卿言。'加挺之特进，仍为右仆射。"蔡京引荐赵挺之，是因为赵一直支持王安石新法。他入相而揭发蔡京奸恶，则是坚持原则。两人矛盾激化后，蔡京自然也想排挤赵挺之，但抓不到把柄。大观元年（1107）三月，赵挺之去世后，蔡京挟怨报复赵挺之及其家人，追夺恩荫，赵明诚与李清照屏居青州，建"归来堂"。诸城李氏又认李清照为本家，他们认为"归来堂"在诸城（其实京东东路帅司治所在青州，当然赵明诚与李清照也可能回祖籍密州诸城拜祭祖坟），清雍乾间诗人李文驹建易安园，自托归来堂旧址。四印斋刻《漱玉词》附录诸城王志修《易安居士画像题词》诗注所谓"归来堂旧址，乾隆中同邑李氏改名易安园"云云，应该是附会。但与"词坛女皇"攀本家，这也是诸城李氏对乐府体裁更感兴趣的原因。

第二个威胁蔡京地位的密州人是侯蒙（疑与宋词六十名家中的诸城人侯寘是本家），此人在《新刻金瓶梅词话》中戏份不少，第二十七、三十、六十五、六十七、六十九、七十、七十四、七十五、七十六、七十七、七十八等回中，都出现过。职务是"巡抚山东都御史"。据《宋史》本传，侯蒙官至刑部、户部尚书，没有任过巡抚山东都御史，宋代且无此官职。但侯蒙的传记中提到了他与蔡京的矛盾：

一日，帝从容问："蔡京何如人？"对曰："使京能正其心术，虽古贤相何以加。"帝颔首，且使密伺京所为。京闻而衔之……又尝有几事蒙独受旨，京不知也；京侦得之，白于帝，帝曰："侯蒙亦如是邪？"罢知亳州。旋加资政殿学士。宋江寇京东，蒙上书言："江以三十六人横行齐、魏，官军数万无敢抗者，其才必过人。今青溪盗起，不若赦江，使讨方腊以自赎。"帝曰："蒙居外不忘君，忠臣也。"命知东平府，未赴而卒，年六十八。赠开府仪同三司，谥文穆。

招安宋江，使讨方腊，是侯蒙最早提议。在《新刻金瓶梅词话》第九十八回，招安宋江的任务由济南府知府张叔夜完成。

宋代密州之侯氏家族，在《词话》创作的时期仍然显赫。较著者为侯璧（官至山西浑源州知州）、侯廷柱父子。侯廷柱，清康熙《诸城县志》卷七"人物"有传：

侯廷柱字子任，号密坡，城后社人。初游乡校，即奋志青云。丙辰登第，除知襄陵三年，绰有贤声。擢谏垣，先户后刑。已及二载，以刑书冯天驭者，湖广人，颇负时望，与次揆华亭徐公知厚，柱辄抗疏论之，得旨不下部议，径免冯官。华亭恚甚，嗾铨司出之守南阳。抵家未赴任，适值京察，复断其根，叹曰："穷通，命也，我能如命何？"于是日惟结伴呼朋，陶情觞咏，以此自老。卒年六十四。

"华亭徐公"，即徐阶，继严嵩为首辅。有学者认为《词话》中的李邦彦，即影射徐阶。严嵩为首辅时，徐阶为讨好严氏，于江西购置田宅，并附籍于江西，他还把自己的孙女嫁给严嵩的孙子。通过老乡和姻亲的双重关系，消除了严嵩对他的戒备，并暗中运筹调度，扳倒严嵩。及代严嵩为首辅，其老谋深算，既高于严嵩；贪婪聚敛，威福自专，也毫不逊色。不仅侯廷柱，丘橓也曾受其压制。

明朝内阁首辅，自嘉靖十七年十二月（1539 年初）到隆庆二年（1568）三十年间，除了诸城人翟銮两度入阁，担任此职其他三人是夏言、严嵩、徐阶。如果把徐阶也算作“江西人”，可以说这期间内阁是江西人的天下。严嵩使人利用科场媒孽翟銮，使其除籍；又交通宦官，构陷夏言，使其先去职，后处死，独掌枢机近二十年，排除异己，迫害忠良，贪污受贿，朝政大坏。《词话》中的蔡京，主要影射严嵩，为大多数研究者所赞同。《词话》第四十九回，写蔡京义子、状元蔡蕴御史与西门庆议论江西南昌人宋乔年御史。蔡说宋“他虽故是江西人，倒也没甚跷蹊处”。言下“江西人跷蹊”，似乎是一时公论。但对于自称“滁（浔）州匡庐人”的蔡蕴，也有些自己骂自己。

《词话》所揭露的崇奉道教与门户党争，都与“江西人”有关系，且互为因果。清夏燮《明通鉴》卷三五：“明季门户之习，为一代深锢之患，然当成化以前，未有显然援结，庇其乡里，连及阖省者也。自李孜省擅宠，荐引乡人彭华入阁，复假邪术言‘江西人赤心报国’，而同省大臣皆因之以进。厥后孜省既败，焦芳用事，衔孜省辈之黜己，遂减江西解额，且榜禁之，使不得选朝官，誉北诋南，相寻报复，党祸之结，自此始矣。”

明代崇奉的道教，主要是正一道。“南国第一家”的正一天师府，在江西贵溪。嘉靖帝以亲藩继大统，来自湖广安陆，与江西皆为楚地。严嵩、徐阶所欣赏，继为首辅的张居正，正是湖广人，且与正一天师同姓。而张居正去世后，是诸城人丘橓奉命抄其家。丘橓受张居正打压最甚，可能抄家时过于严苛，被张家人骂作“活阎王”。诸城人与楚人，算结下了梁子。加上曾任诸城知县、为县人爱戴的杨继盛也死于严嵩之手，这梁子结得自然更深。

《词话》中蔡京的管家翟谦，有些影射翟銮。在争夺首辅的腥风血雨中，翟銮是个另类，清谨低调，几乎不主动出击，像个忠实的管家。被严嵩暗中扳倒除籍，仍与严嵩交往甚密。他去世后的神道碑，都是由严嵩撰写。害人而使被害人不觉，甚至感恩，这正是严嵩一贯“蹊跷”之处。

作者暗示翟谦有翟銮的影子，最明显的是第六十七回西门庆给翟谦书信中的称呼，“大硕德柱国云峰老亲丈大人先生台下”。“柱国”二字有些扎眼。柱国虽从一品勋，但文臣非特恩难得有此封。诸城历史上，只有翟銮一人得过此封号。清康熙《诸城县志》卷六“科目”：“翟銮，字仲鸣，号石门，霍现社人，锦衣卫籍。选庶吉士，历官至大学士。嘉靖壬寅，特进光禄大夫、柱国、少傅兼太子太傅、谨身殿大学士。甲辰，以科场事被论，与二子汝俭、汝孝皆除名。乙巳，皆诏复冠带。后追谥文懿。有《应制词翰经世文集》若干卷藏于家。”《明史》本传及《宰辅年表》，皆不载翟銮授勋柱国事，倒是严嵩《大学士石门翟公神道碑》有记载：“是岁壬寅，上念公勤劳，加光禄大夫、柱国、少傅兼太子太傅。”① 正与前引《诸城县志》互证。壬寅是嘉靖二十一年（1542），而明万历《诸城县志》残本卷六“诰敕文”：“嘉靖二十二年六月初九日，诰命大学士翟銮曾祖翟吉胜赠光禄大夫、柱国、少傅、太子太保、礼部尚书、谨身殿大学士，曾祖母李氏赠一品夫人。”这是明廷以翟銮所得官勋赠其曾祖。翟銮长子翟汝敬荫袭锦衣卫千户，这正是《词话》中翟谦为西门庆谋到的职位。

隆庆、万历之际，诸城一些受党争排挤屏居故里的缙绅，如丘橓、丁惟宁、臧惟一、陈烨、张肃、张世则、侯廷柱、杨名津、李旦等，他们时常聚会，诗酒流连，感慨议论朝政，是免不了的。这一时期，也是李杲年富力强的时期。时常与士大夫交往，为他们演说排闷，自然也会受到影响。

万历《诸城县志》的主纂陈烨《仅存集》卷三有《言官追论江陵张相，诏逮其三子，褫职。东庄得报，感赋二首》，其一云：“帝鉴虽明臣鉴昏（原注：张曾进《帝鉴图说》），旅榇南返北招魂。十年天日低黄阁，一疏雷霆震楚藩。史馆只图诸子贵，泉台谁复相公尊？由来宠利忠良惧，博陆应无薄汉恩。”张居正是明代第一有作为的政治家，也是第一好运气的政治家。通识时变，综核名实。雷厉风行，起衰振隳。但张弛适度，难以为继；威权震主，更不会复制（深切依赖他的皇帝会长大；鉴于张居正身后之祸，继起的当权者也会自儆）。一旦人亡政息，天下如溃瓜，不可收拾。且张居正生性奢侈，过于严嵩、徐阶；至于独断专行，钳制言官，收纳贿赂，也在所难免。

《明史》张居正本传，张居正回家处理父亲丧事，神宗离不开他，“帝遣锦衣指挥翟汝敬驰传往迎，计日以俟”。负责并见证张居正登峰造极威福奢华之旅的锦衣指挥（锦衣千户西门庆顶头上司）翟汝敬不是别人，乃是诸城人翟銮的长子！

① 严嵩：《钤山堂集》卷三四，《续修四库全书》第1336册，上海古籍出版社，2002年，第292页。

《词话》第七十回，写乐班给六个太尉唱的《正宫·端正好》套曲，是对宋代权奸们的怒骂，也说着严嵩、徐阶、张居正：

享富贵，受皇恩；起寒贱，居高位。秉权衡威振京畿，怙恩恃宠把君王媚，全不想存仁义。

〔滚绣球〕起官夫造水池，与儿孙买田基，苦求谋多只为一身之计。纵奸贪那里管越瘦吴肥。趋附的身即荣；触忤的命必危。妒贤才，喜亲小辈，只想着复私仇，公道全亏。你将九重天子深瞒昧，致令的四海生民总乱离，更不道天网恢恢！

〔倘秀才〕巧言词，取君王一时笑喜，那里肯效忠良使万国雍熙。你只待颠倒豪杰把世迷。隔靴空揉痒，久症却行医，灭绝了天理！

〔滚绣球〕你有秦赵高指鹿心，屠岸贾纵犬机。待学汉王莽不臣之意，欺君的董卓燃脐。但行动弦管随，出门时兵仗围。入朝中百官悚畏，仗一人假虎张威。望尘有客趋奸党，借剑无人斩佞贼，一任的忒狂为！

〔尾声〕瓯底下无名姓，青史编中有是非。你那知燮理阴阳调元气，你止知盗卖江山结外夷！枉辱了玉带金鱼挂蟒衣，受禄无功愧寝食。权方在手人皆惧，祸到临头悔后迟。南山竹罄难书罪，东海波干臭未遗。万古流传，教人唾骂你！

张居正去世后之次年，长期受张打压闲居的丘橓被起用，擢左副都御史，柴车就道。入朝后，上疏陈吏治积弊八事，揭开了张居正新政的另一面：

臣去国十余年，士风渐靡，吏治转污，远近萧条，日甚一日。此非世运适然，由风纪不振故也。

如京官考满，河南道例书称职。外吏给由，抚按官概与保留。以朝廷甄别之典，为人臣交市之资。敢徇私而不敢尽法，恶无所惩，贤亦安劝？此考绩之积弊，一也。

御史巡方，未离国门，而密属之姓名，已盈私牍。甫临所部，而请事之竿牍，又满行台。以豸冠持斧之威，束手俯眉，听人颐指。此请托之积弊，二也。

抚按定监司考语，必托之有司。有司则不顾是非，侈加善考，监司德且畏之。彼此结纳，上下之分荡然。其考守令也亦如是。此访察之积弊，三也。

贪墨成风，生民涂炭，而所劾罢者大都单寒软弱之流。苟百足之虫，傅翼之虎，即赃秽狼籍，还登荐剡。严小吏而宽大吏，详去任而略见任。此举劾之积弊，四也。

惩贪之法在提问。乃豺狼见遗，狐狸是问，徒有其名。或阴纵之使去，或累逮而不行，或批驳以相延，或朦胧以幸免。即或终竟其事，亦必博长厚之名，而以尽法自嫌。苞苴或累万金，而赃止坐之铢黍。草菅或数十命，而罚不伤其毫厘。此提问之积弊，五也。

荐举纠劾，所以劝儆有司也。今荐则先进士而举监，非有凭借者不与焉。劾则先举监而进士，纵有訾议者罕及焉。晋接差委，专计出身之途。于是同一官也，不敢接席而坐，比肩而行。诸人自分低昂，吏民观瞻顿异。助成骄纵之风，大丧贤豪之气。此资格之积弊，六也。

州县佐贰虽卑，亦临民官也，必待以礼，然后可责以法。今也役使谴诃，无殊舆隶。独任其污黩害民，不屑禁治。礼与法两失之矣。学校之职，贤才所关，今不问职业，而一听其所为。及至考课，则曰“此寒官也”，概与上考。若辈知上官不我重也，则因而自弃；知上官必我怜也，又从而日偷。此处佐贰教职之积弊，七也。

科场取士，故有门生、座主之称。若巡按，举劾其职也。乃劾者不任其怨，举者独冒为恩。尊之为举主，而以门生自居，筐篚问遗，终身不废。假明扬之典，开贿赂之门，无惑乎清白之吏不概见于天下也。方今国与民俱贫，而官独富。既以官而得富，还以富而市官。此馈遗之积弊，八也。

要此八者，败坏之源不在于外，从而转移亦不在于下也。昔齐威王烹一阿大夫，封一即墨大夫，而齐国大治。陛下诚大奋乾刚，痛惩吏弊，则风行草偃，天下可立治矣。

丘橓所指斥的“张居正改革”或“万历新政”时期的吏治弊端，在《词话》中都有生动体现。单只西门庆一人业余钻营官场的把戏，就已绰绰有余。

《词话》第四十八回“曾御史参劾提刑官，蔡太师奏行七件事”，写“清廉正气”的巡按御史曾孝序与“刚而且方”的阳谷县县丞狄斯彬查明市井无赖出身的锦衣卫千户、提刑官西门庆贪赃枉法的证据，曾孝序上章弹劾。由于西门庆有蔡京为靠山，一番运作，不仅轻松免去灾祸，而且让曾孝序被贬官，还获得了朝廷更改盐钞的高价值经济情报，投机倒把，大发横财。而这情报正来自蔡京所奏行的七件事——“蔡太师奏行七件事”，其实是影射张居正变革。

在这一回中，作者慨叹：“虽然号令风霆肃，梦里输赢总未真。”这应该也是对张居正变革的评价。

平心而论，丘橓所指出的种种弊端很多不是“万历新政”时所特有，也不以此时最严重，甚至是张居正改革要克服的东西。明季士风亢阳，丘橓又以“善搏击”著称，且与张居正有私怨，言辞不无过当。但张居正的改革也逃脱不了一般规律：官场始而畏之，继而习之，再而玩之。最终丰富了胥吏舞文弄法的手段，官不堪命，民不聊生。

王世贞《嘉靖以来首辅传》，关于张居正的内容最多，形容其威权，铺张其豪奢，揭发其隐私，淋漓尽致。较之与他有杀父之仇的严嵩（有传闻说王世贞父王忬藏宋代诸城人张择端《清明上河图》，严嵩索取，以赝品应之，“尤物致祸”），王世贞好像更讨厌张居正。《嘉靖以来首辅传》最后一段文字：“居正，申商之余习也，尚能以法制持天下。器满而骄，群小激之，虎负不可下，鱼烂不复顾，寒暑移易，日月亏蔽，没身之后，名秽家灭。善乎夫子之言，虽有周公之才之美，使骄且吝，其余不足观也已！”该书卷八载张居正同年御史于业“密语居正”，说张居正为父亲所选墓地“有天子气”。这与鼓词《海公小红袍传》一开始即写张居正觊觎帝位，且睡龙床、戏宫女等等，皆经不住推敲。

历史上任何变革都会损害一部分人的利益，也必然招致一部分人的反对。对张居正变革的拥护和反对，自然也“丰富”了明末党争的层次。丘橓借抄家之机拷掠追赃，过于严酷，不仅得罪了楚人，也得罪了拥护张居正变法的群体。

丘橓、丁惟宁师徒皆曾受张居正打压（丁惟宁巡按直隶时，还因反对表彰大阉冯保门间得罪了张居正的这位奥援）。万历十二年，明神宗清算冯保、张居正“专权乱政”之罪，“命司礼中贵张诚及刑部右侍郎丘橓偕锦衣指挥、给事中往籍其家”，这里的“锦衣指挥”如果仍是翟銮的长子翟汝敬，诸城人与张居正乃至楚人结怨的因缘，就更宏壮了。明代后期有些诸城人被卷入血雨腥风的党争漩涡，与此不无关系。

清初李清《三垣笔记·附识上》：“王抚化贞，邱副宪志充，皆诸城人，又皆癸丑进士，一坐失陷封疆，一坐行贿谋升，同日弃市，亦云怪矣。”[①] 还有更蹊跷的，这两人一个是丘橓堂侄，一个是丘橓女儿丈夫王化光的胞兄。这两个人还都曾以文职将兵，丘志充是平定四川奢崇明之乱的功首，王化贞在辽东经略袁应泰失事自杀后，提寡弱之卒复辽阳，捷东江，取得了明与后金开战后罕有的胜利。

明初制定的《大明律》惩治贪腐甚严苛，但在明朝中后期，与不许宦官干政、不许官员嫖娼等同样严苛的律令一样，具文而已。与丘志充同时、毫无建树的提督京营张庆臻行贿，仅仅罚俸三年，丘志充有大功在先，且为明末乱世急需之才，竟然被处极刑，这与明末重新得势的楚党寻仇，有一定关系。蒲松龄《聊斋志异·遵化署狐》说丘志充对作祟的狐狸斩尽杀绝，被一只逃脱劫难的狐狸发其行贿事，由此罹难。丘志充对狐狸的态度，也有丘橓对待张居正家“活阎王”的风采。蒲松龄以为“疾之已甚”，所谓义过则暴。丘志充应该是替其伯父受楚党反噬。

王化贞的悲剧更与楚人有关。他从万历四十六年（1618）以管粮郎中任宁前兵备道，继任广宁巡抚、辽东巡抚，深得辽人之心，朝廷人脉深厚，与蓟辽总督王象乾同乡同姓（王象乾祖籍诸城），与宰辅刘鸿训、掌管全国财政的毕自严、督饷辽东的傅国等是山东同乡，与蒙古各部、朝鲜、满洲内部反侧者联系密切，形势对明朝有利。此时派刚愎暴烈的楚党熊廷弼带尚方宝剑来任经略，用傅国《故都察院佥都御史辽东巡抚王公元起墓志铭》中的话说就是“盖时局方向楚，不欲齐得专功也”。浙党、昆党，乃至东林党、阉党，也不希望齐党特别得势，

① 李清撰，顾思点校：《三垣笔记》，中华书局，1982 年，第 155 页。

打破均衡。与齐人特别是诸城人有怨的楚党尤其希望齐党倒霉。平心而论，就明末时势，即使王化贞、熊廷弼和衷共济，能否守住辽东也是问题。两人离心离德，互相掣肘，自然一败涂地。至于王化贞被逮后，主张将其处死最坚决的熊开元，还是湖广人。

丘志充收藏的《词话》稿本，从某种意义上说是明朝灭亡的预言书。书中对文臣（“酸子”）门户水火、燕雀处堂多有嘲讽。而当丘樑学生丁惟宁之子丁耀亢编《续金瓶梅》的时候，已经劫灰落定，书中第三十四回有对党争之祸的反思：

> 古人说：这个党字，贻害国家，牢不可破！自东汉、唐、宋以来，皆受门户二字之祸，比叛臣、阉宦、敌国、外患更是厉害不同。即如一株好树，就是斧斤水火，还有遗漏苟免的，或是在深山穷谷，散材无用，可以偷生。如要树里自生出个蠹虫来，那虫藏在树心里，自梢吃到根，又自根吃到梢，把树的津液昼夜吃枯，其根不伐自倒，谓之蠹虫食树，树枯而蠹死。奸臣蠹国，国灭而奸亡，总因着个党字，指曲为直，指直为曲，为大乱阴阳根本。

明代党祸，甚于宋代，丘志充、王化贞身当其际，堪称惨烈。丁耀亢《续金瓶梅》中对党争之祸的反思，最为沉痛！

曾倩人记录李杲说书，并欲整理付梓的李凤郊，娶丘樑孙女为妻；李凤郊的胞兄李凤俞之女，嫁给王化贞之子王垓。李氏颇笃于戚谊，丘樑绝嗣，李澄中为之立后，置田宅；在中博学鸿儒，入明史馆后，他又作《先外曾祖南京吏部尚书简肃丘公传》为之表彰、辩诬，特别强调丘樑抄张居正家时之宽大得体，“一切诬罔悉不行”。此事与李凤俞之孙李华之的得意门生李绂（江西临川人）在明史馆反对将严嵩列入奸臣传，都未免有回护乡亲之嫌。《词话》之类反思党争的小说中，同样会出现党派和地域偏见，甚至更极端，这也不足为奇。

余　论

古代从事说唱的民间艺术家（盲人占相当分量），虽然被视为乞丐倡优，但这个阶层创造的成就，是文学、音乐、戏曲艺术的土壤乃至武库。许多伟大的作品胎孕其中，成长其中。经过世代累积、流传，集思广益，最后被有识者收集、编辑、整理、刊布，成为不朽的经典。这是一个世界性的文化现象。《金瓶梅》及其脱胎的《水浒传》，也都经历过这个过程。今天，民间说唱被视为非物质文化遗产进行抢救、保护，这当然是好事。但研究工作相对落后。很多立项层次不低的研究成果，主要材料竟然来自向相关从业者调查。也许相关从业者艺术水平很高，但文史研究非其所长，又未免自高位置。于是灭裂鲁莽、讹祖差辈现象屡有发生。当然，古代文献浩如烟海，其中有关民间说唱的记载仅如凤毛麟角，材料收集如海中捞针，难有成效。不过只要我们做有心人、耐心人，相信仍然会天道酬勤。

一代大师张远晖诗传

以前课题涉及音乐史上有国际影响的琅邪（诸城）派古琴，提到一个叫张遂初的道士，因当时手头资料有限，虽隐约觉得他对琅邪派古琴形成有重要影响，但不过作为该琴派受道教音乐影响的一个例证。今春受山东省古典文学研究会和齐鲁文化研究院之托，击铎潍海，所阅清人集部益夥，所见相关记载更多，张道士的生平亦略见轮廓。

张遂初，字远晖，苏州人。初从正一法官妙正真人娄近垣学道，博涉多能，诸凡诗、词、弈、医、篆、符箓、古琴，莫不精妙。乾隆中叶，游诸城、高密一带，先后居诸城卢山、高密待鸿庄，与士大夫唱和，并传其琴艺，间亦自谱曲。高密诗派宗主、古琴家李宪乔以下，多师事之。晚岁，居九仙山龙潭书院，乾隆五十年前后去世。

娄近垣是清代三百年道教人物中最重要的一个，雍、乾之际，受帝王礼重，一度超过嗣汉天师（正一嗣教真人）。乾隆初，贬抑道教，嗣汉天师一度停止世袭（所以《红楼梦》中掌道教的张真人有“终了真人”之称），娄近垣虽仍执掌道箓，其弟子被斥者甚多。天师本家、“紫霄曾侍玉皇前”，隐居海滨的张遂初因此也大小算个“敏感人物”。史志中仅见清道光《诸城县续志》有其小传：“张遂初，字元晖。苏州道士，住锡卧象山。多才艺，能吟咏，诗入《山左诗续钞》。”全文不足三十字，但有遮掩处，有谬误处。卧象山虽距龙潭书院不远，但自清初遗民群体风流消歇之后，烟霞寂寞，张遂初也未在此结庐。《山左诗续钞》收张遂初诗七首，吉光片羽，绝无仅有。此书主要成于高密诗派“后四灵”之一王宁焥之手（其中所收高密诗人作品是《高密诗存》的数倍），王犹及亲见张某，手头有其作品，在情理之中。这些诗自然也是我们了解这位古琴大师的宝贵资料。

古代史学，本身有其极端狭隘性，加之恩怨计较，文禁森严，末流相沿，遂有钱氏国史、家史、野史“三史皆伪”之说。清初岭南遗民巨擘屈大均有“春秋已亡，褒贬失而求诸诗”之论，并慨叹：“以诗为春秋，史之不幸也。”

“以诗证史”与“以史证诗”各有其弊。而研究清代史，诗中求史，以诗补史，亦有事势所不得不然者矣。

与远道人相遇卢山道人姓张，名远晖，字遂初，苏州人　　李宪乔

由来洁僻性，都与人事乖。有似龟与蝉，托业非庶侪。在昔卢博士，结庐此山隈。向逐斯高徒，亦已填秦灰。月出授经洞，草生饮酒台。若士岂真有，心自绝九垓。高风信所仰，道侣况相偕。此地一携手，白云安可猜。

烧香寄遂师二首　　李宪乔

竟日烧香坐，为能生远思。试添才少许，将尽又多时。午寂下帘早，宵清隐几宜。永怀山观里，曾与道人期。

相对处先静，不闻时亦佳。沉吟丝堕地，端坐日移阶。无取猊鸭灿，所期松桂偕。韩郎与荀令，世好异吾侪。

冬夜与远师同宿　　李宪乔

深灯照古颜，相对也应难。来处雪云阔，语余星宿寒。细闻龟息静，温借鹤衣宽。明日携琴去，西松岭上弹。

家石桐叔白携远道人来游石溪，石桐有诗见示，即事为答　　李宪乔

偶与人事远，旷然若有余。谅知非道力，亦以随所徂。闲闲日照原，蔼蔼春生闾。药侣南山来，清貌如棕榈。二鹤亦爰止，门生牵短车。俯听碧流水，仰瞻群木疏。此外足心累，暂息成良图。兴酣方洒然，晚渡风吹裾。为问斜川游，视此知何如?

石溪燕集听远师琴　　李宪乔

沉沉若将住，黯黯若将去。寥寥失近新，茫茫触远故。黝黝路不分，叶坠秋空云。洋洋忽疏豁，春流赴大壑。道人白玉冠，膝琴石上弹。群贤时列坐，共

此风泠然。

丁泠操　李宪乔

予有侄孙名澄，慧而殇，其弟治哭之恸。予及兄叔白各为辞，以写其哀。而请远道人被之弦，命曰《丁泠操》。

丁泠丁泠丁泠，殑殑寒貌，见孟郊诗注凝凝，晨凄夜惊。与君兮弟兄，相依兮影形，欻语默兮幽明。丁泠丁泠丁泠，晨凄夜惊，独留兮影形，嗒忽灭兮精灵。畴知予心之汲汲兮，方追攀而恐弗胜。噫嘻吁嗟哉，悲人生，感浮萍。凡今之人兮，莫如兮弟兄。丁丁泠泠，殑殑凝凝，遥遥冥冥。

寒夜焚香寄远道人　李宪乔

虚堂耿不眠，对影相肃穆。炉中有残火，自起烧黄熟。淡泊若无味，平中宜久服。昔年学道侣，语我在空谷。今来如寓公，孤羁久不复。静中一适意，未暇分魏蜀。此时月照池，四野霜杀木。独有阶下鹤，长共惺惺宿。

藤江夜月读坡公于此赠邵道士诗，寄张远晖　李宪乔

大峨先生儋耳还，留此千载江月寒。浪儿且莫荡江水，中有先生心与肝。江边却觅题诗处，东山浮金但烟雾。古今沦落未须悲，唯恨我来公已去。多情应笑晚学道，白玉合丹壮非少。平生漫夸苏与李，世人那识张即邵。迩来成亏已两忘，素琴挂壁久不张。东海故人知在否，独听滩声梦里长。

闻远道人已归道山，寄王龙翰　李宪乔

几年曾共海边庐，鹤自高飞松自枯。从此云过须亟看，恐师相访到苍梧。

按，墨迹本有眉批：“此本有三首，今只记其一首，寻补入。”

登九仙山西观楼，见远道人题壁　　李宪乔

石扇响空碧，肃然山观清。冻烟开硐曙，高雪入楼晴。早信孤云近，应无白发生。迟回独不去，壁上故人名。

赠张道士　　李怀民

学道去家远，海边来几春。元踪常不定，白发恐非真。自未离诗酒，人传使鬼神。终当入蓬岛，鹤上试轻身。

寄赠卢山人　　李怀民

高隐卢峰下，终朝理素琴。客留春夜坐，诗对晓山吟。野墅养幽性，涧泉清道心。何时策藜杖，云外远相寻。

按，此据《十桐先生诗钞》，另《二客吟》本作《寄卢山人王龙翰》。卢山人为诸城琴派开创者之一王雩门族人、另一创始人王溥长族之婿王建勋，字龙翰，为李宪乔内弟，张遂初弟子。李宪乔亦有《赠王龙翰山人（建）》诗，似和韵："古屋似幽岑，高怀对远林。香同瞑坐久，雪为苦吟深。对客餐朝药，教儿放夕琴。唯应无事者，时许一相寻。"

游卢山西涧亭　　李怀民

携琴向山舍，遥见卢敖峰。弥迤平陆绝，屈曲幽壑通。瀑流故不长，春冰结深重。石房复精洁，绕屋闻松风。俯饮涧泉水，慨念尘世踪。主人况能贤，招我栖此中。

南山寻张道士，晚宿柳家村　　李怀民

杖策寻道友，晨起登陇阪。海日晓苍凉，云山冬偃蹇。渐觉怪石多，时随幽涧转。隔溪问樵人，叩户惊仙犬。法侣喜逢迎，道言复开展。暂访情已移，少别日又晚。烟际村落昏，谷口钟磬远。却投山南峰，峰峰夕阳满。

子乔招游石溪，与诸生会诗，听远道人弹琴，即事遣闷，示子乔　李怀民

岂不念佳赏，亦复爱群英。滞晓洒轻雨，溶溶夕还晴。窈窅深谷中，杂然杯杓倾。仰盼云木秀，俯听石泉清。华章灿已陈，疏弦方屡鸣。顾此足云乐，怅复牵微情。一觞虽共酌，尽日神独醒。方惭尘外侣，何以答诸生？

题远道人《省故乡》诗后　李怀民

道人家住大江南，雪满穹窿有旧庵。化鹤归来城郭是，几人楼下看苏耽？

送远道人归九仙山　李怀民

西岩白云里，师去及春辉。日晓双峰出，天晴一鹤归。涧花粉棠艳，山菜刺楸肥。谁见孤吟罢，松间倚石扉。

和新亭、蜀子访远道人，时游九仙山未归之作并寄远道人　李怀民

仙家云巘里，松径有柴扉。野客每相访，山人还未归。春风动遥念，诗律发清机。讵识同斯感，天寒早雁稀。

岑署夜琴寄舍弟梧州，远道人东海　李宪暠

日落山城暮霭青，远泉何处韵泠泠？空堂橘柚香侵座，明月芭蕉荫满庭。于役双凫飞乍泊，惊宵孤鹤梦初醒。曲成未免闲心忆，欲并因风寄尔听。

听远晖道人鼓琴　王纯勋

非关指与弦，天籁自泠然。相对悄无语，此时当是仙。空山松际鹤，寒夜石边泉。未遇知音者，此情争得传。

赠吴门道人张远晖　张曜初

何年鹤背下吴门，虚静丰标道气尊。湖海烟云襟袖冷，情怀恬淡笑言

温。琴从贺若弦中解，诗向渊明醉后论。野意疏狂应见惯，霜林深处待开樽。

远道人过访 任天桐

高云离远山，片影落柴关。石榻横琴静，霞冠对水闲。寻泉孤鹤外，曳杖古松间。自顾惭凡质，谁应受大还？

夜坐怀远晖，闻移居待鸿村 单可基

凉夜群动息，兀坐苦幽独。落叶响空阶，微风生远竹。转念云外踪，倚松结新屋。幽人携鹤来，临水鼓一曲。妙义姿清淡，凫樽酌春绿。谁念霍峰西，把卷自吟读。

张远晖道人移居九仙山 单可基

紫霄曾侍玉皇前，游戏人间四十年。篆古应羞书饿隶师书皆用篆体，不作真草字，酒酣雅爱学顽仙。骑来白鹤鹏山种，弹得朱丝蜀国弦。此去海天一回首，伯牙何处问成连。

寄远晖 单烺

门掩空林静不哗，纤尘何自到蒹葭。但逢方外心生敬，道是诗人礼倍加。灵箓佩来瞻紫气，醇醪醺处养黄芽。一从别后思标致，独对远峰玩五华。

远道人将移居孙膑书院，偕叔白过访 单烺

鹤飞忽下碧云端，历遍蓬瀛问大丹。故友相将来草舍，本师曾共礼元坛黑龙潭祈雨，尊师妙正真人主坛，余执事。溪山留处仙踪近书院在九仙西麓，符箓书来鬼胆寒。海内如今无伏莽，孙吴兵法不须看。

送张道人归九仙山三首　单勉中

处处恋青山，弹琴水石间。未能除白发，却解驻童颜。潭静龙应伏，岩虚鹤自闲。终期从鬼谷九仙山有孙膑书院，归去礼玄关。

筇杖接云飞，琴樽此地违。红尘留不住，玄鹤送将归。洗药香沉水，烧丹火浣衣。何时访师去，松下扣柴扉。

诏书何日下丹霄，去去仙源近寂寥。玉洞桃开留晚食，白云蔬暖长春苗。坛边扫雪千峰净，松下携琴一水遥。更忆林泉深处隐，老龙潭响雨潇潇。

夏夜听山友弹琴　单颐寿

雨霁夏夜清，明月照空林。澄怀抱冰雪，了无暑气侵。有客同此趣，披发携素琴。入门无别语，但道德愔愔。勾弦甫动指，流水发知音。无数青山意，不尽白云心。一唱再三叹，泠泠风满襟。推轸理前话，竹影下墙阴。飘然野鹤去，兀坐入更深。

冒子峰怀远道人远晖，张姓　王宁焯

仙翁结茅处，爱此海峰孤。古洞闭从汉，远帆看到吴。极高云缥缈，直下径盘纡。一自鹤飞去，至今游客无。

题远晖道人新修道院　李诒经

茅屋几时结，篱外白云赊。新辟石门路，远移仙观花。将琴教弟子，施药与农家。道侣时相访，谈经过月斜。

题远晖张道人新居（二首）　王烻

道院溪边构，云踪偶此栖。奇花海客赠，新壁岳僧题。

安置横琴榻，浇培种药畦。故山仙侣在，月夜共招携。

赠醉琴道士 王婝

问师有琴何不弹，师琴本无徽与弦。问师日醉何无酒，师酒不在盎与瓻。客为听琴载酒来，劝客少坐进一杯。颓然竟醉不复鼓，枕琴酣睡鼾如雷。师不醒，客亦醉，湖风萧飒山月坠。即此便是琴中意。

山中李冲书过访即别（二首） 张遂初

独处岩阿已忘年，不通车马不通船。无端花片随流出，引得诗人到洞边。

世间事业日纷纷，几个闲人学野云。信是此中留不住，送君归去不随君。

谷中自遣 张遂初

荆榛荒秽中，自有入山路。莫更山外行，还山恐迟暮。

示怀民、子乔 张遂初

琴荒谁复理，诗涩自还憎。白发难加白，浮沉固可凭。

读李叔白华不注用吕仙韵诗，感而和之 张遂初

咄哉吕先生，飘忽谁同流。不得真弟子，岂为庸俗愁。朝游华不注，暮返岳阳楼。所到众皆仰，众皆自悠悠。

冒子峰 张遂初

昔爱冒子峰，今在峰边住。东望海气接空蒙，山矗半天云作路。春风秋雨石苔青，暮燠朝寒野花素。野花素，石苔青，不知蓬岛几多程。但见飞仙来复去，乘波驾浪何身轻。说与君，君不信，与君同到海之滨，待个人来相问讯。

密州之善导禅师

古密州一带，为远古东夷大本营地区，虞舜故里；秦、汉之际，为经学中心（统计学意义上）和方仙学乃至道教策源地（陈寅恪观点）。佛法东来后，也一直薪传不绝，大德辈出。但历代《诸城县志》对本地区佛教传承的情况，语焉不详，缺略过甚。来往诸城的高僧中，最著名的是净土宗实际创始人，同时是伟大的佛教艺术家的善导禅师，唐少康、文谂《瑞应传·善导传》所谓“佛法东行，未有禅师之盛矣”。但大师名号，在历代《诸城县志》中，从来没有出现过。

善导禅师（613—681），俗姓朱，籍贯有淄州、泗州两说，盖因“淄”“泗”二字形近之故。至其出家、悟道之地，则均为密州。《善导大师圆寂一千三百年纪念集》中经中国佛教协会前会长赵朴初先生鉴定的《善导大师传》列于密州后，加括弧注明“今山东境”。

善导在密州，从明胜禅师剃度，同门中有妙开律师，但未云所住何寺。查《续高僧传》有慧融所撰《唐密州茂胜寺释明净传》，这位明净是土生土长的密州人，唐贞观初年，曾被密州知州荐与朝廷求雨有验，受唐太宗、房玄龄君相礼重，或与明胜同辈。至于茂胜寺，佛藏中有作“义（義）胜寺”者，亦因“茂”“義”形近而讹。该寺之名，史志中也很少见。《续高僧传》中《隋京师大兴善寺释僧世传》述及僧世于隋文帝开皇四年奉敕送舍利于密州茂胜寺，有一段灵异：“行达青州，停道藏寺。夜放赤光，从房而出直指东南。尔夜密州城内又见光明从西北来，相如火炬丛焰非一，绕城内外朗彻如日，预有目者无不同睹。后乃勘究，方知先告。既至治所，两夜放光，如前绕城朗彻无异。及世举瓶欲示大众，忽然不见。后至寺塔，复放大光，通照寺宇。行道初日，打刹教化，舍利二粒见于瓶内。及造石函，忽变为金。如枣如豆，间错函底。余处并变为青琉璃，因具图表，帝大悦也。”

由上文可推知，茂胜寺为密州主寺。而历史上密州最重要的寺庙为龙兴寺，宋熙宁九年九月，龙兴僧房忽有牡丹盛开，令当时知密州的“五祖戒后身”苏轼莫名欢喜，作诗填词，忙个不了。其《雨中花》所谓“闻道城西，长廊古寺”便指此寺。乾隆《诸城县志》卷七《建置考》：“龙兴寺，相传建于唐贞观十三年，亦曰石佛寺，有古塔，即后魏大觉寺也。”但龙兴寺是唐中宗以后寺名，准确地说，是在唐中宗神龙三年二月以后的寺名。在这之前，天下各州主寺一度为“中兴寺”。或者在大觉寺与中兴寺、龙兴寺之间，隋代一度名之为茂胜寺。至于寺中古塔，可能下面就镇藏令“大行菩萨国王”杨坚闻之大悦的放光舍利。杨氏出生于般若寺，养母为尼姑，外祖为山东吕氏，陈寅恪先生甚至据此断定“从文帝母系来看，疑杨家本系山东杨氏”[①]。在一统帝王中，杨坚弘佛最力，对山东佛教特别关注，自在情理之中。

诸城龙兴寺故址及城区周围地区，出土北朝、隋、唐时期佛教文物众多。清乾隆辛亥曾在城东南出土北齐承光元年张思文造像，先后归李仁煜、王绪祖，后流落日本。鲁迅也为此碑拓本破费过大洋。施蛰存《北山集古录》卷一跋云：“此刻字画甚佳，可与乾明元年《夫子之碑》比美，且承光石刻，已出者仅此一通，是宜宝惜。”据碑文，所刻者为无量寿佛（即阿弥陀佛）与观音大势至像，石碑所刻供养者，皆手执宝莲，莲花大于人面。这令人联想起善导在密州正是读了《观无量寿佛经》，净土法门才“应机宏开”的。而净土宗在中国本称“莲社”“莲宗”。日本高僧法然奉善导为高祖，依《观无量寿佛经》创立日本净土宗，中国至民国初年才采用“净土宗”之称。嘉庆年间曾在石佛寺故址出土魏兴和五年刘目莲造观音像石刻；道光年间修石佛寺，在此出土东魏元象造石柱铭（六面碑）；光绪年间，又先后在石佛寺故址出土北齐天保造像刻石、北齐武平佛座残石。龙兴寺出土中最著名者，为1979年被发现的卢舍那丈八佛头像，被学术界誉为“中国第一笑佛”。同时出土的还有刻于唐开元二十年（732）的卢舍那放光碑。诸城南北朝佛像最大宗是1988年至1990年城南体育中心的工地上出土的一批北朝佛教造像。这些佛教文物对我们了解善导在密州时的历史背景，都是非常有帮助的。而如果将来石佛寺故址出土与善导相关的文物，此地应成为净土宗的

---

① 万绳楠整理：《陈寅恪魏晋南北朝史讲演录》，黄山书社，1987年，第289页。

要地。茂胜之名，当与东林、香积、玄中并传。

研究青州、诸城北朝、隋、唐佛教造像的学者，发现青州、诸城一带造像风格相近，而青州在山东乃至北方，似乎遗存独多。梁思成先生甚至说“当时此地对于佛教之信仰，似较他处为强烈”①。这种现象其实有历史缘由。北魏太武帝灭佛，当时山东不在其中；北周武帝灭佛，泰沂山东地区相对偏远，且北齐初附，贯彻未必得力。至于以后两次，是限佛而非灭佛。最后一次法难，后周世宗甚至允许“两京、大名府、京兆府、青州听设戒坛”②。这反而使青州佛教在“法难”之际，获得超常规发展。毗邻之密州，亦受其庇荫。隋开皇四年青州、密州间舍利灵异，文帝或以为是其虔诚仁德所致，生大欢喜。如果解释为预示这一带将有高僧大德开悟，利济群生，庄严斯土，似乎更顺理成章。清乾隆《山东通志》说山东四大禅寺，在青州者三，其中在青州所属诸城者二，也是因缘前定。

善导生活的隋唐之际，是中国佛教宗派竞立、最富活力和创造性的时代。从善导在密州时师友所传习可约略推知，当时密州上层佛教接近三论宗。但从出土文物看，当时密州士民重皈依功德，而不重名理辨析。苏轼在密州时所作《密州请皋长老疏》所谓“山东耆宿，言不足而道有余；胶西士民，信虽深而悟者少”，盖与风土驯化有关，由来已久。对于天才烂漫好热闹逞聪明的苏轼，这当然不免沉闷。但对于本身就是山东人、虔诚正信的善导，却有水乳之契。善导以为“修余行业，迂僻难成”。也许在他看来，因明繁琐，观空证无，智者犹惑，何况中下。纵然口水飞花，高论入玄，其奈名理空悟，定慧难生，终归假名戏论，犹是五浊凡夫。惟有至诚念佛，勤笃行持，念念不舍，方能超脱生死，往生净土。

善导不仅是净土教的弘化者，而且是身体力行的实践者。《净土往生传》记载其卓绝戒行：入堂则合掌胡跪，一心念佛，非力竭不休；乃至寒冷，亦必流汗，以此相状，表于至诚。三十余年无别寝处，不暂睡眠；除洗浴外不曾脱衣。护持戒品，纤毫不犯，未尝举目视女人。尊敬一切人，乃至沙弥亦不受礼。绝意名利，远诸戏笑。所行之处，争申供养；饮食衣服，四时丰饶，皆不自入，并将

① 梁思成：《中国雕塑史》，百花文艺出版社，2006年。第148页。

②《资治通鉴》卷二九二，周世宗显德二年条下。

回施；好食送大厨，供养徒众，粗恶自食。乳酪醍醐，皆不饮啖。诸有衬施，用写《阿弥陀经》十万余卷，画净土变相三百余幅。见坏寺及坏塔，皆悉修营。燃灯续明，每岁不绝。三衣瓶钵，不使人持洗，始终无改。每自独行，不共众去；恐谈世事，妨修行业。

善导法师的净土变相图，尚未示现。大师所著并书的《净土法事赞》可得拜观。与当时一般经生所书但取整齐便捷不同，可谓法度精严，真力弥满。后来集帖学之大成的刘墉《头陀寺碑》等楷书作品，似与此精神相通。

赵朴初《善导大师往生一千三百年纪念赞词》："龙门大像，旷古神工。赖公检校，人天永崇。"当年李治、武曌夫妇开凿龙门石窟中卢舍那佛像，任命善导为首席检校官，不仅看中他在佛教界巨大影响（卢舍那佛非净土宗专奉），更看重他卓越稀有的艺术造诣。卢那舍佛像的宏大规模、人性化、女性化，与北朝和隋代的山东造像如青州云门山、驼山，密州龙兴寺气息相通。有人说其女性特点是按照武曌样子塑造的，有些牵强（虽然武氏为此投资脂粉钱两万贯）。卢舍那为"奉先寺"主像，说以武曌先辈之母亲、婆母为模特更合适。至于隋代山东青州、密州被称为"东方维纳斯"和"中国第一笑佛"的卢舍那佛像，凤眼修眉，与龙门卢舍那像形似——隋代卢舍那像的女性特征，与隋文帝的养母为尼姑也许亦有关系。不管怎样，产生过维纳斯经典塑像的古希腊精湛无比的雕刻艺术，通过印度秣兔罗传播，最终在际会中华强盛时代的善导大师的运筹下，结下了"人天永崇"的硕果。在中国美术史上，能作为一个时代的象征被后人奉为极则的，也许只有密州人张择端《清明上河图》能与之并论。《清明上河图》其实也受善导钟爱的净土变相图之类佛教绘画影响。

密州之海彻禅师

历代诸城知名法侣，以法相宗（慈恩宗）居多。唐代慧沼（淄州沼）弟子道邑，曾居密州开元寺，撰有《因明入正理论义范》三卷，《成唯识论疏义蕴》五卷。其人仅见之日人赴唐求法录。

明清五莲山光明寺、九仙山侔云寺，隶法相、华严二宗。五莲光明寺开山心空，曾参雪浪洪恩三年，亲炙莲池大师（云栖袾宏）二年，尽得所学。其法子法孙，多隶贤首、慈恩。莲池大师被称为中国净土宗第八代祖师，而净土宗实际创始人善导唐初在密州悟道，《五莲山志》多次提及“莲社”云云，与此或有关系。当然，明季禅、净、律各宗有融合趋势，雪浪洪恩亦禅亦律，莲池大师禅净不二，对诸城一带佛门比较开放的倾向亦有影响。

清代是佛教衰微时期，且清前期临济宗声势远远压倒他宗。但在山东诸城，却出现了历史上佛教高潮，且并非宗法禅宗临济，而是弘扬法相、华严二宗。清雍正《山东通志》言山东四大佛寺，在青州者三，而在青州属诸城县又有其二：五莲山光明和九仙山侔云。这与一个人有关系，他就是心空法师四世孙、清初光明寺住持海彻（字泰雨）——也就是《聊斋志异》中《金和尚》原型。当然，蒲松龄笔下的金和尚是经过极端艺术夸张和无度歪曲的形象。

《金和尚》一篇，思想倾向鲜明，表现手法也颇灵活，且有生活蓝本，历来受蒲学研究者关注。研究蒲松龄思想者，也多涉此篇。为之作本事考证的也不少。但大部分研究者对待金和尚的态度，多被蒲松龄俘虏，甚至踵事增华，无限上纲。即使做考证的文章，所依据的资料多出蒲松龄之后，受《聊斋志异》哈哈镜影响，不免歪曲厚诬。即使金和尚法弟海霆《五莲山志》（被《聊斋志异》错指为“寿光人”的乐安李焕章订正），在当时文禁森严和临济宗受清廷特别眷顾的形势下，于明清易代之际佛门事实，也不免涂饰、避讳，时而无中生有，时而掩盖真相，甚至将前人文章大刀阔斧地删改，失去本来面目。而《五莲山志》几乎被研究者视为研究《金和尚》最重要、最权威的资料。

至今所有研究《金和尚》的学者，没有一人指出泰雨法师属于何宗何派，倒是《五莲山志》卷二王咸炤《开山大师本传》指出其师祖心空与法相、华严宗关系："弘觉、偶庵两过五莲，见师所建置井井，虽隶贤首、慈恩宗，俨然有百丈意。"弘觉是清初临济宗掌门木陈道忞，偶庵为木陈门下首座天岸。他们分别是顺治皇帝的老师和师兄。而最明确记述心空师承的是木陈《敕赐五莲山护国光明寺心空开法师塔铭》。而这篇文章恰是《五莲山志》中被删削改窜最严重的。

文章开始述五莲山与明廷的关系：

> 有明神宗显皇帝以佛心天子，手握金轮，统御万方，端拱以致治，无为而化成。以故积岁有丰登，普天皆弦诵。民生其间，婆娑永日，鼓腹讴歌，相与嬉乐乎升平者四十年。一时熙熙皞皞之风，真足媲隆三代矣。而万机之暇，尤复游心内典。因谕近侍简校天下名山寺院，择僧之有道行者，敕令住持，躬赍大藏以往。俾集名缁，专诚披阅。上以福国，下以佑民，甚盛典也。而五莲心空开法师，首膺其选，由是名闻大内。时国母皇太后适患眼疾，意师戒德高崇，必能消弭。乃遣内珰顾问。师为咒水一洗而痊愈，生信敬。于时光宗尚居少海，特命受名于师，俾保圣躬。及其践祚也，即日遣官省视，副以渗金大士焉。后毅庙继登大宝，不忘先帝初心，复遣掌内官监印太监苏晋霖等，发内帑金若干，修崇胜迹。则师实受三朝宠被，身为帝者之师矣。

这段文字在《五莲山志》中一字不存。对此我们自然也应该理解。当木陈作此铭之顺治乙未，还是立场坚定的"遗民和尚"。所以文中充满对明廷的眷怀之情。由这段文字我们得知，心空和尚受明代三朝帝王礼重，比木陈还有资格称"帝师"。而一个偏处鲁东的地方佛寺，在佛教式微、名僧难求的末法时代，"帝师"先后卓锡，堪称稀有。

木陈原文中叙述心空出家后求法历程：

历荆楚，陟匡庐，憩止金竹坪。学诸经咒，一年咸通晓。复下金陵，听讲经论于雪浪恩师之门三年，声焉始默，心已光通。益知般若之闻熏有素也。恩甚器之，然师志意高远，不甘以语言文字埋没此生。闻云栖唱道东南，门风壁立，颇惬素心，即日挟复往闻法。受具亲炙二年，复动宝掌芒笻之兴。将欲蹋遍支那，以求称己所游者。于是洁己轻装，飘然云鹤，孤翔天外。

这段文字，《五莲山志》除了“雪浪恩师”遗“师”字，“受具二年”作“受具三年”，其他相同。文中提到对心空影响最大的雪浪洪恩——五莲法脉所出，便是寄身华严宗，而又被称为“慈恩再来”的法相宗权威。这段记载与王咸炤“隶贤首、慈恩宗”相印证，《聊斋志异》研究者多未详查，或者根本不计较金和尚与佛法的关系。

身为天童密云圆悟门下弟子，木陈道忞《碑铭》关于心空行实记载最详，却无只字提及他与天童临济宗瓜葛。但由于顺治帝认木陈为师，密云圆悟为祖师，临济走红，《五莲山志》似乎有意攀援，且前后矛盾抵牾。王咸炤《开山大师本传》：“崇祯初，师闻天童祖庭钟鼓再振，喜谓门弟子曰：‘山左为本宗发轫，自辨和尚后，佛焰莫续，将必有阐无上第一义谛兹土者。’言已，含笑而逝。后数年，弘觉、天岸两大和尚主青州法庆寺。”《五莲山志》卷三《开山和尚自叙碑铭》竟有“听法雪浪，问道天童”之语。而据钱谦益《天童密云禅师悟公塔铭》，圆悟受请住持天童，是在崇祯四年，心空去世已两年。

木陈《碑铭》中还提及心空先觉先知二事，这便是在北京东城建佛庆庵和收纳泰雨为法嗣事：

（五莲）山中缔构方兴，旋即建庵于帝城之东，拨僧往董其役。众多疑阻，师曰：“是非尔所知也。”今长老彻公，家世关东，以辽阳失守，航海依师。年少于众，而好攻摘众瑕，众短之。师曰：“休矣，勿复言。他日山门与你辈，当赖此子安全在。”师卒，公走燕，居城庵。甲申之变，庵众星散，遗公独守。庵之比邻，即平西王第也。王请清师讨贼，全家被难，尸积如山。公挺然顾义而不顾害，为掩藏之。王故德公，而公之弟侄亦多仕清为显官，时方鼎革，东武之悍而骄者，复起侵渔山寺。众乃迎公为长老，公既治内，复捍其外。山门果由是奠安焉。岂师谙练而达乎，抑亦夙慧而通乎？未可知也。

心空在北京建的佛庵，堪称五莲山光明寺驻京办事处或分院。另据故老传闻，诸城东北巴山佛寺，寺匾为“五莲下院”。

据《五莲山志》卷二海霆《诸师本传》，印虚法师“脱白礼开山，同北上，留住京师佛庆兰若”。这个“佛庆兰若”，当即心空在北京所建佛庵。位置在吴三桂故居附近，三桂第在东交米巷（后来的东交民巷）东。又据钱士馨《甲申传信录》卷八，崇祯十七年四月底，李自成自山海关败退北京，“即取吴三桂家属三十四口尽斩于京市”（三桂妾陈圆圆当然不在其数），至五月初一，“两江米巷诸臣商民闻吴兵将拥太子入，即合资为其家举丧。凡三十四口，悉具善棕衾衣殓之”。海彻既参与其事，自然也受吴三桂感戴。据海霆《诸师本传》，明末泰雨故里辽阳为清所破，直系亲属除他与守寡出家的姐姐，全部遇难。曾受皮岛毛文龙救助，“拨官舟送师姊过海西”，毛文龙为诸城人原广宁巡抚王化贞亲信，而吴三桂又为毛文龙部下，泰雨与吴三桂，缘分其实不浅。当然，由于《五莲山志》修成时，吴三桂已定格为叛贼，志书收入木陈《碑铭》，其中泰雨与吴三桂关系，自然“应该没有”。

木陈《碑铭》中所述泰雨借助吴三桂与在旗为官的辽东本家（如偏沅巡抚金廷献）力量，击败了诸城想霸占五莲庙产的骄悍之徒，在《五莲山志》中也被删去。相关事实，在王咸炤、泰雨笔下写得更含蓄，甚至只提及他们“损俸”捐助。联想到清初的经济掠夺，这种捐助的数目一定不少。这为五莲山佛教的繁荣，奠定了经济基础。

明清之际山东争产官司很多，丁耀亢就有《保全残业示后人存记》，曾被作为地主阶级反攻倒算的典型。顾炎武为自己在山东开垦的土地被侵占，也曾诉之公堂（顾氏也曾因此受山东士子非议）。士大夫之产尚有人争夺，何况空门。木陈《碑铭》所记，有一定真实性。心空师叔憨山和尚在崂山因庙产问题被全真道士告倒，流放岭南，也是例子。但《五莲山志》有意避讳，不失忠厚。穷而老的名士刘翼明《海上随笔》写他曾有次募捐活动，海霆捐献数目是士大夫的数倍（钱两贯外加䅉两石），令他非常感动，说海霆这样做是“一难轻己，二难轻人，不得已，委屈以济周旋”。其实此事不仅说明海霆会做人，也反映了五莲山佛寺有较雄厚的经济实力。

据《五莲山志》卷二所述宗派世系，自开山明空而下，依次是真、如、性、海，也就是说，海彻是心空四世法孙。但据康熙《诸城县志》卷九《仙释》之海彻传，心空对海彻“一见即期大器，故于长往之际，致嘱谆谆”，而当时海彻才十岁（海霆《诸师本传》作八岁）。除了心空能“前知”，也许他从海彻这个关东小子身上，看到了和自己一样勇猛担当的魄力，而有时这种人比《聊斋志异·长清僧》中所推崇的坚守戒律、枯禅静坐者更有益佛门。

僧侣也是血肉之躯的人子，也要吃穿住行，佛教并不反对寺院拥有并经营产业。法显《佛国记》：“自佛般泥洹后，诸国王长者居士，为众僧起精舍供养，供给田宅、园圃、民户、牛犊、铁券书录。后王王相传，无敢废者，至今不绝。众僧住止房舍、床褥、饮食、衣服，都无缺乏。”儒者重义利之辨，义应该包含合理地取得保护自己的利益，有些儒者狭义地理解为存义去利，不仅有违人情，即使对空门也行不通。从另一个方面说，促进佛教繁荣，有时会损害世俗利益和统治者权威。还有，僧侣出家原因各异，品流不齐，在“遗民半入禅”的明清之际尤甚，加之受明末李贽“酒色财气不碍菩提路”等狂禅思想和风气影响，《金和尚》中所写的佛门腐化现象是存在的，但把他附会到被尊为五莲法界“二贤”之一的泰雨身上（另一人是心空），则是不公平的。

记述海彻事迹最真实的木陈在其《北游集》中述及他顺治末为挽救法难，应诏入京，不仅将欲从德国传教士汤若望皈依基督的福临劝导回向佛教，甚至使这位“行痴居士”欲从他出家（其中也有其同辈玉林通琇的功劳），木陈这样劝他：“剃发染衣，乃声闻缘觉羊鹿等机，大乘菩萨要且不然，或示作天王人王神王及诸宰辅，保持国土，护卫生民，不厌拖泥带水，行诸大悲大愿之行。如只图清净无为，自私自利，任他尘劫修行，也到不得诸佛田地。即今皇上不现身帝王，则此番召请耆年，光扬法化，谁行此事？故出家修行，愿我皇万勿萌此念头。”木陈与海彻都得“拖泥带水”三昧。而世人皮相，多指点嘲笑他们身上的红尘泥渍，而没有注意他们在泥洹中披荆斩棘，负重行远。《聊斋志异》中《金和尚》一篇，血口喷人，笔墨污秽，乃其中最下者。

熟悉东武掌故的任日新先生在《金和尚其人其事》中，指出蒲松龄《金和尚》歪曲的描写，对泰雨来说，是“天大的冤枉”——这种冤枉也影响了人们对光明寺的态度，甚至影响了对泰雨养子、德高望重的“龙溪学士”金奇玉（出昆山朱氏，顾炎武、徐乾学亲戚）的态度。20 世纪割据一方、略通文墨的枭雄张步云在五莲山办学集训，有时让部下朝光明寺放机关枪震慑僧侣，就是受《金和尚》影响。曾批点过《聊斋志异》并在《分甘余话》中节略《金和尚》的王士禛，虽在国子监做过金奇玉的老师，并肯定他是“能文之士”（金奇玉当时是诸城文人集团与自称“青州诸人”的王士禛之间的信使），但对他“妖髡假子，忘其本生”的身份始终不能释然，位高望重的他也不愿意随便改变自己的看法。

面对《聊斋志异》绝对造谣和恶意诽谤的描写，以及蒲松龄、王士禛追随者的踵事增华，五莲山僧侣几乎没有采取什么措施，这从另一方面表现出他们不是逞势力的，是实践“是非以不辩为解脱，烦恼以忍辱为智慧”之《百丈清规》的典范。

至于是谁将泰雨歪曲的形象传达给蒲氏或者蒲氏如何得知相关信息，学术界说法也不少。其一是蒲松龄曾于康熙十一年（1672）夏随唐梦赉一行登崂山，路出诸城，因而有所耳闻。但《金和尚》写到了泰雨之死和金奇玉中举，一在康熙十四年（1675），一在康熙二十年（1681），似乎早了些。另一种说法是闻之淄川教谕孙景夏，孙氏任职是在康熙四年（1665）到十五年（1676），也有些早。孙景夏为《聊斋志异·孙必振》中那位神明正直、获天之佑的清官之从兄，孙景夏所出之相州孙氏，余之母族，家传忠厚，不至刻薄、诬蔑到《金和尚》的程度。又据刘翼明《海上随笔》，是相州孙氏首先聘请金奇玉为塾师，从而使诸城人对这个南国名儒刮目相看，他们对泰雨、金奇玉知根知底，不会无稽失实到《金和尚》的程度。还有，包括孙必振在内，孙氏有多人为五莲山光明寺护法或与之作缘（《五莲山志》所载诸城籍护法或作缘者，都是当时德高望重者），他们诬蔑泰雨与光明寺，岂非《红楼梦》探春所谓“自己骂自己”的“姬子书”（讥自书）？

我个人认为将对泰雨及光明寺诽谤信息传与蒲松龄的是成樽，亦即奚林大师。此人学者多谓诸城人，王赓言前辈编《东武诗存》之《方外》只有一僧入选，便是他。卢见曾《山左诗钞》直接称他为诸城人，遂成定案。但李焕章《织斋文集·法庆寺首座奚林樽禅师传》说他“姓蔡氏，顺天武清人”，不知是也不是。在清初青齐法侣中，此公悟性、才气、学识皆为一流。青州法庆寺住持灵辔门下人才济济，只有他深契宗旨，被拔为首座，成为临济宗三十四代嫡传；其师叔霁轮修《五灯禅史》，曾邀请他参与。此外他诗、书亦有名艺林。从某种意义上说，他是清代碑学重要先驱之一，曾收藏汉碑名品《乙瑛》《曹全》等早期拓本。被何绍基奉为法术宝卷的魏碑《张黑女墓志》首页有“成樽”“奚林”二章。但此公才气胜过道力，口德也不好。本来他有希望继灵辔住持江北第一寺法庆寺，却以过失（也有同学进谗）于康熙二十八年（1689）被老病中的灵辔驱逐。次年，与奚林有三十余年交谊的法庆寺寓客李焕章出于同情探望他，发现此公不仅不关心恩师灵辔病情，甚至受博山、历城、临淄等地士绅厚礼，走穴说法，对他已是不满。后来又听说奚林“公然肆谤本师和尚于临淄学博赵先生所”，乃愤而与之绝交，并作《与奚林师绝交书》。

奚林被赶出法庆山门时，“孤装病蹇，藤杖芒鞋，茫茫逆旅，未审厥居……如逐臣之去国，孽子之无家”，景况甚是狼狈。顺治帝这位法侄孙的遭遇处境，有些类似他的亲孙子胤礽。奚林在诸城一带盘桓，未尝不想在这里觅一安身法席——康熙中叶以后，诸城人文鼎盛，文化环境好于法庆寺所在的青州府治益都。不想五莲山僧侣不待见他，这使他气不打一处来。诸城遗民集团的领袖张侗曾称他这位禅友“既不持戒，又不诵经”“贪磨墨”“嗔鹿吃芭蕉”，所谓名心不绝，嗔根未断（也许还增了些阴贼刻毒），而五莲僧侣道行名望，不如奚林恩师灵辔，于是奚林更有话可说。在这种情况下，他遇到了穷老不遇、自称“藩溷之花”的蒲松龄。蒲松龄在《代武定州知州请奚林和尚开堂启》中有“慧业文人”之句，对他们二人都合适。两个失意之人，一个动嘴，一个动笔，强强联合，把满腔羡慕嫉恨化为《金和尚》这个料猛量足的屎盆子，浇在了泰雨大师和五莲光明寺之顶。慈悲的时间恩怨平等，早已将双方当事人送回虚空，却没将蒲松龄、王士禛之徒浇在泰雨头顶的粪化为莲花下的淤泥。

奚林别有性情，不为佛、儒所拘，青年时代就有人看出。康熙初，奚林游泰山，他的师叔普照寺住持元玉作《与榑侄奚林禅师》戒之：

学者不愁无道德学问，惟愁无志气耳。若有时时不忘光耀祖宗门户念头，则道德自是从此而增，学问自是从此而长，暨出世入世、自利利人一应经济等事，亦莫不从此称。第一入步在能以吾儒孝弟为立身根本，而方使人道之正、礼乐之存。老朽陈腐之言，固不足以入少年英杰之耳，由尔属吾至爱犹子，故特言之。其余琐屑之事，何更当一为挂唇齿。

李焕章之所以与奚林绝交，正因为他失去立身根本，石堂老人观其微矣。后来为奚林贪嗔所伤最严重的，不是其恩师法庆寺灵謦，而是五莲山光明寺泰雨。

康熙五十一年（1712），孔尚任自曲阜赴莱州修志，路经青州，宿法庆寺，有《青州法庆寺喜遇荆庵和尚话旧》七律一首，诗云："郡西萧寺几层烟，来为名山不为禅。老客尘衫如旧日，高僧云鬓亦多年。狂谈绿竹千竿里，微笑红薇一树前。宦迹茫茫春梦醒，青州公案有人传。"荆庵和尚曾作《赠奚林大师》诗，有"派衍灵山第一枝"之句。袁世硕先生《孔尚任年谱》以孔诗"末句'青州公案'，或即指明清易代之际恒（衡）王事"。徐振贵《孔尚任全集辑校评注》亦取该说，似受《红楼梦》第七十八回《姽婳词》影响（书中亦将"衡王"书为"恒王"）。但细味孔某之诗，所谓"青州公案"，实指佛门掌故。清初将青州衡王府东苑奇松园改为退居之偶园的法庆寺护法名相冯溥曾有"滹沱津梁，在吾青矣"之语（冯溥在北京已经陪顺治帝与木陈、天岸较量机锋）。青州佛门公案，来头不小，水也不浅。

故土纵横之三：诸城古代《易》学

中华文明，始于伏羲画卦（所谓“一画开天”），从某种意义上说，也就是始于《易》学。《易》道周流六虚，弥纶天地。从政治上说，为制度文物之本；从学术上说，为百家诸子之源[①]。《易》学在诸城有着悠久的历史，在先秦两汉之际，诸城一度是全国《易》学的中心，后来虽然盛况难再，但传述者仍然绵延不绝，明清时期一度又出现高潮。了解诸城《易》学发展的历史及其影响，无疑是诸城文化研究的一个重要课题。本文仅就所掌握的资料，在这方面稍做尝试，抛砖引玉。

一

诸城《易》学发展的历史，也许可以追溯到远古三皇之首的伏羲时代。伏羲（伏牺、宓羲、宓牺、庖羲、庖牺）与远古的帝王炎黄尧舜一样，其地域和族系历来聚讼纷纭，但现在一般认为他是远古东夷部落的首领[②]。纬书《诗含神雾》“大迹出雷泽，华胥履之，生伏牺”是判断伏羲生地的重要依据。这里的“雷泽”与《史记·五帝本纪》中舜“渔雷泽”之雷泽是一地。《山海经·海内东经》，雷泽之后，紧接着是郁州、琅邪，琅邪与雷泽，地缘上相去也应不远。《史记·补三皇本纪》说伏羲“木德王，注春令。故《易》称帝出乎震”。此外，古人称伏羲为“春皇”“东皇”“木皇”也说明了他和山东的关系。而据《淮南子·地形训》：“中央之美者有岱岳，以生五谷桑麻，鱼盐出焉。”则泰山是远古东夷的中心，若说“帝出乎震”，则伏羲当更生于泰山之东。

潍河古书中亦时书作淮河，据徐北文教授研究，远古潍河，其实就是围绕

---

① 参见杭辛斋《学易笔谈》卷一《三代之政纲本于〈易〉》《学术之派别出于〈易〉》两则。

② 李永先：《也谈伏羲氏的地域和族系》，《江海学刊》1988 年第 4 期。

“中央之大山”泰山的“四渎”“江、河、淮、济”中的淮。他在《大舜传》中又写道：“诸冯一带山明水秀，土壤肥沃，气候温和，是夷人繁衍生息的好地方。当中华各地的交流扩大，西方的羌人，北方的严允人，南方的苗人与夷人交往日益频繁，各族也因天灾人祸之时互相迁徙，潍河（当时的淮河）许多地区渐渐出现了五方之民杂居之处，而诸冯地域以及迤东的滨海之外（处），也即胶东半岛，却因为地处东海半岛的偏东之地，比较封闭，外族人难于迁进，因此成为夷人的大后方，是夷人最密集的地区。”中国历史上第一个朝代夏，是伏羲后代所建，即《礼稽命征》所谓“禹建寅，宗伏羲”。而夏之同姓之国牟、娄、杞、越、斟灌、斟鄩，均曾立国潍河流域。少康中兴，龙飞潍甸，亦见之史册。这或者不是偶然。

古代社会以农业立邦，而无论粮食的生产还是沿海鱼盐的生产，都有很强的季节性。《易经》是农业文明的产物，通乎昼夜寒暑之道，非常注意气候变化，书中“四时”二字，就出现了九次。所谓“广大配天地，变通配四时”；所谓“法象莫大乎天地，变通莫大乎四时”；所谓“与天地合其德，与日月合其明，与四时合其序，与鬼神合其吉凶”，其重要性显而易见。现代《易》学大师杭辛斋先生《读易杂识·历数卦气》说：“吾国历数之精，不但合日月行度之数，并合天地阴阳之气，而人物之生于天地间者，其荣枯得失，亦莫不与此气与数相合……终不可废，亦无能废也。”汉代《易》学家以爻辰卦气解释自然界四季气候运行规律，虽有时泥于象数，也能言之成理。

《史记·封禅书》载秦始皇东巡，祠八神将之一四时主神于琅邪，司马迁说“八神将自古而有之，或曰太公以来作之”，应该是东夷部族的遗留。诸城一带作为东夷部族的集中地，是重要的粮食产地，其沿海又富产鱼盐，且地处暖温带，四季分明，主管农业的“四时之神”立祠于此，也顺理成章。“神道设教”的传统也源于《易》，有关四时之神的祭典，亦必与《易》理相通。

二

海岱之间的东夷文明及其后继者齐鲁文明是中华文明的主要源头之一。梁启超在《近代学风之地理的分布》一书中说："山东邹鲁，孔孟实生；齐稷下，方术之士聚焉。自昔为文明渊丛。两汉经师，什九为齐鲁产，盛矣！"两汉经学，齐鲁为盛。齐鲁之间，又当首推诸城，而诸城之经学，又首推《易》学。现在通行的《易经》文本，由齐人田何手定。而田何之《易》，受自战国时孙虞（字子乘），传于汉初王同（字子中），皆东武人。孙虞、王同，分别是孔子《易学》的第五代、第七代传人。

汉代《易》学，立于学宫置博士者有四家：施、孟、梁丘、京氏。施雠一家，史册可考者六人，琅邪即有二人：鲁伯、邴丹；至于梁丘之学，其创始人即东武梁丘贺，其二、三代传人梁丘临、王骏，亦琅邪人。

汉代《易》学流派中，没有立于学宫的东莱费氏《易》，在琅邪也有传人，那就是王璜。后来与东武毗邻的高密人郑玄也传费氏《易》，并作《易注》，使费氏《易》盛行起来，三家博士反而日趋式微。

汉代东武周围各县以治《易》名家者，还有莒县衡胡，安丘郎宗、郎顗父子，城阳相即墨成，胶西内史周霸，他们或可能受东武《易》学的影响，或可能对东武《易》学产生影响。

秦汉时期诸城地区道家活动也比较频繁，陈寅恪先生在《天师道与滨海地域之关系》[①] 一文中考证，道家历史上的很多重要人物如安期生、孙恩、宫崇、于吉、盖公、葛洪，都是琅邪人（葛洪祖先自琅邪迁丹阳），道教最重要的宗派正一教（五斗米教）的祖天师张道陵，本沛国人，地缘上与琅邪也接近，所以陈老断定"天师道发源于琅邪地区"。琅邪地区的《易》学与道家学说，也有一个相互影响的过程。被奉为道家"丹书之祖"的《参同契》，实际上是一本《易》学著作，而且是现存两汉说《易》之书中保存最好的一部。魏伯阳此书，密授青州从事徐景文，徐为之注，东汉桓帝时复授同郡淳于叔通，遂行于世。当时琅邪郡归徐州统辖，而诸城北鄙一部属青州北海国平昌县。《太平寰宇记》说"姑幕故城兼有青、徐之地"[②]，地缘上自然接近。当时琅邪一些《易》学世家，同时也是正一道世家，其中最著者为琅邪王氏，《晋书·王羲之传》载："王氏世事张氏

---

① 陈寅恪：《金明馆丛稿初编》，上海古籍出版社，1980 年，第 1～14 页。

② 乐史：《太平寰宇记》卷二四。

五斗米道。”陈寅恪先生《天师道与滨海地域之关系》追溯琅邪王氏好道的渊源，提到了东武名儒贡禹：“《汉书》与王吉同传者有贡禹。禹亦琅邪人。其所言调和阴阳，兴致太平，减少宫女，令儿七岁乃出口钱，其旨趣与王吉相似。后来之于吉《太平清领神书》‘兴国广嗣’之言，实不能外此。”其实这些主张，也通于《易》理。魏时王氏远族山阳王弼注《易》，扫象蔑数，畅言义理，开辟了《易》学研究的全新时代，人们惊叹其独出心裁，其实不过是将道家老、庄之理与《周易》相发明而已——这自然也与家世、地域影响有关。南朝平昌安丘人伏曼容（与东武今文经学世家伏氏为一族），史载他“少笃学，善《老》《易》”[①]，他的《周易集解》，与王弼《周易注》波澜莫二。

三

唐宋以来，诸城《易》学虽然影响远不如先秦两汉时期，但其绪仍绵延不绝。据李清照《金石录后序》，唐宋间诸城赵氏，“自来家传《周易》”。《朱子语类》卷一三一载，秦桧任密州教授时，有一隐者预言他将来会做宰相，这位“知几其神”的密州隐者，可能也精于《易》理。南宋李复《潏水集》卷八《刘君俞墓志铭》：“予友讳公彦，字君俞，姓刘氏，高密诸城人也。少从学于横渠子张子，刻励修洁……”查乾隆《诸城县志》，有刘公彦传，字彦辅，绍兴中通判镇江，不知是否一人。“横渠子张子”即北宋理学流派“关学”的代表人物张载，他的学说多本之《易》理。刘公彦既是张载门生（侯外庐《中国思想通史》“关学的学风与张载哲学形成的社会根源”一节中也提到刘公彦），其于《横渠易学》《张子正蒙》，必有心得。

明代以来，治《易》者尤夥，如谭章、祝笠野、范支光、张廷箴、李慎、李珽、张第、丁耀亢、丁豸佳、刘奎、臧尔詹、窦光鼐、臧耀初、倪在中、王劝、王萦绪、王承烈、王肖楠（王统照先生塾师）……举不胜举。

晚近诸城治《易》者，颇有能摆脱经学窠臼，不为应付场屋故事，取精用

① 姚思廉撰：《梁书》卷四八。

弘，化裁变通者。大量有很深《易》学造诣的名医和音乐大师的出现，就是证明。

庄子曰："易以道阴阳。"中医讲究"燮理阴阳"，自然与《易》理相通。诸城医学家不仅诊疾治病，而且著书立说，阐述阴阳顺逆、五行生克、养生保命之理，王化贞、刘奎、臧尔詹、窦光彝、王肖楠，就是其中代表者。其中刘奎、臧尔詹，皆与清代中期著名《易》学家、医学家昌邑黄元御齐名，称"南刘北黄"和"南臧北黄"。古人有"不为良相，即为良医"之说，治病与治国，皆燮理阴阳、济世保生之事。身为宰相的刘墉曾在写给自己叔兄弟刘奎的信中说："岐黄济世，仁德为最，深感佩焉。余谢职，当踵其后而效友。"刘墉为相，虽然被谢振定引《周易》否卦彖辞，讽刺他"内小人而外君子"，但大致还说得过去。他于《易》学，所得也非浅显。笔者曾在刘墉临米芾一幅论《易》贴后看到刘墉的跋文，有"米芾言《易》，不知量矣"之语，敢情他的《易》学造诣，比米芾还高深！

郑玄《周易注》创六十四卦爻辰之说，并以爻辰与律吕相配，这就将《易》理与音乐联系起来。《易》学家杭辛斋先生对此甚是推崇并发明其说："阴阳之气，冲激动荡，发为声音。气不可见，而以音表之，则触耳而能辨其清浊，以耳代目，气之不可见者，亦不啻予人以可见矣。黄帝吹管定律，与干支同为协和阴阳之用，故音出于律，律出于数，数出于阴阳之自然。"① 古代音乐家也大都通《易》学。诸城自晚清以来，诞生了许多古琴演奏和作曲大师，如王既甫、王冷泉、王作桢、王宾鲁、王露等，都在全国产生过很大影响，尤以王宾鲁（字燕卿）"梅庵派"古琴，声名最著。《梅庵琴谱》不仅远播香港、台湾，还被美国华盛顿大学翻译成英文，于 1983 年出版。这不仅与王宾鲁善于从民间音乐吸取营养，用民歌改编琴曲，注意雅俗共赏有关，还与他的乐曲中显示出的深厚的文化素养分不开。他在 1931 年《梅庵琴谱》初版序言中自述心得，在继承家学的基础上，"又佐以《礼记》、《汉书》、莱子《易》注、《纪氏丛书》，推其数以穷其理"。所谓"莱子《易》"，即汉时东莱费直所传之《易》。但陆德明《经典释文序

---

① 杭辛斋：《学易笔谈二集》卷三。

录》载："费直传《易》，授琅琊王璜，为费氏学。本以古字，号'古文《易》'，无章句，徒以《彖》《象》《系辞》《文言》解说上下经。"如此则王宾鲁所谓"莱子《易》注"，实指郑玄《周易注》之类著作。王宾鲁虽不以治《易》名家，但他能以音乐通之经史、《易》数，这恐怕是一般的《易》学家所难以做到的。

中、日、韩郑姓取名带“周”字现象小议

在汉族众多姓氏中，郑姓的族望相对简单，民间甚至有“天下无二郑”之说，但若论人口数量，则位于前列。在多次的人口普查中，在所谓“四百大姓”中，郑姓都排在二十几位，总人口在1300万左右。由于郑姓在沿海的浙江、福建、台湾三省占比最高（均超1.5%），而这些省份又是向海外移民较集中的地区，郑姓在海外侨民中的占比排名，自然更靠前一些。

翻阅有“同文”因素的东亚各国历史文献中关于郑姓人物的记载，发现一个相同的现象，那就是郑姓人名中带“周”字的较多，“重名”的现象也不少。宋代中国有诗人郑梦周（南宋刘克庄编《后村千家诗》卷二一录其七绝《渔夫》，颇有张志和《渔歌子》风致），14世纪朝鲜高丽王朝末期政治家、外交家、哲学家、文学家，“朝鲜理学之祖”亦名郑梦周；明末中国有天津巡抚郑宗周，朝鲜李朝有诗人郑宗周；朝鲜李朝有编定《朝鲜经国大典》的郑道周，日本郑成功胞弟后裔亦有郑道周①。

在各地郑氏族谱中，名带“周”字甚至以辈分标志出现。如在高密双羊发现的《郑氏族谱》（耿天勤先生所编《郑玄研究资料汇编》收入），其四十七世三人，分别名毓周、悦周、从周，而朝鲜“明国九义士”（“从龙八姓”）中的“琅琊郑先甲”的两个孙子，一名敬周，一名翊周②。

郑姓出于姬姓，周宣王二十二年（前806），宣王封其弟友于郑，是为郑姓始祖。郑道昭《郑文公碑》称“肇洪源于有周”。郑玄《礼序》称《周礼》为“皇祖之大经”，其注疏又取“同宗大儒”郑众、郑兴父子义说，“成此家世所训”，

---

① 伍天辉：《郑成功胞弟七左卫门家族在日本的衍派》，泉州市郑成功学术研究会编：《郑成功研究》，中国社会科学出版社，1999年，第255页。

② 刘冉冉：《明末赴朝山东移民郑先甲及其后裔研究》，《暨南学报（哲学社会科学版）》2010年第3期。

自然将曾摄政的周公奉为祖先。

周朝国祚持续八百余年，其文化积淀深厚，影响深远。尤其是周公制订的宗法、礼乐制度，在漫长的历史时期，与农耕自然经济为主的社会相适配，使中华文明长久延续，万世宗仰。孔子“郁郁乎文哉！吾从周”（《论语·八佾》），表现了他的文化价值观；“甚矣吾衰也！久矣吾不复梦见周公!”（《论语·述而》）表现了他的道德和人格追求。由于这些原因，其他姓氏中名字带周字的也很多（如明末忠烈名臣刘宗周、黄道周等），只是郑姓名字带周字，在文化认同、道德自勉之外，还有慎终追远的宗族情愫。

在周朝的同姓国中，郑国分封较晚，也正因如此，其亲统较近。汉朝建立后，本存二王后之意，武帝时封周代后人姬嘉为周子南君，至元帝时，尊周子南君为周承休侯，位次诸侯王。至成帝绥和元年封孔子后孔吉为殷绍嘉侯。同年三月，与周承休侯一同晋爵为公。汉平帝元始四年（4）春正月，“改殷绍嘉公曰宋公，周承休公曰郑公”①。以郑公存周后，为汉宾，与《诗经》以《郑风》次《王风》，皆因周、郑亲统较近。

曾任胶西相的大儒董仲舒《春秋繁露·三代改制质文》篇云：“《春秋》上绌夏，下存周，以《春秋》当新王。《春秋》当新王者奈何？曰：王者之法，必正号，绌王谓之帝，封其后以小国，使奉祀之，下存二王之后以大国，使服其服，行其礼乐，称客而朝，故同时称帝者五，称王者三，所以昭五端，通三统也。”《红楼梦》中荣国府门面人物贾政字存周，有取于此。所以小说十六回写贾政生日在十一月（建子之月，周之正月），贾元春封凤藻宫（周尚文）尚书，也在这一月，十八回写元春省亲的“古今旷典”，戌初起身，丑正三刻回宫，主要活动项目安排在子夜，因为周朝“夜半为朔”。贾姓与郑姓，皆周之宗亲，汉代郑玄故里之北的下密为贾政祖先胶东侯贾复采邑之一，而郑玄注《周礼》，前有取于贾逵之“解诂”，后有唐代贾公彦为之“义疏”，何其巧合！明万历年间琉球有正议大夫郑礼曾两次出使明廷②，其命名出典，可以不言自明。

孔子作《春秋》，借“尊周”明大一统之义。在易代之际，或多个政权并存

① 班固：《汉书·平帝纪》。

② 周煌著，陈占彪校：《琉球国志略》卷三，商务印书馆，2020年，第82页。

的时期，情况有些复杂。同是标举“尊周”大义，所服务的政权、所奉的正朔可能不同，甚至是相对立的。如清初临济宗大师木陈道忞（弘觉禅师），明亡后一度有强烈的反清意识，俨然“遗民和尚”，可他顺治末应召入清廷，作《从周录》，以孔子殷人而从周，为自己与清廷合作辩护（其实他也是为了拯救佛教“法难”，因顺治一度为传教士汤若望辈所惑，欲推行耶稣教）；而朝鲜李朝诸帝，在明朝灭亡后，一直坚持“尊周思明”，甚至暗地里奉明正朔。朝鲜《李朝实录》英宗四十五年（乾隆三十四年，1769），英宗对臣下把清帝诏书与明帝诏书放在一起大为不满，说：“神州之陆沉，今过百年，而若其尊周之心，未尝一日忘也。今以堂堂天子之诏，混置虏敕中可乎？”[①] 后来正祖特命儒臣辑《尊周汇编》，再致尊攘之意，表思明之心。日本当年对明朝虽没有朝鲜的“事大”之诚，但受儒家价值观影响，知识阶层对明清易代多深表痛惜。康熙十三年（1674），当时台湾郑氏仍在坚持反清，日本人小林叟发为林恕等编辑的《华夷变态》一书作序，有云：“崇祯宾天，弘光陷虏，唐、鲁仅保南隅，而鞑虏横行中原，促灭朱明，盗窃神器，是君天下者夷也，非华也；变也，非常也。……顷闻郑氏传檄各省，有恢复之举，虽其将来成败，不能豫知，而其精诚足以格天地而泣鬼神，苟得遂初心，使沉洲复陆，则异邦人闻之，不亦快乎！”[②] 在日韩的郑氏后裔，于清廷皆有国恨家仇，他们取名“敬周”“道周”，家世渊源，故国之思，当然兼而有之。

韩国郑先甲后裔，长期保持遗民身份，世系颇详。日本的郑成功胞弟后裔，较早归化，文献缺略，颇有传闻异辞。但即使日本“郑道周”之名是附会的，为郑成功的贤侄悬拟此嘉名的人，也应该颇通汉学。

---

① 吴晗辑：《朝鲜李朝实录中的中国史料》下编卷九，中华书局，1980 年，第 4601 页。

② 谢国桢编著：《增订晚明史籍考》，上海古籍出版社，1981 年，第 992 页。

羲经之光

——秦汉时期潍坊《易》学家

中华文明，始于伏羲画卦（所谓“一画开天”），从某种意义上说，也就是始于《易》学。《易》道周流六虚，弥纶天地。从政治上说，为制度文物之本；从学术上说，为百家诸子之源。秦始皇焚《诗》、《书》、百家语，唯独不焚《周易》，而且喜欢《易》学，于是《易》学得以传承不绝，并依然保持强劲的发展势头。汉兴以后，鉴于秦亡教训以及经济凋敝、百废待兴的社会现实，加上楚文化传统的濡染，刘汉统治者尊崇道家黄老之学，实行无为而治的治国方略，推行较为宽松的政治、经济、文化等政策。于是，在秦朝受到压抑的诸子之学开始复兴，思想文化领域异常活跃，《易》学研究也颇受其惠。作为经学重镇的潍坊地区，秦汉时期《易》学尤为繁荣。当时的琅邪东武，一度是全国《易》学的中心。了解潍坊《易》学发展的历史及其影响，无疑是潍坊文化研究的一个重要课题。

潍坊《易》学发展的历史，也许可以追溯到远古三皇之首的伏羲时代。伏羲（伏牺、宓羲、宓牺、庖羲、庖牺）与远古的帝王炎黄尧舜一样，其地域和族系历来聚讼纷纭，但现在一般认为他是远古东夷部落的首领。纬书《诗含神雾》“大迹出雷泽，华胥履之，生伏牺”是判断伏羲生地的重要依据。这里的“雷泽”与《史记·五帝本纪》中舜“渔雷泽”之雷泽是一地。《山海经·海内东经》，雷泽之后，紧接着是郁州、琅邪，琅邪与雷泽，地缘上相去也应不远。

古代社会以农业立邦，而无论粮食的生产还是沿海鱼盐的生产，都有很强的季节性。《易经》是农业文明的产物，通乎昼夜寒暑之道，非常注意气候变化，书中“四时”二字，就出现了九次。所谓“广大配天地，变通配四时”；所谓“法象莫大乎天地，变通莫大乎四时”；所谓“与天地合其德，与日月合其明，与四时合其序，与鬼神合其吉凶”，其重要性显而易见。现代《易》学大师杭辛斋先生《读易杂识·历数卦气》说："吾国历数之精，不但合日月行度之数，并合天地阴阳之气，而人物之生于天地间者，其荣枯得失，亦莫不与此气与数相合……终不可废，亦无能废也。"汉代《易》学家以爻辰卦气解释自然界四季气候运行规律，虽有时泥于象数，也能言之成理。

《史记·封禅书》载秦始皇东巡，祠八神将之一四时主神于琅邪，司马迁说"八神将自古而有之，或曰太公以来作之"，应该是东夷部族的遗留。诸城一带作为东夷部族的集中地，是重要的粮食产地，其沿海又富产鱼盐，且地处暖温带，四季分明，主管农业的"四时之神"立祠于此，也顺理成章。"神道设教"的传统也源于《易》，有关四时之神的祭典，亦必与《易》理相通。

两汉经学，齐鲁为盛。齐鲁之间，又当首推潍淄地区，而潍淄地区之经学，又首推《易》学。现在通行的《易经》文本，由齐人田何手定。而田何之《易》，受自战国时孙虞（字子乘），传于汉初王同（字子中），皆东武人。孙虞、王同，分别是孔子《易学》的第五代、第七代传人。

汉代《易》学，立于学宫置博士者有四家：施、孟、梁丘、京氏。施雠一家，史册可考者六人，琅邪即有二人：鲁伯、邴丹；至于梁丘之学，其创始人即东武梁丘贺，其二、三代传人梁丘临、王骏，亦琅邪人；京氏一派，有安丘郎宗、郎顗父子。

汉代《易》学流派中，没有立于学宫的东莱费氏《易》，在潍坊一带也有传人，那就是琅邪王璜和高密郑玄。自郑玄传费氏《易》，并作《易注》，使费氏《易》盛行起来，四家博士反而日趋式微。

除儒家《易》学外，还有道家学派《易》学，代表人物是青州从事徐景休和北海淳于翼。

下面将秦汉时期（兼及前后相邻朝代）潍坊地区《易》学家分别作简单介绍：

孙虞，战国时东武人，字子乘。为孔子《易》学第五代传人。孔子《易》学，一传鲁人商瞿，二传楚人馯臂，三传江东矫疵，四传燕人周竖，周竖传于孙虞。孙虞以其学授齐人田何。孙虞，《史记·仲尼弟子列传》作"淳于人光子乘羽"，《汉书·儒林传》作"东武孙虞子乘"。

王同，西汉东武人，字子中，又作子仲。汉初《易》学大师田何的弟子，孔子《易》学第七代传人。著有《易传》数篇。以其学授杨何，杨何后来以《易》被征为太中大夫。《史记·儒林列传》载："而汉兴，田何传东武人王同子仲。"《汉书·儒林传》载："汉兴，田何以齐田徙杜陵，号杜田生，授东武王同子中、雒阳周王孙、丁宽、齐服生，皆著《易传》数篇。同授淄川杨何，字叔元，元光中征为太中大夫。"

梁丘贺，西汉琅邪人，字长翁。汉代今文《易》"梁丘学"的开创者，"梁丘学"是汉代立于官学的三大家（施、孟、梁丘）之一。梁丘贺初从太中大夫京房（即"前京房"，杨何弟子）受《易》；房出为齐郡太守，贺改投著名《易》家田王孙门下问业。宣帝时，闻京房治《易》甚明，求其门人。梁丘贺被宣帝召见，陈说《易》义，被征拜为郎。是年八月，宣帝出祀孝昭庙，发行官的旄头剑突然自行挺出坠地，剑首垂泥中，剑刃向车舆，马匹惊起。宣帝使梁丘贺筮之，不吉，谓有兵谋。当夜果然有叛党谋刺宣帝，被发觉，伏诛。贺以占筮应验，为宣帝宠幸，为太中大夫、给事中，神爵三年（前59）至少府。梁丘贺一生为人小心周密，宣帝很器重他。终老于官，与霍光等11人被绘于麒麟阁。以所学传子梁丘临，临授五鹿充宗、王骏，充宗授士孙张、邓彭祖、衡咸，故西汉梁丘《易》遂有"士孙、邓、衡之学"传世。《汉书·艺文志》载"《易经》十二篇，施、孟、梁丘三家"，并著录《梁丘氏章句》两篇。清马国翰《玉函山房辑佚书》有《周易梁氏章句》一卷。

梁丘临，西汉琅邪人。《易》学家梁丘贺之子。承家学，又从施雠问业，为汉《易》"梁丘学"的第二代传人。任黄门郎。汉宣帝甘露三年（前51），奉使出席石渠阁议，向诸儒询问"五经"旨趣。《易》学精熟，专行京房之法。亲传五鹿充宗、王骏等。

鲁伯，西汉琅邪人，治《易》师事施雠。任会稽太守。以所学"施氏《易》"，传毛莫如、邴丹。

邴丹，西汉琅邪人，字曼容。其叔邴汉，西汉末年以清行见称，曾官至京兆尹及太中大夫。王莽秉政之时，他不屑与"汉贼"同流合污，而乞骸骨归里，应该也通经学，但不明师承。邴丹受《易》于施雠弟子鲁伯，传施氏《易》学，与鲁伯并为施氏《易》的主要传人。邴丹亦有清操之行，养老自修，以“为官不肯过六百石”而不肯折腰，名望超过邴汉。

王璜，西汉琅邪人，又作王横，字子中，传费直《易》学。《后汉书·儒林列传》引《前汉书》云“东莱费直传《易》，授琅邪王横，为费氏学。本以古字，号古文《易》”，是谓费直嫡传。

郎宗，字仲绥，安丘人。善京氏易、风角、星算，推步吉凶。常负笈荷担，卖卜给食。汉安帝诏公车征之，策文曰：“郎宗、李昺、孔乔等，前比征命，未肯降意。恐主者玩弄，礼意不备，使难进易退之人龙潜不屈其身。各致嘉礼，遣诣公车，将以补察国政，辅朕之不逮。”《后汉书》载：“青州被诏书，遣宗诣公车，对策陈灾异，而为诸儒之表。拜议郎，除吴令。到官一月，时卒暴风，宗占以为京师有大火，定火发时，果如所言。诸公闻之，表上，博士征。宗耻以占事就征，文书未到，夜悬印绶置厅上，遁去，终于家。”

郎顗，郎宗子，东汉经学家、占候家，推阴阳言灾异的重要人物之一。通晓京房易学，善风角星算，并精通群经。顺帝征之，占灾异，顗便引《周易》经传文陈述便宜七事，授郎中，屡辞不受，归乡里，为暴民孙礼所杀。

郑玄（127—200），东汉北海高密人，祖庭诸城南部马耳山麓，字康成。为东汉末年囊括中国学术大典、兼综百家的经学大师。于《易》，先治京氏，后从扶风马融受费直古文《易》，创六十四卦爻辰说，撰有《周易注》。

徐从事，《周易参同契》作者之一，道教派《易》学代表人物。东汉北海人，活动于公元2世纪中叶。唐刘知古《日月玄枢篇》引：“玄光先生曰：徐从事拟龙虎天文而作《参同契》上篇以传魏君，魏君为作中篇传于淳于叔通，叔通为制下篇以表三才之道。”托名阴长生注本序云：“盖闻《参同契》者，昔是古《龙虎上经》，本徐真人。徐真人，青州从事，北海人也。后因越上虞人魏伯阳造《五相类》以解前篇，遂改为《参同契》。更有淳于叔通补续其类……叔通亲事徐君，习此经。”

淳于翼，一名斟，字叔通，北海郡（现山东安丘）人。汉安帝永初三年（109）生，少年时聪明过人，有圣童之称。年十七，能讲说宓氏《易经》，洞贯《内事》万言（《内事》指谶纬之学，藏于秘府，故称《内事》），兼治《春秋》

（汉代治《春秋》分《公羊》《谷梁》《左传》三派，《公羊》与纬候机祥之风的兴起有一定联系，故淳于叔通所治《春秋》，当为《公羊春秋》）。后从同郡人徐从事景休习学术教，时年已近四十。淳于叔通所从学之术为“仰观乾象，以处灾异”，学成之后，因“数有效验”，远近知名，故“以知术故，郡举方士，迁洛阳市长”。至延熹元年因恐梁冀事变受累而退隐上虞，时年约五十。延熹三年（160），度尚任上虞长时曾专程拜访，时淳于叔通已因学识渊博而又不接触长吏而享有“大儒旧名”。又六年，党锢之祸起，淳于叔通当健在人世，且仍生活在上虞境内。

徐邈（344—397），东晋东莞姑幕（今诸城西北）人，字仙民。自祖父徐澄之时南渡长江，客居京口。自少姿性端雅，勤行励学，博学多闻，常以慎密自居。孝武帝司马曜始学古代典籍，招选儒士，太傅谢安荐其应选，果被选中，44岁始补为中书舍人，在西省侍奉孝武帝读书，为之开释文意。撰正《五经音训》，其中有《周易音》，当时学者作为标准。后迁为左散骑常侍。在西省前后10年，向皇帝提出许多好建议，对国家大政多有匡正，很受器重。孝武帝选其为前卫，率领本郡大中正，授太子经书。虽在东宫，但仍朝夕入见皇帝，参与朝政，拾遗补阙。晋安帝即位后，拜为骁骑将军。

伏曼容（421—502），平昌安丘（治今安丘西南，一说今诸城石桥子镇斗鸡台）人，字公仪，南朝宋齐大臣，著名儒士。早孤，与母、兄客住南海（治今广州）。少笃学，尤善《易》《老》。宋时，明帝好《周易》，集朝臣于清暑殿讲论，诏曼容执经。曼容美貌风采，明帝常比为嵇康，使人画嵇康像以赐之。仕宋后，任骠骑行参军、尚书外兵郎、辅国长史、南海太守等职。齐高帝时，任太子率更令、中散大夫。梁武帝初，以旧儒召拜司马，出为临海太守，卒于官。治《易》，撰有《周易集解》等。

考虑到田氏领地“安平以东至琅邪”主要在潍坊境内，临淄传统上又是青州属县，东武人孙虞的学生田何，梁丘贺的老师田王孙，基本在同一文化圈内。这样一来，潍坊秦汉时期《易》学的队伍更壮大了。当然，即使不算他们，说潍坊是秦汉时期全国《易》学中心也毫不为过。

窦光鼐“素恶宋儒”辩

——兼论窦氏经学倾向

一、窦光鼐“素恶宋儒”说之由来

乾隆朝反腐名臣窦光鼐，曾被誉为一代正人之最。但古语云“皎皎者易污”，攻击、诋毁他的人也不少。其中清嘉庆年间曾以暴戾虐下被革爵圈禁的礼亲王昭梿，是最有才的一个。《啸亭杂录》卷九《窦东皋》一则，最为人熟知：

余幼时闻韩旭亭先生言，当代正人以窦东皋为最。时阅其劾黄梅匿丧奏疏，侃侃正言，心甚钦佩，以为虽范文正、孔道辅无以过之。后入朝，闻成王言，公迂暗不识政体，素恶宋儒书，明道、晦庵诸先生至加以菲言詈之。又以方正学为元恶大憝，致兴靖难之祸，其议论殊为怪诞。又晚年以仕途蹭蹬故，乃拜和相为师，往谒其门，至琢姓名于玉器献之，以博其欢。希上赐紫禁城骑马，日跨胡床于家中，以勚其劳，颇为舆人姗笑。又素善青乌术，以诸城县应出二辅臣，及闻刘文清公以事降黜，大喜过望，置酒欢宴终日，殊乏大臣之度。后闻蒋孝廉棠言亦然，故并录之以俟考焉。

昭梿在文中先扬后抑，对窦光鼐的诋毁，涉及性格、学术、操守诸多方面，其中最荒谬的“拜和相为师”说，秦瀛《诸城窦公墓志铭》、陈康祺《郎潜纪闻初笔》等，早已驳正。关于学术方面，尚无人为之一辩——当然，从今天的角度说，如果窦光鼐真的恶宋儒，斥程朱，并不有损形象，甚至值得表彰。君不见窦光鼐学生高鹗所编定的《红楼梦》中，探春只批评了朱子《不自弃》一句“虚比浮词”，至今仍被古典文学权威们反复引用，作为《红楼梦》反理学、反封建的刚性证据。如果直恁詈骂程朱，其进步超前，岂是寻常了得。

昭梿关于窦光鼐种种传闻，主要来自“成王”，也就是乾隆帝第十一子成亲王永瑆。乾隆间窦光鼐长期在宗人府任职，并曾任上书房总师傅，常给宗室、皇子讲学，永瑆确与窦光鼐有过从。窦光鼐《省吾斋古文集》卷八《十一阿哥启》就是回答这位书法大师对《论语》“有妇人焉”理解的相关疑惑：

谨启：石庵说《论语》“有妇人”句，盖本诸顾炎武《日知录》，谓乱臣十人，皆在戎行，太姒邑姜必不从军旅之事，亦必不并数之以足十臣之数。牝鸡之晨，方以用妇人为纣罪，乃周之功业，必藉妇人，此理之不可通，或文字传写之误。云云。鼐以为殷以妲己亡，周以女德兴，《诗》二南美后妃之大化，《大雅》《大明》《绵》《思齐》诸篇，咏歌周姜任姒世德，恶知武王所谓十乱中必不应有妇人耶？刘侍读以为子无臣母之义，《易》文母以邑姜治内治外，大义可通。顾氏书生，所见或拘，而犹云阙疑，亦读书之一法；石庵则谓古篆妇殷相近，当是殷之讹，以胶鬲实之。鼐虽未学古篆，而殷人胶鬲之说，断不敢妄为附会也。

所谓“石庵”“刘侍读”，为窦光鼐表兄和翰林后辈刘墉（刘墉长窦光鼐一岁，但中进士入翰林院晚于窦光鼐十年，给窦光鼐书札援清朝官场惯例，称窦为“前辈”或“老前辈”）。刘统勋、刘墉父子，亦先后为上书房总师傅。

“有妇人焉”，出自《论语·泰伯》，原文为：“舜有臣五人而天下治。武王曰，予有乱臣十人。孔子曰，才难，不其然乎？唐虞之际，于斯为盛，有妇人焉，九人而已。”查朱子《四书章句》，对这句话阙疑未注，其《论语精义》引程颐之说：“伊川解曰，舜有臣五人，而武王有乱臣十人，以唐虞之际方之，周为盛也，然又有妇人焉，惟九人耳，才之难得如此。妇人，邑姜也。”而未下断语，可能也只作为参考。

关于“有妇人焉”一句的争论，由来已久，明末清初人周亮工《书影》卷三就录有多人对这句话的不同解释，并断以己意：

马旻狳之骗曰：乱臣十人，有妇人焉。注曰邑姜，盖臆说也。近有著

《识小编》者，谓“妇”当作“殷”，殷人者，胶鬲也。按殷亡鬲遁，实未臣周，此不足辩；而妇之必非邑姜，则不可不辩也。“予有乱臣十人”，武王行间誓师之言，此十人必尽在左右。以闺中之妇，褒誉于虎貔熊罴之列，其何以服众心乎！且武王数受之罪曰“牝鸡之晨，惟家之索”。夫商以妇灭，而周乃以妇兴乎！即邑姜虽贤，不过如太姒之克勤克俭，克逮克容，如《葛覃》《卷耳》《樛木》《螽斯》诸诗尽之矣，岂参阃外之谋，或躬擐甲胄于疆埸锋镝之间也！成王《大诰》曰：爽邦由哲，亦惟十人。迪知上帝命，成王曷敢斥言其母，直与诸臣伍耶！此其大证明据也。学者读书明理，所不知者何妨阙焉。献子五友而忘其三，孟子大贤也。

窦光鼐与周亮工观点稍有异同，但均就事论事，非与宋儒为难。与家传宋学的刘墉相比，窦光鼐甚至是为朱子辩护。而震钧《天咫偶闻》卷六又有这样的记载：

尝见成邸与刘文清公书札云，闻之窦东皋先生言：《论语》“有妇人焉”，当作“有殷人焉”，古篆“殷”与“妇”相近而讹。成邸颇不以为然，云：亦尝留心篆、籀，“妇”与“殷”殊不相近，云云。此事未知文清如何回答？惜不得其复札一证之。

震钧把窦光鼐驳斥的观点，当成窦氏自己的观点。他自称亲见书札，犹如此错乱颠倒；耳食传闻者，更不知伊于胡底。

二、窦氏学术渊源与其宋学根底

窦光鼐是乾嘉之际代表性学人之一，要搞清他的学术倾向，既要略知清代中国学术发展大势，还要清楚窦光鼐家乡诸城及其周边地区的学术氛围，更要看窦氏家学对他的影响。

清代近三百年经学，凡经数变。开国之初，承明末风气，陆王心学仍有一定势力；康熙朝由于“理学皇帝”玄烨的倡导，程朱理学有复兴之势；乾嘉之际，则考证之学（汉学）极盛，程朱之学消沉不振；清朝后期，汉学保持其优势，但宋学有一定反弹，同时今文经学又崛起——这也是古代经学的终结。

就清代总的学术趋势看，汉学强而宋学弱。但山东情况有所不同。自明季临朐冯裕、安丘马从龙等传陈宪章（白沙）、吕坤（心吾）之学，渊源有自，薪传不绝，且发展脉络较清晰。清代前期以安丘为中心，代表人物有安丘刘源渌、张贞，诸城丘志广、王钺、张侗，高密单若鲁，潍县杨青藜、姜国霖、刘以贵，昌乐周士宏，胶州法若真等；中后期以潍县麓台、潍阳二书院为中心，代表人物有潍县韩梦周，昌乐阎循观，诸城王萦绪，安丘李瀣、李大本，高密单为濂、单作哲，胶州法坤宏等；晚清会通理学与今文经学，以潍县陈官俊、张昭潜，德州梁鸿翥等为代表。

清代宋学有南北之分，诚如江藩在《国朝宋学渊源记》中所说，北方学者具有“质直好义，身体力行”的特点，与南方学者的“习尚浮夸，好腾口说，其弊流于释老”[①] 大不相同。北方学者的这一特点是由其时代特点和地域特点所决定的，因而其成就与影响也与南方学者相差甚大。较典型的如《清史稿·儒林传》和江藩《国朝宋学渊源记》中都立传的姜国霖，他以孝行卓著闻名，几乎没有什么著述。

山东清代的宋学家和汉学家，大都没有标榜门户的倾向，而是能兼收并蓄，求同存异，取长补短。像明季山东新城王之垣为维护程朱理学，将王学激进派、同时也是明末道德灾变的推波助澜者何心隐特别料理的例子，几乎没有。清末民初史学大家柯劭忞自胶州移家潍县孝子里，是出于对姜国霖的仰慕；《说文》宗师王筠致朝鲜学者金善臣书，也反对“守汉以薄宋”[②]。宋学家张贞《杞纪》，实事求是，体大思精，放在汉学著述中，毫不逊色。被称为清三百年经师殿军的宋书升，对宋学乡贤韩梦周、阎循观也非常顶礼。甚至出现了“山左独盛”的金石学名家多出于宋学世家（如刘喜海、王锡棨、王森文、陈介祺、王懿荣等）的独特现象。

---

① 江藩：《国朝宋学渊源记》卷上。

② 王筠著，屈万里、郑时辑校：《清诒堂文集》，齐鲁书社，1987 年，第 244 页。

清代中叶汉学极盛时，山东宋学学者能以宋学博闻守约、秉要执中的优点，纠正汉学琐碎饾饤、玩物丧志之弊，对当时的政治、社会风俗也有很大的影响。以所谓“海岱高门第”诸城刘氏为例，清初先后延刘源渌师友、弟子马天撰（翼辰）、李澄（若千）、李大本（立斋）为西席，名贤辈出，而且“近世言家法者，首推东武刘氏”①。刘棨、刘统勋、刘墉都服膺宋儒，且以宋儒秉要执中、纲举目张见之行事，为缔造、维持所谓“盛世”局面，贡献不菲。高出某些琐碎饾饤、玩物丧志的汉学家，不可以道里计。

清代山东宋学家的地域分布，以今潍坊市各县最为集中。《清史稿·儒林传》所列十人，潍坊有七人。至于江藩《国朝宋学渊源记》出现名字的山东清代宋学家（刘源渌、姜国霖、周士宏、阎循观、韩梦周），竟全是潍坊籍。山东有宋学倾向的政治家（所谓理学名臣）潍坊籍也最多，除刘统勋、刘墉父子外，还有冯溥、陈官俊等——窦光鼐自然也是其中佼佼者。这与该地是山东重要的农业区（俗谚所谓“要想吃饭，诸安二县”），生活安定，世家群体众多，宗法观念根深蒂固也不无关系。

窦光鼐家族，分布于诸城、安丘之交，正是清代前期山东理学之中心。籍贯安丘的著名史学家赵俪生教授在《山东乡邦文献考察小记》中说自己邻邑诸城清代“搞义理的，仅见张侗”②，这是他偶尔失察。但就是张侗家族，与诸城窦氏渊源最深，窦光鼐之妻张氏，即张侗近支后人。诸城另一理学代表人物王钺，曾为窦光鼐曾祖父窦长琰的词集作过序，王钺所出之诸城相州王氏，与窦氏亦姻亲稠叠。诸城理学世家丘橓家族，与窦氏也是世交，《东武诗存》卷一有窦长琰《闻海石丘二兄归将省不果》七律一首。丘海石名石常，明末安丘理学家马从龙弟子，著名理学家吕坤之再传弟子，诗与丁耀亢齐名，同时与外甥王钺折辈切磋理学。窦光鼐与同时诸城及周围各县理学人物也交往频繁，他弱冠即受理学名臣刘统勋赏识，乾隆朝鲁中理学代表人物、与窦光鼐同府的昌乐阎循观，为窦光鼐同年好友阎循琦的堂弟。窦光鼐的好友兼幕僚、桐城四祖之一的刘大櫆，也仰慕程朱学行。窦光鼐《省吾斋文稿》亨集《天命之谓性》后有刘大櫆批云：“经传

① 李澄：《质庵文集·槎河山庄记》，山东图书馆藏稿本。
② 赵俪生：《赵俪生文集》第四卷，兰州大学出版社，2002 年，第 510 页。

及汉宋儒者论性精微之旨，融贯在心，尽赴腕下，而笔力高古，足以达之。具此能事，乃可代圣贤立言。”其实汉儒论性之语不多，仍偏在宋儒。

窦光鼐在《先府君行状》中述其父窦诜学术：“府君初留意选学，尤工制艺，后乃覃思古圣贤之学，博落慎取，务自得之，大要以不自欺为本，而推以及于人。尝考研宋五子之书，而绝去门户意见，曰：‘儒者之言，各有得失，要折中于圣人，毋徒随人耳食也。’……不孝自六岁从府君受四子书，即为说义利诚伪之辨，曰：‘君子小人分途在此。’”窦汝翼为窦光鼐所作《行状》也说窦光鼐“考研宋五子之书，而绝去门户意见”。所谓“四子书”，即《红楼梦》中少年贾宝玉连小注都大致背得出的《大学》《中庸》《论语》《孟子》，自朱子从《礼记》中取出《大学》《中庸》两篇谊注之后，方有“四子书”之名；所谓“宋五子”即北宋五位名儒周敦颐、程颢、程颐、邵雍、张载，朱熹之学所从出。

窦光鼐六岁时（时为1725年），与父亲一起从学高璇（字齐光，号云亭，雍正八年进士，曾官翰林院检讨），高璇亦宋学派。解瑶《松斋遗文》卷下有《祭翰林检讨齐光高公文》，提及作者康熙癸未（1703）到窦光鼐岳家放鹤园，在张子云（张佳）翕斋初识高璇，二十年后雍正元年癸卯（1723），解瑶又到放鹤园，与高璇等举行九老会，在座的还有“金琢庵”，即《聊斋志异·金和尚》中被漫画化的“金举人”昆山人金奇玉，在当时的诸城实际上是德高望重的侨寓“龙溪学士”，按照一般的研究者，他应该早死数十年了。金奇玉与宋学家刘棨是好友，曾随刘到宁羌任，并与孔尚任一起助刘棨编纂《宁羌州志》。这都是物以类聚。

清代科举考试，“四书”是必修课，“五经”是选修科目，任选其一（乾隆五十三年乡试“五经”“分年轮试”之前），窦光鼐乡试履历自述“习《诗经》”。五经中，只有《诗经》用朱熹《诗集传》，《周易本义》参用程朱，其他诸经，朱子没有染指，且自谦“不敢”。窦光鼐中进士之前的经学，实专精朱熹《诗集传》。

窦光鼐《省吾斋古文集》卷四《恭跋〈御制经筵讲义〉》，引朱子注《中庸》“至诚无息”一句之“无虚假，自无间断”，与弘历以《易》乾象诠《中庸》相发明，并赞弘历“乃复即朱熹注语，推论致曲之事，为学圣者示求诚之方，斯《洪范》所谓皇极之敷言为彝训者乎”。《四库全书》子部收入《御览经史讲义》一书（与窦光鼐所跋弘历《御制经筵讲义》不是一回事），其中录窦光鼐七篇，多引朱子之说相发明，偶有异同，说的也比较温和。这些庙堂文章没有收入窦光鼐文集，也可能有馆阁近臣做了手脚。

不管怎样，无论从乡学祖传，还是师友君臣之讲习来看，窦光鼐的学术渊源大都根底于宋儒之学。说他“素恶宋儒”，实在严重违背事实，过甚其辞。

三、窦光鼐与乾隆朝崛起之今文经学

诸城北部接近安丘的锡山脚下，有孔子女婿公冶长墓，此地在西汉时为琅邪郡姑幕县治南郊。有学者认为公冶长就是今文经学经典《春秋公羊传》作者公羊高的父亲，甚至径呼公羊高为“孔子的外孙”①。虽然此论有待商榷，但姑幕确是汉代《春秋》公羊学重镇。《后汉书·承宫传》，姑幕有徐子盛，“以《春秋》经授诸生数百”，承宫牧猪（与公羊学前辈公孙弘操业相同）过息庐下，乐其业，因就听经，遂请留门下，后为经师名臣。承宫属公羊《春秋》严氏学派，估计姑幕徐子盛也属此派。严氏学派创始人严彭祖为董仲舒三传弟子，而董仲舒曾任胶西相，与姑幕地缘相近，其学出自公羊寿。姑幕周围各县公羊学大师不少，东武贡禹，安丘甄宇、周泽为其中佼佼者。明万历《诸城县志》卷七《人物》所载通公羊《春秋》的王中、公孙文，与承宫同属严氏学派，左咸属颜氏（颜安乐）学派。

公羊学作为一个学派，汉代以后消沉千年，直到清乾隆年间常州学派的崛起，其学复振，成为“一代学术转捩之枢”②。公羊学派“以经议政”的传统及其强烈的批判精神和变革思想，为晚清以来各种变法、革命思潮推波助澜，成为中国传统经学终结的璀璨晚霞。

常州与姑幕有些渊源。《晋书·徐邈传》，“徐邈，东莞姑幕人也。祖澄之为州治中，属永嘉之乱，遂与乡人臧琨等率子弟并闾里士庶千余家，南渡江，家于京口”。晋明帝时，因其人民在今江苏省武进县西南侨置姑幕县，属南徐州。宋

---

① 张祥平：《经典复杂科学——〈周易〉〈论语〉〈大学〉〈中庸〉的推理和应用》，中国社会科学出版社，2013 年，第 339 页。

② 梁启超：《近代学风之地理的分布》，《饮冰室合集》文集之四十一。

《咸淳毗陵志·古迹》中载："大姑城、小姑城……在县西南六十里。"据清代常州无锡人顾祖禹《读史方舆纪要》，此二城即东晋时侨置之东莞所属莒县、姑幕等县旧地。南迁的领袖人物徐邈，应该就是汉时严氏公羊《春秋》经师徐子盛族人。

至于清代常州公羊学派开山祖庄存与（古有"庄严一家"之说，公羊《春秋》严氏学派较盛），则是出生于姑幕故县的窦光鼐好友与翰林后辈。乾隆十七年（1752）初，两人被任命为湖北恩科乡试正副考官，来去皆同行，《省吾斋诗赋集》卷九有《度平靖关戏简庄方耕编修》五古二首，写于赴鄂途中，第二首有"惠施撼庄周，高论每惊座"之句，可见两人长途论学，甚为投契。窦光鼐是较早与闻常州学派"非常异议"并予以欣赏的学者。以窦光鼐脾气，如果他认为庄存与的观点是异端邪说（如同保守派云），不会说"高论每惊座"，而应该拍案而起，直斥其非，甚至表现出乾隆帝指责他"纷呶谩骂而不自知"的作派（这与昭梿所谓"加以非言詈之"一样）。

随着公羊学为士林所重，西汉公羊学理论体系的发现或创立者董仲舒也逐渐代替许慎、郑玄，成为清代学界新的旗帜。杨钟羲《雪桥诗话》卷一一："自庄方耕宗伯喜谈微言大义，于廷、申受皆庄氏甥，推衍遗绪，学者多言西汉，龚、魏从而昌大之，许郑之风微，而新周改制之说起矣。"所谓"新周改制"，典出董仲舒《春秋繁露·三代改制质文》篇，也是公羊学最基本的理论概念。

在汉以后很多人眼中，董仲舒难与贾谊、东方朔、两司马辈争席，甚至不如剧秦美新、政治节操有瑕疵的扬雄更为知名。同为汉朝今文经学大师，董仲舒的地位长期比不上晚辈何休。何休的《春秋公羊解诂》被完整地收入《十三经注疏》，而作为何注"所本"的董仲舒《春秋繁露》，东汉以后，多已散佚。后人掇拾，已难见完璧。

韩愈《原道》述儒家道统传承次第："尧以是传之舜，舜以是传之禹，禹以是传之汤，汤以是传之文武周公，文武周公传之孔子，孔子传之孟轲。轲之死，不得其传焉。荀与扬也，择焉而不精，语焉而不详。"文中只字没提董仲舒。

宋儒孙明复《董仲舒论》："孔子而下，至西汉间，世称大儒者，或曰孟轲氏、荀卿氏、扬雄氏而已。以其立言垂范，明道救时，功丰德巨也。至于董仲舒，则忽而不举。”

清代中叶，董仲舒的行情逐渐看涨，这也与帝王的好尚有关。乾隆帝早年欣赏董子，居潜邸时所作《日知荟说》就言：“夫湛深经术，孰有过于仲舒者！”乾隆七年二月的经筵上说：“夫万民之心，一大君之心也。董子曰：‘君心正而天下莫不归于正。’”据钱大昕为庄有恭（亦窦光鼐好友）所作墓志：“上御极之四年，诏以廷试进士，撰拟颂联，献谀非体，且启请托之弊，命大臣集议，制策当取通达治体，以汉晁错、董仲舒，唐刘蕡，宋苏轼为式。于是番禺庄公以第一甲第一人登第。读卷日，拆号得公名，天颜喜甚。引见，授翰林院修撰，入直南书房。”武进庄氏与庄有恭同谱连宗，得其风气，乾隆十一年庄存与探花及第，乾隆十九年乃弟庄培因状元及第，皆得益于精通董学（在这之前乾隆元年庄存与亲家翁刘纶中博学鸿儒一等一名亦沾光不少，后刘纶之孙、庄存与外孙刘逢禄发扬光大公羊学）。在刘逢禄的学生魏源、龚自珍以后，董仲舒开始取代许郑成为学术界新旗帜。晚清将今文经学推向高峰的康有为作《春秋董氏学》，直欲奉董子夺孟轲之席：“若微董生，安从复窥孔子之大道哉！”

如果说清儒过甚地对程朱吹毛求疵，有对于清朝统治者“阳浮慕”程朱，阉割程朱，借力打力，钳制天下的逆反（程朱地下有知，当含笑赞许），那么风起于青萍之末，逐渐耸动天下的今文学派过分地推尊董子，则应不乏“顺水推舟”（乾隆喜欢董仲舒，除了仰慕汉武帝的好大喜功和猎奇心理，也许因董学许夷狄进于中国的变通思想，能为清廷合法地位辩护），将经学引向社会批判、政治变革甚至革命之路。对于毗陵学者，则又近绍晚明东林学派之风。明末砥柱天下的东林党，与清末雷霆万钧的今文经学，都源于常州府数县，这也并非巧合。而研究常州词派诗派、阳湖文派，也不能忽视这方面的影响。

曾与乾隆朝公羊派宗主庄存与论学的窦光鼐，在历代先儒中，对董仲舒评价很高。《省吾斋诗赋集》卷一〇《董子祠》诗云：

代有贤良举，空闻射策新。重经读书处，想见下帷人。气象殊匡、郑，渊源嗣孟、荀。遗编讨《繁露》，万古一涓尘。

《公羊传》主要成于士气昂扬、思想自由的战国时期，孟子、荀子亦皆有纵横家风范。从《董子祠》诗中看，窦光鼐对董仲舒学术个性不仅了解，而且推崇至极。其常州得意门生秦瀛《西湖窦东皋夫子祠堂落成敬举祀事赋此》[①] 诗有“东国谁寻董相坟”之句，拟窦光鼐于董仲舒，窦氏地下有知，当稍有惶恐。

今文经学重演绎发挥和形上探讨，虽与以形下名物考证为重的古文经学同属汉学，但在学术方法乃至价值取向等方面，与宋学反而更接近。朱子称董仲舒为“汉儒最纯者”（《朱子语类》卷八七），清代今文大师皮锡瑞《经学通论》论《春秋》第一篇题目便是《论〈春秋〉大义在诛讨乱贼，微言在改立法制，孟子之言与公羊合，朱子之注深得孟子之旨》。这也是有宋学根底的窦光鼐容易对公羊学产生好感的原因。饱受考证派压抑的宋学派在清末有所反弹，与此也应有关系。

《公羊传》作者为齐人，齐地方仙神道思想自然有所渗入，对此，董仲舒没有批判，甚至踵事增华，且见之行事。《汉书・董仲舒传》：“仲舒治国，以《春秋》灾异之变推阴阳所以错行，故求雨，闭诸阳，纵诸阴，其止雨反是。”颜师古注：“谓若闭南门，禁举火，及开北门，水洒人之类是也。”对这些东西，清代公羊学家仍没有割爱，庄存与《春秋正辞・奉天辞第一》连篇累牍，堪称代表。窦光鼐师法董仲舒，也有过迂之处。如按董仲舒理论，求雨闭南门，开北门（估计只适用于求雨的坛庙），没有北门怎么办，窦光鼐犟劲上来了：那就爬窗子。当年在上书房对窦光鼐老师严格要求不甚受用的小同学颙琰即帝位后，对已经过世的老师吹毛求疵。嘉庆十二年（1807）四月，有这样一段“上谕”：

光禄寺卿钱楷奏，京师春夏以来，雨泽稍稀，请循照《汉书》求雨闭阳纵阴之说，将现在正阳门外修筑之石道，暂停工作，以期甘霖速沛一折。五行生克制胜，虽见诸传记，大率经生强为傅会，其事多迂窒不可行。即如《汉书》求雨注内所称闭南门禁举火之类，此或在一乡一邑，尚可遵循偶一为之，至京师都会之地，车马辐辏，行旅络绎，又岂能拘泥陈言，概行禁止？设令正阳、崇文、宣武三门暂闭数日，尚复成何政体！从前窦光鼐惑于

① 秦瀛：《小岘山人诗集》卷一〇。

此说，竟有不开房门，从窗牖行走之事，岂非大笑谈乎？朕现因京城雨泽愆期，昕夕斋心默祷，惟期勤修实政，敬迓天和。若谓将现在所修之石道暂停工作数日，遂可以立沛甘霖，恐感应之理，未必在此。所奏应毋庸议。①

嘉庆帝之论，固为高大上，但公羊学家宣扬阴阳灾异之说，与儒家一般神道设教观念，主要是警戒没有世俗权力限制的专制君主。庙堂宫廷，岂少后门哉！窦光鼐爬窗子之说，估计是对抬杠皇子说的气话。如果颙琰当年在上书房再这样问窦老师："窗子太小怎么办，没有窗子又如何？"估计不被打板子，也要罚站。

窦光鼐及常州"戆翰林"集中的翰林院，对天下学术文风有示范作用。据梁章钜《归田琐记》回忆嘉庆七年（1802）他参加殿试，读卷官朱珪（刘统勋门生）曾拟擢梁卷为第一，"因余文中能用《春秋繁露》语也"。窦光鼐的学生，程本《红楼梦》的修订者（或曰后四十回作者）高鹗，与常州大族恽氏联络有亲（传为曹雪芹祖父的曹寅与常州学人交往更多，其生母与常州大族顾氏同宗，曹寅与窦光鼐表祖王沛憬还是连襟，而王沛憬侄女嫁庄存与弟子孔广森的堂弟孔广栋），也推崇董子。

高鹗会试卷后，有大总裁窦光鼐批语："抑扬尽致，波澜老成。"其后还有"本房总批"："精骛八极，心游九埏。崇论闳议，悉从理窟中探出真髓。所谓志和音雅，酝酿深醇，此文境中最上乘也。诗词古藻，经义淹通。三场综江都之博议，兼子瞻之名言，斯真学有本原，语无枝叶。"文中"江都"，也是指董仲舒。董仲舒任江都王相早于任胶西王相。

《红楼梦》第二回"正邪两赋"论，研究者多以为是作者借贾雨村之口阐述作者的哲学观、人性论。文中所列"应运而生"的"大仁者"清单"尧、舜、禹、汤、文、武、周、召、孔、孟、董、韩、周、程、张、朱"，差不多就是儒家道统传授简表。"正邪两赋"在性善性恶争论了两千多年的中国，不过老生常谈。将董仲舒与孔、孟等人并列，这在《红楼梦》之前，似乎尚未见到过。《红楼梦》中有大量灾异描写（最典型的是冬行春令之海棠花妖），如探讨其寓意，

① 《清高宗实录》卷一七八。

董仲舒的《春秋繁露》和庄方耕的《春秋正辞》察五行祥异，也许比胡适推崇的所谓科学实证更有帮助。董仲舒《天人三策》中的“天”，必然地有神学倾向，而与胡适之徒膜拜的“自然主义”无甚账算。

《红楼梦》最后一回写贾政（字存周，其名其字亦出典于《春秋繁露·三代改制质文》，其斋号梦坡，令人联想起庄存与之学成于常州东坡书院，苏轼与董仲舒同为古今学文兼擅的代表，曾计划终老常州，与“胶西”也有瓜葛）自南京紧急回都城，却北辕南辙到了毗陵驿；前文没说他与常州人有何交游，这时却派出很多家人上岸投帖，辞谢朋友（以贾政的处世态度，不应该是利益相关，而当为道义相勖）。而他那娇生惯养的宝贝儿子竟突然有了特异功能，穿着那著名的阔斗篷，赤着双脚在运河岸边茫茫雪地中与父亲相见，然后与一僧一道飘然而去，留下一片光明空阔。斯文绝续，世运剥复之际，“谁与我游兮，吾谁与从”，似有夫子知我罪我之意焉。

窦光鼐《先府君行状》说他从六岁始，便自父受“四书”，究“义利诚伪之辨”，审“君子小人分途”。此实窦氏一生学行纲领，亦董子“明谊正道”之抓手。《红楼梦》开卷首回，甄士隐邀贾雨村到自己书斋中品茶闲话，以消永昼，方谈得三五句话，忽家人飞报“严老爷来拜”，甄士隐连忙辞别贾雨村。甄士隐（名费）、贾雨村（名化）分别为君子、小人化身，皆出典《中庸》，所谓“君子之道，费而隐”，“小人行险以侥幸”，而“严老爷”则是严义利诚伪之辨，严君子小人之辨。甄士隐本“通财”之义资助贾雨村，特言“弟虽不才，‘义利’二字，却还识得”。甄士隐对贾雨村“利以养其体，义以养其心”（《春秋繁露·身之养重于义》），永不言弃的觉迷和拯救，遂成为中国文学史上最伟大的文化寓言之一①。即使我们不清楚窦光鼐与《红楼梦》作者、编者们的多重关系，也会感到他们的心灵旷世相感，神光离合。

四、窦光鼐治学的开放性

窦光鼐的学术倾向与和他同乡且年龄相当，并有多重亲戚关系的刘墉接近。

---

① 参见拙作《“严老爷”寓意》，《红楼梦学刊》2011年第5期。

他们都以宋学为根底，而开放兼容。两人学术渊源、进退出处也有重合处。他们都是翰林出身，一起编纂过一些朝廷大典，都做过上书房总师傅。由于他们曾在堪称“汉学总部”的四库全书馆供职，也都被人错指为考证学家——他们与攻击宋学最卖力的纪昀私交也都不错。

王国维在《国朝汉学派戴阮二家之哲学说》中慨叹：“雍、乾以后，汉学大行，凡不手许慎、不口郑玄者，不足以与于学问之事。于是昔之谈程、朱、陆、王者，屏息敛足不敢出一语。至乾、嘉之间，而国朝学术与东汉比隆矣。”① 其中的“王”，是指明代集心学之大成的王守仁，在清代，他被汉学家埋汰得比程朱更不堪。但窦光鼐和刘墉都对王阳明敬礼有加。刘墉收藏王阳明一方铜印，其得意门生苏州人王芑孙《观石庵先生所藏阳明山人铜印歌》七古长歌最后云：“知公必有心印在，鸿蒙一气中流通。直寻仙佛本来意，以证濂、洛希微衷。”可见刘墉对宋明儒学的态度。窦光鼐《省吾斋诗赋集》卷一二有《谒王文成公祠》，诗云：

真才名世建非常，御墨荣褒俎豆光。（原注：“乾隆十六年，圣驾南巡，特颁祠额，御书‘名世真才’四字。”）早岁昌言犹凤铩，乘时历试果鹰扬。盈廷讼避杨张幻，谋道源寻思孟长。祇以学徒沿鹿洞，讹言今始息蜩螗。

在窦光鼐眼中，王阳明越濂、洛而接思、孟，较之刘墉师徒评价，更上一层。《刘文清公遗集》卷一一有《窦东皋前（辈）示谒王文成公祠诗依韵和作》：

直节捐躯盖士常，那知名世久弥光。变生猝遽心无动，身到孤危气倍扬。儒释阴阳谁学伪？苗蛮抚剿亦谋长。真才本异空言托，讲席纷纭叹沸螗。

王阳明之学与董仲舒思想也有相通处，都重视形上内容，都重视发挥主观能

---

① 王国维：《静庵文集》，辽宁教育出版社，1997 年，第 95 页。

动性；另外，对阴阳五行学也都有些兴趣。这些，也是窦光鼐和刘墉的共同点。窦、刘对攻击王阳明者都有微词，但相对于他们共同的朋友——“桐城四祖”之一的刘大櫆，都比较含蓄。刘大櫆《奉题学使公所得王新建印章次原韵》（为时任安徽学政刘墉作）有“后来小生肆掊击，连结鸡雌排虎雄”之句，未免张牙舞爪，意气用事。

如果说刘墉与窦光鼐取舍方面有差异，那就是刘墉不甚讲究辞章之学，而窦光鼐在这方面却颇下工本。民国刘大同所编《刘石庵公（墉）家书真迹》收有刘墉写给诸弟的《家言》，其中一段文字其实就是批评汉学兼批评专意词章之士："又有一种自负名流，究心注疏，贯穿群言，而于圣道无所会心，亦与流浪词章者等耳。”刘墉的散文确实不怎样，乾、嘉间名人碑版，多请窦光鼐撰文而由刘墉书丹。窦光鼐书法也自成家，如著名学者李文藻父李远墓志铭，由纪昀撰文，窦光鼐书丹。

窦光鼐应该是义理、考证、词章并重，在这方面，他与至今仍说不清是散文流派还是学术流派的桐城派接近。“桐城四祖”与诸城关系都很密切。诸城及邻县高密，方苞弟子众多，与窦光鼐有姻亲关系的王氏就有王柽（方苞所谓“山东二圣木”之一）、王元默、王中孚等多人，甚至嫁到诸城王家的高密媳妇单为娟，因其父兄与方苞关系密切，也被列入桐城传述的行列。刘大櫆曾为窦光鼐幕僚，也是窦光鼐最知心的朋友。戴名世出刘统勋叔父刘果门下，姚鼐则出刘统勋门下。其中尊程朱为父师的姚鼐因刘统勋去世，被排挤出四库全书馆，对四库全书编纂和清代学术的走向都有重要影响。

窦光鼐《省吾斋诗赋集》，应酬之作不是很多，但关于刘大櫆的篇什不少，且大都一往情深。卷一一《发清口驿望龙眠诸山忆刘耕南》云：“海内论文友，于今复几人？重经清口路，如遇素心亲。鹿起仍多态，龙眠会有神。朝廷需国士，未合老风尘。”

刘大櫆长窦光鼐二十余岁，性颇狂傲，但对窦光鼐才学甚是欣赏。其《东皋先生时文序》云：“东皋先生崛起东武，洞见孔孟之心意于语言之外，而尽其精微，不为宋元诸儒之所屏蔽，而行之以古作者之文。”两人皆以宋学为根底，但能折中历代名儒，拿出自己见识。刘大櫆为方苞之徒，姚鼐之师，他不像方苞那样为维护程朱到处找人干架，也不像尊程朱如父师的姚鼐那样对程朱谬误处尊亲避讳，他对程朱某些观点的批判，大胆尖锐，超出时辈。封建社会最高道德之一“忠”，在他眼里不值钱，他以为君臣只是一种“共事”关系，食君之禄，并非受君之恩，并揭露君主对人民疾苦的隔膜。他的《读伯夷传》与窦光鼐《伯夷叔齐论》，一唱一和，皆斥伯夷谏武王伐纣不足信，而勇敢地为武王“弑君”（除独夫民贼）辩护，较之《红楼梦》中贾宝玉质问意气用事的“文死谏”之徒“置君于何地”，更进一步。

窦光鼐与刘大櫆更投契的是对“古文”的崇尚，他们两人是乾隆朝“以古文为时文”风气的鼓吹者。窦光鼐借助他长期为学政，主持乡会试，以及他对乾隆帝的影响，将这种风气向全国推广。《省吾斋古文集》卷七《谢典试浙江事竣即奉差该省学政折》内云：

> 近年文体渐靡，皆由诸生肄习讲章，读坊刻时文所致。臣以为宜先正所学，通饬各学及各府书院，令诸生勿得沿习讲章旧误。其有关禁例者，务尽销毁。惟讲求传注，反诸身心，体会圣贤立言之旨，兼阅前辈时文为楷式，以《易》《书》《诗》三经，《春秋》三传，三《礼》、《史记》、前后《汉书》、《五代史》及昭明《文选》、唐宋诸大家古选、《御选唐宋文醇》汇为月课，令有志上进之士，将所诵习何经、何史、古文何篇、汉魏唐宋诗何家，分阅注册，考课功过。诸生所学既富，撷华采实，各以所得者立言，文体自正，而士习亦自端，以仰副我皇上寿考作人之至意。

据清国史馆《满汉名臣传·窦光鼐传》，乾隆帝“嘉之”。窦光鼐增加考生课业负担的提案不仅关系“文体”，而且关系“经术”。

窦光鼐治学还有一重要特点，就是倡导躬行，学贵有用。清宣统《山东通志》卷一七五《窦光鼐》传概括其学行云：“光鼐生平不讲学而躬行，尤严析义利，而要之以毋自欺。立朝五十年，揭揭然柴立，无所顾慕。尝言：‘学贵有用，如昌黎折王庭凑，阳明平宸濠，乃真学问。’光鼐诗学少陵，古文学昌黎，制艺则发挥圣贤义理，自成一家。”窦光鼐做过经筵讲官、上书房总师傅，数任学政，学是要讲的。倡导躬行、有用，应该是他讲学的重要内容。在这一点上，有些接近颜李学派。且颜李学派在诸城也小有影响。颜元的两大弟子李塨、王源都与诸城学界有联系（桐城派班首方苞自称收服了这两个人，有些强迫人意），李塨曾与窦光鼐岳家人张侗通信论学，王源则与窦光鼐儿女亲家诸城王氏连宗，窦光鼐表祖王沛憻（刘墉姑丈）刊印王钺的《世德堂遗书》，特请“宗人”王源之子王兆符校订。本来山东学者就如江藩在《宋学渊源记》中所说，具有“质直好义，身体力行”的特点，与颜李学派重视实践、事功接近。但窦光鼐的“有用”，自然比墨守苦修的颜元要宽泛得多。

综上所述，窦光鼐治学门径甚宽、兼收并蓄，这在另一方面也使他学问不免庞杂，家法混乱。吴汝纶曾批评窦光鼐好友刘大櫆“其学不如望溪之粹”，窦光鼐的学术光谱比刘大櫆更复杂些。浙江学人周春在私人信件中将窦光鼐与纪昀并称为“传经蟊贼”[①]，可能与此不无关系。

五、窦氏个性对其学术表述的影响与人们的误解

俗话说“无风不起浪”，永瑆、昭梿说窦光鼐“素恶宋儒”，也并非毫无风影，只是他们很可能把窦光鼐对宋儒有针对性的、情绪化的具体的批评驳正，当成整体的、定性的批判和否定。

还有一句俗语是“知子莫若父”，窦诜对窦光鼐个性的认识及对他学术方面的批评，对我们也很有启发。窦光鼐《先府君行状》云：“及不孝居翰林，亡弟光钺方从府君治举子业，有传言不孝持论好异者，府君手书责之，寄《家训》一卷以为警。其明年，府君至都，见不孝所为文字，喜曰：‘所见近正矣！人乃以为异，顾汝与人议论好胜，宜亟除之。’”还述及其父临终时又叮咛：“惟汝素性硁执，信已过深，恐于事物有滞碍。当思虚己受人，方能任天下事。诸葛武侯集众思，广忠益，此可为法。”

窦诜所说窦光鼐“持论好异”，可能是指他有时驳正集宋儒之大成的朱子传

① 潘承厚：《明清藏书家尺牍》第三册《周春致吴骞书》。

注而言。《省吾斋古文集》卷九《伯夷叔齐论》《吴泰伯论》《孔子变齐鲁论》《正名论》《管仲相桓公集注论》《舜不告而娶辩》等篇，专与朱子《四书章句》为难。有意思的是，窦光鼐专精朱熹《诗集传》，但文集中没有专篇驳难，可能《诗集传》本非朱子殚心之作，诸儒聚讼已久。而《四书章句》为朱子一生丹诚神血所凝，自称理会四十年。汉学激进派纪昀一生对程朱之学冷嘲热讽，有触必发，但他无论在庙堂文章《四库全书总目提要》，还是在稗史小说《阅微草堂笔记》中，都一再说宋儒于“四书”，用一生精力，字斟句酌，“断非汉儒所及”。若能攻瑕索垢，岂不更容易出彩？这也是窦光鼐“好胜之心”的表现。有时窦光鼐言论非常尖锐，如《吴泰伯论》说朱熹之说“害道甚大”，《孔子变齐鲁论》说程朱之论“于圣人之言，直犹墙面也”。我们完全可以推想，窦光鼐原作，较之领受父训之后改正和子孙刊印之前惧祸润色之后的文字，更有煞头。他在对皇子和诸生讲学时，也应更锋芒锐利，甚至浙江临海训导章知邺《讨奸邪窦光鼐》文中所述“悖逆”之语，即使乾隆帝也认为窦光鼐会说而不敢笔之于书。但也不能说窦光鼐就是“素恶朱子”。

朱子虽然一生精力贯注“四书”，但距古人已远，文献残阙，制度文物有不及详者。“四书”作者皆山东人，好近取其譬，生于闽南的朱子对齐鲁风物民俗有些隔膜，如他对《孟子·离娄下》“徒杠”“舆梁”的解释，费力不小，但可能齐鲁间文盲农夫都会嘲笑他强作解事。再就是，一切制度久必生弊（菩萨所谓一切药皆能杀人），不能因某制度不适用于后世，便予以否定，更不能将对某些制度末流弊端的批判，转向朱子。还有，任何学术久必生弊，都需要纳新通变，否则便失去活力。

清代中叶的知识分子，对宋儒说三道四是常事，即使宋学派对此也很淡定。窦长琰好友宋学派刘翼明《海上随笔·若愚轻议朱子》云：

> 智上人自渠丘而涓村，自涓村而九仙，往返半月。丘慎清甚重之，欲借其出世之字号以见意，自名曰济拙，自号曰若讷。虽胸中有故，亦附近朱蓝之意也。灯下忽谈及新安注毛诗，大为潦草。慎清作色，不应者久之。至明日，而愠意犹未能解。则曰：“师兄之议考亭，是亦不可以已乎？”予当下心

服而无言焉。退后自思，喜驳先贤，此后儒之习气也，况紫阳夫子其说诗，实有不可驳者乎？于智公，见义气之坦（稿本原作“真”，圈改），于慎清，见体认之深。

若愚，为明青州衡王之后，入清出家法庆寺为僧，后居安丘儒林庄关帝庙，“天象、地理、医卜、星命之学，无不精核而卒不以传人，与青州薛仪甫善”①。丘慎清即窦长琰所谓“二兄”丘海石之子丘元武。刘翼明对坚守朱子和批评朱子者，都能欣赏，可谓达人。

一代帝王弘历有时也对朱子吹毛求疵，窦光鼐《省吾斋古文集》卷四有《恭跋御制五说》，附和弘历，对于《诗经·凫鹥》的解释，既斥郑玄之非，又说朱子“附会”“妄言”。弘历还有专门批判程颐的大作《书程颐论经筵札子后》，对程子卫道统、抑君权的进步言论大放厥词。与窦光鼐一起编《四库全书》的纪昀，更是无所顾忌，他的《题〈阅微草堂笔记〉》云“传语洛闽门弟子，稗官原不入儒家”，其轻薄挑衅，情见乎词。

吴敬梓在《儒林外史》第三十四回杜少卿针对自己所著《诗说》（《诗经》为全椒吴氏家传之学，与诸城窦氏略同）与朱子有异而解释说：“朱文公解经，自立一说，也是要后人与诸儒参看，而今丢了诸儒，只依朱注，这是后人固陋，与朱子不相干。”《儿女英雄传》第三十九回安学海过阙里而讲《论语》，有这样一段高论：

大凡我辈读书，诚不得不详看朱注，却不可过信朱注。不详看朱注，我辈生在千百年后且不知书里这人为何等人，又焉知他行的这桩事是怎的桩事，说的话是怎的句话？过信朱注，则入腐障日深，就未免离情理日远。须要自己拿出些见识来读他，才叫作不枉读书。

此等议论，足以服人。说《儒林外史》反孔孟、反理学者亦可休矣。窦光鼐

① 道光《安丘新志》卷二五《方外传》。

的“异议”，其实就是自己“拿出些见识来”，只是他没有必要太动肝火。朱熹这样伟大的学者，如果与窦光鼐同时，他可能会将自己解经的“未安处”向窦光鼐虚衷请益。从另一方面说，朱子被推尊得越厉害，他学说中的谬误的危害越严重，越有必要强调指出，窦光鼐这样的人未始非朱子之功臣。

就窦光鼐气质来看，他是一个非常典型的“胆汁质”类型人物，情绪容易冲动，有攻击性，一旦冲动，言行便容易过头，难以自制。《满汉大臣列传·窦光鼐传》中乾隆帝批评窦光鼐个性偏颇处数以十计（弘历堪称第一个窦光鼐研究专家），词汇亦颇丰富：“迂拙”“拘迂”“拘钝”“偏谬”“狂妄”“固执”“偏执”“笔舌忿争”“坚执臆说”“性情偏执”“气质用事”“气质自用”“逞臆侈谈”“纷呶谩骂”“哓哓不休”“硁硁小人”“拘钝缪辒”“执意妄行”“发怒咆哮”“执迷纰缪”“乖张瞀乱”“冒昧固执”“糊涂错谬”……甚至下这样的结论：“看来窦光鼐竟系病疯，是以举动颠狂若此。”虽然弘历对窦光鼐不无偏见偏听偏信，但从这些评价仍可以略见窦光鼐性格一些侧面。如此脾性之人，一旦与刘大櫆这等愤世嫉俗的失意之徒共鸣，发作得尤其厉害。窦光鼐在朝廷做风闻言事、摘奸发伏的御史，堪当其选——明代士风亢阳，这种人泛滥成灾，在万马齐喑的清代则殊胜稀有，且大都厉而无咎，传中弘历三引明代科道陋习警戒窦光鼐注意“国宪朝章”“政体国法”“大臣之体”（窦光鼐门生高鹗编订的《红楼梦》中贾宝玉对猛拼斗气、有失中庸、孤立君亲、误国误民的“文死谏，武死战”之徒的批判，也是针对明代士大夫），其实对他敢于直言，未尝不感到稀罕，且骂且优容且重用。窦光鼐如果做调和鼎鼐的台辅重臣，就勉为其难了，所以窦光鼐在仕途上没有他的翰林后辈刘墉、王杰等走得远。窦光鼐一生最出彩的揭发黄梅案，以“不欲做官，不要性命”的勇气，步步惊心，电闪雷鸣，撕开乾隆朝腐败的冰山一角，让老虎王乾隆帝（弘历派卖人参敛财、并允许有过错的督抚输银三万两到他的小金库广储司赎罪，养虎为患，是贪腐肆虐的主要原因）、大老虎和珅、中老虎伊龄阿等一起现形，甚至差点让德高望重、力持大体的名臣阿桂晚节不保，得益于他这种性格；至于他晚年主持乾隆六十年（1795）会试，明知会元、亚元王以铻、王以衔是自己学生而且是兄弟，仍坚持填榜，导致物议纷纷，几乎性命难保。这招险棋臭棋，同样与其个性有关。比较其同乡前辈刘统勋任乾隆二十六年殿试阅卷大臣，谨慎防嫌，想方设法不让门客赵翼入甲榜（赵翼《檐曝杂记》述之甚详）一事，窦光鼐的确太任性了。这种个性在其学术表述上自然也有所表现，也是引发人们对他误解的重要原因。

其实，朱子生平亦偶伤偏颇。他曾自我检讨“某气质有病，多在忿懥”（《朱子语类》卷一〇四）。这在他对待苏轼的态度上特别明显。他在一封私信《与汪尚书》中说东坡之学“害天理，乱人心，妨道术，败风教”①，尽出王安石之下，俨然要将东坡摈诸八荒之外（估计是因汪尚书对苏轼推尊过甚，有意矫枉）。但总体看，他对东坡还是褒多贬少，有时甚至矢口赞叹：“东坡解经（一作‘解《尚书》’），莫教说着处，直是好。盖是他笔力过人，发明得分外精神。”“当时游其门者，虽苦心极力学得他文词言语，济得甚事。如见识议论，自是远不及。”（《朱子语类》卷一三〇）

窦光鼐在《伯夷叔齐论》中对朱子《论语》注采苏轼《武王论》贬低周武王不满，他武断地认为苏轼《武王论》为伪作，然后批评朱子：“朱子素与苏子异党为敌，而独以此篇之旨注《论语》，则尤不可解也。”但在《御览经史讲义》卷六讨论《尚书·洪范》对“皇极”的解释，窦光鼐对朱熹摈落诸儒之说，“独取苏氏《书传》”进行发挥，又表示赞同。《大学》云“好而知其恶，恶而知其美者，天下鲜矣”，唯大学者而时中庸，不会一直被主观偏见蒙蔽。窦光鼐在官场斗争中，有时也讲究策略（他的“气质用事”有时是烟幕弹）；在学术研究中，他有时也能自我反思，纠正偏颇。

窦光鼐好友阎循琦之堂弟阎循观《西涧草堂文集》卷一有《文士诋先儒论》，指出文士好对程朱“寻衅索疵”，除了程朱“去今未远，无圣人之号，稍有异议，人亦不甚怪”之外，主要因为“程朱之言，直陈事理，或杂以方言，无雕琢之观，华实两无取焉。而其言又显切近今情事，足以刺讥吾之所为，而大有所不利，则是安得不攻也哉”。对于自称书生皇帝的弘历而言，程朱将“道统”“民本”置于君统之上，限制君权，大有所不利；对于食肉量大的享乐主义者纪昀来说，程朱以圣贤律人，同样大有所不利。他们对程朱的选择性批判，其实怕别人

① 朱熹：《晦庵集》卷三〇，文渊阁四库全书本。

援程朱律条问难，是自我保护（弘历欣赏王充《问孔》《刺孟》之“博辩”，其用心类似）。而窦光鼐，主要是砭执好胜的个性使然。他之所以批驳程朱，正是因为太看重程朱。至于因他对程朱谊注有所批驳，便认为他“素恶”程朱甚至反程朱，则是无限上纲。窦光鼐好友，也有产生误解者。高密诗派魁首、曾比窦光鼐为韩愈的李宪乔就是其中之一。李怀民《紫荆书屋诗话》说：“子乔自云：自明季以来，苟有才学人，率以攻击程朱为能。宪乔心甚不取，即相知如东皋先生，亦不能以此相袒附也……宪乔作《心书》，多以朱子之言，判断古今人物。”但就是这个李宪乔，竟被他另一同胞兄弟李宪暠目为“不信程朱”。《紫荆书屋诗话》载：“叔白云：子乔不信程朱之学，有句云‘只因未到尼山贯，不信窗前草不除’，凡集中骂假道之篇，皆此意也。”把对程朱（周）局部的批评，视为“不信程朱”，已是过分；把对假道学的批判视为批判程朱，更是冤哉枉也。对于后来的左棍学阀（对于他们，以偏概全，无限上纲，只是小菜，以洋律中，强古从今才是绝活），对经学甚至历史连略知皮毛都谈不上，看到批评程朱的言论便大发神经，劈头盖脸，更不足怪。并且由于政治理念对文化研究盘根错节的影响约束和学术体制，至今“遗产”丰富。高等院校仍在使用的最权威的文学史、文化史教科书，仍鲁莽灭裂，将《红楼梦》中功利派探春议论朱子《不自弃》的“虚比浮词”，视为《红楼梦》反封建、反理学的“铁证”（其实是惋惜朱子名言精理不能一一付之实行），绝对不是个案。从这方面说，对窦光鼐学术思想研究起步晚，未必不是好事。我们可以摆脱 20 世纪民族虚无主义和极左文化的不良遗产，在广泛占有资料、充分理解同情的基础上，观大局，审曲直，纲举目张，有序地合乎逻辑地展开。

刘墉的学术倾向及其影响

——兼论清爱堂家学

一

清代学术（经学），凡经数变：开国之初，承明末风气，陆王心学仍有一定势力；康熙朝由于“理学皇帝”玄烨的倡导，程朱理学（宋学）压倒王学，又风光一时；乾嘉之际，则考证之学（汉学）极盛，程朱之学消沉不振；清朝后期，汉学保持其优势，但宋学有一定反弹，同时今文经学又崛起——这也是古代经学的终结。

刘墉为乾嘉之际名臣，士林领袖，有深厚的经学造诣。他的学术取向，对当时学风甚至政坛，有举足轻重的影响。李元度《国朝先正事略》这样评价刘墉：“文清少跻馆阁，通掌故。中年扬历封圻，外娴政术，及继正揆席，天下呼为小诸城。所学贯串经史百家，诗遒练清雄，题跋尤古雅。”[①] 刘墉的学生、满族名臣英和在其《恩福堂笔记》中说刘墉“熟于《史》《汉》，博通前人诗古文词，尤精于内典，旁及说部”[②]。刘墉在乾隆、嘉庆“稽古右文”之时，多次受命编纂巨典，先后任《四库全书》馆副总裁、玉牒馆副总裁，《西域图志》《日下旧闻考》《三通》《会典》《石经》《明史》总裁，还多次与诸皇子一起点校宫中藏书如《珠林秘笈》等。

如果只看这些笼统的评价和刘墉的学术活动及其“成果”，他大概可以算个“汉学家”。但实质上刘墉对宋明之学情有独钟，而对当时甚嚣尘上的汉学是反感的。礼亲王昭梿称刘统勋、刘墉父子都是“理学名臣”，这就其实肯定了刘墉对宋学的倾向。昭梿在《啸亭杂录》中记有刘墉一段轶事，也能说明其宋学立场：

---

① 李元度：《国朝先正事略》卷一六，岳麓书社，1991 年，第 473 页。

② 英和：《恩福堂笔记》卷下。

“余初登朝，犹及见其（刘墉）丰度。一日立宫门槐柳下，余问朱文正公（朱珪，刘统勋门生）五矢之目，朱未遽答。公喟然曰：‘君子务其大者远者。今君以宗臣贵爵，所学者自有在，奚必津津于象物之微者哉?’宜朱公之不答也。老成之见，终有异于众也。”①

民国刘大同所编《刘石庵公（墉）家书真迹》收有刘墉写给诸弟的《家言》，其中一段文字其实就是批评汉学：“又有一种自负名流，究心注疏，贯穿群言，而于圣道无所会心，亦与流浪词章者等耳。”②

这其实都涉及对当时已经有些琐碎饾饤、玩物丧志的汉学的批评。徐世昌《大清畿辅先哲传》卷二三《翁方纲传》载翁氏论学语：“吾所识如诸城刘阁老墉之于金石碑版，及钱侍郎载之于诗文，皆不善于考订而不敢公然斥考订为非，惟一蒋君（乾隆朝三大诗人之一蒋士铨）出言之，违失竟若此。”这里的“不敢”，改作“不欲”更恰当一些。

刘墉的书法，虽有“集帖学大成”之称，其实他的得力处仍在宋明之间，苏东坡、赵松雪、董香光皆所私淑；于汉魏六朝，虽亦有所得，但并未深入堂奥。他的诗，王昶《湖海诗传》以为“清新超悟，有香山、东坡风格”，自不同于偏袒汉学的翁方纲之流的獭祭、考证之诗。

刘墉和他父亲一样，对佛学感兴趣，自称“洞门童子”。在《家言》中也劝诸弟购佛经，以为佛经“与四书、五经无碍”。而“援释入儒”“阳儒阴释”，正是汉学家批判宋学的口实。

乾隆朝贪官伍拉纳之子舒坤在《批本随园诗话》批语中说刘墉“承其尊人文正公之后，亦思勉为君子。而心地不纯，遂成为假道学”③，虽然厚诬刘墉，但也从另一个方面说明刘墉与宋明理学之间的关系。

清代王阳明心学最受诟病，王夫之《张子正蒙注》直斥“姚江王氏，阳儒阴释，诬圣之邪说”。而刘墉却仍对王氏极其崇敬，甚至宝藏王阳明的一枚铜印。他的学生王芑孙《渊雅堂集》有《观石庵先生所藏阳明山人铜印作歌》，为宋明

① 昭梿：《啸亭杂录》卷二。

② 刘大同：《刘石庵公家书真迹》，《近代中国史料丛刊》第一辑第711册。

③ 袁枚著，王英志校点：《袁枚全集》（第三册），江苏古籍出版社，1993年，第803页。

之儒鸣不平，亦可见刘墉学术之不从流俗：

铜章扶寸纽压龙，朱文苍劲气浑融。阳明先生古作者，新建僭爵膺褒封。当年手握霹雳符，千军扫却心从容。宁藩就擒事不易，上捷竟上中官功。南赣抚臣印斗大，一笑掷去还山中。头衔竟署山人字，至今心迹留枯铜。谛观礲治不草草，拨腊为范加镵攻。高阳许初篆其字，旁列款识书尤工。世间荣辱那有据，盛衰一往如飘风。侯伯大封赐铁券，瞥眼春雪同销镕。区区余物仅存此，土花绣蚀斑青红。忠魂道气所凭托，埋没不下腾长虹。鬼神呵护三百载，流传又遇司农公。我公作人有风味，嗜好殊俗为儒宗。银黄入手不介意，宝此独若琏球珑。摩挲岂惟悦清燕，拂拭正尔增虔恭。心光万古一顷刻，良知寒暖验自躬。世人但识宋五子，拾宋糟粕讲异同。宋儒堂奥初未见，叩槃扪籥随群蒙。神徂圣伏儒者贱，宋五子恨无终穷。兼三不朽破空出，天遣与世为晨钟。阳明不出道坠地，坐令学究成冬烘。阳明既出道在世，如晓日挂榑桑东。山人还山若无有，始觉儒者真英雄。知公必有心印在，鸿蒙一气中流通。直寻仙佛本来意，以证濂洛希微衷。①

刘墉的同乡同事窦光鼐也服膺阳明之学，其门生秦瀛《都察院左都御史窦公墓志铭》说窦光鼐心仪阳明，“不屑沾沾于章句训诂”②。《刘文清公遗书》卷一一有《窦东皋前示谒王文成公祠诗依韵和作》，结句云：“真才本异空言托，讲席纷纭叹沸螗。”既与窦光鼐同声相和，对某些攻击王学的批评也够尖锐。汉学家喜欢评判王学空虚无用，但比较王阳明平定宸濠之乱的神敏果敢，与清末汉学家吴大澂赴朝指挥对日作战，用甲骨篆籀起草军令文移，迂腐泄塌，一败涂地，误国误民，真令人无限感慨。

---

① 王芑孙：《渊雅堂集》编年诗稿卷一。

② 秦瀛：《小岘山人集》文集卷五。

二

王国维在《国朝汉学派戴阮二家之哲学说》中慨叹："雍、乾以后，汉学大行，凡不手许慎、不口郑玄者，不足以与于学问之事。于是昔之谈程、朱、陆、王者，屏息敛足，不敢出一语。至乾、嘉之间，而国朝学术与东汉比隆矣。"①

清代就全国来说，宋学处于弱势，但在山东，则相对强势。清代汉学派奉郑玄为不祧之祖，刘墉的故里诸城逄戈庄村（今属高密），距郑玄墓砺埠仅数公里之远。但奇怪的是，郑玄故里方圆数百里之内，从清初到嘉庆年间，汉学派学人寥寥无几，江藩《汉学师承记》中无一人见载。追随程朱陆王者，却络绎不绝。江氏《宋学渊源记》收录人员虽少，但提到的附近学者就有刘源渌（安丘人）、阎循观、周士宏（二人皆昌乐人）、姜国霖、韩梦周（二人皆潍县人）等。其他如安丘张贞、潍县刘以贵、胶州法坤宏，《清史稿·儒林传》称他们"犹能守源渌之学"。

清代山东宋学派最杰出的代表刘源渌，是清初权相刘正宗近支侄孙、大词人曹贞吉中表，以他为中心，形成了北方一个著名的宋学重镇，清爱堂刘氏深受这个学派影响。据李元度《国朝先正事略·刘弢子方伯事略》，刘墉的祖父刘棨"每治事暇，喜读宋儒书，曰：'吾晚读此等书，转益有味。'"清爱堂延请的西席，多为刘源渌师友。李澄《槎河山庄记》："延吾邑马蓼亭先生为之师，余侄立斋与余亦相继馆于其家。"② 马蓼亭即刘源渌同学"畏友"马天撰（字翼辰，号蓼亭），立斋即李大本，他们与李澄都曾参与刘源渌著作的修订、刻印，传播其学说。

刘墉的生母出自诸城王姓，亦以程朱之学传家，王钺《朱子语类纂》为《四库全书》所著录，王中孚、王柽，皆为桐城派领袖方苞见重。与刘家姻娅稠叠的高密单氏之单作哲、单为濂等，诗属高密诗派，文属桐城派，学为方苞弟子。清咸丰年间戴钧衡刻《望溪集》，其《外文补遗》中的《读书笔记》，就是"得自高

① 王国维：《王国维文集》，北京燕山出版社，1997年，第375页。

② 李澄：《质庵文集》卷二。

密单氏”。而作为宋学重要堡垒的桐城派，有两祖与清爱堂有重要关系：戴名世为刘墉叔祖刘果所取举人，姚鼐则出刘墉之父刘统勋门下。

刘墉在北京的师友，如曾在他家处馆的《四库全书》最早倡修者朱筠、乾隆朝三大诗人之一的赵翼，也有宋学背景。刘墉数度仕宦的南京（两任江苏学政、一任江南乡试正考官、一任安徽学政、一任江宁知府），也是宋学派聚集之地。桐城名人，多侨寓于此。秦淮耆旧，多不满于支离破碎的考证。这种风气甚至影响了不登“大雅之堂”的小说家。《红楼梦》中的男女主人公对“四书”最崇敬，第七十三回写贾宝玉甚至能将《学》、《庸》、“二论”的程朱“小注”都背出来。朱子《诗集传》最受汉学家诟病，吴敬梓《儒林外史》却借其自传性形象杜少卿多次对批驳朱子者进行反讥，他本人的经学著作《诗说》发明朱子之说最多。刘墉与此地的宋学风气，应该是相互影响的。

江藩《宋学渊源记》卷上之末论北方宋学派，以为他们大都“质直好义，身体力行”“笃信忠道”。也许与这种士风有关，宋明理学高树名义、薄躬厚责、凌空蹈虚、门户水火等末流之弊，本来在北方学者身上表现就不明显，在清代知识界普遍的历史反思和强势的汉学对宋学围攻、讨伐的情况下，他们更能自觉地克服、避免这类缺点，甚至能兼取汉学乃至颜李学派之长。在这方面，刘墉的父亲刘统勋应该是典范人物。黄鸿寿《清史纪事本末》卷三七：“墉父统勋，遇事神敏，性复刚劲，有古大臣风，高宗颇敬惮之。”宋学派一个明显的特点，就是以理律事，坚持原则。能够让不可一世的弘历知道害怕，恐怕天下也再找不出第二人。纪昀《江苏布政使司布政使坳堂方公墓志铭》：“刘文正公有言曰：‘士大夫必有毅然任事之心，而后可集事；必无所牵就附合，而后能毅然任事；又必一尘不染，一念不私，而后能无所牵就附合。至于仕宦升沈，则有数焉，君子弗论也。’余承师训，恒抱愧心。”① 能让汉学派盟主纪昀“抱愧”的宋学家，恐怕也不多见——其实纪昀不能步趋乃师，除了道力不济，也与客观环境变化有关。乾隆帝早年，勤于政事，奋发有为，晚年以后，不能戒之在得，昏悖倦勤，宠信和珅、福康安辈，此时再坚持原则，做“文死谏”的朝阳鸣凤，未免不合时宜。在

① 纪昀：《纪文达公遗集》卷一六，清嘉庆十七年刻本。

这种情况下，作客观考证，比说大道理而不能见之实行，内心的矛盾和痛苦更少一些。

刘统勋、刘墉父子先后入相。俗话说“宰相肚里能撑船”，宰相之职，燮理阴阳，调和盐梅。这也决定了他们应该兼收并蓄，不能标榜门派。

《四库全书》馆是乾隆朝汉宋两派决战的地方。刘统勋、刘墉父子先后任总裁，对两派做了一些折中调和的工作。刘统勋将汉学激进派纪昀从乌鲁木齐流放地调回北京任总纂，又引荐宋学派领袖姚鼐为纂修官。可惜刘统勋过早去世，刘墉镇不住纪昀，四库馆中汉学派取得绝对优势，四库馆也就成了汉学大本营。任松如《四库全书答问》：

> 问二十四：馆中同事，有意见不合者否？有之，姚鼐与纪昀是也。鼐字姬传，一字梦谷，官刑部郎中。四库馆开，以刘统勋、朱筠交荐为纂修官。时非翰林与纂修者八人，鼐与程晋芳、任大椿为尤著。于敏中雅重鼐，欲令出门下，鼐谢不往。鼐服膺宋儒，与当时汉学家反覆辩论，以为非毁程朱，是诋讪父师。纪昀撰四库书目录，颇诋宋儒，鼐直斥其妄。会统勋卒，鼐乃乞养南归。[①]

有刘统勋一日在，纪昀和姚鼐是盐梅；刘统勋一日不在，两人便成水火冰炭。刘统勋的生死，对《四库全书》的编纂乃至清朝学术政局，都有重要影响。不过，纪昀的汉学倾向虽然激进，但也一直强调宋儒“四书”注比汉儒高明，甚至也能对汉学玩物丧志的一些末流之弊予以批评。刘统勋对他的教诲，刘墉与他的切磋，还是有一定作用的。

三

任何事物都是一分为二的，任何学问也是这样，有其利必有其弊。不过无论

---

① 任松如：《四库全书答问》，天津古籍出版社，1991 年，第 31 页。

什么学术门径，要深造独到，皆非易事。法式善《陶庐杂录》卷二载刘统勋为自己的书扇诗写的一段跋语：

> 己卯夏日有以《渊鉴类函》求售者，因次其卷页，略加校雠。虫豸一部，为类甚夥。有耳熟其名而未悉形状，亦有心知其貌而未究称名者。始信读书考定，大非易事。家侄象山（名墫）授经之余，写此二十四种于扇头，因杂录前人题咏于其背面。荆公所云费日力者，其在斯乎？

考证名物，是难事；探究义理，又谈何容易？朱子一部《论语》解到死，尚有几许未安之处。如此勤勉，仍有后人嘲骂，毛奇龄甚至做了一个朱熹的草人，对其挞以戒尺！

当然，阴阳之道，偏胜者强。精于考证者疏于义理，与沉湎义理者疏于考证，都是自然之事。何况，刘墉身为朝廷命官，修之于身，施之于事，较之见之于文，更重要一些。

刘墉好题跋，自诩甚高。英和《恩福堂笔记》卷下记其尝言："吾平生有三艺，题跋为上，诗次之，字又次之。"这和国学大师章太炎自夸"医学第一"、爱因斯坦自诩小提琴成就最高一样，皆有做秀的嫌疑。题跋辨别真伪，叙述源流，是需要考证功力的，这并非刘墉所长。他的晚辈何绍基就曾指出："文清书格到宋人，而短于鉴别。"① 当代学者启功《刘墉跋唐人写经》，称其"竟无一语不误，亦云奇已"②。不过，刘墉的题跋表明他不鄙薄考证，甚至在这方面有所追求，却也难得。

古今有大器量者，多能转益多师，调和折中。朱子被奉为宋学宗主，而其于郑玄服膺甚至，乃至被当代学者张舜徽列于"郑学传述"的行列。桐城派泰斗、宋学派领袖人物姚鼐将考据与"义理""词章"并重。与刘统勋同谥文正、又是刘墉书法的推崇者的曾国藩，调和汉宋，兼取百家。他把因刘统勋去世而离开政坛的姚鼐奉为三十二圣哲的最后一个（按时代先后）。

---

① 何绍基：《跋玉版洛神赋十三行拓本》，《东洲草堂文钞》卷九。

② 启功：《启功丛稿》，中华书局，1981 年。

清代名臣出于宋学者多，实因宋学派能鉴于宋明之教训，又吸收汉学派之长处，综核名实，实事求是，克服其予智自雄、空虚臆断、高树名义、门户水火之弊，较之那些辨蝌蚪、品铜锈、赏墨花，支离破碎，玩物丧志的汉学家，更能从整体上把握事物，通权达变，即刘统勋所说的“知政体”。治学方法影响行政风格，他们的工作效率与业绩，明显比汉学家出身的高一些。

刘统勋去世，使姚鼐从仕宦之路上退却，专心讲学、著述，而成为宋学堡垒桐城派的领袖，这对中国学术，未必非一件幸事。在汉学围攻下的程朱之学，因此得一有力旗手（吴敬梓、曹雪芹辈虽也为宋学鸣不平，但人微言轻）。曾国藩承其衣钵，火续薪传，至20世纪初，毛泽东文心政略私淑姚鼐、曾国藩（毛泽东在《讲堂录》中把姚鼐列入“圣人”之列），其所成就，有目共睹。所以刘统勋与姚鼐之遇合，关系中国数百年来政治学术，实非鲜浅。

昭梿《啸亭杂录》卷九载刘统勋称赞姚鼐：“近日文人能知政体者，惟姬传一人而已。”毛泽东在给萧子升的信中说：“国学者，统道与文也。姚氏《类纂》畸于文，曾书则二者兼之，所以可贵也。”[①] 姚鼐虽知“政体”，但因没有机会见之行事，不免“畸于文”。毛泽东则是近世政治家中稍“深于文者”。他从青年时代受岳麓学派（刘墉祖父刘棨任过长沙知县，刘墉任过湖南巡抚，岳麓山下湘江畔，应有教化遗泽）与其前岳父、理学后劲杨昌济影响，以传道自任，“言之无文，行之不远”，其所得益于姚鼐者，亦非鲜浅。

今天，汉学宋学都成了历史遗迹。但汉学派重客观、重实证、轻视理论和宋学派重主观、重理趣、轻视实证的不同方法论，仍在学术界有很大影响。两方面在现代的代表人物，分别是陈寅恪和钱锺书先生。1978年，曾经是《毛泽东诗词》英译委员会主任委员的钱锺书参加意大利米兰举行的欧洲汉学家第26次大会，以“中国古典文学的研究者”身份，宣讲《古典文学研究在现代中国》[②]，把两者的分歧摆到桌面上：文中指出，“马克思主义的应用”，使传统的研究方式“发生了深刻的变化”，最重要的就是对乾嘉以来烦琐无谓的考据的“实证主义的造反”。钱老甚至点名指出壁立万仞的陈寅恪老先生就是不讲理论的“评点家”

---

① 毛泽东：《毛泽东早期文稿》，湖南出版社，1995年，第25页。

② 钱锺书：《写在人生边上的边上》，生活·读书·新知三联书店，2008年。

“注家”，是“放弃文学研究职责”的“考据家”。

这令我想起钱老《谈艺录》中一处有关刘墉的漏洞，此书第86则论章实斋与随园，重文艺、倡性灵的钱老（切勿因钱老著作引证浩繁误认他为考证家）为了贬低重史学的浙东学派的代表章学诚，有些强词夺理。更可笑的是，他对章学诚《题随园诗话》“堂堂相国仰诸城，好恶风裁流品清。何以称文又称正，《随园诗话》独无名”一诗的解释。本来诗中的“文正”指刘统勋无疑。而钱锺书却误认章学诚指刘墉，并说章学诚“失之毫厘，谬以千里。石庵谥文清，谥文正者，为石庵父尔钝，实斋误以子为父”①。这真是个小儿科的错误。其一，“文正”为古今大臣谥号中最具尊严的，自古以来，代不数人。在清代，此谥尤为严格，非出皇帝特恩，礼部不敢拟议。其二，袁枚写《随园诗话》时，刘墉还健在。根本不会预知其谥号。其三，章学诚死在刘墉之前，也不会预知其谥；即使死在刘墉之后，他治学严谨，也不会犯此种笔误。其四，刘墉在《随园诗话》《小仓山房诗集》中有名。其五，刘统勋在《随园诗话》中无名。其六，刘统勋能诗，钱锺书本家前辈钱陈群有《跋自书与诸城唱和诗册后》，盛称刘统勋深于诗学，超过自己。其七，刘墉入相后，值和珅受宠专权，深自韬晦，无“好恶风裁流品清”的父风。似此类失误，堪称壮观。而钱老一直到晚年重订此书，仍未发现失误，亦云奇矣！当然，这在钱老也绝对不是偶然失察，长沙学者冯天亮曾刺取《管锥编》中穿凿谬误500余处，在钱老生前寄给他，竟杳无音信。虽然我们可以用钱老喜欢发明理趣，不满烦琐考证为之辩解，但他如果也略重实证，不犯此类失误，事理详明，岂不更“昆仑”乎？

① 钱锺书：《谈艺录》，中华书局，1982年，第261页。

积厚流芳，继往开来

——潍坊文化资源及研究展望

引言

人们认识世界，总是由近及远，由熟悉的事物到不熟悉的事物。古今许多建树卓著的学问家，往往从对自己生活地方的风土文化的了解和研究入手，多识前言往行，师法借鉴，推广引申，触类旁通，渐进渐远，从而取得其辉煌成就，走入永恒行列。孔子作《春秋》，为天下后世立法，而梁启超称之为“方志之滥觞”[①]；鲁迅为现代文学泰斗，而以绍兴文献自任，不仅纂《会稽郡故书杂辑》，其经典之作《祝福》《阿Q正传》等，也取材于故里见闻。毛泽东一生兵法权略，心术政术，得益于其同乡曾国藩及岳麓学人者，亦非鲜浅。章学诚提出的“地近则易核”[②]，不仅适应于方志编纂者，对一般的文化工作者也很有启发。

潍坊地处山东中部，地兼先秦齐、鲁、杞、纪、莱等国，汉青、徐二州的北海、琅邪、齐数郡，自古贤豪辈出，文化传统源远流长，深厚博大。要在一篇文章中全面介绍潍坊悠久的历史文化和丰富的内容，几乎是不可能的。本文仅列举潍坊文化几道重要矿脉，以期举一反三，抛砖引玉。

一、经学

经学是中国古代社会意识形态的主流，也是秦汉以来中国学术的主要形式，是塑造中华民族崇尚和谐、厚德宽容、高瞻远瞩、聪明睿智等优秀品格的最重要的思想体系。在经历了“五四”以来矫枉过正的“西化”的冲击、解构以后，人

① 梁启超：《说方志》，《饮冰室合集》文集之四十一，中华书局，1936年。
② 章学诚：《修志十议》，《章氏遗书》卷八。

们认识到，承续中华文化命脉，必须对经学这份伟大的遗产进行批判的继承。

潍坊地区的经学，曾在历史上占有极其重要的地位。先秦、两汉之际，这一带曾是经师之堂奥，儒林之渊薮。孔子的得意门生、女婿，诸城人公冶长家学心传，直接圣人，他对这一地区儒学，自有开创之功。后来则无论齐学、鲁学，还是今文、古文，大都能在这里找到其代表人物。传《易》者有孙虞、王同、梁丘贺、梁丘临、鲁伯、邴丹、王璜、郎宗、郎𫖮；传鲁《诗》者有王扶；传齐《诗》者有今文经学宗主伏氏子孙（伏理、伏湛、伏黯、伏隆、伏恭、伏无忌等）、师丹、皮容；传今文《尚书》者，有伏氏子孙、殷崇、牟融；传古文《尚书》者有王璜；传《礼》者有徐良、临孝存等；传《春秋》者有王中、贡禹、公孙弘、筦路、左咸、甄宇、周泽、徐子盛、承宫、逢萌；传《论语》者有王卿、贡禹……还有一些名人，以功业德行显但仍兼通诸经，如诸葛丰、孙嵩、邴原、王修、是仪、孙乾、徐幹、管宁等。还有些人的名字可能永远失传了。如光武中兴廿八将中的上上选高密侯邓禹、胶东侯贾复（北海下密为其属邑）子孙，亦以经学传家，《后汉书·贾复传》说贾复就国后，“与高密侯邓禹并剽甲兵，敦儒学”，晋袁宏《后汉纪》卷九说邓禹“有十三男，各命通一经”，但其传承细节，并皆泯灭。梁启超在《近代学风之地理的分布》一文中说：“山东邹鲁，孔孟实生；齐稷下，方术之士聚焉。自昔为文明渊丛。两汉经师，什九为齐鲁产，盛矣！”① 东汉末年在北海高密产生了囊括大典、兼综百家的一代儒宗郑玄，也就不足为奇了。当战国纷争、秦楚扰攘之后，文献绝续之际，潍水两岸的经师，口传心授，“抱残守缺”，守先待后，延续中华文明的圣火，其功业足以彪炳千古。

现在通行的《十三经注疏》，其中四种出于北海学者之手，即郑玄的三《礼》注和毛《诗》笺。还有一种是在北海安丘完成的，这就是赵岐的《孟子注》。赵岐，字邠卿，京兆长陵人，汉灵帝延熹年间，因避中常侍唐衡、唐玹兄弟陷害，避难齐鲁之间，卖饼北海市中，为安丘孙嵩认出，载归其家，藏孙家复壁中数年，注《孟子》七篇②。所以清末《山东通志》亦将赵岐附于山东经师之列。

汉魏以后，潍坊地区经学之绪仍绵绵不绝。唐宋之际，又出现一次高潮，唐

---

① 梁启超：《近代学风之地理的分布》，《饮冰室合集》文集之四十一。

② 范晔：《后汉书》卷六四《赵岐传》。

中叶琅邪人王仲丘参与撰写《大唐开元礼》一百五十卷，使“唐世五礼之文大备”。晚唐五代之际，诸城苏仲容、苏禹珪父子，皆以五经进身。宋代诸城赵氏家族，丞相赵挺之一支（西赵）“家传《周易》《左氏传》”[①]，龙图阁待制赵粹中一支（东赵）则“世明礼学”[②]。其他如安丘韩晋卿，杨光辅、杨安国父子，青州李之才、王暤，昌乐卢士宗，亦以经学为世所重。

清代是中国学术百川汇海的总结性时期，虽然清代总的学术倾向是尊汉卑宋，但潍坊地区经学汉宋并重。以刘喜海、陈介祺为代表的金石考证之学，领海内风骚，延郑学余绪。性理之学，也不逊色，《清稗类钞·性理类》有《山左学派》一条，所列山东宋学家共七人，其中潍坊就五人：安丘刘原渌，昌乐阎循观，潍县姜国霖、刘以贵、韩梦周。其实这个名单之上还可以加上诸城王钺、张侗，安丘张贞，潍县杨青藜，昌乐周士宏等。

纵观潍坊古代经学，以易学家为最多。而中医理论以阴阳理论为核心，与易理相通，所以潍坊地区古代医学也非常发达。历代名医见之记载者，北宋有治愈欧阳修宿疾的潍州名医徐问真；明代有以朝廷大员兼通医术者诸城王化贞；清代有益都翟良，诸城刘奎、臧尔詹、窦光彝、王肖楠，昌邑黄元御等。这些名医大都兼通易学，而以黄元御最著，其《周易悬象》为《四库全书·经部》著录。

郑玄《周易注》创六十四卦爻辰之说，并以爻辰与律吕相配，这就将《易》理与音乐联系起来。近代《易》学家杭辛斋先生对此甚是推崇并发明其说：“阴阳之气，冲激动荡，发为声音。气不可见，而以音表之，则触耳而能辨其清浊，以耳代目，气之不可见者，亦不啻予人以可见矣。黄帝吹管定律，与干支同为协和阴阳之用，故音出于律，律出于数，数出于阴阳之自然。”[③] 古代音乐家也大都通《易》学。潍坊诸城自晚清以来，诞生了许多古琴演奏和作曲大师，如王既甫、王冷泉、王作桢、王宾鲁、王露等，都在全国产生过很大影响，尤以王宾鲁（字燕卿）“梅庵派”古琴，声名最著。《梅庵琴谱》不仅远播香港、台湾，还被美国华盛顿大学翻译成英文，于1983年出版。王宾鲁在1931年《梅庵琴谱》初

---

① 李清照：《金石录后序》，《漱玉集注》，山东人民出版社，1979年。

② 楼钥：《龙图阁待制赵公神道碑》，《攻媿集》卷九八，文渊阁四库全书本。

③ 杭辛斋：《学易笔谈二集》卷三。

版序言中自述心得，在继承家学的基础上，又佐以莱子《易》注“推其数以穷其理”。所谓“莱子《易》”，即汉时东莱费直所传之《易》。但陆德明《经典释文序录》载：“费直传《易》，授琅邪王璜，为费氏学。本以古字，号‘古文《易》’，无章句，徒以《彖》《象》《系辞》《文言》解说上下经。”如此则王宾鲁所谓“莱子《易》注”，实指郑玄《周易注》之类著作。王宾鲁虽不以治《易》名家，但他能以音乐通之经史、《易》数，这恐怕是一般的《易》学家所难以做到的。

二、史学

在传统学术中，经学与史学相表里。经以史明道，史辅经以垂训。所以，深于经学者，必深于史学。经学发达的地区，史学亦必发达。按章学诚“六经皆史”的说法，囊括大典、遍注群经的一代经师郑康成，也是成就最大的史学家——实际上中国古今史学研究著作中，郑玄著作的“被引率”确是最高的。稍早于郑玄的今文经学家伏无忌，汉桓帝时参与撰写《东观汉记》，并撰《伏侯古今注》，都是历史有名的著作。

汉代以后，潍坊地区史学家也前后接踵。晋平昌安丘人伏琛《三齐记》（又名《齐地记》《齐记》）、伏滔《论青楚人物》，为研究潍坊地方文史著作中较早的。南北朝时乐安博昌人任昉有《杂传》二百四十七卷，《地记》二百五十二卷。宋代赵明诚、李清照的归来堂，实际上也是一个史学研究（主要是史料考证）的夫妻店。元代于钦《齐乘》，延伏琛、伏滔之绪。明代冯琦任国史馆副总裁，为经筵讲官时，与余继登编《通鉴讲义》进万历帝，“傅以时政缺失”[①]，亦史体。据有关记载，现在通行的《宋史纪事本末》，为冯琦首创，陈邦瞻继成之，谷应泰《明史纪事本末序》：“通鉴纪事本末者，创自建安袁枢，而北海冯琦继之。”而袁枢是通史体，断代史体的纪事本末，始自冯琦。

清康熙年间选拔编纂《明史》的博学鸿词考试，由冯琦后人冯溥任主考官，山东唯一中选者，为诸城李澄中。乾隆四十二年（1777），最后一次开明史馆，

---

①《明史》卷二一六。

刘墉是总裁之一。乾隆朝刘统勋任总裁的《钦定四库全书》（其子刘墉继任总裁）、《御制评鉴阐要》、《御批历代通鉴辑览》、《钦定皇舆西域图志》等，刘墉任总裁的《钦定续通志》、《钦定皇舆西域图志》、《钦定续文献通考》、《钦定续通典》、《钦定日下旧闻考》（此书诸城窦光鼐任总纂）等，都关系史学。

中国传统史学的最后一个泰斗级人物，应该是胶州柯劭忞。自北洋政府以来通行的《二十五史》，有两种最终成于他手：《新元史》《清史稿》。但柯氏自十二岁（1861 年，清咸丰十一年），就随父母由胶州迁居“书香之城”的潍县，这里优越的文化环境，太适宜于这个喜欢寂然潜修的一代学人的成长了。据赵岐附于北海经学家之例，柯劭忞自然亦可列于潍坊史学家之林。

中国古代传统史学重视政治史和军事史，这方面潍坊先贤也流风相继，辉映简册。“天地洪荒虞帝出，千年人说诸冯村”①，凝结了古代潍坊先民的优秀品质的大舜，是中国古代政治人伦的最高典范。春秋后期夷维（今高密）晏弱、晏婴父子，对维持齐东方大国的地位，贡献最大。汉代公孙弘、贡禹，前秦之王猛，宋代之王曾、燕肃，元之王文统，明代之黄福、翟銮、刘珝、刘应节、冯琦、钟羽正，清代之冯溥、刘正宗、刘统勋、刘墉、窦光鼐、陈官俊皆不世出之才。特别是刘统勋、刘墉父子，乾、嘉之际先后入相，选贤任能、定疑决难，同时对清统治者的民族压迫政策予以潜消默夺，为缔造、维持中国封建社会最后一个也是最长的一个“盛世”局面，做出了重要贡献。京津民间有“乾隆帝，坐江山，刘罗锅子半拉天”之谣，正所谓“说是就是，不是也是”。

当今史学研究，特别是远古的研究，仅靠翻故纸堆是不够的，必须有充分的可靠的田野考古证据。如国际史学界至今仍认为商朝以前夏朝乃至三皇五帝等都是神话传说，中国政府耗费大量人力物力的“夏商周断代工程”，是中国史学界闭门造车，自欺欺人。除了可能有西方的偏见、中外学术规范的差异外，就是田野考古证据不足。这次有关夏朝编年的考古工程，以河南为核心。而实际上自古以河南为统治中心的政权，大都是由周边入主的。关于夏之氏族，史学界有起于山东之说（王献唐、徐北文等力持此说），而以潍河流域为中心。夏之故墟遗迹，

---

① 李澄中：《东武吟》，《卧象山房诗集》卷首。

若牟、娄、斟灌、斟寻、寒，在潍坊市境内，星罗棋布。《竹书纪年》，帝相二十六年，“寒浞使其子浇帅师灭斟灌”；二十七年，“浇伐斟寻，大战于潍，覆其舟，灭之”。寒之部族在今寒亭，斟灌在今寿光境内，其时帝相居斟灌，为寒浇所俘，灭斟寻后弑之。后来周封夏后杞国，其中心区域在潍坊境内；春秋末期自称少康之后的越王勾践由会稽迁都诸城东南的琅邪，可能也有寻祖的倾向。无论怎样说，关于夏代的历史，值得潍坊文史工作者利用地近易核之便，长久关注。

三、道教与佛教

无论我们对宗教是什么态度，宗教作为一种文化现象，是我们必须面对的。鲁迅于 1918 年 8 月 20 日给许寿裳的信中说：“前曾言中国根柢全在道教，此说近颇广行。以此读史，有多种问题可以迎刃而解。”虽然有些夸张，但对于那些忽视宗教文化的人，应该有振聋发聩之效。

道教与黄老之学、神仙方术之学有一定渊源关系，而先秦两汉之际，今潍坊地区由于其滨海地区变化万千和开放性的地理环境，曾是这类学说的中心。《列仙传》卷上：“安期先生者，琅琊阜乡人也，卖药于东海边，时人皆言千岁翁。秦始皇东游，请见，与语三日三夜。”阜乡亭，在今潍坊市诸城境内。

西汉初，有胶西的盖公，“善治黄老言”，被曹参礼拜为师，“言治道贵清静而民自定”，“其治要用黄老术”。[①] 盖公的思想，通过曹参影响了汉代统治思想，缔造了中国封建社会第一个“盛世”——文景之治。

陈寅恪先生《天师道与滨海地域之关系》，断言“琅邪为于吉、宫崇之本土，实天师道之发源地”[②]，联系当时琅邪、北海地区深厚的黄老、神仙之学背景，更加可信。

天师道即后来的正一道，为古代道教主要流派。金元之际后起的全真教派，与天师道起源的地区相近，也是陈寅恪先生所谓的东方“滨海”地区。潍县属全真教传教基地的莱州，今潍坊北郊紧靠烟潍路的北宫，即全真道领袖丘处机门下

---

① 《史记·曹相国世家》。

② 陈寅恪：《陈寅恪史学论文选集》，上海古籍出版社，1992 年。

首座尹志平所建的玉清宫故址，原名玉清观，后因尹志平应成吉思汗之诏，随丘处机度沙漠，下天山，朝成吉思汗于西印度大雪山之阳，应对称旨，授以清和大师之号，并于 1225 年春，特旨赐尹志平清和演道玄德真人号，升观为宫。①

苏轼有言："北海名邦，民朴而富。"② 朴则易起信（也容易痴迷），富则易做缘，这可以作为古代潍坊地区宗教活跃的原因。道教之外，潍坊地区在古代也是北方佛教的中心之一。

今天潍坊所辖的青州市，是古代横贯东亚大陆的"丝绸之路"东端一大都会，也是山东佛教传播中心。自西晋在青州设立宁福寺，南燕国设立七级寺，佛教长盛不衰。北朝魏、齐间，青州高僧辈出，如僧世、普明、宝亮、道明、僧远、惠缘、真玉、道猷、慧海、济本、道诠等。青州佛教造像也在这一时期繁荣起来，长盛不衰。

1996 年在建于北魏时期的龙兴寺遗址，挖掘出一个埋有北魏、东魏、北齐至隋、唐、北宋时期的石灰石、汉白玉、花岗岩、陶、铁、木及泥塑等各类佛教造像 400 余尊的窖藏。驼山石窟造像群是山东省内最大的摩崖石窟造像群，也是中国东部保存最为完整的石窟造像群之一。这是迄今中国发现的数量最多的窖藏佛教造像群，其艺术水平之高也令人惊叹。青州佛教造像，一直到元代，仍领先全国。元代名噪大都的抟换造像圣手刘元，就曾"师事青州把道录，传其艺非一"③。

宋金之际，禅宗之曹洞宗北系的创始人希辩禅师曾住持青州普照、仰天等寺，对北方佛教有广泛影响。有关他在青州的经历，清初曾在佛教界引发出一场广泛的争论。

自明万历年间明空禅师在当时诸城五莲山建光明寺，其后百余年间，潍坊地区佛教又一次出现极盛，山东四大禅寺，在诸城者二：光明寺、侔云寺，在益都者一：法庆寺。法侣胜游，往来络绎。其中有当时佛教界领袖、临济宗嫡传、被顺治皇帝尊为弘觉国师的木陈禅师，木陈门下首座天岸禅师（亦曾受顺治帝礼

① 乾隆《潍县志》卷六《仙释传》。
② 苏轼：《余希旦可知潍州敕》，《东坡全集》卷一〇六。
③《元史》卷二〇三。

重），天岸门下首座灵□禅师，嵩山少林寺适庵禅师……他们与本地禅林名宿泰雨、海霆、象峡及众多的缙绅、遗民徜徉林泉，观空观色观兴亡，较量机锋，弛张棒喝，时有胜解，见于康熙《益都县志》《青州府志》《五莲山志》《卧象山志》，连篇累牍。李象先《织斋文集·法庆堂上和尚（灵□）传》："先是，师随弘觉赴召京师万善殿结制，章皇帝赐紫衣，今大学士冯公（溥）谓师宗风道力，嗣弘觉、天岸和尚，滹沱津梁，在吾青矣。"而明清青州辖区，现在大部隶于潍坊。

宗教所需要的虔诚专注，有些情况下有利于艺术的发展。前面提到的佛教造像是典型一例。陈寅恪先生《天师道与滨海地域之关系》第八则《天师道与书法之关系》，指出天师道与书法相利用促进之事实。当秦始皇与安期生在琅邪台长谈道妙之时，李斯写出了被康有为称之为"茂密苍深，当为极则"的琅邪秦碑。后来中国书法史上的三座高峰书圣王羲之、集楷书之大成的颜真卿、集帖学之大成的刘墉，都是古琅邪郡人，都对道教文化情有独钟：王羲之出生于天师道世家，颜真卿是写过《麻姑仙坛碑》的，刘墉则自称"日观峰道人"。

绘画方面，仅以佛教中兴的宋代为例，李成的山水，张择端的城郭舟车，李雄的佛道鬼神，皆堪为百代之师。

在浓厚的艺术氛围影响下，潍坊地区的民间艺术、工艺也奇葩竞放。以古潍县为例，仿古铜器、木版年画、风筝扎制、嵌银漆器等，都闻名世界。

四、文学

《左传·襄公二十九年》，吴使季札聘于鲁，请观周乐，"为之歌《齐》，曰：'美哉，泱泱乎，大风也哉！表东海者，其大公乎！国未可量也。'"这段话是对当时齐国民歌民乐的评价；也是知人论世，对青齐民风民情、气概魄力的评价；还有对齐国国运的预测。今天我们不妨把这则涉及潍坊的最早的文论，作为对这一地区地域性文学特征的概括和文运的预言。

一般说来，青齐地区的人民，无论是为水深土厚的自然环境所驯化，还是受姜太公崇贤尚功遗教之影响，对文词浮华兴趣不大。但自汉末进入"文学的自觉”时代以来，这一地区在文学方面，仍然才人辈出，发扬光大了《齐风》弘大、深厚、广远、从容、舒缓的“泱泱”传统。

封建社会时期，山东有三次文学的高峰，潍坊作家皆为其中骨干。汉末建安七子，山东有其四：孔融、王粲、刘桢、徐幹。其中为文帝曹丕最欣赏的徐幹为北海寿光人，气高天下的孔融则长期任北海太守。宋词为中国文学史上的一大奇观，六十名家中，婉约派宗主、一代“词坛女皇”李清照为诸城媳妇；延续“元祐旧家流风余韵”[①] 的侯寘为诸城人；豪放派宗主苏轼，是在任密州太守的时候，才找到异于“柳七郎风味”的。苏轼的老师，《六一词》的作者欧阳修曾任职青州。

潍坊地区文学，最值得一提的是明清两代。自嘉靖冯裕与石存礼、陈经、黄卿、刘澄甫、刘渊甫、杨应奎等人组织“海岱诗社”，诗坛出现繁荣。王士禛《古夫于亭杂录》卷三说“吾乡风雅，明季最盛”，列举十几名诗人，其中属潍坊的即有五人：益都王遵坦、王若之、孙廷铨，诸城丁耀亢、丘石常。清代潍坊诗坛，更是达到极盛。祖籍是诸城，自称“青州诸人”的王士禛，与其外甥益都赵执信，先后主盟宇内数十年，随后高密诗派崛起，虽一时声势不如王、赵，但其影响也遍及海内，甚至朝鲜——当然还是对本地区诗坛影响最大。曾在新中国成立之初任青岛市副市长的安丘人张公制先生，是高密诗派最后一位大家。从“世纪诗翁”臧克家早期创作中，也可以看到高密三李标举的“郊寒岛瘦”诗风的烙印。

在散曲方面，临朐冯惟敏在表现内容和形式方面，都有大刀阔斧的突破，为明一代殿军，也有研究者说他是散曲史上的第一大作手。在词坛上，安丘曹贞吉将明清易代沧桑之感，谱入长短句中，“风华掩映，寄托遥深，古调之中，纬以新意，不必模周范柳，学步邯郸，而自不失为雅制”[②]，吴绮选《名家词》，推为压卷。《四库全书》于明清两代上下五百年词人专集，唯取曹贞吉《珂雪词》而已（曹贞吉诗，亦是“金台十子”中上选）。

散文方面，作者、作品数量最多。最值得一提的是清初“真意亭”诸子。清

---

① 纪昀等：《孏窟词提要》，《四库全书总目》卷一九八。
② 纪昀等：《珂雪词提要》，《四库全书总目》卷一九九。

初文坛领袖人物，出身出版世家的周亮工任青州海防道，建真意亭延揽青齐文人，较著者四人：诸城李澄中、寿光安致远、安丘张贞、乐安李象先，被称为“真意亭四子”。这些人的散文成就，都高于其他方面。其中李澄中是山东清代唯一一个考中博学鸿词、与修《明史》的。

周亮工在青州时，其长子，著名学者、出版家周在浚随行，与其父编纂通俗读物《青齐平心录》教化胥吏、乡民，后来在此基础上，根据在山东的见闻，网罗明清掌故，“辑著”成《醒世姻缘传》一书，由周氏怀德堂书坊于康熙二十年首印（周亮工的《书影》《赖古堂集》亦怀德堂刊本），今天山东省图书馆藏《醒世姻缘传》，即怀德堂刊本。由于周家是江西人，河南籍，所以书中河南、江西人较多且多为正面形象，真名真姓者多为周氏好友或乡亲戚谊。今天有研究者把周亮工的前辈好友、《续金瓶梅》的作者诸城人丁耀亢视为《醒世姻缘传》的作者，但证据明显不足。类似疑案，还需要进一步辩证。

如果说潍坊文学史上有第四次高峰，那就是“五四”以来的现当代文学。王统照先生作为文学研究会的发起人之一，也是现代作家中最早尝试白话长篇小说创作，并取得重大成就的一个。臧克家作新诗，孟超作戏曲，都堪称一代大家。旅居潍坊的现当代作家中，以浩然、峻青为著。这些作家（还应包括晚出的莫言），他们作品或多或少都有潍坊风土文化的痕迹。

上面略举潍坊地区古今文学创作的一斑，在文论和文学遗产的整理上，潍坊学者的贡献也非同一般。郑玄的《毛诗笺》是经学著作，其中也有一个侧重政治人伦教化的文论体系。明嘉靖时临朐冯惟讷撰《古诗纪》一百五十六卷，《四库全书总目提要》称此书“上薄古初，下迄六代，有韵之作，无不兼收。溯诗家之渊源者，不能外是书而别求，固亦采珠之沧海，伐木之邓林也”！

五、文字学

中国古代的语言文字之学（文字学、音韵学和训诂学），是与经学一起发展起来的，甚至曾作为经学的一个组成部分，十三经中有《尔雅》，《四库全书》列“小学”（即语言文字学）于经部。民国以后，传统经学解体，但语言文字之学，仍蔚然大观。

远古曾有仓颉造字“天雨粟，鬼夜哭”的传说，这一方面说明远古时代，创造和使用文字与宗教巫术有关；另一方面也提示我们，创造文字，是人类掌握自己命运，开辟文明的关键一步。而传说中黄帝史官、“始制文字”的仓颉，是寿光人。于钦《齐乘》卷二《益都水·巨洋水》：“又北径寿光县东北，《水经》云：旧有孔子问经石室，即仓颉墓也。”仓颉墓中国境内有多处，而以潍坊境内者为著，从某种意义上也说明这一代文化发祥之久远。另一个与造字有关、“一画开天”的伏羲，为莱子国之祖，其后裔伏姓，在今潍坊市境内者最多。巧合的是，现在学术界公认最早的文字甲骨文，是在1899年由潍县西南范家村人范椿青（字寿轩）、范维清叔侄最早认识其价值，卖给王懿荣、王襄等人，从而揭开一代显学序幕的。比甲骨文更古老的字符——龙山文化陶文，在潍坊境内也陆续有发现。

汉代经学，当秦火之后，抱残守缺，重名物训诂，不重义理发挥。其时所谓经学大师，与今天所说的“语言文字学家”，相去有间。许慎本人就是经学家，其《五经异义》与郑玄《驳五经异义》，四库合为一本。许慎在《说文解字叙》中说：“盖文字者，经艺之本，王政之始，前人所以垂后，后人所以识古。故曰：本立而道生，知天下之至啧而不可乱也。今叙篆文，合以古籀，博采通人，至于小大，信而有证，稽撰其说，将以理群类，解谬误，晓学者，达神旨。”[①] 郑玄《周礼序》自言注经要领“就其原文字之声类，考训诂，捃秘逸”，“存古字，发疑正读”[②]。这些话既说明语言文字学对经学的重要性，同时也表现出郑玄与许慎在文字训诂方面的不同取向。当代国学大师张舜徽先生在《演释名自序》中说：“余平生考论文字训诂书之流别，以为汉代学者，本有二途：一主形训，许氏《说文解字》是也；一主声训，郑氏群经注谊是也。许氏之学，自宋清以来，治之者众矣，其道大明，无用演赞。独郑氏为经师之名所掩，后世但推重其说经铿铿，而不知其长于说字。”[③] 当然，发扬郑玄以“声类”“音类”说字传统的也

---

① 许慎：《说文解字》，中华书局，1979年，第316页。

② 贾公彦：《序周礼废兴》，《周礼正义》卷首。

③ 张舜徽：《郑学丛著》，齐鲁书社，1984年，第423页。

自有其人。郑玄的弟子、北海同乡刘熙所撰《释名》，就是我国第一部以声训为主，以音求义，探寻事物命名由来的专著，被后人称为羽翼《尔雅》的《逸雅》。后来唐代释玄应等，清代戴震、钱大昕、王念孙，民国章炳麟、黄侃、丁福保，并能绍述北海师徒。

人类认识世界，通过感觉器官而诉之记忆、思维器官。感觉器官最重要的功能是视觉和听觉，文字学之形训重视觉，声训重听觉，二者不可偏废。而古代传经，尤其是秦汉之际，挟书之令严，经师口耳相传，字音相同相近者相假借，更是普遍现象。所以今文经学特重声训，许慎严守古文家法，也有意纠正今文之附会，特重形训。郑玄兼综今文古文，其重声训，亦为许慎纠偏。

清代是“小学”登峰造极的时代，《说文》四大家，最受推重的是安丘王筠，胡朴安先生说：“清朝文字学诸家，能自成一书，解释《说文》全部之例，足为后学之指导者，当推王筠之《说文释例》。”① 王筠能取得如此成就，与他故里的文化环境有很大关系。王筠推重郑玄之学，他于咸丰五年作《郑康成先生画像记》，不惮狡辩以郑玄为安丘人，甚至劝朝鲜退朱熹而进郑玄。《说文释例·形声》：“夫声之来也，与天地同始。未有文字以前，先有是声，依声以造字，而声即寓文字之内。故不独形声一门然也。先有日月之名，因造日月之文；先有上下之词，因造上下之文。”② 这段话也可以作为王筠以郑明许的证据。而其《读仪礼郑注句读刊误》又以许明郑。先秦两汉经师，青齐独盛，经传中不乏方言，王筠生当其间，又重视地方文化（其父王驭超曾辑《海岱史略》以教子），对这一地区古今方言及其演变，自然特别关注，这也是他在《说文》学方面独树一帜的一个重要因素。还有，王筠治《说文》一个重要特色，就是大量运用古文字材料说字形、解字义、解释文字形体演变及通假用字的规律，这方面潍坊及周围地区金石考证之学的繁荣，使他有近水楼台之便。如果还有一种原因，那就是当时潍坊及周围地区学者们富有合作互助精神。道光十五年（1835），王筠好友、掖县翟云升成《隶篇》一书，自序中列助之成书者，潍坊学者几占其半。王筠之外，有诸城刘喜海、李璋煜，潍县谭均讚、郭熊飞、刘文典、陈官侨、陈介祺等。王

① 胡朴安：《中国文字学史》，上海书店，1984 年，第 341 页。

② 王筠：《说文释例》，中华书局，1983 年，第 87 页。

筠除得益于这些良朋益友之外，还得益于其出身书香门第的夫人高氏，《说文释例》采高氏说数条。王、高说文解字，与宋代乡贤赵、李翻书赌茶，前后辉映，专业亦接近。

六、农学

中国传统上是自然农耕经济社会，农业为国民经济命脉所在。海岱之间，是中华民族最早开发的地区，也是农业一向发达的地区。《淮南子·地形训》："中央之美者有岱岳，以生五谷桑麻，鱼盐出焉。"高诱注曰："岱岳，泰山。王者禅代所祠，因曰岱岳。"（《淮南鸿烈解》卷四）以泰山为中央之山，这反映了远古中国的地理情况，或者反映了远古东夷民族的区域情况。据近来有些学者（如徐北文教授）研究，远古的四渎，"江、河、淮、济"是指围绕泰山的四条河流，其中没有今天的长江和淮河。所谓淮河，乃是指今天的潍河。其实《汉书·地理志》等古籍，仍书潍河为"淮河"。潍河—胶莱河冲积平原，历来是山东最主要的农业产区。宋代文豪苏轼《送孙勉》："昔年罢东武，曾过北海县。白河翻雪浪，黄土如烝面。桑麻冠东方，一熟天下贱。"（四库本《东坡全集》卷一〇）直到今天，仍有"要想吃饭，诸安二县"之说。

农业生产有很强的季节性。《易经》和中国的历法"夏历"，是农业文明的产物（夏历又叫农历）。《易经》中"四时"二字，反复出现。所谓"广大配天地，变通配四时"；所谓"法象莫大乎天地，变通莫大乎四时"；所谓"与天地合其德，与日月合其明，与四时合其序，与鬼神合其吉凶"，其重要性显而易见。近代《易》学大师杭辛斋先生《读易杂识·历数卦气》载："吾国历数之精，不但合日月行度之数，并合天地阴阳之气，而人物之生于天地间者，其荣枯得失，亦莫不与此气与数相合……终不可废，亦无能废也。"易学发展史，可以追溯到远古三皇之首、"一画开天"的伏羲。伏羲（伏牺、宓羲、宓牺、庖羲、庖牺）与远古的帝王炎黄尧舜一样，其地域和族系历来聚讼纷纭，但现在一般认为他是远古东夷部落的首领。纬书《诗含神雾》"大迹出雷泽，华胥履之，生伏牺"是判断伏羲生地的重要依据。这里的"雷泽"与《史记·五帝本纪》中舜"渔雷泽"

之雷泽是一地。《山海经·海内东经》，雷泽之后，紧接着是郁州、琅邪，琅邪与雷泽，地缘上相去也应不远。《史记·补三皇本纪》说伏羲“木德王，注春令。故《易》称帝出乎震”。此外，古人称伏羲为“春皇”“东皇”“木皇”也说明了他和山东的关系。《史记·封禅书》写秦始皇东巡，祠八神将之一四时主神于琅邪，司马迁说“八神将自古而有之，或曰太公以来作之”，应该是东夷部族的遗留。诸城一带，作为东夷部族的集中地，是重要的粮食产地，其沿海又富产鱼盐，且地处暖温带，四季分明，主管农业的“四时之神”立祠于此，也顺理成章。

北魏时青州齐郡益都人贾思勰撰写的《齐民要术》，是我国第一部完整保存至今的大型综合性农书，它是秦汉以来我国黄河流域农业科学技术的一个系统总结，是标志着我国传统农学臻于成熟的一个里程碑，同时也有与游牧文化交融的痕迹（六畜中最重养马）。但贾思勰关于故乡农事，讲得还是最充分的。这与他中年致仕后，回故乡经营农牧业，亲自参加农业生产劳动和放牧活动，见闻真切有关。他在《自序》中说“采捃经传，爰及歌谣；询之老成，验之行事”，经传中齐鲁史实为多，所谓“老成”，主要是故里经验丰富的老农。

明清之际，潍坊地区兴起一种新兴产业：柞蚕放养和柞丝绸织造。后来普及全省、全国，乃至北半球温带地区的许多国家。柞蚕放养的起源地是潍坊诸城，清康熙年间向省内外传播的主力，也是诸城人；柞丝绸织造、贸易的中心（世界性中心），则是昌邑，昌邑丝绸商贩也因此成了进军世界商战的先头部队。康有为在公车上书中所说山东人以野蚕丝织布出口，“夺洋人之利”，即指此物。

近代潍坊农业史上值得一书的事情是美国教会学校广文大学、广文中学对农业技术的推广。早在广文大学迁潍之前，传教士们为了帮助教民和所在地区的农民摆脱贫困，就从美国和其他国家广泛收集优良农林作物品种，免费发送。文会馆教师倪维思夫妇在烟台毓璜顶购地十华亩，辟为示范农场，将中国土生果木与欧美同类品种嫁接，将培育出的幼苗发送农民推广。其中将烟台本地绵而少汁的“贫婆”果与美国品种嫁接而成的甘香甜脆的“烟台苹果”，后来成了世界闻名的山东特产，倪维思博士因此被烟台人尊称为“苹果圣人”①。其他花生、梨、葡

① 韩同文：《广文校谱》。

萄、樱桃等品种的改进，山东花边、草辫、发网生产的推广，也应归功于传教士。广文大学迁潍以后，为配合植物学讲课，学校辟有农场。广文大学合并于齐鲁大学后，文华中学迁于其址，增设农事部，购田七十余亩，与南京金陵大学农科合作，专办农业试验和良种推广，由美国人贾尔逊博士负责其事。每年秋收后，举办农业展览会，供农民参观学习。其规模虽然不如现在寿光蔬菜博览会，在当时的潍县乃至山东，却是创举。

七、家族文化

中国古代社会最重宗法，表现在学术上就是重师承、重统系、重门户，学以人传。所谓人在学在，人亡学亡。学术传承最有韧性的纽带，当然还是所谓的“家学渊源”。

从潍坊地区看，越是学术文化发达的时代，“家族文化”现象越突出。如两汉时代，高密郑氏、东武伏氏，是海内经学两大家。其他如东武王氏、梁丘氏、诸葛氏，安丘郎氏，朱虚邴氏，他们耕读传家，父子相授，继绳不替，形成了一个个经师、名臣辈出的文化堡垒。

明清时期，潍坊的“家族文化”更是群星灿烂。潍县的丁、陈、谭、于、郭，诸城的臧、王、刘、李、丁，安丘的曹、李、刘、马、王，高密之单、李，临朐之冯……难以尽数。

这些家族是文献的收藏者，如博学鸿儒李澄中家族，据乾隆《诸城县志·李文驹传》：“先是祖父历显要，家多赐书，文驹益搜罗，至十余万卷，颇多秘籍。”李氏另一支清布政使李璋煜家族，喜收金石刻辞，藏书亦在十万卷以上，嘉庆年间，李璋煜曾建“万书楼”贮藏之，与其女婿、潍县陈介祺“万印楼”遥遥相对。再如清爱堂刘氏，乾隆后期刘统勋、刘墉父子先后任《四库全书》总裁，家中赐书、藏书尤多。刘墉侄孙刘喜海与李璋煜是好友，且有同好，其图书金石之收藏，富甲海内。单只碑刻拓本，就有五千余种。刘喜海去世后，文物流散，《清史稿》总纂、“中国图书馆之父”缪荃孙曾倾其购房款项收买得其中一部分。

这些家族在收藏文献的基础上，还进行研究、传播。很多家族都编有自己的丛书，如王氏有《东武王氏家集》《诸城王氏金石丛书》，刘氏有《东武刘氏诗粹》《刘氏贡举文集》，安丘曹氏之《曹氏家集》，高密李氏之《李氏三先生诗钞》，单氏之《单氏诗文汇存》，临朐冯氏之《冯氏五先生集》，潍县丁氏之《习盦丛刊》等等。虽不无标榜之嫌，但保存文献，传承文化，其贡献是不可磨灭的。

新中国成立后，这些家族的后裔大都把藏书、文物捐献于山东省图书馆、山东省博物馆、青岛图书馆等机构，成为这些单位的镇馆之宝。

八、文化交流

百川汇海，有容乃大。一个地区的文化和经济一样，在开放、交流的机遇与挑战中，自身会充满活力，与时俱进。如果固步自封，闭目塞听，就不会有长足的发展。潍坊是中国的一部分，也是世界的一部分。她能感受八面来风，取精用宏，她也能以自己的风采和魅力影响全国，影响世界。

远古时期，潍坊处在东夷和华夏交接地区，不同文化的交流碰撞，使这一地区文化充满活力且丰富多彩。从考古发掘来看，这一地区不但在中国，而且在太平洋沿岸最早显露文明曙光。近来国内外学者越来越重视海岱地区古文化与环太平洋文化的关系，认为中国东部滨海地区的古文化是沟通中原文化与北起阿留申群岛，南到中南半岛及南洋群岛以至太平洋彼岸美洲原始文化的桥梁①。

夏商周三代文化，在潍坊地区都有其后裔；对中国后世影响深远的齐鲁文化，同时作用于潍坊南北；春秋战国之际，南方的吴、越、楚等国的文化，曾影响潍坊东部和南部。影响中国文化最大的儒、佛、道三教，都曾在潍坊留下辉煌。诸城南部、潍县、寿光、昌邑北部，有广阔的海岸线，多海港，南通吴越闽广，北达河北辽东，东通高丽、日本，曾是北方海上贸易、对外交流的前沿；历史上越、秦、明初三次由外地向潍坊地区大规模移民，不仅在人口素质上形成“杂交优势”，在文化上也注入了新的因素；众多家族，通过婚姻、师生、联宗等

① 张富祥：《海岱文化与中原文化》，《史学月刊》2000 年第 2 期。

关系，与省内甚至国内众多的家族文化交流，也丰富了潍坊文化的内涵；历代地方官，他们的才学器识各有千秋，也以不同的理念影响了潍坊文化。特别是宋代，范仲淹、欧阳修、苏轼、富弼先后来到潍坊大地，仁爱惠政，文采风流，遗泽深厚。

中西文化交流方面，潍坊也是一个重镇。西方传教士在潍坊地区的活动，在明末即开始（见安致远《青社遗闻》）。19、20 世纪之交，这里一度是美、英等国传播基督教、兴办教育的中心。潍坊的广文大学，一度有“东方哈佛”之称。广文大学最早可追溯到来自美国独立战争和废奴运动策源地的宾州北美长老会倪维思创办的登州文会馆，自狄考文主持文会馆后，将以传教为主的方针改为以办学传播科学文化为主。清末比较开明的大臣袁世凯任山东巡抚，欣赏文会馆的办学模式（他曾在登州驻军任职，那里的清军修械所技师，都是文会馆培训出来的），并极力推广。中国自办最早的大学——1898 年成立的京师大学堂的西学教习，主要是文会馆的师生。1901 年 9 月 14 日，清光绪帝下谕“着各省所有书院，于省城均改设大学堂”，袁世凯仅用一个月的时间，便创办了国内第一个地方大学堂——山东大学堂。之所以如此迅速，是因为无论管理人员、教习、条规、教材、仪器设备，乃至各项经费开支预算，皆直接搬运自有四十年高等教育历史的文会馆。山东大学堂当时的灵魂是任教务长的赫士及其带去的文会馆师生。官方委任的校长唐绍仪，不过具名而已。1901 年 11 月，学部大臣张百熙将山东大学堂办学章程（实际上是文会馆章程）转饬各省，要求各省参照办理。此后较长的一段时期内，广文大学（及其后身齐鲁大学）成了中国高等教育师资、教材、仪器设备的供应基地。

19 世纪 80 年代狄乐博牧师在潍县创立的格致院、文华馆、文美女校等，本来就与其堂兄狄考文博士主持的登州文会馆形同一体。而潍县锁钥青齐，是更理想的办学、传教基地。1902 年 6 月，北美基督教长老会和英国基督教浸礼会，在青州召开联席会议，决定共同创办基督教联合大学，将登州文会馆和由英国传教士李提摩太在青州创立的广德书院，合并到潍县乐道院，定名为“广文大学”。这从某种意义上使潍县成了中国近代教育的基地。20 世纪前期山东的教育、医疗机构，和广文大学及其前身后身没关系的，寥寥无几。以山东大学为例，除了山东大学堂、齐鲁大学、山东医科大学（原齐鲁大学医学院）外，另一渊源华东大学，也是在1948年成立于潍县乐道院。

谈论山东近代教育史，人们对教会学校丑化有余，公平不足（这种情况近来也逐渐改变）。这是由于它是西方列强通过不平等条约强加于中国的，是对中国主权尤其是教育主权的侵犯。但教会学校是作为一种文化形态存在的，还有另一方面，它向刚刚“被动”地步入近代社会的中国展示着西方近代教育形态并传授西方近代“格致”“富强”之学。从这一意义上说，教会学校又担当着文化交流的重要角色。如果曲中存直，我们不得不承认，美国传教士的活动，不以掠夺资源和领土为目的，不乏牺牲、仁爱精神。美国首先返还庚子赔款，正是由于在华传教士的强烈呼吁，在中国遭受日本帝国主义的侵略时，他们旗帜鲜明地站在中国人一边。更难能可贵的是，在中华民族最黑暗耻辱的清朝末年，他们很多人仍然看到了这个苦难深重的伟大民族的潜力和闪光之点。曾任广文大学教授，后来帮助司徒雷登擘画经营燕京大学，实现其“梦想”的路思义，退休回国后，仍热衷于“思想中国、讲解中国……为中国做些事”。其长子、在潍县度过其幼年时代的亨利鲁斯，创办《时代（Time）》、《财富（Fortune）》与《生活（Life）》三大杂志，垄断美国新闻界，也一直满怀热情地关注中国。其实这对父子也从中国人、中国文化中，学得了不少东西。《时代》的创刊，可能受1890年文会馆创办的山东最早的报纸《时报》（主笔为中国学生孙炳文）的影响。从文会馆到广文大学到齐鲁大学的辉煌，其实也是勤劳智慧的山东人民与西方传教士共同创造的（教会学校中，学校管理人员、教师，华人占的比重越来越大）。

广文大学及其前身后世，不仅对那些曾身处乐道院环境的师生有影响，对潍坊及其周围地区的近代化乃至现代化进程，影响也是巨大的。山东国共两党创始时期的领导者，潍坊地区最多（有些直接是广文学校的毕业生，如同盟会干将邓天乙、上海“左联”党团书记张眺，中共杰出的女领导、“文革”时唯一敢于坚持为刘少奇鸣不平的陈少敏）；山东省最早的近代企业家，也以潍坊地区为最多，且大都有广文背景。如曾任乐道院文华中学理化修制所技师的潍县人滕虎忱，创办华丰机器厂（济柴、潍柴等厂的前身），制造出了当时山东也是华北第一台柴油机。至于在文教医疗界出类拔萃的名人，那就更多了。再以台湾为例，曾在文学界、教育界执牛耳的李敖、高震东，都是潍县籍。这固然与潍坊地区的深厚文化积淀有关，也与这一地区较早受西方先进教育理念影响，不无关系。

九、余论

古人云："莫为之先，虽善不彰；莫为之后，虽美弗扬。"一个地区的文化发展，有悠久的源头、深厚的积淀，固然是其优势，但还应该重视传承——历史上一些地区的文化不乏昙花一现的例子，主要是因为缺乏继承。潍坊人自古有重视收集、保存乡邦文献，传薪续火，阐微彰幽的传统。

自近代教育在中国兴起以后，潍坊有些地方在教学方面也注意培养学生对乡土文化的兴趣。如清末民国之际的诸城相州王氏私立小学就是这样。20 世纪 30 年代王志坚任校长期间，对国语课进行改革，让小学高年级学生收集民间流传的故事、俗语、歌谣、谜语，作为练习写作的项目，颇见成效。后来王志坚把学生收集到的民间故事交给其族叔、著名作家王统照先生看。王统照先生很是赞赏，选了数十篇，以《山东民间故事》为名交上海儿童书局印行。在为这本书所作的序言中，王统照先生说："集合起一些同地带的民间故事，能够显示出这一带地方的社会状况，地理的环境，民间的理想与乞求，——爱慕与憎恶，赞美与怨恨等都很清楚地表现于故事中间。""把这些故事集印起来，不止是可作乡土的教材，还可作民间文艺的探讨。虽然不过在几个县分中流行着，但如果每一个地方都有一样的搜集，我想对于好研究中国民俗学、民间文艺与童话的都大有帮助。"在 20 世纪前期，相州人才辈出，特别是文学方面，有很多作家在全国产生广泛影响，与重视乡土教育或不无关系。

王统照先生重视地方文化，他自己也身体力行，并深受其益。他的代表作《山雨》，以 20 世纪 30 年代初诸城相州一代的生活为背景；另一部被称为"现代文学史上唯一的一部完整地反映五四退潮期到大革命前夜青年知识者不同政治动向"的长篇小说《春花》，其自序中就说："如果是在我家乡中的人，又与我熟悉，他准会按书上的人物指出某某。""曾用笔记录过他们生活上的小节，与时间上的遇合；曾问询过他们的朋友与同调的人物。"书中的重要人物坚石、飞轩、巽甫、义修、身木、金刚，分别以王志坚、王翔千、王象午、赵震寰、王深林、王尽美为原型，主要是五四前后在济南活动的诸城人士。这部小说对研究党史、革命史，也具有重要的资料价值。

中国现代诗坛一代宗匠臧克家，他的创作受诸城乡土文化尤其是民歌的影响，在其回忆录《诗与生活》中，讲得非常充分，并写出了仍然记忆犹新的一些民歌。

研究乡土文化，有地近易核之便，能充分地、全面地占有资料，比较容易出成果。但也容易出现一些弊端。纪昀在《四库全书总目提要》中曾说："附会名贤，夸饰形胜，移甲入乙，乃天下地志之弊病"，并嘲笑批评这种现象的人"见闻不广"。至如家谱之流，遥遥华胄，飞头借面，私造官阶，欺生侮死，尊亲避讳，是非颠倒，其流弊更不可胜言。这就提醒我们在进行地方文化研究时，不仅自己的观点要力求公正、客观，对所用的材料也需要多方求证，严格甄别。同时，还应该立足地方，面向全国、面向世界，避免走入齐人唯知管仲的"乡党"一路。

今天，我们生活的文化环境空前自由开放，人们的文化意识也空前自觉。如果我们在继承前人丰富的文化遗产和优良传统的同时，顺应时代潮流，接纳八方来风，勇于探索，勇于创造，乾健不息，潍坊文化必将有更加辉煌灿烂的未来。

深厚博大，源远流长

——诸城文化综述

学术界谈论山东各市县历史文化，有“诸城厚，安丘透，博山秀”之说。用一“厚”字概括诸城文化，其内涵当然是非常丰富的。除了“深厚”外，还可引申为“博大”。而要成就深厚博大，自然需要漫长的历史积累。

诸城作为中国两千多个县级行政区之一，与我们伟大祖国的命运休戚相关。一部诸城文化史，其实就是一部源远流长、波澜壮阔的中华文明史的缩影。

“天地洪荒虞帝出，千年人说诸冯村。”在遥远、漫长的史前时代，诸城处在中夏文化与东夷文化的交界处。两种文化的交流、碰撞，使这一地区文化充满活力。这两种文化孕育的古代先民最杰出的代表虞舜，我们不必指定他为诸城人，自然也不必指定今诸城市区北面不远的诸冯村就是虞舜的出生地，但说虞舜身上凝结了古代诸城先民的优秀品质，这是毫无疑问的。呈子、前寨、阎家同等古文化遗址发掘出的大汶口文化、龙山文化的生活用品和装饰用品，也验证了远古诸城先民的聪明智慧。中国古代讲究“严夷夏之辨”，这里的“夏”是文明、进步之邦，“夷”则是野蛮、落后的异类。史学界有“东夷非夷”之说，意思是“东夷”只是地域的指称，不带有贬义色彩，《山海经》说东夷有君子国，可与此相发明。这种观点强调东夷文化与中夏的同质性甚至领先性。读读《尚书》中的《虞书》，看看“东夷人”大舜的风采，再拜观诸城呈子遗址出土的龙山文化遗物——黑如漆、明如镜、薄如纸、硬如壳的蛋壳黑陶，东夷人文与当时中原相比，真正是“何陋之有”。等到禹帝敷土，潍淄既导，这一地区久浃王化，更无夏、夷的差别了。

先秦、两汉之际，是诸城文化史上最辉煌的一段时期。处在齐鲁之间的诸城文化，通变至道，经师辈出。孔子的得意门生、女婿公冶长是诸城人（其坟墓至今仍在诸城北部锡山之下），家学心传，直接圣人，他对诸城一代儒学，自有开创之功。后来则无论齐学、鲁学，还是今文、古文，大都能在这里找到其代表人物。传《易》者有孙虞、王同、梁丘贺、梁丘临、鲁伯、邴丹、王璜。传鲁《诗》者有王扶；传齐《诗》者有伏氏子孙（伏理、伏湛、伏黯、伏隆、伏恭、伏无忌等）、师丹；传今文《尚书》者，有伏氏子孙、殷崇；传古文《尚书》者有王璜；传《礼》者有徐良；传《春秋》者有王中、贡禹、筦路、左咸、徐子盛、承宫；传《论语》者有王卿、贡禹……梁启超在《近代学风之地理的分布》一文中说："山东邹鲁，孔孟实生；齐稷下，方术之士聚焉。自昔为文明渊丛。两汉经师，什九为齐鲁产，盛矣！"两汉经学，齐鲁为盛。齐鲁之间，又当首推诸城。真可谓孔孟既没，斯文在兹。当战国纷争，秦楚扰攘，文献存亡之际，东武经师口传心授，"抱残守缺"，守先待后，其功业足以彪炳千古。岂但经学，黄老百家在这一地区，也曾极一时之盛。安期生、卢敖、盖公，在这一地区的活动情况，至今有文献可征，有实地可考。（陈寅恪《天师道与滨海地域之关系》一文，论定道家产生于山东沿海。）

诸城经学的繁荣，还有力地带动了周围地区，使中华文明圣火在黄海之滨、潍水两岸，绵延不绝。东汉末年中国学术界囊括大典、兼综百家的一代儒宗郑玄，虽然是高密人，但"山东无二郑"，其祖庭在诸城南部的马耳山。郑玄先祖郑崇，就曾师事东武名儒、《春秋》《论语》经师贡禹。与三国时杰出的政治家、军事家诸葛亮的先祖诸葛丰，闾里相望，师出同门。

在两汉之际，这一地区的学术气氛又是空前开放的。赵岐避难安丘而"温故知新"作《孟子章句》（与郑玄三礼、毛诗注，皆列《十三经注疏》中），董仲舒为胶西相而作《春秋繁露》，他们与本地经师，必有讨论之谊。

由于特殊的地理位置和时代环境，诸城在先秦曾一度是南北文化的交流中心。春秋、战国之际南方的吴、越、楚一度强大，它们与老牌霸主齐国争夺对诸侯的支配地位，诸城一带就是前沿。越王勾践曾一度把国都由会稽迁到诸城东南部的琅邪山下；齐国防范楚国进攻的长城，横贯诸城南部。秦汉之际中华文明在古琅邪地区百川汇海、发扬光大，运会所聚，自然非止一端。

两晋之际，衣冠南渡，其中不乏诸城士族。山移于会稽，穴通于姑苏，邑侨于毗陵。或虚或实，隐约可见诸城先民迁移的脚步。据《晋书·徐邈传》，徐邈祖父徐澄之“属永嘉之乱，遂与乡人臧琨等率子弟并闾里士庶千余家，南渡江，家于京口”。晋明帝时，因其人民在今江苏省武进区西南侨置姑幕县，属南徐州。姑幕原在诸、莒之间，这千余家中必然有诸城人。并且这也不会是仅有的一例。毫无疑问，他们的到来极大地推动了迁居地区文化的发展。“被发文身”的蛮服之邦，后来成为人文渊薮，诸城先民亦有拓荒、播种之功。

唐朝政教起八代之衰，诸城文化在这一时期也有所恢复。五代十国时南唐司空孙晟、后汉宰相莒国公苏禹珪，皆唐末遗才。据《旧五代史·苏禹珪传》，禹珪父苏仲容，“以儒学称于乡里，唐末举《九经》……累赠太师”，犹能远绍秦汉乡贤。

宋代由于印刷术的推广使用，兼之崇文重儒，文化生活空前活跃。诸城人文也再度出现繁荣。其中特别值得一提的是赵氏世家。南宋楼钥《攻媿集》卷九八《龙图阁待制赵公（粹中）神道碑》：“公字叔达，密州诸城人，家世多以文发身，号东西赵。西有丞相清宪公，而公则东赵也……诗律酷似唐人，杜诗韩笔，深造精诣。”赵粹中精礼学，宋宗庙大典，经他议定。西赵则世传《周易》《左传》。南迁后，赵氏家族仍科第联翩，仕宦不绝。赵氏家族的赵明诚，虽宦迹不足称，他和妻子李清照广收图籍，精研金石，成就之高，古今罕有其比。“翻书赌茶”故事，更是艳传千古。

宋代绘画发达，诸城人张择端的风俗长卷《清明上河图》，不仅是这一时代，而且是中国绘画史上最伟大的作品之一。

宋代乐府词独步千古，苏轼曾在这里开一代风气，创作出《水调歌头·明月几时有》《江城子·密州出猎》等脍炙人口的华章。李清照、侯寘，皆列两宋六十名家中。南宋初年诸城人徐大用曾出乐府专集，虽已一字不传，但其好友陆游所作《徐大用乐府序》，至今仍存《渭南文集》。陆游在文章中也道出了苏轼所谓“除却东武不解歌”的奥秘：东武“山川气俗，有以感发人意，故骚人墨客，得以驰骋上下”。这其实也涉及密州区域文化精神和国民地域个性的问题。

北宋后期的密州，曾是中国北方对外商贸、文化交流最活跃的地区。密州的港口板桥镇（今胶州市），南连二广、福建、淮、浙，北达京东、河北、河东，东通高丽、新罗，既是中国沿海运输的枢纽，也是对外商贸、文化交流的前沿。

神宗熙宁四年（1071），高丽国王王徽脱离契丹，修贡宋廷，板桥镇在沿海各大港口中与高丽相距最近，自然成为两国交通的门户。朝廷命令在此地修建高丽馆、打造船舶，以柔远人。哲宗元祐三年（1088），应密州知州范锷之请，在板桥镇设市舶司。《宋史》卷一八六载范锷疏，有云："板桥濒海……广南、福建、淮、浙贾人，航海贩物至京东、河北、河东等路，运载钱帛丝绵贸易，而象犀、乳香珍异之物，虽尝禁榷，未免欺隐。若板桥市舶法行，则海外诸物积于府库者，必倍于杭、明二州。"张择端绘画，特擅舟车市集，与当时密州地区商贸活跃的环境也有一定关系。《清明上河图》中，可能也有密州板桥镇的影子。

北宋末年，金兵压境，诸城士族再次南渡。金元之际，浩劫轮回，这一地区文化又出现低谷。《金史》载诸城人邹谷，曾官泰宁军节度使；《元史》载密州人于大本，官信州总管；明万历《诸城县志》载元代王致道，曾官尚书。不但人数少，事迹也不足道。

从明嘉靖年间开始，经过百余年休养生息，诸城文化又恢复元气，并从此长盛不衰。明清两代诸城人文，堪与先秦两汉相媲美。翟銮、刘统勋的相业，丘橓、刘果、刘启的吏治，张侗、王钺的理学，刘燕庭、王锡启、李璋煜的金石学，李澄中、丘元复、王赓言的诗，丁耀亢的小说、戏曲，刘墉、徐会沣的书法，窦光鼐的制艺，王化贞、臧应詹、刘奎的医学，王既甫、王冷泉、王柞桢、王宾鲁、王露的古琴……皆为宇内所推重。

诸城自明万历年间明空禅师在五莲山建光明寺，其后百余年间，佛教极盛，山东四大禅寺，在诸城者二：五莲山光明寺、九仙山侔云寺。法侣胜游，往来络绎。其中有当时佛教界领袖、临济宗嫡传、被顺治皇帝尊为弘觉国师的木陈禅师，木陈门下首座天岸禅师（亦曾受顺治帝礼重），天岸门下首座灵磐禅师，嵩山少林寺适庵禅师……他们与五莲、九仙僧人泰雨、海霆、象峡及众多的诸城遗民、文人徜徉林泉，观空观色观兴亡，较量机锋，弛张棒喝，时有胜解，见于康熙《五莲山志》《卧象山志》，连篇累牍。李象先《织斋文集·法庆堂上和尚（灵磐）传》："先是，师随弘觉赴召京师万善殿结制，章皇帝赐紫衣，今大学士冯公（溥）谓师宗风道力，嗣弘觉、天岸和尚，滹沱津梁，在吾青矣。"——诸城清代为青州府属县。

清代“乾嘉盛世”，是封建社会的最后一个辉煌时期，其间刘统勋、刘墉父子先后入相，窦光鼐曾为嘉庆帝之师，他们选贤任能、定疑决难，同时对清统治者的民族压迫政策予以潜消默夺，为缔造、维持“盛世”局面，做出了重要贡献。民间有“乾隆帝，坐江山，刘罗锅子半拉天”之谣，正所谓“说是就是，不是也是”。

民国以来，在军政文化各界活跃的诸城人，更是灿若群星。旧民主主义革命的巨擘刘大同、吴大洲，国民党左派重要领导人路友于、范予遂，国民党改组派主要负责人王乐平，空军总司令王叔铭，中国农工民主党总部组织部部长王深林，中国共产党创立时期山东小组的王尽美、王翔千、王象午，现代文坛上的诸城作家王统照、臧克家、王愿坚、王希坚、陶钝、孟超，演艺界的崔嵬、李仁堂……他们在波澜壮阔的现当代历史舞台上，充分展现了诸城人的风采。

20世纪，中国妇女解放取得了空前的进步。世纪之初，缠足之风还在盛行；不过数十年，封建社会最悠久、妇女受压迫最深重的中华古国，竟出现了在世界体坛领一代风骚的中国女排、女足。甚至一些发达国家的人士都对中国妇女解放的程度表示赞叹。在近百年的妇女解放运动中，有两个女性先后摇旗呐喊，功不可没。一个是出生于浙江绍兴、鲁迅故居以西不远处东武山（又名飞来山、小琅邪）南麓的鉴湖女侠秋瑾；一个则是地地道道的东武女儿——江青。江青为“半边天”运动推波助澜，固然与她想当国家主席的“野心”（其夫毛泽东语）有关，但“天假其私以行大公”，实事求是，曲中存直，或许我们应该承认，正是由于“半边天”运动的矫枉过正，才使中国妇女悲惨的过去永劫不复。江青一生，以反对传统妇道为己任，人们今天对她的嘲笑、批判，或许太过于执着传统了。

21世纪，我们将迎来中华民族伟大的复兴。序幕刚刚拉开，诸城又一次脱颖而出。过去“好学重儒”的优良传统，在新的历史条件下得到发扬光大。诸城的教育、文化、科技各项事业蓬勃发展，人才辈出，大有长江后浪推前浪之势。相对而言，今天诸城人在发展经济特别是在发展工业、商贸等方面，大刀阔斧，锐意进取，勇创名牌，精神魄力更是前无古人，为全省乃至全国树立了很好的榜样。外贸、得利斯、北汽福田、华宇……已经成了诸城文化新的景观。

对于诸城历史文化辉煌灿烂、贤豪辈出这一现象，人们曾作出种种解释。或曰山川雄秀，感发人意；或曰疆域阔大，人才自众；或曰重视传承，薪火不绝；或曰兼收并蓄，有容乃大；或曰循良接踵，导扬风化……这些解释是有道理的，不过我认为最重要的原因，是诸城文化能与时俱进，开拓创新。

儒家经学中，诸城人对《易》学情有独钟。孙虞、王同之学，直接孔子，两汉《易》学经师，东武独多。据李清照《金石录后序》，唐宋间诸城赵氏，“自来家传《周易》”。《朱子语类》卷一三一载，秦桧任密州教授时，有一隐者预言他将来会做宰相，当时名儒游酢也在密州，勉励秦桧：“隐者甚验，幸自重。”这位“知几其神”的密州隐者，可能也精于《易》理。直到五四新文化运动之后，著名作家王统照先生还对《周易》怀有特殊的感情。他的短篇名作《读〈易〉》曾被闻一多等人交口称道。《周易》的基本精神就是变动不居，与时偕行。诸城人又自称龙城人，龙之为物，神明变化，乾健不息。这都与当今的时代精神是一致的。于是在新的千年开始之际，我们回顾诸城辉煌灿烂的历史文化，也就绝对不是想获得一份“我们先前阔多了”的可怜的虚荣心，而是为着继往开来，在中华民族不可逆转的伟大复兴中，去创造更大的辉煌，无愧于古人并无愧于来者！

千古盛事，细说缘由

——诸城历史文化发达原因试探

刊登在《超然台》第一期的拙作《深厚博大，源远流长》，展示了一幅上下数千年间诸城历史文化波澜壮阔、群星璀璨的“清明上河图”式长幅画卷。虽然本人才疏学浅，难免挂一漏万，但刊出之后，很多读者勉励有加，并希望我再把诸城历史文化繁荣的原因作一介绍。感愧之余，盛意难却，未免再次献丑，以期抛砖引玉。

一个地区文化的发达是由众多因素综合作用的结果，要穷尽其复杂性，几乎是不可能的。所谓“细说”，也不过是平常装饰性语汇。本文列举一些自以为重要的因素，希望能对读者有所启发。

一、山川雄秀，感发人意

在影响文化的各种因素中，地理环境是一个相对的常量。清乾隆《诸城县志·山川考》序引郑樵语云：“州县之设，有时而更；山川之形，千古不易。”虽然也有地老天荒、陵谷变迁之说，但那样一个周期往往需要很多万年。对于文化史研究，可以忽略不计。

诸城南部，泰沂山脉横贯而过，留下了许多东西走向的山峰。如琅邪山、大山、回头山、马耳山、常山、卢山、九仙山、五莲山等，其中回头山，据乾隆《诸城县志》：“山名回头者，以泰山之脉南去阻海而回头西向也。”诸城为泰山龙脉回旋之地，浑厚磅礴，雄深蕴藉。发源于这些山峰的无数溪流，汇成潍河、胶莱河两大水系，向北流入渤海，由这两条河流冲积而成的昌潍平原，历来是山东主要的农业区。据徐北文教授等考证，作为鲁东南第一大河的潍河（古籍中有时写为“淮河”），在远古其实就是“四渎”中的“淮河”。中国是传统的农业国，而古代祭祀与农业有重要关系的四时之神的专祠在诸城，当然不无缘故。

宋代曾任密州太守的杰出诗人苏轼，在离开诸城途中所作的《大雪青州道上有怀东武园亭》一诗中有“城郭山川两奇绝”之句，这“奇绝”的山川，钟灵毓秀，也驯化、造就了一代代器识深远、才华惊世的密州名人。清初文人安致远《东武山游诗序》讲东武山川与东武名人的关系，最为亲切：“东武之人奇，东武之山奇……见九仙之奇峭峻拔，吾友之英伟卓荦者似之；见五莲之深秀苍蔚，吾友之风雅蕴藉者似之。东武之人之奇，与东武之山之奇，盖两相映发矣。”

二、发祥久远，薪传不绝

一个地区的文化积累，本身就是这一地区文化继续发展的资源。一般说来，发祥越是久远，积累就越深厚。我在《深厚博大，源远流长》一文中，把诸城文化的历史追溯到龙山文化（黑陶文化）时期，最近拜读张崇琛先生《琅琊文化初探》，又把这一地区的历史文化上溯到新旧石器时代。

古人云：“莫为之先，虽善不彰；莫为之后，虽美弗扬。”一个地区的文化发展，只有悠久的源头是不够的，还应该重视传承——历史上一些地区的文化不乏昙花一现的例子，主要是因为缺乏继承。诸城人自古有重视收集、保存乡邦文献，传薪续火，阐微彰幽的传统。以中国古代学术正统儒家经学为例，诸城自孔子的得意门生、女婿公冶长首开风气，历先秦两汉以迄近代，经师、儒林不绝于世。特别是被奉为三代政纲之本、百家学派渊源的《易》学，从秦汉时期的孙虞、王同、梁丘贺、梁丘临、鲁伯、邴丹、王璜到宋代的赵氏家族，再到明清时期的张廷箴、王劝、丁豸佳、李慎、李珽等等，皆能发明绍续。甚至五四新文化运动以后，举世竞尚西学，著名作家王统照先生仍对《周易》怀有特殊的感情。他的短篇名作《读〈易〉》曾被闻一多等人交口称道。

三、东国名地，人文所聚

乾隆时诸城知县顾士安为新修《诸城县志》作序，有云：“诸城东国名地，山川之秀甲青齐。秦汉为琅邪郡治，唐宋元为密州治，前明始为属县，而疆域阔大，贤豪辈出，固犹是州郡之规模也。”州郡治所，往往是一方政治、文化中心，自然也是人文荟萃之处。

其实早在远古时代，诸城就是先民聚居的重要地区。潍河曾列“四渎”；《世本》载禹名高密，《孟子》云舜生于诸冯；中国第一个朝代夏的同姓之国牟、娄、杞、越，皆曾涉诸城之境；少康中兴，在潍河流域；直到秦皇汉武，仍亲祠四时之神于琅邪。

诸城西南两面，山海环绕。连绵的群山，既使诸城与中原地区隔离，又使诸城成为联系山东半岛和中原地区的跳板。在远古时代，她是东夷先民的大后方；中古以来，每当中原发生战乱，多有士族来此避难。刘汝霖在《汉晋学术编年》中指出，形成于邹鲁地区的儒家文化，在向外扩展的过程中，“进展到河南西部，余势已经衰微。这个地方，却好有一枝接应的军队，即是周的文化。周文化和鲁文化是同出一源的，性质非常相近。很容易合为一处，再向四方发展”。其实应该说是中原地区的周文化与山东地区的邹鲁文化相互呼应，才造就了中华文明的辉煌。这也通过经学家的活动表现出来。如中原的郑氏家族，迁到诸城马耳山一带，在山东繁衍，他们就在周文化与齐鲁文化之间架起了一道辉煌的彩虹。东汉时期郑玄称为成周定制立法的周公为“皇祖”（郑、周二氏，皆源于姬姓），他将齐鲁文化与中原的周文化相发明，“括囊大典，网罗众家，删裁繁芜，刊改漏失，自是学者略知所归”。

四、循良接踵，导扬风化

提到诸城文化，最热门的话题是宋代曾任密州太守的苏轼留下的丰富遗产。而苏轼只不过是曾宦游诸城的无数过客之一。苏轼之外，汉琅邪太守朱博、陈俊，唐密州刺史崔元亮，宋密州太守吴奎、翟汝文、晁补之，通判刘庭式，明代诸城知县杨天民、杨继盛，为其中较著者。另外，自明代以后，诸城为青州府属县，青州府职官巡察诸城，也对这里的文化产生影响。如明嘉靖年间青州兵备道王世贞，清康熙初青州海防道副使周亮工，两人都是当时文坛领袖人物，均曾莅临诸城，或酬答唱和，或奖掖后进，诸城人文，如沐春风。特别值得一提的是周亮工，他在明崇祯十五年以潍县知县充山东乡试同考官，此科解元诸城人王斗枢（刘统勋岳祖父）即出他门下，周亮工传与王斗枢之砚，至今为诸城市博物馆收藏。清初周亮工任青州海防道期间，多次到诸城，留下《东武怀古》《雨中宿沧浪园示丁鲁瞻颙若》《雨中过泰雨禅师期游五莲》《病肺读李渭清〈海鸥集〉时赠端石》等很多佳作；他在青州海防道署建真意亭，延揽文士，其中诸城人最多，李澄中、丁耀亢等，均为座上之客；他还曾以书招刘翼明，刘氏摆高士架子不赴，周亮工也毫不见怪。清初诸城人文极一时之盛，与周亮工的春风化雨，有很大关系。

明万历年间诸城人、湖广郧襄兵备副使丁惟宁《诸城县志·序》云："余自束发距垂白，耳目睹记，民物日以熙攘，风俗日以朴茂，野无呰窳之农，市有轻实之贾，礼教信义之风，迄今犹未泯哉！而山川磅礴，清淑毓灵，郁为思皇，科名辈出，济济乎以法以廉，不可谓鲁无君子矣。固国家熙洽之所酝酿，而抡材授地，接踵循良，先后贤师帅培灌之功，何可诬也！"

五、家族文化，堡垒众多

由于诸城地理环境相对封闭，这一带的社会生活也相对安定。如春秋战国之际，中原逐鹿，鼎沸扰攘，而这一带由于山海屏障，社会生活仍照常进行，且弦诵不绝。相对安定的生活环境，还使这一带形成了一些庞大的家族。如秦汉时代的伏、郑、王、卢、徐、梁丘、诸葛等等，他们耕读传家，父子相授，继绳不替，形成了一个个经师、名臣辈出的文化堡垒。其中伏氏家族，是今文经学的领袖；郑氏家族，则是古文经学的集大成者。

中国古代社会最重宗法，表现在学术上就是重师承、重统系、重门户，学以人传。所谓人在学在，人亡学亡。学术传承最有韧性的纽带，当然还是所谓的"家学渊源"。

诸城的家族文化，在明清时期尤为繁荣。这一时期以文献世其家者，除臧、王、刘、李、丁五大家族外，还有孟、张、尹、窦、郑等等，也代有学人。这些家族是文献的收藏者，如博学鸿儒李澄中家族，据乾隆《诸城县志·李文驹传》：“先是祖父历显要，家多赐书，文驹益搜罗，至十余万卷，颇多秘籍。”李氏另一支清布政使李璋煜家族，喜收金石刻辞，藏书亦在十万卷以上。嘉庆年间，李璋煜曾建“万书楼”贮藏之，与其女婿、潍县陈介祺“万印楼”遥遥相对。再如清爱堂刘氏，乾隆后期刘统勋、刘墉父子先后任《四库全书》总裁，家中赐书、藏书尤多。刘墉侄孙刘喜海与李璋煜是好友，且有同好，其图书金石之收藏，富甲海内。单只碑刻拓本，就有五千余种。刘喜海去世后，文物流散，《清史稿》总纂、“中国图书馆之父”缪荃孙曾拿准备买房子的款项收购其中一部分。

这些家族在收藏文献的基础上，还进行研究、传播。很多家族都编有自己的丛书，如王氏有《东武王氏家集》《诸城王氏金石丛书》，刘氏有《东武刘氏诗粹》《刘氏贡举文集》，李氏有《李氏世业》，孟氏有《孟氏家集》，尹氏有《诸城尹氏金泉精舍刻本》丛书……这些著作虽不无标榜之嫌，但保存文献，传承文化，其贡献是不可磨灭的。新中国成立后，这些家族的后裔大都把藏书、文物捐献于山东省图书馆、山东省博物馆、青岛图书馆等机构。青岛图书馆所藏明清两代山东人著作，主要是诸城人张鉴祥、郑时两前辈故物。

六、多元并存，与时俱进

诸城历史文化自古以来就具有兼收并蓄的传统，而由于特殊的历史和地理原因，诸城也有条件受多方面的影响。这就使诸城文化具有多元并存的特点。

远古时期，诸城处在东夷和中夏交界处，兼受二者影响；夏商周三代文化，在诸城都有其后裔；对中国后世影响深远的齐鲁文化，同时作用于诸城南北；春秋战国之际，南方的吴、越、楚等国的文化，曾影响诸城东部和南部。还有，诸城南部有广阔的海岸线，多海港，南通吴越闽广，北达河北辽东，东通高丽、日本，曾是北方海上贸易、对外交流的前沿；越、秦、明初三次由外地向诸城境内大规模移民，不仅在人口素质上形成“杂交优势”，在文化上也注入了新的因素；诸城的众多家族，通过婚姻、师生、联宗等关系，与省内甚至国内众多的家族文化交流，也丰富了诸城文化的内涵；历代地方官，他们的才学器识各有千秋，也以不同的理念影响了诸城文化。

影响中国文化最大的儒、佛、道三家，都曾在诸城留下辉煌。儒家经学不用说了，原在诸城境内的清代山东四大佛教名寺之一的五莲山光明寺至今仍远近闻名；另一座名寺九仙山侔云寺，遗迹可考。关于道教与诸城和古琅邪地区的关系，也值得一提。著名史学家陈寅恪《天师道与滨海地域之关系》，论定“琅邪为于吉、宫崇之本土，实天师道之发源地”。琅邪易学极盛，而《周易》正是连通儒、道的桥梁。魏晋时期天师道世家，首推琅邪王氏。东武王同所传之易，为今天《周易》之祖。王同族人王弼援道入儒，以《老》《庄》之理解《易》，开创了对后来中国哲学、美学影响深远的义理派易学。其《周易注》，至今列《十三经注疏》之首。

《周易·系辞下》：“物相杂，故曰文。”《国语》：“物一无文。”而阴阳之道，偏胜者强。沧海桑田，此消彼长。若无横向的多元并存，在纵向的历史发展中，文化也会失去生机和活力，难以喻乎日新之化。

今天，我们生活的文化环境空前开放，人们的文化意识也空前自觉。如果我们在继承前人丰富的文化遗产和优良传统的同时，顺应时代潮流，接纳八方来风，勇于探索，勇于创造，乾健不息，诸城文化必将有更加辉煌灿烂的未来。

《中国民间文学大系·故事·山东卷·潍坊分卷》前言

一

作为中国文化重要发祥地、西方传教士所谓的“中国圣省”（The Sacred Province of China）山东，由内陆和半岛两大部分组成。今天的潍坊市辖区，在二者的接合区域，扼内陆腹地通往半岛之咽喉。她南依雄浑苍郁、连绵起伏的泰沂山脉与临沂、日照相连；北临碧波万顷的渤海湾，与辽东相望；东隔胶莱河，与青岛、烟台相邻；西濒淄水，与淄博、东营相接。市域总面积 16167 平方公里，南北最长 188 公里，东西最宽 164 公里。地势南高北低，南部是山区丘陵，中部为平原，北部是沿海滩涂，地形类型较齐全。市域共有大小河流 112 条，其中流域面积在 100 平方公里以上的有 55 条，主要水系有潍河、弥河、白浪河、胶莱河、小清河 5 条。海岸线为东南—西北走向，呈弧形曲线状，西起淄脉河口，东到胶莱河口，全长 143 公里。

潍坊是山东半岛城市群地理中心，地处黄河三角洲高效生态经济区、山东半岛蓝色经济区两大国家战略经济区的重要交汇处，是中国最具投资潜力和发展活力的新兴经济强市之一。截至 2020 年底，潍坊下辖青州、诸城、寿光、安丘、高密、昌邑 6 个县级市（均曾入榜中国百强县），奎文区、潍城区、寒亭区、坊子区 4 区，临朐、昌乐 2 县，另有高新技术产业开发区、滨海经济技术开发区、峡山生态经济开发区、综合保税区 4 个国家级开发区。共有 152 个乡镇、38 个街道办事处、9600 个自然村。常住人口 935.15 万人，城镇化率 62.18%，户籍人口 918.1 万人。气候属暖温带季风型半湿润大陆性气候。潍坊 2020 年度全市完成 GDP 总量 5872 亿元，居全国 GDP50 强城市榜单第 39 位、中国城市综合经济竞争力第 43 名。2021 年 1—10 月，全国地级市财政收入排行榜，潍坊名列第八位，入选“2021 年度活力城市”。

潍坊为鲁中重要交通枢纽，有胶济、大莱龙、德大、胶新 4 条铁路线穿境而过，另有青临、益羊两条地方性铁路。公路交通尤其发达，青银、荣乌、长深、青兰、荣潍、新潍、潍日 7 条高速公路纵横交错。海运有国家一类口岸的潍坊港，为渤海最南端重要港口。空运则有隶属海航集团的潍坊机场，正与国内外越来越多的城市建立通航关系。

潍坊地区带山负海，川原奥衍；又处在“文明温床”的暖温带地区，四季分明，物产丰饶。优越的自然环境，造就了潍坊雄奇伟丽、气象万千的山水景观。区内旅游资源单体数千个，且正在日增月益。沂山风景区为本市国家 5A 级旅游景区之一，主峰玉皇顶海拔 1032 米，为中国东海向内陆第一座海拔超过千米的高山，有“大海东来第一山”之说，《水经》称之为泰山，后被奉为五镇之首。每年 5 月 7 日在景区东大门举行沂山文化节暨东镇沂山祀山大典，其中东镇祀山大典被列入第四批国家级非物质文化遗产代表性项目名录。潍坊的母亲河潍河流域，为山东省唯一的国家级文化生态保护区，潍河中游有山东最大的人工水库峡山水库，流域内 4A、3A 级景区星罗棋布。潍坊滨海欢乐海旅游度假区，是渤海最南端新兴的亲海景区，按照国家级旅游度假区设计完成，涵盖风筝冲浪、渔盐文化、马术运动、海洋科普、异域风情等丰富的内容，正吸引越来越多的游客。

“三更灯火不曾收，玉脍金齑满市楼。云外清歌花外笛，潍州原是小苏州。”这是清乾隆年间任潍县令的郑板桥《潍县竹枝词》中的一首，赞美当时潍县夜生活的丰富。潍县人富足的生活，建立在手工业、商业“甲青齐”① 的基础之上。今天的潍县——国际风筝之都、国际和平城市潍坊，经济基础更雄厚，生活更丰富多彩。潍坊处郯庐断裂带上，矿产资源较丰富。其中蓝宝石、天然卤水等居全国首位。远古先民开始利用天然卤水熬盐晒盐，使潍坊成为中国海盐文化发源地。20 世纪初，美国长老会传教士创立的、以传播近代科学技术为主，有“东方哈佛”之称的广文大学（齐鲁大学、山东大学前身，中国近代高等教育的策源地）在潍县创立，受其影响，在这里较早发展起现代制造业和现代农业，为潍坊经济的长期领先打下了坚实的基础。改革开放以来，潍坊在自身持续发展的基础

① 郑燮《潍县竹枝词》：“若论五都兼百货，自然潍县甲青齐。”

上，为中国经济的腾飞提供了可复制的、有价值的创新模式。为中国经济打通任督二脉的农业产业化（也是人类历史上最大规模、最全产业链的工业化之准备阶段），就源于潍坊模式（包含诸城模式、寿光模式等）。

潍坊旺盛的发展活力，源于她深厚博大、源远流长的文化底蕴和传承。据有关考古发现，至少在距今四五十万年的旧石器时代，潍坊地区就有人类（沂源人）活动。进入新石器时代后，远古先民在这里创造了先进的“东夷文化”，它是齐鲁文化的前身。中国社科院考古研究所研究员吴汝祚曾指出，拉开中华文明史序幕的海岱大汶口—龙山文化，“不是以泰山为中心的周围一带地区，而是向东移到山东半岛，可能在潍坊一带地区内”①。这已被越来越多的田野考古所证明。龙山文化最伟大的遗存蛋壳陶（潍坊人称之为“舜陶”），以潍坊境内发现的种类最多，工艺最高。中国历史上第一个王朝夏太康、帝相时，先后居潍坊境内的斟鄩、斟灌（相当于都城或行都），同时境内还有寒、三寿、洛等封国；商朝境内有爽鸠氏、季萴氏、逢伯陵、蒲姑氏等封国，周代则兼齐、鲁、杞、莒、纪、莱子等国。春秋末期，北上争霸中原的吴国、越国，曾据潍坊西南境。战国时，潍坊辖区大部属齐，南部有部分先后属鲁、楚。秦代，东部属胶东郡，西部属临淄郡，东南部属琅邪郡。汉代，市境为青、徐二州刺史部所辖，分属北海、琅邪、齐三郡和菑川、高密、胶西、胶东四国。三国时，地属魏。南北朝时，南朝地为刘宋，北朝地属元魏、东魏、北齐。隋代市境属北海、高密二郡。唐、宋属青、密二州。元属中书省山东东西道宣慰司，置益都路。明、清为青州、莱州府所辖。民国时期，先属胶东道、莱胶道、淄青道，1927 年裁道后属山东省。1948 年潍县解放，成立潍坊特别市（省直辖）。1949 年 6 月潍坊特别市改称潍坊市，仍为省辖市。1950 年，潍坊市撤销，1951 年重建潍坊市，为县级市，属昌潍专署。1967 年 3 月 13 日，昌潍专区改为昌潍地区。1981 年 7 月，昌潍地区改名潍坊地区。1983 年 10 月，撤销地区建制，改建省辖（地专级）市，沿用原潍坊名称，实行市管县体制。

研究潍坊历史地理，“交汇”是一个关键词。这里是半岛与内陆的交汇，是

---

① 吴汝祚：《论大汶口文化的类型与分期》，《考古学报》1982 年第 3 期。

海洋文化与农耕文化的交汇，是先秦诸夏与东夷（主要是莱夷）的交汇，是齐文化与鲁文化的交汇，是自然崇拜的方仙道与宗法崇拜的儒家文化的交汇，是汉魏徐州刺史部与青州刺史部的交汇，是南北文化的交汇，是胶东文化与中原文化的交汇，是山东文化与关东文化（潍坊地区方言大部属胶辽方言）的交汇。由于今属潍坊的青州，历史上长期为山东政治、经济中心和州郡治所，为横贯亚欧的丝绸之路东端大都会，明末以来是西方传教士传教办学的热土，清代这里还建有满洲驻防城，并安置蒙古、回族等同胞，所以这一带也是国内众多民族的交汇、中外文化的交汇。其中对后世潍坊文化影响较大的是齐、鲁、莱三大文化系统。大致说来，临朐穆陵关、安丘城顶山一线以南，受鲁文化的影响较大；此线之北，东到潍水，受齐文化的影响较深；潍水以东，受莱夷文化影响较明显。鲁文化尊尊亲亲，齐文化崇贤尚功，莱文化质朴犷悍，潍坊人化裁兼用。这就使潍坊文化既有首创之勇锐，也有兼容之胸襟，更有集成之宏规。

潍坊的历史文化名人，灿若群星。始制文字的仓颉，明德之始的虞舜，囊括大典的郑玄，农圣贾思勰，山水画、风俗画的两座高峰李成、张择端，集帖学之大成的刘墉，集《说文》之大成的王筠，名相王曾、刘统勋，词坛女皇李清照，散曲冠冕冯惟敏，小说家丁耀亢、王统照、王愿坚……他们在中华文明史上，充分展现了潍坊人的风采。

由于潍坊一带为神州要区，历代名贤回翔。以宋代为例，寇准、范仲淹、富弼、欧阳修、赵抃、张方平、刘挚、苏轼等名臣、大儒、文豪先后来此宦游，他们的深恩厚泽、文采风流，也成为潍坊文化的组成部分。

潍坊市被评为世界风筝之都、中国画都，连续荣获国家环保模范城市、国家卫生城市、国家园林城市、国际和平城市、全国文明城市、中国优秀旅游城市、中国特色魅力城市、中国最具幸福感城市，荣获中国人居环境奖。隶属潍坊市的青州市入选中国礼仪百佳县市、中国最具书香百佳县市；昌邑被誉为中国丝绸之乡；高密市被文化部授予“中国民间艺术之乡”“中国扑灰年画之乡”；诸城派古琴，入选世界非物质文化遗产，舜的传说入选国家级非物质文化遗产名录；寒亭区杨家埠民间艺术大观园，入选“全国农业旅游示范点”和“56 个最具民族特色的风景区”……这些荣誉称号，大都带着沉甸甸的历史感和浓厚的文化包浆。

二

一个地区的民间文化，是这个地区文化的母体和土壤，也是这个地区文化的重要组成部分。《诗经》十五国风，大多为民歌。其中《齐风》表海泱泱，至今仍激荡潍坊人的灵府。宋代文豪苏轼在密州开创一代豪放词风，与他感会“东州乐府”（如《东武吟》《齐讴行》等）有重要关系。当今寰球九大古琴流派中诸城派及由诸城南传并外传欧美的梅庵派（被列入世界级非物质文化遗产），琴史和乐史研究者都指出它们与“诸城土风”的关系。被列入首批国家非物质文化遗产名录的茂腔，其唱腔配乐，与“东州乐府”有渊源，流传下来的数以百计的剧目，主要由诸城、高密一带民间艺人编写或改编，且不少剧情取自本地传说故事。融合诗、词、曲、小说、音乐、戏剧等众多艺术形式的说唱艺术（弹词、鼓书等），在潍水流域源远流长，至今未已。明隆、万年间诸城以说《水浒》见长的盲人李杲，受《金瓶梅》稿本早期收藏者丘志充礼重，乡绅李凤郊也遣人录其唱词，丘志充的外甥、李凤郊之子、清代山东唯一的“博学鸿儒”中式者李澄中在《瞽者李杲传》中说：“登莱诸郡县盲目者，皆师事之。”并慨叹：“即使苏黄、降格为俚词，岂能超杲而上哉？”① 至于清末民国时期的诸城人台福元（即台五）之东口大鼓，其影响则超出了山东，远达京、沪、西安。说唱艺人在演说古书同时，往往穿插当时的奇闻趣事，卖种种噱头，这也是民间故事尤其是幽默故事的重要来源。

潍坊一带，自古是民间文学的海洋。这里广泛流传的神话、故事、传说、歌谣、谚语、谜语、笑话、寓言等，滋养着一代代诗人、作家、戏剧家，让潍坊地区成为宇内文学重镇。

在传统社会，文化传媒不发达，“听瞎话（民间故事）”，是人们主要的精神文化生活，也是接受人生启蒙的重要方式。而民间故事，也便成了宣扬民间伦理价值的“春秋月旦”。民间伦理，是与庙堂伦理、知识分子伦理三元鼎立格局中

---

① 李澄中：《瞽者李杲传》，《卧象山房文集》，康熙刻本。

重要的一元，民间故事，又是切入民间思维和民间精神最直接的文本，是社会底层文化的风向标。[①]

潍坊民间故事，在思想倾向上自然主要表现潍坊民间的爱憎好恶，弘扬民间伦理。歌颂普通人的优秀品质、聪明智慧，暴露上层社会的剥削寄生、反动腐朽。

当然，潍坊毕竟处齐鲁之邦，有尊儒、重仕之风。在民间故事中，也有摆脱阶层歧视，以道义论人，歌颂清官廉操、读书人勤奋上进的。《丑女理家》《“琵琶果”和“笙管花”》《单凤夫人》等故事较典型。《丑女理家》写一个叫黑妞的媳妇，劝导不务正业的丈夫王繁五浪子回头，发奋读书，丈夫终于金榜题名，官至道台，为官清正。黑妞自己在家勤俭致富，后来又劝丈夫急流勇退，共度余生。这在封建社会也符合主流价值。正如潍坊民间的核雕、年画、风筝、嵌银漆器、仿古铜器等工艺品能进入上流社会甚至宫廷，潍坊民间故事也有很多可雅俗共赏。

潍坊民间故事，在其流传、变异的过程中，附着的思想观念、折射的历史和现实的光影非常复杂。和任何文化遗产一样，潍坊民间故事中，有些作品积极的、进步的内容与落后的、低级趣味的东西并存，需要读者鉴别精华糟粕，有所取舍。至于潍坊民间流传的一些过于露骨的“荤故事”，也许对于民俗研究者有参考价值，但本书不予收录。

产生于潍坊的民间故事，会随着人群的移动，向其他地区扩布；其他地区产生的民间故事，也会扩布到潍坊地区。潍坊一带的民间故事，与其他地区有很多共性。如产生过程的自发性、口头性、群体性，流传过程中的传承性、变异性，题材上的传奇性，手法多用幻想、夸张、象征，追求生动风趣，情节结构上多程式化，人物多类型化等等。

如果说潍坊民间故事与其他地区有差异，除了其类型最全面，就是其传奇性、幻想色彩更浓厚，夸张手法更淋漓尽致。

潍坊辖境，大部属先秦列国之齐国。受海滨气象万千的风土驯化和东夷历史

---

① 黄轶：《论民间故事中“反智主义”的生成动因》，《黄河科技大学学报》2007 年第 6 期。

遗传，齐国民俗土风，相对于内陆诸国，更为豪迈、开放，富有浪漫色彩。《庄子·逍遥游》曰：“《齐谐》者，志怪者也。《谐》之言曰：‘鹏之徙于南冥也，水击三千里，抟扶摇而上者九万里，去以六月息者也。’”《齐谐》堪称潍坊一带民间故事之滥觞。

《孟子·万章上》载孟子学生咸丘蒙述传闻舜为天子，南面而立，“尧帅诸侯北面而朝之，瞽瞍亦北面而朝之”，主张舜不臣尧、瞽的孟子驳斥他说“此非君子之言，齐东野人之语也”。“齐东野人之语”，便成了不经之言的代名词，后世所谓齐人“夸诈”之说，颇与之相承。尊尊亲亲、谨愿守礼的内陆农耕区人，与崇贤尚功、豪迈浪漫的齐人，社会价值观的不同，也造成了审美观和语言表述习惯的差异。这种差异在民间传说故事中，表现得最直接、最充分。而在本卷“幻想故事”部分，表现得最为典型。

三

按照丛书体例，本卷分为“生活故事”和“幻想故事”两大类。

在中国民间故事中，生活故事（世俗的故事或写实故事）是主要类型，西方和阿拉伯地区则是充满幻想色彩的魔法故事居多。这可能因为中国在漫长的历史时期是个自给自足、生活较封闭的农业国，民间故事也遵循源于生活的逻辑。本卷所收潍坊民间故事中生活故事数量接近三分之二。这些故事往往取材于现实生活，约略加以虚构，从不同侧面反映潍坊地区民众的生产方式、生活习俗、处世道德，讲述人们对生产、生活的认识和经验总结，以及对美好生活的向往和憧憬。

在潍坊民间的生活故事中，一些传统母题类似长工斗地主、百姓打官司、巧女、傻女婿和机智人物故事等，有大量作品；婚姻家庭、生产生活类作品也不少，但比较引人关注的是能工巧匠的故事。“年画、风筝故事”“老行当故事”两目所收数十则，其中不少关于能工巧匠的传说。潍坊既是艺术之乡，又是工艺之乡。写意画、年画、风筝扎制、仿古铜器制造、嵌银漆器、核雕等，闻名中外，自然会留下很多优美的传说。开卷《杨青与凤贞》，男主画匠杨青用自己画的

《招财进宝》上的大耳元帅，诓走老虎，救下了差点被虎捕食的一个老人。老人为报恩，将宝贝独生女凤贞许与他，两人也一见钟情。正当两人准备成亲时，凤贞被选中为皇妃，她抵死不从。后来当皇帝派大臣带着人马来抬人时，杨青放起自己仿照凤贞形象绘制、扎糊的美人风筝，飘飘远去，谎称凤贞已经升天。大臣回去复命，皇帝也无可奈何。杨青与凤贞远走南方，传播绘画与风筝扎制技艺去了。这个故事不仅赞美杨青绘画和风筝扎制技艺的高超，还歌颂了他与凤贞不畏强暴、忠于爱情的美德。

《活画儿》《画师的"诀窍"》《蜡烛》，情节近似，都是求高明的画师画蜡烛。画师画个蝈蝈能叫，画个蚂蚱能跳，画个喜鹊会飞，画个媳妇能做饭，画根蜡烛能照明，但功夫不是白给的。求画者（帮工磨墨）心气太浮，墨磨得淡，催促得又太急，最后画出的蜡烛前半夜还明亮，后半夜就暗淡了。这几个故事渲染画师技艺，有魔幻色彩，但也传达了艺术创作的一些规律，所谓"能事不为相促迫"，所谓"用志不分，乃凝于神"。

在各色高人中，类似《隐艺人》和《神木匠》的主人公们最令人敬仰。他们潜修技艺，不显山露水，关键时刻一展身手，惩戒狂妄之徒，事了拂衣去，依旧遁世无闷。他们的技艺令人钦佩，但更令人赞叹的是他们谦虚淡泊的情怀，有古隐君子之风。

生活故事中女性角色很多，特别是"巧女""婚姻家庭"类故事中，女性是主角。但无论是平常听故事，还是在汇集民间故事的书本上，很少见到方志中连篇累牍的节妇烈女的形象。

本卷所收《书生、和尚、贤良女》及其异文《世上谁是纯正人》，还有情节类似的《题诗警世》，都有立了牌坊的"节妇"偷汉子的情节。虽然故事倾向于对相关女子的批判，我们宁可视为对扼杀人性的封建礼教的嘲弄（让女子守节甚至殉夫，其实也不符合儒家礼教原旨）。

在与"节妇"沾边的故事中，《一座没"开光"的牌坊》最值得读者注意。风韵犹存的寡妇在修建贞节坊的过程中，就与工头石匠暗通款曲。牌坊开光仪式前，竟与石匠私奔。这是由清代发生在诸城相州镇一个真实的事件演绎的故事。有意思的是，虽然这个故事辗转传闻，版本很多，但几乎没有任何一种表述是站在礼教方面谴责寡妇和石匠伤风败俗，而是当作趣闻轶事传扬，甚至表现对这一对敢于突破藩篱、追求爱情的男女的祝福。这一方面说明民间伦理更尊重人性，另一方面也说明潍水流域作为自然崇拜的方仙道故乡，较之宗法崇拜强势的地区，更少对人性的压抑。

按照丛书体例，民间笑话也列在“生活故事”大类下。这类作品一般篇幅短小，情节单一。善用夸张、对比、重复、双关、反语、曲解等语言手段，触发笑点。如本卷所收《嘴也不是才长的》，一无赖醉酒吐在一家大门口，主人提出批评，醉汉反怪对方把大门盖在这里。大门主人说：“俺这大门也不是才盖的，早盖了十拉多年咧!”醉汉仍强词夺理：“我这嘴也不是才长的，早长了三十多年咧!”虽是无赖醉语，也令人忍俊不禁。再譬如《下气通》一篇，有个监考官，临行前看望老师，老师放了个屁，说了句“下气通”遮羞。这位考官竟牢记在心，监考、阅卷时，千寻百寻，找到个名叫夏琪同的考生，取为第一，并向老师报喜。老师斥他“屁误大事”。作者可能无意揭露官场腐败，而有意逗人一乐。这类故事，篇幅不少，堪称潍坊民间的《解人颐》或单口相声集。

四

任何一个潍坊人，童年时代最先接触的民间故事毫无疑问是其中带有童话色彩的幻想故事。在成人世界中，幻想故事仍然大量流传。相对于生活故事，幻想故事中善良的人们渴望和期盼的生活会更容易实现，假恶丑也会更快受到惩罚。并且在相对轻松的叙述中，有哲理的启迪与诗意的感染。

与大部分内陆地区相比，潍坊卷幻想故事占比较大。如果加上生活故事中《画师斗法》《活画儿》等大量幻想色彩浓郁的篇章，比例自然更大一些。

在幻想故事中，本卷首先列入“鬼怪故事”（狐仙、黄大仙由于造诣较高，被从一般动物故事中升格入此类）。这类故事在民族（尤其是北方民族）心理中有悠久的沉淀。高密人视为小同乡的大禹，其妻涂山氏据说就是狐女。潍坊地近淄川，蒲松龄师友中孙瑚、张贞、成榑等，是潍坊人，他又曾游历青州、诸城等地，《聊斋志异》中收入潍坊传说故事，数以十计。《聊斋》故事在潍坊民间几乎家喻户晓。所以潍坊地区流传的“鬼怪故事”，不少有“聊斋”风韵。如《鬼妹》《狐宗》《黄大仙》等。当然，这些故事没有《聊斋》阴郁、悲凉的情调。

“宝物与魔法故事”，在潍坊民间幻想故事中也有一定数量。善良诚信的人往往得到法宝，迅速摆脱穷困。贪婪狡诈的人如法操作，却招来灾祸。如《牛拉银子》《猪屙元宝》《开山钥匙》等，就讲了这样的故事。西方和阿拉伯一些民族传说故事中若得到法宝，往往将利益最大化，表现出对突然暴富的坦率的羡慕和追求，甚至自然而然流露出重利轻义的倾向，这在潍坊一带的民间故事中很少见到，应该是受儒家伦理熏陶。本卷《万松山》，写一个勤劳善良的农民，在山上刨地，挖到半个石槽，拿回家去喂鸡用。后来发现把什么东西放进石槽，就会“长出”什么东西。家里过上了富足的生活，这个农民和母亲商议，用不到这半个石槽了，决定把它送回原地。农民把石槽埋在山上，插上一根松枝作记号。第二天，农民上山干活，只见满山遍岭长出了小松树，再也找不到作记号的那根松枝了。故事主人公坦然和平的心态及他处理法宝的做法，在一些商业为主的民族传说故事中，是很少见到的。

“动物植物故事”在潍坊民间故事中应该是数量最多的品种之一。“原本山川，极命草木。”过去在广大农村，几乎每一种植物，每一种动物，都有自己担纲角色的故事。只是很多故事情节太简单，没有收入本书的资格而已。如诸城一带把特别怕晒的动植物蚯蚓、龙葵棵（诸城一带称之为“烟由”，它成熟后豆粒大小的紫黑色浆果，为儿童最爱，但植本阳光下一离土就蔫）等，说由于二郎担山压太阳（或后羿射日）时，太阳躲藏，被它们告密，所以事后报复它们。不怕晒的动植物（如蚂蚁、马齿苋），则是帮助太阳避难，二郎或后羿询问它们，都摇头回答“没看见”，所以太阳报答它们。本卷所收动植物故事近五十篇，多有较曲折的情节，风格大都轻松诙谐。如《“孟姜女”》一篇，写孟家老汉在墙根种了棵葫芦，藤蔓爬到隔壁姜老汉家树上，结了个葫芦。两家都精心护理，后来葫芦成熟了，姜老汉剖开，发现里面有个可爱的女孩。接着就是孟老汉和姜老汉争当女孩的父亲，甚至打官司，碰上糊涂县官断不了案。最后还是女孩认了两个爹，自名“孟姜女”。苦大怨深，哭倒长城的孟姜女是这样的来历?! 只好由人们去说吧。

“幻想故事”最后一部分——也是本书收官，为“神仙故事”（包括佛）。这部分所收故事多神奇瑰丽。神仙佛祖，多聪明正直，法力无边，救苦救难，福佑善人，受世人钦仰。但有些基层小神，没什么法力，晋升无望，境界也不高，往往是受累受气的主。这类故事的主角多是土地神。他们有时向将来高发的凡人献媚，如《土地爷爷背河》；有时不免贪财，如《土地爷要钱》；有时不免看人下菜，如《欺软怕硬的土地爷》。最倒霉的是《土地爷屈死了》中的那位，附近一对男女青年相爱，姑娘意外身怀六甲，让土地爷背锅，结果土地爷直接被村民视为伤风败俗的邪神，遭毁像砸庙，万法归空。民众的工具主义与实用主义倾向，有时比唯物主义对诸神的伤害更严重。

五

潍坊一带，是民间故事的海洋。潍坊人对民间故事的重视和记录，由来已久。在古代产生于潍坊一带的笔记、野史、方志中（方志中民间故事性质的作品，一般载县府志之“杂记”），常见民间故事的踪影。如晋伏琛《齐记》、晏谟《齐地记》、北朝齐张朏《三齐记》、宋王辟之《渑水燕谈录》、元于钦《齐乘》、明李时飏《少阳乘》、钟羽正《青州风土记》等，其中轶事异闻，常令人遐想翩翩。清代潍坊野史类著作遗存最夥，如刘翼明《海上随笔》、李澄中《艮斋笔记》、安致远《青社遗闻》、张贞《渠丘耳梦录》、冯钤《蕉砚录》、陈恒庆《谏书稀庵笔记》、邱琮玉《青社琐记》等，民间故事比例更大，叙述更详。其中《艮斋笔记》《青社遗闻》《谏书稀庵笔记》都有记载的清初青州林四娘的故事，也见于中国文学史上最伟大的长篇小说《红楼梦》和最伟大的短篇小说集《聊斋志异》中。这个故事如果选入本书，当列“鬼怪故事”一类。

潍坊地区最早专门收集民间故事的著作，当属清末诸城王秉慈的《邻翁丛谈》。此书多述鬼狐，有意模仿《聊斋》。而民国时由相州王氏私立小学学生收集、王秉慈之子王统照先生编选的《山东民间故事集》，则是潍坊第一本接近原生状态的白话民间故事集。

王统照在1937年上海儿童书局版《山东民间故事集》序言中说：“集合起一

些同地带的民间故事，能够显示出这一带地方的社会状况，地理的环境，民间的理想与乞求——爱慕与憎恶，赞美与怨恨等都很清楚地表现于故事中间……把这些故事集印起来，不止是可作乡土的教材，还可作民间文艺的探讨。虽然不过在几个县分中流行着，但如果每一个地方都有一样的搜集，我想对于好研究中国民俗学、民间文艺与童话的都大有帮助。”20世纪相州王氏人才辈出，特别是文学方面，王统照之外，王意坚、王希坚、王愿坚、王金铃等，在国内外都有较大影响。诗坛泰斗臧克家原配、王统照侄女王深汀，也是相州王氏私立小学毕业。小说家莫言的管氏家族，与相州王氏亦有葭莩之亲……乡土教育，民间文艺熏陶，实有殊胜功德。

王统照所编《山东民间故事集》所收民间故事，不过28篇。而且多是小学生“听见他们的祖母、母亲、姊姊，在灯前月下讲说的”。故事格调多阴柔温和，符合年长女性室内叙说的习惯。这些故事与成年男性在旷野山林劳作、休息时所讲的故事，题材风格都有很大差异。由于条件所限，王统照先生期望的“集合起一些同地带的民间故事”与“每一个地方都有一样的搜集”，都难做到。民间故事的传承，仍然靠“故事篓子”们口耳相传。

20世纪50年代后期，伴随“大跃进”，曾掀起一场新采风运动，各地收集了大量民间故事，出版了一些优秀民间故事集。这一时期，著名民间文艺学家、“上承聊斋，下启莫言”的董均伦与妻子江源曾长期“安家落户”潍坊昌邑牟家庄（当时属昌南县）和临朐沂山脚下，采集民间故事，留下了《石门开》《玉仙园》《找姑鸟》《匠人的奇遇》等多部民间故事集。这些故事集中很多作品，尽可能多地传达了民间故事原生神韵，给潍坊大地留下了一份宝贵的民间文学遗产。其中有些作品还被翻译成多国语言，流传世界。

20世纪80、90年代，由中国民间文艺家协会会同国家文化部、国家民族事务委员会联合主持在全国开展的“中国民间文学三套集成”的搜集、整理、编纂工作，促成了潍坊各市县对民间故事的全面普查和规范、系统的整理，各市县都推出了本地的民间故事集（多是内部资料本）。由于当时出生于清末、民国的一些“故事篓子”还健在，村落文化传统格局还保存着，采编者多遵守对于民间遗产工作的通例和规范，这次普查、搜集得到的资料是宝贵的，也是本书材料的最重要来源。

21世纪初，中国民间文艺家协会发起实施“中国民间文化遗产抢救工程”，作为国家“中国民族民间文化遗产保护工程”之分支工程，潍坊再一次对民间故事进行普查。在搜集到一些新作的同时，也发现能讲故事的老人存世的越来越少，而随着改革开放和城镇化的一日千里，生产、生活方式的巨变，数千年一贯的村落化格局正在消失，人们精神文化生活内容、形式越来越丰富多样，视觉时代颜值至上的审美观也未免浮躁，新生代对泥土气息浓郁的民间故事感兴趣的越来越少。“抢救”一词，道出了民间文艺工作者的紧迫感和责任感。

潍坊市委、市政府，尤其是市委宣传部、文化局、文联、市民间文艺家协会，对国家保护、抢救民间文化遗产的政策理解透彻，支持充分，措施得力。在组织各市、县、区参加《中国民间故事全书》编纂的同时，集中精干力量，编写《中国民间文学大系·故事·山东卷·潍坊分卷》。

本卷的编纂者，有多年从事民间故事收集、整理的专业工作人员，有对民间故事有特殊偏爱的乡土作家，有的还被知名大学聘为民俗学研究生导师。他们以对历史负责，对未来负责，对文化负责的精神，调动自己的记忆储备，追踪相关线索，再一次走进民间，作了一些打捞、抢救工作，收集到一些“新”作品。并且除了使用文字记录，大量使用录音、摄影、摄像等现代技术，立体地记录民间故事相关的信息。有些故事后还附有简单的考证说明，甚至附有二维码，阅读时可以通过手机扫码观看民间“故事篓子”的风采，收听原汁原味的“乡音”版民间故事。

“盛世明时礼乐兴”，本书是数十年来潍坊无数民间文学工作者汗水与心血的结晶，也是国家昌盛发达的见证。她的出版，传承慧命，继往开来，功在当世，泽被后代。

勤劳、勇敢、智慧的潍坊人民，在实现中华民族伟大复兴的征途中，请满饮此一杯浓烈的乡愁，我们会更加坚定信心，砥砺前行，在中华民族木本水源的渤海之滨，潍水之畔，书写更辉煌的篇章！

表海雄邦　利义并重

——古潍州风俗与学术

今天潍坊八区（潍城、奎文、寒亭、坊子和滨海、峡山、高新、综合保税四个开发区），大都在民国以前“老潍县”辖境内。“老潍县”一带从某种意义上说是中国最早的朝代夏之发祥地，太康、仲康之都斟鄩，代夏僭主寒浞之墓，少康中兴之主要战场都在域内。清末大儒阮元《寒亭》诗云：“五千年下读遗经，潍水桥东马暂停。海右无如此间古，斟寻亭北有寒亭。”① 而对老潍县风俗文化影响最大的齐国，最早在今潍坊市区南不到二十公里的营丘（今昌乐营丘镇古城村）建国。

20 世纪 30 年代韩复榘主鲁期间，潍县县长厉文礼曾与驻军八十一师合作，大搞潍县基本建设，其中拓宽大马路（今和平路南段）、筑坝崖大街（今和平路北货大楼至亚星桥段），曾在当时拍摄的方志式电影《潍县大观》中生动展示。坝崖大街、大马路是潍县城关通火车站和台高潍汽车站的要道，坝崖大街以东以北，是鲁中最大的贸易集市所在。大马路与白浪河之间，则是 1904 年潍县开埠后之“特区”。电影也以较长篇幅展示了潍坊火车站和台高潍汽车站、潍县大集的繁忙景象，并以特写镜头展示坝崖大街跨街牌坊上“表海雄风”榜书——出典《左传·襄公二十九年》季札观周乐的这四个字是该影片的画龙点睛之处，对我们了解古潍州地区风俗文化，也有重要启示。

一、从老潍县之“富”说起

老潍县一带在先秦长期属齐国，为其核心腹地，也是其最重要的经济区。传

---

① 阮元：《揅经室集》四集诗卷一，四部丛刊景清道光本。

统社会农业是命脉，而潍河、白浪河冲积平原，自来是海岱间重要粮仓。宋代苏轼《送孙勉》诗云：“昔年罢东武，曾过北海县。白河翻雪浪，黄土如蒸面。桑麻冠东方，一熟天下贱。”田氏代姜，与田常占据了这一区域，大斗贷、小斗收，收买人心有关。食盐是古代最重要的战略物资（与今日成为“化工之母”无关），《管子·地数》所谓“恶食无盐则肿，守圉之本，其用盐独重”，齐国垄断食盐，卖给别国则赚取高额利润，不卖则削弱他国人体质，是制衡天下的重要抓手。但齐国产盐之所谓“北海”“渠展”盐场，毫无争议地以渤海湾南岸郯庐断裂带之潍坊深断裂带海侵严重、地下卤水丰富之盐碱滩涂为主。齐在春秋战国诸侯中，宗法文化差弱，而能九合一匡，首五霸傲七雄而殿六国，与其雄厚的经济实力是分不开的。

海盐之长途贩卖，是商贸之大宗，也是文化交流之重要渠道。这使古潍州地区对商人有相当的尊重，文化也较内陆更开放兼容。乾隆《潍县志》卷一《风俗》这样总论潍县：

> 班孟坚云：刚柔缓急，系水土之风气，谓之风；好恶取舍，随君上之情欲，谓之俗。潍俗勤朴俭约，士食旧德之名氏，农服先畴之畎亩，青齐功利轻儇之习，早已一变而敦礼教。盖道德齐礼，所以沐浴雅化者深矣。顾浇风贵在转移，愿俗道惟敦固，风之上也，如挽逆水之船，风之下也，又如破竹之势。士大夫为庶民表率，敦古谊，崇善道，为里闬倡，讵非守土者之幸欤？

古代方志和家谱，往往书美不书恶。我们将《潍县志》关于本地风俗的表述和差不多同时的郑板桥《潍县竹枝词》中“小苏州”“甲青齐”“富豪都”之繁华盛丽描绘对比，发现褒贬抑扬，迥不相同。前者强调其勤俭之善而勉之，后者则渲染其“奢靡”之恶而戒之。作为读者，自当参互观之。

《潍县志》还摘录古籍中关于齐地风俗内容，让读者作为了解潍县风俗的参考：

《管子》曰：水道遒劲而急，故其民粗而好勇。

《齐乘》曰：勤女工之业，通鱼盐之利，而人民辐辏，其俗弥侈。故至今士好经术，人矜功名，舒缓阔达而足智，其失夸奢。

又曰：齐俗之弊，始于管晏，较之王政为少差耳。故经秦历汉，敦经重义，风俗不薄。

《史记》曰：齐带山海，膏壤千里，宜桑麻。人民多文彩，布帛鱼盐，其俗宽缓阔达而足智，好议论，地重难动摇。

《易》曰："物相杂，故曰文。"任何一地的风俗，都不会是单一的。越是经济文化有活力的地方，其光谱越丰富复杂。

关于古潍州风俗，说得最简要的是苏轼在所拟敕文《余希旦可知潍州》中"北海名邦，民朴而富"二语。这里的"朴"不应只作"质朴""朴实"解，更不应该作"简朴"解，而应作不尚虚文空谈解。有一个非常有意思的现象，潍县是文化发达之区，名人辈出，但其中诗人相对较少。郑板桥《潍县竹枝词》第三十首："莫怨诗书发迹迟，近来风俗笑文辞。高门大舍聪明子，化作朱颜市井儿。"其实潍县士子尚文辞，自郑板桥宰潍后始盛，在这之前鄙笑文辞更甚。晚清潍县先达郭麐《潍县竹枝词》第八十首："平寿为城自汉初，几人词赋敌相如。数来直到南唐日，只一名家韩定居。"而韩熙载善于理财，广招宾客，颇与其乡前辈西汉平津侯公孙弘相近。清中晚后潍县诗文名家辈出，几与诸城相埒，但皆力去浮靡。理学家韩梦周散文享有盛誉，但他更重视践行，先人品而后文章。因讨厌搜检而拒绝科举的于祉，其诗文刚健豪放，郑板桥自愧书法不如，掖县李图推其为清代山东诗家第一，而于氏自序其《澹园集》曰"尽弃前人窠臼"，"但取纪事达意"，仍以质胜。

潍县人不尚虚文，与这一代浓厚的重商风气应有一定关系。郑板桥所谓"高门大舍聪明子，化作朱颜市井儿"，对于潍县人，这并不是丢脸的事情。当然潍县人也并不以经商排斥文化，这里以文献世其家者，恰恰是经商有成者，尤以丁氏为代表。

潍县之富，在一些特殊的历史节点上凸现出来。如明朝末年，三饷加派，民穷财尽，但潍县并未丧失元气。崇祯十七年（1644）清兵入关掠山东，攻城略地，如风卷残云，潍县当青莱东西孔道，富甲三齐，外无援兵，内有奸细，数万清兵强攻数次，且用攻陷寿光、昌邑、平度等县所虏获的人夫、器械、火药，加入攻城，终未得手。这与当时潍县知县周亮工卓越的指挥调度有关，更与潍县有雄厚的经济实力有关。加固城墙、熔铸铜炮和其他守城器械需要银子；招募守兵，供给伙食需要银子；还有重赏有功、阵亡抚恤也需要银子。这些钱肯定不是周亮工带来的，更不会来自度支窘迫的国库，而是缙商大户之捐献。一直到民国，都有“铁打的潍县”之说，潍县之富是其成为坚城的保障。

清朝末年，人口爆炸，内忧外患，国困民穷。咸丰三年（1853），太平军入金陵，清廷财政告急，连俸银都发不出，勒在京十八家富绅捐银，共认捐二十万两，其中潍县陈家因开银号，被僧格林沁勒捐至四万两，是最多的一家。而陈家在潍县，还不是最富有的。

一个地区的富裕程度与奢侈之风，往往成正比，有时且相得益彰。古人论齐国风俗，既欣赏其泱泱富强，同时又对其重利尚功和奢侈不以为然（笔者也认为木柴雕花而后烧，鸡蛋彩绘而后食，酒器做成牺尊那样烦琐，虽能促进艺术发展，提高就业率，但没必要）。潍县在山东各县中，奢侈风尚较著。郑板桥《竹枝词》有渲染过甚处，而《潍县志》等书有过于遮掩处，都不足为训。但重利尚功、奢侈之类“负面”的东西，在一定程度内未尝不是补偏救弊、通变致道的良药。明代陆楫《蒹葭堂杂著摘抄》有一段文字，可以帮助我们理解这种现象：

> 论治者类欲禁奢，以为财节则民可与富也。噫！先正有言，天地生财，止有此数。彼有所损，则此有所益，吾未见奢之足以贫天下也。自一人言之，一人俭则一人或可免于贫；自一家言之，一家俭则一家或可免于贫。至于统论天下之势则不然。治天下者，将欲使一家一人富乎？抑亦欲均天下而富之乎？予每博观天下之势，大抵其地奢则其民必易为生，其地俭则其民必不易为生者也。何者？势使然也。今天下之财赋在吴越，吴俗之奢，莫盛于苏杭之民。有不耕寸土而口食膏粱，不操一杼而身衣文绣者，不知其几何也，盖俗奢而逐末者众也。只以苏杭之湖山言之，其居人按时而游，游必画

舫肩舆，珍羞良酝，歌舞而行，可谓奢矣。而不知舆夫舟子，歌童舞妓，仰湖山而待爨者不知其几。故曰：彼有所损，则此有所益。若使倾财而委之沟壑，则奢可禁。不知所谓奢者，不过富商大贾，豪家巨族，自侈其宫室车马，饮食衣服之奉而已。彼以粱肉奢，则耕者庖者分其利；彼以纨绮奢，则鬻者织者分其利。正《孟子》所谓通功易事，羡补不足者也。

一定程度内的奢侈，可以推动消费升级，从而推动经济发展和人民福祉。如果满城都是清教徒和苦修士，只能迎来经济严冬和社会危机。有人一方面站在道德制高点上力倡节俭，另一方面鼓吹大力发展实业，岂不知遏制了消费，生产不过增加库存，创新不过浪费精力。在古代，由于保鲜手段落后，鲍鱼、海参、西施舌之类高档海鲜如不能及时脱手，将很快腐臭。富有者一日不奢侈，冒死采捕的渔民，顶风霜贩运的商贩，将一日难以生存。

二、老潍县人之“义”

清乾隆五十七年（1792），公羊学家庄述祖由昌乐知县调署潍县。他在《先妣彭恭人行述》中比较他在“积疲”的昌乐和“殷繁”的潍县不同的行政风格：

不孝之初至昌乐也，遇有质讼者，反覆开导，不敢轻用刑。吾母甚为色喜。及至潍邑，礼让成俗，儒雅彬彬，然地广人众，讼师地棍芽蘖其间，互相吞噬，县令初至，设法巧试，一有疏忽，乘势鸱张。不得已，先之以猛。吾母戒不孝曰：“我一闻敲扑声，心辄怦怦。且闻汝盛气大呼，声彻寝内，又虑伤汝身也，当以和平之福养之。毋躁。”不孝谨受命。

所谓“礼让成俗，儒雅彬彬”，当主要指潍县缙绅士子，这类人与奸猾鸱张的讼师地棍，都是少数。

一个商业气氛浓厚的地区，对“财利”自然有着较强的诉求。潍县周围各县（也许包括潍县农村）过去有“宁轧伙老家雀，不轧伙潍县鬼”之谚，意思是说潍县（县城及关厢）人太精明，不仁义，和潍县人打交道，容易吃亏。这与庄述祖所述，可以参看。郑板桥在潍县时好书“难得糊涂”“吃亏是福”，也有逆折所谓“潍夷”“齐虏”爱钱刀太甚的意图。

“义利”之辨在儒家伦理学和价值观中占核心地位，与公私、理欲、善恶、君子小人等范畴接近。程颢：“天下之事，惟义利而已。”王夫之《读通鉴论》卷一四：“天下之大防二，中国夷狄也，君子小人也。非本末有别，而先王强为之防也……以要言之，天下之大防二，而其归一也，一者何也，义利之分也!”《宋论》卷一四：“存义利之大闲，而后不辱君子之道，严哉！舜、跖之分，其不容相涉久矣!”

“义”与“理”近，《易》曰“义者利之和”，如果把“义”作为合理地取得利益、公平地分配利益、适当地使用利益，应该不违原旨。但后世“义”与“理”被无限拔高，使之远离功利，具有了超验性和形上性，这也许对志士仁人进入某些极端状态有助，但离具体的、感性的、七情六欲矛盾缠绵的普罗大众，越来越远。从人性的规律来说，过高、过多的道德要求，必然导致其逆反。“士大夫耻言利”的“光荣传统”，一方面使伪人辈出，戾气流行，以德杀人现象普遍，另一方面也使国家不断陷入经济萧条和财政危机。《周易·系辞下》：“圣人之大宝曰位，何以守位曰人，何以聚人曰财。理财正辞、禁民为非曰义。”范仲淹、王安石变法，皆援引作为国裕财之理据。而宋以后刊本“何以守位曰人”多作“何以守位曰仁”，虽“仁”与“人”可通，但毕竟令人联想牵带出“义”字。20世纪易学大师杭辛斋先生一度以为“大宝曰位”，本当作“大宝曰仁”。这都是中国士大夫道德情结之作用。

管子是齐国或齐地风俗的大教主，他治国安民的方略与孔子相去其实不远。都是先富之，后教之。衣食足而知荣辱，饱暖无忧则易为教，这也合乎人之常情。《吕氏春秋·察微》中有这样一段文字：

> 鲁国之法，鲁人为人臣妾于诸侯，有能赎之者，取其金于府。子贡赎鲁人于诸侯来，而让不取其金。孔子曰：“赐失之矣。自今以往，鲁人不赎人矣。取其金则无损于行，不取其金则不复赎人矣。”子路拯溺者，其人拜之

以牛，子路受之。孔子曰："鲁人必拯溺者矣。"孔子见之以细，观化远也。

两个徒弟皆救人，孔子批评不援例取金的子贡（他传食诸侯，不差这点钱；或太忙没时间），而赞美接受谢礼的子路（家境较差，又性格直率不耐辞让），这恐怕至今为道德至上的大头党难以理解。因天下君子少而小人多，乡愿更多，如果"喻于义"的君子救人不取报酬成为惯例，"喻于利"的小人常人就可能因无利可图且有风险而放弃救人。孔子更赞成以利劝义和以利奖义。

崇祯十五、十六年间潍县全城之役，是潍县历史上最光荣的一页，是以利劝义、义利相济最光辉的范例，对我们审视义利之辨的古老公案也能提供宝贵的启示。

现存明崇祯潍县保卫战资料，主要是明末周亮工刊印的《全潍纪略》《白浪河上集》《通懤》三书。一为文献汇编，一为征诗总集，一为周氏自著诗集，丁锡田所谓"吾潍保族御侮之血史"。其中对潍县士民人心固结、众志成城、忠义慷慨的赞美连篇累牍，山东巡抚王永吉誉为"古昔所罕见"，登莱海防道曾樱盛赞"千古之奇事"。潍县士绅未尝没有忠义者，服膺程朱之学的周亮工领导全城之役，也未尝不用道义的杠杆，且皆能以身垂范。潍县居乡养病的陕西巡抚张尔忠，清兵至，既毁家以纾难，又亲冒矢石，卧而督战。主事王瑨率兄弟子侄城头力战，崇祯十五年腊月十二日辰时，清兵挖陷城之东北角，城崩数丈，号呼登城，王家女眷以为城已被攻陷，义不受辱，有五人从容投缳自尽。待击退清兵后，周亮工率全邑士绅，哭临其门，并奏请朝廷旌表。周亮工自己更是置生死于度外。这位新科进士与新纳如夫人王荪（潍县人将她与战金山的梁红玉相提并论）在北城制高点青阳楼督战，负伤多处，胸前挂一木牌，让幕友、东林党领袖高攀龙之孙高永清大书"潍县令周亮工之尸"八字；当东北角城崩数丈，清兵纷纷抢登，守城者有人退却，周亮工说"战不力，吾即死于此"，举刀自刺，幸被举人郭知逊、秀才胡贞御力阻。大家反身向敌，奋力冲杀，不但击退登城的清兵，而且乘胜追击，杀得他们丢盔弃甲。此所谓不贪生者，天不能死之。

不过，让一个手工业、商业为主的城市成为义勇之城；让精明善算计、不好"轧伙"的小市民进入突然的英雄主义状态，由猴子变成狮子，单靠道义感发的作用是不可能的——在那个民穷财尽、道德崩溃的时期（明代道德灾变罪魁为张居正，他为国裕财虽一度获最大成功，但与范仲淹、王安石一样忽视道德杠杆的作用，坐三十二抬大轿的他偏狭奢侈，私德尤可议。殆人亡政废，风俗败坏、国事糜烂尤甚），这一套也不太好使。

《白浪河上集》所载当时守城总预备队领班武举王鸣世一首诗的诗题，从另一方面给我们重要提示："此番得力于重赏，而侯（指周亮工）始终无吝色。待寇退咏成功，犹一夫给一银牌，十夫给一肥羜，人是以归心云。"王鸣世督率的预备队，由招募的游勇组成，皆重赏之下的死士。《全潍纪略》所载生员梁章等所总结的《全城实略》共十款：审几、足食、足兵、精器、壮威、专责成、明赏罚、励士气、肃号令、靖街道，大都涉及财用。根据"足兵"一款统计，当时共组织守城兵丁不下 6000 人，其中垛夫 4200 人（每垛 3 人，定点包干），招募游勇为预备队（得胜营）600 人，亲丁 600 人，火器营 200 名，此外尚有各缙绅富民的家丁营，应不下千人。这些人都要给饷、吃饭，他们的武器装备也要花钱。周亮工还招募主动出战的敢死队 300 人，每人预发银五两，战后计功授赏，战殁者厚恤其家属，并在南宫为阵亡者设灵位，痛哭祭奠。每一人阵亡，即书其姓名事迹于《天地正气》，后亦编入《全潍纪略》。据《全城实略》中"明赏罚"一款，当时杀敌赏格为："用炮打死一名者，赏银十两；中一箭者，赏银一两；割一级者，赏银五十两；捉获奸细一名者，赏银百两。计功立赏，不迟时刻。"全城之役，前后数战，共杀敌"五六百人"，潍县守城作战阵亡有名姓可考者近百人。从崇祯十五年十一月戒严至次年三月清兵离开山东，时间长达四个多月。初步估算各项费用，当费白银数十万两（道光年间知县何镕重修潍县城就用近二十万两）。潍县经济，民国时曾在全国排第十几位，明代应该相去不远，筹措这笔巨款，问题应该不大。据《全城实略》之"专责成"一款，"义民张化林，专管收钱粮"，潍县缙商义民的捐款，当时应该有记录。这本记录如果传于后世，也能激发人们急公好义之心。相关记录失传，可能与潍县人"怕露白"的心理有关。

周亮工是那个时代杰出人物之一，而未得其位，未尽其才。曹寅比之韩愈，陈鸿寿拟之陶潜、诸葛亮，黄俞部拉孔融、欧阳修、苏轼、范仲淹等一大堆名人与之颉颃，明遗民申涵光直接说："未晤栎园，未睹沧海，自是生平两阙。"被他击退的清兵将领也以为周亮工有"边关大帅"之才。但很少有人注意到周亮工还是个商人，准确地说是个出版商。周亮工家族从明嘉靖年间抚州周文奎书铺，到中华人民共和国成立后中国科学出版社第一任社长周太玄，家世相传，一直热衷出版事业。明清之际，在江西抚州，江苏苏州、南京，河南开封等地，多有分号。许多名著（如《三国演义》《水浒传》《西游记》《醒世姻缘传》等）的出版、修订，都和这个家族有重要关系。周亮工在潍县任职时，仍然从事编书刻书，《全潍纪略》等三书即由他印行，很多当时潍县士子的零篇断章，仅见于周氏所编尺牍、诗文汇集。当然，像周亮工这样的人，已经摆脱以出版谋生的境界，而是以传播文化为使命。但他商人家世的熏陶，使他能洞达人性，"遇事多算"，较之讳言阿堵、自命清高的道学家和道德至上的大头党更善于使用"利益"的杠杆，在古潍县这种商业氛围浓郁的地区，也更能发挥他的才能。如果不在乎所谓风流文采，周亮工在古人中更近于齐地教化主、也曾经是买卖人的管仲。实际上他对管仲也非常敬佩，甚至对管仲最大的"污点"——广设妓院、征夜合之资予以欣赏，且不是从增加财政收入方面看。郑板桥《潍县竹枝词》开篇数首，主要形容青楼烟花之盛。周亮工《书影》卷四引于慎行六气运行须疏通浊秽之论，说"女闾七百，盖亦阴寓救俗之微权，未可尽非也"。

三、古潍州学术及其义利观

乾隆《潍县志》卷四《人物志》总序："潍地山水清嘉，扶舆清淑之所萃，本经术以饰治道者代有其人。""经术"为学术之大者，但《潍县志·人物志》没单独列儒林之目，诸史《儒林传》中人与潍县相关者（如周泽、甄宇）等，分见"宦绩""文苑""高士"等传。民国《潍县志稿·人物》立传人数以千计，其"事功""义行""文学"等入选皆百数十人，而"儒林"立传者仅有四人：刘以贵、姜国霖、韩梦周、宋书升，为各目中入传最少者。这从另一方面说明古潍县士子为学问而学问者很少，学以致用者多。其实即使被列入"儒林"的四人，姜国霖以孝义卓行闻，几无著述传世，其他三人皆进士及第，刘以贵、韩梦周还担任过地方官，亦皆能“本经术以饰治道”。韩梦周为潍县理学人物之首，也是清中叶山东理学代表人物，他任安徽来安知县时，躬自传播山东养山蚕技术，开物成务，以利民生。

在义利观方面，潍州士大夫往往能将齐文化与儒家价值观结合起来。对他们来说，关心“利”，便是重视国计民生的“义”之所在。他们往往不孤立地提“义”字，也避免甚至反对“高树名义”。其实，没有发展机会的相对均等和利益分配的相对公平，道义说教不会有效果，甚至会产生强大逆反作用。

公孙弘（《潍县志稿》列之“侨寓”）是这一带汉魏士大夫代表。《潍县志》所谓“本经术以饰治道”，似出典《汉书·公孙弘传》中千古一帝刘彻对公孙弘的认识，所谓“习文法吏事，缘饰以儒术”。公孙弘由北海猪倌通经为吏，封侯拜相，是汉武帝（原胶东王）树立的崇儒右文最高榜样。明代于慎行《读史漫录》：“汉武表章儒术，公孙弘之力也。弘奏请置博士弟子，第其高下，以补郎中文学掌故。又吏通一艺以上者，皆得选择，以补右职。由是劝学右文之典，遂为历代所祖。其实自弘发之，可谓有功于经术者矣。”这应该是齐文化“崇贤”在那个时代的表现。

《汉书·卜式传》载一事，对我们了解公孙弘的义利观很有帮助。卜式是古代“义民”的典范。他牧羊致富，急公好义。武帝时，匈奴屡犯边，他上书朝廷，愿输家财之半助边，且不受官职。武帝询之公孙弘，对曰：“此非人情。不轨之臣不可以为化而乱法，愿陛下勿许。”汉武帝听从了他的意见。后世赞美卜式者很多，但也有人欣赏公孙弘的做法。如北宋刘安世、清初黄宗羲等。联想起后世君主和地方官巧立名目，敲比献爱心“乐输”，荼毒百姓，公孙弘以卜式大义为“不轨”，与孔子批评子贡赎人不援例取赏贻害匪浅一样，皆堪称“观化远也”。

公孙弘对郭解的料理，也可以见其对“义”的中庸态度。郭解是汉代有名侠义之士，史称其“温良泛爱，振穷周急，谦退不伐”。有儒生私下批评其“犯公法”，被其门客杀身断舌，郭解不知。时为御史大夫的公孙弘以为：“解布衣为任侠行权，以睚眦杀人，解虽弗知，此罪甚于解杀之。”终以大逆无道罪，将郭解族灭。王夫之拍案赞叹：“公孙弘请诛郭解，而游侠之害不滋于天下，伟矣哉！”[①] 今天痴迷武侠小说功夫片，求快耳目者，可思量其中缘故。

任何美德，一旦极端，便会走到其反面。儒家五常，仁过则柔，义过则暴，礼过则烦，智过则诈，信过则愚，反不若“好货”“好色”，只要如稷下学人孟轲所说，能推己及人，“与民同之”（即管子“与俗同好恶”），不难四海皆春。好德而至于偏执，崇义而至于虐狂，以圣贤律人，难免产生残虐暴政，窒息天下生机，最终官不堪命，民不聊生。统治者最宝贵的品质是亲民、近民、豁达、宽容、灵活，自以为站在道德制高点、刚愎自信的偏狭政客，不足以语此。

平帝元始年间，王莽摄政，他以平帝的名义下诏表彰公孙弘崇尚节俭：“汉兴以来，股肱在位，身行俭约，轻财重义，未有若公孙弘者也。位在宰相封侯，而为布被脱粟之饭，奉禄以给故人宾客，无有所余，可谓减于制度，而率下笃俗者也。与内厚富而外为诡服以钓虚誉者殊科。夫表德章义，所以率世厉俗，圣王之制也。其赐弘后子孙之次见为适者，爵关内侯，食邑三百户。”但道德偏执到公孙弘深恶的“非人情”程度的理想主义者王莽（他被杀前最后的话是“天生德于予，汉兵其如予何”）没注意到，公孙弘对管子“侈拟于君”而佐桓公成就霸业，同样赞美。而公孙弘与晏子一样节俭，既有性情原因，也是其势使然。一人俸禄有限，他没经商经验，市井又不能牧猪，没有额外收入，而平津馆故人门客众多，入难敷出，自奉不得不俭。即使这样，仍有故人抱怨。

山东古代文化的发展曲线为马鞍形，晋南渡以前和明中叶以后为其两大高峰，中间南北朝、隋唐、宋、金、元，由于游牧民族屠掠、精华南迁等原因，为相对低谷。但古潍州人文，较之汉魏，似乎并不逊色。《潍县志稿》卷二七《人物》总序：“古称北海，人才济济，要以剧与安丘、高密为多，潍为平寿，泯然无闻。”对以前县志人物借才邻封颇不以为然（其实古今疆域沿革也难清楚），但称“元魏以后，人文蔚起”，这在山东乃至北方，却是比较特殊。自元魏至金元，潍县一带人文，在鲁中地区，堪称鹤立鸡群。

在这一时期的人才中，能与公孙弘后先辉映的有前秦苻坚的宰相王猛和元初

---

① 王夫之：《读通鉴论·武帝》。

名相王文统。公孙弘仰慕管仲，识拔王猛和王文统的苻坚与元初世侯潍州人李璮也曾把二人比为管仲。他们富国安民之术渊源相同。他们驯化杀掠成性的游牧民族归于常法，较公孙弘崇儒尤难。当然，王猛被称为三代后有数完人之一，其堂庑比公孙弘还要正大些。王猛临死劝苻坚不伐晋，王文统被元世祖借调重用为宰相，开一代规模，竟与地方军阀李璮暗中联络反元归宋，也有些不忘民族大义。宋、金、元之际，潍州李全、杨妙真、李璮一家，先后节钺三齐，依违各大政治势力之间，保境安民，使山东免去无量战祸。他们的智囊当然不止王文统。甚至以潍州北郊玉清宫为重要基地的全真道领袖人物丘处机、尹志平下天山，赴印度面见成吉思汗，也有为李氏世侯长镇山东做说客、保护山东众生的意思。耶律楚材所编《玄风庆会录》记丘处机于印度大雪山对成吉思汗作如是言："余万里之外一召，不远而来，修身养命之方，既已先言；治国保民之术，何为惜口。余前所谓安集山东、河北之事，如差清干官前去，依上措画，必当天心。苟授以非才，不徒无益，反为害也。初金国之得天下，以创起东土，中原人情尚未谙悉，封刘豫于东平，经略八年，然后取之，此亦开创良策也，愿加意焉。"成吉思汗当即表示："敢不遵依仙命、勤而行之?"[①] 李氏世侯统治山东的时间，较之伪齐刘豫长数倍，有造于齐鲁众生不浅。有人徒以红袄军农民起义目之，何其陋哉!

明清时期，潍县人文与周围地区同臻极盛。这一时期国家意识形态占统治地位的是理学。士大夫多高树名义，骚激声气，耻言形下之利（早在南宋，高宗赵构就指出这是"今时之一病"）。一旦度支窘迫，却往往横征暴敛，民心离散。明之亡于"闯王来了不纳粮"秦腔，最为深切著明。潍县士大夫言利者却不乏其人，如刘应节《沿边军筹》，张尔忠《砭漕》，郭尚友《漕抚奏疏》《缮部纪略》，郭恩敷《经世算书》，张毓莹《经济演讲》等，为其中较著者。潍县陈氏则躬自操筹，以自家之利润，补国库之空虚，给燕雀处堂、高谈道义、指斥兴利者为"聚敛小人"者发放薪俸。

纵观山东学术史，在所谓马鞍形曲线高峰的汉、清两代，有一个学派风头最盛。这便是《春秋》公羊学派。公羊传或公羊学派就产生于潍淄流域，乾隆《潍

---

① 丘处机著，赵卫东辑校：《丘处机集》，齐鲁书社，2005年，第141页。

县志·人物志》中公孙弘、周泽、甄宇等，皆公羊严氏学派大师。清代公羊学虽发端于常州庄存与，而山东孔广森相关著作却最早刊行。乾隆五十七至五十九年间，庄存与之侄，也是公羊学传述者的庄述祖任当时为鲁中理学中心的潍县知县，与乡宦名儒韩梦周等论学，并在潍阳书院讲学。据丁稼民《韩理堂年谱》，乾隆五十九年，"庄述祖延先生主潍阳书院讲席，朝夕聚谈，未尝一字及讼事"。此前庄述祖舅父彭绍升（亦韩梦周好友）曾在潍县麓台书院讲学。

其实对宋代经学产生过巨大影响的"北海名儒"李之才，其学术中也有公羊法乳。他在向爱徒邵雍传物理、义理、性命之学后，授以《陆淳春秋》，最终授以《易》学（李之才尚有"远出古今上"的历法之学没传于邵雍）。而陆淳于《春秋》三传，最重《公羊》。至于《易》学，李之才传于邵雍并为朱熹吸收的图书象数之学，与汉时潍水《易》学界流行的京房纳甲之学亲缘最近，乾隆《潍县志·人物志·文学》所载后汉郎宗、郎𫖮父子，皆通京房《易》之大儒。公羊《春秋》、京房《易》，皆属究天人而通古今的今文经学。

韩梦周再传弟子陈官俊（曾师从韩梦周学生时嵎），对晚清公羊学有推动作用。他是公羊学家魏源乡试、会试的考官。魏源与其所称"伟堂夫子"之子、金石学家陈介祺关系也非常好。魏源的《海国图志》，发中国变革开放之先声，也是日本明治以后富国强兵的教科书，标志着对中国传统学术格局的巨大突破和历史性跃进。公羊学本齐学，魏源学术飞跃的动力和媒介，有齐文化崇贤尚功及公羊《春秋》许夷狄进于中国的理论资源。

19、20世纪之交，潍县曾一度是美、英等国传教士传播基督教、兴办教育的中心。总部设于潍县的广文大学（齐鲁大学前身），有"东方哈佛"之称，为近代中国高等教育的重要策源地。北美基督教长老会和英国基督教浸礼会商定将广文大学校址选在莱州府平度州治下的一个县城，既与这里的地理位置有关，也与该地经济、文化环境有关。

魏源在《海国图志》中既赞美"弥利坚"富强之术，还赞美其"富且强，不横凌小国，不桀骜中国"之义（当然，还赞美其公举"大酋"之公）。应该说，创办广文大学的主体，来自美国独立战争和废奴运动策源地宾州的北美长老会诸贤，无愧于相关赞美。他们的办学理念，有些类似管仲治齐，先富之，后教之。

将传统教会学校以传教为主的方针，改为以办学传播科学文化为主，并卓有成效。他们引进或改进的一些作物品种（花生、苹果等），山东人民至今仍蒙其遗泽。山东的早期民族工业，也受益不少。如潍柴、济柴等厂的前身华丰机器厂，创办者滕虎忱先生与广文大学因缘稠叠，华丰早期董事会多广文师生，甚至使用广文大学西迁济南后留下的设备。而潍坊柴油机厂，至今仍为民族动力的支柱企业。

现当代潍县人，继承了齐文化的精髓，也接受了八面来风，其义利观内涵更为丰富，并具鲜明的时代特色——介绍现当代潍县人的义利观，用台湾知名度最高的三位“老潍县人”为例，应更具说服力。潍县南流郎氏后人郎咸平（他回故里自称“地道的潍坊人”），是最善言利者，但有时也说说“原罪”；下河李氏后人李敖（潍县人有“下河李，惹不起”之谚）是自由主义斗士，但同时是个出版商；台湾忠信职业教育的掌门人高震东先生（高氏为姜太公之后），本来主要任务是教给学生谋生技艺，但他以道统自任，其道德教育和人格教育的效果和名声，远远高出一般政治学院。

明清诸城耆老雅集考

耆老相聚，诗酒流连，陶情怡性，向来被传为佳话。三老以上，至于八、九、十老，历代不绝于书。十老以上，也时见记载。一般说来，越是在太平安宁之世，耆老聚会的次数越频繁，参与人数越多。不过至于百老千叟，恐怕非行政功令难以幸至。

诸城在明清二代五百余年中，除了几次突发性战乱（其中危害最严重的是明崇祯壬午清兵入关杀掠），基本太平无事。耆老诗酒之会，频频举行。

其一为明隆庆年间九老会，与会者谭章、范绍、窦昂、陶成、常云、臧节、丁纯、侯廷相、刘士则（以年齿长幼为序），由窦昂仲子钦绘《九老图》，并各系以行事。时任诸城知县的川人王三锡作叙并刻石。可能九老聚会时，窦钦也在座，于是流传下一段趣事。据钟羽正《青州人物志·窦昂传》，九老会中有欲呼妓佐酒者，窦昂怫然曰："吾辈皆老年人（年长者八十五，年最轻者六十二岁），忝在士夫之后，当正身教家。此属贱人一入吾门，则家范扫地，于诸君昌害，吾何以训阿钦耶?"钟羽正还特别注明："钦者，昂仲子，时为庠生，后为武陟令。"

九老中有诗传世者仅见丁纯一人，也只有《东武诗存》卷一所录《九日登常山》一首而已。如果九老重阳共登九仙山，"九老九日登九仙"，是本地风光，但颇难属对耳。

其二为万历二十三年（1595）的东武西社八友，成员为张肃、杨津、乡老董某、张文时、张世则、臧惟一、丁惟宁、陈烨（亦以齿序）。陈烨作《西社八友歌》云：

社中首座称大张，高年硕德冠吾乡，谈说世事气激昂。
秀眉隆准髯者杨，平生骯脏任刚肠，腹中储书可万箱。
董生文学已升堂，志高不乐游邑庠，醇谨人乐与颉颃。

台下二张黝而长，其为人也甚温良，谒铨今观上国光。
三张骨鲠海内扬，不谋荣利耽词章，佳句往往追盛唐。
渊涵岳立莫如臧，临风玉树音琅琅，教子且能有义方。
聪明才隽丁足当，弹琴伯牙字钟王，蔚如威凤云间翔。
陈也差变少时狂，左耳重听鬓毛苍，一无所能能持觞。

《增修诸城县续志》列传补遗将歌中人姓名官职等一一注出，唯于“董生”云：“里居，名字失考。”乡里老人聚会，论齿不论爵。且即使没有科第功名，只要德高望重，在明代也有社会地位。如明初诸城义民董兴，联名具本诣阙奏保被冤知县，明太祖竟然“嘉异之”，允其请。陈烨诗中的董生，可能就是董兴家风的继承者，且文学上有一定造诣。有人为了论证《金瓶梅》作者是诸城人丁惟宁，并论证作为《金瓶梅》版本源头之一的董其昌藏本来自诸城，把诗中的“董生”解释为“董其昌”，并改“醇谨人乐与颉颃”为“云间孤鹤难颉颃”。即使“云间孤鹤难颉颃”是另一种文本，将董生解释为董其昌也不妥。东武西社成立于万历二十三年（1595），董其昌万历十七年（1589）中进士，一直在翰林院工作（诸城明代三百年没出一个翰林），二十三年（1595）奉召为南宫同考官。而“邑庠”是县学。今天你若说一个博士后中央办公厅主任或国家高教司司长文笔已有功力，但志向高远，不愿到县市一中读书，成何道理?

乾隆《诸城县志·陈烨传》《东武诗存·陈烨小传》，皆言陈烨“归与县人侯廷柱、丁惟宁、臧惟一、张世则辈日吟啸超然台上，作《西社八友歌》”云云，以至于后人把侯廷柱也视为西社八友中的一员。这一方面可能因为李文藻、王赓言等未见《西社八友歌》；另一方面，东武西社不是封闭性、严格的组织，其他乡绅方便时参与八友雅集或顾问指导，也未尝不可。但侯廷柱为隆庆九老的侯廷相之弟，而八友中臧惟一为九老中臧节之子，所以侯廷柱为八友叔辈。乡老聚会，官爵可不论，但辈分还是要讲的。倘若年齿行次差别太大，有些需偶露风怀的项目便难以开展。

张肃后人张崇琛教授多次在著述中提及东武西社，并说此社顺治九年方被官府取缔。西社初开，年轻之陈烨已七十余岁，鬓毛苍苍，想必“琅邪西社之长”

张肃已近耄耋。而据《张氏族谱》，张肃寿命不过九十二岁，万历中叶就已过世。其他人亦未必如八仙长生不死。但如果说张氏鹤亭自东武西社开张即为耆老活动中心，一直到清初，则是没有问题的。

聚散放鹤园

清康熙五十年（1711），年近八旬的放鹤园主人张侗，回忆一生交游，得已故师友一百五十三人，各记其乡园姓字（也有无籍贯、姓字者），系以小诗，名之曰《醉中有所思》。编辑既成，他于篇后写下了这样几句话：

昔竺道生说法虎丘，石为点头。合百五十三人，闻读斯篇，可能往生极乐世界否？

当张侗写下这段文字时，有对往日时光的深情缅怀，也有风流云散、繁华消歇的苍凉之感。

这一百五十三人，集中了明末清初诸城入劫出劫的绝大部分文化精英，也有当时山东省尤其是诸城周边各县的文化代表人物，甚至有来自全国各地的文化名人。其中刘源渌、王钺，为山左理学代表人物；李澄中是清初诗坛尊唐派中坚；益都杨涵，为北方墨竹派魁首；薛凤祚算学，贯穿中西；乐安李象先，古文与侯朝宗齐名；雄县马鲁，既是杰出学者，又是著名古琴家；灵箬、海彻、元玉，是宗门大德；隋鹏（云云子）是道教高人……

笔者曾于青春佳日，登石屋之岗，望潍水之滨，访小隆中、桃花洞、四逸亭之遗迹。山花灼眼，彩蝶翩翩；烟波氤氲，鸥鹭闲闲。默诵《醉中有所思》，觉前贤音容宛在，笑貌如生。

千年生圣，谓之接迹；百里有贤，谓之比肩，人生得一知己足矣！一个人能与那么多优秀人物诗酒唱和，交心论道，夫复何憾！

这一百五十三人，大都曾是放鹤园常客，当张侗写下这些诗歌时，他们都已鸿飞冥冥，张侗也将不久于人世。《醉中有所思》编成之日，中国封建社会最后一次山林文化的高峰差不多将落下帷幕。这本小册子，从某种意义上说，也是我们认识清初儒林的重要文献。

其实除去《醉中有所思》所录，还有当时健在而没入册者，单张侗子侄辈就数以十计，还有如张侗安丘同宗、开创齐鲁印派的张贞、张在辛父子等。这样说来，放鹤园宾主突破二百人没有问题。如此多的数量，如此高的品望，足以使放鹤园遗民、逸民集团，傲视天下。

古人云，道费则隐。庙堂之名器轻，则山林之气节重。明末政治腐败，清初之民族压迫政策，导致很多狷介之士拒绝与统治阶级合作，隐居俟命。这是明末清初山林文化出现高潮的时代原因，自然也是放鹤园文会雅集极盛的原因之一。科名不达，仕宦不显，在太平之世，令一般士子灰头土脸，而在明清易代之际，影响却不是很大，很多布衣书生甚至笑傲甲科仕宦。

“海洋诗人”、戏曲《青衿侠》的主人公刘翼明的狂傲，在这个群体中较为典型。胶州诗人张谦宜曾有《狂态行》咏之：“子羽客青州，破衣横两肘。佯狂入东门，昂首看天走。自谓当世豪，突遇一老叟。厉声诃为奴，睥睨者良久。识字能几何，敢如此自负！子羽大惊惭，不觉醒残酒。向前欲有言，竟去不回首。或是黄石公，折辱来相诱。惜哉失此人，毕世无师友。记示后生儿，谙此机关否?”康熙初文坛领袖周亮工任青州海防道，多次招他入署，甚至好友李澄中也相劝，这个老诸生最终没给面子。

最出格的是潍县杨青藜，一个穷困潦倒的塾师，其诗被当时权相刘正宗所叹赏，主动下交。但他写给刘正宗的一封长信，却对炙手可热当朝宰相好一番数落，并指出朝廷党派斗争严酷，高处不胜寒，要求刘正宗弃相印如敝屣，磕头拜他老杨头为师，共究生死性命之学。难得刘正宗不予计较，宰相肚里能撑船。

放鹤园成为顺康之际全国遗民、逸民集中之地，除了时代原因，也与诸城文化、地理环境，和普庆张氏家族家风有关。诸城为虞舜故里、琅邪旧郡，文化源远流长，历史古迹众多，山水奇秀，为文人墨客所流连向往。自明正德年间普庆张氏张泰筑放鹤亭，尤其是张肃成为东武西社之长，这里就逐渐成为诸城耆老雅集的中心。清初张氏四逸（张衍、张侗、张佳、张傃）及子侄辈，也都博学高才，慷慨好客，有强大的吸引力；而诸城地域广阔，士绅数量庞大，放鹤园所吸引的耆老自然更多，进而对周围各县士子、对游宦此地的官吏，对省内外同调者递传这种影响……于是放鹤园诗酒之会，名闻神州。

放鹤园宾主数以百计，他们性情各异，出处不同，而放鹤园无名位可求，无利益可谋，这么多优秀人物能走到一起，其间肯定有一些共同的信念。在这些信念中，最主要的是对清初清政权征服、统治中国过程中暴行和败政的义愤和抗争，以及对民族尊严、人格自由的诉求和捍卫。

放鹤园宾客中最典型的遗民，是清初著名学者孙奇逢高徒、雄县人马鲁。《醉中有所思》中《河间马氏（东航子）》即咏他：

> 东航天下士，相见脱吴钩。一曲《北风行》，天汉冻不流。

张侗之诗，多有隐晦寄托。我们如果对照乾隆《诸城县志》中《马鲁传记》，对这首小诗的寓意会有进一步了解：

> 马鲁，字习仲，原名之驯，字君习，入国朝始更焉。直隶雄县人。少孤，有志行，不苟同于俗。补诸生，喜声誉，结交燕赵间奇士，少许可，独折节文安纪克扬，相与辨晰古今中事。尝愤疾有司不以恤民为心，赋诗拟《硕鼠》，讥刺时政。兄之骊，数相戒不改。崇祯末，提学御史校士保定，诸生毕集。是时，李自成已猖獗，鲁投巾于地，骂曰："误天下国家，皆是物也。"京师陷，鲁与大兴梁以樟、容城孙奇逢起义兵，缚伪县令郝丕绩。及自成兵败西走，复南渡献策于史可法。可法死，还居唐县。三年，来诸城，结庐九仙山之阳，与臧允德、丁豸佳辈饮酒度曲，时复大哭。蓄一剑曰赤鳞，未尝去身。尤好经术，著《春秋遵朱》《礼记节文》《道源一旨》诸书，又《东航诗集》一卷，《文集》一卷，《琴谱》一卷。康熙二十二年七月卒，年七十。葬莎沟村，无子。豸佳哭以诗十六首，略足见其梗概云。

古乐府中有《北风行》，诗人以此题作诗，多以北风刺虐政，感慨世事艰难，如果马鲁谱入古琴，当有燕赵悲歌之余韵。民国《雄县新志》录马鲁《哭梁仲木大兄》二首，尤有"风雨如晦，鸡鸣不已"之意：

久约今焉在，苍茫到此时。
天心终不解，人事复何知。
剑室龙光脱，松阴鹤梦迟。
十年积泪血，一滴万行悲。
已下琼瑰泣，翻嫌材艺多。
渡江忧失楫，挽日恨投戈。
淮泗空流水，燕云歇和歌。
屯雷方难作，神鬼听如何。

康熙前期，有一双目失明的琵琶手曾游方诸城，李澄中《卧象山前集》有《赠琵琶生》七律两首咏之，是接近中唐风格的杰作，素来为人称道：

此夕初闻变徵声，潜踪十载恨将平。
山河久散兴王气，江海空传绝艺名。
矐目渐离犹击筑，漆身豫让罢谈兵。
伤心莫奏鸿门曲，五柞长杨草尽生。
法曲犹传天宝年，梨园子弟漫相怜。
才抛血镂荆轲剑，来奏春风贺老弦。
马上王嫱青冢月，笳中蔡女白狼烟。
莫因流落悲非土，横海曾伤旧战船。

据李澄中手稿中被涂抹的诗序，这位“琵琶生”是朱明宗室，清初曾带兵在海上与清兵作战，事败被抉去双目，以琵琶流浪江湖。李澄中在潍水韩信坝与之相遇，听其弹琵琶后为之赋诗。南北之势已合，心中之气难平。此人性情遭际与马鲁近似，也应与放鹤园宾客之选。

明遗民大都有“复汉”之梦，而炎汉三兴，都与诸城有重要关系。楚汉兴亡，不定于垓下之围，而决于潍水之坝；光武中兴，有琅邪樊崇率“思汉”之赤眉为之扫荡中原、华东之新莽势力；“火井三炎”最后的当炉者，则是樊崇部镇压刘盆子长乐宫骚乱的卫尉诸葛稚的同族后人诸葛亮。放鹤园耆老咏叹韩信坝、石屋山小隆中的诗作，连篇累牍，此中寄托，不言而喻。

放鹤园文化遗存中，有清初客死诸城的青州名画家王玓似（鲁珍）《石屋山守岁图》，名人题诗累累，多寄托遥深。张俍《和王鲁珍、徐栩野、云云子石屋山守岁》"难抛时序人今古，漫索椒符事杳冥"，易代兴亡之感，呼之欲出。北方除夕天气寒冷，跑到荒山上守夜，自然别有情怀。令人联想起新城明遗民徐元善明亡后改名夜，改字东痴故事。守夜者盼天明，《礼记・礼器》："大明生于东。"石为《周易》艮卦取象，所谓"时止则止，时行则行，动静不失其时，其道光明"。更不用说石屋山下为汉诸县故址，诸葛武侯祖宗根本之地。

狂士刘翼明最爱听韩信坝区潍水涛声，甚至欲夜宿河干。刘翼明生长海边，看惯了山走崖崩，听惯了雷霆万钧，何以对一条不大的河流一往情深？王钺解释说："彼固别有会心者，未可以形量论也。"

放鹤园耆老中有些人入清后或曾应举，或曾出仕，不是真正意义的"明遗民"，但即使其中曾出山为官者，对统治者某些暴行败政也心怀不满，并予以潜消默夺，对有反清倾向的激进言辞，也能有所包容和关护。欣赏刘翼明"兴汉"之梦的王钺是一例。王钺长子、清廷翰林、曾任康熙太子胤礽侍读的王沛思观看遗民画家郭牟《观瀑图》，面对图中明代衣饰的张氏家人和"随时不忘汉衣冠"的刺目题句，也如对神明，珍重题跋；王钺的三子王沛恂甚至割田产资助张侗……放鹤园文化奇迹，与本地乡绅呵护、赞助，也有重要关系。《醉中有所思》中《潍西王氏（任庵）》对王钺的断语是"退居一亩宫，杜门培元气"。王钺父子对放鹤园耆老们的态度，是为地方保住元气，也是为民族文化培固元气。

天下没有不散的筵席，放鹤园雅集在"四逸"相继去世后，也逐渐冷清。大约雍正初年，胶州著名诗人张谦宜重游放鹤园时，就已经是另一番景象。其《感普庆张氏家》诗云：

我识张蓬海，及弟石之民。
耕凿在山谷，敦睦及六亲。
读书羞闻达，弥见风气醇。

客或诣二老，如入桃源村。
闻今发科第，已非韬晦人。
门前罗驺从，传呼惊四邻。
父老尊名贵，势已逼季昆。
吁嗟二三子，谁为万石君。

诗中老成凋谢、人远风微之感，显而易见。当然，张谦宜作为诗人，未免过于感情用事，所见偏，所言尤偏。放鹤园张氏家风并没有直线坠落，相反，至今余绪犹存。放鹤园文会稀疏，原因也很复杂。自康熙中叶后，社会长期安定，人丁滋生，谋生为急。放鹤园房产分割，鸡豚杂沓，也不再宜于文酒之会。更重要的是，在朝野正义之士的抵制和呼吁下，清廷不断调整统治政策，减缓压迫。康熙末摊丁入亩，永不加赋，尤为封建社会空前仁政，士子敌对情绪逐渐淡化，与清廷合作逐渐积极（那个《青衿侠》的男主人公老刘头，也在垂暮之年出山任利津县官员）。相濡沫于山林者，相弹冠于朝廷。这其实于国于民也是好事。刘统勋、窦光鼐，二人父辈皆曾出入放鹤园，而他们本身为国为民，操劳终生，无烟霞之缘，究竟孰得孰失，必有能辨之者。天下人才，不奔波于庙堂，则徜徉于山林。倘若庙堂风清气正，何妨山林烟霞寂寞！

老侠末路竟颓唐

——刘翼明及其《海上随笔》

清顺治至康熙中叶，诸城一带曾活跃着一个乡绅、耆老群体，前后人数以百计。他们皆生于明季，有故国之思，且多能诗文，擅艺事，彼此德业相勖，时常雅集唱酬。其中诸城丁耀亢是闻名天下的大诗人、戏剧家、小说家；李澄中为康熙己未博学鸿儒考试山东唯一中式者，也是清初诗坛尊唐派的中坚人物；乐安（今广饶）李象先，其散文被当时文坛领袖周亮工列入清初四大家；益都（今青州）薛凤祚，其天文数学贯通中西，与南方梅鼎祚齐名，并称“南梅北薛”；杨涵为北方墨竹派代表人物；安丘刘源渌，为北方理学领袖；张贞、张在辛父子，开创清代齐鲁印派。当今寰球九大古琴流派，有两个——诸城派及南传并外传欧美的梅庵派，也酝酿于这个群体。清初寓居诸城的明遗民雄安人马鲁（孙奇逢高徒），在这一带传授古琴，且有《琴谱》传世；与他交往的诸城人张侗、王咸炤、王翰等，也颇善操缦。张侗曾作《胶西三叠》并亲自谱曲。今曲谱不存，但歌词仍存其《琅邪放鹤村诗集》。

很多研究者称这个群体为“诸城遗民集团”，有失恰当。这个群体中真正称得上“遗民”的，比例很少；能以“遗民”终其身的，就更少了。再就是这个群体虽然大部分是诸城人，但来自他县、他省的也不少。近些年有人称这个群体为“诸城十老”，更少之乎言之，其实百老也不止。

这个耆老群体的领袖人物张侗（其放鹤园是该群体聚会最多的地方），晚年回忆一生交游，将已故师友，各记其乡园姓字（也有无籍贯、姓字者），系以小诗，名之曰《醉中有所思》。诗中一百五十三人，绝大部分属于这个群体；而且这一百多人之外，当时健在，继续聚会唱和的仍然不少。

还需要指出，这个群体不是孤立的，他们不仅通过李澄中、王沛思等翰林出身的乡党与北京主流文人集团联系，也与省内外许多遗民、逸老群体有往来，与江南耆老群体联系尤频繁。如帮助曹寅编校《全唐诗》和《楝亭十二种》的扬州名儒洪嘉植，就是诸城耆老群体与扬州、南京遗民、逸老群体联系的桥梁。洪嘉植因多次来往诸城，乾隆《诸城县志》将他列入“侨寓”，嘉庆时王赓言编《东武诗存》，亦作为“侨寓”收入其诗作。诸城耆老群体中游扬州、南京、苏、杭者，自然更多。张贞、张在辛父子有一阶段，每年春夏间买舟浮家，遍游江南。

刘翼明（1607—1689）是这个群体中非常活跃而且最特立独行的一个。他存世诗文、书法作品也较多。其中诗歌达四千余首，是这个群体中作品遗存数量最多的一人。更难能可贵的是，他晚年留下了一部随笔集《海上随笔》，将自己晚年所见、所闻、所感，笔之于书。比较充分地展示了他晚年的境遇和思想，也保存了不少轶闻掌故，是一部值得重视的作品。

清人著作中关于刘翼明的传记和介绍性文字不少，但以乾隆间李文藻主修的《诸城县志》卷三六《文苑传》中《刘翼明传》，文简而事赅：

> 刘翼明，字子羽，世居琅邪台下，因号越台。父元化，自有传。元化临没遗命裸葬，翼明不肯从，期异日自裸葬以慰父心。少工诗，与胶州王僩友善，结为兄弟。僩为姑子徐登第所杀，无子姓为报仇，翼明被发哭州庭，乞杀登第。知州阎曰：“王氏子死，何与君事？异姓入爰书，非法也。”翼明裂眦曰：“若五伦无朋友，则翼明可以退！”阎终左右登第，讼三年不解。翼明还青州，哭于兵备道门，三日夜不绝声。乃收其讼牍，移檄莱州知府，下高密知县程鞫之，置登第于法。翼明迎僩母养于家，又为纂遗稿，付其女夫张某以传。后即墨知县周斯盛，坐海禁下胶州狱，从狱卒得所选僩诗，且悉为僩复仇状。出狱后，走琅邪台访之，与定交。翼明为人，坦易多所玩弄，类不恭者，然举止无所苟。康熙初，周亮工为青州兵备道，以书招之，竟不往。由岁贡授利津训导。卒，年八十二。为诗好苦吟，尤精近体，所刊《镜庵集》，才十之二三耳。

琅邪台因山为台，为古东夷八神祠之四时神祠所在，是中国历法的重要发源地，秦皇汉武都曾登台祭拜。此山也是清初诸城的耆老群体主要活动地点之一。

琅邪山三面临海，这种地理环境对刘翼明有很大影响。一般说来，临海而居的人（即使不从事渔业、贸易），与内陆地区的人（即使不务农），其性情神采，会有明显差异。尤其是知识分子，自小在海边生长的，似乎总是多一点豪放洒脱，少一些谨愿蹈矩。刘翼明为人侠义、坦率，诗文书法多奇纵豪放，颇得益于自然环境影响。他又经历明清易代，入劫出劫，波澜壮阔的时代风云又增强了他这种倾向。与刘翼明故里相近，且书学受刘翼明影响的胶州高凤翰，个性与刘翼明最接近，与风土驯化也有关系。

刘翼明之父刘元化，也是奇人。康熙《诸城县志》卷七小传颇传神：

> 刘元化字斗杓，琅邪山下人。素贫，嗜酒，工草书、诗歌。年二十六领己卯科乡荐，因亲老补高陵令，后迁乐川。居官清苦，有廉名。以狷介触上官，挂冠垂纶东海，时提壶登琅邪听潮声。癸未，逆闯破京师，焚衣冠，北向再拜哭，遂绝口不言世事。僻居一园，绕舍种竹。年八十矣犹与村农狂饮，不间风雨，钱尽卖竹，竹愈茂。一日疾，聚家人曰：“我欲效邵尧夫观化一旬也。”七日疾革，子翼明问何所见，曰：“无见，茫茫大气而已。”卒之夕，篁尽死。

所谓“有其父必有其子”。祖籍是诸城的诗坛泰斗王士禛《答刘子羽见怀》诗，可兼及乃父：“闻君卜筑处，旧傍琅琊台。海气秋逾远，涛头日几回。秦封犹广丽，石刻自莓苔。想像高吟罢，鲸鱼跋浪开。”①

刘翼明为王僩复仇一事，发生于明末崇祯年间。刘翼明因此以侠义闻名天下。清乾隆年间浙江仁和人赵一清撰《刘义士传》一文千余言，基本铺述此事。道光时胶州纪圣宣作《青衿侠》（又名《儒侠记》）一剧三十二出，展现刘翼明侠义孤傲风采，淋漓尽致。曾亲见刘翼明风采并评选王僩诗集的胶州诗人张谦宜，曾有《狂态行》咏这位乡前辈，形容尽致：

---

① 王士禛著，惠栋、金荣注，宫晓卫等点校整理：《渔洋精华录集注》卷九，齐鲁书社，2009年，第971页。

子羽客青州，破衣横两肘。
佯狂入东门，昂首看天走。
自谓当世豪，突遇一老叟。
厉声诃为奴，睥睨者良久。
识字能几何，敢如此自负！
子羽大惊惭，不觉醒残酒。
向前欲有言，竟去不回首。
或是黄石公，折辱来相诱。
惜哉失此人，毕世无师友。
记示后生儿，谙此机关否？①

行侠仗义，除了需要血气刚勇，还需要一定的经济基础。刘翼明少壮时，有祖辈的积累和其父刘元化的宦囊所入，颇过了一段优裕生活，并有余力行侠仗义。刘元化去世后，刘翼明生性慷慨而拙于生计，子女多（仅儿子就有六人），食指众，很快就床头金尽，入不敷出。加之年事日高，阅历艰辛，筋血衰耗，自然不可能依然故态。《海上随笔》有《老侠末境》一则，堪称夫子自道，也流露出些许忏悔：

以豪侠而得名，以豪侠而得实，因之而战战兢兢，因之而畏首畏尾，是不可谓逆得而顺守乎？然所谓顺守者，或好行其德，以补所未足；或因而自悔，放下屠刀；或立碎其竹，不吹百兽之音。是亦桑梓之大幸，是亦鬼神之所钦也。奈之何，徒喜荡子之收心，而不为孝侯之发愤乎？

猛虎入罗，可以纵也，而不敢纵；哀此流离，可以救也，而不肯救。识透于阅历，胆衰于桑榆，固血气之必然，亦骨力之可嗟耳。②

---

① 张谦宜：《絸斋诗选》卷二，《四库全书存目丛书》集部第263册，齐鲁书社，1997年，第869页。

② 刘翼明：《海上随笔》影印稿本，《山东文献集成》第三辑第23册，山东大学出版社，2009年，第438页。后文引《海上随笔》，不再出注。

另有《讥刺亦足快心》，同样表现了他晚年见解：

相州佃户中，产一贼子，生而夜能远视。虽血气未刚，即通谋以引盗。事发系狱。适遇狂客，席间谈及，客遽意气用事，属霞标往为援之。予失色曰："公以此子为踢啮之材乎？恐救一贼子，不知伤几许桑梓矣。"霞标战栗而止。后龙标北归，狂客慨然谓之曰："令弟锋芒足贵，乃为刘兄所引，渐成不济矣。"径举前事以实之。龙标则亦慨然曰："恐舍弟意气用事，未能无用到极处耳。"

人皆知有用之用，而不知无用之用也。书家何以贵藏锋哉！

刘翼明少壮时期，任侠尚义，权奇好事。清朝入关后的一段时间，他也曾表现出相当的民族气节。如表彰反清忠烈，不与清廷合作，对贰事清廷的士大夫（如周亮工）表示鄙视等。但与清初大部分知识分子一样，随着清朝逐步完成统一，他的这些倾向逐渐减弱，所谓"渐成不济矣"。

清廷平定三藩之乱后，统治地位进一步稳固。经济上轻徭薄赋，政治上对知识阶层笼络分化；加之沧桑消磨，志士日少，汉族人的对立情绪逐渐淡化。知识阶层开始与清廷全面合作。这是刘翼明撰写《海上随笔》更近的背景。这本书可以说是刘翼明本人准备与清廷合作的"苦笑录"。

在清廷决定举行博学鸿儒考试前，刘翼明的好友李澄中、王钺被举荐，他就催促上道。李澄中获隽，他表示祝贺，并对李澄中在翰林任职时写的一些歌功颂德的应景文字，表示理解。《海上随笔》中有《赐燕瀛台诗》一则，对当时的清廷来说，绝对"政治正确"：

李雷田刻此诗，见之者谓减前日之声光矣。皆草野之见，而未习乎台阁之音者也。夫赐燕则赐燕之诗矣，瀛台则瀛台之诗矣，若序中所述"宫锦下赉"，又敕令"笑语勿禁"，遭逢若此，即草野亦当拜手稽首，而叨荣者可无诗以颂乎？

若诗之"颁来织女机中锦，捧出鲛人海上绡"，可谓典重而雅丽矣。至于“多少苍生齐待泽，应同侍从沐恩深”，引君于正，有古人格心之雅。以草野而欲抹彼台阁，适存乎见否？

当刘翼明写下这些文字时，曾经故国之思甚笃的他，心思也已经开始活动了。不久就应召赴任利津县训导。清乾隆《利津县志续编》卷七《宦绩》：“刘翼明，字子羽，诸城人。由岁贡于康熙二十年任，有才子名，善草书，仿十七帖体。时有邑中名士刘玉馨，常学书，公以为可教。后馨有墨迹在人屏幛间，道台行县，攫之而去。”

查《海上随笔》之《自引》文末所署时间，为“康熙二十一年壬戌六月望前”。好像刘翼明在赴任利津之次年写此书。但考刘翼明及同时朋友记载，他赴任利津的时间是康熙二十三年（1684）冬。《利津县志续编》将时间提前了三年。

李澄中《刘广文子羽墓表》：“甲子五月，病辄死，吊者在门，乃蹶然而起。是年冬，授利津训导，利津人皆爱慕之。”① 甲子是康熙二十三年（1684）。

《利津县志续编》虽然误将刘翼明入仕的时间提前，但说刘翼明早就想出仕，是没有问题的。从《海上随笔》就可看出他已经对仕途有所揣摩了。开卷第一则《子民不宜过分》就是教训刁民：

壬戌六月，有灶生赴诉于上官。以治下子民与父母对质于公堂，借闻见之风影，为快私之跃冶。一时草野愚顽不知大体者，群为健讼之瓣香焉。

夫功名而至三考，三考而至于穷海之大使，不远千里携妻子以奔走，即有旧例之偿劳，皆积习之固然，亦出于寻常而不足怪。奈之何径开单款以易信者，使父母难堪乎？使后之来者咤为难堪之薄俗，不难为阘废之子民乎？

由眷怀故国到服务新朝（在当时人看来还是“夷狄”建立的政权），甚至为官场潜规则辩护，刘翼明内心当然要经过一番剧烈斗争。康熙二十三年（1684）五月的“病辄死”（其实是假装的），就是这场斗争的高峰。

---

① 李澄中著，侯桂运等点校：《李澄中文集》，中州古籍出版社，2014年，第781页。

刘翼明装病假死，在李澄中给周斯盛的一封信中，讲得更清楚："子羽死而复苏，吊者在门，乃与之饱啖牲醪而散，亦大奇事。恐后来真死，人反以为诳，致令吊者不至，奈何？足下闻之，得无大噱？"①

刘翼明自然不会轻易装病假死，他之所以演这出大戏，只因一个字——贫。他有一首《答李雷田书来问讹传之故》七绝云："道山久住足婆娑，奈此亲朋念我何。生祭才能知肉味，一时赚得挽诗多。"② 不久后他尴尬出仕，为诸友所惊诧，同样是这个原因。这在《海上随笔》中就有所表现。

一本薄薄的随笔，其中提到他到诸城"请醵"（儿女婚事募捐，凑份子钱）就有五篇：《妇人能知道理》《亲友间之厚道》《李栗生晋人之致》《轻言适以自迫》《方外人用意委曲》，有顺有不顺，甚至产生小纠纷。生齿日繁，物力维艰，贫富不一，都在情理之中。婚丧嫁娶，生老病死，盖房迁居……这类人情往来太多，不但财力难支，而且疲于奔命。《海上随笔》中《三处扫迹》，也讲了自己的为难之处：

> 十年以来，王中柱母丧，吊送皆误，己心不安，而人反安之乎？于是乎绝高密之迹；庚申冬，闻曹太夫人讣，以老病未能远出，殡葬皆误，大有负于生者，于是乎绝安丘之迹；先是，吾友谈禹臣弃世，虽以老自谢，实有愧于宿草，于是乎绝胶州之迹。贫而老，老而病，难为饬词若此。

以己度人，刘翼明也应对他人的窘迫诖误予以理解。但他毕竟曾是名动天下的侠士，而且是自视甚高的诗人，责于人者未免过重。《海上随笔》中《咫尺不相问》记载了写作此书前一年发生的事："辛酉夏秋，老人卧病于海，海澨之亲知，弃掷而不论。盖蛤涎鼋沫之天，耳目甚隘，光气无足以及之，则亦无及之之想也。乃有城中吾党，虽现前有差等，溯一堂之从来，实不敢以自外。顾于三十里间，造舟者两月，而磨门外，竟无故人之迹。后病愈至城。若拘行迹而不往，

---

① 李澄中著，侯桂运等点校：《李澄中文集》，中州古籍出版社，2014年，第723页。

② 刘翼明：《镜庵诗集·余集》，《山东文献集成》第三辑第29册，山东大学出版社，2009年，第184页。

恐自待又太小也。”《富贵家买笑》一则，对富贵家宁可向优伶买笑也不周济亲友表示不满。

更令刘翼明遗憾的是，有人曾允诺为他“买山”，却最终没有兑现。李澄中所选《镜庵诗选》中有《寄怀臧服邻曾许买山》诗云：“买山梦里记荷林，谁解琅邪此日心。发愤空余投有海，萧条偏是断无金。伤生旱草龙难醒，失路穷猿木自寻。本欲卜居何处卜，深溪可去敢言深。”① 臧服邻，名汝明。清乾隆《诸城县志》卷三九《孝义》：“臧汝明，字服邻。好学敦行谊。叔父宠光误触武弁，弁毁其门，辱殴之，知县不能制。汝明控于府，置之法。族子玫，生三十九日失父，汝明畜之至成人。”也许臧汝明虽然是富户，但族中多故，不能分润刘翼明了。

康熙二十三年（1684）刘翼明装病假死，家境已经接近山穷水尽。但告病之后，前来探望送药资者不多；讣告发出，来送赙仪者也寥寥。于是他的心凉透了，前往利津坐那一席冷毡，不仅能稍缓贫窘，还可以报复朋友——如果在他装病期间得到足够的关怀，或收到较多的赙金，或者他不至于在耄耋之年倒行逆施。

读《镜庵诗集》，可以发现刘翼明从康熙二十三年（1684）始，与诸城朋友唱和的诗日少，且多怨望之音。八十一岁时作《寄山中旧侣》中有这样两首：“每因可欲成贪业，必待无求脱报身。白眼曾为青眼客，同心即是负心人。”“闾女生财齐国富，常山临代姊兴门。一时鼎鼐无声气，千古优伶有子孙。”② 这类嘲骂之诗，已无复侠士风采，倒有点像怨妇了。

刘翼明晚年对诸城耆老群体有对立情绪，其他人对他也未必继续胶漆视之。甚至南方的好友周斯盛也为之痛惜。其《闻刘子羽司训利津雪夜有作》云：“老矣琅邪客，居然拜一官。悲歌真欲绝，苦忆复为难……”③ 仿佛在说：大老刘，

---

① 刘翼明著，李澄中选：《镜庵诗选》卷五，《山东文献集成》第三辑第28册，山东大学出版社，2009年，第768页。

② 刘翼明：《镜庵诗集·还山草》，《山东文献集成》第三辑第29册，山东大学出版社，2009年，第224页。

③ 周斯盛：《证山堂集》卷五，《四库全书存目丛书》集部第233册，齐鲁书社，1997年，第49页。

土都埋到发梢了，怎么走出这一步！说你什么好呢？

在刘翼明之前的博学鸿儒群体，曾受到知识界群嘲。李澄中在《艮斋笔记》（亦收入《全清小说》）中有记载：“当是时，风俗重甲科，自宋后不复以制科取士，内外臣工创见朝廷此举，咸窃窃然以为怪。不独同列嫉之若深仇，大臣亦罕能将顺其美者……俗儒无识，以熙朝之盛典，几等于纳粟之铜臭，媢嫉倾陷，靡所不至。呜呼，可慨也已！”[①] 李澄中的鸿儒好友朱彝尊（早年曾参与反清活动，亦到过诸城）将自己这一时期的作品结集为《腾笑集》，用南朝孔稚珪《北山移文》之典自我解嘲。李澄中本人在至京应试时所写《怀刘子羽》诗中，也用《北山移文》之典：“《别赋》魂销南浦路，《移文》心愧北山薇。”[②] 曾在《海上随笔》中为李澄中解嘲的刘翼明司训利津之后，他自己也用上了这一著名典故。《镜庵诗集·余集》收入他在利津所写《思归》中有句：“身多示病人谁问，山有移文老自欺。”《七月朔即事》中有句：“畏我友朋多借口，《移文》万古不吾欺。”《感怀》诗中有句：“多少《移文》甘付火，北山空有石嶙峋。”

《红楼梦》第五十一回薛宝琴《钟山怀古》：“名利何曾伴汝身，无端被诏出凡尘。牵连大抵难休绝，莫怨他人嘲笑频。”用《北山移文》典故。蔡元培说《石头记》“于汉族名士仕清者，寓痛惜之意”，此诗可为重要佐证。得人心者得天下，得“四民之首”的知识阶层之心，方能得天下人心。清廷为了降服知识阶层之心，对他们进行强盗式的弹压、奴才式的役使、猕猴式的玩弄欺骗，毁灭、篡改历史，洗心换脑，无所不用其极。而以功名利禄诱惑、笼络、利用其中一部分，打压、抛弃一部分，使知识阶层分化甚至陷入内斗，更是“精彩设计”。难回者天，不服者心。知识界还有一种力量，严义利之辨，严华夷之辨，严进退出处之辨，警醒人们莫失莫忘，牢记历史，与清廷争夺人心，这也是必然的——虽然这种力量是以潜伏形态出现，有时消沉但从未断绝，最终在辛亥革命前后“雷出地奋”，产生了强大的历史反响。一部号称古今第一的小说，关注知识阶层的进退出处，说明在清代前期，这确是个非常严峻的问题。《红楼梦》是以儿女律士大夫，隔靴搔痒，而李澄中、刘翼明，可谓身当其际者矣。“名利何曾伴汝身”

① 李澄中著，侯桂运等点校：《李澄中文集》，中州古籍出版社，2014 年，第 958～959 页。

② 李澄中著，侯桂运等点校：《李澄中文集》，中州古籍出版社，2014 年，第 238 页。

之“名利”，当解为“名缰利锁”；“伴”字，当为“绊”。而程本和所谓脂本竟然在这个字上保持了一致（手写行草体二字很难分别）。诸名士徜徉山林烟霞间，感受不到名缰利锁的束缚和世人的冷嘲热讽（但受到名利诱惑和贫穷困扰）。一旦入人彀中，折腰逢迎违心愿，艾炙眉头瓜喷鼻，难得了当（也有“偶因一回首，便为人上人”，享荣华富贵者）。李澄中《寄刘广文子羽》中有句云：“相期各抽簪，莫为浮荣绊。”[①] 人生多歧，世网难撄，进退去留都不易。平心而论，李澄中与刘翼明出仕，其节操虽然与王夫之、顾炎武等明夷坚贞、始终如一者相比，瞠乎其后，但并非死心塌地，为清廷服务。除了名心未除，或为穷困所迫，也是为了实现利物济民的理想。刘翼明晚年所作《滩头纵谈》，有“得当以报汉”[②] 之句，用李陵降匈奴之典，也透露了自己的隐微心事。所谓“纵然举案齐眉，到底意难平”。其实清初出仕的汉族知识分子，苟非丧心病狂，对清廷压迫政策，都能进行抵制或予以潜消默夺。而当时的知识界对丧失初心仕新朝者，虽然整体上是嘲讽态度，并不妨碍人们见到其中任何一个人都客气恭维，不像刘翼明早年对待周亮工那样不给面子。再就是大家了解刘翼明通脱疏狂的个性，对他的“不恭”言行也能宽容。他去世后的《镜庵诗选》，由李澄中选编并与四十七名旧友“同订”，其中就有曾许诺为刘翼明“买山”食言而遭怨怼的臧汝明。

刘翼明《海上随笔》所记人物，与张侗《醉中有所思》[③] 很多相同，但切入角度不同。张侗诗多写人物主要特征或高光时刻。如写丁耀亢之《橡谷丁氏野鹤》：“琅邪饶词赋，寸心谁肯折？时有一白鹤，高天吹响雪。”形容丁耀亢诗品人品，皆有高致。写李澄中的《苏台李氏渔村》：“十岁梦李白，辟门投一刺。四十又三年，重押缰畺字。”以李澄中比李白，诗注介绍自己与李澄中交往缘分，两见身份。写放鹤园宾客中最典型的遗民、雄县人马鲁的《河间马氏东航子》：“东航天下士，相见脱吴钩。一曲《北风行》，天汉冻不流。”颇有风雨鸡鸣、悲歌慷慨之致。

---

① 李澄中著，侯桂运等点校：《李澄中文集》，中州古籍出版社，2014 年，第 429 页。

② 刘翼明：《镜庵诗集·余集》，《山东文献集成》第三辑第 29 册，山东大学出版社，2009 年，第 169 页。

③ 张侗著：《其楼诗集》卷下，诸城市博物馆藏清康熙刻本。

写刘翼明的《琅邪台刘氏子羽》：“诗人如子羽，亦自作挽歌。我来践旧约，和泪续残题。”虽形容刘翼明晚年坎坷潦倒，仍出之以变徵之音。

相对而言，刘翼明《海上随笔》记人，角度平实，笔法灵活，展现了更多侧面，甚至不讳各人瑕疵遗行。如《轻言适以自迫》：

> 四月间，予既设醵于东武，臧服邻叔侄欲邀之于七吉，丘嵋庵以属在内亲也，改笔定期，诸臧皆在铁园席内。临期不至，过期而惠，公送钱于涓村矣。我心仪之。归海上，子朴且至，致服邻之意，以醵资见寄。言服邻之不入铁园，意介介于铁园之主人耳。余以为孤嵋庵之意，将几误我。数日而子朴未送钱至，予即任真，欲往催之。盖子朴有借于服邻，而服邻因之以转赠老人。须钱之急，不能不迫转。笑子朴之轻言，而未免失言矣。

再如《攘芦雁》：

> 今年四月，予将入山，过丁逸仙处，出所藏纸，属予求张石民芦雁，求杨云笠各种笔墨，又命予作草书与萧振伯者。
>
> 予至涓上，得见云笠，急出前纸代乞。云笠意在于择，则曰：“当陪纸酬雅意耳。”往致石民，石民眼忽作祟，敬索旧日之答人者为乞邻。适丘慎清见而攘臂夺去，许以他画相偿。
>
> 他日，故出低画一轴，且题曰“山人王维”也。予曰：“以此偿彼，眼中可谓三无矣，无丁无张亦无刘也。”归而抽旧藏一小幅，将送去，又被攘焉。细故波澜若此。

读张侗《醉中有所思》，如见云鹤游天而唳九霄；读《海上随笔》此类记述，则如见群鸿寻食浅滩，嬉闹水濑，争夺细鱼小虾，雪翎搅拌淤泥。唯其如此，《海上随笔》对清初知识分子生存状况叙述得更客观真实，因此具有特别之价值。

《李澄中文集》序

一

康熙十八年己未（1679）清廷举行的博学鸿儒特科，虽然是笼络汉族士人、缓解民族敌对情绪和分化、瓦解反清残余势力的精心设计，但毕竟是中国历史上得人最盛的一次抡才大典。刘廷玑所谓“其中人材德业，理学，政治，文章，词翰，品行事功，无不悉备。洵足表彰廊庙，矜式后儒，可以无惭鸿博，不负圣明之鉴拔，诚一代伟观也”①。

该科中式的50人中，多数为江浙人（这除了江浙文化发达，也与这一地区抗清时间持续较长，在野人才积累多有一定关系），作为文化大省的山东虽然只有李澄中一人上榜，不过就其才学与造诣看，也是实至名归。

李澄中（1629—1700），字渭清，别号渔村，又号雷田、艮斋、艮斋居士、卧象山人，晚号秋水老人、怡堂。先世四川成都人，明初迁山东诸城无忌，遂为诸城人。叔高祖李相，明弘治戊午（1498）亚元，隐居不仕；祖李旦，举万历丙子（1576）乡试，官蔚州知州、平凉同知，有惠政；父凤郊，诸生，有醇德，善属文。母丘氏，明万历南京吏部尚书丘橓（谥简肃）孙女。李澄中可以说出生于仕宦书香之家，且当他博学鸿儒中式前后，其侄李华之（字秀实）、侄孙李璇（字斯齐），先后进士及第，洊历显宦，诸城五大家族之一的李氏臻于全盛。

据李澄中晚年所作《三生传》，他八岁即能吟诗句，二十三岁，开诸城一邑风雅、名满天下的丁耀亢就预言他能成名家，忘年相交，且以自己著作相托。康熙初，文坛领袖、出版家周亮工任青州海防道，拔青州属县三才人，李澄中为其一（另两人是寿光安致远、乐安李焕章）。周亮工对李澄中尤为赏识，称其诗可

① 刘廷玑撰，张守谦点校：《在园杂志》卷一，中华书局，2005年，第37页。

以“驱天下士”①。

康熙前期，诸城九仙、五莲山区有一个江北最大遗民、逸民集团，李澄中为其中领袖人物。九仙山西北的卧象山，尤为他们活动的中心，李澄中为开辟者之一。

康熙十七年（1678），清廷征举博学鸿儒，河南道监察御史孙必振等以李澄中名上。据庞垲《卧象山房集序》：“王新城阮亭、田德州纶霞，坛坫久成于时，望重龙门，渔村入都，与鼎足而立，士林称‘山左三大家’，莫之或先焉。”

李澄中应博学鸿儒之征，于民族气节、政治操守无足称道，但对他广交游、长阅历、增见闻，丰富作品内容，提高艺术水平，还是非常有益的。实际上，在北京的十几年时间，也是他一生创作的高峰，他在文坛上的影响也进一步扩大。

在北京期间，由于参加《明史》的编纂，由于翰林这种特殊的职业，李澄中在散文创作方面取得了丰富的成果，且表现出对史学、考证学的浓厚兴趣，并在辞官后把这种影响带回故乡，影响了诸城及周围地区的学术风气。

二

李澄中的文学成就与影响，以诗歌最大。他生活的时代，是中国封建社会最后一次诗歌创作高峰，更是李澄中故乡山东地区诗学发展的高峰。

自明代中叶，经过百余年太平休养，金元萧条之后的山东文化逐渐恢复元气，这在诗歌领域尤为突出。从明代嘉、隆年间到清代后期，边贡、李攀龙的历下诗派，王士禛的神韵诗派，赵执信的饴山诗派，李宪暠、李宪噩、李宪乔的高密诗派，都在全国产生了广泛影响，而尤以清康熙年间为著。赵执信在《谈龙录》中不无自豪地说：“本朝诗人，山左为盛。先清止公与莱阳宋观察荔裳琬同时，继之者，新城王考功西樵士禄及其弟司寇。而安丘曹礼部升六贞吉、诸城李翰林渔村澄中、曲阜颜吏部修来光敏、德州谢刑部方山重辉、田侍郎、冯舍人，后先并起。然各有所就，了无扶同依傍，故诗家以为难。”②

---

① 李焕章：《织斋集·卧象山人诗序》，康熙抄本。

② 赵执信：《谈龙录》，《赵执信全集》，齐鲁书社，1993年，第539页。

李澄中与《谈龙录》这段文字提到的其他人包括作者赵执信本人，其实都有交往。赵执信称这些人“各有所就，了无扶同依傍”，是针砭当时诗坛炙手可热、过于招摇的神韵派的有为之言，自然不能当真，李澄中与赵执信都不买神韵派的账，却互引为同道，赵氏本人且“依傍”常熟冯班。

在康熙朝诗坛上，李澄中是尊唐派中坚人物，同时与乡邦诗学关系密切。《四库全书总目》中《卧象山房集》提要：“安若讷为作墓志，记其梦为李攀龙后身。赵执信亦称其生而父梦李攀龙入室，故其诗仍学攀龙。庞垲《论文绝句》则有‘寿光安子非知己，强为于鳞认后身’句。今观其集，颇不类沧溟体格，垲所论者为允。若讷、执信，皆好奇之论也。”李澄中在《自为墓志铭》中自称“其诗高岸，以汉魏唐人为宗，不习近时习”，与李攀龙“文自西京，诗自天宝而下，俱无足观”，宗旨大同小异。即使他学习李攀龙，经过一番蝉蜕龙变，自具面目，也是正常的。四库馆臣之论，倒显得拘泥了。何况李澄中生活在士气敛抑的清代，科名晚达，并且也差不多做过“两截人”，不像生活于士风嚣张的明季，青年科第、扬厉中外的李攀龙那样亢阳风发，也自然会避免其大言肤廓之弊。

康熙前期，诗坛尊唐派号召力较大的是被后来张裕钊推为清朝三大诗人之一的施闰章。施闰章顺治年间做过山东学政，对李澄中也很欣赏。他为李澄中《燕台诗》作序，认为他与山东诸友“足张吾军”。据王泽弘为庞垲《丛碧山房诗集》作序：“昔施愚山李渭清论诗史馆，愚山谓渭清曰：雪崖诗根柢唐人，取才汉魏，方今宋元大倡，和者数千，而能古调自爱如此，吾重之慕之，愿吾子之与之终之也。二子亦互相砥砺，古道自许。然而人弗尚也，近始稍有好之者，过庞李而问道焉。”①

李澄中没有系统的诗论专著，在这方面他也相对低调。与李澄中同为尊唐派中坚的庞垲说：“山东李渔村，深于诗者也。在京师十余年，考证得失，审辨源流，相为长益者，予两人耳。渔村每自戒不轻与人言诗，因以诫余，余用其戒，不敢轻有所言。”② 李澄中不轻易张竖旗鼓，一是个性使然，再则当时风头正盛的神韵派班首王士禛祖籍也是诸城，内讧起来不太好看。还有，清朝是中国封建

① 庞垲：《丛碧山房诗初集》卷首，王泽弘《叙》。

② 庞垲：《丛碧山房文集》卷一《柯巨川诗序》。

社会历史上文网最严峻、士气最敛抑的时代，汉魏之雄厚，甚至明季之亢阳，市场都不会太大。

在散见于李澄中诗文的诗论中，抄本《卧象山文集》卷二《钟承家诗序》中一段文字，堪称李澄中论诗纲领："自唐宋分镳，学人各骛，竞相短长，势同敌国。嗟乎，何所见之不广也。大抵拟唐者失之严，拟宋元者失之纵。夫严则拘，拘则蹊径托焉。纵则兼收，兼收则泛滥而美恶杂焉。诚能汰拟唐之肤近，矫宋元之杂糅，天地元音固日在人性情间。未闻三百篇，何代之寻也。"[①] 虽然于唐宋各道曲直，其倾向于唐人还是显而易见。

在唐人中，李澄中用功最深的是杜甫。其《汉魏李杜诗选序》自称"专力少陵者三十年，放之诸家，参伍之以辨其体格，穷其变化"。其《庞雪崖〈丛碧山堂诗〉序》言其在北京与庞垲"日取少陵诗，研索其法"。而杜甫正是被神韵派班首王士禛埋汰得很厉害的唐代大诗人。赵执信《谈龙录》记载："阮翁酷不喜少陵，特不敢显攻之，每举杨大年'村夫子'之目以语客。又薄乐天，而深恶罗昭谏。余谓昭谏无论已，乐天《秦中吟》《新乐府》而可薄，是绝《小雅》也。若少陵，有听之千古矣，余何容置喙。"文中暗用杜甫《戏为六绝句》，批评王士禛"轻薄为文哂未休"，没有显攻神韵说的李澄中，对此类维护杜甫的观点，应该是心有戚戚。早在赵执信抛出《谈龙录》前数年，李澄中在其作于康熙二十五年（1686）的《题赵秋谷编修〈并门集〉后》就表示出对赵氏的支持："赵子才俊秀且雄，论诗往往与我同。……笔锋寒瘦扫冰霜，思路杳冥极毫发。读之三叹移我情，年少如此人尽惊。把君妙句相持赠，七十二河秋水声。"其实如果没有李澄中等引为同道，赵执信虽然年少气盛，也未必敢于和妻舅王士禛赫然亮剑。

李澄中所称道赵执信"寒瘦"的质直风骨，在后来推尊赵执信诗论，批评王士禛神韵派末流"涂饰柔腻""玄虚张致"更少顾忌的高密诗派创作中，表现得更突出。而当高密诗派崛起时，诸城李氏诗人如李林、李株、李作哲，多闻风响应。李作哲《题李宪乔〈过岭集〉》有"吾宗多诗人，斯才更磅礴"[②] 之语。陇西

① 李澄中：《钟承家诗序》，《卧象山房集》，《山东文献集成》第一辑第 35 册，山东大学出版社，2007 年，第 330 页。

② 王赓言：《东武诗存》卷七。

宗彦，从李攀龙到李澄中再到高密三李，虽取舍不尽相同，至其推尊唐贤，则一以贯之。

总体说来，李澄中于明季以来山东诗坛，可以说是历下之寒泉，新城之诤友，饴山之奥援，高密之嚆矢。其坚守尊唐阵地的意义，安致远在《渔村文集序》中给予很中肯的评价：

> 诗文者，与风会为转移者也。而世有作者，则常以诗文转移夫风会，何也？诗文之变不可胜穷。为于举世所共为之日，则其势同而易为；于举世所不为之日，则其势独而难。乃有志之士，每为其独且难者，屹然于风会波靡之日，此非不惑于流俗者不能也。①

三

清人自定其集，一般把赋与散文编入一类。如与李澄中同应鸿博之召的王钺，将自己的五篇赋与所作序文（包括为李澄中作的《卧象山集序》）都编入《世德堂文集》卷一。而李澄中却把自己为数不多的赋单独编为一集，以《赋稿自序》冠其首。康熙年间太仆寺少卿程甲化捐俸为李澄中刻书，一共三卷，其中诗两卷，赋一卷，即《卧象山房赋集》。李澄中晚年自定《卧象山集》，将赋列在最前面，其后是诗、文。

李澄中早年曾有一段时间专力于赋的创作。清代一些文坛大家对李澄中的赋，曾给予很高的评价。李澄中《赋稿自序》云："予少与丁生梦白角胜，学为诗。久之，丁生避去，时时以赋夸予。予愤甚，取《骚》《选》《赋苑》日夜读，忘食寝者二年所。于是穷其源流变化，长卿所谓得之于内，不可得而传者……越七年，周栎园先生来青州，索予稿阅终篇，仰天太息曰：'嗟乎！赋如此，不见知于世，岂非持文柄者之咎哉！'乃命作四赋。"在《送周栎园先生序》中记载周亮工当时还说过这样的话："昔王元美谓卢山人《幽鞠》《放招》二十篇，即宋

---

① 安致远：《渔村文集序》，《玉碌集》卷一，《清代诗文集汇编》第107册，上海古籍出版社，2010年，第626页。

玉、景差辈，勿能先楠而室矣。以视兹编，山人讵若过哉！若勉旃，恨不籍江以南，与一时词人上下，晚成十载名耳。”毛奇龄在李澄中《怨赋》后有一段评论，也推崇备至：“缘情绮靡，一往无尽。虽起江郎地下，亦必有生瑜生亮之叹，况下此者耶？唐宋赋俚鄙，涉于时义；明赋太摹古，则又窒塞偃蹇，了无性情。六朝前后，一种形状，赋写皆足见才。然未有风流雅丽如此作者。栎下老人亟许渔村为屈宋再生，非虚语也。”李澄中在尺牍《与刘子羽广文》中说：“已写拙集为一帙，自评诗一，赋二，文三，萧山毛大可曰：‘君赋空有明三百年，何次梗足云。’弟谢不敏。”

从这些评论看，李澄中在赋方面的成就和地位，似乎远比在诗坛上高。但赋毕竟是汉魏法物，不是时尚文体，后世论文者，几乎没人表彰李澄中赋的创作成就（表彰其他成就者也不多），而李澄中在以《璇玑玉衡赋》中式博学鸿儒后，也几乎停止了赋的创作。洪嘉植《〈白云村文集〉序》：“琅琊李渔村先生自少为诸生时，以诗赋名山左。后游江南，贡京师，交游尽海内名士，无不称其诗者。迨应征车，与修《明史》，益学为《史》《汉》之文。文章又日有名，欲以掩其诗。”

李澄中在北京期间散文创作出现高潮，除了史官的职责需要和驯化，还与翰林这种身份有关。在明清时代，翰林院的文章还是有一定声价的，请为墓志、传记、序跋者日益多，给李澄中充分练笔的机会，当然也会得到些许润笔。

如果说李澄中诗学私淑李攀龙而自具面目，那么在散文方面，两人风格差别更大一些。虽然李澄中散文不无诘屈晦涩之处，但大都通畅可读。其文于唐前，得力于《史记》、两《汉书》者为多，于唐后，则较重欧阳修。他在《〈织斋文集〉序》中有这样一段文字：

> 夫宋不如唐，亦犹唐不如汉，时代有古今，文运亦有升降。学秦汉而伪，固已奈何哉？学宋而独得其真乎？王李之病，病于拘守迂固字句法耳。至于李斯、贾谊、晁错、董仲舒之徒，其峭险曲折豪横纵放之奇，概之乎未见也。若夫庐陵序事隽洁，情文互生，别辟境地，其源殆出于范蔚宗氏，抑岂浅学所易窥乎？盖文人亦各极其才分所至耳，奚必以名高而丛弹射之府也。

清代在“桐城派”形成之前，散文界形势比较复杂，论争也很激烈，李澄中这段文字传达了一些相关信息。当然我们也可以从这段文字中看到李澄中的立场。他仍然“屹然于风会波靡之日”，“为其独且难者”。

李澄中对司马迁、班固、范晔、欧阳修的偏爱，当然与他们都有良史之才不无关系。他的许多传记、碑铭，跌宕顿挫，绘声传神，繁简有序，颇得诸家神髓。他为乡贤、师友所作碑传，如《先外曾祖南京吏部尚书简肃丘公传》《萍乡令台公传》《侍读施愚山先生传》《瞽者李杲传》等尤其情文并茂。地近则易核，桑梓自情深。见闻真切，自然事理明达，下笔如神。

四

除了在诗、赋、散文方面的成就，李澄中在学术上也有所建树，并产生了较深远的影响。

首先是在史学方面，李澄中是博学鸿儒中在明史馆当值时间较长的一个，分纂《循吏传》。据乾隆《诸城县志·艺文考》，李澄中有《明史稿》四册。另《艮斋杂传》中，有郭登等明人传记十四篇，但无一在《明史·循吏传》中。

在编纂《循吏传》的过程中，李澄中详考古今，认识到吏治对生民福祉、国家治乱的重要性。其《循吏传论》简述明代吏治消长，最后说：“夫不择吏，则不亲民；不亲民，则饥荒盗贼并至，而明以亡。可不哀耶？欲重吏治，必先破资格。定超擢以示激劝，行久任以习民情，三者备而循良其或几也。治天下，勿轻视吏事哉。”文后陈其年评：“有明一代兴衰之故，数言已了。”其散文《送陈子万令安平序》论吏治，堪与此发明：“天下之势，系乎吏。人主欲治天下，必自择吏。始，汉宣帝曰：‘与我共此者，其惟良二千石乎？’梁薛琡亦谓黎元之命，系乎良吏。由是观之，吏之职，岂不重哉……古今吏治之盛，莫如汉。其衰也，莫如明。予于《明史》分纂循吏，求德让君子而罕其人焉。或刚近于褊，廉类乎矫，亦必以循良目之。予固愧孟坚乎？亦诸作吏者之不龚黄若也。”

今本《明史·循吏传》，论明代吏治消长，与李澄中大同小异，而对于明代后期吏治的沉痛反思与改革设想，则不见踪影。且只薄薄一卷，篇幅远远少于

《儒林传》《文苑传》，根本没有体现吏治的重要性。

康熙时与修《明史》者，无论是博学鸿儒，还是总裁、纂修官，多为江浙人，《明史》传记，往往详于南而略于北。《清稗类钞·地理类·南北之见》："康熙己未，鄞县万季野预修《明史》，要蠡县李刚主为之审定。刚主婉言拒之，谓明宣宗尝称长才伟器多出北方，颇怪季野所撰，北士殊少，而深慨于南华北朴之异，是则贤者亦不免有此见，盖蔽于地也。"其实之所以出现这种情况，除了地域偏见，贤者难免外，"地近则易核"也是常理。李澄中是山东唯一博学鸿儒上榜、与修《明史》者，对表彰明代故乡先贤，做出了很大努力。明清之际人们对万历名臣丘橓争议很大，李澄中提供了翔实确凿的材料，使编纂人员不能再随意褒贬。今《明史·丘橓传》虽经多次修改，但仍与李澄中《白云村文集》卷二《先外曾祖南京吏部尚书简肃丘公传》出入不大。至于李澄中其他传记、杂著（如《艮斋笔记》）和计划撰写的《齐鲁纪闻》，也与此有关。

李澄中学术上的另一贡献是对考证之学的倡导。《卧象山文集》中《桧辨》《河源辨》《题悯忠寺帖后》《跋智永草书〈千文帖〉》等篇，可以说是考证文章。其《滇行日记》，《四库全书总目》称其"于山川风土、古迹故实，无不详载，而考证之处差少，殆行箧无书之故耶?"其实康熙中叶时，学术界还没有纪昀欣赏的"考据癖"，像《滇行日记》那样，已经像背着书橱旅行，考证过于烦琐了。李澄中诗集中如七古《诸冯行》对虞舜生地的咏叹，也表现出实事求是的考证精神。李澄中所证误的，不乏经学、史学大师的观点，甚至对国家祀典的谬误，也毫不客气地指出。如《诸冯行》最后两句："呜呼祀典错谬非一事，浩歌直接苍梧烟。"

李澄中在北京期间，与他论文最相契的是毛奇龄。李焕章《卧象山人文集序》："每自言馆中二三兄弟，惟萧山毛大可与之最善，日与之坐报国寺松影下，学欧阳庐陵、曾南丰及归太仆之为文。"现存李澄中文集中的名人评语，也以毛奇龄最多。而毛奇龄被推为有清一代考证之学的开山者，他与李澄中共同推尊的欧阳修既是史学家（《新五代史》的主笔），同时也有金石考证倾向（《集古录》的作者）。毛奇龄复兴汉学的力作《推易始末》，曾请李澄中作序。今传本《推易始末》不见李序，朱彝尊《经义考》卷六八录其《节要》："《推易始末》者，西河毛氏发明仲氏易推移之义，盖即前儒卦变卦综之说而畅之。历载变卦、反对、六十四卦相生本义，卦变十辟、卦变六子、卦变卦综、乾坤主变七图说，并载《推易》及《推易折衷》二图说于后。”

李澄中的学风，首先影响其家族。如其侄孙李珽“好读《易》，善古文，尝著《琅邪辨》一篇，言越都琅邪传七世，乃必无之事，甚有见”。其侄重孙李文驹积书“至十余万卷”“雅好著述，深于考据之学，诗春融有格，不失澄中家法”。[①] 清代中后期，诸城金石考证之学大兴，涌现了李仁煜、李璋煜、刘喜海、钟淦、尹彭寿、孟昭鸿、王锡棨、王绪祖、王维朴等有全国影响的金石学家，这在全国是罕见的，李澄中自有筚路蓝缕之功。

五

上面对李澄中成就和影响的介绍虽然还很不充分，但即使这样，我们也会感到李澄中身后声名未免过于寂寞。《清史稿·文苑传》山东诗人立传者数以十计，竟没有李澄中！平心而论，李澄中在诗歌方面的成就和影响不如王士禛、赵执信，但较之《文苑传》中的同乡王士禄、士祜兄弟，王苹，张笃庆，徐夜等人，其所高出，还是难以以道里计。这首先与同乡后学没有对先贤阐微彰幽有关，所谓“莫为之后，虽美弗彰”。邓之诚《清诗纪事初编》介绍李澄中，这样解释他未能与王士禛辈抗衡的原因：

> 澄中诗学杜甫，辞多比兴，雅而能切。文笔遒炼，善于碑传纪事之作，鸿博五十人中，足称上选。四库谓其篇章不富，未能与王士禛、田雯抗衡。实则自定其集，删汰已多也。[②]

邓氏之言，自可略备一说。李澄中选诗，以精为原则，目的是便于流传。同乡好友刘翼明一生专力于诗，集五十年，存四千余首，无力剞劂，澄中为编《镜

---

① 乾隆《诸城县志》卷三二《李氏族人传》。
② 邓之诚：《清诗纪事初编》卷六，上海古籍出版社，1984 年，第 690 页。

庵诗选》五卷，仅存数百首，他在《刘子羽镜庵诗选序》中流露了既痛惜又无可如何的情绪：“予常见昔人称陆佐公集二十卷，谢希迁文章四百余卷，今所传亦竟寥寥耳。即谓藏之名山，传诸其人，乃不移瞬而风流歇绝，寂寥无闻于人世者，不可胜数……夫余为子羽计二十余年，久矣而力不逮。”李澄中一生诗歌，也有数千首，晚年自定其集，犹存一千六百余首。康熙三十七年（1698），与李澄中鸿博同榜、相交最契的庞垲官福建建宁府知府，那里是南方出版中心，“印刷功力较省”，为李澄中刻布《卧象山房诗正集》七卷，仅四百余首，这已是清代李澄中收诗最多的一个刊本。乾隆《诸城县志·李澄中传》说“甫及其半”，此四字误会了庞垲《〈卧象山房集〉序》中“甫半”二字。庞氏原话是“比得付梓，甫半而渔村人亡，余官报罢”。本意说刻版尚未完成一半，李澄中就去世，庞垲去职，后面麻烦尚多，绝对不是所刊刻诗文占李澄中作品的一半。还有，康熙后期，建宁刻书已是强弩之末，刻工亦粗劣，也有碍传播。相对而言，王士禛、田雯等，出身豪门，少年科第，中年显贵，依草附木者众多。他们的作品随写随刊，传播多而且广，虽然泥沙俱下，但也枝叶扶疏，有助于制造声势，夺人耳目；对后世好古者考征故实，也有裨益。

李澄中去世前一年，将付庞垲刊印的诗文选定，在自序中说：“若天祚李氏，以全集问之海内，所深愿也，而不敢期也。”今天，我们将李澄中诗文杂著收集出版，实现了他三百多年前的心愿，同时也擦亮了清朝文化夜空的一颗明星。我们在重新认识李澄中的同时，也获得了一个审视清朝文坛特别是康熙朝文坛的崭新视角。而作为同乡后学，亦可借此少赎慢待前贤之过。

《李澄中文集》编例

（一）《李澄中全集》系用山东省图书馆藏《卧象山集》和康熙刻本《滇行日记》作底本。关于《卧象山集》，需稍作说明。李澄中现存其他作品集，除《滇行日记》没收入，或全部、或大部收入此本，且恭楷誊录，除《艮斋笔记》有两处蠹蚀，基本完好无损，而这两处蠹蚀，又有台湾图书馆藏抄本补正。学术界对于此书的题名、描述比较混乱。如王绍曾《山东文献书目》说此书为“卧象山房诗集二十四卷，文集二卷”，《山东文献集成》第一辑收入此书，称此书为“卧象山房集二十九卷，艮斋笔记八卷”。其实此书含赋一卷，诗集二十三卷，文二卷，尺牍一卷，杂传一卷，艮斋笔记八卷，共三十六卷。且各卷之前，均题“卧象山”某集，而非“卧象山房”某集。“卧象山房”只见于抄本书口，为统一稿纸。其中诗集前十四卷按时代前后，以篇幅多少分卷，同时页眉标有以年分卷，每年一卷；十四卷以后全按年分卷，正文卷次编号直接跳至二十四卷，至三十二卷结束。但十四卷至二十四卷之间，不但没有遗失，反而有数首重复。本次点校，称此书为《卧象山集》，而诗集十四卷后卷号顺序重编，但不打破原来分卷。

（二）李澄中在京期间，曾将自己的著作数次付梓。一次是曾任诸城县知县的太仆寺少卿程甲化捐俸为他刻诗二卷、赋一卷。这里的“诗二卷”即刻本《白云村文集》卷一《壬癸诗自序》之所谓“壬癸诗”，亦即一般著录所谓《卧象山房诗集》“残存”的第二十二、二十三卷。李澄中诗编年始顺治辛丑（1661），至康熙壬戌（1682）、癸亥（1683）分别是第二十二、二十三年，这两卷诗全部收入抄本《卧象山诗集》卷十三、十四，且书眉标有“卷二十二”“卷二十三”的字样。还有两次是将自己的散文选刻，一为《艮斋文选》一卷，一为《卧象山房文集》一卷，两种刊本篇目无一重复。再就是李澄中典试云南返京后，将《滇行日记》《滇南集》一同付梓。这些刊本卷帙较少，为收藏者彼此组合，异说纷纭。关于李澄中文集编次、著录的混乱情况，杜泽逊《四库存目标注》卷五十六曾有较长篇幅考证，但仍未得要领。

（三）本次点校《李澄中全集》，凡《卧象山集》中诗文选入李澄中其他诗文集抄本、刻本者，予以标注说明。凡李澄中其他抄本、刻本和他人诗文集收入，而不见《卧象山集》者，予以补辑。共补辑诗、文、尺牍三卷。

（四）李澄中诗文后多有名人点评，不少深中肯綮，在校记中尽量酌予保留。此有彼无者，也予以说明。

（五）清代有很多人为李澄中著作写过序，而在《卧象山集》中，仅录毛奇龄一短序。今搜罗他人为李澄中著作所写序跋，并毛氏一序，全部编入《附录》。

（六）李澄中诗集中有大量一题多诗的现象，有的诗题中带有数目，予以保留；有诗题中没出现数目，根据实际数量予以注明，目录中用括弧，正文中用小号字。

王宸嗣《闻鸡窗诗集》

去年年底，我受诸城市有关部门委托，编写《续东武诗存》。从潍坊学院科研处王松森副处长借《诸城贾悦王氏族谱》，以为其中或者有遗诗可采。令我欣喜过望的是，族谱中竟有一本完整的《闻鸡窗诗集》。

《闻鸡窗诗集》，两卷一册，嘉庆十三年刊本，清康熙时诸城人王宸嗣撰。前有青州朱和陆《题辞》、胶州周书南序，后有王宸嗣曾孙王宏甸一跋。王宸嗣别无著作，此书向来不见著录。齐鲁书社版王绍曾先生《山东文献书目》搜罗最广，亦未见王宸嗣之名，可能此书已是孤本。

清代《诸城县志》，无王宸嗣传；《东武诗存》卷四收王宸嗣诗十七首，作者介绍只有“字觐阳”三字。查《诸城贾悦王氏宗谱》，王宸嗣字觐阳，号少村，一号枫崖，邑增生。明崇祯壬午山东解元、清顺治己丑进士王斗枢之次子，有《闻鸡窗诗集》行世。宸嗣有一子（名延宗）六女，其最小女适“逄哥庄雍正甲辰翰林、东阁大学士刘公统勋”，是刘统勋原配，刘墉生母。

刘墉在作于乾隆十七年的《贾悦王氏续修族谱序》中提到过王宸嗣：“忆墉外家王氏外王考邑增生觐阳公讳宸嗣，即堂姑丈岁贡生郏渚公讳佩之贵弟也。世居贾悦镇，徙县之双门前。墉自髫龄随母归宁，朝夕嬉戏，外王考每抚顶而许之，曰：‘异日成吾宅相，有光吾门者，必是子也。’至今言犹在耳，耿耿不忘焉。继此问候起居，春秋弗间。不意墉未及冠，而先慈见背。呜呼痛哉！越十余年，幸获得志，给假旋里，展外王考墓于铁水东原，睹彼松楸，追思杖履，凄然者久之。”

由于电视剧《天下粮仓》和《宰相刘罗锅》的影响，对刘统勋、刘墉父子的研究，已引起学术界重视，这类资料的价值可想而知。

为《闻鸡窗诗集》作序的两个人中，周书南是嘉庆时人，是王宸嗣曾孙的塾师，属后学晚辈。朱和陆则与他是同时好友，此人背景也值得一说。

朱和陆，字崑叔，是明代青州衡王（即《红楼梦》第七十八回提到的“恒王”）之后，其父朱慈懰，与王宸嗣之父王斗枢为崇祯壬午山东乡试同榜举人，均出山东乡试同考官、潍县令周亮工门下。顺治初年，前明宗室以次被逮，骈首都门，朱慈懰改姓易名，遁迹江淮，幸脱罗网。杨钟羲《雪桥诗话续集》卷一：“孙觚本衡藩之后，名慈懰，字火西，曾举壬午山东榜，甲申后易今名，自称大觚道人，终于扬州。”康熙七年戊申（1668），“诏故明宗室子孙众多，有窜伏山林者，悉归田里，姓氏皆复旧”（《清稗类钞·姓名类》），朱和陆可能在这之后复朱姓，但由于是客籍，不能在扬州参加科考，故回青州参加乡试，中康熙二十八年（1689）己巳举人。

在当时，朱和陆诗名超出王宸嗣。安致远《青社遗闻》：“己巳任鹤峰学宪经战之后，试以诗赋，崑叔《青州怀古》一联云：‘王孙去后多芳草，宫监归来尽白头。’拔擢第一。虽时移事异，文采风流，尚足标映一时也。”

朱《题辞》文后落款“云门年家世眷弟朱和陆拜题于佳山堂之馆舍”。所谓“年家世眷”，表明王、朱两家有亲戚关系。查乾隆《诸城县志》卷三八《王之垣传》：“王之垣，倜傥有才略，衡王见而奇之，选尚郡主。”之垣为明末人，死于崇祯壬午之难，与王宸嗣同宗。所谓“佳山堂”，即今青州偶园佳山堂。偶园原为衡王府东苑，清初王府被抄没拍卖，为文华殿大学士冯溥购得，改建别墅。冯溥祖上自明嘉靖间冯裕定居青州，与衡王府历代联姻交好，朱和陆自扬州回乡赶考住在他家，亦理所当然。

朱氏《题辞》写作时间，题为“时维七夕前二日”，没注明年份。清代乡试都在秋天举行，则此《序》可能是朱和陆自南方回乡科考时作。至于是否是他中举的康熙二十八年，那倒不一定。

《闻鸡窗诗集》载王宸嗣与朱和陆酬赠诗两首：《送别朱崑叔世兄南省》《夏日有怀江南朱崑叔》，其中第一首收入《东武诗存》，诗题作《送朱崑叔归省》。王宸嗣之所以称朱和陆为“江南朱崑叔”，是因朱和陆侨居的扬州清代属江南省。谨录两诗于下：

送别朱崑叔世兄南省

之子南归去，征帆不可留。
故园仍作客，羁旅暂回舟。
望望霜天远，行行江水悠。
承欢欣有日，别泪为君收。

夏日有怀江南朱崑叔

谁道江南远，思君日几还。
凄清千里梦，仿佛别时颜。
傲骨崚嶒瘦，冲襟寂历闲。
愿言携斗酒，偕我入名山。

朱和陆《题辞》和胶州周书南《序》，均称王宸嗣诗“清新”“俊逸”，今读其诗，或不为过誉。不过对于我来说，更关心这本诗集的史料价值。

阐微彰幽，泽被桑梓

——王赓言与《东武诗存》

人们认识世界，总是由近及远，由熟悉的事物到不熟悉的事物。人们学习、创造文化，也往往近取其譬，触类旁通。孔子作《春秋》，为天下后世立法，而梁启超称之为方志之滥觞；鲁迅为现代文学泰斗，而以绍兴文献自任，不仅纂《会稽郡故书杂集》，其经典之作《祝福》《阿 Q 正传》等，也取材于故里见闻。再如现代文学史上诸城籍作家王统照先生，他的代表作《山雨》，以 20 世纪 30 年代初诸城相州一代生活为背景；另一部被誉为“现代文学史上唯一的一部完整地反映五四退潮期到大革命前夜青年知识者不同政治动向”的长篇小说《春花》，自序中就说：“如果是在我家乡中的人，又与我熟悉，他准会按书上的人物指出某某。”地近则易核，桑梓自情深。见闻真切，自然事理明达，左右逢源。

“琅琊文献旧相推，流韵余风高可追”。（王赓言《东武诗存》卷末题诗）诸城文化深厚博大，源远流长，这与先贤重视文化传承，重视收集、保存乡邦文献是有一定关系的。秦汉之际东武经师梁、伏、师、王、贡、孙之学，关系中华文明圣火之绝续，至今井然可考。降及近世，文教昌明，阐微彰幽，弘扬斯文，更被承学之士当作义不容辞的责任。仅清代而论，除了三次纂修《诸城县志》，汇集一县艺文的作品也先后继出。以诗为例，就有《琅邪诗略》《琅邪诗人诗》《东武诗存》等多种。其中尤以《东武诗存》为著。

《东武诗存》是清嘉庆年间王赓言所编。王赓言，字赞虞，号篑山，诸城城东铁沟村人。乾隆癸丑进士，授吏部主事，历官江安督粮道、江西督粮道、江西布政使按察使等职。除《东武诗存》外，还著有《四书释文》《篑山堂诗钞》等。

王赓言喜欢搜罗乡邦文献，他在本书的序言中说，“耆旧之传闻及各家所世守，时时借钞。廿余年来，搜辑颇富”。这为他编写此书奠定了很好的基础。他自己又是个出色的诗人，与他同时的蒙古族诗人法式善《篑山堂诗钞序》称：

“其五言律诗能于少鹤、松岚、熙甫、子文之外，别出机轴，清微雄厚幽澹之致，不减于诸君。”这当然会提高本书的品位。同时，王赓言还请故里同道、海内名儒赞襄盛事，集思广益。序言讲述了此书最后成稿的过程：“丙子（嘉庆二十一年，1816）秋，余督运工竣，请假归里，与李公岫仙及李月汀兄弟谈及此，极为怂恿。遂致札张公师默、臧公际唐，及宗人道南、云子、藕塘、汉桥，广为搜访。不期年而大备。遂携稿南来，延东乡吴公兰雪、湘南刘公雪畹，详加厘定。凡字体讹错或韵有歧出者，悉属更正。名曰《东武诗存》。”有了这样多的有利条件，本书的质量自然得到了可靠的保证。

王赓言在序言中还提到了他编写此书的宗旨：“盖存诗与选诗异，有以人存诗者，有以诗存人者。”这就决定了本书有很强的史料性质。全书汇集了元代以后至嘉庆年间诸城诗人及侨寓诸城的诗人 280 人的诗作，共 3537 首，可谓洋洋大观。考察 280 人中，有专集行世的寥寥无几，若非《诗存》著录，可能早就零落消磨，归于忘川。

《诗存》所收 280 名诗人中，除首卷 32 人为明代以前外，其他全是清人，尤以乾嘉间人为多。就其宗主来说，雍正以前，追随王士禛者为多（王士禛远祖是诸城人，《琅邪诗略》曾收入其诗）；乾嘉之际，则宗高密诗派者为多。清代山东诗坛，文风极盛，自王士禛、赵执信号召天下之后，高密诗派继起，虽声势不如二家，但影响之持久，非二家能比。从清乾隆年间一直到中华人民共和国成立，“垂二百年犹未绝”（《汪辟疆文集·论高密诗派》）。曾任山东省青岛市人民政府副市长的安丘人张公制先生，便是高密诗派的殿军。乾嘉之际，高密诗派曾随李宪乔、刘大观（邱县人）、王宗献（诸城人）等人宦迹、交游所至，影响至于广西、云南、江西、三吴，甚至朝鲜，但仍以高密及周围各县为著。高密诗派的开创者三李（李怀民、李宪乔、李宪暠）之母出诸城王氏，李氏族党在诸城亦广有分布。高密诗派中最杰出的女诗人单纫香，为诸城进士王玮庆妻，也是《东武诗存·闺秀》部分唯一的一人。高密诗派的大家宫去矜、王立性侨寓诸城，与诸城诗人游处切磋。高密诗派传人，以诸城为多。现在，学术界开始对高密诗派予以重视，国家教育部人文社会科学十五规划第一批项目，就有关于高密诗派的专门立项。《东武诗存》可以作为研究高密诗派的重要参考文献。

古代方志，多有诗文之目。方志学泰斗章学诚修《湖北通志》，文献掌故比志书正文还多。明代万历《诸城县志》，艺文部分仍录前贤诗文。到了清代，则无复旧观。乾隆《诸城县志·艺文考》说“县自两汉至今，经解古文诗稿杂著，多至百余种，若皆剞劂以传，将汗牛充栋矣。美既不可胜收，挂一漏万无取也”。这毫无疑问是“偷懒”的一大借口。如此说来，《东武诗存》也是清代《诸城县志》的重要补充。

古代县志条例苛刻，无功名者鲜能得到记载，如刘统勋原配之父王宸嗣，能诗，且有《闻鸡窗诗集》传世，刘墉在《王氏族谱序》曾提到他对自己的影响。但由于王宸嗣只是个监生，乾隆《诸城县志》对他只字未提，而《东武诗存》收入其诗达 18 首之多，对我们了解“父子宰相”的身世背景，提供了重要的资料。至于其他连监生也不是的寒士，既存其诗，复著其行谊的更多。从在这方面说，《东武诗存》已经是“以诗存史”了。

当然，编辑地方文献，是费时、费力、费财而又难得讨好的事情。《四库全书总目提要》对于所著录的地方诗文集，几乎皆有贬词。以山东为例，《四库全书》仅著录安丘《渠风集略》和阳信《倪城风雅》两种。《渠风集略》从清初张贞发凡起例，到雍正进士马长淑编成，历时数十年，成书 7 卷，颇称谨严，而《提要》讥其夸饰风土、附会古人、体例混乱、事实乖谬，几乎无一褒词；劳嶒所编《倪城风雅》，收阳信一县明清两代诗人仅 23 人，《提要》竟批评此书“不免冗滥”“同时假借”。《东武诗存》若出在《四库全书》之前，以上诸种讥议，未必能免。用今天的眼光看，由于当时文字狱余威仍存，很多具有强烈社会批判色彩的诗歌没有选录，而一些留恋光景、无关痛痒的作品，却大量收入。以丁耀亢为例，《诗存》收其诗 135 首，酬赠之作居半，丁氏揭露清暴政的作品如《剃发》《盗乱》《哀浙士陈章侯》《焚书》《捕逃行》等一首没收入，而这些诗均见之近人邓之诚先生所编《清诗纪事初编》。王赓言、邓之诚去取标准的不同，主要是时代使然。

自古做事难，成事尤难，唯评短论长最易。我们还是不去苛责古人吧。《东武诗存》点校本已由中华书局出版发行，读者还是少带些先入之见，去享受这桌文化的盛宴吧。

历代诗咏潍坊序

（耗费两年时间，与同仁孜孜矻矻，夜以继日；采珠沧海，伐木邓林，编成卷帙浩繁的《历代诗咏齐鲁总汇·潍坊卷》。书稿杀青，例行要写一篇前言或小序，介绍本地自然风貌、历史沿革、书稿内容等等。出版方要求不能超过一千字。这对习惯迂远烦琐的我来说，好比在茶几上溜冰，还要完成一系列规定动作，有些勉为其难。数易其稿，最终正文差三字不满千数。）

潍坊处山东半岛与内陆交汇处，带山负海，川原奥衍，地理类型齐全；又处在“文明温床”的暖温带地区，四季分明，物产丰饶。这里曾是中华文明的重要发祥地，中国第一个朝代夏朝在少康中兴前，其中心舞台在潍河、弥河中下游地区。在漫长的封建社会，这一带也是中国经济、文化最活跃的地区之一。潍坊先民兼具农耕文化所驯化的朴实深厚和海洋文化所赋予的豪迈奔放，他们生于斯、劳作于斯、歌咏于斯，从舜歌《南风》到琅邪琴派、高密诗派，留下了丰富、璀璨的诗歌、音乐遗产。还有，今潍坊所属的青州，历史上曾长期为山东政治文化中心；潍坊市区（原潍县）与诸城，曾长期为州郡治所、名贤所回翔处。他们仕于斯、游历于斯、歌咏于斯，也留下了许多锦绣华章。《历代诗咏齐鲁总汇·潍坊卷》从某种意义上说，就是对这份遗产进行系统的整理、弘扬。

六经皆史，《诗》为其一。十五国风至今为人口诵手抄，但十五国史多湮没无存，这说明诗歌更能深入人心。此次《历代诗咏齐鲁总汇·潍坊卷》编纂，按总的体例要求，重视自然、人文名胜，不取一般抒情咏怀、交际应酬之作，有意与“史”接近。在编纂过程中我们也发现，诗人所乐于咏叹的连篇累牍的对象，在一些方志中却往往被一笔带过，甚至根本不见踪迹，这在一定程度上也表现了传统社会中，个人情感与官方价值观的差异和矛盾。从这个意义上说，本书可作为潍坊历代方志的补充，对研究潍坊地区历史文化、开发旅游资源，也自有所裨益。

我们收集与潍坊地区自然、人文相关的诗歌，本着“现存文献，竭泽而渔”的方针，巨细不遗。一段时间后，就发现所收集作品的数量，远远多于预计的五六千首，超过万首，尤以清代诗作层出不穷——清代山东有全国乃至国际影响的三大诗派，高密诗派无论，饴山诗派赵执信创作和影响高峰时期，颜神尚未从益都划出；至于一代正宗王士禛，自称“青州诸人”，诸城为其祖宗坟墓所在，这一带“神韵派”追随者也很多。所以清代潍坊诗人诗集诗作数量，远多于山东其他地市。这就使我们在争取扩大规模的同时，不能不有所去取。大致清代以前选取标准从宽，清代从严；自然、人文名胜从宽，其他部分从严。还有大家容易理解的原因，贫诗县区标准适当从宽，富诗县区标准适当从严。

地方诗文辑录向来是遗憾的事业，即使没有收藏单位和个人垄断资源，秘不示人，时限促迫，经费有限，也难做到尽善尽美。更何况编者水平有限，遗珠肯定不少。最终截稿期限到，我们还是怀着遗憾将这部著作奉献在读者面前，等待大家的批评指正。

花之寺

最早知道花之寺这个名字，是读20世纪二三十年代京派女作家凌叔华（瑞棠）的代表作《花之寺》。男主人公幽泉读着女主人公燕倩给他写的匿名信中“我定于明日朝阳遍暖大地时，飞到西郊‘花之寺’的碧桃树下”，情不自禁地赞叹：“好美丽的地方！”其实“好美丽的地方”，应该是“好美丽的名字”。

据说这篇小说还引起了作者与鲁迅先生一段不小的误会。对于这桩公案，我们且放在一边，来考察一下花之寺这个好奇特的名字。

最初我以为这是个日本名称。查日本还真有一个被称为“花之寺”的名刹，那就是伊东驿的曹洞宗（也就是禅风深秘的曹洞宗，弛张棒喝的临济宗不会用这种花里胡哨的名字）松月院，据说那里樱花种类之多，冠于东瀛。但凌叔华小说中的“花之寺”是北京风物，即右安门外的一座三官庙。至于其命名之故，说起来话又长了。

在山东沂水县城西，万山丛中，曾有一座建于隋朝的古寺，名曰“花之寺”。这座寺庙在清代以前，几乎默默无闻，但从清康熙年间开始，它的名字在文人中广为流传，成为一段艺林佳话。

最早表彰花之寺的是清初文坛领袖、河南祥符人周亮工，其《赖古堂集》卷一〇有两首诗提及花之寺。其一为《城阳南望寄舍弟靖公》，诗中有句云：“雨过寒河寻水向，月明萧寺梦花之。”作者于两句诗下分别注云：“夜头水一名向，今沂州向城镇是。”“花之寺在沂州西。”另一首是《过东莞武刘二孝廉载酒，谈花之寺为沂之胜境，同楚中刘公蕃赋》，有句云：“佳名独爱花之寺，隐地谁寻石者居。”诗中的“石者居”是明万历进士、曾任户部郎中的临朐人傅国归田后隐居之所。

这些诗句也是历来咏花之寺诗中的绝唱。清安徽人程哲《蓉槎蠡说》赞叹周亮工用“石者”“水向”两对“花之”，“天机妙合”。

周亮工从康熙三年到康熙五年任青州海防道副使，他曾将这一段时间所作的诗收集起来，以《花之》为名刊刻，并分赠同好。《赖古堂集》卷一九《与汪舟次书》解释以“花之”命名的原因：“其以花之名者，由淮入青，自花之始；仆得诗，亦自花之始也。花之，隋寺名，仆艳其名，故以名诗，然二字实实可艳也。”

在周亮工居青州的三年多时间中，他的长子、诗人王士禛的高徒、曹寅好友、被徐志摩称为“五名以内”的长篇小说《醒世姻缘传》辑著刻印者周在浚，大都在父亲身边，帮助年事已高的父亲料理文牍。周在浚当时年轻，喜欢填词，他模仿父亲的做法，把自己一些词收集起来，名之为《花之词》并加以刊刻。

周亮工说“花之”二字之可艳，不是因为“花”字，而是因为“之”字。“之”字在这里不是“语助”，而是象形描述，形容弯曲盘旋的山道。《全唐诗》卷六五二方干《题应天寺上方兼呈谦上人》“师在西岩最高处，路寻之字见禅关”；卷七六二刘昭禹《送人游九疑》残句“漆灯寻黑洞，之字上危峰”，亦作此解。其实“花之寺”还隐括了唐人常建《题破山寺后禅院》中的名句“曲径通幽处，禅房花木深”。深山古寺，远离尘嚣，门前百花盛开，其间曲径迂回，真是其景如画，其名可艳。而于团香锦簇之中，劈开色空之路，勇猛精进之意亦寓乎其中。

当周亮工、周在浚父子在青州品味“花之”二字妙谛的时候，康熙四年（1665）夏，诗坛泰斗王士禛从扬州回新城老家，路过青州，便道拜访，为周亮工画册题诗十余首（见《渔洋山人自撰年谱》卷上）。周亮工咏花之寺的诗、周在浚的《花之词》，他也读过，但此公最初并没有领略“花之”二字三昧。《居易录》卷三二有这样一段文字：

> 天下佛寺之名率用梵典，予所经历其名有新异者，如蜀重庆府有相思寺，青州府沂水县有花之寺。相思者，以寺产相思竹得名；“花之”二字不可解。周侍郎栎园亮工诗云“月明萧寺梦花之”，其长子在浚字雪客，予门生也，遂取二字以名其词，太好奇矣。

沂水县在雍正十二年（1734）前，隶青州府，后改隶沂州府。王士禛可能认为“花之寺”之名，与“花和尚”一样，虽然新异，但并不雅驯。不过在他后来所著的《分甘余话》卷三，再一次提及花之寺时，其态度好像有所改变：

> 沂水县有花之寺，不解其义。张杞园问之土人，云以寺门多花卉，而径路窈折如“之”字形，故以为名。周侍郎栎园诗“月明萧寺梦花之”，其长子在浚有《花之词》一卷。

张杞园即张贞，安丘人，亦清初著名文士，善于交游，《聊斋志异·张贡士》的主人公即以其为原型，与其子张卯君皆师事周亮工，传赖古堂印学，至今法嗣不绝。他对“花之”二字的索解，虽未免执相而求，浅乎言之，但总算沾点边。经过他一番考证宣传，花之寺之名，传得更广了。

周亮工之后，与花之寺结缘较深的人是“扬州八怪”中的罗聘。据《清史稿》本传，罗聘曾“梦入招提曰花之寺，仿佛前身，自号‘花之寺僧’”。罗聘与此相关的自号还有“衣云和尚”“佛弟子”等。他晚年旅居北京，两淮盐运使曾燠（字宾谷）为他居停的右安门外、海棠林中的三官庙题“花之寺”匾额，后来又资助他南归。花之寺后来也成了北京的名胜。道光年间，龚自珍曾多次来此赏花。吴昌绶《定盦先生年谱》，道光十二年（1832）“春，招公车诸名士重集花之寺”，据作者注引杨懋建《梦华琐簿》，此次与会的有宋翔凤、魏源等十几人，可以视为清朝后期呼唤社会变革的公羊学派的一次检阅。

1925年，凌叔华在《现代评论》2卷48期上发表其代表作《花之寺》，即以罗聘、龚自珍旧游之地为背景。至于小说中说花之寺是“清初的诗家文人常到的地方”，因为是小说家言，也就不必计较作者疏于考证了。

当代掌故学家邓云乡先生在其名著《燕京乡土记》中有《落花诗》一篇，主要是鉴赏龚自珍咏花之寺海棠的古风《西郊落花歌》，邓老在文中称花之寺是座“名称十分典雅的庙”。

“花之”二字，由新奇可艳到美丽典雅，当然由于诗家文人踵事增华。他们的名章佳句，使这两个字有了越来越丰富的内涵。

今天，山东和北京的花之寺，都已片瓦无存，花寺两空。但默念“花之寺”三字，仍能令人心中生色，口中生香。

王统照先生与蒲松龄研究

一

王统照先生是五四新文学运动的中坚、文学研究会的发起人之一，现代文学史上著名的作家和诗人。同时，他又是一个具有深厚传统文化素养的学者。他对蒲松龄研究的倡导和贡献，尤其值得人们的缅怀。

中华人民共和国成立之初，王统照先生历任山东省文联主席、文化局局长。在任期间，他以高度的责任心、不倦的热情从事山东文化遗产的抢救、征集、整理、保护和研究工作。他对与蒲松龄及其《聊斋志异》有关的文物、资料、版本的关注，最为突出。

1952年，王统照先生组织了一个蒲松龄研究小组。据曾为小组成员之一的严薇青先生回忆，这个小组经常举行学术活动，并且“小组会后他（王统照先生）常拉着几个同志到附近酒馆里低斟浅酌”①。这个小组可能是学术史上最早的蒲松龄研究团体。

1953年春，山东省文联派陶钝、路大荒等人前往淄川蒲家庄作第一次有关蒲松龄的调查。他们向蒲氏后裔和有关群众宣传政府文物保护政策，征集蒲松龄著作的版本、手稿、佚文和有关遗物。朱湘鳞所绘蒲松龄画像，就是在这次调查中发现并得以妥善保存的。该年夏天，山东省文化局拨出专款，修整了蒲松龄故居和墓碑。也就是在这一年，山东省文联又派严薇青北上首都，向各大图书馆和私人藏书家调查有关蒲氏遗著的版本、抄本、稿本存留情况。这些工作，都是在王统照先生的策划和领导之下进行的。山东在蒲松龄研究方面较早出现成果，与这些筚路蓝缕的努力是分不开的；其遗泽嘉惠后学，更不待言。

---

① 严薇青：《济南琐话》，济南出版社，1997年，第223页。

王统照先生在繁忙的行政工作余暇，还躬自操觚，撰写《有关蒲松龄的几则琐谈》[1]，在《人民日报》上连载，或向学术界通报新发现的有关资料，或对有关史实进行考证，或介绍国外蒲松龄研究情况，资料翔实，文风质朴，深入浅出，既有力地推动了蒲松龄研究，也在文风方面为后学树立了很好的榜样。《王统照评传》的作者杨洪承曾有幸见到王统照先生1955年在医院中写的一个月的日记，其中即有“蒲松龄研究的心得体会”[2]，足见先生念兹在兹。

陶钝在《为文艺事业鞠躬尽瘁的人》[3] 一文中，回忆王统照先生去世的前一年冬天，两人相见的情形：

> 1956年冬我去看他，他的案头上摆满书籍，他说准备以五四运动为内容，再写一部长篇小说。他对《醒世姻缘》的作者的考据，已有很多材料，也准备写出来。关于蒲松龄的研究，他是最热心的，他把写成的关于《聊斋志异》最早的版本的鉴定文章，要我带回北京来发表。他的身体已经到了骨瘦如柴、气喘如丝的程度，举动之间，发生哮喘，但他的写作是不停止的。

由这段文字，我们可以感觉到蒲松龄研究在王统照先生晚年所占的地位。

王统照先生去世于1957年11月29日，弥留之际，他还为自己一直关心的路大荒先生所编《蒲松龄集》写了序言[4]，这可能是他生前绝笔。

二

王统照先生晚年对蒲松龄研究的热心，绝非一时心血来潮。蒲松龄辉煌的文学成就，值得所有的文化人学习、研究，作为山东学者，有地近易核之便，更是

---

① 连载于《人民日报》1956年10月30日、31日，11月1日。

② 杨洪承：《王统照评传》，花山文艺出版社，1989年，第256页。

③ 陶钝：《为文艺事业鞠躬尽瘁的人》，山东省政协文史资料委员会等编《王统照先生怀思录》，中国文史出版社，1991年，第32～36页。

④ 李士钊：《〈蒲松龄集〉与路大荒》，路大荒《蒲松龄年谱》，齐鲁书社，1986年，第187页。

责无旁贷。而王统照先生与蒲松龄及其《聊斋志异》，还有些更微妙的因缘。

王统照先生的故里诸城市相州镇，去蒲松龄故里淄川，不足三百里；两人生活时代，相去不到三百年，蒲松龄所交游的人，《聊斋志异》中所写的故事，有很多与王统照先生的故里乃至家族有关。

康熙初曾任淄川教谕、与蒲松龄交游甚密、为《聊斋志异》提供了不少素材的孙瑚（字景夏）就是诸城相州人。关于孙瑚与蒲松龄的关系，张崇琛先生曾专文考证①，兹不赘述。作为乡邦先贤，孙瑚从弟、《聊斋志异·孙必振》之主人公王统照先生对其是熟悉的。孙必振祠堂在相州镇中心，距王统照故居不过数百米，直到新中国成立初还在。陶钝回忆录《一个知识分子的自述》中有一段“相州镇的故事”，说相州镇孙、王二姓沿着通向诸城的大道比着树碑立碣，夸官爵、耀门阀，其孙姓为孙瑚、孙必振一族，王姓则是王统照的本家。这些碑碣，今天已难见到，但仍有文献可征。钱仪吉所编《碑传集》卷五三有康熙朝宰相陈廷敬所撰《文林郎河南道监察御史孙君必振墓志铭》，卷二三有雍正朝名臣李绂所撰《吏部右侍郎加都察院左都御史瑯琊王公沛憻墓表》，王沛憻即王统照先生的远祖。

蒲松龄一生崇敬和私淑的清代诗坛泰斗王士禛，则是王统照先生的近支本家。王士禛《渔洋山人自撰年谱》大书自己是“青州诸人”，并追述了新城王氏始祖王贵由诸城迁居新城的传奇经历：

公居诸城，古瑯琊地也。当元末白马军乱，公徂击之。杀一贼，度不能抗，乃避居新城之曹村，为某大姓佣作。一日大风晦冥，有一女子从空而堕。良久既霁，公于尘坌中得之，云即诸城县初氏女也，晨起取火，不觉至此。时公方鳏居，女子年十八九，主人以为天作之合，遂令谐伉俪焉。三世至颍川公，而读书仕宦，四世至太仆公，始大其门。二百年来，科甲蝉连不绝，皆初夫人所出也。

---

① 张崇琛：《蒲松龄与孙景夏》，《蒲松龄研究》1992 年第 1 期。

风送初夫人一事，类似神话传说，但王士禛在《池北偶谈》卷一〇《初夫人刘太夫人》一条中，却对怀疑此事为“语怪”者进行反驳，强调这是“实录”。此事在明清笔记中反复出现。如王士禛先祖王立峰的《大槐记》、伍袁萃《林居漫录》、谢肇淛《五杂组》、谈迁《枣林杂俎·和集》、沈德符《万历野获编》卷二八、褚人获《坚瓠余集》卷三、赵翼《陔余丛考》卷四二等。蒲松龄《聊斋志异》涉及王家的篇目不少，如《庙鬼》《四十千》《龁石》《王司马》等，而未录此事，可能由于它已广泛流传，陈言务去，不必再记。

相对于风送夫人，王贵逃难之事较易令人相信，却站不住脚。查明清《诸城县志》，元末这一带根本没什么“白马军乱”，且即使有军乱，王贵一人怎能狙击众多乱军？军乱平息后，他又何不返回故乡？由元末至明嘉靖（王贵曾孙王重光为明嘉靖辛丑进士）近二百年，怎么会仅传三代？

据《诸城王氏族谱》和有关传说，王贵迁居新城在明朝前期，是由于一次微不足道的误会。当时王贵十三四岁，在村头一棵大树下玩耍，看到一个农民躺在树荫下休息，干活用的铁锨放在旁边。小儿顽皮，他跑过去拿起铁锨，当作大刀舞弄起来。由于人小力微，铁锨脱手，锨头落在农民的脖子旁边，他惊慌失措，看花了眼，以为把农民的头铲断了，拔腿就跑，逃到了新城。多年以后得知真相，他已在新城成家立业了。

在蒲松龄生活的时代，新城王姓与诸城本家来往密切。王统照先祖王钺著《暑窗臆说》，王士禛为之评定，并将其中记山蚕、燕窝数则采入《香祖笔记》。康熙时诸城人隋平编《琅邪诗略》，即选入新城诸王之作，王士禛还同意为之作序①。

王统照生活的时代，诸城王姓与新城王姓也有交往。济南新文化运动中的活跃分子，有不少王姓世家。其中王统照的族侄、齐鲁书社的创办者王乐平是当时山东国民党领导人，王统照的族兄王翔千、王象午则是山东早期共产党员。王统照的好友张公制在回忆文章中说王复元“也是诸城人”②，罗章龙在回忆录中把

① 序文系诸城文人张侗代笔。张侗《其楼文集》卷三《叙琅邪诗人诗选》题下注“代阮亭作”，文末署“渔洋老人王士禛”。张侗代笔，一般应经王士禛同意或委托。

② 张公制：《田中玉操纵山东省议会和议会反田斗争》，《山东文史资料选辑》第1辑。

王复元与王翔千、王象午同称为“王姓世家”[①]，其实王复元与其弟王用章是历城人，可能是新城王姓的分支。王复元、王用章兄弟曾在中共山东支部担任重要职务，大革命失败后，他们在王乐平的策动下，放弃了共产主义信仰。他们的叛变，使山东共产党组织遭到毁灭性的破坏。但王翔千、王象午仍能优游故乡，秋毫无损，可能是同乡照顾同宗本家的面子。

对于自己家族的历史，王统照先生当然了解并以此自豪。郑振铎在《悼王统照先生》一文中回忆20世纪30年代王统照先生任《文学》主编时，“他老是说着他山东老家的故事，老是说着他先代的许多遗闻轶事”[②]，其中可能有与《聊斋志异》相关的内容。王统照亲自校录的其父王秉慈所著《邻翁丛谭》，《王统照评传》称其“大有蒲松龄《聊斋志异》的笔法和情趣”[③]。1937年，王统照将故里相州王氏私立小学的学生们采写的民间故事编为《山东民间故事》，交上海儿童书局刊行，并写了一篇充满感情的序言。这些民间故事，也大都与《聊斋志异》气息相通。王统照先生本人的短篇小说，深厚、凝练、古艳，颇得《聊斋》三昧，有些作品在题材甚至细节上，也与《聊斋》接近，他1928年创作的《刀柄》[④]，就很容易令人联想起《聊斋志异》中的《好快刀》。

明朝末年，王士禛的叔祖王象春曾卜居济南大明湖南、百花洲畔李攀龙白雪楼故址，并有《济南百咏》《齐音》等作。清朝初年，王士禛也曾与齐鲁名士在这一带留连唱和，“秋柳诗社”为清代诗坛佳话。王统照先生对这一带也情有独钟，他在新中国成立初自费印行的旧体诗集《鹊华小集》，即因大明湖与百花洲之间的原鹊华桥而得名。其诗多为绝句，且诗下往往加注，其体例类似王象春《齐音》。《鹊华小集》中《为路大荒先生题所藏蒲松龄文稿遗墨》诗：“疏宕为文字似之，不须衫履自然姿。人间尚有聊斋稿，合证先生绝妙词。”似步王士禛题《聊斋志异》诗原韵：“姑妄言之姑听之，豆棚瓜架雨如丝。料应厌作人间语，爱听秋坟鬼唱诗。”两诗对蒲松龄文品定评，亦颇相通。

---

① 罗章龙：《我对山东建党初期情况的回忆》，《济南工运史料》第2辑。

② 郑振铎：《悼王统照先生》，《人民文学》1958年1月号。

③ 杨洪承：《王统照评传》，花山文艺出版社，1989年，第4页。

④ 王统照：《刀柄》，《王统照文集》第一卷，山东人民出版社，1980年。

五百年前一个顽童“霎那顷”的错觉，埋下了后来多少因缘的种子。

三

从五四新文化运动开始，中国知识分子热衷于向西方学习，甚至有意排斥中国传统文化。而王统照先生则是在向西方学习的同时，又执着于传统文化的人。换一种说法，那就是他在继承传统文化的同时，又能打破传统的保守性。这是一条艰难而漫长的道路，但毫无疑问，它又是中国文化发展的必由之路。

王统照先生在20世纪30年代创作的散文《去来今》中，有一段文字，对五四新文化运动以来的历史虚无主义倾向，提出了怀疑：

> 说过去的一切不值得追忆与怀想，象是勇者？当前！当前！再来一个当前！……不过，“逝者如斯”，因有已逝的“过去”，才分外对正在逝的“现在”加意珍惜，加意整顿，全神对它发出甚深的感动；同时也加意倾向于不免终为逝者的“未来”。这正是一条韧力的链镮，无此镮彼镮何能套定，只有一个镮根本上成不了有力的链子。打断“过去”，说现在只是现在，那末，这两个字便有疑义，对未来的信念亦易动摇。我们不能轻视了名词；有此名词它必有所附丽，无其事，无其意义，完全泯没了痕迹，以为一切都象美猴王从石头缝里迸出来的，那么迅速，神奇，不可思议，以为我们凭空能创造出世间的奇迹？现在，现在，以为惟此二字是推动文化的法宝，这未免看得太容易了！①

能对中国现代文化作如此清醒的反思与批评，能对民族文化的过去、现在、未来有如此深刻的认识与设想，实在难能可贵。

赵园在《艰难的选择》一书中曾说：“王统照几乎是唯一的一个较为完整地描述了由‘五四’退潮期到大革命前夜青年知识者们不同政治动向的小说家。那

---

① 王统照：《去来今》，《王统照文集》第五卷，山东人民出版社，1982年，第471～472页。

在王统照，当然不是偶然的回首一瞥。三十年代普遍的政治意识提供了‘历史认识’的动机和视角。”①

在20世纪30年代，能把“政治意识”升华到“历史认识”，这是那些处在“革命，革革命，革革革命”的激流漩涡中的时代先锋所难以做到且无暇去做的。而王统照先生，执着于传统文化，有哲人的胸怀，又亲身经历了新文化运动的全过程，比较适合这项工作。

赵园所说王统照描述“五四”退潮期到大革命前夜青年知识者们不同政治动向的小说，无疑是指《春花》。这是一部有很高史料价值的小说。正如作者在《自序》中所说，“人物与事实十之六七不是出于杜撰——如果是在我家乡中的人，又与我熟悉，他准会按书上的人物指出某某”。书中的主要人物，除金刚的原型王尽美、老佟的原型邓恩铭、宋义修的原型赵震寰，其他人物原型大都是“王姓世家”：坚石的原型为王志坚，飞轩的原型为王翔千，巽甫的原型为王象午，身木的原型为王深林，至于齐思的原型，则是王统照本人。历史留在家族上的烙印，不易为新思潮所荡涤。王统照在《春花》中，曾从消极方面涉及这一问题，小说中最重要的人物坚实曾慨叹：“传统的、牵连的旧社会与旧家庭，真使人觉得无道理可讲。”② 所谓“王姓世家”在山东现代文化史上所扮演的角色，并不逊于明清二代。王统照热衷研究的《醒世姻缘传》《聊斋志异》，都有关于“王姓世家”的内容，他自己的小说，在“人物系列”上，与二者也有相承关系。

王统照先生的文化选择，使他在20世纪30年代就被一些同行批评为“落伍者”“勇气不够”，甚至就连郑振铎先生，也曾有“剑三老了”③ 之叹。王统照先生“对于这样‘气盛言宜’的责备与鼓励，分辩不得，解说不了，除却低首无语外能有什么答复？”④

中华人民共和国成立之初，人们正忙着创造新生活，赞美新生活，王统照先生身为一省文化界领导者，却摆弄蒲松龄、旧体诗这些个老古董，更令人侧目。

---

① 赵园：《艰难的选择》，上海文艺出版社，1986年，第124页。

② 王统照：《双清》，《王统照文集》第三卷，山东人民出版社，1981年，第449页。

③ 郑振铎：《悼王统照先生》，《人民文学》1958年1月号。

④ 王统照：《去来今》，《王统照文集》第五卷，山东人民出版社，1982年，第471页。

据陶钝回忆，新中国成立初期山东省文联整风，“群众给他（王统照先生）提了一些意见，这些意见不一定都是恰当的，但是先生虚心听取，没有因为有的意见不正确而拒绝接受”①。《鹊华小集》中有《艺术少奇功》一诗，或许能表现王统照先生面对批评“低首无语”时的隐衷：

皋夔无近绩，艺术少奇功。
上寿当徐致，沈疴忌力攻。
医传三世久，证验百年中。
畏与庸人说，终身托病聋。

毫无疑问，王统照先生在这里是借论“艺术”，对新中国成立初期艺术界某些一味求新求奇、否定文化遗产、鲁莽灭裂的倾向予以讽谏。

我们可以把蒲松龄视为山东古代文学的代表，而把王统照作为山东现代文学的代表。齐鲁之学，通变至道。由王统照先生对蒲松龄的学习、继承与研究，我们看到了中国古代文学与现代文学之间牢固的一环，它潜在地预示了中国文学与学术发现的方向。今天，由王统照先生倡导并为之付出艰辛努力的蒲松龄研究，正在他的后学者手里发扬光大。

① 陶钝：《为文艺事业鞠躬尽瘁的人》，山东省政协文史资料委员会等编《王统照先生怀思录》，中国文史出版社，1991年，第35～36页。

情深乡土，感会风谣

——诗人臧克家与诸城

一

陆游《渭南文集》卷一四，有《徐大用乐府序》一文，是为当时密州诸城人徐大用词集所作。文中云：

> 古乐府有《东武吟》，鲍明远辈所作，皆名千载。盖其山川气俗，有以感发人意，故骚人墨客，得以驰骋上下，与荆州、邯郸、巴东三峡之类，森然并传，至于今不泯也。吾友徐大用，家本东武，呼吸食饮于郑淇之津，盖有已相其轶思者，故自少文辞雄于东州……于悲欢离合、郊亭水驿、鞍马舟楫间，时出乐府辞，赡蔚顿挫，识者贵焉。

东武是诸城古称，《东武吟》是产生于这一地区的乐府曲名，多感慨人生际遇，风格苍凉悲壮。历代诗人，如六朝之陆机、鲍照、沈约，唐代李白、曹邺，明李先芳、王世贞、李攀龙、石存礼、刘炳，清朝陈子龙、彭孙贻、蒋湘培、丁耀亢、李澄中（最后二人皆籍诸城）等，多有拟作。陆游所说鲍照的作品，就很有代表性：

> 主人且勿喧，贱子歌一言。仆本寒乡士，出身蒙汉恩。始随张校尉，召募到河源。后逐李轻车，追虏出塞垣。密涂亘万里，宁岁犹七奔。肌力尽鞍甲，心思历凉温。将军既下世，部曲亦罕存。时事一朝异，孤绩谁复论。少壮辞家去，穷老还人门。腰镰刈葵藿，倚杖牧鸡豚。昔如鞲上鹰，今似槛中猿。徒结千载恨，空负百年怨。弃席思君幄，疲马恋君轩。愿垂晋主惠，不愧田子魂。

他人所作，或有悲苦牢骚过之者，但均与鲍照诗波澜莫二。无怪乎唐代刘禹锡在《和董庶中古散调辞赠尹果敏》中有“昔听东武吟，壮年心已悲”之叹。

其实《东武吟》在一定程度上也反映了诸城一带的民风和地域性文化特点。诸城位于山东半岛东南部，地兼齐鲁，带山负海，既崇文教，亦尚功名，民风强劲质直，亦不乏达观。用苏轼的话说就是“号称持节之邦”（《密州到任谢执政启》）。可惜沧桑消磨，徐大用诗文，至今已无片纸只字留存天壤。但后世诗人词客创作，受东武山川气俗影响者，大有人在。宋词六十名家之中，就有三人。其中最著者当然是为臧克家所崇敬的所谓豪放词宗主苏轼。臧克家在《〈烙印〉再版后志》中说“我愿做关西大汉敲着铁板唱大江东去”，即用苏轼故事。而东坡词风，正是在臧克家故乡诸城南郊郑淇之滨的黄茅岗聊发少年狂，牵黄擎苍，纵马驰猎后，才找到异于柳七郎“晓风残月”风味感觉的。

另外两人，一个是诸城媳妇，有“词坛女皇”之称的李清照；一个本身就是诸城人，《四库全书总目提要》所谓“独有元祐旧家流风余韵”的侯寘。诸城山川气俗对“易安体”词和《孏窟词》的影响，更微妙而深刻。

当然，历代诗人中受诸城风土气俗影响最昭明卓著，且在文学史上影响最深远的，还是应属“世纪诗翁”臧克家。苏轼与诸城缘分只有两年，生活在两宋之际的李清照和侯寘，被金兵所迫，南渡吴越，在诸城生活的时间也不长。而臧克家，在十八岁之前，几乎没离开过故乡。以后求学谋生，仍经常回乡探亲。晚年在北京居住，依然关怀家乡文化事业，甚至饮食方面，也还是“大蒜大葱兼大饼，故乡风味赛山珍”（姚雪垠赠诗语）。故乡的风土人情，他对故乡的关注、眷念，为他写作以农村为题材的诗歌（国内外很多诗评家称他是“农民诗人”）提供了坚实的生活基础。他对故乡的无限深情，在回忆录《诗与生活》中浓墨重彩，不烦征引，在诗作中也连篇累牍。他在 1932 年 3 月写的一首短诗《故乡》，表达了游子的思乡之情，言简意深。敬录于下：

我怕想起：
你还朦胧在雾縠里。
我偷离开你的身旁，

走远了，再回头，
树梢高挑一缕阳光。
我爱想起：
我来了，红霞在西天驶，
你有意叫晚烟笼着你，
我揭开我的心，
预备接你的欢喜。
我恨想起：
在有月亮的夜里，
眼皮下转着无绪的幽思，
不知几时沁出一点泪，
这时候我最想你。

二

一个人认识世界，总是由近及远，由熟悉的事物到不熟悉的事物。古今许多建树卓著的文学家、学问家，往往从对地方（故乡）风土文化的了解和研究入手，多识前言往行，师法借鉴，推广引申，触类旁通，渐进渐远，从而取得其辉煌成就，走入永恒行列的。孔子作《春秋》，为天下后世立法，而梁启超称之为方志之滥觞；鲁迅为现代文学泰斗，而以绍兴文献自任，不仅纂《会稽郡故书杂集》，其经典之作《祝福》《阿 Q 正传》等，也取材于故里见闻；其文风尖刻犀利，亦有绍兴师爷的刀笔余习。臧克家当然也不会例外。

诸城地处中华文明木本水源的山东，自古贤豪辈出，文化积淀深厚。先秦两汉之际，这里曾为儒林之堂奥，经师之渊薮。无论齐学、鲁学、今文、古文，乃至黄老百家，大都能在这里找到其代表人物。以被奉为三代政纲之本、百家学派渊源的《易》学为例，就有孙虞、王同、梁丘贺、梁丘临、鲁伯、邴丹、王璜等多家。现在通行的《易经》文本，由齐人田何手定。而田何之《易》，受自孙虞（字子乘），传于王同（字子中），皆东武人。炎汉以后，时局虽有云扰动荡，诸城儒学之绪仍绵延不绝。仍以《易》为例。据李清照《金石录后序》，唐宋间诸城赵氏，“自来家传《周易》”。《朱子语类》卷一三一，载秦桧任密州教授时，有一隐者预言他将来会做宰相，这位“知几其神”的密州隐者，可能也精于《易》理。明代以来，治《易》者尤夥，如谭章、范支光、张廷箴、李慎、李珽、张第、王萦绪、丁耀亢、丁豸佳、窦光彝、刘奎、倪在中、王劝、王承烈、王肖楠（王统照先生塾师），还有臧克家两位本家臧枚吉和臧曜初（臧枚吉兼通中医，与著名医学家、易学家黄元御齐名；臧曜初著有《周易蒙求》）。直到五四新文化运动之后，著名作家王统照先生仍对《周易》怀有特殊的感情。他的短篇名作《读〈易〉》曾被臧克家的老师闻一多等人称道。

臧克家在回忆录《诗与生活》中提到诸城五大家族：臧、王、刘、李、丁。五大家族中，臧克家所出之臧氏，论显赫，不及父子宰相、三代尚书的刘统勋家；论人才之众，不及有“江北青箱”之称的王统照家（清代诗坛泰斗王士禛，自称“青州诸人”，与王统照族是近支）。之所以以臧氏称首，实因臧家渊源最长。早在明初，礼部主事、广西布政使臧节，即受朱元璋礼重，为一县物望。其他家族发迹较晚，如刘氏，明弘治年间才由安徽砀山迁来。从明初到20世纪之初臧克家出世，诸城臧氏已是五百余年世家，衣食旧德，耕读传世，继绳不绝。臧氏能诗者，见于《东武诗存》、历代《诸城县志》，数以十计。臧克家之父（统基，自号红榴花馆主人）若叔（武平，号双清居士），曾结诗社唱和；同时族人中，臧瑗望（字亦蘧，笔名一石）、臧叔鹤（字丙兮）亦工诗善文。青年时代臧克家岳家相州王氏（臧克家前妻王深汀，即作家王统照侄女，王希坚、王愿坚族姊，前中国农工民主党组织部长王深林之胞妹），更是一方“人文渊薮”。这种文化环境，对于一个诗人的成长，当然是有利的。

古代士大夫也标榜亲民爱民。过去诸城的大家族多不废农耕，有些成员本身就是农民。他们中的优秀分子，对农村、农民自然有特殊的感情。历代《诸城县志》中，为民请命甚至毁家赈灾者亦不乏记载。臧克家曾祖辈臧济臣（字未斋，号涓东逸叟），清同治进士，授翰林，官至湖北学政。光绪二十五年（1899），诸城闹灾荒，饿殍遍地。时济臣家居，忧心民生，上书官府，要求赈济，遭到拒绝，于是亲率饥民数百，向城里大户“借粮”。后被朝廷以“聚众滋事”等罪名，褫革全部功名。臧克家在《自己的写照》一诗中，把他这位先辈写得像农民起义的领导者：

六曾祖手中的大旗一扬，
万千贫农立刻啸聚，
“穷困的人我们是兄弟，
同在这面旗子下夺取富人的粮食！”

对民生的关心，在臧克家先辈的诗文中也时常见到。试举臧曜初《余人话真诗草集》两首为例：

京都大逐洋人平民遭难有感

饥寒莫恨苦艰辛，尚有门庭托吾身。
回首京都戎马地，无良乱窜尽良民。

邑宰李公自出银二百邀人送万民衣

一载诸城县运低，年荒更剥地无皮。
万民衣伞求兼买，二百纹银出助资。

臧克家继承这些优良传统，又受近代民主思想熏陶，最终成为一个充满乡土气息的“农民诗人”，也便顺理成章了。

可能如陆游所说，受风土驯化的影响，诸城诗人作品多气体刚健，感慨深长。清嘉庆年间王赓言所编《东武诗存》收诗三千五百余首，绝少柔媚之作。这种传统，在臧克家的新诗中，也波澜莫二，矩矱犹存。

以臧克家最负盛名的一首短诗《老马》为例，作者在《甘苦寸心知》一书中有《关于〈老马〉》一文，提醒读者与唐代杜甫《病马》《瘦马行》和宋人李纲《病牛》比较阅读。我这里举出清初诸城诗人、《续金瓶梅》作者丁耀亢《问天亭放言》中一首同名作品，二者之间，相通之处似乎更多：

老马关山远，孤鸣声带秋。
西风双掠耳，落日一回头。
骨重人难跨，蹄轻道未修。
恨多皮相者，不识瘦骅骝。

三

在语言产生以后，文字产生之前，就有了最早的文学作品，那就是民歌。民间歌谣具有强大的生命力和创造性，文学史上，每一次的诗歌革新运动，每一种新的艺术形式的诞生，往往都从民歌中汲取营养。臧克家《学诗断想》书中有《在民歌、古典诗歌基础上发展新诗》一文，这个题目也是臧克家一生写诗、论诗的纲领。

文学艺术来源于生活，甚至就是生活的一部分。它同时又是我们认识生活、认识人类自身的重要工具。而人民大众是生活的主体，他们有感而发，无心而作，往往能最敏锐、最迅速地反映时代脉搏。《尚书·周书·泰誓》所谓“天视自我民视，天听自我民听”。西方亦有“民之声即神之声”之谚。《毛诗》曰：“情发于声，声成文谓之音。治世之音安以乐，其政和；乱世之音怨以怒，其政乖；亡国之音哀以思，其民困。故正得失，动天地，感鬼神，莫近于诗。先王以是经夫妇，成孝敬，厚人伦，美教化，移风俗。”正是论民歌——《国风》的话。在艺术形式上，民歌刚健清新，不受死板的清规戒律束缚。渔樵农夫之口，时发天籁之音，为文人学士所不及，所效法。

诸城一带，民间歌谣、音乐有着极其深厚的传统积淀，也曾对中国诗词产生有益影响，前面所说乐府《东武吟》就是一例。与歌谣相表里的诸城民间音乐，也值得一说。这个话题如果从诸城出土的先秦时代精美的编钟、编镈、编磬谈起，未免太远了。苏轼《仇池笔记》《东坡志林》中，提及诸城音乐史上一件与诗歌有关的轶事：熙宁年间他任密州太守时，庐江文勋以事到诸城，带来《阳关三叠》的古谱。《阳关三叠》苍凉深远，与《东武吟》颇有相通之处。苏轼在离开密州时写给他的继任者孔宗翰的《和孔密州五绝》中有“阳关三叠君须秘，除却胶西不解歌”之句。

晚清以来的诸城古琴，是诸城也是中国民族音乐史上辉煌的一页，涌现出王既甫、王冷泉、王作桢、王宾鲁、王露等全国一流的大师。其中在国内外影响最大的王宾鲁“梅庵派”古琴，善于从民间音乐吸取营养，用民歌改编琴曲，与臧克家诗歌创作异曲同工。臧老之诗，也能谱入乐章。著名作曲家冼星海曾为他的《老马》配曲。

诸城诗人、作家，也大都能从故乡生活发现素材，从民间文学吸取营养。如王统照先生的代表作《山雨》，就以20世纪30年代初诸城相州一代生活为背景；另一部被称为“现代文学史上唯一的一部完整地反映五四退潮期到大革命前夜青年知识者不同政治动向”的长篇小说《春花》，其自序中就说：“如果是在我家乡中的人，又与我熟悉，他准会按书上的人物指出某某。”“曾用笔记录过他们生活上的小节，与时间上的遇合；曾问询过他们的朋友与同调的人物”。书中的重要人物坚石、飞轩、巽甫、义修、身木、金刚，分别以王志坚、王翔千、王象午、赵震寰、王深林、王尽美为原型，主要是五四前后在济南活动的诸城人士。这部小说对研究中共党史、革命史，也具有重要的资料价值。臧克家的《烙印》《罪恶的黑手》，描写诸城农民的苦难，描写从农村出来的知识分子的苦恼、奋斗、理想，与王统照先生的作品可以互为注脚。《臧克家集外诗集》中有《默默的歌》，副题是“送革命战士深林兄去德”，深林即曾任民盟组织委员的王深林（琛林）。臧克家前妻王深汀（字慧兰）之五哥，《春花》中最光彩照人的形象身木的原型。

臧克家诗集《罪恶的黑手》中有作于1934年春天的五首诗：《村夜》《无窗室》《民谣》《生命的叫喊》《新年》，诗后都注着“于相州”。这是在岳家小住的成果。1934年，是臧克家前妻族叔王统照先生出版《山雨》的第二年和在《文学》杂志上连载《春花》的前一年。此时相州正出现一次民间文学热。担任相州王氏私立小学校长的王志坚（《春花》主人公坚石的原型），对国语课进行改革，让小学高年级学生收集民间流传的故事、俗语、歌谣、谜语，作为练习写作的项目，颇见成效。1935年王志坚把学生收集到的民间故事交给其族叔王统照先生看。王统照先生很是赞赏，选了数十篇，以《山东民间故事》为名交上海儿童书局印行。在为这本书所作的序言中，王统照先生说：“集合起一些同地带的民间故事，能够显示出这一带地方的社会状况，地理的环境，民间的理想与乞求，——爱慕与憎恶，赞美与怨恨等都很清楚地表现于故事中间。”“把这些故事集印起来，不止是可作乡土的教材，还可作民间文艺的探讨。虽然不过在几个县分中流行着，但如果每一个地方都有一样的搜集，我想对于好研究中国民俗学、民间文艺与童话的都大有帮助。”臧克家《民谣》“刚才我从街头过，听到一群村儿唱歌”——这在当时的相州，可能是实录。《臧克家散文小说集》开卷首篇《论新诗》，主张“以土语民谣”入诗，且云：“《诗经》的《国风》也全是当日通俗的土语，它的用处大过一切文人学士的制造。”而这篇文章后注云：“1934 年 3 月 27 日草于相州。”这当然不是偶然的。

臧克家回忆录《诗与生活》中凭回忆记录下一首完整的诸城民歌，是讽刺儿子不孝的：

山老鸹，尾（读一）巴长，将了媳妇忘了娘，把娘背到山沟里，媳妇背到炕头上，出啦出啦吃面汤。吃完面汤想他娘，他娘变了个矢车郎，碰了南墙碰北墙。

查《诸城民间文学集成》，这首歌异文颇多，有一种颇具训诫色彩：

野鹊喳喳尾巴长，娶了媳妇忘爷娘。把爷扔在山沟里，把娘拴在门栏上。他爷变个金龟子，他娘变个屎壳郎。人都说他黑心肠，以后死在山梁上。

其实有些民歌，重要的不仅是其教育意义——有的民歌思想境界也不高，如《诗与生活》中提到的两句诸城民歌“小白鸡，咯，咯，咯，老娘爱吃嫩黄瓜”，是一首讽刺馋婆娘的民歌的开头，在这种民歌中，人们往往随意地历数各种食物的缺点（如嫩黄瓜有刺，李子有核……），最后一句往往是骂人的话。即使如此，对人们熟悉世态人情，多识于名物，熟悉音律，同样有其积极意义。

四

臧克家在1956年写的《开端就是顶点》一文中指出中国现代诗人创作上往往有每况愈下的“倒上桥”现象，同时也检讨了自己的创作。与一般读者一样，他对《烙印》《罪恶的黑手》以后的作品，多持否定态度。臧老带着“惭愧”“痛苦”“深深的反省”，最后归结于要改造自己的世界观，要“跨越小资产阶级使自己站上工人阶级的立场”。“要写好积极主题，必须作者自身先是一个积极的主体!”但以后的情况，似乎也并不乐观。

臧老的检讨，当然是不彻底的，而且在理论上也有争议。他的改造世界观之说，来自毛泽东《在延安文艺座谈会上的讲话》，有些忽视文学创作的特殊规律，胡风已提出批评，这里不再多说。对于艺术家来说，鲜明的个性，敏锐的感受性，或许比先进的世界观更重要。而在新中国成立后的接受改造和自我改造过程中，臧克家曾被老舍赞赏的那“藏着个人主义一些石头子儿”的“硬劲”（这种硬劲有点像故乡的农民），似乎也丢失得差不多了。

每个作家都有自己的感受习惯和创作定势，它们一般是由众多因素相互作用自然而然形成的，不可强为改变。让一个漫画家改行去给教堂画圣像，往往难以讨好。从民国时期进入中华人民共和国的一代文学家，在旧时代多以批判的眼光看待现实，他们的作品也多是揭露性、讽刺性的。进入新时代，其文风或多或少会有改变。

清初诸城诗人丁耀亢的诗风在入京前后，也有过一次蜕变。《四库全书总目提要》卷一八二《丁野鹤诗抄》提要：“耀亢少负隽才，中更变乱，栖迟羁旅，时多激楚之音。自入都以后，交游渐广，声气日盛，而性情之故亦日薄。王士禛《池北偶谈》载其‘陶令儿郎诸葛妻’一律，谓野鹤晚游京师，与王文安诸公倡和，其诗亢厉，无此风致。盖亦有所不满矣。”社会地位和工作环境的变化，对臧老的创作，也不能没有影响。他在《高歌忆向阳》一文中回忆自己在北京的生活：“……我把自己局限于一个小天地里，从家庭到办公室，便是我的全部活动场所。身体萎弱，精神空虚。”在这种情况下，自然难以写出充满生命张力的作品。

臧克家曾满怀深情地写过许多歌颂“文革”期间“五七干校”的诗文，颇受后人非议。这种情况对从小生长在城市的知识分子可能是难以理解的，但对于出生于农村、“生性爱乡村”的农民诗人臧克家来说，是一次摆脱繁华市集名利场“异质环境”，回归自然、接近泥土、接近本源的机会。当然，在鄂南咸宁向阳湖虚心接受改造、参加繁重体力劳动、批林又批孔的那个年近古稀老人感受的诗意，与20世纪二三十年代诸城大地上那个用全身每个毛孔吸收着潍河两岸的气息，目睹农民的苦难和坚韧，敢爱敢恨，敢“冒着死”“玩爱情的火”的青年人所感受的诗意，不可同日而语，正如《忆向阳》难以和《烙印》相提并论。

五

设若我死了，
设若我死前还有一点时间，
我一定写下一句最后的请求，
仅仅是一句，
留给我的亲人去看。
……
不管路多远，
山多高，
水多深，
“一定要把我葬埋在故乡！”
……
我太爱这乡土，
太爱这块土地上的人民，
这爱是那么浓烈，
那么醇厚，
它的熏香使我不朽！

这是臧老六十多前年写下的《爱的熏香》中的诗句，透露着一个游子耿耿的桑梓深情。臧老去世后不久，公元 2004 年 4 月 2 日上午 10 时许，遵照他生前遗嘱，他的一盒骨灰，分成四份，埋在了故乡臧家庄村南“老哥哥”、“六机匠”、臧武平、臧亦遽坟前。

马耳巍巍，潍水汤汤。诸城这片古老的热土，成就了一代诗人。他曾远离这片热土，但又最终落叶归根。臧老与东武大地的生死情缘，留给人们的不仅是荣耀，不仅是怀念，还有深深的思考。

苏轼《易》学与其超然思想

苏轼是宋代经学支派蜀学的代表性人物，曾撰写三部经学专著：《易传》《论语说》《书传》。除《论语说》已失传，其他两部尚存，均为《四库全书》著录。在苏轼的经学著述乃至蜀学著作中，《易传》都有重要地位。

据苏籀所编《栾城先生遗言》，苏洵作《易传》未完，临终前遗嘱苏轼、苏辙兄弟述其志，“东坡受命，卒以成书。初，二公少年皆读《易》，为之解说，各仕他邦，既而东坡独得文王、伏羲超然之旨，公乃送所解予坡。今《蒙》卦独是公解”。则此书实是苏氏父子兄弟合力为之，反复订正，久而成书，所以也可以说此书是蜀学的代表性著作。

苏轼《易传》的得失，历代学者为轩为轾，莫衷一是。本文主要结合《易传》，探讨一下被学者们视为苏轼思想“精髓”的“超然”意识。

《栾城先生遗言》说东坡解《易》，“独得文王、伏羲超然之旨”。伏羲画卦，事在有无之间，且置而不论；文王演《易》，则有文献可征。司马迁《报任安书》“西伯拘而演《周易》”，久成口实，且与《系辞下》之“作《易》者其有忧患乎”“其当殷之末世，周之盛德邪”等语相发明。文王被拘，生死莫测之际，画卦演《易》，已嫌迂腐，怎么还会演出“超然”来——或者这正是圣贤的道力，文王因忧患而演《周易》，原始反终，穷神知变，最终超然于生死忧患之外。《系辞上》第四章，似可以作“超然”二字注脚：

> 《易》与天地准，故能弥纶天地之道。仰以观于天文，俯以察于地理，故知幽明之故；原如反终，故知死生之说；精气为物，游魂为变，是故知鬼神之情状。与天地相似，故不违；知周乎万物而道济天下，故不过；旁行而不流，乐天知命，故不忧；安土敦乎仁，故能爱；范围天地之化而不过，曲成万物而不遗，通乎昼夜之道而知，故神无方而《易》无体。

正如超然只是《周易》思想内容的一个层次，对苏轼而言，“超然”也只是他精神世界的一个组成部分，且在不同的生活阶段，表现出不同的境界。

苏轼“超然”思想的成熟，是在密州。其时他年已不惑，初尝人生艰辛。奋厉有为、咄咄逼人的少年狂态，稍有收敛。也许此时他的《易》学，尚不怎么深入，他的“超然”思想，也主要是应付政治上暂时失意的策略。

自然界与人类社会，万事万物的运动变化，皆可以用《周易》之阴阳消长、顺逆吉凶来解释。在熙宁朝的新旧党争中，苏轼肯定以他所属的旧党为阳，为君子，而以政敌新党为阴，为小人。他甚至也相信，新党的得意，旧党的失势，只是暂时的，很快就会“拨乱反正”。面对远离君侧、蠖屈偏郡的现状，他表现出超然的态度。在赴密途中所作《沁园春·马上寄子由》词，较早表现了这种倾向：“用舍由时，行藏在我，袖手何妨闲处看。身长健，但优游卒岁，且斗樽前。”人们当然不难看出，在貌似超然中，明显有酸热不平之气，元好问甚至说此词“极害义理”，并否定为东坡所作。[①]

苏轼在密州所作中秋词，超尘逸俗，出入天人，但也未忘进取：“我欲乘风归去，又恐琼楼玉宇，高处不胜寒。起舞弄清影，何似在人间”，有居易俟命之意。

《超然台记》是苏轼鼓吹自己人生价值、生活态度的经典之作，他虽然在文中说对各种处境都能超然处之，但在师尚父、齐桓公之功烈与卢敖等隐君子的高逸之间，他似乎更倾向于前者。

《周易》首《乾卦》，取象于龙。龙能潜能飞，犹君子之能行能藏。苏轼《易传》释《乾卦》上九“潜龙勿用”云：“乾之所以取于龙者，以其能飞能潜也。飞者，其正也。不得其正而能潜，非天下之至健，其孰能之。”密州时期的苏轼，仍以“健者”自许，这毫无疑问。

如果说密州时期苏轼的主导思想还是入世有为，“超然”还只是他应付暂时失意的心理策略，甚至是牢骚太盛的一种表现形式，那么，在经历了诗狱的屈辱和煎熬之后，他的“超然”则明显地带上了佛老悲观、空漠的色彩。“也拟哭途

① 元好问：《遗山先生文集》卷二六《东坡乐府集选引》。

穷，死灰吹不起”[①]，较之“圣明若用西凉簿，白羽犹能效一挥”[②]，没有了豪气；“拣尽寒枝不肯栖，寂寞沙洲冷”[③]，较之“起舞弄清影，何似在人间”[④]，缺少了乐观。《前赤壁赋》中对一世之雄曹孟德“而今安在哉”的调侃，较之《超然台记》中对师尚父、齐桓公遗烈“犹有存者”的祈慕，也形成了鲜明的对照。

苏轼《易传》，初成于黄州[⑤]，明显带有他这一时期思想的印记。《四库全书总目提要》说此书“杳冥恍惚，沦于异学”。所谓“异学”，即佛老之学。

任何人在知与行、情与理之间，都会出现矛盾情况。苏轼这种天真烂漫的诗人尤其如此。19 世纪俄国作家陀斯妥耶夫斯基认为，人类的本性是自我表现，而不是追求幸福，更不是遵守理性和社会规范。这种观点对大多数人可能不合适，但对苏轼来说，则基本正确。我们可以说苏轼是高山流水、光风霁月，而说陀斯妥耶夫斯基是毒菌、瘴疠，但他们个性的生成原理有相同之处，也都体现了生命的自在自为。而“超然”，正是生命自在自为的高级表现形式。

苏轼纯任本性的生活方式，使他注定永远处在与他人和社会的矛盾之中，注定难以实现他“致君尧舜”的政治抱负。苏轼善以言语取祸，而他自己并非不知多言之害。《周易·系辞上》云：“乱之所生也，则言语以为阶。君不密则失臣，臣不密则失身，几事不密则害成。是以君子慎密而不出也。”苏轼《易传》对这段话也深表赞同，并告诫读者领会“圣人之意”。他在密州所作《卢山五咏》之《圣灯岩》云：“石室有金丹，山神不知秘。何必露光芒，夜半惊童稚。”似乎也明白“慎密”的道理。但这首被纪昀称为“有至人贵忘之感”[⑥] 的小诗，不仅自我标榜，且有明显的讽刺意味，本身即犯了多言之忌。朱弁《曲洧旧闻》卷五有这样一段文字：“东坡性不忍事，尝云如食中有蝇，吐之乃已。晁美叔每见，以此为言。东坡云：‘某被昭陵擢在贤科，一时魁旧往往为知己，上赐对便殿，有所开陈，悉蒙嘉纳。已而章疏屡上，虽甚剀切，亦终不怒。使某不言，谁当言

---

① 苏轼：《寒食雨二首》。

② 苏轼：《祭常山回小猎》。

③ 苏轼：《卜算子·缺月挂疏桐》。

④ 苏轼：《水调歌头·明月几时有》。

⑤ 苏轼：《黄州上文潞公书》。

⑥ 纪昀：《纪评苏诗》卷一三。

者？某之所虑，不过恐朝廷杀我耳。’美叔默然。”为了畅所欲言，连杀头都不怕，还有什么道理可讲！幸运的是，苏轼生活在中国历史上重文轻武的时代，使他的个性在广度和深度上能充分地舒展、丰富，使他成为中国文化史上的奇迹。

王国维《文学小言》第十二则云：“宋以后之能感自己之感，言自己之言者，其惟东坡乎！”其实即使在整个中国文学史上，感自己之感、言自己之言的诗人，也应首推苏轼。其他诗人即使能感自己之感，但他们的胸襟、学识、经历，往往较东坡狭隘；能言自己之言，又往往声部简单，且不无顾忌，甚至开口不久，便被割断喉咙。

有人曾问清初诗坛领袖王士禛，明代后七子首领、才华气类笼罩一世的王世贞能否与苏轼相比。王士禛断然回答：“弇州如何比得东坡，东坡千古一人而已。”[①] 王士禛这里所说，当然不仅指文学成就。

王国维还说过这样的话：“诗人对宇宙人生，须入乎其内，又须出乎其外。入乎其内，故能写之；出乎其外，故能观之。入乎其内，故有生气；出乎其外，故有高致。”[②] 这里“出”与“入”的关系，如太极两仪，对立统一，消长转化。对苏轼而言，“出”固是超然，“入”也不见得是沉溺。“超然”作为一种生活态度，主要体现在精神本质上，而非外在形式上。苏轼在周旋世缘中，甚至在牢骚议论中，也表现出其超然高致。政治家所需要的谨慎、坚忍，他不具备；阴谋权术，与他更无缘。他永远表里如一，光风霁月，无害人之意，亦无防人之心，寄意于物而不留意于物。也许正因如此，他虽不“慎密”，但竟未“失其身”；有批龙鳞之言，竟得“履虎尾”之亨[③]。

苏轼即使与其父苏洵、弟苏辙相比，也较少城府。《朱子语类》中有两段话很有意思：“安定、太山、徂徕、庐陵诸公以来，皆无今日之术数，老苏有九分来许罪。”“东坡虽然疏阔，却无毒；子由不做声，却险。”[④] 老苏之术数，小苏之险密，亦皆得自《周易》。

---

① 王士禛：《带经堂诗话》卷二九。

② 王国维：《人间词话》。

③《周易·履》卦辞：“履虎尾，不咥人，亨。”

④ 朱熹：《朱子语类》卷一二九、一三〇。

《易》道周普，弥纶天地，广大悉备，而仁者见仁，智者见智。东坡近乎仁，老苏、小苏近乎智。三苏都解《易》，而东坡独得“超然”之旨，《栾城先生遗言》所云，可谓实录。

“琼楼玉宇，云气高寒”

——苏轼的翰林情结及对诸城文化的影响

一

“我欲乘风归去，又恐琼楼玉宇，高处不胜寒”，这是北宋熙宁九年（1076）中秋之夜，苏轼在密州超然台上所作《水调歌头·明月几时有》（即中秋词）中的名句。元代李治《敬斋古今黈》卷八云，东坡中秋词出，“一时词手，多用此格”（即“我欲……又恐……”句式）。可见其影响之大。但词学界对“琼楼玉宇”所指，颇有争议。有说指朝廷庙堂的，有说指月宫仙阙的。今天我想提供一种新的解释：它可指翰林院。

“《诗》无达诂”，对一般之作犹然。对“伫兴之作，格高千古，不能以常调论”[①] 的中秋词，这样解释，岂不犯说诗家大忌？但倘若我们对苏轼当时处境、心态有所了解，或许会觉得“翰林院”较之朝廷、月宫，不仅不嫌着实，反而更灵动一些。

翰林是科举时代通过最高级的考试、最严格的甄选，脱颖而出的知识精英，是封建帝王的侍从文臣，所谓“天子私人”；也是封建王朝最高决策团（宰辅）的人才库，苏轼所谓“非徒翰墨之选，乃是将相之储”[②]。在宋以后重文轻武的时代，知识分子想实现兼济天下、致君尧舜的理想，一般都有翰林情结。也有人把入翰林作为最高理想，《宋史·职官志》记当时有“宁登瀛，不为卿”之语。大意可能是说只要被选翰林，即使不拜公卿也心满意足，倍有面子。

在朝廷官署中，翰林院（玉堂）与所谓“神仙”关系最密切。以翰林院为名的机构，最早设于唐代，唐李肇《翰林志》就有记载当时人对于选入翰林者，

---

① 王国维：《人间词话删稿》。

② 苏轼：《谢宣召入院状二首（之二）》，《东坡集》卷六七。

“皆谓凌玉清、溯紫霄，岂止于登瀛洲哉！亦曰登玉署玉堂焉”。朝廷大宴，翰林位次在宰相下，一品官上。

宋代翰林更体面，据苏易简《续翰林志》，宋太宗曾称翰林为“神仙之职”，朝廷大宴时，位次仅在参知政事后。苏易简笔下的宋代翰林院的物理实体，也有些仙气：

> 玉堂东西壁延袤数丈，悉画水，以布之风涛浩渺，拟瀛洲之象也（待诏董羽之笔）。修篁皓鹤，悉图廊庑；奇花异木，罗植轩砌。每外喧已寂，内务不至，风传禁漏，月色满庭，真人世之仙境也。

东坡选翰林后，黄庭坚《双井茶送子瞻》“人间风日不到处，天上玉堂森宝书”，企羡之意见乎词。别人将翰林视为天上神仙，东坡面皮不薄，不怎么见外，自有翰林院，只有他说过“我是玉堂仙”。

后人多称苏轼为“坡仙”，这个“坡”字，与翰林也有些关系。宋洪遵《翰苑群书》：

> 俗称翰林学士为“坡”，盖唐德宗时，尝移学士院于金銮坡上，故亦称銮坡。唐制，学士院无常处，驾在大内则置于明福门，在兴庆宫则置于金明门，不专在翰林院也。然明福、金明不以为称，不常居之尔。谏议大夫亦称坡，此乃出唐人之语。谏议大夫班本在给、舍上，其迁转则谏议岁满方迁给事中，自给事迁舍人，当时语云：“饶道升上坡去，亦须却下坡来。”以谏议为上坡，故因以为称。见李文正所记。

元丰三年（1080），苏轼贬谪黄州，取号东坡时，他只是个团练副使。后又移汝州，知登州，直到元祐元年（1086），才被高太后超擢为翰林院知制诰。

苏轼晚年自海南召还，提举成都玉局观，后人又称他为苏玉局。“玉局”二字，与“玉堂”“玉署”“玉府”“玉除”“群玉山”等一样，被后人作为翰林院代称。如张廷玉《进明史表》有“玉局理汗青之业”之语，即指翰林院史馆。当然，提举玉局观的苏轼，早已领略过玉堂春梦了。

文渊阁四库全书收无名氏《翰苑新书·别集》卷三有南宋初方岳（秋崖）《通杨左司》一文，为自己孙子向正在“学为宰相”的杨左司求情，有“某仰只琼楼玉宇，云气高寒”之语。作者可能读过苏轼中秋词，以“琼楼玉宇”喻朝廷官署，甚为得体。所谓神而明之，存乎其人。

二

宋时任命翰林学士，没有专门的考试程序，不由进士出身的也不少。不似明清时期，士子中进士后，参加馆选考试成为庶吉士，入翰林院学习，便可称翰林。这就使宋代翰林选拔有更多不确定性。苏轼虽然高才博学，但其翰林之路也经历了几番波折。

苏轼于仁宗嘉祐二年（1057）应礼部试，因策论《刑赏忠厚之至论》文风雄俊新颖，一扫太学体僻涩习气，赢得正想改革文风的考官欧阳修青目，拔置第二。有人据此说苏东坡为是年榜眼，此为想当然耳，其实不然。宋代礼部试相当于明清会试，中式之后，还要经皇帝御临的殿试。殿试的一甲前三名，自宋代有状元、榜眼、探花之称。嘉祐二年殿试共取中进士三百八十八人，苏轼在二甲，苏辙在五甲，均无与鼎甲。这令人联想起清乾隆二十五年（1760）诸城王中孚，会试第一，殿试仅中二甲四十八名。

宋代殿试前三名虽然不像明清时直接入翰林，但也相去不远。苏洵就说过：“今进士三人之中，释褐之日，天下望为卿相，不及十年，未有不为两制者。”①苏轼入为两制（中书舍人、翰林学士），都在元祐元年（1086），距成进士已近三十年，可谓饱经磨勘。当然，苏洵说的也不尽然，宋太祖建隆四年（963）癸亥科仅取进士八人，密州诸城人苏德祥以宰相公子状元及第，史载其官不过右补阙、殿中侍御史。

明廖道南《殿阁词林记》卷一二有“宋仁宗欲用苏轼典制，韩琦以为太早”

① 苏洵：《嘉祐集》卷一二《上皇帝书》。

之语，不太可信。苏轼中进士后不到六年，仁宗就驾崩。即使状元，成为翰林也不会若是之骤。“仁宗”应该是英宗之误。《宋史》苏轼本传：

> 英宗自藩邸闻其名，欲以唐故事召入翰林，知制诰。宰相韩琦曰：“轼之才，远大器也，他日自当为天下用。要在朝廷培养之，使天下之士，莫不畏慕降伏，皆欲朝廷进用，然后取而用之，则人人无复异辞矣。今骤用之，则天下之士未必以为然，适足以累之也。”英宗曰：“且与修注如何？”琦曰：“记注与制诰为邻，未可遽授。不若于馆阁中近上帖职与之，且请召试。”英宗曰：“试之未知其能否，如轼有不能邪？”琦犹不可，及试二论，复入三等，得直史馆。轼闻琦语，曰：“公可谓爱人以德矣。”

其实在明清时代，直史馆也是翰林之缺——翰林的另一称呼就是“太史”。神宗继位后，有几次也想以苏轼为近侍，修起居注、中书条例，为王安石所阻。在新党得势的情况下，他人荐举苏轼入翰林，更难被采纳。

苏轼知密州及其前后一段时间，举荐他为近侍者很多，他自己也跃跃欲试。熙宁七年（1074）五月一日，天章阁待制李师中乞召司马光、苏轼兄弟置左右，为吕惠卿以为罔上，责师中散官安置①。

也是在这一年，苏轼梦到神宗召他入禁中，宫女围侍，一红衣女童捧红靴一只，命轼铭之。有“寒女之丝，铢积寸累；天步所临，云蒸雷起”之句，表现了苏轼粉泽典章、形容王度、纳诲辅德、导君有为的“翰林心事”。

本年底，苏轼自杭州赴密州途中，作《沁园春·马上寄子由》词，有“用舍由时，行藏在我，袖手何妨闲处看”之语。对于不把地方工作当回事的苏轼而言，所谓“用”，乃是出入玉堂，议定典章。据说神宗读此词甚怒，说“且教苏某闲处袖手看朕与王安石治天下”② ——其实如果苏轼只是超然旁观，不结党抵制，酸酸热热，还算便宜了王安石等人。

孔凡礼《苏轼年谱》，将提举李孝孙乞召还苏轼为侍从与青州知府陈荐（彦

---

① 孔凡礼：《苏轼年谱》，中华书局，1998年，第273～274页。

② 元好问：《遗山先生文集》卷三六《东坡乐府集选引》。

升）举苏轼为侍从、京东东路安抚使苏澥举苏轼外陟侍从三事，皆系于创作中秋词的熙宁九年（1076）。这一年对新党应该说是多事之秋，以苏轼为急先锋的旧党围攻达到高潮，但王安石地位尚未动摇，王安石与他一手提拔起来的变法主将吕惠卿、曾布的内讧，才是致命的（其中旧党离间之功亦不可没）。苏轼《董卓》诗曾将王安石比为董卓，以吕、曾为吕布，这种极致的妖魔化，对当时以及后世人对他们的评价，都有影响。王安石于本年第二次罢相，闲居江宁，抑郁而终。

新党遭遇危机，旧党似乎可以乘风归去，闪亮登场。这可能是熙宁九年苏轼在密州特别活跃的原因。而王安石罢相后，神宗并无废新法之意，某些新党贯彻新法更有煞头，这就使旧党失望之余，加大进攻力度，并招来新党反击。于是就有了类似乌台诗案这样的事情。

苏轼真正乘风归去，是在作中秋词十年以后，且并不是皇帝的“圣断”，而是神宗之母高太后的意思。元丰八年（1085），支持变法的宋神宗赵顼驾崩，嗣位的哲宗年幼，由祖母高太后临朝称制。废新法，用旧党，来了一次“元祐更化”。作为旧党得力干将，苏轼自然时来运转。仅元祐元年一年之中，便历起居舍人、中书舍人、翰林院学士知制诰三职。于是有了《宋史》本传中这段故事：

> 轼尝锁宿禁中，召入对便殿。宣仁后问曰：“卿前年为何官？”曰：“臣为常州团练副使。”曰：“今为何官？”曰：“臣今待罪翰林学士。”曰：“何以遽至此？”曰：“遭遇太皇太后、皇帝陛下。”曰：“非也。”曰：“岂大臣论荐乎？”曰：“亦非也。”轼惊曰：“臣虽无状，不敢自他途以进。”曰：“此先帝意也。先帝每诵卿文章，必叹曰‘奇才！奇才！’但未及进用卿耳。”轼不觉哭失声。宣仁后与哲宗亦泣，左右皆感涕。

如果苏轼爱君之心不是发自至诚，哭声眼泪来得那样及时，表演难度非常之高。

三

清乾隆年间大学士张廷玉主持编纂的《词林典故》卷二，述历代翰林院沿革，颇有条理：

> 翰林之名，见于汉时，未以署官，特作赋者假喻于文辞云尔。唐翰林院初本儒臣文学供奉待诏之所，至开元中始设学士，亦无定员，皆以他官选充。宋元及明，相沿代置，品秩名数，亦随时不同。唐翰林学士外，先有弘文集贤学士、大学士，宋资政、观文、天章、龙图之设，则视乎唐；明华盖、谨身、文渊、东阁之称，又视乎宋。而明初左右春坊，亦置大学士。自成祖以翰林官直文渊阁，故翰林以阁中为内署，又与詹事互兼职业，是以三署相通。若夫唐之翰林学士，或知制诰，或不知制诰。宋学士知制诰，与中书舍人分为两制者，则自后晋始。唐之讲读学士皆不系翰林，其系以翰林者，则自宋始。宋之检讨、编修、史院及他司皆有之，而翰林则无。后独归于翰林者，则自明始。至如唐宋宫僚，轻于翰林，明则庶子中赞为修撰编检之迁阶，谓之开坊。以詹事为学士之晋秩，谓之出院。唐宋翰林乞郡出外，得以原官结衔，明则改官不得带帖。唐宋校理馆职，虽进士上第未即铨除，必由记室幕僚仕于州县者召试而得。明则鼎甲三人，即授修撰编修，而庶吉士留院者便已授职。唐宋应奉直院权直之号至明尽除，而有五经博士侍书之目，与庶吉士之选，此其沿革之大凡，古今之殊致矣。魏晋以来，置秘书、中书、著作，江左唐宋具有其官，唐设起居郎舍人，史馆领在门下。宋则国史有院，著作有局，皆通于秘书省。虽官异翰林，而事实相近。至明代官从并省，统归翰林。讲读以上，则同古之两制侍从；修撰而下，则同古之秘书著作，而史职系焉。自是翰林员品有定。

草拟诏制之权，本中书舍人专职，后晋曾一度废除翰林学士，将其权归还中书舍人，但不久又恢复。一直到两宋之际胡寅，仍坚持“国家陟降多士，当出于中书”，对于设翰林为天子私人，以为“非王政设官之体”[①]。但这种机构是加强专制集权的需要，所以不但保留下来，而且威权日重。至明代废中书省设内阁，

① 马端临：《文献通考》卷五四。

内阁学士必出翰林，等于内制外制，全归翰林。

宋代中书舍人正五品，与明初内阁大学士同品，较之明清翰林院检讨还高两品。这也就是苏轼在初擢中书舍人时，三上辞表，视为“冒荣直授，躐众骤迁”的“异恩”。被授其他职衔，从未如此惶恐。

在宋代，士子一旦为中书舍人，掌书王命，进贤纳谏，即使不能致君尧舜，也可以有一番作为。如南宋高宗绍兴年间，时任中书舍人的赵思诚屡献谠言，最终使宋朝两大害民弊政——任子、添差得到空前限制。据李心传《建炎以来系年要录》，赵思诚在绍兴七年（1137）十月便对宋高宗极言任子之弊，高宗方“诏侍从官讨论，申尚书省”，思诚补外任，此事遂搁置。一直到宋孝宗淳熙九年（1182）八月，才付诸实施：“绍兴初，中书舍人赵思诚上任子限员之议，诏从官讨论，至是始用廷臣集议行之。”其时赵思诚已去世三十余年了①。宋之任子，恩泽无度（苏轼曾为其白身伯父之曾孙苏彭谋得荫官），疲弱天下，后人比之汉外戚、唐藩镇、明宦官，为当时最大弊政，而在宋代极言其害者为赵思诚。李心传《建炎以来系年要录》书赵思诚卒年，仿朱子《通鉴纲目》笔法，是褒其公忠谋国。

元祐二年九月甲子，宋哲宗以讲《论语》终篇，赐宰臣、执政、经筵讲官宴于东宫，御书唐人诗分赐诸臣，苏轼得赐白居易《直中书省》诗，作诗志感，诗题较长：《九月十五日，迩英讲〈论语〉，终篇，赐执政讲读史官燕于东宫。又遣中使就赐御书诗各一首，臣轼得紫薇花绝句，其词云：丝纶阁下文书静，钟鼓楼中刻漏长。独坐黄昏谁是伴？紫薇花对紫薇郎。翌日，各以表谢，又进诗一篇，臣轼诗云》。诗中有苏轼按语云：“谨按唐制，翰林学士带知制诰，许缀中书舍人班。今臣以知制诰待罪禁林，故得以紫薇为故事。”翰林学士非官衔，中书舍人是官职。所谓“翰林学士带知制诰，许缀中书舍人班”，大概与中书舍人官职相当。

唐代中书省院内植紫薇花，中书省又称紫薇省或薇省，中书舍人又称紫薇郎。又因南朝齐谢朓《直中书省》有“红药当阶翻，苍苔依砌上”之句，中书省

---

① 据《建炎以来系年要录》卷一五六记载，赵思诚去世于宋高宗绍兴十七年（1147）五月。

又称芍药省（红药省）或药省。至明清废中书设内阁，紫薇、芍药便成了内阁物望。梁章钜《楹联丛话》卷二记内阁前门春联："圣德醍醐花深红药省，帝光紦缦日丽紫薇天。"

苏轼在密州，遇到两件奇特花事。其一为熙宁八年（1075）秋，城西龙兴寺（唐初净土宗创始人善导大师曾在此修道）忽开千叶牡丹一朵，苏轼为作《雨中花慢》词一首，有"不如留取，十分春态，付与明年"之句。另一件发生于熙宁九年（1076）春，芍药独盛，特别是诸城城北后汉宰相莒国公苏禹珪家（也就是建隆四年状元苏德祥家）花园中之花，繁丽丰硕，圆如覆盂，苏轼名之曰"玉盘盂"，并作《玉盘盂》七律二首，第二首尾联云："吾家岂与花相厚，更问残芳有几枝?"

牡丹在古代，谓之木芍药。如此则两件花事，皆与中书省标志花之一芍药有关。花开花落关乎阴阳消长，苏轼是易学专家，且深谙掌故，在咏叹牡丹、芍药的诗词中，也表现了他内心潜在的期望与希冀。

四

苏轼作为中国历史上知名度最高的翰林，对曾担任地方官的诸城一带文化影响极其深远，其中自然也有他的翰林情结以及"玉堂仙"的风采。苏轼的第一位粉丝，应该是其学生李格非之婿、赵思诚之弟赵明诚。

陈师道在《与黄鲁直书》中提及赵挺之、赵明诚夫子异趣："正夫有幼子明诚，颇好文义。每遇苏、黄文诗，虽半简数字必录藏，以此失好于父。"[①]《金石录》卷一三"秦琅邪台刻石"条记提及苏轼："熙宁中苏翰林守密，令庐江文勋模榻刻石，即此碑也。"苏轼知密州时还不是翰林，赵明诚称他为翰林而不称其字号、官职，可能他以为这两个字最能为苏轼荣耀——当然，对于赵明诚来说，瀛洲翰林、玉堂仙人的生活，他也是心向往之。

赵明诚没有中过进士，以太学生入仕，可能是门荫，但在宋代成为翰林并非

① 陈师道：《后山先生集》卷一四。

没有可能。宋代翰林虽然大多出于进士，但翰林中进士所占比例，远远低于明清。由制科、词科甚至任子进入翰林院者，数量不少。查《宋翰林学士年表》，其中以“门荫”“荫补”而成为翰林者，就有钱惟演、石中立、韩维、王益柔、钱勰、傅墨卿等多人。赵明诚作为宰相公子，习见亲故中馆阁前辈风采，自幼好学博古，所著《金石录》较之原翰林院班首欧阳修《集古录》，博赅精详，后来居上。加之宋朝皇帝多风雅好古，赵明诚如果能在生前将此书表上于朝，有可能成为进入翰林院的敲门砖。

我曾以为李清照《漱玉词》中《渔家傲·天接云涛连晓雾》，为乃夫赵明诚任莱州知府时，例行主持国家祀典东海神庙的春分祭神开海时作。春分日斗柄东指，所以有“星河欲转”之语；祭海后将开始一年的捕捞作业，所以有“千帆舞”。“仿佛梦魂归帝所，闻天语，殷勤问我归何处。我报路长嗟日暮，学诗谩有惊人句”，是写赵明诚代天子主祭东海之神（宋仁宗时封渊圣广德王）时，想象天子眷顾，而自道才能缺乏，隐约有苏轼中秋词“我欲乘风归去”句法。最后数句“九万里风鹏正举，风休住，蓬舟吹取三山去”，似乎表明了赵明诚的自信与期望。当时他年富力强，《金石录》已具规模，莱州为全国主要黄金产地，又盛产鱼盐，政绩容易出彩，个人财富积累也不菲。亲故在馆阁者不少，也能推荐援引。入朝为皇上侍从之臣，很有希望。至于能因此拜观石渠宝藏，阅读皇家中秘藏珍本，更是他渴望的。

赵明诚之妻李清照作为婉约派词风代表，对苏轼这位太老师天风海雨的豪放词颇有微词，但赵明诚对苏翰林的做派亦步亦趋。

此中“三山”，表面看指莱州东海神庙西北不远的三山岛，也隐指作为翰林院代称的三神岛。苏轼元丰八年（1085）来往登州，过莱州时也曾谒海庙望三山。其《再和曾子开从驾二首》之二有“忆观沧海过东莱，日照三山迤逦开”之句，注者多以神话中三神山系之，不知实有此岛。形家每以三峰相联（笔架山）为宝地，三山岛下有中国储量最大的金矿，是山东黄金公司之主矿区。今天莱州三山岛前正对莱州北路的牌坊正中上方有“方瀛三山”大匾。

在古代，由三神山及背负三神山的巨鳌演化出的翰林院翰林代称数以十计，如鳌禁、鳌峰、鳌宫、鳌掖、鳌岭、鳌岫、鳌头、鳌山长、鳌宫客、螭鳌、金鳌、三神山、三岛、仙岭、蓬莱、蓬壶、蓬观、方壶、瀛洲……甚至单一个“鳌”字，亦可指代翰林院。苏轼敬仰的前辈翰林宋范镇《奉和君实早朝书事》：“近来君在告，连值几番鳌。”此处之“鳌”，即翰林学士院。当然，正如宋代翰林院墙壁画风涛浩渺，拟瀛洲之象，以“瀛洲”指代翰林院的时候最多。乾隆帝最为诸城人熟知的《赐安徽学政刘墉》诗中名句“海岱高门第，瀛洲新翰林”，就是例子。而翰林院与翰林之广有异名，正折射了古代知识分子对于翰林的千千心结。

宋代诸城画家、《清明上河图》的作者张择端，大致与赵明诚同时，一般人介绍他的出身，也称他为翰林。但此翰林非彼翰林，正如张择端所隶之翰林图画院与翰林学士院不是一回事。前者基本不能参与政事。

五

清代诸城文化，是与两汉时期前后辉映的两座高峰。清乾隆《诸城县志·艺文考·序》“经学盛于两汉，诗集多在国朝”。这与两个时期帝王好尚不无关系。两汉时期重经学，东武、诸县经师的身影，常出现于金马玉堂。西汉梁丘贺开创《周易》“梁丘学”，被国家最高学府太学立为专门之学；其子梁丘临主持石渠论经，这都是明清翰林院掌院都未必有的荣耀。

清代大有为之帝王康熙、乾隆，喜附庸风雅，考选翰林多以诗文书法，所以清代诗文集独多。诗文好尚也影响翰林选拔。如康熙帝喜唐诗，诸城李澄中、王钺参加康熙十八年（1679）博学鸿儒考试（获隽便授翰林），尊唐派诸生李澄中便赚便宜，成为五十名鸿博之一；理学家进士王钺之诗，未免有道学风味，没有得中。

康熙五十八年（1719）三月至次年初夏，时任诸城知县蜀人罗廷璋重修超然台，这是史上规模空前的一次，从此诸城超然文化与翰林文化出现了高潮。清代诸城三位最著名的翰林出身的名臣刘统勋、刘墉、窦光鼐，都曾沐浴其辉光。刘统勋在超然台重修后的第五年（1724）进士及第并入选翰林院庶吉士，刘墉在超然台重修动工的康熙五十八年出生，窦光鼐则在超然台建成后一年（1720）

出生。

被有些清史研究者誉为“千古一帝”的乾隆帝弘历，是清代帝王中最推崇苏轼的一个。他既推崇苏轼人品，又欣赏其诗文，甚至临习苏轼书法。即使他御制批评苏轼的《反苏轼超然台记说》，也言中肯綮，非深于苏学者难道。乾隆朝堪称诸城翰林文化高峰。这一时期青州府十一县[①]共取中进士62名，诸城一县即占29名[②]，还不算乾隆三十六年（1771）弘历为庆贺其母八十寿辰举行的辛卯恩科中，因年过八旬与试赏给翰林院检讨职衔（此职衔本来是从庶吉士中选拔的）的举人王志宗[③]。其中入翰林院者即有9人（依次为路斯道、窦光鼐、刘墉、刘墫、王中孚、丁荣祚、王元葵、窦汝翼、刘镮之）。三大翰林名臣也都在这一时期证果非凡，名震寰宇。

刘墉是清代诸城翰林中知名度最高的一个，他与东坡的缘分也最深。作为“集帖学之大成”的一代书家，他的书法貌丰古劲，味厚神藏，在历代大家中与苏轼最接近，但又浑然内敛，端裳垂拱，较之苏轼偶尔旁逸斜出，天真卖萌，小试锋芒，更具廊庙气象。其诗“清新超悟，有香山、东坡风格”[④]，但无苏轼之“沧海横流”。可谓善学东坡而能变者。

虽然翰林为“将相之储”“台辅先路”，但真正出将入相的毕竟是少数。翰林为帝王近侍，伴君如伴虎；这些顶级文化精英之间的竞争，更是步步惊心。清代诸城最早的翰林王沛思、李澄中，一以小故丢官，一以“巧谗”去职，宦途都不顺。乾隆三十七年（1772）刘墉由江西盐驿道迁陕西按察使，其父刘统勋上谢恩表，有“品秩弥增，冰竞愈凛”[⑤]之语，这对于曾因建言被逮且带累刘墉下狱的刘统勋，自是阅历之言，亦可转释古人“琼楼玉宇，云气高寒”之语。

---

① 雍正十二年（1734），清廷新设沂州府，将原青州所辖莒州、蒙阴、沂水、日照四州县划入，同时将益都颜神镇设县，隶青州府，自明代以来的青州府十四州县遂为十一县。

② 王婷：《明清时期青州府进士研究》，曲阜师范大学硕士学位论文，2011年。

③《清高宗实录》卷八八二，乾隆三十六年（1771）四月条下。

④ 王昶：《湖海诗传》卷一四。

⑤ 刘统勋、刘墉、刘镮之：《诸城刘氏三世奏稿》，山东图书馆藏稿本。

附诸城清代翰林名单（恩赏翰林除外）

姓　名	入翰林院时间	结衔
王沛思	康熙十八年(1679)	左春坊左中允
李澄中	康熙十八年(1679，中宏博特科授翰林)	翰林院侍读
王敛福	康熙六十年(1721)	江宁府知府
刘统勋	雍正二年(1724)	东阁大学士、首席军机大臣、晋赠太傅
王　植	雍正五年(1727)	福建泉州府西仓同知
高　璿	雍正八年(1730)	翰林院检讨
路斯道	乾隆二年(1737)	右春坊右赞善
窦光鼐	乾隆七年(1742)	左都御史、乾隆六十年(1795)会试大总裁
刘　墉	乾隆十六年(1751)	体仁阁大学士
王中孚	乾隆二十五年(1760)	翰林院编修
刘　墫	乾隆二十五年(1760)	江宁布政使、鸿胪寺卿
丁荣祚	乾隆二十六年(1761)	内阁中书
王元爕	乾隆三十一年(1766)	吏部文选司主事
窦汝翼	乾隆四十三年(1778)	宗人府主事
刘镮之	乾隆五十四年(1789)	礼部尚书
王钟吉	嘉庆六年(1801)	河南汝光道
王玮庆	嘉庆十九年(1814)	刑部右侍郎
王金策	嘉庆二十二年(1817)	甘肃陇西县知县
王文骧	嘉庆二十四年(1819)	广东开平县知县
苑棻池	同治七年(1868)	浙江温处道
李肇锡	同治七年(1868)	贵州布政使
徐会沣	同治七年(1868)	兵部尚书
杨成爻	同治十年(1871)	直隶盐山县知县
臧济臣	同治十年(1871)	翰林院侍讲
王　绰	同治十三年(1874)	浙江金严衢道
徐　堉	光绪三年(1877)	贵州道监察御史
赵炳璋	光绪十五年(1889)	广东道监察御史
丁昌燕	光绪十八年(1892)	山东烟台道(入民国曾任诸城市议会副议长、山东省议会议员)

苏轼熙宁八年的几篇诗文小考

（去年暑假，协助得利斯董事长、资深苏轼研究者郑和平先生编成《苏轼密州诗文编年》一书，打破传统以文体分类的编辑方法，以时间为轴，重编苏轼与密州有关的作品。不仅勾剔出一些苏轼与密州有关的“新作”，也解开了近千年来苏轼研究的一些死结。选熙宁八年与颜复有关的几篇为例。）

凫绎先生文集叙

孔子曰：“吾犹及史之阙文也。有马者借人乘之，今亡矣夫。”史之不阙文，与马之不借人也，岂有损益于世也哉？然且识之，以为世之君子长者，日以远矣，后生不复见其流风遗俗，是以日趋于智巧便佞而莫之止。是二者虽不足以损益，而君子长者之泽在焉，则孔子识之，而况其足以损益于世者乎？

昔吾先君适京师，与卿士大夫游，归以语轼曰：“自今以往，文章其日工，而道将散矣。士慕远而忽近，贵华而贱实，吾已见其兆矣。”以鲁人凫绎先生之诗文十余篇示轼曰：“小子识之。后数十年，天下无复为斯文者也。”先生之诗文，皆有为而作，精悍确苦，言必中当世之过，凿凿乎如五谷必可以疗饥，断断乎如药石必可以伐病。其游谈以为高，枝词以为观美者，先生无一言焉。

其后二十余年，先君既没，而其言存。士之为文者，莫不超然出于形器之表，微言高论，既已鄙陋汉、唐，而其反复论难，正言不讳，如先生之文者，世莫之贵矣。轼是以悲于孔子之言，而怀先君之遗训，益求先生之文，而得之于其子复，乃录而藏之。先生讳太初，字醇之，姓颜氏，先师兖公之四十七世孙云。

【简介】此文作于熙宁八年夏。孔凡礼《苏轼年谱》等系于熙宁七年，因乌台诗话中这段话：“熙宁七年轼知密州日，颜复寄书与轼，云为先父讳太初自号凫绎先生求作文集引序。轼遂讥讽朝廷更改法度，使学者皆空言，不便也。”熙宁七年是苏轼赴任时（腊月到任），未必是颜氏寄书之时，更不是苏轼写成文章之时。且文中所谓“朝廷更改法度”，似指熙宁八年六月，宋神宗颁王安石《诗经》《尚书》《周礼》三经“新义”于学宫一事，这是中国科举史上的一件大事，也是学术史上的一件大事，影响至为深远。颜复的同乡好友、后来成为苏门六学士之一的陈师道甚至因此拒绝参加科举。颜复，字长道，徐州人，与苏轼皆出欧阳修门下，且年长于苏轼，此时因抵触新法罢官闲居。苏轼文中对新学风的尖锐批评，明显针对王安石《三经新义》。

光禄庵二首

文章恨不见文园，礼乐方将访石泉。何事庵中着光禄，枉教闲处笔如椽。

城中太守的何人，林下先生非我身。若向庵中觅光禄，雪中履迹镜中真。

【简介】此诗作于熙宁八年夏。颜复为纪念远祖颜延之（晋末曾官右光禄大夫），建光禄庵，且有诗咏之，苏轼属和。第一首诗中的“石泉”，有注释用“泉石生涯”，自然不通。用唐代石泉公王方庆故事，似可为一说，但与“文园”（司马相如）相对，似乎体量不够。这里石泉，疑指汉代高密国石泉县，从而以石泉代高密，以高密指郑玄。当年郑玄别马融归高密，马氏有“礼乐皆东”之叹。郑玄为诠释礼乐的最高权威（王方庆亦郑学传述者），墓祠又在密州属地，所以苏轼有访问之意。本年王安石经义立学宫前，郑玄经疏是科举考试用书和学术权威。苏轼论《礼》传《尚书》，颜复纂《五礼书》，多从郑说。苏辙所谓“胶西前辈郑康成，千载遗风及后生”。苏轼欲访石泉，是近取其譬，也表现了他对王安石学说的微妙态度。

答陈履常二首

吴中屡得瞻见，时以余弃，洗濯蒙鄙，别来仰伫日深。递中首辱教尺，感服良厚，即日履兹酷暑，起居何如？贵眷令子各佳胜，披奉杳然，临纸怅惘，惟冀为时调护。

又远承寄贶诗刻，读之洒然，如闻玉音，何幸获此荣观。不独以见作者之格，且足以知风政之多暇，而高躅之难继也。辄和《光禄庵》二绝，聊以寄钦羡之怀，一笑投之可也。所须接骨丹方，谨录呈。高密连年旱蝗，应副朔方百须，纷然疲苶，日俟汰逐。企仰仙馆，如在云汉矣。因风，不吝诲字。

【简介】此二札作于熙宁八年夏。与《凫绎先生文集叙》《光禄庵二首》有关联。鉴于此时才二十多岁的陈师道（字履常）尚未入仕，且未与苏轼订交，这两封信与《光禄庵二首》绝对不是写给他的，应该是写给颜复的。元丰四年陈师道之兄陈师仲于“乌台诗案”之余为苏轼编《超然集》，归于陈师道名下（可能得自颜复好友、苏轼崇拜者陈师道）。苏轼《答陈师仲书》，言《超然集》中有“不合道理者”，当指此类。

书李宪臣藏墨

余为凫绎颜先生作集引，其子复长道以李廷珪墨见遗，形制绝类此墨，以金涂龙及铭，云：“李宪臣所蓄赐墨也。”此墨最久而黑如此，殆是真耶?

【简介】此文写作时间不明。李之亮先生《苏轼文集编年笺注》以为“熙宁七年任杭州通判时作”，明显有误。此题跋与前面《凫绎先生文集叙》《光禄庵二首》《答陈履常二首》相关联，故系于此。

《苏轼密州诗文编年》后记

20 世纪 90 年代，由时任诸城市委副书记的李增坡先生主编，荟萃海内众多名家成果的《苏轼在密州》，是诸城地方文化研究史上的丰碑。时任得利斯集团总裁的郑和平先生参与该书编写，并出资购买七千册，赠送每年升入高校的诸城学子。乡情的熏染，人格的砥砺，文学的陶冶，学术的启蒙，兼而有之，产生了长期、巨大的社会影响。

《苏轼在密州》收入郑先生所撰《苏轼与密州文化》一文，在深厚博大的密州文化背景下，展现了多面的、立体的苏轼，颇受学界称誉，对诸城地方文化研究会的成立、《超然台》的创刊，有很大促进作用。推广全国、闻名世界的“诸城模式”，由于有了文化的加持，提高了品质，增强了韧性。对潍坊地区和山东省乃至全国的区域文化研究和社会发展模式来说，也是很好的示范。

郑先生退休后，专注文学创作、文史研究和地方文化建设，并时常与专家学者们交流。本人忝为同乡晚辈，学识谫陋，亦蒙先生不弃，时有训诲垂询。今年夏，郑先生将一些“应该收入《苏轼在密州》而没有收入”的苏轼作品寄给我，且云《苏轼在密州》按文体分类编辑苏轼在密州作品，不方便阅读。要求我协助搜罗苏轼全部与密州有关的作品，“巨细不遗”，按时间前后循序编次，并加以介绍评论。这样，不仅方便阅读，且更易把握苏轼在密州这一人生重要阶段的心路历程。

郑先生对于苏轼研究的执着和用功，超过一般专家；甚至曾对苏轼仕宦、游历的地方，一一拜访流连。深造有得，故有此通透之见。其时我正忙于《历代诗咏齐鲁总汇·潍坊卷》的校勘，便邀请版本文献方面造诣颇深的高密侯桂运博士（盖宋词六十名家之一侯寘与招降宋公明的首倡者侯蒙族裔）加盟，在郑先生工作基础上，遵循其意见和指导，全面查阅苏轼作品，爬剔排比，编成此书。这个过程，对于我们不仅是一个很好的学习机会，也是一次难得的致敬桑梓的机遇。

在编写过程中，追随苏轼在密州活动的时间顺序和因果锁链，陆续又发现一些失收的作品和原先对创作时间判断的失误，并发现许多作品前后有连续性，可以省却许多考证说明的文字——像苏轼这样的伟大天才，不同时代的读者，同时代不同的读者，甚至同一读者在不同的时期，由于阅历、视角、心境不同，都会对他的作品产生不同的感悟，也不必过多评论。

书成之后，郑先生复作长序，纵横捭阖，浩博晓畅，较之多年前的《苏轼与密州文化》，识见境界又上层楼。

相对于卷帙浩繁、注释详尽的《苏轼在密州》，本书所收苏轼与密州有关的作品，增添了新的内容，有了“新的秩序”，自然也给读者认识苏轼与密州的关系，了解苏轼成长和密州文化，提供了一个新的视角。只是由于学力所限，失误在所难免，欢迎读者批评指正。

苏轼与诸城音乐文化

——兼论诸城派古琴与蜀派的关系

一

在诸城古代音乐发展史上，有三次音乐文化的高峰。其一是在中华文明肇造的龙山文化时期，其代表人物是传说创五弦琴、歌《南风》、作《韶》乐的虞舜；第二个高峰是中华文明鼎盛时期的宋代，其代表是侯寘、徐大用、李清照、苏轼等乐府词人群体；第三个高峰是中华文明百川汇海的总结性时期清代，其代表人物是以琅邪五王（王溥长、王雩门、王作桢、王露、王心葵）为代表的古琴家群体。在这三个时期中，曾在北宋熙宁年间游宦密州、又在元丰年间游历诸城的文艺天才苏轼，是一个承先启后、影响巨大的人物。

清代诸城古琴家绍述本地音乐传统，多拿虞舜、苏轼说事。如康熙朝诸城诗人、古琴家张侗（字其人）在《琅邪诗略·弁言》中说："昔苏髯公移守胶西，送孔密州淇水之上云：'《阳关三叠》君须密，除却胶西不解歌。'吾乡不徒工诗，尤善歌。余旧制《胶西三叠》，待谱管弦。己丑春二月，兄初度，使儿童按节，婉转歌之，一以为先生寿，一以为是编告成功也。"又是这位张其人在《诸冯辨》一文中说，在诸冯一带至今流传着虞舜的《乐乐之歌》："我乐乐，尔乐乐，尔我同乐乐。"自己"欲谱诸薰弦，续《南风》后"。

虞舜是传说时代东夷地区的部落联盟领袖，所谓《乐乐之歌》，好像与《孟子·梁惠王》"独乐乐""与人乐乐""与众乐乐"有些渊源，令人感觉不踏实。苏轼"除却胶西不解歌"却是铁案。苏轼有一则《记阳关第四声》的题跋，记载了个中情事：

> 旧传阳关三叠，然今歌者，每句再叠而已，通一首言之，又是四叠。皆

非是。或每句三唱，以应三叠之说，则丛然无复节奏。余在密州，有文勋长官，以事至密，自云得古本阳关，其声宛转凄断，不类向之所闻，每句皆再唱，而第一句不叠。乃知唐本三叠盖如此。及在黄州，偶读乐天《对酒》诗云：“相逢且莫推辞醉，新唱阳关第四声。”注：“第四声：‘劝君更尽一杯酒。’”以此验之，若第一句叠，则此句为第五声矣，今为第四声，则第一不叠审矣。

张侗的《胶西三叠》与《乐乐之歌》曲谱今皆不传，《胶西三叠》歌词载于《琅邪放鹤村续集》卷末，前有长序，内云：“不遇子瞻，此调（指《阳关三叠》）几成绝响。余胶西人，偶传此曲，心赏之，微嫌其第三句太直，少变态，第四句音节太悲，所谓乐句甫毕，旋教人涕零也。”至于二者之间关系，有兴趣的行家可对比研究，本文不再枝蔓。

《记阳关第四声》提到的文勋，还擅篆书，苏轼在超然台上摹刻的李斯《琅邪台碑》，就出自他手。至于前文张侗所说的孔密州，则是孔尚任的先祖孔周翰。孔尚任《腊日客平阳，刘青岑太守设鲜鳆鱼享客，诗以志异》七古开篇云：“吾祖昔知密州事，家藏笈稿三百字。纸尾略存海错诗，踌躇饱啖不满志。”徐振贵《孔尚任全集辑校注评》以为诗中的“吾祖”“指孔霸，西汉鲁人，尝任詹事、高密王相”。注解错误，西汉哪有纸（有纸也保留不到清朝），更无密州。此人其实是北宋继苏东坡之后莅任密州知州的孔宗翰。据《宋史》本传：孔宗翰，字周翰，曲阜人，孔子四十六代孙，官至刑部侍郎、宝文阁待制，以直节清名闻于世。他曾至密州：仁宗至和元年（1054）任仙源令，以事过东武，晤陈宗古、任建中等人。熙宁三年（1070）中秋，以尚书屯田郎中提点京东刑狱，持节过密州，时陈、任已亡故，孔宗翰题诗于东武馆舍：“屈指从来十七年，交亲零落一潸然。婵娟再见中秋月，依旧清辉照客眠。”熙宁九年（1076）农历八月十五日晚间时分，密州超然台上，明月之下，酒席宴间，苏轼作了两首诗（《和鲁人孔周翰题诗二首》）、一首词（《水调歌头·明月几时有》，即中秋词），明显受孔宗翰熙宁三年密州题诗的启发。

二

苏轼异于柳七郎风味的豪放词风，是在任密州太守时形成的，词学界大都认同。苏门后四学士之一李格非之女、婉约派宗主李清照在其著名的《词论》中曾批评她的这位太老师“往往不协音律”。除了苏轼天才浩瀚，不愿受音律束缚，也可能苏轼《江城子·密州出猎》之类铜琵琶、铁绰板的粗犷风格，不符合李清照这类名门淑媛的欣赏习惯。

说苏轼不愿受音律束缚，在密州还有一事，他将李清照婆家人“胶西先生”赵杲卿（字明叔）的口头小调，演绎为推广“东州乐府”的《薄薄酒》，并为当时和后世文人词客所追捧。但历来东坡词集均没收入此作，可能不仅是音律问题，其体裁也太任意了。

词一般是谐音律，能弦歌的。宋代词人如欧阳修、黄庭坚、叶梦得、晁补之、晁端礼等，皆曾以“琴趣”名其词集，就与此有关。李清照说苏轼词“往往不协音律”，并不是苏词都不协音律，更不是苏轼不懂音律。苏轼有时（特别是晚期）还特意关注音律。如，其尺牍《与朱康叔十七首》之十三：“旧好诵陶潜《归去来》，常患其不入音律，近辄微加增损，作《般涉调哨遍》，虽微改其词，而不改其意，请以《文选》及本传考之，方知字字皆非创入也。”其《水调歌头·昵昵儿女语》之序：“欧阳文忠公尝问余：‘琴诗何者最善？’答以退之《听颖师琴》诗最善。公曰：‘此诗最奇丽，然非听琴，乃听琵琶也。’余深然之。建安章质夫家善琵琶者乞为歌词，余久不作，特取退之词，稍加檃括，使就声律，以遗之。”

笔者喜欢听音乐，但不甚解乐理。不清楚中秋词是否严格地合乎当时的音律，但大致知道它是被最广泛传唱的一首宋词，即使在当代乐坛，从美声到流行歌曲到现代音乐、从男高音到女高音到女中音、从独唱曲到合唱曲到室内乐，林林总总，目不暇接。一般说来，在邓丽君、王菲等女性歌者口中，此曲婉转蕴藉，但李双江、王志信版，则有豪迈高举之概。如果让唐国强扮诸城女婿毛泽东配乐朗诵此词，肯定会天风海涛，扑面而来。可谓婉约豪放总相宜。

王菲一曲《明月几时有》，曾引发华人圈对宋词重新产生浓厚兴趣。苏轼在诸城创作了包括中秋词的众多佳作，不在密州留下痕迹那才不正常。实际上，在苏轼尚在人世时，诸城就出现了很多词人。

对苏词有保留意见的诸城媳妇李清照是一个，还有一个也与苏轼有瓜葛，那就是被选入宋词“六十名家”中的诸城人侯寘，他是苏门四学士之一晁补之的外甥，《四库全书总目》《孏窟词》提要，称他“犹有元祐旧家流风余韵，故交游皆胜流，其词亦婉约娴雅，无酒楼歌馆簪舄狼籍之态”。元祐旧家文采风流，苏轼其实是班首。晁补之也曾被任命为密州太守，乾隆《诸城县志》卷二七《宦迹录》且为立传，但详考《宋史》本传及晁氏著述，实未到任而改命。晁补之也擅填词，晓音律，能抚琴，如果他真的到任，古密州岂不是词人盛会更无前。

侯寘本家、徽宗崇宁年间户部尚书、为招降宋江集团做出重要贡献的侯蒙，也能填词。他的《临江仙》咏风鸢是《红楼梦》中薛宝钗同词牌咏柳絮的蓝本。

两宋之交，还有一个曾有乐府专集，但已失传的词人徐大用。陆游《渭南文集》卷一四《徐大用乐府序》：“古乐府有《东武吟》，鲍明远辈所作，皆名千载。盖其山川气俗，有以感发人意，故骚人墨客，得以驰骋上下，与荆州、邯郸、巴东三峡之类，森然并传，至于今不泯也。吾友徐大用，家本东武，呼吸食饮于郏淇之津，盖有已相其轶思者，故自少文辞雄于东州……于悲欢离合、郊亭水驿、鞍马舟楫间，时出乐府辞，赡蔚顿挫，识者贵焉。”这是文学批评史上第一次有人指出鲁中地区地方音乐对宋词的影响。苏轼豪放词其实也受过这种影响。

最后提一下李清照的丈夫赵明诚，他也能诗词，通音律，且为苏、黄粉丝。谢逸《送赵德甫侍亲淮东》：“茂陵少年白面郎，手携五弦望八荒。”李清照《偶成》诗回忆与赵明诚夫唱妇随：“十五年前花月底，相从曾赋赏花诗。”可见这位宰相公子才情其实不赖。据伊世珍《琅嬛记》，赵明诚不满足于与娇妻翻书赌茶，还要与她比试乐府，“三日夜，得五十阕”，且将自己的作品与妻子作品相杂，倩人品评，这有些夸张。但正如《金石录》中有李清照的劳动成果，《漱玉词》内也未必没有赵明诚的精血。他们夫妇切磋推敲，较短论长，谁有资格说三道四？今天学术界、文学艺术界夫妻店、家庭作坊其实也不少。

我推测《漱玉集》中《渔家傲·天接云涛连晓雾》就有可能是赵明诚原创。

赵明诚于宣和三年（1121）赴莱州知府任，掖县城西北九公里处的东海神庙是国家祭祀东海之神之处（古代东海相当于今之渤海、黄海、东海，联想到金与元初连南海之神、江渎之神也望祀于莱州，则此地实古代海洋文化荟萃之处），明清时由朝廷每年春分派员往莱州祭祀，宋时则由莱州知府主祭。大约宣和四年（1122）春分日拂晓，斋沐一夜的赵明诚率僚属与管庙僧道拈香、焚帛，诵读祭文后，走出海神庙，登上海神大殿东北不远高台上的蠡勺亭（望海楼），但见海庙周围香烟氤氲，庙湾港内千帆待发（春分日斗柄东指，祭神出海，至今仍是渤海湾沿岸一些地区的风俗），而北偏东五十里处，三山岛若隐若现，赵明诚心情舒畅，兴致勃发而作此词。

有论者以为此词是建炎三、四年间金兵南犯越州、明州，李清照追随赵构泛海逃亡时作。且不说在兵荒马乱、帆樯狼藉中，身怀家忧国难的李清照写不出这样洒脱超然的作品，何况早有人已指出，“此绝似苏辛，不类《漱玉集》中语”。

在莱州的时期，从某种意义上说是赵明诚事业的高峰，这一时期也奠定了诸城赵氏成为当时大收藏家的经济基础。莱州盛产黄金，有时其产量是当时全国其他所有地区总和的很多倍，同时鱼、盐、商税也是大宗。作为一府长官，俸禄之外，灰色收入肯定也不少。否则，像苏轼在密州“日食杞菊”那样的薪俸（当然这也是苏轼埋汰新法整顿财政的弥天大谎），本来家境一般，有时还典衣度活的赵明诚夫妇，怎么会突然成为巨富，一掷千金无难色。而既有雄厚的经济基础，突出政绩，又有宰相世家的人脉，且当年富力强之时，赵明诚对未来充满信心，在《渔家傲》中也是情溢乎词。

苏轼元丰八年（1085）来往登州，过莱州时也曾谒海庙望三山。其《再和曾子开从驾二首》之二：“忆观沧海过东莱，日照三山迤逦开。桂观飞楼凌雾起，仙幢宝盖拂天来。不闻宫漏催晨箭，但觉檐阴转古槐。供奉清班非老处，会稽何日乞方回?”所谓“桂观飞楼”“仙幢宝盖”自是海庙，而非赵明诚夫妇所住、装扮清廉的寒衙冷署。

《渔家傲》词中“风休住，蓬舟吹取三山去”，也令人联想起中秋词中的“我欲乘风归去”。瀛洲三山与琼楼玉宇，也都可兼指朝廷。当然，两词也都受带山负海、雄奇瑰丽的胶东自然环境所孕育的仙道文化的影响。

三

一般琴史研究者对于诸城派所受其他琴派的影响，都强调虞山、金陵两派，这主要因诸城派琴谱与这两派琴谱曲目相同者多。但有关传授情况，几乎没见相关记载。与诸城派交流的琴派，最有据可查的是川派。

历史上川蜀与齐鲁琴人交流就不乏记载，其中最有代表性的人物是诸葛亮和苏轼。一个祖籍诸城而到巴蜀，一个川人而来诸城。王燕卿在《梅庵琴谱·自序》中称这两人的古琴，一个是“困而学之者”，一个是“困而知之者”，虽然诸葛亮于兵马倥偬中弹琴退司马，是小说家言，苏轼好古琴也难落实，但琴以人重，也算佳话一段。何况苏轼还有系列琴论。

就琴谱来说，诸城派所弹曲目，与四川相关的不少。诸城派独门曲谱《关山月》是演绎李白诗意，诸城各谱中都有的《秋风词》一般标为李太白作，《凤求凰》《长门怨》则是司马相如作，《秋江夜泊》传为苏轼作。

在苏轼任密州太守六百余年后，四川阆中人罗廷璋于康熙五十五年（1716）任诸城知县，在任期间，和平乐易，与民休息，并重建苏轼超然台，为一时盛事。苏州文人刘恭《秋杪登超然台用李渔村先生韵》说他与苏轼“七千里地才同济，六百春秋德不孤”。巧的是，罗廷璋也是一位古琴爱好者。《东武诗存》所录罗廷璋诗，有《春日理琴》一首：“阳春一曲杳难寻，得趣渊明会意深。弹到无声心自远，始知弦外有遗音。”

与罗廷璋鸣琴东武几乎同时，诸城刘棨、王沛憻舅甥在四川任职，王沛憻子王概赴四川与建昌道安定昌女完婚。不知他们与巴蜀琴人有无交流切磋。

王沛憻本支后人、诸城琴派的创始人之一王溥长在嘉庆年间曾游历川、贵，与当地琴人有过接触。詹澂秋《虞山学派山东琴学之系统》有这样的记载：

> 琅琊王先生名式钰，东武旧族，仕于贵州。广交游，招名士宴饮以时，客有善琴者，自秘其名，妙指希声，冠绝一世。王公询知为虞山学派，遂安车蒲轮延请署中，命其子普长字既甫执弟子礼，朝夕请益，三载而琴学已

成。既甫继承庭训，而以琴学世其家。令誉闻于邻封，师事者较众。

据《相州王氏族谱》，王式钰曾任贵州黄平州吏目。贵州在当时算边远地区，但与四川山水相连。黄平在元末明初，曾先后属四川行省和四川都司。王溥长在黄平所拜的古琴名师，可能是川蜀琴家——即使是江浙人，到了西南地区，也会入乡随俗。如今天被人们奉为川派或泛川派创始人张孔山（字合修，号半髯子），就是浙江人。此人对诸城琴派也有很大影响。王溥长在《桐荫山馆琴谱》中《流水》一曲的前面有一段题记：

> 按，各谱《流水》大同小异，此系汉口张道士（张孔山）半髯子幼学于冯彤云先生……众谱所无。嗣清咸丰辛酉（1861 年），搜集古操互相校对，窃恐日久失传，因共拟数字，勉成付梓，冀以寿世。愿我知音切勿妄臆增减，致负前人作述之苦衷，则幸甚。

当王溥长得到张孔山《流水》谱时，张孔山常在江汉一代传艺，《流水》有一传本，就是张孔山的汉口弟子张宝亭抄录。其时王溥长同族的王嗣繁任湖北通山知县，族人往来络绎。通山九宫山瑞庆宫也是道教名地，张孔山也可能驻足，这也是王溥长能得到其琴《流水》等琴谱的一个途径。

诸城琴派另一奠基者王冷泉一族——王瑞王氏，在清代与四川也因缘稠叠。该族最有名的学者循吏王萦绪（字成祉，号天馥），乾隆时先后任四川酆都令、石砫厅同知，最后“迁南雄府知府，以足疾告，卒于成都”。其子王森文，“性狷介好学，天文、舆志、勾股、乐律，靡不心究”。

诸城派传人成公亮曾将王燕卿与张孔山相提并论：“与王燕卿先生相似的近代古琴革新家是川派琴家张孔山。张孔山在传统琴曲《流水》中增加了第六段‘七十二滚拂’的新段落，这首加工之后的‘七十二滚拂大流水’被收入《天闻阁琴谱》，很快得到琴坛的认同并风行全国，管平湖先生弹奏的众所周知的《流水》即这个版本。原来的《流水》反被冷落，要听到它却是需要琴家再度打谱了。张孔山与王燕卿同时代，琴学活动都在 19、20 世纪交接时的前后数十年，他们是晚清敢于打破琴坛死气沉沉局面的勇士，虽然王燕卿的《平沙落雁》得到琴坛公认的过程没有像《流水》那样顺利，但王燕卿和张孔山一样都为我们后人留下别开生面的、独特的新声。”其实王燕卿祖师王溥长就仰慕张孔山，并最佩服他的《流水》。成文提到管平湖弹奏的《流水》，曾被灌于美国太空探测器的金唱片上，1977年随“旅行者1号”飞船飞向茫茫太空寻找天外知音，但管平湖的川派《流水》，其实是在山东济南向一个叫秦鸣鹤的道人学来的。

王溥长1861年就得到了张孔山《流水》的曲谱，而张谱《流水》有刻本，最早在清光绪二年（1876）刻于成都的蜀琴琴艺的集大成之作《天闻阁琴谱》上出现。张孔山在《流水》之前也有一段说明性文字，可与王溥长的《流水》题记参看：

> 余幼师琴于冯彤云先生，手授口传，所习各操尚易精熟，独此曲《流水》最难。且诸谱所收《流水》，虽然各别，其实大同而小异，维此操之六段迥相悬绝，余揣摩既久，始能聆其神趣。即当时师我者，顾不乏人，惟叶子介福得其奥妙。窃恐斯操之失传也，每欲作谱，以志不朽，奈指法奇特，又非笔墨所能罄者。适古豳居士（唐彝铭）修集古谱，招予校对，因勉成付梓，愿我知音，再为追摹，以公同好，庶不负古人之作述焉，则幸甚。

冯彤云、张孔山都是浙江人，《流水》应该有浙派法乳。当它作为蜀派经典传到山东后，无疑又融入了齐鲁琴派的风韵。管平湖弹奏的《流水》，钱塘潮、三峡浪、东海洪涛，当兼而有之。

中秋词异文考辩

明月几时有？把酒问青天。不知天上宫阙，今夕是何年。我欲乘风归去，又恐琼楼玉宇，高处不胜寒。起舞弄清影，何似在人间。转朱阁，低绮户，照无眠。不应有恨，何事长向别时圆？人有悲欢离合，月有阴晴圆缺，此事古难全。但愿人长久，千里共婵娟。

以上是苏轼《水调歌头》中秋词最常见的文本。这首被誉为千古绝唱的名作不足百字，但历来流传不同版本，有多处异文。对这些异文进行考辩，有助于我们理解其思想，欣赏其意境。

相对而言，上片异文不多。只有“又恐”之“又”字，有多种异文。南宋黄升《花庵词选》卷二选此词，金元李治《敬斋古今黈》卷八引此片最后三句，皆作“衹（只)”字。明陈耀文《花草粹编》卷十八选此词，作“唯”字，清沈雄《古今词话》上卷两引此词，皆作“惟”字。

“惟”字和“只”字，都是表示范围和程度的副词，二者可以互训，都可解释为“独”“仅”，有强调、肯定之意。

本来所谓“天上宫阙”“琼楼玉宇”，是虚无飘缈、若有若无之境，中秋词中的“恐”字，可释为“可能”“也许”，有推测之意。在这首词中，若用“惟”或“只”字作“恐”的状语，似乎不但将“琼楼玉宇”落实为现实之物，还会将“恐”字落实为“恐惧”“害怕”，给人的感觉未免尖锐，不仅与东坡齐生死、等荣辱的仁者胸怀相矛盾，而且与全词旷达、洒脱的格调难以谐和。不如用“又”字筋脉圆转，气韵畅达。清冯煦《蒿庵论词·论东坡词》，刘熙载《艺概》卷四，皆称道此词“空灵蕴藉”，若将“又”字作“衹（只)”或“惟（唯)”字，这四字评语恐怕要打折扣。

我们再看下片的几处异文。

《水浒传》第三十回，张都监与爱妾玉兰借中秋赏月陷害武松，先让玉兰唱中秋词佐酒，那心怀鬼胎的玉兰不仅把这首逸怀浩气、超尘迈俗的词唱得充满幽怨、恐惧、凄凉，而且把下片第一句之“转朱阁”唱成“高卷珠帘”，虽然便宜行事，但也是明显的错误。不过既是小说家言，也就不必深究。

如果说“又”字异为“惟”“只”等字尚无损大体的话，像有人所说下片“低绮户”之“低”字当为“窥”字，则大煞风景。南宋胡仔《苕溪渔隐丛话》卷五十九云：“先君尝云，柳词‘鳌山彩构蓬莱岛’，当云‘彩缔’。坡词‘低绮户’，当云‘窥绮户’，二字既改，其词益佳。”

胡舜陟、胡仔父子，生活在两宋之间，时代距东坡较近，但他们自鸣得意地篡改苏词，实在不高明。

中秋词下片头三句之“转朱阁，低绮户，照无眠”中的转、低、照三字，都是动词或作动词用。前两句说的是月亮的移动，而从月亮的移动中，人们感觉到时光无声地流逝。正因时光流逝，更深人静，那一直望月思人、辗转不眠的人儿，才引起作者的关怀，才有后文的宽慰、祝愿之语。倩女离魂，接迹风骚。若以“窥”字易“低”字，不仅使“转”字无承，且与“照”字重复，会失去原词时空交错、曲折幽深的层次感。

另外，以“窥”字易“低”字，还会使全词的格调有所降低。

中秋词中的月，是一年中分外圆明的皓月；词中的感慨，是宇宙人生的大感慨；词中所讲的道理是古今不易的大道理。作者逸怀浩气，超尘绝迹。词中写月，用一“照”字，虽然平常，但与中秋之月的圆满形象，与全词开阔超然的境界，极相协调。若用“窥”字，无异于变昂扬千里驹为局促果下马，真不知“佳”在哪里。

词中用“窥”字写月，不少概见。苏轼《虞美人·波声拍枕长淮晓》有“隙月窥人小”之语；王沂孙《眉妩·新月》中有“试待他，窥户端正”之句，都新颖尖巧。但两首词中的月，都是蛾眉新月，王词中还有孽臣孤子操深虑危的情怀，与中秋词的开朗洒脱截然不同。

苏轼曾经对有人将陶潜的诗“悠然见南山”中的“见”字改为“望”字，不以为然。批评说：“古人用意深微，而俗士率然妄以意改。此最可疾。”此言可移评胡氏父子之说。

南宋赵彦卫《云麓漫钞》说他曾见过东坡中秋词真迹，“但愿人长久”，真迹“愿”作“得”，并批评后人“妄改古书”。纪昀《四库全书总目提要·东坡词》却以为二字之工拙，相去不远。并说：“前人著作，时有改定，何以定以真迹为断乎?”纪昀之言，可谓解事。

王闿运《湘绮楼词选》改中秋词“不应有恨”之“有”字为“惹”字，以避免与下面二“有”字相犯，汪兆镛《棕窗杂记》以为“不及‘有恨’浑成”，也是明见。

古人基本没有现在的著作权、版权概念，出版者、编辑者对前人作品修改、点窜，是经常见到的事，有人且美其名曰“点铁成金”。至于歌词流传，口耳相授，发生变异更是自然而然。有的变异是良性的，有的则并不高明。被读者、听众广泛接受的文本，在一定程度上往往带有集体智慧的结晶。篇首中秋词最常见文本，就是如此。即使真的发现苏轼中秋词手书真迹，有与此文字相异者，如果并不高明，我们也完全可以像纪昀那样，不必买账。

读诗笔记："邸家园"漫话

宋代宦游密州的文臣，多人在诗歌中提及"邸氏园"或"邸家园"。熙宁六年（1073）前后任密州州学教谕的著名诗人孔平仲有《接通判于邸氏园，园人献牡丹，太守不收，余私取其绝好者以归》："薄暮归来何所携，牡丹初翦半开时。浓香盛色俱堪爱，占得春风第一枝。"诗见《清江三孔集》卷二四。此诗亦收入郭祥正名下的《青山续集》卷五，《青山续集》虽为《四库全书》全文著录，却大半是伪窜之作，郭祥正根本没到过密州，关于邸家园的诗与书中其他关系"密州""东武"的诗，皆作伪者窃取孔平仲之诗充数。熙宁十年（1077）就任密州知州的孔宗翰亦有关于邸家园的题咏，诗失传，但苏轼《和孔密州五绝》中有《见邸家园留题》一首："大旆传闻载酒过，小诗未忍著砖磨。阳关三叠君须秘，除却胶西不解歌。"《和孔周翰二绝》中有《再观邸园留题》："小园香雾晓蒙笼，醉守狂词未必工。鲁叟录《诗》应有取，曲收彤管邶鄘风。"

"邸氏园""邸家园"是何所在？历代注苏诗者今存数十家，但留意者不多。少数几个提及的（如南宋施元之、王十朋，清冯应榴），皆把此园视为邸姓人家的花园。清乾隆《诸城县志》卷八《古迹考》因之："邸家园，亦见轼诗，今县东南七十里有村名邸家河，邸氏犹族居焉，其园主之苗裔耶？"皆未免望文生义。今人因此以邸家园在县东南之邸家河附近，考虑到当时交通状况，似不利于官员频繁来往。施、王二注于《再观邸园留题》，还引辗转传闻之"高密老儒"所谓"邸氏有贤妇，孀居不嫁，其节甚高"语，以为是歌颂节妇之诗，亦似不伦。且不说官员成群结队到寡妇家醉歌赏花有失检点，诗中"醉守狂词"，明显是风怀诗。

其实"邸家园"乃密州城西宁门（西北门）外龙兴寺（石佛寺、西寺）邸舍之花园，亦即龙兴寺附属花园，宋时园中牡丹名重一郡。"邸"在此非姓氏，乃邸店、邸馆、邸阁简称。《苏沈良方》卷二"治大人小儿诸风伤寒"："曾在江南见市门有卧者，问之，乃客贩，因病偏风，医之，遂至病困，为邸家所委。”此处之“邸家”，即指旅馆、脚店之掌柜。孔平仲所谓“邸氏”，与称手艺人为匠氏，刻字者为“剞劂氏”一样，相当于“开邸店的”。

苏轼在密州时，曾在城西北建快哉亭，苏辙有《寄题密州新作快哉亭二首》，文同有《寄题密州苏学士快哉亭，太史云，此城之西北送客处也》，二人都没到过密州，语焉不详。苏轼自己诗文中没有提及此亭，考虑到龙兴寺偏于郡城西北，此亭作为迎来送往的公共建筑，有可能就位于龙兴寺邸园之内。

“邸家”一词，作为旅店、货栈之称，见于唐及北宋，甚至传到日本，并衍生出“津屋”（ツヤ）等词汇。在9世纪后期宽平年代（889—897）成书的辞书《辨色立成》中就有相关条目，解释为“停卖物取赁处也”。由于商人往往携带大量货物和实物现金，考虑到宋代密州有北方最大的贸易口岸板桥镇市舶司，龙兴寺邸店在金融物流方面，也大有赚头。日本近代经济史学家加藤繁在其《中国经济史考证》一书中，曾对“邸家”一词作过比较详细的考证，颇给人启发。他说“邸家一语，在现存的中国古书中差不多完全没有看到；想来这是一个俗语，因此不见于文人学士的笔下”，虽所见未广，但这个词汇使用者不多，在现存古代典籍中少见也是事实。要不南宋以后注苏诗者怎么会可劲从诸城姓氏资源中寻找证据。

据苏轼《见邸家园留题》《再观邸园留题》等诗，他在密州时，曾游邸家园，在此燕饮会客，并有诗作刊石，但苏集中并无其他提及邸家的诗歌。我认为，这些诗并没有失传，他在密州所作与龙兴寺花园有关者皆是。如《答陈述古二首》，其一云：“漫说山东第二州，枣林桑泊负春游。城西亦有红千叶，人老簪花却自羞。”这里的“红千叶”，非枫叶，乃龙兴寺花园重台牡丹。所谓“叶”，其实为“瓣”。梅尧臣《陪王待制清凉院观牡丹赋诗》：“品众自争贵，叶多方见奇。”花卉除水仙外，一般以重台为贵。重台花亦名“楼子花”，诸城龙兴寺“红千叶”，套用《红楼梦》中的话，便是“楼子上起楼子”的牡丹花。其二云：“小桃破萼未胜春，罗绮丛中第一人。闻道使君归去后，舞衫歌扇总生尘。”后有小注云：“陈有小妓，述古称之。”此“小妓”，对于陈述古，相当于朝云之于苏轼。所谓“醉守狂词”，当指此类偶露风怀之作。

再如《惜花》中有句云："城西古寺没蒿莱，有僧闭门手自栽，千枝万叶巧翦裁。就中一丛何所似，马脑盘成金缕杯。"从中可以看出龙兴寺牡丹花种植规模不小，品种不少。诗中提到来密州前在杭州吉祥寺赏牡丹的盛况，有"沙河塘上插花回，醉倒不觉吴儿咍"之句，在杭州时所作《吉祥寺赏牡丹》首句云"人老簪花不自羞"，在密州龙兴寺邸园赏牡丹则曰"人老簪花却自羞"，亦可见当时两地风俗华朴之差异。

苏轼"乐府长短诗"的词，也提及龙兴寺牡丹。如《雨中花慢》，有句云："闻道城西，长廊古寺，甲第名园。有国艳带酒，天香染袂，为我留连。"从词中可以看出，龙兴寺花园与"甲第"之邸馆，是连在一起的。

南宋傅干《注坡词》中《临江仙·九十春日都过了》一首，有为他本所未见之题注云："熙宁九年四月一日，同成伯公瑾辈赏长春馆残花，密州邵家园也。"此处之"邵家"，实为"邸家"之误。傅干《注坡词》原文以音讹、以形夺、以意改的情况不少。"邸"误为"邵"是字形相近，赤壁词"樯橹灰飞烟灭"中"樯橹"（据东坡手迹刻石）傅本误为"强虏"，则是由于音同。东坡对曹公一向尊重，《赤壁赋》中听到有人唱魏武《短歌行》便正襟危坐（在密州所作千古绝唱中秋词亦用《短歌行》之典），忽然在参禅入玄、世法皆空平等观的《赤壁词》中表现出旗帜鲜明的政治立场，何等滑稽。

古代佛寺，有经营旅馆的特许。唐代会昌灭佛后不久，武宗驾崩，宣宗继位，大中六年（852），祠部便建议恢复寺院，方便商旅："其诸县有户口繁盛，商旅辐辏，愿依香火以济津梁，亦任量事，各置院一所，于州下抽三五人住持，其有山谷险难，道途危苦，羸车重负，须暂憩留，亦任因依旧基，却置兰若。"旅馆食宿收入，自然也是寺院经济的一个重要组成部分——寺院除经营旅馆外，还能寄存金钱、屯放货物，闹市的寺院还能定期开放，作为商品贸易市场，僧家收取管理费（宋以后的"庙会"，以"商品经济大合唱"为主，宗教内容反而不明显。赵明诚、李清照的藏品，很多来自汴京相国寺文物市场），官府也从中课税。宋雍熙四年（987），朝廷专门针对寺院设立"课利司"，"掌京城诸寺邸店、庄园课利之物，听命于三司，以寺务司官兼掌"。中国旅游产业、金融业乃至物流商贸业的发展，都与寺院有重要关系。宋代相国寺邸舍，有时甚至能作国宾馆，接待高丽、日本等国使者。位于密州城西北、交通要道（宋代密州所属京东东路治青州，在密州西北）的龙兴寺邸馆成为官吏迎来送往的理想地点，也就不足为奇了。至于寺庙内外的“商业区”，有僧尼执事管理的，也有承包、出租出去，或股份合作的。这在古代一些戏曲、小说中，也有记载。如《西厢记》崔张因缘，在普救寺邸馆和花园中结就；《水浒传》中的鲁智深，做过相国寺的菜保，还拔过人家园子里的垂柳，他在五台山买酒肉，没人敢卖给他，店家说：“师父少罪，小人住的房屋，也是寺里的，本钱也是寺里的。长老已有法旨：但是小人们卖酒与寺里僧人吃了，便要追了小人们本钱，又赶出屋。”在宋代诸城人张择端所绘史诗性风俗画《清明上河图》中，佛寺与邸馆的关系也有所反映。图中汴梁城东门右上部有一佛寺，是全图中画得最清楚的一座，有一穿袈裟的僧人正由东边门回寺。往东不远，便有一旅馆，引护城河水环绕。估计北去水渠林木茂盛之地，便是寺庙的东花园亦即邸舍的西花园。邸馆院内，有马卧地；大门外，有官吏仪仗队在等待，执事者有横卧者，有倚躺者，也有跷二郎腿坐的……其时天色已经不早，正经的主人或仍在床上会晤周公，或和苏轼一样，到后花园赏花吟诗作词，令人联想起宋代吏治之疲冗（宋代官吏日增月益，官舍缺乏，有借邸馆办理公务者）。旅馆门左边有一算卦先生，生意兴隆，“决疑”“看命”“神算”的招牌，甚是醒目。将古人“有道之世，其鬼不神”稍作引申，则张择端以画讽政之意，呼之欲出。

密州龙兴寺，为一方名胜。此寺历史，最早可上溯到后魏之大觉寺，隋时名茂胜寺，隋文帝曾赐佛祖舍利于该寺，建塔供奉。据《续高僧传·隋京师大兴善寺释僧世传》，僧世于隋文帝开皇四年（584）奉敕送舍利于密州茂胜寺，有一段灵异：“行达青州，停道藏寺。夜放赤光，从房而出，直指东南。尔夜密州城内又见光明从西北来，相如火炬，丛焰非一，绕城内外，朗彻如日。预有目者，无不同睹。后乃勘究，方知先告。既至治所，两夜放光，如前绕城，朗彻无异。及世举瓶欲示大众，忽然不见。后至寺塔，复放大光，通照寺宇。行道初日，打刹教化，舍利二粒见于瓶内。及造石函，忽变为金。如枣如豆，间错函底。余处并变为青琉璃，因具图表，帝大悦也。”明诸城学者陈烨《游石佛寺》诗云：“宝塔中函释氏身，何年山骨凿嶙峋？历来浩劫元无相，迥立浮空自出尘。螺髻昂霄真大士，金篦隐日暗通神。诸天环拱风铃外，万古邦淇俯渡津。”陈烨是诸城现存最早县志——明万历《诸城县志》的主纂，他对佛教史上这段掌故是了解的。

唐高祖武德六年（623），中华净土宗实际创始人（日本净土宗高祖）、同时是伟大的佛教艺术家的善导大师，来密州诸城出家。慧净《善导大师年表》于唐高祖武德六年（623）条下，注云：“于诸城县依明胜法师出家，学《维摩经》《法华经》。”且自此至贞观九年（635）“周游寰宇，求访道津”前，未云别往。而考虑到善导于诸城出家三年后的武德九年（626），唐高祖因佛道二教论争，敕令沙汰二教，诸州各留一寺一观，余皆废除或令还俗。善导在诸城出家之寺，只能是茂胜寺，亦即后来的龙兴寺。龙兴寺是唐中宗神龙三年（707）二月以后的寺名，在这之前，天下各州郡主寺还一度统一命名为“中兴寺”，宋大中祥符以后，可能还更名为资福寺（宋时四月佛诞日，密州人以芍药供佛于南禅寺和资福寺，苏轼有《玉盘盂》诗纪之），寺名不同，寺址则一，换换寺额门牌而已（甚至连寺额也不必换）。清嘉庆年间曾在石佛寺故址出土魏兴和五年刘目莲造观音像石刻；道光年间修石佛寺，在此出土东魏元象造石柱铭（六面碑）；光绪年间，又先后在石佛寺故址出土北齐天宝造像刻石、北齐武平佛座残石。龙兴寺出土中最著名者，为1979年被发现的卢舍那丈八佛头像，被学术界誉为“中国第一笑佛”。同时出土的还有刻于唐开元二十年（732）的卢舍那放光碑。如果将来石佛寺故址出土与善导相关的文物，此地应成为净土宗的重地。茂胜之名，当与东林、香积共垂不朽，而龙兴寺邸园“千叶红”牡丹，在中国园艺史、群芳谱中，也应与吉祥寺并传。

诸城龙兴寺（石佛寺）一直到清代，依旧香火很盛。康熙四年（1665）著名文学家丁耀亢寄居此寺，一度欲落发出家。其诗集《归山草》中有《乙巳东归，寄居石佛寺设醮，将祝发入山，次答冯慰前韵二首》，有句云：“蒲团竹杖堪娱老，自号沙门种菜佣。”《东武诗存》卷三康熙朝诗人王翰《西寺》有“落日荒高塔，孤亭接远晖”之语，令人联想起快哉亭。《东武刘氏诗萃》卷六刘之铉《同友人游西寺》，有“佳果不外求，甘美皆自植”“蓼花垂殷红，甘蕉杂薜荔”等句，龙兴寺园艺心法，历数百年沧桑浩劫，似仍有传人。

“曲径通幽处，禅房花木深。”自唐代以牡丹花为国花，佛寺栽种牡丹也成为风气，佛寺也成了牡丹品种培植、保存的重要基地，甚至佛教重要装饰图案的宝相花也由莲花为主变为以牡丹花为主。至宋代，此风有加无已。据李清照之父李格非《洛阳名园记》，只洛阳佛寺天王院，便“独有牡丹数十万本”——当然，僧人种牡丹不仅是为析色观空和供养诸佛，也有经济利益驱动。牡丹花是药材也是食材，有一种名吃“东坡酥”，就是牡丹花饼（因苏轼《雨中赏牡丹》有“故应未忍著酥煎”而得名）。名花能吸引香客、旅客（把名人诗文刻石立于寺园，也是佛家常用的广告手段），增加寺庙收入。还有，名花本身也是商品，据唐李肇《国史补》卷二，长安有寺观种牡丹求利，“一本有直数万者”。密州官吏频繁到邸家园赏花，迎来送往，又吃又喝又拿，还留诗刻石……如果是私人园林，未免“有玷官箴”。宋代寺院经营有商业化倾向，僧团管理则有行政化倾向。州郡太守、通判，有监督、考察、推荐本州僧正、道正的职责。龙兴寺作为一州主寺，其邸馆地位相当于今日密州宾馆，这种行为便成了正常部门间工作往来。宋代熙宁前后密州龙兴寺的住持（可能兼密州僧正），佛学造诣可能不深（也可能宗门不同），未曾与孔平仲、苏轼辈较量机锋，但作为龙兴“商业区”的“总经理”和“董事长”，其理念还是比较超前的。

七千里地才同济，六百春秋德不孤

——罗廷璋与超然台

一

自北宋熙宁八年（1075）一代文豪苏轼初建超然台，使之成为诸城作兴人文、钟祥凝瑞的胜地，至民国三十六年（1947）此台毁于战乱，近九百年间，历代官绅修葺超然台见之记载者，不下十余次。其中规模最大的一次，应属清康熙五十八年（1719）诸城知县罗廷璋之重建。

超然台为土木建筑，诸城处沿海地区，风急水劲，多地震，此台又地势高危——蒲松龄《超然台》诗所谓“插天特出”，易受自然力破坏。苏轼“伐高密、安丘之木”所建超然台楼阁，早已荡然无存。据乾隆《诸城县志》卷一五，康熙二十四年（1685）八九月间，知县马翀重修诸城城垣，“并修超然台”，谁知仅过三十余年，罗廷璋莅任诸城知县时，又是“祠宇飘摇，亭台顷圮，荆榛瓦砾，半为废墟”。

罗廷璋，字文成，四川阆中人，康熙二十年辛酉科（1681）举人。其父罗大美，字在中，顺治十四年丁酉科（1657）举人，康熙三十年左右任山东青州知府，兼署青州海防道。据雍正《山东通志·宦绩志》，罗大美在青州，“威惠并著”，青州人要给他置像立祠，材料都准备好了，罗大美力辞，用这些材料重修了十三贤祠和青州城北关。

罗廷璋自少年时就慕苏轼为人，并喜读其诗文，特别是《超然台记》，“留连三复，不忍去口”。大约在康熙三十年（1691），罗廷璋随其父在青州府署，诸城为青州属县，罗廷璋“每思一游以慰畴昔之思，而无从假道，竟不可得”。二十五年后（康熙五十五年），罗廷璋赴任诸城知县，抵任之后，寻访超然台故址，也许由于他渴望得太久，想象得太好，或者拿它与辉煌壮丽的滕王阁、黄鹤楼相比，面前的超然台令他大失所望，产生了“胜地不常”之感。所谓台，在他眼里不过“颓然一土垤”，至于建筑，也未免逼仄简陋，而且破败不堪。他曾对人慨叹：“余蜀人，非于蜀人有所私爱，但以苏公之德泽在人，文章照耀古今，竟令此台荒废灭没，前贤胜迹不传，既为可悼，且使佳文无稽，俾后之考古者，欲凭吊而无由，岂非千古恨事哉！密州故文物地，不宜有此。”重建超然台的愿望已经产生。

在罗廷璋来诸城之前，诗坛泰斗王渔洋从弟王士骊（字贻西，号幔亭，祖籍诸城）自康熙五十二年（1713）任诸城儒学教谕，曾欲重修超然台而未敢轻举。罗廷璋即任后，他劝与苏轼有“同乡”之谊的罗廷璋成此盛事，两人自然一拍即合，一起积极筹备。可惜在此台动工之前，王士骊不幸去世。

康熙五十八年（1719）春三月，罗廷璋首捐俸金千缗，为重修超然台倡导，全县父老、缙绅、文士，纷纷响应。次年夏四月，主要建筑完工。以后数年，罗廷璋请铁笔山人安丘高士徐天祥等人，陆续将前贤、时人诗文刻石，陈列台上。

对于古迹，今人多崇尚“修旧如旧”，但也许此前的超然台建筑过于苟且简陋，罗廷璋这次重修，自出胸襟，是名副其实的重建。将原来的建筑拆除，成倍扩大了台面，增加了高度，甚至配备了厨房及厕所等，并清理、美化了超然台周围环境，台前设立坊表。这一切，使这座千年古台焕发了新的生命。

二

超然台刻石是超然台文化的灵魂。罗廷璋重建超然台，最大的贡献是空前丰富了超然台石刻内容。他在收集、保留前代刻石（主要是元、明作品）的同时，还亲自“遍索前贤题咏，勒之台畔”。特别是诸城乡贤李澄中、丁耀亢、刘翼明等人咏超然台作，找到一首，即“急付贞珉”。

超然台曾有苏轼诗文碑刻，到清代已无片石存在——或者宋代即毁于元祐党祸。罗廷璋请邑内文士张雯集苏轼字补刻了《超然台记》《雪后书北台壁》等名作，并摹刻苏轼斗笠像于台上。这是全部刻石中最主要的部分。

川蜀自古多才子，罗廷璋与其子罗礼，皆能诗善文，工笔墨。罗廷璋之妹嫁与四川遂宁张懋诚（官至通政使、署工部右侍郎），为乾嘉之际性灵派大师、传为《红楼梦》后四十回作者高鹗之同年亲家的张问陶之曾祖母，后海先河，渊源有自。罗廷璋曾著有诗集《浣花集》，今已不存，但超然台上罗氏父子诗文手迹刻石，至今仍有拓本。罗廷璋文《重修超然台记》，诗《超然台落成》《苏台晚眺》《雪后》等作，皆行楷，结体秀劲；罗礼《琅玡台怀古》为八分书，用笔古雅。

超然台刻石中数量最多的，是当时诸城及附近各县官吏、乡贤诗文。其中特别值得一提的是当时任日照知县的成永健，先后作文《修超然台记》《罗公登超然台小记》，诗《同罗文成登超然台用东坡先生和潞公原韵》《密州北城坡公超然台久圮文成大尹重修告竣属余为诗因感赋二首》，皆勒之台上。在与罗廷璋同时的人中，他是除罗廷璋外在超然台上刻石文字最多的一个。录其中一首：

同调才人感后先，风流异世总超然。
抛将物外原无我，已见寰中别有天。
此日登临携浊酒，当时词赋叹华颠。
女墙杞菊犹堪采，胜事如今六百年。

所谓“同调才人感后先，风流异世总超然”，是成永健对罗廷璋的评价，也是夫子自道。

成永健，字乾人，号毅斋，江苏盐城人。康熙三十三年（1694）进士，官赞皇知县，分校顺天乡试，后调福建南安，起补山东日照。著有《毅斋诗稿》八卷、《偶存诗集》十一卷。胤禛夺权帝位最得力的助手、“藩邸旧人”年羹尧，就是他的门生。当成永健与罗廷璋在超然台诗酒留连之时，年羹尧正在罗廷璋故乡任巡抚，大展雄才，功高震主，也日益骄纵。在年羹尧炙手可热时，成永健没有走他的门子。年羹尧倒台之后，他却因此倒霉。雍正四年（1726）七月，山东提刑按察使余甸荐举已在偏远的日照呆了十几年的成永健，说他“在日照县十三年，安心久住僻远之小邑，不钻求卓异调繁，必是守本分，不能谄媚上官之人”。胤禛批曰：

据余甸之说，将使居官之人皆以被卓异荐举为可耻，天下有是理乎？余甸又奏称年羹尧系成永健取中门生，而成永健诗文中并无铺排门生年羹尧一语，此乃成永健畏惧年羹尧，不敢屈年羹尧在门生之列，余甸岂得以此高其品识乎？此等议论，识见迂阔，庸陋不堪之甚。余甸又称留心采访，并无声名不好，亦无怠惰之处等语，成永健之饮酒，已自认不讳，余甸既留心采访，何以于饮酒并未访闻？居官之人既好饮酒，必致诸事废弛，何得云并无怠惰？

胤禛好严察苛责，无简易宽容、垂裳端拱的君人之度。把苏轼式的行所无事、诗酒超然视为“怠惰”，强词夺理，令他的臣子难分难辨。

当罗廷璋、成永健在诸城、日照“诗酒趁年华”时，诸城人刘棨（刘统勋父）任四川布政使，王沛憻（刘统勋姑夫）任四川建昌道，他们道义相勉，对年羹尧一些暴虐川民的政策作了抵制。刘棨受年羹尧打击压制，以忧劳卒于任。雍正元年（1723）十一月，胤禛将年羹尧谗毁王沛憻的实情告诉王本人，拉拢王沛憻加入倒年行列。王沛憻胞弟王沛恂《匡山集》卷一有《与刘青岑先生书》，勉励刘棨怜悯浩劫轮回、元气未复的四川，“为民请命”，不过书中引人言说四川“非善地”（即征蜀者不祥），无论对刘棨，还是对成永健的门生年羹尧，都应验了。超然台落成，王沛恂应罗廷璋之邀，作《超然台怀古》，勒之超然台上，有“生多去国忧天日，境半登山临水时”，从另一方面诠释了“超然”二字，对罗廷璋、成永健也未尝不适用。

三

一件文化盛事的成功，往往是多方面原因的“众妙荟萃”。康熙末年诸城超然台的辉煌再现也是这样。

在当时的情况下，要成就这样一件盛事，首先需要一个能与苏轼同调的贤明的地方长官。正如罗廷璋好友、康熙二十九年（1690）进士王昌学《重修超然台记》所说，“唯有苏公之心，而后可以名苏公之台；亦必有罗公之心，而后可以继苏公之志”。以前地方官，要么“日萦心于簿书钱谷，而劳形于奔走趋奉”，要么热衷搜刮民脂民膏，“求饱私囊，将归营数顷之田，一亩之宫”，对这种“高人达致”很少感兴趣。而罗廷璋则不同，他“受命尹密，治民事神，一则苏公。风致潇洒，举动光明磊落，去世人患得患失之见远甚，洵有无往而不超然者”。诚如苏州文人刘恭《秋杪登超然台用李渔村先生韵》所说，罗公与苏公，“七千里地才同济，六百春秋德不孤”。

罗廷璋好酒，甚于成永健，但他没有如雍正想的那样“诸事废弛”，而是惠政在民。据乾隆《诸城县志·宦迹录》，康熙五十八年（1719）诸城水灾，罗廷璋报请上司，积极赈济，设粥场数十处，救活无数灾民，深受百姓拥戴。当雍正五年（1727），他调章丘知县后，受雍正另一宠臣田文镜排陷，让他赔补历届章丘库银亏空，罗廷璋倾家鬻产未能如数填补，穷困潦倒，诸城县民闻之，有负米前往救济者。罗廷璋有《东武民有负粟来问者，赋此赠之》，赞美诸城人“米贵风偏古，棠甘俗尚新”。后来罗廷璋病死章丘，不能归葬。诸城父老闻讯，前去迎接棺椁，葬于诸城城南丁家庄。县人还集资为其子罗礼购置田产，“强留”他落户于诸城。这都是罗廷璋遗爱在民的回报。这样的县令，倡导造福地方的盛举，自然群起响应。

罗廷璋倡重修超然台之际，适当诸城一带人文全盛。本来明清易代，诸城受战乱破坏较轻。经过数十年休养生息，经济、文化全面复苏。五大家族中，明代世族臧、丁家风仍存，王、李正当鼎盛，清代最显赫的家族清爱堂刘氏，正在崛起（刘统勋在罗廷璋到任的次年中山东乡试第三十六名举人，按惯例，这位望重山斗的名相——昭梿比之为苏轼的老师韩琦，做秀才时最后一位宗师，就是罗廷璋）。这些家族中的名人，大都参与了超然台的重修。还有一个巧合，在此台兴建的康熙五十八、五十九两年中，文化名人刘墉、窦光鼐先后在诸城出世！

当北宋熙宁八年苏轼初建超然台时，恰好当时著名的书法家庐江文勋（包拯墓志盖即由他篆书）因事来诸城，当时在书坛尚未闻名的苏轼，请他将琅邪台李斯刻石，摹刻于台上，锦上添花。六百多年后，苏轼同乡罗廷璋重修超然台，也有一位得力助手，就是上文提到的铁笔山人徐天祥。

徐天祥，一名天民，字梅邻，号铁笔山人，晚号雹泉老人。出生石工世家，好读书，通文墨，精篆刻。尝从诸城张侗、李澄中游，学业大进。晚居安丘摘药山阴（柘山），绝迹尘市，以诗酒自娱，著有《梅邻诗集》《方壶小志》。古人轻视体力劳动，徐天祥以刻碑帖为业，在一般人眼里是卖体力的石匠，但他实际上是个以石为纸、以锤凿为笔的艺术家。其自号“铁笔山人”，表明他的自尊自许。徐天祥有清初文士放诞之风，《安丘新志》说他“以工役之则往役，以文士遇之则慷慨订交不取值”。罗廷璋重修超然台，新增数十方石刻，大都出自徐天祥手。这些刻石刀法精熟，形神兼传，其落款正、草、篆、隶皆有，名、字、号、别号俱全，笔势舒展，变化无方，他甚至将自己的《苏台吊古》，也刻石列于台上，与诸名贤并列。超然台刻石中，他是除苏轼外，名字出现最多的一个。徐天祥如此作为，表明罗廷璋是以“文士”尊礼他（当然不是为了省钱），让他放手施展自己的铁笔才华。刻石超然台，应该是这位民间艺术家一生最辉煌的时期。

“江山代有才人出，各领风骚数百年。”苏轼初建超然台后，古密州地区人文出现过一次繁荣，涌现出赵挺之、赵粹中、赵明诚、徐大用、侯寘等名人。罗廷璋重修超然台前后，密州人文昌盛，远过宋代。现在，适逢实现中华民族伟大复兴的时代，经济、文化都走在全国前列的诸城市政府决定重建超然台，它必将促进密州文化的繁荣。

废兴存毁。相寻无穷的名胜古迹，本身就是一部特殊的历史，而超然台更像一本永远写不完的巨著。她已经有辉煌的过去，勤劳智慧的密州人民和来往台畔的良朋好友，必将续写更加壮丽的篇章。

师丹限田与樊崇起义

师丹与樊崇同乡同时，但一为朝廷鼎辅重臣，一为起义首领，似乎很难相提并论。但他们一生的重要事迹，同与西汉末年一大社会病灶有关，这便是土地高度集中。

就整个中国封建社会来看，土地集中及其伴随的政治腐败加剧与马克思所说东方专制社会或亚细亚生产方式所孕育的“野蛮的、盲目的、放纵的破坏力量”的爆发，都是周期性的，甚至是其本身难以克服的。据《汉书·食货志》，早在汉武帝时代，曾任胶西王相的董仲舒，就上书“限民名田”“塞并兼之路”。但董仲舒只提出主张，而没有具体建议，刘彻只当耳旁风。“仲舒死后，功费愈甚，天下虚耗，人复相食。”

西汉政府唯一一次将限田列入朝廷行政日程，并产生一定的作用，发生在哀帝初年，由当时辅政大臣东武人师丹首倡：

哀帝即位，师丹辅政，建言：“古之圣王莫不设井田，然后治乃可平。孝文皇帝承亡周乱秦兵革之后，天下空虚，故务劝农桑，帅以节俭，民始充实。未有并兼之害，故不为民田及奴婢为限。今累世承平，豪富吏民訾贳数巨万，而贫弱俞困。盖君子为政，贵因循而重改作，然所以有改者，将以救急也。亦未可详，宜略为限。”天子下其议。丞相孔光、大司空何武奏请：“诸侯王、列侯皆得名田国中。列侯在长安，公主名田县道，及关内侯、吏民名田皆毋过三十顷。诸侯王奴婢二百人，列侯、公主百人，关内侯、吏民三十人。期尽三年，犯者没入官。”时田宅奴婢贾为减贱，丁、傅用事，董贤隆贵，皆不便也。诏书“且须后”，遂寝不行。宫室苑囿府库之臧已侈，百姓訾富虽不及文景，然天下户口最盛矣。（《汉书·食货志》）

由师丹倡导的限田限奴运动，因触动利益集团而虎头蛇尾。本来流汗就能缓解的问题，后来积重难返，流血也难得要领。汉末人口“最盛”，人口与土地资源的矛盾必然更加严重。

师丹出生于道家文化策源地和《易》学之乡的琅邪东武，知道“治大国若烹小鲜”和“渐”卦精意，是一个与时俱进的改良派，“限田奴疏”中所谓“贵因循而重改作”“宜略为限”就体现了相关思想。

汉哀帝在潜邸时，就对汉成帝委政外戚、王氏僭盛深感忧虑。即位不久，就想扶植自己的祖母、母亲丁、傅二族夺王氏权。作为太子太傅的师丹多次上书批评他“诏书比下，变动政事，卒暴无渐”，劝他“不宜仓卒”。这与师丹“限田奴疏”所表现的“贵因循而重改作”是一致的。但最终师丹被汉哀帝和丁、傅外戚寻故先降爵，后免废。

不久哀帝去世，平帝即位，王氏外戚重新得势。王莽掘傅太后、丁太后冢，夺其玺绶，并将二氏贵戚废为庶人。同时感念师丹，复爵加官，称赞他“端诚于国，不顾患难，执忠节，据圣法，分明尊卑之制，确然有柱石之固，临大节而不可夺，可谓社稷之臣矣”。师丹复爵月余便薨逝，可能被王莽大刀阔斧、雷厉风行的作风吓得心脏病突发。师丹劝哀帝对王氏外戚“不宜仓卒”，不是反对他限制王氏，而是警告他不要鲁莽从事。而王莽对丁、傅二氏的打击，却是雷霆风暴。当然，对于王莽，更出格的事情在后面。

家近诸冯的师丹去世后，自称虞舜后人的王莽继承了他限田限奴的遗志，而且走到极端。研究中国古代土地史，谁都会注意公元 9 年王莽那道著名诏令：“今更名天下田曰‘王田’，奴婢曰‘私属’，皆不得卖买。其男口不盈八，而田过一井者，分余田予九族邻里乡党。故无田，今当受田者，如制度，敢有非井田圣制，无法惑众者，投诸四裔，以御魑魅，如皇始祖考虞帝故事。”胡适 20 世纪 20 年代写过《王莽》《再论王莽》两篇为王莽说“公道话”的翻案文章，在指出王莽土地、奴婢等政策与董仲舒和师丹“一贯”后，更强调其超越，带着赞美的口气称王莽是“社会主义者”，并惋惜当时“国家的组织还不完备，这种大计划的干涉政策，当然不能一时收成效”（当时胡适对苏联和社会主义真诚同情赞美，并奋起回击徐志摩等对苏共滥用暴力不满的人“没资格批评苏俄”）。

如果王莽只抓土地问题这个主要矛盾，利用他已掌握的国家机器坚定不移推行其诏令，国家还不至于很快爆发剧烈动乱。可人家是有崇高道德威望、托古改制的经学家和理想主义者，日理万机，劳神焦虑，加班加点，要做虞舜那样“尽善尽美”的圣君（或者因为虞舜被孔子赞为“尽善尽美”，王莽才奉他为始祖），又暴躁易怒，急于实行全方位、多层次的改革。今人关注的金融改革，王莽也是热心者，他主持过四次币制改革，发行货币 28 种（比今人种“实验田”频率还快），还有五均、赊贷、六筦等“金融创新”。

人们常称那些眼高手低、不切实际的人“画虎不成反类狗”。王莽想对照《周礼》范本，画一头辉煌的麒麟，结果却是瞎眼瘸腿烂心肺的四不像。他全方位的激进改革及配套的反腐政策，几乎没有一项完美实现，反而迅速、全面引爆了马克思所说的那种“野蛮的、盲目的、放纵的破坏力量”。在中国历史上，从来没有哪个时代像王莽时代一样，由国富民强的承平之世（他摄政时期的卓越政绩，也使他产生什么都能搞定的狂妄）转眼陷入官不聊生、民不堪命，全面战乱灾难的深渊。正如班固《东都赋》所说：“于时之乱，生人几亡，鬼神泯绝，壑无完柩，郛罔遗室，原野厌人之肉，川谷流人之血。秦、项之灾，犹不克半，书契已来，未之或纪也。”

由王莽所引爆的这种可怕的破坏力量，最具代表性的自然是琅邪樊崇领导的赤眉起义。樊崇出身下层社会，《后汉书·刘盆子传》称他“以困穷为寇”，荀悦《汉纪·前汉孝平皇帝纪》称他“以饥饿相聚于琅邪”，可能是被豪强兼并了土地的农民，或被王莽金融改革的“契刀”“错刀”削光财产的市民，他以勇力为同党所宗，但文化水平不高，“以言辞为约束，无文书、旌旗、部曲、号令”。但就是这样一支队伍，公元 22 年于成昌（今山东东平西）大破太师王匡军后，像台风一样，扫荡王莽华东、中原的主力，敲响了新朝丧钟。后又扶植刘盆子建世政权，推翻刘玄更始政权，成了东汉光武政权不折不扣的清道夫。甚至有学者把他与项羽相提并论，清胡承诺《绎志·兼采篇》：“汉之二祖当天下大乱，能爱天所生之民，是以天命归之；项羽樊崇有天下大半，不爱天所生之民，是以天命去之。”当然，出身底层的樊崇，从来没有像楚国贵族项羽那样希冀过“天命”。

考察王莽改制的主要条款，发现其中不少是向百姓倾斜，但反抗他的人中，百姓更卖力。《汉书·王莽传》特别提及王莽被肢解后头部情况："百姓共提击之，或切食其舌。"百姓对他的舌头感兴趣，可能因为他生前说话太动听了。传中还提到早在樊崇前起事的琅邪吕母部降而复叛的人，"皆曰愁法禁烦苛，不得举手。力作所得，不足以给贡税。闭门自守，又坐邻伍铸钱挟铜，奸吏因以愁民。民穷，悉起为盗贼"，已狂妄到肆无忌惮程度的新太祖听使者转述后，对这种妄议中央的言论表示"大怒"，免使者之职。吕母部后来大都投靠樊崇。

为"法禁烦苛"所苦的，当然不仅是百姓，官吏更甚。在应接不暇的烦苛法禁之下，他们要么不作为，要么乱作为——每立一法，即使出于"崇高的"目的，也会为奸吏提供玩法"愁民"的借口。王莽怀有崇高理想主义的变法，不仅撕裂了下层社会，也诱发了统治阶级内部党争癌瘤的恶变，于是一败涂地。师丹"重改作"之"重"字，值得所有为政者深思。变法改制，关系民命国祚，知其重者，必履薄临深，不轻言妄行，更不会多面出击；知其重者，应该善于抓主要矛盾，聚精会神，坚定不移，同时投鼠忌器，智周百虑。为政者，所贵不在自己道德高深，聪明睿智，而贵在集思广益；更不贵其个性鲜明，而贵在其能包容协同；尤不贵其表演作秀，而贵在其能潜移默运，措国家于泰山之安，有赫赫之功，而无赫赫之名。

建武三年（27）正月，樊崇和他的草台班子投顺了深略纬文、被王夫之誉为"允冠百王"的光武帝刘秀。不想养虎贻患的刘秀很快将他借故除死。刘秀在位期间，很多事与王莽反着做，但其"度田"限奴，则与师丹、王莽前后相承。只是由于经过空前战乱，土地荒芜，人口与土地的矛盾早已得到缓解，光武的政策又略类师丹主张之柔静持中，颇著成效。可以保证樊崇及其所代表的那种毁灭性的反抗力量，在较长时期内只能幽咽泉下，不会全面爆发。一个半世纪后，土地兼并及其伴生的政治腐败再次达到临界水平，由此引发了黄巾大起义。有些巧合的是，黄巾起义的理论纲领是琅邪宫崇、干吉（一作于吉）的《太平清领书》，处青徐之交的诸城一带，又是主要战场。"火井三炎"最后的当炉者，则是樊崇部镇压刘盆子长乐宫骚乱的卫尉诸葛稚的同族后人诸葛亮。

读史随笔：范仲淹“先天下之党而争”

每读宋史，常致慨于熙宁前后。盖熙宁以前，执政者老成人多，不做快意事，不求热闹局，不说决绝话，和衷共济，虽小有异同，终未成门户水火之势。一代文治，遂度越万古。熙宁以后，一切反之，更张频骤，全面失控，最终蹙削国祚，酿成靖康浩劫。

熙宁之前的大臣中，范仲淹是个另类，激进冲动，几坏国事，不过最终也有些明白，收敛锋芒。用今人的话，便是“向保守势力妥协”。

史载范仲淹与韩琦在台阁议事，偶有不和，范拍案而起，拂衣而去，韩琦追出，自后把其手云：“希文，事便不容商量耶?”温乎其容，婉乎其言，把范仲淹的脸搞得通红。

这个“把手”的细节，与宋太祖对石守信等举杯一样，皆影响天下后世。假使韩琦被窘辱后，追出门来，大声怒骂，其结果可能由斗嘴改成挥拳。

假使韩琦仍然客气，范仲淹不吃这一套，穿越式背诵王安石的“三不”，或“敢与恶鬼争高下，不向霸王让寸分”的名句，也会直接点燃党争火药库的导火索。

对韩琦“拂衣”，不是范仲淹仅有的一次脾气。如果这样的话，他怎能成为景祐、庆历党争中最闪亮的角色呢?

范仲淹任开封府尹时，弹劾吕夷简，事败，他很纠结地质问贤相王曾：“明扬士类，宰相之任也。公之盛德，独少此耳。”王曾笑了笑：“夫执政者，恩欲归己，怨使谁归?”史称“仲淹服其言”。其实，即使不服，他也会愣上几愣。

后来吕夷简度外用人，擢范仲淹对付西夏，连曾附和范仲淹，斥吕氏“恶贯满盈”的欧阳修在为范仲淹所撰神道碑中也称颂吕夷简此举。倒是范仲淹之子范纯仁仍然在替父抱怨，在刻石时把欧阳修相关话削去。

范仲淹晚年，与富弼议事不和，富氏与之绝交。范仲淹拿出当年韩魏公的派头，主动修好，每年富弼生日都有所馈贺，但富弼终未释憾，甚至范仲淹去世他都没有吊祭的表示。这是范仲淹晚年明白事理，变化气质，也说明他并不是脾气最大的。熙宁以后，时际风会，像早年范仲淹、晚年富弼这样有“真性情”，爱耍个性的大臣越来越多，骚激声气，燕雀处堂，于是国运不堪问矣。

宋朝在杯酒释兵权以后，武备不振。但倘若朝野和衷共济，西夏辽金未必得势。党争使“GDP”占当时世界百分之三五十的宋王朝“从内里烂起”，范仲淹实首倡之，而范仲淹的追随者欧阳修一篇结党有理的《朋党论》，奠定了其理论基础。

秦桧与潍坊

秦桧是中国历史上臭名昭著的卖国贼，这几乎家喻户晓。但他并非天生卖国，甚至在少壮时曾为物望所归，被视为国家的栋梁之材。《朱子语类》卷一三一有秦桧在密州的一段记载，就是写秦桧初入仕途的情况：

> 翟公巽知密州，秦桧作教授。一日，有一隐者至，会相，曰："此教授大贵。"翟问："与某如何?"曰："翰林如何及之！如何及之!"时游定夫在坐，退，因勉秦云："隐者甚验，幸自重。"游因说与胡文定曰："此中有个秦会之好。"胡问如何，曰："事事里不会。"秦后于陈应之处问游。后云，曾为游酢知云。

文中的"翟公巽"，为北宋末名臣、丹阳人翟汝文，《宋史》卷三七二有传。徽宗时任密州太守，释犯禁被逮之盐贩，禁杀耕牛取牛黄上贡，善政不一，后来官至翰林学士。文中的"游定夫"即程颐的高徒、立雪师门的游酢。至于胡文定（胡安国），名气更大，明清科举考试《春秋传》之教科书，即出自他手。

据《宋史》卷四七三奸臣传秦桧本传："秦桧字会之，江宁人。登政和五年第，补密州教授。继中词学兼茂科，历太学学正。"由此可知，秦桧任密州教授的时间，是在宋徽宗政和五年（1115）以后。目前尚未见到秦桧在密州任教授时的其他记载，但我们可以推断，他在密州能获得那样高的评价，肯定曾有所作为。或者翟汝文的密州政绩，就有他赞襄的成分。

秦桧在密州的那段时间，特别是密州隐者对他的评价，对他一生的命运有重要影响。翟汝文正是听了隐者的预言，才举荐秦桧参加词学兼茂科考试，让他上了一个台阶。而名儒游酢也因隐者之言为之延誉，这也是他仕途顺利的一个重要因素。

游酢称赞秦桧“事事里不会”，这句话较别扭，或者当作“事事无不会”。无论对秦桧如何评价，他的博学多能，这谁都不否认。宋罗大经《鹤林玉露》卷五载秦桧少年时“善干鄙事”，乃至同窗有事多“委之办集”；汪藻《浮溪集》卷一一《秦桧特授通议大夫守尚书左仆射同中书门下平章事进封文安郡开国侯加食邑食实封制》称秦桧“才博而周”。并说“昨缘人望，参决政机”，所谓“人望”，即游酢、胡安国等人的奖誉。《朱子语类》卷一三一：“秦会之入参时，胡文定有书与友人云：‘吾闻之，喜而不寐！’”

自北宋中叶以后，士大夫多好空谈，高树名义，骚激声气，苏轼在密州所作《凫绎先生文集叙》《李氏山房藏书记》《盐官大悲阁记》皆曾痛切言之。如秦桧之博学多能、注重实际的人才，在两宋之际其实难得。如果金兵不南犯，秦桧不做宋高宗的走狗和替罪羊，做个太平循吏乃至名相，流芳青史，还是没有问题的。朱熹也曾为秦桧痛惜：“使其和中自治有策，后当逆亮之乱，一扫而复中原，一大机会也，惜哉！”其实朱熹也太天真。赵构、秦桧在军事上都是门外汉，如果北定中原，必重用武将，重用的结果，如果失败，还可割地赔款，称儿称孙；如果胜利，必然尾大不掉，很可能重现唐末藩镇割据和五代武将跋扈的局面。王夫之《读通鉴论》说岳飞如果直捣黄龙，可以代宋。只怕到时张宪、岳云等以黄袍加于其身，不由他不从。后者更是赵构、秦桧之徒所不想看到的。

秦桧与潍坊还有一段因缘。宋高宗建炎四年（1130）他被挞懒裹挟南下，与南宋使者张邵在潍州相见。据《宋史》卷三七三张邵传，宋高宗建炎三年，金兵南犯，张邵为使者北上交涉，途次潍州，与金将挞揽（懒）抗礼，“挞揽怒，取国书去，执邵送密州，囚于祚山寨”，这里的“祚山”，即今峡山水库以北、昌邑市境内的岞山。金在此设岞山寨，当时辖密州境。

《三朝北盟会编》卷二二二载张邵行实说：“其见挞懒于昌邑也，遇秦丞相间行南归，班荆路隅，泣涕相勉，词气奋烈，秦公为之侧目。”《建炎以来系年要录》卷一五九绍兴十九年四月丙寅有张邵上奏：

唯师臣桧蕴精深高世之识，灼见南、北两朝事体，别白利害，力赞陛下兼爱赤子，敦讲和好，用息兵靖难，再造太平。此非特臣能知之，九州四海、遐陬异类亦能知之；非特史能书之，党庠家塾、杂记小说亦能书之。顾有阴功隐德，世所未及知者，臣请得言之焉。臣于建炎三年被旨，出使敌军，适逢桧于路，策蹇衣褐，有憔悴色，盖被执而训读童蒙，以给朝夕。亦犹苏武食窖中之毡雪，赖以偶活其命，留为今日中兴之用。

张邵虽是忠臣、名臣，但与秦桧同见金国国势之强、军容之壮，不免胆怯。两人都成了铁杆主和派（后人眼里的投降派）。他们在潍州“泣涕相勉，词气奋烈”，或者也怨恨主战派昧于形势轻重，不识大体。也许因为在潍州的这段患难经历，张邵成了秦桧求和路线的坚定支持者。

由此看来，秦桧在潍坊的遭遇，不但对他个人命运有重要关系，对宋金兴亡的历史也有重要影响。

李清照对史学的贡献

提起李清照，人们首先把她当作词人，并誉之为婉约派宗主。即使相信李清照改嫁的有关记载，对其晚节颇致不满的纪昀，修《四库全书》为《漱玉词》作提要，也称赞其词“抗轶周柳”“为词家一大宗”。还有人特别欣赏她的诗。晚清樊增祥《石雪斋诗集》卷二《题李易安遗像》诗序云：“其所为古诗，放翁、遗山且犹不逮，诚斋、石湖以下无论矣。”李清照的文章，赞赏者亦大有人在。曾与柳如是摹仿赵、李“翻书赌茶”故事、学际天人的钱谦益，读李清照《金石录后序》，拍案叫绝：“其文淋漓曲折，笔力不减乃翁，‘中郎有女堪传业’，文叔之谓耶。”（《绛云楼书目》卷四）这些关于李清照文学成就的评论，未免有过誉之处。相对而言，李清照在史学方面的贡献，却很少有人予以重视，并做出公正评价。

李清照对史学的第一个重要贡献，就是协助赵明诚纂修《金石录》并历尽艰辛将它保存下来。清道光《济南府志·列女传·李清照》：“明诚作《金石录》，考据精确，多足正史书之失，清照实助成之。”应该说是可信的。他们在青州一同生活了十年的“归来堂”，实际上是一个史学研究的“夫妻店”；《金石录后序》前半部分，基本是叙述他们共同研究史学的经历；所谓“浸觉有味，不能自已”，所谓“甘心老是乡矣”，所谓“虽处忧患困穷而志不屈”，所谓“意会心谋，目往神授，其乐在声色狗马之上”，道出了两人对史学的共同兴趣。可以这样说，即使李清照没有参与《金石录》的编著、整理，她能历尽艰辛把这部珍贵的史学著作保存下来，也已经难能可贵了。

李清照和《金石录》的关系，一般学者都了解。李清照对史学的另一重要贡献——为宋代保留下一部孤本的《哲宗皇帝实录》，却一直被学术界忽略。

李心传《建炎以来朝野杂记》甲集卷四：“己酉南渡，国史散佚，靡有孑遗。其后数下诏访求之。绍兴元年，才得布衣何克忠所藏《太宗实录》四册而已。上以书籍残缺之际，特命以官。已而戚里张懋家献太祖至神宗六朝《实录》、《会要》、史志等书，小校唐开亦献王珪所编《五朝会要》，最后五年三月，始从故相赵挺之家得蔡京所修《哲宗实录》，皆下之史官。”《宋会要辑稿》：“（绍兴五年）五月三日，诏令婺州取索故直龙图阁赵明诚家藏《哲宗皇帝实录》，缴进。”按，赵挺之去世于宋徽宗大观元年（1107），赵明诚去世于高宗建炎三年（1129），所以准确地说，《哲宗皇帝实录》是从赵明诚遗孀李清照处索得。据李清照作于绍兴四年（1134）十月的《打马图经·序》：“今年十月朔，闻淮上警报……易安居士亦自临安溯流，涉严滩之险，抵金华，卜居陈氏第。”金华为婺州治所，李清照在这里一直居停到次年五月以后。

《哲宗皇帝实录》由蔡京主持编写于徽宗大兴党狱之际，自然有褒贬颠倒、轻重失伦等诸多问题，但作为历史文献，它叙典章，述文献，次第先后，却大致能保存真相，对后世修史有重要的参考价值。李清照于兵荒马乱、辗转流离中，所收藏文物丧失殆尽，而最终将《哲宗皇帝实录》与《金石录》一同保存下来，说明她充分了解在汴京沦陷、碧简飞灰之后，这部著作关系国史存亡、斯文绝续的意义。

李清照对历史文献的热心不是偶然的，她出生在中国历史上典型的“右文”时代，这个时代的文化生活，又因活字印刷术的发明和推广，空前充满活力。李清照的本家、婆家，都是经史世家，她本人对历史有浓厚兴趣，她的丈夫赵明诚对历史研究更是情有独钟。两人志同道合，相得益彰。《金石录后序》云：“丞相在政府，亲旧或在馆阁，多有亡诗、逸史，鲁壁、汲冢所未见之书，遂尽力传写，浸觉有味，不能自已。”《哲宗皇帝实录》可能就是他们利用这个方便条件从史馆抄录的。

《宋史·哲宗本纪赞》：“哲宗以冲幼践祚，宣仁同政。初年召用马、吕诸贤，罢青苗，复常平，登俊良，辟言路，天下人心，翕然向治。而元祐之政，庶几仁宗。”赵明诚、李清照都是所谓元祐旧家后裔。哲宗朝历史，记载着他们父辈的辉煌和光荣。两人家世传闻，多得故实，足以辨诬订讹，这也是他们珍重保藏《哲宗实录》的原因。

李清照遗著中，有《夜发严滩》（又名《钓台》）一诗，是绍兴五年从金华返回临安之作。诗云：

> 巨舰只缘因利往，扁舟亦是为名来。
> 往来有愧先生德，特地通宵过钓台。

这首诗可能是有为而发，诗中所说为名利来往的可能不仅是李清照自己。她是为避难而来，也不用乘什么“巨舰”。这首诗有可能是讽刺那些倚仗权势，催逼她交出《哲宗实录》的官吏。当然，李清照也是凡人，她未必心甘情愿地把自己历尽艰辛保存下的重要典籍平白献出，也应该讨价还价。当局给她以精神和物质奖励，酬劳报功，更是理所当然。

陈祖美《李清照评传》（南京大学出版社，1995 年）附录之《李清照年谱》，说李清照藏《哲宗皇帝实录》，“这当时是一种有违禁性质的大事，清照不久离开婺州治金华，当与此事有关”。这是著者猜测。宋代文禁不严，《实录》也不是“非扩散性材料”，更何况是在“书籍残缺之际”。

李清照对历史的兴趣，很自然地升华为对国家民族命运的关心。而两宋之际北方故国的沦陷，她本人的颠沛流离，使这种关心更加痛切。这在她的诗歌中表现得最为明显。如《乌江》《咏史》《浯溪中兴颂诗和张文潜》《上枢密韩肖胄诗》等，或借古讽今，或以今寓古，充满爱国激情和民族义愤。有人批评其中有些诗典故用得“太多太滥”①，这是事实，但从另一个角度说，是否我们的历史知识比李清照贫乏？

《汉书·艺文志》云：“道家者流，盖出于史官，历记成败存亡祸福古今之道，然后知秉要执本，清虚以自守，卑弱以自持，此君人南面之术也。”史官熟知古今天下存亡兴衰、人情真伪消长之事实，从中总结出规律，故能出乎史而入乎道。而“道艺为一”，也是文学创作的最高境界。欲达到“道艺为一”“秉要执本”的境界，不能不知史。李清照在文学上的卓越成就，与她渊博、深厚的历史知识是分不开的。即使李清照最负盛名的抒情题材——词的创作，也与她的历史

---

① 徐北文：《李清照全集译注》，济南出版社，1998 年，第 205 页。

意识有关。《词论》虽然不长，但其中包括一部词史，铺展开来又可以成为一部类似莱辛“论绘画和诗的界线”的《拉奥孔》。任何文学体裁，都只有在历史中，才能充分展开其丰富性和多样性，表现其独特性。这是李清照的《词论》在今天给我们的启示。

周亮工与王荪

明清之际，名卿词客多携美姬，拥才女。钱谦益与柳如是，龚鼎孳与顾眉，侯朝宗与李香君，冒辟疆与董白等，皆艳传后世。还有一对，风雅不减，却罕为人知，那就是周亮工与王荪。

周亮工，字元亮，号栎园，河南祥符（今开封）人。他的才学，不逊于钱谦益之徒。曾亲承其教泽的曹寅，在《楝亭诗文钞》之《重修周栎园先生祠堂记》一文中，把他与唐代韩愈并提，说：“所谓名世应运而起如公者，盖不能一二见也。”王晫《今世说》记明遗民申涵光语：“未晤栎园，未睹沧海，自是生平两阙。”周亮工声名浸微，一是由于他晚年曾焚毁自己的著述，作品传世不多；二是由于乾隆帝痛恨他在《读画录》中表彰明遗民，下令将其全部著作禁毁，并将清人著述中凡有周亮工名字处，一律挖改，可谓事已作绝。

王荪，字若兰，河南宛丘人。与柳如是辈相比，王荪才情不减，品格更高。她出生儒素之家，自幼受家学熏陶，能诗文，间尝习武。崇祯十三年（1640），年十五，归周亮工，共甘苦者七载，顺治四年（1647），病逝于扬州海防兵备道署，终年二十有二。

周亮工与王荪，都在山东潍县写下了他们生命中最光彩的一页。

崇祯十四年（1641），周亮工莅任山东潍县知县，王荪随行。就任后之次年冬，清兵数万入关掳掠，破山东 60 余城。潍县富甲青齐，有“小苏州”之称，清兵重兵云集，势在必得。周亮工在外无援兵、内有奸细的情况下，发动士绅民众，同仇敌忾，坚守数月，保全危城。

在战斗最激烈的时候，周亮工在一木牌上书“潍令周某之尸”，覆以号印，挂于胸前，示人以必死；王荪也亲冒炮矢，擂鼓助战。潍县士民把她比作黄天荡战金兵的梁夫人。周亮工《赖古堂集》卷七《海上昼梦亡姬成诗八章》之五，描写王荪当时风采云：“危楼城上字青阳，一饭军中尽激昂。旗影全开惭弱女，鼓声欲死累红妆。”

郑观应《续剑侠传》中《周栎园姬》一篇，说王荪在潍县被围时“一夕挟匕首飞身入贼营，歼厥巨魁，而门户高扃，人都不觉，仿佛如红线之到田承嗣宅中取黄金盒而返”。此事有些蹊跷，王荪的剑法，与周亮工切磋绰绰有余，但未必敢入龙潭虎穴。

在战斗的间隙，周亮工与王荪还慷慨赋诗，激励士气。周亮工《书影》卷一记王荪《围城》句云“已分残躯同鼠雀，敢言大树撼蜉蚍”，亦有视死如归之概。在上者不惜其命，在下者自忘其身。潍县是一个传统的手工业、商业城市，人知趋利，鲜能好义。在周亮工与王荪的感召之下，却一反常态。《明清史料》乙编第五本《兵部题行〈山东巡按陈昌言塘报〉稿》内载周亮工于崇祯十五年十二月三十日汇报全城经过的文字，有云：“在城老幼男妇，竭力一心。未字闺秀、青衿内室及瞽夫幼子，悉运砖石、柴束。又如方欲举火，而闻城上欲以铁作炮子，即各碎食锅以酬急。人心至此，似千古未有。”又据民国《潍县志稿》卷三一所录《天地正气录》，此役中潍县士民在城头战死、在城内被奸细纵火烧死有“数十百人”。全城之役，也可以说是古代潍县历史上最光辉的一页。

“青阳楼上朣胧月，肯向天涯照断蓬”，周亮工与王荪都不会忘记潍县城头那悲壮的一幕。周亮工在《海上昼梦亡姬成诗八章》之序中回忆，王荪辞世时，遗嘱周亮工把他们在潍县城头唱和诗写成一卷，与自己的佩刀一同殉葬。

潍县人民当然也不会忘记周亮工与王荪。崇祯十六年（1643），周亮工以政绩卓异升为侍郎，潍县人在海道司街西为他修建了生祠，俎豆馨香，数百年不绝。民国时，十笏园主人丁稼民收集周亮工遗著《全潍纪略》《通懔》刊印。潍县诗人郭廑在《潍县竹枝词》中赞周亮工、王荪云：“《通懔》《全城》立壮猷，难忘不独一周侯。青阳楼上红旗下，娘子援袍指血流。”

据《书影》卷一，王荪有“诗二百余首，小词数十首”，周亮工想为之刊刻，王荪力阻：“吾惧他日列狡狯瞿昙后，秽迹女士中也。”但周亮工毕竟不想让王荪的文采永远埋没，他甚至亲自标举王荪诗名句。王荪词集《贝叶庵词》后来被《众香词》著录。商务印书馆1957年出版胡文楷先生《历代妇女著作考》，亦载王荪名姓及所著书目。

《聊斋志异》中的明代山东亲王

一

明代两百多年间，先后有六位宗室亲王分藩山东：洪武十五年，明太祖庶七子齐王朱榑就藩青州府；洪武十八年，明太祖庶十子鲁王朱檀就藩兖州府；永乐二年，明成祖嫡二子汉王朱高煦就藩乐安州；成化三年，明英宗庶二子德王朱见潾就藩济南府；弘治十三年，明宪宗庶七子衡王朱祐楎就藩青州府；弘治十五年，明宪宗庶十二子泾王朱祐橓就藩沂州。其中齐王、汉王、泾王皆一世而国除，《聊斋志异》中也无作品提及；而鲁、德、衡三藩，则与明朝始终，且在《聊斋志异》中都出现过：发生在鲁王府的故事有《巩仙》，提及德王府的有《钟生》《冯木匠》，出现衡王府的有《王成》《林四娘》《蹇偿债》。

明代藩封，经历过数次变化。《明穆宗实录》卷三二载礼部侍郎戚元佐论亲藩疏云："昔高皇帝众建诸王，皆拥重兵，据要地，以为国家屏翰，此固一时也；迨靖难以后，防范滋密，兵权尽解，朝堂无懿亲之迹，府僚无内补之阶，此又一时也。嗣是而后，骄侈渐盈，间作不典……强者劫夺于效衢，弱者窜入于舆皂，此又一时也。"蒲松龄笔下的明代藩王，大都是最后一种情况。

清初明遗民张瑶星《谀闻续笔》卷三有一段议论明代宗室的文字，对我们了解蒲松龄笔下的明代亲藩，也有很大帮助："天子家儿，衣租食税，毫无职守，不肖者但蓄财货、聚声色以自娱。即有贤者，不过怡情翰墨，较量音律，奉事玄释，称出类拔萃耳。其于国家利弊得失，如避家讳，不敢置喙。而于本宗之流离困顿、颠连无告者，亦充耳蔽目，如秦越然。以为此有司之事也。德政不修，亲戚涣散，一经变故，毫无凭藉，骈首就戮，阖门遭絷，贤愚同尽，真可叹也。"张瑶星在孔尚任的《桃花扇》中，是"归结兴亡案"的人物，他对明代宗藩的看法也有总结性意义。

二

《聊斋志异》中描写的山东藩王，大都在嘉靖以后当国。这从他们热衷延纳道士方面就可看出。明世宗“崇尚道教，享祀弗经，营建繁兴，府藏告匮，百余年富庶治平之业，因以渐替”①。上行而下效，诸王奉事道教，箕裘堕毁，便毫不奇怪。《巩仙》中鲁王所延之仙人，《钟生》中德王府所请之道士，似乎比嘉靖皇帝宠幸邵元节、陶仲文之徒道力还深。而衡王在青州云门山为碧霞元君所建天仙圣女祠，为陈抟所开万春洞，为吕纯阳生日所刻摩崖寿字，至今尚存，为“营建繁兴”之物证。

明代王府的骄奢淫逸，《聊斋志异》中也有比较充分的描写。《巩仙》写鲁王府“后苑花木楼台，极人间佳胜”，又写鲁王强召曲妓入府供奉，还让一些妓女诱惑道士淫乱。这些内容与第七代鲁王、也是一个最荒唐的亲王朱观熚的行为颇相似。《明史》称朱观熚“游戏无度，挟娼乐，裸男女杂坐”②。《明世宗实录》载嘉靖十六年九月丙戌，刑部左侍郎杨志学等列朱观熚罪状，有如下之款：“鲁府故有东园离宫，观熚益崇饰之，迭山浚池，为复屋曲房，挟娼乐及群小昼夜欢饮其中。或男女裸体，群浴于池，无复人礼。左右有阴议及色忤者，必立毙之，或加以炮烙。”③ 这些话，都可与蒲松龄在《巩仙》中的描写相验证。《聊斋志异》中另有一篇《聂政》，写河南怀庆潞王强抢民女，淫威肆虐，与朱观熚有相同之处。

《蹇偿债》写青州衡王府内监见一马驹修伟，“愿以重价购之”，在一定程度上也反映了藩王之豪侈。此事与《鸲鹆》写灵丘王买鸟，《画马》写晋王买马，也异曲同工。具有戏剧性的是，《王成》一篇写衡王府仪宾王柬之后人王成贫困失所，竟以一善斗之鹌鹑向一满洲大亲王售六百金而成小康。读者于此，或能悟出世运循环之理。

---

①《明史》卷一八《世宗本纪》。

②《明史》卷一一六《诸王传》。

③《明世宗实录》卷二〇四。

三

明朝的藩封制度，是以天下为一姓之私的最典型的体现。自明初至明末，愈趋愈下，不仅违背了“宗子维城”的封建本意，而且为国家留下了无穷的后患。《明经世文编》补编卷一载何起鸣《条议宗藩至切事宜疏》，内云：“当今国家有二大事所宜及时讲求者，外之边防，内之宗藩是也。”他又把宗藩视为第一大难事：“二百年来，螽斯麟趾，绵衍繁盛，邸禄岁增，民财日诎，比之边防，尤为难处。”明代宗室几何级增长，每二三十年即翻一番，到明末已达数十万，竭天下之财力，难供廪禄之费，明朝国脉实因此而衰竭。

王府虽不参与行政管理，但对所在地区的社会生活仍有极大影响。它们不仅像一个个肿瘤毒化着所在地区的风气，而且使所在地区的经济受到巨大损害。《明世宗实录》嘉靖十年九月乙卯，山东巡抚邵锡奏报：“山东自德、衡、泾三府庄田占据之后，民间地土搜括殆尽。”这毫不夸张。王府禄田、脂粉田少则数千顷，多则万顷，山东膏腴之地，所余能有几何！

古语云：“多藏厚亡。”明朝宗藩繁费病国，骄奢淫逸，招致天怒人怨。在明朝末年的动乱中，王府巨大的财富为农民起义军和清军所垂涎，而藩封重镇往往一攻即破，这使各方反明力量胃口越来越大，虎噬鲸吞，朱明天下于是便分崩离析。

山东的三个王府，最终都断送在清朝手里。崇祯十二年正月，清兵入关破济南，德王朱由枢被俘，至崇祯十五年正月死于关外①。《聊斋志异·鬼隶》说济南此役“扛尸百万”，但德王府竟有人幸存。明朝重建德藩，至崇祯十七年清朝入关，最后一个德王朱由栎降清。

相比于德王府，鲁王府更惨一些。崇祯十五年，清兵再次入关破兖州，鲁王朱以派及诸郡王宗室千余人被害。其弟朱以海南奔浙东，清顺治三年，被张国维等推为监国，清兵入浙，朱以海南下投靠郑成功，后病死于台湾。《林四娘》篇

---

①《清史稿》卷二《太宗本纪》。

“海国波涛斜夕照，汉家箫鼓静烽烟”，其中即有朱以海的命运。

衡王府是山东也是北方最后一个遭受灭顶之灾的亲藩。它逃过了明末历次劫难，至顺治元年七月，末代衡王朱由棷降清。顺治三年五月，朱由棷与荆王、潞王等十一位明宗室，以私藏金玉银印、图谋不轨之罪名，遭清政府杀害，衡王府被抄没，方告最后完结。

清康熙初，山东巡抚周有德于珍珠泉畔德王府故址修建抚署，“移衡藩木石”前来[①]。在这前后，青州、济南两地，都闹过鬼。《林四娘》一篇，写青州海防道副使、原郑成功部将陈宝钥被衡王府宫人林四娘的鬼魂狎戏；《冯木匠》一篇，写济南德王府故址的抚署尚未竣工，木匠冯明寰即为一鸡精所祟。

四

如果说明代王府在历史上还产生过什么积极作用，那就是在北都沦亡、崇祯自缢之后，他们曾是各地抗清力量拥戴的对象。只是由于特定的历史原因，这些生于深宫之中，长于阿保之手的富贵公子，妍皮痴骨，难以担负起重整河山的重任。

山东为南北咽喉，十省通津之地，自古兵家必争。顾祖禹《读史方舆纪要·论山东》云：“若言今日咽喉，断以三齐为首。”又云：“吾尝俯仰古今，而知能为幽燕利害者，必于山东。”崇祯十七年北都陷落，山东本应成为南都之屏障和恢复幽燕的基地，而当时齐鲁大地，义军蜂起，衡王府作为北方唯一没有损伤元气的亲藩，财力雄厚，若因时乘势，自可做出一番轰轰烈烈的事业。清初寿光文人安致远《李将军全青纪事》[②] 载明青州守将李士元曾这样劝衡王：“神京失守，闯贼西窜，社稷无主，中原鼎沸。王亲宪皇之子孙，据全齐形胜之地。山东豪杰荷戈砺刃，大者数万，小者千百为群，引领以望王义师之起。胜兵百万，可传檄而集。南塞大岘之口，北扼河济之冲。鼓行而西，以光复我明旧物。将见燕蓟士女，皆箪食壶浆以迎王师。谁复有与大王争衡者？不然，今坐失事机，万一瞻乌

---

① 王士禛：《池北偶谈·谈异三》。

② 安致远：《玉硈集》卷二。

靡定，异姓代兴。彼时下尺书以征王，王岂能长享此藩封乎？”（同治二年版《玉硊集》卷二）可惜如此宝贵的建议竟被懦弱而又吝财自封的朱由棷拒绝。不久，衡王便向清朝递了降表。稍后，明代尚书刘鸿训之子刘孔和自长山率部南下，“过青州，欲扶衡王俱南，王不可，孔和痛哭辞去”①。

清顺治元年九月底，一支被明三边总督、长山县人李化熙招抚的、由原李自成帅标旗鼓赵应元和原明潼关道杨王休率领的队伍，进入青州，杀清招抚侍郎王鳌永，招兵买马，“欲挟衡王登基”②，可惜由于南明忙于内争，无兵接应，未几失败。最终山河十二，为清所有，成为多铎南下的插虎之翼。

在清代文人所写关于青州衡王府宫人林四娘的故事之中，《聊斋志异》中的《林四娘》一篇，故国之思，沧桑之悲，表现得最为明显、浓郁。林四娘所作诗“红颜力弱难为厉，蕙质心悲只问禅”，与《红楼梦》第七十八回贾宝玉所作《姽婳词》“何事文武立朝纲，不及闺中林四娘”，字里行间，隐约皆有千古遗恨。

① 王士禛：《刘孔和王遵坦传》，《国朝文汇》甲集卷一一。

②《清代农民战争史资料选编》顺治元年十月十日山东巡抚方大猷题本《赵应元攻占青州后的情况》。

《醒世姻缘传》中的明代山东史料

《醒世姻缘传·凡例》中有这样一条："本传其事有据，其人可征，惟欲针线相联，天衣无缝，不能尽芟傅会。然与凿空硬入者不无径庭。"这里作者说的是实话。此书中有很多关于明代，尤其是关于明代山东的史料，将这些资料与有关史志文献相互验证，对于我们了解本书的思想内容也不无帮助。

一、万历后期的灾荒

小说第二十六回至第三十二回，叙述了山东从辛亥年到丁巳年，持续了六七年的灾荒，这其实是明万历三十九年（辛亥）至四十五年（丁巳）山东亘古罕见的自然灾害之写实。

明朝国祚二百七十余年，其中辛亥年共有五次：洪武四年、宣德六年、弘治四年、嘉靖三十年、万历三十九年。小说第二十七回说："只从我太祖爷到天顺爷末年，这百年之内，在上的有那秉礼尚义的君子，在下又有那奉公守法的小人，在天也就有那风调雨顺、国泰民安的日子相报。"可见这次灾害与前两个辛亥无关。小说第九十回说："自从成化爷登基以后，真是太平有象，五谷丰登，家给人足，一连十余年都是丰收年岁。"那么这次灾害与明宪宗也没账算。明世宗在位期间，虽失德之处非一，但史称他有中主之才，嘉靖辛亥至丁巳，山东也没有连续的自然灾害。唯万历三十九年至四十五年，山东旱蝗水涝相仍，旷日持久，千载不遇。

历史学家多以为明朝亡于神宗。朱翊钧宠郑妃、废朝政、重赋敛、用宦寺、开边衅、启党争，使国是日非，民不聊生，实为元恶祸首。作者于万历朝天灾人祸大书而特书，实是秉承了《春秋》笔法。

小说第三十一回所写荒年吃人的种种惨状，最骇人听闻，却毫不夸张。甚至连一贯书美不书刺的《明实录》于当时灾情，也有这样的记载："山东比年荒旱，道殣委藉，父子兄弟互相残食，妇女流鬻江南，淮安遂成人市。盗贼并起，所在攻劫。"① 这段文字可与清康熙《续安丘县志》所载万历四十三年（1615）灾情相验证："粟价涌贵，民刮木皮和糠秕而食。林木为之一尽。饿死者道相枕藉，乃有割尸肉而食者。既而递相食，法不能止。又有奸民掠卖男女，兴贩远方，辄获重利。谓之贩'稍'。往来络绎道路不绝。哭号之声震动天地。周岁之间兵死者、狱死者、饥寒死者、病疫死者、流亡者、弃道傍者、贩之四方者，全齐生齿十去其六。民间相传，从来未有此厄。"②

也许小说作者存心忠厚，没有写尽当时人间惨相。如作者没有写母亲食子之事，而当时诸城举人陈其猷所绘《东人大饥指掌图》即有《母食死儿》的内容，且于《序》中记其事："又行半日，见老妪持一死儿，且烹且哭，因问曰：'既欲食之，何必哭？'妇曰：'此吾儿，弃之且为人食，故宁自充腹耳！'"陈其猷于万历四十四年二月把这幅图献于朝廷，"见者酸鼻"③。小说中还没提到卖人肉的事，而谈迁《枣林杂俎·智集·荒惨》即有"万历丁巳、戊午，莱州市人肉"的记载。万历年间沈德符作《野获编》，还把"食人"当作奇闻，以为"此皆盗贼及乱离无食时，偶一见之耳"④，没想到在他生活的号称国力全盛之世，竟会出现这种人寰惨剧。

明代青州府所属之诸城、安丘两县与莱州府是山东的粮赋重地，当时受灾也不算最严重。万历四十五年十一月，山东抚臣请缓征济南、东昌、兖州三府赋税，因为"屡岁之灾，登、莱所无，而济、东、兖所独也。四十四、五年之夏秋雨灾，又济北所独也"⑤。

山东这次自然灾害，至万历四十六年戊午，稍有减缓之势。小说第三十一回写济南守道副使李粹然与巡按杨无山救灾，杨于二月初七日、十三日、二十二日三次投牒乞雨，皆应，"把那年成变得转头"。《山东通志》有类似记载："万历戊

---

①《明神宗实录》卷五四二。

② 康熙《续安丘县志》卷一《总纪》。

③《明神宗实录》卷五四二。

④《万历野获编》卷二八《食人》。

⑤《明神宗实录》卷五六三。

午，岁大旱，趵突泉涸，李中丞招郭羽士筑坛祷雨，三应。又作铁牌镇趵突泉，已而，泉涌如旧。”①

从万历辛亥到丁巳这六七年中，给山东人民带来灾难的不仅是自然灾害，朝廷的苛政使处于灾难深渊的齐鲁众生雪上加霜。当时山东吏民请求免租赐恤的奏疏，多被贪财好货的朱翊钧驳回或留中不发。还有，万历时已开始在辽东用兵，而当时辽东都护司受山东布政使司管辖。辽东用兵，山东一省兼数省之困。山东不仅与他省一样承担辽饷、练饷之加派，还有造船只、买米豆、集夫役等额外负担。天启元年三月，山东道御史傅宗龙奏章中有“膏血匮于转输，室家倾于剽夺，怨恨之气，彻于九天”② 之语。《醒世姻缘传》中也有这样痛心的文字：“若是如今这样加派了又增添，捐输了又助赈，除了米麦，又要草豆，除了正供，又要练饷，件件入了考成，时时便要参罚，这好官又便难做了。”③

风俗关乎治乱。而风俗之变，上行下效。杜牧《阿房宫赋》所谓“一人之心，千万人之心也”。《醒世姻缘传》寄意于风俗，并不专对中下人说教，也是为最高统治者立法。《引起》首回明言“皇帝动有风雷之儆，雨旸薄蚀之愆”。帝王当神器之重，系天下安危，当以身作则，垂范天下，为斯民立极。君正臣良，然后民德归厚，“在天也就有那风调雨顺、国泰民安的日子相报”④。否则，群魔乱舞，天下不难有沦胥之祸。小说第二十四回有一段文字，可以为本书提纲挈领：“从古来的道理，这善恶两机，感应如响。若是地方中遇着一个魔君持世，便有那些魔神魔鬼、魔风魔雨、魔日月、魔星辰、魔雷魔露、魔雪魔霜、魔雹魔电；旋又生出一班魔外郎、魔书办、魔皂隶、魔快手；渐渐门子民壮、甲首青夫、舆人番役、库子禁兵，尽是一伙魔头助虐。这几个软弱黎民个个都是这伙魔人的唐僧、猪八戒、悟净、孙行者，镇日的要蒸吃煮吃。”毫无疑问，在作者眼里，明皇帝朱翊钧，就是一个败坏天下、荼毒生灵的魔君。后来明神宗与郑贵妃的爱子、富敌天下的福王朱常洵被李自成部杀死，与鹿肉一同煮食。这也是一种因果报应吧！

---

① 宣统《山东通志》卷一九九《杂志》。

②《明熹宗实录》卷八。

③《醒世姻缘传》第二十四回。

④《醒世姻缘传》第二十七回。

二、新城王氏门风之变

《醒世姻缘传》第三十七回论士子教养之道，举了新城县一个大家为例。说这家上世的时候，家法极严，以此甲第蝉联，且门风忠厚。但“后来人家富贵的久了，大地的淳庞之气都也不肯敛藏，做父兄的便也没有这等的严教，那做子弟的也便不肯遵你这般拘束。如今虽然也还不曾断了书香，只是不像先年这样蝉联甲第。到了那大司马手里，一个十一二岁的儿子说他是该袭锦衣的人，便与他做了一顶小暖轿，选了八个小轿夫，做了一把小黄伞，终日叫他抬了街上行走，出拜府县。你道这样童子心肠，当如此的世故，教他葆摄初心，还要照依他家上世人品，能与不能?”

这里所说的新城大家，无疑是指明代的“江北青箱”新城王氏。

新城王氏始祖王贵于明初从诸城县大营村迁新城（今桓台）之曹村，先为人佣工，后自立门户，四世至王重光，中嘉靖辛丑进士，从此科甲仕宦不绝，尤以第五代为盛。王象乾、王象坤、王象蒙、王象泰、王象斗、王象节、王象恒、王象晋、王象春等先后登第。其中以王象乾功业最隆，官至兵部尚书，赠太子太保。前面提到的大司马、《聊斋志异·王司马》之主人公，均指此人。

新城王氏起自微贱，故先世能刻苦自励。钮琇《觚剩续编》卷三有《新城家法》一篇，说王氏在家族生活中严格等级，贵贱相形，使无功名者惭惶交至，以此人自勤勉。王士禛《池北偶谈》卷五记其祖父王象晋事，典型犹存：“先祖方伯公年九十余，读书排纂不辍，虽盛夏，衣冠危坐，未尝见其科跣。常揭一联于厅事，云：绍祖宗一脉真传，克勤克俭；教子孙两行正路，惟读惟耕。……公年虽大耋，时时夜梦侍先曾祖司徒府君，或跪受扑责，如过庭时云。”

王象晋之兄王象乾历仕五朝，兼资文武，开遵义府，平铜仁、平越，总督蓟、辽、宣、大，“其安边却敌之功，载在神、熹两朝《实录》者，为季世所不数数觏也”[①]。他的辉煌功业，也使王氏家门达到鼎盛。

---

①《崇祯长编》卷三五。

新城王氏家法之坠，除显赫至极的门第使子孙不愿再过暗然潜修的苦行生活外，也与当时骚激声气、朝野如狂的时代环境有关。王象乾虽挂名东林，但他把主要精力放在治国安邦方面，西周生把王氏家法之坠的责任归咎于他，似有失公允。王士禛以为家法之变始于王象春，则较有道理："当明中叶，门户纷纭之时，无一人濡足者，亦可见家法之恭谨矣。……至从叔祖吏部（象春），为东林闻人，而才浮于□，家法始一变矣。"[①] 王象春跌宕使气，豪放自负，钱谦益《列朝诗集小传》称他的诗为"婆罗门邪师外道"，可兼论其为人。王象春的难兄、曾任保定府同知的王象复，与他一样慷慨负气。崇祯四年闰十一月，孔有德奉命率所部自登州援辽，路过新城，因一军士夺食王氏家仆一鸡，王象复逼着官兵将其人正法，穿箭游营，激起辽卒众愤，他们发誓："若不雪此耻而北行者，众共杀之。"遂拥孔有德以叛，尽灭王象乾家，王象春等皆易服潜窜，抄劫新城一空。[②] 孔有德蹂躏数州县，使明朝损兵折将后，满载而去，投降满洲，成为清朝进取中原的先锋、向导。这是关系明朝兴亡的一件大事。没想到王氏家风之变，竟直接影响明朝国运。小说作者没有标出所谓新城大家的氏族，也没有写出新城王氏家法衰变最惨痛的后果，可能由于他和新城王氏的后起之秀、清初文坛领袖王士禛有些交情。

---

① 《池北偶谈》卷六《门户》。

② 文秉《烈皇小识》、毛霦《平叛记》、吴骞《东江遗事·孔定南传》有类似记载。

青阳丛话（续）：聂凤智将军的遗憾

潍县战役不失为现代战争史上城市攻坚战的范例，但这次战役后，当时指挥主攻的九纵司令员聂凤智将军却不止一次检讨战役留下的教训。

战役结束后，他在九纵营以上干部会议上所作潍县战役总结报告（《潍县战役总结》）中就指出选择突破口方面的遗憾："表现了单纯从战术出发，习惯主力置于易成功之方向，而不从整体着眼，结果消耗了时间、削弱了兵力，而对整个战役之胜利作用不大。""二十七师七十九团应位于八十团之位置（东北角），因东北角亦系全局性分割要点，如七十九团能布置于该点，迅速登城而控制，既利我下城（内有走台），东西两城又可分割，西城守匪不仅难窜东城而落网，亦可免其登城后坚守突破口时受敌之严重反击。"（按，引文中括弧内文字为原文所有）

在他晚年写的关于潍县战役的回忆文章中仍然念念不忘："攻取如此坚固设防的潍县'双城'，直接用于攻城作战的时间，不及四十个小时。即便现在看来，仍不失为城市攻坚的成功战例。教训呢？也有。后来，我到城里去看了。西城几处突破口，都选在正北和西北面，忽视了东北关，而东北关恰恰是全战役分割的要点。这无疑是一个失着。如果一部能按照纵队的预定计划，抢占东北关，迅速登城，既有利于火力压制北面突破口上的守敌，又便于部队沿城墙内壁斜坡（全城仅此一处）下城。同时，还可以有效地切断西城守敌逃往东城的通道。一举三得，失之可惜。"

聂将军善于从战争中学习的精神令人感动。由于对潍县城墙历史和结构缺乏深入了解（战役总指挥许世友更甚，他的回忆录中甚至有"据县志记载，潍县历史上从来没被打开过"的荒谬说法），城内情报人员虽然工作仔细，但没能仔细勘查城墙等军事禁地，战前计划和战后总结出的教训，都有可商榷之处。

山东兵团选择潍县北城作为主攻方向，主要是因为北城没有瓮城——在此之前华野曾在济宁、即墨，吃过瓮城大亏，看到潍县北城的八字门，以为有便宜可赚，是“易成功之方向”。没考虑到历代潍县城防设计者也会想到这一点，并采取相应补救措施。特别是东侧不远硕大的青阳楼敌台，纵然攻城炮火排山倒海，命中率90%以上，还有爆破前赴后继，台内的国民党军封锁火力仍再三复活，作七十三团、七十九团勇士的收割机。战役开始时，陈金城指挥部在北门以北百米左右的陈宅大院，说明他也料到解放军会以北门为主攻方向。

聂将军看好东北角，自有道理。这里之所以有斜坡，是因为这里每年正月十五有一项民俗活动。清道光刘鸿翱《重修潍县城池碑记》：“真武庙居艮，艮为石。旧有石公母，俗新正既望，邑人以艾炙石疗疾。”据载还有九十一级上下城的石砌台阶。当然，这里的斜坡也是修城时往上运土石砖木、作战时往上运重型武器装备的通道。在九纵攻占潍县时，所谓炸开城墙，只是炸塌城墙北面，登上城墙后，下城作战又是大问题。梯子基本无用（都不超过三丈），绳子也很少准备，战士们纷纷从墙顶纵身跳下，十几米的高度，解放军战士也是血肉之躯，骨折残废、丧失战斗力应该是物理自然。如果首先占领东北角，顺势冲下，这类伤亡自然会减少。

其实选择东北角还有一个有利之处，那就是墙外护城河相对低浅。因为民国十年（1921）潍县政府为免水患和发展商业，曾下令填平县城东北一带城壕，在民国二十六年（1937）《潍县志稿》的《潍县城坞图》中，从东北角向西有200米左右的城壕被“土城街”代替，使东北关与南北坝崖街连成一片，成为鲁中最重要的商业区（民国时期潍县经济一度居全国第十七位，此处贡献最大）。攻打潍县的各支部队，除东北方向的八十团、七十九团，都受阻于城壕，必有缘故。或者守军没有复开城壕，或者挖了也较草率。

当然，即使解放军成功从东北角突破，接下来也未必轻松。西边青阳楼台和东城沿白浪河1000多米的侧射火力和敌机轰炸，仍能对后续登城部队进行有力封锁。冲进城的部队在荷花湾和两面城墙间的角落，更容易被聚歼。何况即使如聂将军所设计，解放军迅速控制东门，城内之敌作困兽之斗，潍县西城有可能像战后荷花湾小学一样，成为一片废墟，连当时在围城中的名流郭味蕖也难逃劫难。打东城时能网开一面，纵敌于郊外而歼灭之，减少对城市的破坏，打作为鲁中文化中心的西城，更应该这样。

我认为还是从西城墙突破好，这里敌人的火力最难集中。特别是潍县房屋多坐北朝南，对于守城者来说，利用房顶、窗户作工事，向北作战比向西更方便些。而一旦占领城内，类似青阳楼敌台这样坚固复杂的外向性工事，就像“二战”时被德军绕过了的法军马奇诺防线一样，再难发挥威力。

不过聂凤智将军关于潍县战役的教训，在济南战役发挥了作用。在潍县青阳台下受憋屈的七十三团，在这位“老团长”的直接指挥下，从济南内城东南角气象台下一举突破，借阶下城，迅速向纵深发展，为济南战役的完胜立下了首功，被中央军委授予“济南第一团”的称号。

无独有偶

——清代山东状元趣闻

清代从顺治三年（1646）首次举行会试、殿试，到光绪三十一年（1905）废除科举，共开科112次，取中状元114人（包括1652年、1655年满汉分榜取中的2名满洲状元），其中山东籍6名，人数虽然不多，但在全国各省中也排在第四位（前三位分别是江苏49人，浙江20人，安徽9人）。在所谓“人文渊薮”的江浙地区，状元自然是“物以类聚”，苏州一城，就有十好几个。如果我们对山东状元作一番考察，会发现他们的出处同样“无独有偶”。

六个状元，三个城市

清代山东的六名状元，被三个城市均分，聊城、济宁、潍县，每地二人。

聊城的两人分别是顺治三年（1646）丙戌开国首科状元傅以渐，康熙六十年（1721）辛丑科状元邓钟岳；济宁的两人是道光二十四年（1844）甲辰科状元孙毓桂，咸丰三年（1853）癸丑科状元孙如仅；潍县的两人是光绪二年（1876）丙子恩科状元曹鸿勋，光绪二十九年（1903）癸卯补行辛丑壬寅恩正并科状元王寿彭。

应该说，产生状元的这三个城市有一些共同之处，它们自古以来就是山东经济、文化、交通等各方面都比较发达的地区，聊城和济宁是古运河上的明珠，潍县是锁钥青齐的重镇。济宁和潍县都有“小苏州”之称，是著名的工艺城市——其实清代科举，八股文、八韵诗、馆阁体书法，与刺绣、年画、嵌银家具、仿古铜器等工艺品的生产，颇有异曲同工之妙。长才伟器，难以常格求。古今状元中，遗大投艰、拨乱反正之人，几乎是凤毛麟角。当然，不管怎样，这三个城市包揽山东清代状元，还是在一定程度上反映了三地文化、教育的发达情况。

两条胡同，四人夺魁

道光年间淄川人王培荀在《乡园忆旧录》卷二中记载：“聊城傅、邓二状元，共一巷。”按时间循序，傅以渐和邓钟岳是清代山东状元中的第一和第二个。在王培荀作此书数十年后，清代也是封建社会山东最后的两名状元曹鸿勋、王寿彭，也都出于同一条胡同，即老潍县城的新巷子胡同。

王寿彭中状元时，适逢慈禧太后七十大寿，有人说他得以点中状元，是因为名字有“寿齐彭祖”之意，实属偶然。王寿彭曾写一首打油诗解嘲：“有人说我是偶然，我说偶然亦甚难。世上纵有偶然事，岂能偶然再偶然。”

清代山东的六个状元，平均分布在三个城市，可以说是偶然；傅以渐、邓钟岳共一巷，又是偶然；至于潍县的状元曹鸿勋、王寿彭又出于同一条胡同，那就是再三偶然了。

独占鳌头，多出寒门

科举制度是中国封建社会超稳定结构的凝固剂，虽然其陈腐、狭隘的教条，森严、烦琐的律令，使科场几乎成为残害人才的屠场，但较之历史上世卿世禄、九品中正等特权制度，还是具有一定的公平性。这种制度不断向统治阶层输送新鲜血液，对封建官僚内部的极权腐败，有一定潜消默夺的作用；同时它也使下层社会的士子不轻易放弃“朝为田舍郎，暮登天子堂”的梦想，有利于缓和阶级矛盾。

相对而言，金榜题名对下层社会士子的诱惑，明显大于名门显宦子弟。社会待遇巨大的落差，在一定程度上也激发下层社会士子刻苦奋进，从而在科场的竞争中脱颖而出。清代山东的这六位状元，除孙毓桂家世显赫外，其他都比较清寒。第一位状元傅以渐少年时买不起纸张，以墙壁作“起草纸”；最后一位状元王寿彭当过教馆先生；最可怜的是曹鸿勋，据说当从京城星夜骑马前来报喜的人到潍县时，他的寡母还在郊外挖野菜，赏给报子的喜钱和招待他们的酒饭，都是左邻右舍代办的。

前后成双，中间空白

曾朴《孽海花》第二回写苏州几位乡绅在玄妙观茶坊谈论清朝状元，说什么“苏州状元的盛衰，与国运很有关系”“本朝国运盛到乾隆年间，那时苏州状元，亦称极盛：张书勋同陈初哲，石琢堂同潘芝轩，都是两科蝉联；中间钱湘舲遂三元及第。自嘉庆手里，只出了吴廷琛、吴信中两个。幸亏得十六年辛未这一科，状元虽不是，那榜眼、探花、传胪都在苏州城里，也算一段佳话。自后道光年代，就只吴钟骏崧甫年伯，算为前辈争一口气，下一粒读书种子。然而国运是一代不如一代了。至于咸丰手里，我亲记得是开过五次，一发荒唐了，索性脱科了”。

通观清代状元的盛衰，以江苏为代表的南部各省，与以山东为代表的北方地区确实互为消长。乾隆六十年中，开科 27 次，除乾隆二十六年（1761）辛巳恩科状元是陕西人王杰，其他各科状元都是南方人。就是这个王杰，本来是探花，还是乾隆帝在最后定夺的时候，因为清朝陕西还没出过状元，把他和江苏赵翼对调了。

山东的六名状元，顺治、康熙朝各一名，其他四名都出在鸦片战争以后，中间雍正、乾隆、嘉庆是空白。光绪朝开科 13 次，山东潍县就有两人独占鳌头。清代同时也是中国封建社会最后一名状元，光绪三十年（1904）甲辰恩科状元刘春霖，是河北人。

这种情况与不同时期对人才的需求有一定关系。在所谓太平盛世，统治阶级需要的是粉饰润色之才，文雅的南方人自然赚便宜；在动荡危急之世，需要的是务实之才，于是质朴的北方人在状元这桌大餐中，也能分南方人杯羹。

失之交臂，还有两人

电视剧《宰相刘罗锅》中有刘墉中状元的情节，这自然是虚构。刘墉是乾隆十六年（1751）辛未科第二甲第二名，这年的状元是浙江仁和人吴鸿。不过刘墉与状元也只是失之交臂。《乡园忆旧录》卷二："刘石菴相国，文正公子，幼即工书。殿试卷前十本进呈，已列第一，高宗皇帝欲得寒畯，遂拔吴云岩鸿居榜首，相国终以书法名天下。"当然，在很多人心目中，刘墉比后来默默无闻的吴鸿更有资格当这个状元。民间传说中的予夺，正反映了人民群众的价值标准。

刘墉是已列第一，被乾隆帝拿下；在他之前还有一个，考在第二，差点被乾隆移置第一，那就是乾隆元年（1736）丙辰榜眼，山东曲阜人黄孙懋。《清高宗实录》卷一六，乾隆元年四月戊辰，乾隆帝在养心殿阅进呈殿试各卷，最后确定名次并填榜。他先把考官进呈的第一卷移置第二，取第六卷为第一。待拆开进呈的第二卷，是黄孙懋，就问在场的考官："山东从前曾有鼎甲否?"户部侍郎李绂奏曰："顺治丙戌科状元傅以渐，康熙辛丑科状元邓钟岳，俱山东人。"乾隆帝这一问，自然有其潜台词，如果清代山东还没出过状元，黄孙懋列一甲一名，几乎是没问题。如果多嘴的李绂换一种角度，比如说山东虽然已出过状元，但曲阜乃圣人桑梓，自唐以来无人得鼎甲者，今皇上登极首科，黄孙懋考在一甲，足验吾皇稽古右文，直接洙泗心源，千载难逢云云，当时弘历还年轻，如果他耳朵受用，稍一冲动，把黄孙懋列于榜首，有何难哉！

通德之光

——郑玄研究中心成立

1988年，法国总统密特朗召集了一个议题为“21世纪的挑战和希望”的会议，参加者共有诺贝尔奖得主75人，会议上瑞典物理学家汉内斯·阿尔文博士（1970年诺贝尔物理学奖获得者）发言中“人类要生存下去，就必须回到二十五个世纪以前，去汲取孔子的智慧”的话引起强烈共鸣，以致被纷传为“诺贝尔奖金基金会‘巴黎宣言’”（至今有些媒体还这样宣传）。它导致了中国官方和民间对孔子认识的空前转向和国际孔子热的升温，以致出现了孔子学院遍寰球的盛况。由于历史上对孔子学说——尤其是礼学诠释最权威的是郑玄，孔子热带动郑学热应该是必然趋势。而且只有郑学“热”起来，儒学、孔学乃至传统文化研究，才能进入实质境界。

相对于寰海尊孔的盛况，郑学热来得慢，范围也小。孔子热是学术界与民间同时升温，郑学热则是学术界慢慢地、理性地热起来，而民间迄今为止，尚无温度可言。

2014年3月，日本治经学史和《诗经》的间岛润一教授，将自己耗费多年心血完成的专著印出后，要求出版部门先封存，想在高密郑公祠郑公像前供奉七天，然后发行。由于年事已高，不能亲赴中国，让爱妻、子女奉书以行。通过中日友好协会，渡洋越国，辗转到了高密西南四十余里的郑公祠，将新书供奉在郑玄像前。当他们看到郑公祠庙舍湫隘，人烟寥寥，感慨万千——他们认为郑公祠应该和曲阜孔庙一样规模堂皇，一样观者云集，没想到竟是如此景象。后来日本早稻田大学东方哲学系主任渡边义浩教授、京都大学研究生院文学院研究科文学部池田秀三教授等来高密拜祭郑公，也表现出同样感慨……

日本学者的“认真”精神令人钦敬，但郑公祠这种状况（其实比以前已有很大改观）与所属辖区变动有重要关系。历史上郑公祠主要属高密县管辖，后来划入峡山经济开发区。到底由谁来主导开发，颇有争议。另外，一代儒宗郑玄毕竟是世界性的文化名人，谨慎一些也是合理的。

不过郑玄故乡一带对于郑学的研究，却很早就起步了。20世纪末，在市文化局王振民局长和市博物馆孙敬明教授的倡导下，召开郑玄研讨会、出版《郑玄研究论文集》、创刊《儒学研究》，取得不少成绩。孙敬明先生的金石文献研究，绍述郑康成，有多项国家级课题和省级课题，具有全国和世界领先水平。潍坊学院对地方文化一向重视，21世纪初，成立潍坊文化研究会、东夷文化研究会，出版了《北海（潍坊）文化研究丛书》等系列著作（其中《北海文化世家》《北海历史文化名人》，郑氏、郑玄是重点篇章），学报辟有相关专栏，也把郑学作为重要课题，取得了不少成果……经师堂奥、方仙渊丛的潍水流域被确立为山东省（中国“圣省”）第一个国家重点文化保护区（郑公祠是这一地区最辉煌的灯塔），与这些努力是分不开的。

2021年5月22日，来自潍坊政界、商界、学界的代表在潍坊学院举行了郑玄研究中心成立仪式。潍坊学院赵光强副校长，市博物馆研究室主任孙敬明教授，郑玄族裔、得利斯集团郑思敏总裁，市文联王治喜主席，来自康城故里的郑公街道办事处王建军书记、高密市先贤郑玄文化研究院郑金涛院长，及潍坊学院专家、博士们纷纷发言，缅怀郑公伟业，表达文化传承的责任，展望郑学研究的远景。大家一致表示，团结合作，凝聚力量，争取把郑玄研究中心打造成郑学研究高地、潍水文化研究合作基地、国内外郑学交流基地和文献中心，推进郑学为地方经济文化建设和增进民族及人类福祉做出贡献。

《清爱堂遗闻》序

清代二百余年中，“海岱高门第”诸城清爱堂刘氏，科甲、仕宦不绝，特别是乾嘉间刘统勋、刘墉，相继为相，选贤任能，定疑决难，关爱生民，同时对清朝统治者的民族压迫政策予以斗争抵制、潜消默夺，为缔造、维持中国封建社会最后的“盛世”局面，做出了重要贡献。民间所谓“乾隆帝，坐江山，刘罗锅子半拉天”，真有点“说是就是，不是也是”。

除了在政治上的重要作用，清爱堂刘氏在学术文化诸方面的影响也是巨大的。刘统勋作为中国历史、也是人类文明史上空前规模的丛书《四库全书》的首任总裁，主要编纂者如纪昀、陆锡熊等都是由他推举引荐，从某种意义上说，也决定了这部丛书的取舍体例甚至清代中后期学术发展的方向。其他如刘墉的书法、刘奎的医学、刘喜海的金石学，也在国内外享有盛誉。

研究清爱堂刘氏盛衰，对于认识清代历史文化会有重要启发，当然它更应该是诸城地方文化研究的一个重要课题。

我自少年求学沪渎，即热衷搜集乡邦掌故，至今兴致未衰。有关材料累寸盈尺，满箱溢箧。将这些材料分门别类，便觉关于清爱堂刘氏的内容颇为可观。这与刘氏家族在历史上的影响是相配的。

早在20世纪90年代，《宰相刘罗锅》开拍之前，我就编成两书，一是已经出版的《刘墉传说全编》，再就是本书。在《宰相刘罗锅》热播之际，山东人民出版社曾联系出版，因当时书稿不在我手上，被人居为奇货。电视剧的热闹劲一过，书稿也变成冷菜剩饭，又回到我的手里。现承蒙诸城市地方文化研究学会收入诸城地方文化丛书，予以出版，也算了却了一桩心事。

这部书的材料，我积累了近二十年，但相对浩如烟海的清代历史文献，自己所见仍是九牛一毛。再就是，有的文献无力汇集。如一千余卷的《清高宗实录》，我曾浏览一过，并作索引，其中关于刘统勋、刘墉父子的记载，连篇累牍。若汇集起来，其规模会超过我收集的清爱堂家族其他资料的总和。望洋兴叹之余，只好割爱，一条不录。将来有机会，可编专书出版。本书资料，取自清人（兼及民国）传世笔记、文集者为多，较有可读性。其互相重复异文不多者亦删去。

中国古代有通谱、连宗的陋习，从清代开始，各地刘姓对清爱堂的攀附，就没有停止过。包括清末民初民主革命先行者刘大同（原名刘建封），也没能免俗，他还将明末清初琅邪台诗人刘翼明，也拉入了清爱堂家族（由章炳麟、梅景九出资刊印的《诸城三刘合璧》，包括刘翼明、刘墉、刘大同三人的书法集）。自《宰相刘罗锅》《天下粮仓》热播，刘统勋、刘墉成了知名度很高的人物，各地刘氏之攀附，又出现一个热潮，甚至见于严肃的研究论文、专著。不说刘墉的本家，自称刘墉故里的地方，就不下十处。其实正如刘统勋的学生、著名学者阮元在《诸城刘氏族谱序》中所说，清爱堂家族自明弘治年间由安徽砀山迁诸城，其世次“井然秩然”，是难以假借的。对于此类材料，除一二有关掌故者，只能割舍。

我也曾写过一些研究清爱堂的文章，有朋友劝我收入此集，最后还是作罢。一是限于体例（虽然本书的编辑体例不严格），一是水平不高——其实我个人以为，这些资料比现在市面上随意发挥、以今绳古、水分充足、哗众取宠的著作（如《刘罗锅百变人生》之类）和研究文章有价值得多。

中国古代社会最重宗法，表现在学术上就是重师承、重统系、重门户，学以人传。所谓人在学在，人亡学亡。学术传承最有韧性的纽带，当然还是所谓的“家学渊源”。诸城文化深厚博大，源远流长，自秦汉伏、郑、王、卢、徐、梁丘、诸葛到明清臧、王、刘、李、丁、孟、张、尹、窦、郑等，多以文献传家，代有学人。诸城市地方文化研究学会李增坡、邹金祥两位会长，重视家族文化的研究，对我的工作给予大力支持。这本小册子，可以作为这方面的抛砖引玉之作。同时希望更多的学人加入这方面的研究，共襄盛事。

（本书收入《超然文丛》丛书，西泠印社出版社，2007 年 6 月）

孔尚任与清爱堂

孔尚任字聘之，号东塘，别号岸堂，自号云亭山人，是清代杰出的戏剧家和著名学者。他本人及其作品、遗物，与诸城清爱堂刘氏，有数世因缘。

据清乾隆《诸城县志·人物志》，刘棨康熙年间任山西平阳知府时，祭孔庙，“释奠见笙镛不具，延曲阜孔尚任为制乐器，教以雅奏”。另据袁世硕先生《孔尚任年谱》，康熙四十六年（1707）“仲冬，至平阳，助知府刘棨修《平阳府志》”。

孔尚任自康熙三十九年（1700）三月被罢官，不久回乡闲居，生计颇艰。他以花甲之年背井离乡，间关山河，冲风冒寒去平阳，绝对不仅为着“弘文传道”。而刘棨请“正《雅》《颂》岂无庭训”“作《春秋》必赖祖传”的孔尚任制乐修志，亦可谓委任得人。

朱士嘉《中国地方志综录》：“《平阳府志》，三十六卷，刘棨修，孔尚任纂。”张克嶷跋《平阳府志》：“郡伯刘青岑先生乃起而纂述之，始事于丁亥仲秋，脱稿于戊子季春。”一部府志，仅用半年左右的时间，编纂工作肯定非常紧张。无怪乎孔尚任在平阳府署作的《平阳春夜，官署西堂，同刘岩遇、吴青霞、高大立、钱蔗山限韵》（《长留集》七律卷）有“河东幕府无闲客，欲话平生总未曾”。

在平阳幕府的数月时间内，孔尚任留下了不少诗文佳作。不久前我受诸城有关部门委托编纂《东武诗存补续》，其中《结缘》部分收入孔尚任与诸城朋友酬答之作，由于当时未翻阅《长留集》，没有收入关于刘棨的作品，补录两首，以志缺典：

平阳郡署主人赠袍

吟诗瘦尽沈腰存，一袭霞袍竟体温。家去何愁羞季子，春游直可傲王孙。摊书倦后妨灯炧，顾曲欢时怕酒痕。少在身边多在箧，信陵席上不言恩。

腊日客平阳，刘青岑太守设鲜鳆鱼享客，诗以志异

吾祖昔知密州事，家藏笈稿三百字。纸尾略存海错诗，踌躇饱啖不满志。鲁城距海五舍余，掩鼻但过鳆鱼肆。腐螯败鲎附盐车，纸裹鳆鱼签题字。干腊贵与海参同，何家费钱郇家制。肉脔夹笋和姜椒，食而不知鳆鱼味。梦想密州祖迹荒，不图餔啜无由至。竭来驱车过平阳，汾水清寒游鳞避。太守悬鱼朝野闻，早韭晚菘性所嗜。节当媵腊雉兔稀，鳬鳖脍鲤何由致。一介使从密州来，倾筐海错佃渔馈。叮咛夜半戒冰厨，净涤细割加盐豉。文火武火候停匀，釜鬲忽吐龙涎气。云片卷舒白间黄，脆软甘香盈美器。主人持盏先歠羹，故乡滋味浑不异。宾客休歌食无鱼，簇鲜海鳆请君试。左箸右匕食指忙，谁能咀嚼辨精腻。今夕得领海味真，纸裹之物堪委弃。食罢还索肤壳观，满蛤濡沫留生意。晶晶蜃彩灯交辉，五色霞中闪金翠。本是珠胎错认鱼，江瑶施舌介同类。《尔雅》虫鱼注未详，口尝目睹今须记。吾生饮啄预难期，鸡犬新丰多变易。平阳乃有鲜鳆鱼，缘木求鱼言非戏。

诗中的“吾祖”，是指北宋继苏东坡之后莅任密州知州的孔宗翰。据王安石《给事中孔共墓志铭》和《宋史》本传，孔宗翰，字周翰，曲阜人，孔子四十六代孙，官至刑部侍郎、宝文阁待制，以直节清名闻于世。他曾至密州：仁宗至和元年（1054）任仙源令，以事过东武，晤陈宗古、任建中等人；熙宁三年（1070）中秋，以尚书屯田郎中提点京东刑狱，持节过密州，时陈、任已亡故，孔宗翰题诗于东武馆舍：“屈指从来十七年，交亲零落一潸然。婵娟再见中秋月，依旧清辉照客眠。”熙宁九年（1076）中秋，苏轼宴客于超然台上，闻孔宗翰欲接任密州知州，与客诵其旧诗，并作《和鲁人孔周翰题诗二首》，作于同一夜的《水调歌头》中秋词，亦受孔宗翰题诗启发。孔宗翰在密州能“饱啖”海错，估计东坡也不会“日食杞菊”。

刘棨聘请孔尚任前往平阳的目的是制造乐器、传授演奏技艺、修撰府志。平心而论，如果单是为撰写方志，合适的人选很多，说到制造乐器和传授演奏技艺，比孔尚任更合适的人选恐怕难找。

在接受刘棨聘请之前，孔尚任一生中的两部重要戏剧作品（《小忽雷》《桃花扇》）已经完成，并且它们都和乐器有关。“小忽雷”本身就是乐器名字，而《桃花扇》开篇《试一出·先声》下自注：“康熙甲子八月。”梁启超《桃花扇注》云，这是孔尚任纪念他“制乐器成功”。刘棨后人与孔尚任结缘，主要是因为孔尚任收藏的国宝乐器——小忽雷。

小忽雷，又叫龙首琵琶，唐代宫廷乐器，源于唐代南诏乐。其形制棒状梨形，龙首双弦，蟒皮蒙腹，檀木为槽。据说唐文宗时，著名画家韩滉入蜀，得到名贵的沙逻檀木，请乐工制为胡琴二，名曰大小忽雷，进之宫廷。女官郑中丞善其小者，以匙头脱，送崇仁坊南赵家修理。后甘露之变，中丞以忤旨缢投河，权相旧吏梁厚本在昭应别墅垂钓，援而妻之。郑告以小忽雷所在，梁氏将其赎回。后黄门听其琵琶声，诏入，宣诏赦二人之罪。

康熙三十年辛未（1691），孔于燕市购得小忽雷，欣喜异常。刻二绝于轸上，曰：“古塞春风远，空营夜月高。将军多少恨，须是问檀槽。”“中丞唐女郎，手底旧双弦。内府歌筵罢，凄凉九百年。”康熙三十三年（1694），他与南曲名家顾彩合作，将郑中丞和梁厚本这段不同寻常的爱情故事加工润色，完成了他的第一部传奇《小忽雷》。这部作品与后来的《桃花扇》传奇有类似之处，都是借儿女之情，写政治斗争、兴亡之感。应该说，这部作品是孔尚任创作《桃花扇》的预演或练笔，在孔尚任的艺术生涯中，有里程碑的意义。

孔尚任对《小忽雷》传奇珍爱备至，但由于经济困难，生前一直没有将它付梓。死后甚至连小忽雷乐器也被子孙变卖，辗转于多人之手，曾先后两次被清爱堂收藏。

黄濬《花随人圣庵摭忆》：“潍县陈簠斋太史藏山谷伏波神祠诗墨迹卷后，刘文清跋云：成邸以此卷并小忽雷易其一铜琴。”后来可能刘墉又将小忽雷转赠于伊小尹。据刘喜海《嘉荫簃集》卷上《小忽雷记》伊小尹之子继昌（号莲龛）于嘉庆二十五年（1820）夏，又将小忽雷原璧归还，并且将收集到的《小忽雷》传奇抄本也赠与了刘喜海。刘氏“属南叔拓其形，装池为帧，并补书原序一通于帧端，且以诗志之，属同好和焉”。

关于以后小忽雷乐器与《小忽雷》传奇的流传情况，梁启超先生在《桃花扇注》中有一段比较简明的记载：

> 乾嘉以后，小忽雷原器辗转入于刘燕庭（喜海）之手，燕庭复抄得《传奇》原谱，校藏于味经书屋，其后燕庭嫁女于华阳卓氏，用作妆奁。宣统二年，刘葱石（世珩）连器带谱从卓家购得，拿精校刻出，编为暖红室传奇汇刻之第二十四种。自是云亭山人破题儿第一部作品，流传播人间。

今天，小忽雷乐器已收藏于北京故宫博物院；《小忽雷》传奇，也有了齐鲁书社的排印本。

“大雅不群”衡王府

朱明一代，曾先后有三位宗室亲王分藩青州。其一为齐王朱榑，明太祖朱元璋第七子。洪武三年（1370）封，洪武十五年就国，建文元年，以谋为不轨，废为庶人。永乐元年，诏复其国，又因骄纵不法，于永乐五年被废，宣德三年赐死，后世子孙居南京。清代青州学者李文藻曾著有《齐藩录》，惜已失传。其二为汉王朱高煦，明成祖朱棣第二子。永乐二年封，令他之国云南。高煦觊觎东宫，以偏远为由，拒不赴国。永乐十三年，改封青州，亲王府及世子府已建，仍迁延不就，益行不法，永乐十五年，徙封乐安州，宣德元年八月，因谋反被逮至北京，废死西内。衡王是明代也是整个封建社会封藩青州的最后一个王爵。明宪宗朱见深第七子朱祐楎，于成化二十三年被封为衡王，弘治十二年三月就藩青州，传六世七王：恭王朱祐楎，朱祐楎子庄王朱厚燆，朱厚燆子康王朱载圭，朱载圭弟安王朱载封，朱载封子定王朱翊镬，朱翊镬子宪王朱常漉，朱常漉子朱由棷。前后共一百四十余年。清兵入关，末代衡王朱由棷降清。顺治三年五月，清廷以私藏金玉银印、欲行谋反等罪名，将他与被俘的南明弘光帝朱由崧、潞王朱常淓等明宗室共十一人处死，并将衡王府抄没，才算最后完结。

好学崇道的衡恭王朱祐楎

明嘉靖《青州府志》卷一二《藩贤衡恭王传》，是迄今为止见到的第一代衡王朱祐楎最详细的传记：

王讳祐楎，宪宗纯皇帝第五子，母庄懿德妃张氏，生于成化十五年己亥。二十三年封衡王。弘治十二年之国青州，嘉靖十七年八月薨。敕葬临朐西三阳山之原，赐谥曰恭。王兄弟十有一人，长孝宗，次睿宗，三岐王，四益王，五即王也；六雍王，七寿王，八汝王，九荆王，十荣王，十一申王。列圣以来，未有如王兄弟之盛者。王天资明颖，神采庄重，每朔望，先谒宗庙，而后视朝。进表笺，临殿用宝，拱立移时，具冕服，北面端拜，俨觌天颜，为诸王范。春秋祭享，率以三鼓从事，越四十年如一日。享宾躬为酬献，诸王子以次称觞，仍命官属屡伸劝侑。毕，送至露台，及阶，宾退，乃还。暇居斋宫，手不释卷，他无玩好。尤精书法，四体皆工，而楷书、行草为最，大书结构有体，诗章足垂世教者，书数千纸，一睹笔法，具见王心。旁及丹青，各臻妙品。积古今书籍千卷一柜者，凡百有奇。著诗文若干卷，题曰《岁寒斋稿》。先是，孝宗与王尤厚，敕齐藩所遗土田悉属之王。虑扰于民，力辞不受。上嘉允，特赐祖训一、誓剑一。就封以来，未尝诘责于有司。事或相涉，则曰：吾左右过也。人益愧服。辟书堂，淑诸王子授经讲诵，务令晓解。一时诸王贤声籍籍。官校子弟，复建育秀馆教之，多入庠校者。青故多饥，王来，雨旸时若，岁比丰稔。及薨，村氓野老，每集数十人，具香楮，望灵哭吊，尽哀乃去。王以礼为国，上信下怀，册谥以恭，美矣。迄今宗室多礼让之风云。

这篇传记对朱祐榑不无美化，但所说祐榑好学礼贤，也不无根据。安致远《纪城文稿》卷四有《跋杨渑谷先生草书帖》一文提及朱祐榑与青州名人杨应奎（字渑谷）交往的逸事，颇有代表性：

有明当世庙时，吾青文物全盛。有海岱七子，以诗鸣于时，渑谷杨先生其一也。先生以议大礼忤永嘉归，著述余暇，尤精力于草书。所临十七帖，并其所自运，几入右军之奥。衡王最爱公书，遣侍医赵柳南往求。值公挥颖作书，墨渖淋漓，纵横几案间，笑曰：“王席尊处优，讵辨钟王虞褚笔意耶！”不答而退。柳南乃攫其案上长帧短幅，满袖双笼而去。归以公语白王，王更喜甚，以公书装潢成帙，而更索公序。公赏其高致，为叙其帖，而与王相得甚欢。会王建某殿成，公乃为书“麒麟门”三字，圆阔丈余，以金泥濡毫，擘窠大书，有龙跳虎卧之势。掀髯狂呼，无异米南宫殿庭叫奇绝时也。

今驼山之顶昊天宫下有嘉靖时所立石碑，碑顶“昊天宫”三字行书，右款“乐善子”三字，是朱祐榰之号。下刻两方图章：“皇明宗室”“衡王图书”。再下是《重修驼山昊天宫记》，署冯裕篆额，杨应奎书丹，陈经撰文，益都知县胡宗宪立石。

嘉靖《青州府志》的《衡恭王传》关于朱祐榰事迹，有一重要事项没有提到，那就是朱祐榰崇奉道教。明代是道教回光返照的时期，嘉靖又是最迷信道教的一个皇帝，衡王府所在的青州，历来又是道教活跃地区。中国两大教派的正一道（天师道），据陈寅恪先生《天师道与滨海地域之关系》，断言“琅邪为于吉、宫崇之本土，实天师道之发源地”①。而明代青州，兼汉代琅邪之地。金元之际后起的全真教派，与天师道起源的地区相近，也是陈寅恪先生所谓的东方“滨海”地区。在这种时代、地理环境下，朱祐榰崇奉道教，也就不足为奇了。

上面所提到的驼山昊天宫的营建，是朱祐榰崇奉道教的遗迹，至今仍存的云门山天仙圣女祠，是他崇奉道教的另一见证。

云门山阳“云窟”之西，有两块摩崖刻石，其一为《重修天仙玉女祠记》，仅存碑额，碑文几乎全部磨灭。其二为一题记，保存完好。全文加落款共五行五十三字：“嘉靖拾叁年五月十三日，衡府内典宝贾玉曾登此山，遇道士黄云、王清富，一同发心修建太山娘娘行宫并各殿庙，永远为记耳。冀阳书。”所谓“太山娘娘”，即道教名神天仙圣女碧霞元君。云门山碧霞元君行宫，最早建于元代，经衡王府重修后，仍有元代蒙古包痕迹。“冀阳”即先后担任衡府内典膳、内掌司的太监周全，他是直隶冀阳人。云门山阴摩崖寿字，亦此人所书，此字高七米半，宽处近四米，号称天下之最。东侧有题款云：“大明嘉靖三十九年九月初九日，衡府内掌司冀阳周全写。”九月九日是重阳节，为斗母与重阳帝君吕洞宾诞辰。据《明史·礼志》，朝廷于这一天祀三皇、北极真武。周全书此字，疑亦与道教祀典有关。嘉靖三十九年时为朱祐榰子庄王朱厚燆在位，他继承了乃父崇奉道教的遗风。

自寿字往东数百米，有一石洞，洞上方刻有“万春洞，衡府内典膳冀阳周全

---

①《陈寅恪史学论文选集》，上海古籍出版社，1992年。

开造”。此洞进深五米，内东侧雕有“陈抟老祖”睡卧石像一区。不知周全开于何时，大约不出朱祐楎朱厚㸅在位期间。

衡王好道，自有道士找上门来。嘉靖年间，著名道教人士、书法家雪蓑，曾游青州，与衡王交往。青州云门山上有雪蓑书迹刻石六处，多为径尺大小的擘窠书，如“神在”“超尘离梦”等。在衡府内掌司周全所开万春洞中，有雪蓑题诗一首，为流利的行草书。其诗云：“野宿石床类洞天，斗笠脱放海东边。夜深熟睡白云起，莫管龙来榻下眠。”雪蓑书法无论大小，都用笔空灵，脱略形迹，颇得《石门铭》三昧，人称半仙体。雪蓑还善于绘画，青州市博物馆藏有其真迹《松鹰图》，超逸不俗。王培荀《乡园忆旧录》卷三：“雪蓑道人苏洲（河南杞县），尝游巴中，嘉隆间游历下，往来淄川、益都，人以为仙。诗文奇妙，无尘俗语。尝自作联曰：‘雪里披蓑，寒动一天星斗；云间补衲，暖回大地阳春。’善作大字，龙蛇飞舞。龙洞大殿前有雪蓑碑记，作狂草，署名曰‘五湖散人兼三十六洞天牧鹤使者’。衡王诞日，于南山石壁大书‘寿’字刻之，中间横画可以卧人。石壁绝高，不知当日何以运笔。”寿字非雪蓑书，亦非为衡王祝寿，但雪蓑与衡府交往，则有案可查。

《明史·世宗本纪》指出嘉靖“崇尚道教……营建繁兴”，是“百余年富庶治平之业，因以渐替”的重要原因。衡王府一小小宗藩，频兴大工，亦足以病国害民——当然衡王府不仅扶植道教，佛教、回教、天主教都曾予以扶植。山东四大佛寺之一的法庆寺，就是衡王舍地所建。今天人们瞻仰这些遗迹时，多将一些美好的心愿投射在对象之中，如面对摩崖寿字，我们也许联想到健康长寿，寿比南山。但从另一面想，衡府太监写的这个巨无霸寿字，除了反映了封建宗藩这些寄生虫的痴心妄想外，还折射了明代两大致命弊政：崇奉道教与宦官误国。

“贤孝”多才三郡王

明朝自太祖朱元璋开国，就有“天子之众子必封为王，诸王之众子必封郡王，世世相传”的定制。自朱祐楎以后，历代衡王共封过十四个郡王：江华、东昌、武定、玉田、新乐、高唐、齐东、邵陵、汉阳、平度、宁阳、昌乐、寿张、商河，其中江华王朱厚熵、东昌王朱载圭、武定王朱载封皆以郡王袭衡王。其余十一郡王府，虽良莠不齐，但也出过几个人才。

《明史·诸王传》提到衡府三个郡王："新乐王载玺，恭王孙也。博雅善文辞，索诸藩所纂述，得数十种，梓而行之。又撰《洪武圣政颂》《皇明政要》诸书，多可传者。从父高唐王厚熿、齐东王厚炳皆以博学笃行闻。嘉靖中，赐敕奖谕者再。"

高唐王朱厚熿为朱祐楎庶第四子，据《青州府志》卷一二《封建》，其册封时间为嘉靖九年，《明史·诸王世表》作嘉靖八年。万历十一年去世，谥端裕。齐东王朱厚炳为朱祐楎庶第五子，嘉靖九年封，三十七年去世，谥温惠。

《明世宗实录》卷三三八：嘉靖二十七年戊申七月，衡府高唐王朱厚熿、齐东王朱厚炳有孝行，衡王朱厚熵与山东抚按官各疏以闻，诏有司礼奖励之。嘉靖《青州府志》卷一二《封建传·敕赐褒谕》曰："高唐、齐东二王，近该衡王及山东抚按官各奏，称王兄弟二人天性孝友，乐善好学，守礼如一，克笃人所难及之行。所司会勘，先后无异，良可嘉尚。兹特差官降敕奖励，王宜益敦善行，以永终誉，用为宗室之光，顾不伟欤？钦哉。故谕。"至于他们的具体事迹，嘉靖时曾在山东为官的潘滋《浮槎稿》卷七有《高唐、齐东二王贤孝颂》一文，有所提及：

衡恭王，宪皇帝之子也，封于青，实以贤闻于诸藩。高唐、齐东二王守其家教，笃于孝友，盖世济其美者。恭王之薨，二王含哀茹荼，饬之以敬，足不入于宫、肉不登于俎者三年。及居恭王妃沈氏之丧，亦如之。平生未尝见其疾言遽色，读书之暇，惟适志于翰墨，篆隶杂书皆入神品。兄弟恂恂自为师友，禄米之入，不言多寡，休戚相视，如在其身。《书》称君陈，《诗》述王季，《孟子》言滕文居丧，自三代战国以还，盖仅见耳。于是輶车使者行郡国上其事，天子赐敕书，遣中翰褒之，有"能人所不能"之语。以贤孝旌其堂，以金帛重其赉。某为守臣，五年于青，知王之德，独稔以深，不自猥陋，取君陈杕杜之义，为颂以献。其词曰：

于惟君陈，令德孝恭。往慎乃司，作尹于东。惟此王季，因心则友。则友其兄，克顺克比。惟弘丕训，有济有容。施于有政，下民同风。乃眷西顾，其德靡悔。世德作求，以笃周祜。匪伊试剑，匪伊驰马。是饘是粥，予从光祖。长枕斯粲，大衾有烂。予怀二人，谁与共旦。令问宣昭，福禄来降。四方是维，盘石之宗。载锡之光，载好其音。再拜陨越，王臣下临。

朱厚煐、朱厚炳兄弟，还都以善篆闻名。嘉靖三十五年（1556）“后七子”领袖王世贞以山东按察司副使分巡青州道，与二人交往，曾索其篆书。《弇州四部稿》卷一三二：“高唐篆笔最为淳整，其弟齐东王，尤有法，尝贻余两扇而失之，以为恨。”同书卷一五四：“吾向游青州，有高唐、齐东二王者，深于玉箸及大小篆，皆名笔也。”清代弘历《御定佩文斋书画谱》卷二〇：“高唐王、齐东王，俱逸其名，王世贞云，二王深于玉箸及大小篆。”其实二王之名何尝逸哉。另，朱厚煐著有《琴谱》一卷，《事亲述见》十一卷。康熙《益都县志·艺文》、黄虞稷《千顷堂书目》皆著录之。

新乐王朱载玺，其父为祐樟庶三子朱厚熑。厚熑嘉靖三年（1524）封，嘉靖三十二年去世。载玺嘉靖三十六年袭爵，万历二十一年（1593）去世。

朱载玺著述之宏富，不仅为衡藩诸郡王之冠，在整个明代宗室中，也屈指可数。焦竑《国朝献征录》卷二：“新乐王载玺，端惠王子而衡恭王之孙也，博雅善文辞，敦尚德行，汲汲然以著述词赋为勋业，嘉靖三十六年册封，有《丁巳同封录》一卷。思欲表见宗藩有才艺者，走书天下，索同姓所纂述，得数十种，会梓而传之，谓之《绮合绣扬集》，又撰《洪武圣政颂》《皇明政要颂》《楼居稿》《田居稿》《梦玩仙闾》《神览沧溟》各一卷。其诗冲淡夷远，有独造之趣，多可传者。”

此外，朱载玺与嘉靖时著名诗人徐渭、李开先、吕时、徐来复、梁辰鱼、金大车、谢桂芳等都有交情。李焕章《织斋文集·徐文长传》：“青州新乐郡王载玺好翰墨，至青，日徘徊雪宫稷门，大有所著。载玺以千金为归装，文长睨而却之，只持一鼍矶砚，谓他日以此物相忆尔。”徐渭《徐文长集》卷七有《青州赠鼍矶砚副以诗奉答》、卷一六有《上新乐王启》，自称“山人”。李开先《闲居集》卷二有《送东野吕中辅自浙回携新制词册再赴新乐王之招》，徐来复《徐民上先生集》卷二有《新乐王始生世子寄贺一首》，梁辰鱼《鹿城诗集》卷一有《初秋新乐王殿下内苑宴应教十韵》，金大车《金子坤诗集·七言律诗卷下》有《夏日新乐王山庄集》，谢桂芳《谢性卿先生集》卷三有《新乐王书院宴集》，冯惟讷《冯光禄诗集》卷七有《挽新乐王》。

明代中后期，裁减宗藩俸禄，郡王日益拮据。但据安致远《青社遗闻》卷二，新乐王妃为盐商之女，尝“以数万为婿置第”，想必平常也能资助。否则，以郡王之俸，怎能有余力扶轮风雅。

据《明神宗实录》卷一三，万历帝因山东抚按、礼部奏称新乐王朱载玺“敦伦好学”而予以褒奖。

今潍坊教育学院西门外衡王府故址午朝门有两座衡王府所遗石坊，一南一北，其南榜文为“乐善遗风”“象贤永誉”，其北为“孝友宽仁”“大雅不群”。其南坊疑为高唐王朱厚煐、齐东王朱厚炳立，其北疑为新乐王朱载玺立。立在衡王府正殿之前诸郡王、宗室上朝的必经之路上，用这些的榜样激励他们。

末代衡王之谜

明代后期，由于党争、内乱、改朝换代等因素，文献缺失、损坏、记载失实现象，非常严重。《明实录》《明史》等文献对于衡王世系，只写到第六个衡王朱常𤋮，以至于很多人把朱常𤋮作为末代衡王。包括明末清初著名史学家谈迁编《国榷》，仍以崇祯十七年(1644)之衡王为朱常𤋮。只有清康熙时《益都县志·封建》，比较准确地记载了朱常𤋮的卒年和谥号。这是由于康熙《益都县志》的编纂者钟谔、冯灏、李焕章等人，皆青州人，都和衡王府有交情，自然地近易核。

20世纪90年代衡宪王墓碑的发现，对了解最后两代衡王接续的时间最有帮助。

1994年春，临朐县文物局得到本县石家河乡石家河村委举报，衡王墓被盗掘。县文物局到现场调查并对墓葬进行清理。墓内随葬物品被洗劫几尽，但有关石刻完好无损，足以补正史志之阙失。计有墓门刻石一，上书“钦建玄宫”；墓志盖一，上书“大明定王第一子衡宪王圹志”；《圹志》一，《朱书》一。谨将《圹志》《朱书》备录于下：

圹志

王讳常溓，定王之子，母妃吴氏。王生于隆庆三年十月初二日，万历二十四年六月初六日册封为衡王。天启七年七月十九日以疾薨，享年五十有九。妃王氏薨。子五位：第一子未名封卒，第二子世子疾薨乏嗣，第三子改封世子，第四子封镇国将军，第五子报生未名封。女十一位，幼卒五位，第六女嘉祥县主，第七女卒，第八女钟祥县主，第九女济河县主，第十女太平县主，第十一女永寿县主。上闻讣，辍朝三日，遣官谕祭，谥曰宪。命有司治丧葬如制，及在京文武皆致祭焉。以崇祯二年十一月十五日葬于香炉山。呜呼！王以帝室，懿享有大国，允为藩辅，富贵极隆，哀荣备至，可无憾矣。爰述其概，勒之幽圹，用垂不朽云。

朱书

维大明崇祯二年，岁次己巳，夏四月丙戌朔，越十二日丁酉，衡藩达孝世子由棷伏缘册封显考王、显妣元妃王氏薨逝，未卜茔地，夙夜忧思，不遑寝处。恭承上命，差钦天监博士徐祖健，相择青州府临朐县香炉山之麓，堪为陵园。系卯脉入首，作甲山庚向，筮龟叶吉，易占允藏。谨凭百鹤仙师，置金银钱帛九万九千九百九十九贯，处诚致敬，于开元皇君位下，买到本山：东至青龙，西至白虎，南至朱雀，北至玄武，上止青天，下止黄泉，中止亡灵吉穴。内方勾陈，分掌四域，丘丞墓伯，恪守封界，道路将军，齐肃阡陌；万年千载，藩潢巩固。若辄干犯诃禁，将军即行款付河伯，令以牲宰酒礼，共盟信誓，财地两相交付。谨择于己巳年四月十八癸卯日午时，天地开通，日吉时良，斩茅立穴，破土安茔，用工修建。工程毕后，另择天地和宁，玉犬金鸡，鸣吠歌吼，吉辰封柩安葬。山川钟灵，神祇保佑，永锡洪庥。若违斯约，地府主吏，自当厥咎。神其掌握内外，存亡永叶贞吉。急急奉太上五帝律令敕。知见，岁直符功曹、月直符使者。代保，日直符功曹、时直符使者左邻南极老人、右邻北斗星君。验地，百鹤仙翁。书契，青乌羽士。

由这两则文献，我们不仅可以彻底排除朱常溓为末代衡王之说，还知道了朱由椒的一些更详细的资料，如他是朱常漉的第三子，而且是朱常漉第二个世子。

最近在莱芜出土《圆寂清节禅师比丘尼李姑墓志铭》，也提及清廷籍没衡府事，足以补史之阙，谨录全文于后：

圆寂清节禅师比丘尼李姑墓志铭，逸民朱廷佺沐手撰文。

余素好读节烈之书，好闻节烈之事，然皆得之耳受口诵，未尝亲见其人。不意近出吾邑如李姑者，令人击节长叹，因历叙其生平而乐道之，以存诸不朽。李姑者，莱邑乡贡生李森之长女也。生而贞慧，明斋读书，略皆上口，于诸女中称最贤。青郡衡王以李氏世为名阀，乃委禽焉。问名纳币，一如礼。天启乙丑，年二十，聘为衡世子妃。丁卯，衡王薨，衡世子立，册立为王妃。宫壸雍穆，小星颂德。戊辰，衡世子薨，其弟立，出居别所，备宫妾、宦监，隆其敬养。崇祯甲申，逆闯射天，妃闻变，尝以死自誓。无何，东兵入，尽诛贼党，及□兴有命，徙诸王及眷属入京。妃因聚衣饰器用，悉焚之，自制衣衾殓具毕，嘱宫妾曰："我死，方下殓，倘再生，必杀汝矣。"遂以赤缣自缢于殿中，去地丈余。一时宫妾从死者甚众。自酉至寅，缣忽中断，妃堕于地，方谋殡殓，忽已复苏。众惊视之，云："惛愦中恍惚见一老媪，以指断缣，或不应死也。虽然，吾终不生。"宦监闻之，吓宫妾曰："妃如不生，将磔我辈矣。"宫妾大惧，因昼夜迭防益密。久之，遣官来青郡，籍府中宫眷财物。妃以闲废疾病得免，赎为庶人。丙戌，归莱邑，祝发为尼，名妙祝金。素通释经，宫女为尼者，咸师之而受教焉。人号为清节禅师云。戒律精严，勤苦不辍。壬辰孟夏，忽不怿，于晦日趺跏而逝。生于有明万历之丙午季春之廿三日，终于有清顺治之壬辰孟夏晦日。计在尘世者四十有五载。孟冬之初八日，卜葬于莱之北鄙。弟子三人：妙还金、妙莲金、妙节金，孙真山、真禄。

铭曰：人以忠孝自期，临事而改节易行者有之矣，安可责之妇人女子乎？李姑从容就义，始终不渝，虽古之名烈，茂以加焉！后之珥彤笔者，光邑乘、荣国史，岂有愧与？顺治壬辰孟冬朔越三日癸卯之吉。

按，此碑楷书，30行，行22字。出土于山东莱芜风城办事处西泉村，今藏莱芜博物馆。①

由这则文献，我们得知，天启七年（1627）朱常漉去世后，其第二子（失名世子）曾摄衡王位，未及正式颁册，就于崇祯元年戊辰（1628）去世，朱由棷继封世子，至崇祯二年仍未正王位。

朱由棷袭衡王的过程，可谓曲折。他在位期间，风波艰难也最多。

崇祯四年辛未（1631）十二月，“孔有德攻青州”②。但据文秉《烈皇小识》云：“（叛兵）过青州，知府汪乔年馈牛酒犒师，令无相犯，辽兵果结队而过。”叛兵东去后，陷登州、黄县、平度，扰乱山东一年多，于崇祯六年，满载战利品，自蓬莱水城突围，越海降于清。

崇祯十五年壬午（1642）冬至次年春，清兵入山东，数次围攻青州。在这次青州保卫战中，衡王曾起过积极作用。《明清史料》乙编第六本《兵部题行“兵科抄出山东巡按陈昌言题”稿》：“兵部题为逆虏大众攻青，官兵奋勇堵杀，仰仗宪威，力保藩封事……衡藩亲临城头，同部院与本院将前后斩获功级，逐名给赏花红，大张鼓乐，劝勇惩怯，众皆踊跃，人人有杀贼之志……藩王念切维城，多方鼓励，与世子暨臣督率道府厅县，宿城防御；会移督镇将领，城下列营，各分信堵防。”

崇祯十六年三月，山东总兵刘泽清部假冒清兵攻青州，被李士元击退。安致远《李将军全城纪略》：“癸未三月，大兵率众东返，去青州六十里，下寨于浵水之涯四十余日。而明怀宗遣重兵护卫衡藩，督师范志完屯兵王乘埠，钟将军军晓东门，经略王永吉、赵敬塘军车辕门，总兵刘泽清驻师古西关。相联络为犄角之势，众凡数万。日视兵士焚戮、毁庐舍，牵持累累以去，莫敢如何。而泽清一部尤横恣狡谲，反首鼠两端，为袭城之计。乘夜假冒大兵攻城。士元预备綦严，燃万人敌，焚杀数百人，遂宵遁。”

崇祯十七年，清兵陷北京，山东本来应成为南京的有力屏幛。尤其是青州，当时周围义师云集，衡王府又为北方唯一没有损伤元气的亲藩，财力雄厚，若因

① 周郢：《林四娘本事新证》，《红楼梦学刊》2005年第5期。
② 谈迁：《国榷》卷九一。

势乘时，自可做出一番轰轰烈烈的事业。安致远《玉硊集·李将军全青纪事》载明青州守将李士元曾这样劝衡王："神京失守，闯贼西窜，社稷无主，中原鼎沸。王亲宪皇之子孙，据全齐形胜之地。山东豪杰荷戈砺刃，大者数万，小者千百为群，引领以望王义师之起。胜兵百万，可传檄而集。南塞大岘之口，北扼河济之冲。鼓行而西，以光复我明旧物。将见燕蓟士女，皆箪食壶浆以迎王师。谁复有与大王争衡者？不然，今坐失事机，万一瞻乌靡定，异姓代兴。彼时下尺书以征王，王岂能长享此藩封乎？"（同治二年版《玉硊集》卷二）可惜这样宝贵的建议竟被懦弱而又吝财自封的朱由椒拒绝。不久，衡王便向清招降山东、河南侍郎王鳌永递了顺表。崇祯十七年十月，被《明史》称为"忠勇最著，死事亦最烈"的宁武总兵周遇吉残部，在赵应元（此人虽曾为李自成旗鼓，但他有两个同族兄弟在周遇吉部，李自成西撤，他只身投奔周之残部）和原明潼关道杨王休的率领下，杀王鳌永，占领青州，招兵买马，欲扶衡王朱由椒登基，可惜事又不成。后赵应元与杨王休被杀，清兵重占青州，衡王便成了清人刀下的鱼肉。周汝昌《红楼梦新证》述及崇祯十七年青州之变，以为此事"充其量，可以左右明清未定之局"，自是明见。衡王若肯倡议反清，即使不成大事，也足以牵制清军，缓解南明危机。可惜朱由椒妍皮痴骨，不堪重任。而易失者时，难平者事，机会一去，永劫不复。

清世祖顺治二年乙酉（1645）正月，衡王朱由椒奏请入觐，清廷命候旨来朝（《王先谦《东华录》）。十一月，清廷命登莱巡抚杨声远督发衡王及至亲眷属起程，送往北京，据《明清史料》丙编第三本所收《登莱巡抚杨声远启本》，此次衡王庶母刘氏、卜氏因"老病"，嫂李氏因"孤孀"，俱未随行。滞留宫中的尚有"原旧老幼宫人一百三十八口"，皆由衡王"自行奏请定夺"。此次清廷命原明亲王会集北京，郡王以下，尚未考虑，但也已监视起来。顺治三年丙戌四月初九日，清廷命将前明宗室名色概行革除，比之齐民（《世祖实录》）。五月十七日，清朝借谋反为名，杀衡王朱由椒等明宗室十一人。《世祖实录》此日条下："京师纷传故明诸王私匿印信，谋为不轨。及行查，果获鲁（潞）王、荆王、衡王世子金玉银印。鲁王等十一人伏诛。"

清朝政权在北方已经稳固，南方之爝火残灰，也奄奄一息。所有为笼络汉族人之心而许下的花言巧语，至此可统统收回。剃发令已下，留发不留头；赋税照样加收，十年并征；前明宗室全部特权被除消，求为人奴而不得。前明诸王之所以在毫无希望的情况下要“谋反”，是因为他们受的欺骗最严重。当然，话又说回来，明朝是被这些数以百万计、骄侈淫逸、坐吃山空的宗室拖垮的，清朝方进取之际，财力紧张，绝对不可能、也没有必要豢养这些无用之辈，相反，却想利用藩产，增加国库收入，提供军费。所以明朝宗室绝对不可能生存下去。历代宗室之多无过明代，而下场之惨也无过明代，真所谓“千红一哭，万艳同悲”。

王孙流落知何处

清廷于处死衡王后不到一个月，顺治三年（1646）六月十二日，即命将青州故明郡王拿送至京。《世祖实录》卷二六，清帝谕兵部：“闻青州、大同尚有故明郡王在彼寄居，恐被流言诬害，致取罪戾。尔部可令各督抚即为查明，并其眷属，委拨官兵护送来京，勿致途次疏虞，违者重治。……”清帝之谕，实为缉捕之令。盖衡王既以叛诛，则诸郡王亦是叛属。他们到北京后，再无后话，其实都被秘密处死。

据《明清史料》丙编第六本《刑科抄出山东青州道韩昭宣革职提问残件》，青州衡府宗室闻命后，有“破碗刎颈”者，有“数日不食”者，有“相继自缢”者。当时任青州海防道的原明宁远兵备道韩昭宣也知道清廷的图谋，出于对明宗室的同情，释放了一些衡府宗室，因此被夺官。韩昭宣回山西后，于顺治六年参加姜瓖反清起义，兵败被杀。

安致远《青社遗闻》卷二，有数则提及衡府后代情况，录于下：

朱宸元者，明青郡新乐王之第三子也，少有才调，尝学琴奕于钟老人，皆臻绝品。国亡，潜迹于沂、密之间，佣工自给。长夏作苦麦场边，值两贵人于松树下对奕，宸元谛视不移。贵人问曰：“佣亦解此乎?”曰：“亦颇解耳。”遂命之奕，两贵人连局皆北。适钟老人亦侨寓于此，因呼令对局。时宸元变异姓名，憔悴支离，形容不可复识。才布数子，钟老人遽然惊异曰：

“何其似昔年青郡宸元小王子手法耶?”宸元不敢对。俄而琴至，宸元曰：“此雷氏旧制也。”二贵人曰：“佣更能辨琴，亦解弹乎?”应曰：“能。”宸元乃弹《潇湘逢人》一曲，抚弦拭轸，敛怨含凄，不觉潸然泪下。钟老人乃失声大恸曰：“他人无此指拨，汝竟是青郡新乐三王子耶?”宸元泣，两贵人亦泣。是时部符捕诸王甚急，乃潜匿数日，为具资装，遁迹淮扬间。事解后，乃复始为士人云。两贵人今逸其名。

新乐王宗属，今亡其名，明亡后遁迹为僧，名大口，蓬迹南下。其《金陵怀古诗》有“六代萧条黄叶寺，五更风雨白门钟”之句。继而持钵西越，为天童名僧。晚乃不堪蔬食，还俗以终云。

朱慈愁，字火西，青州衡藩宗室。崇祯壬午举山东乡试，逆闯陷燕京，君闻变即弃其爱妾，同其子往寿光，投同年李公坦之允高，值其南游广陵，君题诗于壁云：“秋日骑驴向海滨，携儿与客共风尘。齐门怨瑟谁堪鼓，楚国幽兰手自纷。一夜连话高士榻，几年别见故人心。可怜跨鹤扬州去，千里同行不可寻。”后诸宗室以次被逮，骈首都门。君遂遁迹江淮间，窜易姓名，因而得免。至康熙丙寅，君之男名和陸，字昆叔，又复姓为益都诸生。己巳任鹤峰学宪经义之后，试以诗赋。昆叔《青州怀古》一联云：“王孙去后多芳草，宫监归来尽白头。”拔擢第一。虽时移事异，文采风流，尚足标映一时也。

邱琮玉《青社琐记》，朱和睦《青州怀古》全诗为：“桐叶当年锡此州，荒台古瓦晚烟收。王孙去后多芳草，宫监归来尽白头。关设穆陵山北拱，城空广固水东流。于今寰海歌安宅，雨露欣沾四十秋。”本人曾访得刘墉外祖父王宸嗣《闻鸡窗诗集》，前有朱和睦序，文后落款“云门年家世眷弟朱和睦拜题于佳山堂之馆舍”，并钤有“蔼庭”章。佳山堂为冯溥偶园主要建筑，而偶园即原衡王府东苑。至于“蔼庭”，或朱和睦又一字号。

李焕章《织斋文集》有《觚道人诗序》《送德含师序》两文，前者为朱慈懲作，后者为出家法庆寺灵辔座下的衡府宗人作，文中称：“德含师出衡王，宪宗纯皇帝六师（世）孙，逆闯犯帝阙，判天尝（叛天常），诸王孙委琐流离，窜迹四方，师始披伽梨，捧军持，隶天童座下。”

康熙五十七年戊戌（1718）清长山县知县拿获衡府后裔僧人成脉并所藏朱元璋画像。《康熙朝汉文朱批奏折汇编》第8册第289～290页，山东巡抚李树德康熙五十七年八月二十五日奏章：“今于康熙五十七年七月二十一日，据长山县知县沈圣愿详报，所属周村镇准提庵僧人成脉，来历不明。在庵内搜出朱洪武画像一轴，等情前来。奴才当即批司饬府严拿确讯。兹据按察使黄炳将成脉审供详解，奴才复细加严讯，据成脉亲供，伊本姓朱，原籍江南凤阳人，系故明衡王之后。因衡王分封青州，子孙即在青州居住。成脉于八岁时父母俱亡，并无兄弟，十六出家，十八披剃，二十受戒，目今年已六十有一，在长山县周村镇准提庵住持，施茶传戒，舍药写方，十有余年，并无敢作犯法之事。至于朱洪武画像，系浙江绍兴府人吴智偶至庵中，成脉说及系故明后裔，吴智乃摹画此像，收藏庵内是实。复严讯保正宋文、僧官常楹，并同住之僧人公肃、祖秀，佥供成脉施药传戒，别无非为，等语。奴才查得成脉住居长山县准提庵内，平时虽无别项犯法非为之事，但既为僧人，何得图画故明洪武影像，收贮庵中，殊属不法。且据伊亲供，实系故明宗派，奴才不敢擅便轻结，理合奏闻，恳祈主子指示，或着奴才将成脉等审拟缮疏具题；或着奴才外结，将成脉杖惩，发交青州府益都县严加拘管，不时稽察；或将成脉押解江南凤阳原籍，令该地方官严加收管，不许出外游方，以免滋事。总出主子圣裁。所有审取口供及图像一轴，一并呈览，伏乞主子睿鉴，批示施行。康熙伍拾柒年捌月贰拾伍日。”

清人之所以注意衡府后裔成脉，恐怕和刚过去不久、搅扰了清朝数十年的朱三太子案有关，而奉朱三太子起事的人中，也有僧人（如苏州念一和尚）。康熙四十七年四月，所谓朱三太子在山东汶上县被捉，以伪冒明裔、“通贼”等罪处死。成脉的结局没有下文，可能也会被“特别料理”。

今文宗主“伏不斗”

——伏湛家族

伏姓在中国不算大姓，论人口数量，今天排行在一百名之后。但在文化史上，却属于影响最大的姓氏之一。伏羲“一画开天”，三才参化，点燃中华文明圣火；战国秦楚扰攘之际，尧舜禹汤文武之道统，系于伏生一线。而历史上伏姓名人，出今潍坊境内者为最多。两汉经学，琅邪、北海最盛，又以伏氏一族经师最多。对伏氏家族研究最用力的，是清代潍县学者陈蜚声，所著《伏乘》一书，于民国丁丑（1937）由丁氏刊印。所以传潍坊文化世家，以伏氏为首。

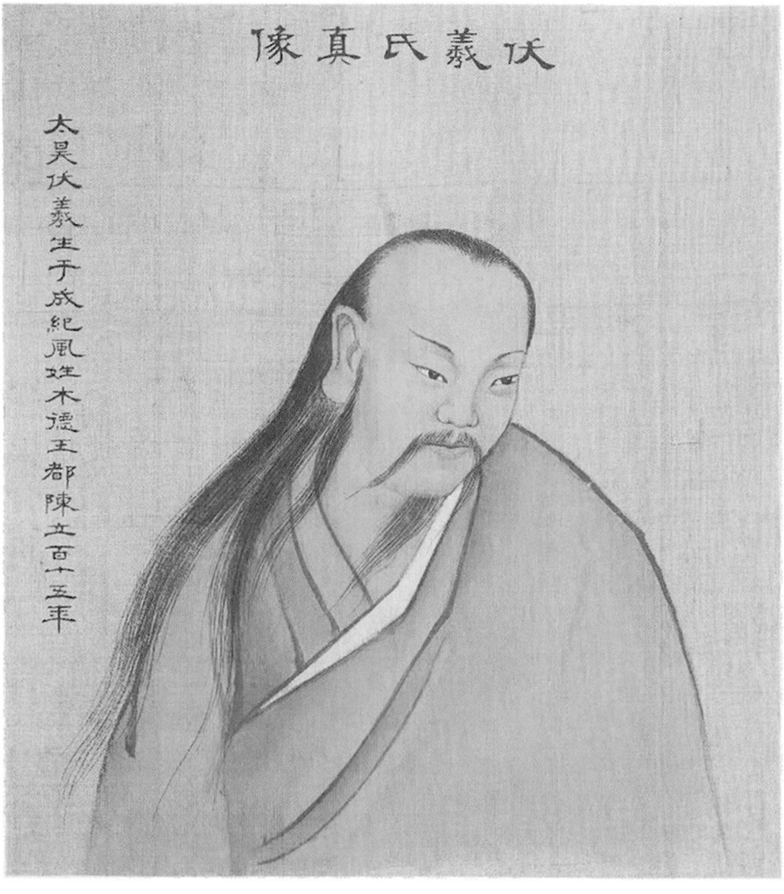

一、伏姓渊源

唐林宝《元和姓纂》卷一〇这样介绍伏姓：

伏羲之后，子孙氏焉，与任、宿、须句、颛臾同祖。

济南：汉有伏生，名胜，治《尚书》。

平昌安邱：胜七代孙理，高密太守，生凤、湛。湛，后汉大司徒。凤五代孙仪生大鸿胪策，策曾孙滔，晋游击将军；曾孙曼容，齐率更令。河南太守伏虔注《汉书》。

这里介绍的有些粗略，且注《汉书》的是服虔，而非“伏虔”，宋邓名世《古今姓氏书辨证》卷三五：“周内史叔服之后，以字为氏，汉江夏太守服御后，汉九江太守服虔注《汉书》，旧望江夏。”后汉史学家伏俨，有《前汉书纠谬》，清潍县陈蜚声有辑本，民国丁锡田刊于《十笏园丛刊》。但伏俨没有任过河南太守。

古今伏氏仕宦家声，以琅邪东武为最著，《元和姓纂》所列伏理至伏策，都是东武人。但伏姓族望，不列东武。这可能因为世族门阀制度始于魏晋，其时东武伏氏业已式微。

很多人把宓姓与伏姓视为同姓，说伏生为孔子弟子宓不齐（字子贱）后，伏氏堂号中有“鸣琴堂”，即用宓子贱鸣琴治单父的典故。清代陈寿祺《尚书大传定本》卷首孙星衍《建立伏博士始末》，说“诸城有宓氏，皆其（伏生）后也”。但《元和姓纂》卷一〇说伏氏另有来源：“《风俗通》，宓康公之后，以国为氏。《史记》仲尼弟子宓不齐，字子贱，鲁人。”而宓（一作密）康公出自姬姓。今天诸城仍有宓氏族人，但读如“密（mì）”，而非“伏（fú）”。颜之推《颜氏家训》卷下《书证篇》指出这种混乱产生的原因：

张揖云：“虙，今伏羲氏也。”孟康《汉书》古文注亦云：“虙，今伏。”

而皇甫谧云："伏羲或谓之宓羲。"按诸经史纬候，遂无宓羲之号。虙字从虍，宓字从宀，下俱为必，末世传写，遂误以虙为宓，而《帝王世纪》因误更立名耳。何以验之？孔子弟子虙子贱为单父宰，即虙羲之后，俗字亦为"宓"，或复加"山"。今兖州永昌郡城，旧单父地也，东门有《子贱碑》，汉世所立，乃曰："济南伏生，即子贱之后。"是知虙之与伏，古来通字，误以为宓，较可知矣。

"伏"与"宓""密"通，看来不仅涉及字音的迁转，也涉及字形的变化。这些问题需要语言学家们去考证。

姓氏书、家谱，往往都是花脸文字糊涂账。我们完全可以这样认为，作为东方农耕文明的人文初祖，开辟洪荒的三皇之一伏羲（太昊，东皇、春皇、木皇），他的后代绝不仅有济南一支。在他在世的或以后的很长一段时间，东夷民族没有完全摆脱游耕牧猎时代，迁徙无常，他的后代在北方尤其是在山东，必有较广的分布。正如徐北文先生所说，琅邪东武地区带山负海，曾是远古东夷民族的大本营（他的历史小说《大舜传》开始即写琅邪祭祀四时之神）。伏羲后代在这里有宗族分布，是正常的。也就是说，东武—安丘的伏氏，未必是从济南迁来，很可能是后来伏氏后人遥遥华胄的附会。这样我们就可以解释为何伏生后二世、三世、四世失落无考；还可以解释如果伏生有子孙的话，为何在通经为吏之世，不将此垄断资源让子孙享受近水楼台之便，五世之内，竟没有个把《尚书》经师；而在汉文帝派太常掌故晁错到伏生家学《尚书》时，晁错听不懂齐方言，这个守礼的老儒，竟让女儿羲娥一旁代为解说。甚至还可以解释，为何东武、安丘一带，易学经师最多（如孙虞、王同、梁丘贺、梁丘临、鲁伯、邴丹、王璜、郎宗、郎颛、伏曼容等）——从学派上来说，伏羲首先是易学的开山，而与易学有重要关系的农业之神四时神祠，恰在琅邪。

二、经师、公卿辈出的两汉东武伏氏

在漫长的封建宗法社会，两汉之际东武伏氏经师、公卿辈出，累世皇亲国戚，应该是伏氏历史上最辉煌的一段时期。

据《汉书·伏湛传》及伏氏世系宗图①，汉武帝时伏胜五世孙（有说四世者）伏孺教授东武，“因家焉”。自西汉武帝时伏氏迁东武到东汉献帝曹操灭伏氏，共传十二世，世系如下：

一世	二世	三世	四世	五世	六世	七世	八世	九世	十世	十一世	十二世
伏孺	失名	失名	伏理	伏湛	伏隆	伏瑗					
					伏翕	伏光	伏晨	伏无忌	伏质	伏完	伏典
					伏咸						
				伏黯	伏恭过继	伏寿					

宋邓名世《古今姓氏书辨证》卷三五介绍伏姓，“孺生理”，把重孙当成儿子，辈分差得太大。

伏理（字君游）是东武伏氏第一个名人，班固《汉书·儒林传》说他与同郡师丹受《齐诗》于匡衡，并说他曾为高密太傅（时高密王为刘宽），且“家世传业”。这里所谓的“家世传业”，不知是说伏理自上传父祖之业，还是将《齐诗》作为传家之业，好像都说得通。《后汉书·伏湛传》说他以《诗》授于成帝。由此他又曾是帝王之师。

伏理之子伏湛，是东武伏氏中道德功业最显者。湛年少即传父业，以《齐诗》教授门徒数百人。成帝时，以父任高密太傅荫为博士弟子。王莽时，历官绣衣执法、后队属正；待到刘玄为更始皇帝时，被任为平原郡太守。光武帝刘秀

① 孙星衍：《建立伏博士始末》，转引自陈寿祺《尚书大传定本》卷首。

时，拜为尚书，后迁至大司徒司直，代行大司徒事，封阳都侯，伏氏世爵，实始于此。建武六年（30），徙封不其侯，遣就国，建武十三年（37）由南阳太守杜诗举荐，再次被朝廷征用，但未及到职，即中暑病故。

伏湛拜相封侯，与其家学渊源及个人修养密不可分。当两汉之间兵戈扰攘之际，有力者多乘时起兵，而伏湛却以保境安民为事，且“教授不废”：

> 更始立，以为平原太守。时仓卒兵起，天下惊扰，而湛独晏然，教授不废。谓妻子曰：“夫一谷不登，国君彻膳；今民皆饥，奈何独饱?”乃共食粗粝，悉分奉禄以赈乡里，来客者百余家。时门下督素有气力，谋欲为湛起兵，湛恶其惑众，即收斩之，徇首城郭，以示百姓，于是吏人信向，郡内以安。平原一境，湛所全也。

《后汉书》本传称“湛虽在仓卒，造次必于文德，以为礼乐政化之首，颠沛犹不可违”，此其最著者。本传又云：“初，自伏生已后，世传经学，清静无竞，故东州号为‘伏不斗’云。”伏湛是这种“清静无竞”家风的表率。

伏湛在为光武重臣时，仍然保持书生经师的本色。建武三年，彭宠反于渔阳，刘秀欲亲征，伏湛引《齐诗》谏阻，“帝览其奏，竟不亲征”。本传载南阳太守杜诗荐伏湛疏，足以尽其生平：

> 臣闻唐、虞以股肱康，文王以多士宁，是故《诗》称“济济”，《书》曰“良哉”。臣诗窃见故大司徒阳都侯伏湛，自行束脩，讫无毁玷，笃信好学，守死善道，经为人师，行为仪表。前在河内朝歌及居平原，吏人畏爱，则而象之。遭时反复，不离兵凶，秉节持重，有不可夺之志。陛下深知其能，显以宰相之重，众贤百姓，仰望德义。微过斥退，久不复用，有识所惜，儒士痛心，臣窃伤之。湛容貌堂堂，国之光晖；智略谋虑，朝之渊薮。髫发厉志，白首不衰。实足以先后王室，名足以光示远人。

伏湛弟伏黯，黯之过继子伏恭，在《齐诗》传授史上，是值得一提的人物。

伏黯字雅文，“以明《齐诗》，改定章句，作《解说》九篇，位至光禄勋”。伏恭，“少传黯学”，建武中，太常试经第一，拜博士，迁常山太守，敦修学校，教授不辍，并以父黯所作《齐诗解说》章句繁多，乃“省减浮辞，定为二十万言”，“由是北州为伏氏学”。明帝永平四年（61），拜伏恭为司空，位居三公，儒者以为荣。建初二年（77）冬，章帝行飨礼，以恭为三老。年九十，元和元年（84）卒，赐葬显节陵下。

伏湛有三子：伏隆、伏咸、伏翕。伏隆，字伯文，少时即以节操闻名。被仕郡为督邮。后被光武帝任为太中大夫，出使青、徐二州。后三次奉诏前往齐地，因劝说张步降汉而被张诛杀。光武帝曾赞其“有苏武之节”，亲至山东，为隆治丧立冢，并任其子瑗为郎中。伏翕嗣其父爵，其孙伏晨亦顺嗣爵位，晨“谦敬博爱，好学尤笃”，其女孙为顺帝贵人。伏晨卒，其子无忌嗣。伏无忌亦传家学，博物多识，为一代名儒。顺帝时，官侍中屯骑校尉，为皇帝侍从兼掌宿卫兵。永和元年（136），诏无忌与议郎黄景校定宫中藏书。桓帝时，复诏伏无忌等撰《汉记》。其亲自采集古今，删著事要，号称《伏侯注》。此注价值颇高，但今亡佚尤多，实为憾事。无忌卒，子质嗣。质卒，子完袭爵不其侯，娶桓帝女阳安公主，官为侍中。建安元年（196），为辅国将军，仪比三司。其女寿为献帝皇后。完卒，子典嗣。时汉室衰弱，伏氏欲拯溺抚危，为权臣曹操所觉，建安十九年（214），曹操弑伏后及所生皇子二人，诛伏氏，国除。显赫三百年的世家，为汉室殉葬。

三、曹操“诛伏氏”之前因后果

伏氏历史上，出了几个奇女子。伏羲之妹女娲氏，能炼石补天；伏羲女儿洛神宓妃，美到极致，但毕竟都是神话传说。两汉之际助父传《尚书》的羲娥，汉献帝的皇后伏寿，则是可信的。不过伏皇后给家族带来了灭顶之灾。

据《后汉书·伏皇后纪》，伏寿于汉献帝初平元年（190）入掖庭为贵人。兴平二年（195），立为皇后。伏寿生当汉室衰亡之时，虽贵为皇后，却常处颠沛忧患之中，没有享受几日母仪天下的尊荣。就在她被封为皇后的当年，李傕、郭汜为乱，追乘舆于曹阳，汉献帝乃潜夜渡河走，六宫皆步行出营。伏皇后手持缣数匹，董承使符节令孙徽以刃胁夺之，杀傍侍者，血溅后衣。

迁都许昌以后，汉献帝成了曹操傀儡，守位而已，宿卫兵侍，莫非曹氏党旧姻戚。《伏皇后纪》述伏氏与曹操矛盾的爆发：

> 董承女为贵人，操诛承而求贵人杀之。帝以贵人有妊，累为请，不能得。后自是怀惧，乃与父完书，言曹操残逼之状，令密图之。完不敢发，至十九年，事乃露泄。操追大怒，遂逼帝废后，假为策曰："皇后寿，得由卑贱，登显尊极，自处椒房，二纪于兹。既无任、姒徽音之美，又乏谨身养己之福，而阴怀妒害，苞藏祸心，弗可以承天命，奉祖宗。今使御史大夫郗虑持节策诏，其上皇后玺绶，退避中宫，迁于它馆。呜呼伤哉！自寿取之，未致于理，为幸多焉。"又以尚书令华歆为郗虑副，勒兵入宫收后。闭户藏壁中，歆就牵后出。时帝在外殿，引虑于坐。后被发徒跣行泣过诀曰："不能复相活邪？"帝曰："我亦不知命在何时！"顾谓虑曰："郗公，天下宁有是邪？"遂将后下暴室，以幽崩。所生二皇子，皆鸩杀之。后在位二十年，兄弟及宗族死者百余人，母盈等十九人徙涿郡。

董承受衣带诏与刘备及王子服等图谋曹操，是在建安四年（199）。建安五年（200）事发，董承灭族，伏皇后与父书，当在此时。又过近十年，建安十四年，伏完去世。至建安十九年十一月，其事方发。《三国演义》第六十六回“伏皇后为国捐生”，写事发在伏完生前，伏完与亲族一并为曹操所诛，有些失考。但小说家言，不足深究。但《三国演义》中的“诗曰”咏伏皇后“可怜帝后分离处，不及民间妇与夫”，倒也令人感慨。

裴松之注《三国志·魏书·荀彧传》引袁暐《献帝春秋》，述伏皇后与父书被暴露的经过，并述“王佐之才”荀彧自杀与此事的关系：

> 董承之诛，伏后与父完书，言司空杀董承，帝方为报怨。完得书以示彧，彧恶之，久隐而不言。完以示妻弟樊普，普封以呈太祖，太祖阴为之

备。彧后恐事觉，欲自发之，因求使至邺，劝太祖以女配帝。太祖曰："今朝廷有伏后，吾女何得以配上，吾以微功见录，位为宰相，岂复赖女宠乎！"彧曰："伏后无子，性又凶邪，往常与父书，言辞丑恶，可因此废也。"太祖曰："卿昔何不道之？"彧阳惊曰："昔已尝为公言也。"太祖曰："此岂小事而吾忘之！"彧又惊曰："诚未语公邪！昔公在官渡与袁绍相持，恐增内顾之念，故不言尔。"太祖曰："官渡事后何以不言？"彧无对，谢阙而已。太祖以此恨彧，而外含容之，故世莫得知。至董昭建立魏公之议，彧意不同，欲言之于太祖。及赍玺书犒军，饮飨礼毕，彧留请间。太祖知彧欲言封事，揖而遣之，彧遂不得言。彧卒于寿春，寿春亡者告孙权，言太祖使彧杀伏后，彧不从，故自杀。权以露布于蜀，刘备闻之，曰："老贼不死，祸乱未已。"

此事亦近小说家言，但也不会全无根据。宋代史学家萧常就断言："弑后之谋，实自彧发。"有人据曹操弑伏后在荀彧自杀后数年，力辩其诬。政治斗争波谲云诡，有可能曹操含容了此事，而在建安十九年（214），伏后与其族人继续图谋曹操，为其所觉，致使曹操积怒爆发。无论怎样，曹操弑伏后，留下了宫廷斗争最恶劣的例子，他的后代在司马氏手中被颠倒拨弄，亦实受其报。

四、伏氏在安丘的复兴与家风之变

前引林宝《元和姓纂》，说伏理生凤，凤五代孙仪生大鸿胪策，策曾孙滔，晋游击将军；曾孙曼容，齐率更令。

据《后汉书·孝献帝纪》，建安十九年"十一月丁卯，曹操杀皇后伏氏，灭其族及二皇子"。所谓"灭其族"也许只是近族，不追究远族，或其时已是乱世，有令难行。或者汉魏人侠义之风不泯，反感曹氏之矫诏乱命，掩护伏氏后人脱翏大难（令人想起安丘孙嵩藏赵岐于复壁，注《孟子》的故事）。而东州之地，山海间阻，大泽深谷，不难龙潜虎遁。

由于伏氏与曹操有不共戴天之仇，所以终曹魏一世，没有入仕者。但在东晋南朝，东州伏氏又异峰突起。

伏湛之后，到汉末即传八世，按《元和姓纂》，伏凤是伏湛之兄，自汉末到伏滔生活的晋孝武帝时，中间隔曹魏西晋两代，近一百五十年，伏滔竟然为伏凤八世孙，似无此理。且伏凤、伏策之名，不见他书记载，这个世系更成问题。宋洪迈《容斋四笔》卷九《姓源韵谱》说“姓氏之书大抵多谬误”，而尤以《元和姓纂》“诞妄最多”，关于伏氏的世系，即可作为一条证据。不过伏滔以后，平昌伏氏的世系倒是非常清楚。参考《晋书》卷九二《文苑传》之伏滔传，《南史》卷七一之伏曼容传，序次于下：

第一世，伏滔；第二世，伏系之；第三世，伏胤之；第四世，伏曼容；第五世，伏暅；第六世，伏挺、伏捶；第七世，伏知命（伏挺子）。

伏滔是东晋伏氏最显赫的名士，字玄度，曾为大司马桓温参军，佐其平定寿阳，以功封侯。太元中，拜著作郎，专掌国史，领本州大中正。后迁游击将军，著作如故。卒于官。滔著有《正淮论》上下二篇，行于当世，又有文集十一卷，《大司马寮属名》一卷，近人陈蜚声皆辑而存之。伏滔以文学著名，当时与袁宏齐名——袁氏与伏氏，皆与曹魏有世仇。其子伏系之，官至光禄大夫，有《伏系之集》，陈蜚声亦有辑本。

南朝伏氏最著名的当然是伏曼容。曼容字公仪，据《南史》本传，他是“晋著作郎滔之曾孙也。父胤之，宋司空主簿”，如此说来，伏胤之与伏系之是父子关系。有人因两人名字类兄弟，表示怀疑，有的姓氏书（如《万姓通谱》）甚至直书伏胤之为“伏胤”。其实晋宋人对姓名避讳，还没那么多讲究。王羲之、王献之不也是父子吗？

曼容早孤，与母兄客居南海。少笃学，善《老》《易》，倜傥好大言。宋泰始中，为骠骑行参军，迁司徒参军，历江宁令，入拜尚书外兵郎。昇明末，为辅国长史、南海太守。宋明帝好《周易》，尝集朝臣于清暑殿讲，诏曼容执经，明帝恒以方嵇叔夜，使吴人陆探微画叔夜像以赐之。尝与袁粲罢朝相会言玄理，时论以为一台二绝。曼容亦善文辞，为南海太守时，至石门作《贪泉铭》。

齐初，为通直散骑侍郎。先后官太子步兵校尉、率更令，迁中书侍郎、大司马谘议参军，出为武昌太守。建武中，拜中散大夫。梁台建，召拜司徒司马，出为临海太守，卒于官。南朝帝王对儒术兴趣不大，伏曼容仍聚徒讲学，生徒常数十百人。其子伏暅、孙伏挺亦以讲学为事。“三世同时聚徒教授，罕有其比。”其中以伏曼容经学成就最高，有《周易集林》《毛诗集解》《丧服集解》《论语义》等多种。

伏曼容还是南朝伏氏中最博学的人。《南史》本传称他“善音律，射驭、风角、医算，莫不闲了”。

读《史记》、两《汉书》中伏氏人传记，再读《晋书》《梁书》《南史》中伏氏传记，就会产生这样的观感：家风变了。也许伏滔以后的伏氏，从家谱上还是伏胜一系，但两汉伏氏“清静无竞”的家风，却没随基因遗传。简而言之，两汉东武伏氏倾向于内敛，而晋宋之安丘伏氏，倾向于外发。从文化取向上，两汉伏氏唯经学是务，晋宋之伏氏则驰骛声华。

《世说新语·宠礼》记载了伏滔这样一件轶事：“孝武在西堂会，伏滔预坐，还，下车呼其儿，语之曰：‘百人高会，临坐未得他语，先问“伏滔何在，在此不?”此故未易得。为人作父如此，何如?’”《晋书》伏滔本传于其事迹叙述甚为简略，竟也记载这则轶事。在作者，或形容这位著作郎之率真，见魏晋风度之一斑，而不觉其虚荣势力之心也已发露。在南朝，伏氏家风每况愈下。梁武帝时黄门侍郎伏暅以要君竞进，为人所劾；他的儿子，被任昉称为“日下无双”的南台书侍御史伏挺，因事纳贿被劾，惧罪变服出家，竟当了和尚！伏挺的儿子伏知命，“以其父宦途不进，怨朝廷，后遂尽心侯景。袭郢州，围巴陵，军中书檄皆其文也。言及西台，莫不剧笔。及景篡位，为中书舍人，权倾内外。景败，被送江陵，于狱幽死”，是结局最不光彩的一个。

伏氏家风之变，是时代使然。谁让他们赶上了“人的自觉”“文学自觉”、崇尚玄言清谈的六朝。

五、晚清余响

东武、安丘的伏氏，南朝以后，基本寂寞无闻。但到清代后期，忽然人们对伏胜之学变得非常热心，并对伏氏宗族也异常感兴趣。

伏生弟子张生、欧阳生等人记载伏生关于《尚书》言论、由郑玄作注的《尚书大传》，自宋代理学盛行，土苴汉学，便散失亡佚。但从清代中期开始，很多学者热衷对此书的辑佚，估计有数十家之多，孙之騄、卢见曾、卢文弨、董丰垣、孔广林、任兆麟、陈寿祺、王谟、樊廷绪、孙志祖、姚东升、袁钧、黄奭、皮锡瑞、王闿运，为其中较著者。

由对伏生学术的关心，到对伏氏家族的关注，这在传统的宗法社会是自然而然的事情。康熙三十五年（1696），邹平知县选一自称是伏胜六十一世孙、伏湛五十三世孙的伏永芳为伏胜奉祀生，乾隆十一年（1746）选伏湛五十四世孙伏绍先为奉祀生，其子伏中兴继之。嘉庆元年（1796），山东巡抚、学政访察伏氏后裔，欲立五经博士，伏中兴年老，以其侄孙伏湛五十七世孙伏继祖荐。中经反复驳难，至嘉庆十年（1805）十二月，最终恩准时年十七岁的伏继祖为五经博士。伏氏五经博士，是中国封建社会所设立的最后一个先圣先贤的五经博士世职。

先是，山东地方官员也题请立左丘明、郑玄后代为五经博士，时纪昀任总撰，以“恍惚疑似”“牒谱久失”为由驳回。[1] 当批准伏氏世袭五经博士时，纪昀已经去世。伏中兴称：“元代有名伏步者，当顺帝末年青州府属县，兵荒特甚，迁居邹平北乡，载在家乘。步系始祖四十六世孙，湛祖三十八世孙，此回籍邹平之始祖也。”未必能经得住这位《四库全书》总纂的考证。

孙星衍《建立伏博士始末》所录嘉庆元年十二月山东按察司、山东学院请置伏胜、郑玄后裔五经博士呈本，对两位先贤的伟大贡献，讲得颇为中肯：

> 备考列朝五经博士之设，或以制礼作乐，或以身通六艺，或以阐扬道统，惟汉代诸儒，承秦绝学之后，传授经文经义，去古不远，皆亲得七十子之传。若伏生、郑康成，其功在经学绝续之际，较七十子为难，又迥在唐宋诸儒之上。今世祠墓子孙，现在本属邹平、高密之境，允宜会同贵院，将二贤学行奏请，国家予以旷典，以昭先贤传道之报。考《尚书》出于伏生壁藏，又口授其义，始有今文廿八篇显于世，及孔壁得古文书，孔安国以今文读之，其无今文可证者凡十六篇，竟不能读，又无能注者，谓之逸书，存于

① 纪昀：《礼部议奏山东巡抚申辩前疏并另请增设汉儒郑元世袭五经博士折子》，《纪晓岚文集》第一册，河北教育出版社，1991 年，第 90 页。

故府。今之孔传，梅赜所上，非孔壁古文，朱文公疑之。是汉无伏生，则《尚书》不传；传而无伏生，亦不明其义。即古文书后出孔壁，无伏生之今文，亦不能识读。是伏生一人，为唐虞三代微言道统之所寄。今邹平有伏氏，诸城有宓氏，皆其后也；郑康成为东州大儒，于《易》《书》《诗》《礼》《论语》《孝经》皆有传注，钦定诸经义疏，多引郑注。唐儒正义，推阐其说；宋儒章句，沿袭其词。至乎三代礼仪服物典章，周程张朱注解，不出郑注范围，亦或逊其精密，故范史以孔书遂明称之，核其行事，见于史传，亦无可议，今其祠墓子孙，现在高密，前学院阮曾加修葺，又为设奉祀生。或以前代置五经博士，重在道统，不知道存乎经统，本于尧舜禹汤文武，伏生不传《尚书》，道何所存，统何所述？东晋板荡，经师失传，诸经之义，岂能臆说，赖郑康成集汉儒之大成。经义无康成，则渊源几绝，唐宋诸儒何由复传道统，幸值我国家久道化成，兴废继绝，伏生、郑康成祠墓、子孙适在东省，地方官自宜陈请，增置五经博士，以为世职。

清儒崇奉伏生、郑玄，自有其深远的文化背景。通观清代三百年学术，给人以比较清晰的层次感。如梁启超所说，清代学术其实是对中国封建社会学术来了一次“倒卷帘”。从时间顺序上，由明末王阳明之学，进于宋儒程朱理学；由程朱理学，进于东汉许、郑注疏考证；由许郑之学，进于西汉董、伏（董仲舒曾为胶西相，与潍水经学也有关系）微言大义的今文经学。从价值取向上，是由虚到实，由主观而客观。晚清由古文经学向今文经学的转变，还有一个潜在的指向，那就是社会变革。古文经学倾向于维持既有秩序，今文经学的精髓则是变法改制。西汉伏、董的今文经学，导致了汉武帝太初改制；晚清的今文经学，则直接推动了戊戌变法乃至辛亥革命，并推动了中国近代化的进程。如果没有今文经学鼓吹新周改制，20 世纪的中国人会不会那样容易甚至轻率地接受“革命”的概念，还是个问题。如果说汉文帝立伏氏学为五经博士时，是中国经学的红日东升；清代嘉庆年间所置中国封建社会最后一个五经博士伏继祖，就已是两千年经学的落日夕照。

北海文化世家·后记

20世纪初，由海峡两岸史学界联合编写、台湾《山东文献》杂志社2002年出版的《民国山东通志》卷一七《家族志·豪门大族》，介绍了山东二十二个大家族。其中诸城五家：臧、王、刘、李、丁；潍县三家：郭、丁、陈（在“前言”中还提到潍县张氏，但未作专门介绍）。单只这两县的大家族，便占其中三成以上。这些家族大都已有五六百年的历史，如诸城臧氏、丁氏，在明代就已经科甲蝉联，朱紫盈门。

世家大族现象突出，在潍坊地区历史上由来已久。先秦两汉，这一地区为儒林之渊薮、经师之堂奥，家族文化是重要表现形式，伏氏、郑氏皆关系斯文绝续。其他以易学为例，东武梁丘贺、梁丘临，安丘郎宗、郎顗，都是父子关系，东武王同、王璜，是同宗。

这种历史现象的产生有多种原因，除了受鲁文化和儒家文化重视血缘宗法的影响外，还有一个重要的因素是这里特殊的地理环境。

潍坊地处潍河、胶莱河冲积平原，气候适宜，物产丰富，自古是中国农业发达的地区。一直到秦皇汉武，都要到诸城琅邪台拜祭农业之神——四时神。由于处在滨海地区，这一带又能得鱼盐之利。自姜太公封齐后，重视发展工商业，本末并利……这一切，都为世家大族的繁衍发展，奠定了很好的经济基础。

潍坊地区带山负海，地理环境相对封闭，受战乱的冲击较小。以世家大族最多的诸城为例，徐北文先生在《大舜传》中说，远古时代，这一带就是东夷民族的大后方。在漫长的封建社会，与内陆一些地区相比，这里发生战乱的频率明显偏少。即使发生战乱（如明末入关清兵陷城），稍有力者，藏山航海，仍能保留元气。而类似洛阳、南京那样的名城，处四战之地，天下无事，极度繁华；一旦天下有事，先受兵祸，其名园豪第，转眼之间，废为丘墟，化为灰烬，甚至艾蒿丛残，白骨支离，并不利于大家世族的繁衍。

中国古代战争主要是陆战，因此海洋可以作为地区安全的重要屏障；而商贸文化交流，海路可畅行无阻。潍坊地区经济、文化反而因此更具开放性，这也有利于世家大族经济、文化生活方面活力的保持，也使潍坊历代文化世家在有其共性的同时，又异彩纷呈。张崇琛教授曾这样概括明清诸城一些世家的特征："明清时期，诸城的不少大家望族都有着鲜明的家风。如普庆张氏的世代耕读，相州王氏的多才多艺，逄戈庄刘氏（即刘统勋、刘墉一族）的热衷仕宦，以及藏马丁氏的权奇好事而又不屑计较名节等，皆渊源有自。而丘氏的家风则是'刚烈'。"[①] 潍坊家族文化的不同"家风"，在中国向近代转型以来，更为突出，并且家族的分化也越来越严重。如临朐冯氏，自清代后期，由以科举、仕宦为主，转向以医学为主；潍县丁氏，以商人起家，而关注文化建设；潍县簪缨世族郭氏，进入民国，画家辈出；曾出过巡抚、侍郎、知府的昌邑姜氏，后来以丝绸织造、贸易闻名远近……

"忠厚传家远，诗书继世长。"中国传统是学优则仕，通经致用。读书、文化，是支持家族昌大的基础。因此，山东的大家族都有深厚的文化底蕴。即使近代崛起的工商业家族，对文化也敬重有加。

中国古代宗法在学术上的重要表现就是重师承、重统系、重门户，学以人传。所谓人在学在，人亡学亡。学术传承最有韧性的纽带，当然还是所谓的"家学渊源"。

从潍坊地区看，越是学术文化发达的时代，"家族文化"现象越突出。这些家族是文献的收藏者，如博学鸿儒李澄中家族，据乾隆《诸城县志》李文驹传："先是祖父历显要，家多赐书，文驹益搜罗，至十余万卷，颇多秘籍。"李氏另一支清布政使李璋煜家族，喜收金石刻辞，藏书亦在十万卷以上，嘉庆年间，李璋煜曾建"万书楼"贮藏之，与其女婿、潍县陈介祺"万印楼"遥遥相对。再如清爱堂刘氏，乾隆后期刘统勋、刘墉父子先后总裁《四库全书》，家中赐书、藏书尤多。刘墉侄孙刘喜海与李璋煜是好友，且有同好，其图书金石之收藏，富甲海内。单只碑刻拓本，就有五千余种。刘喜海去世后，文物流散，《清史稿》总纂、

---

① 张崇琛：《〈聊斋志异·遵化署狐〉与丘志充其人》，《蒲松龄研究》2000年纪念专号。

“中国图书馆之父”缪荃孙曾倾其购房款项收买得其中一部分。

这些家族在收藏文献的基础上，还进行研究、传播。很多家族都编有自己的丛书，如诸城王氏有《东武王氏家集》《诸城王氏金石丛书》，刘氏有《东武刘氏诗粹》《刘氏贡举文集》，安丘曹氏之《曹氏家集》，高密李氏之《李氏三先生诗钞》，单氏之《单氏诗文汇存》，临朐冯氏之《冯氏五先生集》，潍县丁氏之《习盦丛刊》，等等。虽不无标榜之嫌，但保存文献，传承文化，其贡献是不可磨灭的。新中国成立后，这些家族的后裔大都把藏书、文物捐献于山东省图书馆、博物馆、青岛图书馆等机构，成为这些单位的镇馆之宝。

潍坊文化世家选择的主要标准是一个家族中历史名人产生的多少以及影响的大小。清代桐城派大师姚鼐为钱大昕《疑年录》所作“序言”中有这样一段话：“夫人之生死，其大者或系天下治乱盛衰与道德之显晦；其小者或以文章书画名于当世，以年之少长为艺之进退，亦考论好事者所欲知也。故此编遂为世不可少之书。”而人系乎家，家系乎国。介绍一个名人的家族的盛衰，对了解这个名人成长是有帮助的。《疑年录》第一人是郑玄，郑玄家族又是《潍坊文化世家》介绍的重点对象，二者可以相互参观。还有，一个家族的历史，往往可作为一个民族历史的缩影，更可以作为了解这个家族所在地区历史文化的一个窗口。

书稿的写作，初衷为采集地方史资料，保存潍坊文化遗存，整理和研究潍坊籍文化世家的事功及其文化累积，分析其文化品格，挖掘北海文化之传统和底蕴，并在地方文化与中华民族文化的关系中加以提升，彰显潍坊醇厚的文化特色。因世家人事行谊分别记载于正史、舆志、文集、史料、碑文及家族谱牒之中，而汇集各姓各家资料，推演各代流脉，需要全面系统地梳理，深入浅出地整合，生动流畅地叙说，其间寻根求源，探幽索隐，查阅著录，考订文献，均需要一番勤苦细致的功夫。作者在撰写过程中，纷披繁褥，枕藉经史，宵衣旰食，颇费心血：为考镜源流，深入市镇，探访遗迹，走访后人，来回往返，历经周折，个中甘苦，撰者最有体味。尽管研精竭虑，力求善美，但因时间紧迫，付梓之时，仍多有挂漏，或言之不确，或述之不详，倘若能使今人了解世家的演变踪迹与概貌，感知北海文化之源远流长，进而在香薰浆浸之中，昌明国粹，融化新知，则此愿初遂，可尽释前憾矣。

潍坊地区古今大家世族，不胜枚举。这些大家世族，多聚族而居，安土重迁，历数百年不离潍坊故土：他们多为簪缨世家，又以儒学继世，诗书传家，族望显赫，名人辈出，因而具有更为强大的宗族势力和社会基础，对潍坊乡风民俗乃至整个中国文化产生了深远的影响。书稿的撰写，初列目为30多个大家世族，除书中已列17家外，还有：耿直传家五百载——寿光魏琯家族，渠丘文献两世家——安丘马文炜、张贞家族，江北青箱——诸城王钺家族，遗民渊薮“放鹤村”——诸城张侗家族，鸿儒之家——李澄中家族，北海嘉树丛——安丘刘正宗家族，宰相之家藏“万印”——潍县陈氏家族，旧家新声——诸城臧氏家族，汗牛充栋藏书府——安丘王筠家族。其中有些家族比已收入的更庞大，影响也更深远，但梳理起来也更困难一些。就书稿已经收入的一些家族的介绍，也肯定有见闻不及的内容，甚至有些舛误。其实考察任何一个家族的历史，都是一项艰巨的工作：任何一个家族的历史，也都不是一万字左右的篇幅所能穷尽的。但因人力、时间、资料及篇幅所限，书稿只能选取部分世家，余者留待将来周全补正。所以，在希望读者谅解的同时，多提宝贵意见，也深望专家学者及世家族裔后人提供资料，以补遗阙。

书稿的编著体现了学术群体的努力和智慧。参加编写的大都是潍坊人或长期在潍坊工作的文史工作者，有地近易核之便，有很多史料是“独家发现”“首次公布”，于是这部书稿即使不是“世不可少之书”，但也有其独特价值。潍坊学院资深教授于培杰先生正在写作东汉经学大师郑玄的历史小说，欣然承撰《囊括大典“通德里”——郑玄家族》部分；益都卫校校长郑树平教授潜心冯惟敏研究十余年，掌握资料丰赡，识见独具，在原作《冯惟敏与临朐冯氏文学世家》基础上，加以修订润饰，增拓其中，为统一体例，编者改题为《冶源风华——临朐冯氏文学世家》；山东畜牧兽医职业学院杜晓梅女士执笔《名臣之后有名医——黄福、黄元御家族》。其余作者均为潍坊学院地方文学与方言研究所研究人员，具体执笔情况，罗列如下：

王宪明：《今文宗主“伏不斗”——伏隆家族》《“大雅不群”衡王府——朱由樕家族》《“姜半县”或“半红楼”——李士桢、李煦家族》；吴有祥：《布衣宰相，军功世家——王猛家族》；籍成山：《辉映两宋东西赵——赵挺之、赵粹中家族》；尹建民：《一代名臣遗泽长——刘珝家族》《丹青继世传家长——潍坊郭氏家族》；侯桂运：《“真不善”——单作哲家族》《中晚风雅——李宪乔家族》；宫存波：《“海岱高门”清爱堂——刘统勋家族》；郭荣波：《程朱余脉在北海——阎循观家族》；赵红卫：《龙凤兄弟家学远——曹贞吉、曹申吉家族》；杨洁：《十笏园文脉——丁锡田家族》；魏红梅：《鹤鸣九仙——丁耀亢家族》。

在此，谨向所有参加编著的同仁，向关心、支持书稿出版的领导、前辈、友人表示由衷的感谢。

诸城王氏分支新城考

明朝初年，山东青州府诸城县一位王姓男青年和一位初姓女青年，先后流落本省济南府新城县，并结为夫妇。这在当时移民频繁的环境中，是一件平常小事。但由于这对夫妇子孙繁盛，科第、仕宦不绝，在明朝后期一度成了“江北青箱”、海内乔木世家之首，他们的迁徙情况也便受到特别关注，逐渐传闻异词，甚至被辗转神化。由于年代久远，文献难征，想还原历史真相，不是很容易，但进行一些考证，还是必要的。

诸城与新城王氏同宗的相州、营子（大营）、贾悦王氏三处旧谱中，都有分支新城的记载。清同治《大营王氏第五支谱·总纲》，记大营王氏“始迁祖”王彦名有七子：贵、仪、坦、城、广、堪、增，“贵”字下注“移新城县”；在今天大营村东见存清道光五年九月“合族仝立”的大营王氏始祖王彦名与四夫人合葬墓残碑，碑阴列王彦名下七支世系，“二世长支贵”下，列新城王氏历代名人。《诸城贾悦王氏族谱》卷首乾隆时《续修族谱凡例》：“旧说迁自海州，寄居东莱，再迁居城西小店，自小店出者，为营子，为相州；自营子出者，为新城、为贾悦。故吾三家，由明迄今，行次不紊，第派别分支，各自立谱。”清道光刻本《相州王氏族谱·凡例》尤为简略：“王氏自小店出者为营子、为相州，又自营子迁出者为新城、为贾悦，故自先世以来，姻亲未结，行次不紊。”

关于王贵迁新城的具体经过，尚未发现明清时代诸城属人的有关记载，但有关传说在诸城一些地区（如大营、相州等地）几乎家喻户晓。关于王贵迁徙，主要有两个版本，其一说王贵儿时在村头一棵大树下玩耍，看到一个农民躺在树荫下休息，干活用的铁锨放在旁边。有些顽皮的王贵跑过去拿起铁锨，当作大刀舞弄起来。由于人小力微，失去控制，铁锨脱手，锨头落在农民的脖子旁边，他惊慌失措，看花了眼，以为把农民的头铲断了，拔腿就跑，逃到了新城。多年以后得知真相，他已在新城成家立业了。这个版本我在已发表的《王统照先生与蒲松龄研究》[1] 中提到过。另一个版本的道具由铁锨换成镰刀，王贵拿起镰刀在那个农民肚皮上写字，对方朦胧中以为是苍蝇或牛虻叮咬他，抬手猛地一拍，镰刀划破肚皮，王贵也以为出了人命，逃之夭夭。从民间传说的角度看，这种变异是很自然的，而且幅度并不大。大树、顽童、铁器、错觉、逃跑，一些要素完全相同，也合乎情理。

相对而言，新城王氏和从新城王氏的角度叙述王贵始迁新城的记载，却比较复杂。其版本较之王氏由海州辗转迁山东还多，且相互抵牾更甚。

先看王贵后人怎样记载。新城王氏五世孙王之垣万历年间创修族谱，《修谱凡例》解释以王贵为始祖的原因：

> 予家系谱牒湮微，族属稀鲜，不敢妄攀显达，取远胄之诮。龆时闻我祖颍川公云，祖居诸城县琅琊山初家庄，前隶籍青州，徙于新城自琅琊公始，故今谱王氏自公始。[2]

清代王氏族人修《新城王氏世谱》，对王贵迁新城的过程，有如此记载：

> 始祖讳贵，原籍青州府诸城县初家庄人。明初，避白马军乱，移新城县之曹村，居赵氏庑下，为人质朴无华，力本重农。配初氏。先一日，大风晦暝，有女从空而坠。问之，盖诸城初氏女也，晨起取火，不觉至此，顷刻已五百余里矣。赵氏以为天作之合，遂令偕伉俪焉。[3]

王氏族人关于王贵迁移记载最多、影响最大的无疑是王士禛，他在《池北偶谈》卷一〇、《居易录》卷三一、《渔洋山人自撰年谱》卷上都有相关文字，尤以自传年谱中记载为详，并被 2007 年普通高等学校全国统一考试湖北语文卷以

① 王宪明：《王统照先生与蒲松龄研究》，《蒲松龄研究》2002 年第 2 期。
② 《王氏族谱》，明崇祯四年（1631）刻本。
③ 《新城王氏世谱》卷一，清乾隆二十五年（1760）刻本。

《先祖事略》之名选用，虽然高考试卷闹出了“始祖讳贵迁”[①] 的标点笑话，却使新城王氏的传奇家史更广为人知。下面是王士禛原文：

> 始祖讳贵，迁济南新城，著籍焉，称琅琊公。
>
> 公居诸城，古琅玡地也。当元末白（一作花）马军乱，公徂击之。杀一贼，度不能抗，乃避居新城之曹村，为某大姓佣作。一日大风晦暝，有一女子从空而堕。良久既霁，公于尘坌中得之，云即诸城县初氏女也，晨起取火，不觉至此。时公方鳏居，女子年十八九，主人以为天作之合，遂令偕伉俪焉。三世至颍川公，而读书仕宦，四世至太仆公，始大其门。二百年来，科甲蝉联不绝，皆祖妣所出也。

王士禛门生、经学家惠栋在这段文字后有一段补注：“初夫人事，载见琅琊公之裔孙立峰先生《大槐记》，及伍袁萃《林居漫录》、谢在杭《五杂俎》诸书，嘉兴贺灿然驳之，以为语怪，非也。”[②] 王士禛《池北偶谈》，也曾强调此事“乃实录”[③]。

从现存记载来看，王之垣（立峰）《大槐记》为“风送夫人”的始作俑者，但王之垣为嘉靖、万历时人，去始迁之时已百余年，也是得自辗转传闻。如此超自然的情节，本身除带有“白莲妖术”的痕迹，恐怕也受当时流行的神魔小说的影响，何来所谓“实录”？不过相对而言，王姓族人记载王贵、初氏迁新城事还算谨慎，族外人传闻异词，踵事增华，愈出愈奇。如沈德符《万历野获编》：

> 曾闻新城王霁宇（象乾）少司马之始祖母，乃从空飘至其家，久而方醒，问之言语不通，盖异域人，为飓风吹堕，因为其妇，生育诸子，今王氏蝉冕联翩，贵盛无比，皆其苗裔也。余初不甚信，顷晤司马从弟王季木（象

① 《2007 年普通高等学校招生全国统一考试（湖北卷）·语文》，《长江日报》2007 年 6 月 9 日，B25 版。

② 王士禛撰，孙言诚点校：《王士禛年谱》，中华书局，1992 年，第 1 页。

③ 王士禛：《池北偶谈》卷一〇《谈献六·初夫人刘太夫人》。

巽）孝廉询之，云果然。嗟乎！亦异甚矣。

再看谢肇淛《五杂组》：

国初山东历城王氏方鳏居，一日，天大风，晦冥良久。既霁，于尘坌中得一好女子，年十八九，云外国人也。乘车遇风，欻然飘坠，遂为夫妇。今王氏百年科名，贵盛无比，皆天女之后也。

沈德符亲询过王氏族人，谢肇淛曾在山东为官，但两人都把初夫人写成外国人，后者并王氏属县也误为历城，明人记载之鲁莽，可见一斑。

还有将初夫人迁新城形之诗歌者，更有可观，如《新城王氏世德诗五首》之二：

赫赫琅琊氏，厥初本天人。云霾逐飘风，千里昏沙尘。晔然奇女来，翩翩驾飚轮。从容道姓名，乃是故乡邻。屏翳为良媒，飞廉结嘉姻。嗟哉神明裔，一一为国珍。①

再看明末张凤翼《题王氏祠堂》：

忆昔红军动鼙鼓，坌迷海国无安堵。琅琊王氏迁其主，夜走新城避猰貐。天风吹送蓬莱姥，诞降瑶昆金玉五。大槐之望隆东土，善行拟佛能绳武……②

明人记王氏由诸城迁新城最详细亦最平实者，当属万历时名臣东阿于慎行《王氏琅琊公传》，该文全长一千五百余字，王家集王羲之行草书法，刻于家庙，可见其重视。文中对王贵及初夫人由诸城迁新城是这样记载的：

---

① 唐时升：《三易集》卷一。

② 张凤翼：《句注山房集》卷四。

琅琊公者，讳贵，新城王氏始祖也。其先居诸城之初家庄，实故琅琊境，故以号公。公故一布衣也，而傥荡负奇，以任侠自喜，雅多智略，乐善好施，急人常先于己。当元之末，有白马军作乱，横行东方，郡邑莫能禽制。公毅然发愤，结里中少年数十辈，各带弓刀持挺，约以寇至出击。至则身先尝贼，少年奉其要束，亦无不自奋者。一日有贼数骑，抄略村里，其一荡而汲于井，公饮之罂，棓其背毙焉。余骑大惊走。去则整其众来索操罂者，公因从旁跳匿，至新城之曹村，居赵氏庑下，稍占田自食，而其故庄居人，亦多避寇新城，初氏在其中，遂娶其女，是称太媪。

所有关于王贵、初夫人迁新城的记载，都是辗转传闻，没有一条能称得上王士禛所说的“实录”。一般说来，传闻遵循的是“非奇不传”“非趣不传”，越是违背事实、荒诞无稽，概率越低，流传的可能越广。所以对这些材料，我们必须持谨慎态度。

上面所举王贵徙新城的记载，于迁徙时间有两说，或曰“元末”，或曰“国（明）初”。看来元末说不能成立，且不说王姓由云台山始迁诸城是在明初，诸城《大营王氏族谱》载王贵之父王彦名由小店村迁初家庄也是在明初，即使我们对诸城王氏各支族谱的记载持怀疑态度，单看新城王氏世代繁衍的时间，也到不了元末。王贵始迁新城，度其年龄，当在十五、二十时，而据族谱，其孙王麟生于成化七年（1471），距洪武元年（1368）已百有余年。又据《渔洋山人自撰年谱》，王麟“人伦醇备，事大父琅琊公至孝”，则至少王麟少年时，王贵仍在世。如果元末迁徙，则王贵年寿将及一百四五十岁，其高寿之事，亦应大书特书。自朱元璋建国到嘉靖朝一百五六十年，朱明王朝已历九代十二朝，何以王氏才繁衍了三四代（嘉靖辛丑进士王重光为王贵重孙，新城王氏第四世）？大营王氏二世祖王广为王贵五弟，第五世为弘治庚戌岁贡、直隶清河县知县王铨，第六世为隆庆丁卯科山东解元王侍。相州王氏第六世为万历戊午山东乡试亚元王开基[①]。乾隆五十五年，诸城相州王氏十一世、时任户部主事的王衍福，为新城王氏十一世

① 《相州王氏族谱》卷二，清道光刻本。

王祖昌《秋水亭诗草》作《跋》，自称侄[1]，三者世次与时代，大致一致。诸城贾悦王氏第五世是刘统勋岳父、清初诸生王宸嗣，但《贾悦王氏族谱》之《续修族谱凡例》《世系总纲》明言一世祖（王濂）前，至少有三世名讳失考，则王宸嗣至少为第八代，与新城王氏第九代王士禛同时，大致也能和榫。

接下来看新城王氏始迁是在什么时间。这里有一个具体的事件作标的，那就是“军乱”。如果说“白马军乱”在历史上无甚踪影，元朝末年红巾军在山东的活动，与“花马之乱”却有点瓜葛。山东红巾军有一领袖人物田丰就有“花马王”之号[2]。田丰原为元朝镇守黄河的万户，元至正十七年（1357），红巾军建立的宋派毛贵率领东路红巾军由海道北伐，攻入山东，接连攻下胶州、莱州、益都。田丰向毛贵投降，曾为宋攻下东昌、东平、广平、顺德、保定、冀宁等城。至正十九年（1359），毛贵为赵君用所杀，山东红巾军群龙无首，自相残杀。田丰在东平，自称花马王；毛贵另一部将王士诚在济南，自称扫地王。他们之间互相攻伐，山东红巾军势力大大削弱。至正二十一年（1361）夏，元朝派中书平章兼河南、山东行枢密院事察罕帖木儿率领大军进入山东镇压红巾军。田丰、王士诚先后接受招降，并为元军平定沿海诸郡。察罕帖木儿以朝命授田丰为山东行省平章。至正二十二年（1362），察罕帖木儿围攻红巾军驻守的重镇益都，田丰复叛，与王士诚合谋刺杀察罕。不久，元朝派察罕的养子扩廓帖木儿（又名王保保）为中书平章，代领父军，攻占了益都，杀田丰、王士诚。田丰杀察罕对元明兴亡关系极大。本来朱元璋在察罕帖木儿围攻益都时，感到形势不妙，派使者与察罕通好，察罕亦派郎中马合谋等从海路到江东，“授太祖荣禄大夫、江西等处行中书省平章政事，赐以龙衣御酒”[3]。使者方到，察罕遇刺的快报也送达，朱元璋立即杀掉马合谋，不受官职，继续反元，卒成摧枯拉朽之势。

“花马王”田丰在山东作为影响如此之大，且关系乡邦掌故，曾与修《明史》的王士禛自然熟悉。把新城始祖迁移与此事隐约联系起来，也情有可原。但时间上相差太多。

---

① 王祖昌：《秋水亭诗草》卷末，清嘉庆七年（1802）刊本。

② 周昂：《元季伏莽志》卷一《田丰传》。

③《明史》卷一二四《扩廓帖木儿传》。

明朝前期诸城一带也有一次震动全国的动乱，那就是唐赛儿白莲教起义。《明史·成祖本纪》，永乐十八年二月，“己酉，蒲台妖妇唐赛儿作乱，安远侯柳升帅师讨之。三月辛巳，败贼于卸石栅寨，都指挥刘忠战没，赛儿逸去。甲申，山东都指挥佥事卫青败贼于安丘，指挥王真败贼于诸城，献俘京师”。清乾隆《诸城县志·总纪上》有类似记载：“十八年，春三月甲申，鳌山卫指挥佥事王真以兵百五十人击败妖妇唐赛儿余党于诸城，尽戮之。”并有注云：“先是贼首宾鸿等，合万余人攻安丘，时指挥卫青备倭海上，帅千骑击败之。城中人亦鼓噪出击，宾鸿等遁去，杀贼二千余人，生擒四千余人，皆斩之。其余党为王真所败，各械首恶送京师，贼悉平。”唐赛儿起义，像一阵飓风旋转过青齐大地，迅速消失。相对于清初小说家吕熊《女仙外史》的长篇演绎，《明史》与《诸城县志》的相关记载可谓要言不烦。

唐赛儿与永乐朝军队的决战在安丘、诸城之间，而营子在诸城县治北十五里，恰当其冲。《大营王氏族谱》关于始迁祖王彦名如此介绍：“明初由城西小店迁城北二十里初家庄，后村因白马军过此安营，改营子村，又名大营庄，遂家焉。载《县志》铨公传记。配相州周氏，继长城郑氏，再继田氏、相州宋氏，合葬大营庄西南原，子午兼任丙，向有墓碑，有家传。”大营王氏祖墓至今仍有遗址，包括王彦名墓碑、墓碑前方石甬道、明隆庆三年王侍等为乃父王铨所立《文林郎东川王公墓》残碑，不过由于大营庄近年西迁至潍徐公路（206 国道）附近，墓地方位已经变成大荣（诸城方言“营”与“荣”相近）庄东原。本人多次到该地采访考察，所谓初家庄已无存，但在大营王氏祖茔东南仍有地名曰“初家楼子”。又查历代《诸城县志》人物志，唯乾隆志有王铨传，关于王氏迁徙居里不过数语，且与各家族谱所载有所不同：“其先居城西小店，王氏由小店出者三，一往新城，一迁相州镇，而铨迁居营子村。”

潍徐公路两侧不远有些村名如营马、营子、曹村、料疃、汉王山、马武寨、姚期岭等，据有关记载都与东汉光武帝东征驻军有关[1]，估计《大营王氏族谱》所谓“白马军过此安营”，是迎合《新城王氏世谱》及王士禛等人关于王贵的记

---

① 张德仁：《诸城村名史话》，西泠印社出版社，2007 年，第 165 页。

载，但由于此地为战略要冲，花马王田丰和唐赛儿攻掠诸城时，有军队在此驻扎，也完全可能。

如果王贵出走新城与唐赛儿起义有关，他作为白莲教起义的参加者或敌对者，都有可能——相对而言，他作为白莲教起义的参加者可能性更大一些，因为如果他是起义的敌对者，在朝廷军队迅速取得胜利之后，他没有理由不返回故乡。

在大部分明清人眼中，唐赛儿是以邪教倡乱的“妖妇”，但也有人称她是为建文帝复仇，为靖难冤魂伸冤的巾帼英雄。朱棣屠戮虐杀建文忠臣，神人不道，千古之下，犹令人发指。其中受害者就有诸城人、佥都御史周璿。明宋端仪《立斋闲录》卷二记燕王攻占南京后对被杀建文忠臣家属的处理：“周璿，青州府诸城人，妻王氏，年四十三。男蛮儿，七岁，是年十二月随母给配随住，永乐九年三月内收监听决。”康熙《诸城县志》卷七《人物》周璿传后引“旧论”曰：“建文君诸臣死靖难之日者，匪直曰享君禄位，故以报之也，实关于天地纲常大义，无所解于其心，故其人如景星庆云，为万代之所瞻仰。乃有璿为吾邑人士，奥于其中，非里闬之光乎？”王士禛对于南明弘光朝复建文庙号、谥靖难殉节也曾给很高的评价：“抒天下久郁之情，作万古忠义之气，未可以乱朝没其善也。”①

周璿的妻子王氏与王贵同乡同姓，甚至同族，在唐赛儿起兵时，仍沉沦孽海地狱，这也有可能激发唐的义愤，使其参加反对朱棣的起义。

初夫人传奇更可能与唐赛儿起义有关。唐赛儿在诸城战败兵溃之后潜逃，朱棣下令“尽逮山东、北京尼及天下出家妇女，先后几万人”② 刑讯甄别。初夫人可能是白莲教女战士，也可能是遭受无妄之灾的尼姑或道姑，为避免被逮刑辱，蓄发改妆，谎称大风吹来。幸亏其时民风忠厚，而朱棣索唐赛儿，没有建立起清初追捕逃人那样的漫天罗网，否则这桩奇缘便难凑泊。比较《聊斋志异》中诫人勿于“野合逃窜中求贤妇”的《黎氏》故事，朱棣虽然残暴，但事涉闺门，立法尚疏。

王士禛作为清初诗坛泰斗，其学识之深厚，闻见之博洽，考核之精当，也历来为人所称道，但对王贵年岁与时代的记载，明显不合常识，可能是有意避开与唐赛儿白莲教起义相关的嫌疑。

---

① 王士禛：《跋钱宗伯嘉兴高氏家传后》，《蚕尾文》卷八。

②《明史》卷一五八《段民传》。

诸城王氏学术新气象

我在《明清诸城王氏家族文化研究》第五章介绍诸城王氏家风和家族教育，指出该家族历史传统对现当代家族成员文化选择的影响：“那就是过于重视人文历史素养，过于重视‘仕’，而忽视对自然科学、工商业的学习和研究。这就是该家族军政界、文化界、教育界人才出奇之多，而科学家和工商界闻人却相对较少的原因。”后来有“当代相如”之称的作家王金铃前辈作为该家族代表参加齐鲁文化世家书系的研讨会，用汉赋笔法概括该家族特点：“重教擅学，端悫忠懿；蕴深博远，喜文好史。”所见略同。

这一点其实百年前就有人意识到，并开始求变。国家行政学院王伟教授告诉笔者，20世纪20年代初，其尊人王笑房（王甡珙）先生想报考北师大中文系，请当时在北京大学读书的徐宝梯（陶钝）报名，最后来的录取通知却是数学系，询问陶钝，对方说：你们王家学文史的太多，该调剂一下了。王笑房先生以为不无道理，也就上了北师大数学系。毕业后在青岛、北京等地任教，桃李满天下。但从他资助亲妹夫臧克家出版诗集《烙印》（另外两个资助者是闻一多、王统照）来看，表明他对文学仍有难舍的情愫。

差不多与王笑房“被动”学数学同时，王家也有人主动调整，如王笑房胞兄王深林。他曾自己选择上同济大学学工科，并留学德国，不过最终还是成了一个政治活动家（农工民主党和民盟的创始人及早期主要领导）。王统照《春花》（现代文学史上唯一的一部反映大革命前青年知识者不同政治选择的长篇）中的活力青年身木即以王深林为原型。书中对身木学理工而从事“造社会”，似乎不无遗憾。《春花》中还有一个商业学校毕业而从事政治活动的巽甫，其原型为相州王氏十五世的王象午。

诸城王氏学术文史以外学科选择的增强，是在新中国成立以后，尤其是改革开放以来。进入21世纪，前后十余年间，出了三位院士（王恩多、王小云、王坚)，乃是开花结果。

王恩多为王深林的女儿，中国科学院院士，第三世界科学院院士。她从事生物化学与细胞生物学研究，开始不是受家族影响（王深林甚至曾希望她走族党王统照、王意坚、王愿坚等人的路子），而是受其表姨妈、因发现细胞核穿壁现象闻名的生物学家吴素萱教授（青州偶园街人，西南联大生物系唯一女教授，曹诚英曾无端怀疑胡适与吴素萱有暧昧）的影响。

王恩多和王坚的院士分别占了人家上海、杭州的名额，但两人同出诸城相州王氏十七世。我在《明清诸城王氏家族文化研究》第二章论述明代以来诸城王氏的发展，最后一节为“近代社会转型与王氏新辉煌的序幕”。清末以来，激于民族救亡和民族复兴，诸城王氏人才极盛。特别是相州王氏第十五世后数世，达到高峰。我曾略举作家群体、军政要人群体、古琴家群体、金石学家群体。现在看，院士群体、商界精英群体也正呼之欲出。

中国未来科学奖唯一的女性获奖者王小云院士，出生地诸城石桥子王家西院，与王恩多祖居相州镇和王坚祖居徐洞村，距离都在五公里左右。王金铃老师告诉我，他在北京和王小云相见，互论本家。王小云的族兄、潍坊市古琴协会主席王祥金先生曾询问我西院王氏与相州王氏的关系。我略述相关记载及传闻异同，以为人贵自立，此等事不必过于较真；敦尚古谊，疑似之际不妨取其似。

王小云与王坚从事的事业，皆与数学有关。诸城及周围地区，自古为易学之乡，且数理易学家为多。现在通行的《易经》文本，由田何手定。而田何之《易》，受自战国时孙虞（字子乘），传于汉初王同（字子中），皆东武人（田何为虞舜后裔，且与封于诸城的田齐宗室公孙潮子同族）。孙虞、田何、王同，分别是孔子《易学》的第五、六、七代传人。汤显祖《大司马新城王公祖德赋》“东武世田何之业”，即用此掌故。易有三义，其一为简易。马化腾以为百年甚至千年都干不成的云计算，王坚顶着“骗子”的积毁，带领团队数年干出成效。百年、千年不算长，美国数学家断言用最高功能的计算机一百万年都破解不了的密码，王家女儿在给孩子洗尿布的间隙解决。“易简而天下之理得矣!”善学《易》者神明知几，较之现代科学斤斤规范，执象而求，有时事半而功百倍。

写到这里，笔者突然想到一个人，他就是王金友先生。他为中国烟草做出了突出的贡献。

诸城纬度、气候、土壤、生态与北美盛产烟草的弗吉尼亚（《红楼梦》中“汪恰洋烟”产地，美利坚开国大酋、烟草种植园奴隶主华盛顿的故乡）相近，但由于品种、技术落后，诸城和全国其他烟草生产地一样，所产烟叶焦油含量高，品质差，只能作为卷烟填充料。王金友到诸城外贸工作后，负责黄烟出口基地的建设。引进优良品种，聘请香港、美国、西德技术人员，在诸城进行大面积种植试验，获得了大量第一手资料，确立了中国主料烟栽培技术，并申请相关专利。这种技术至今仍然有效——尤其是在全球面积最大的“弗吉尼亚型烤烟”产地中国黄淮大烟区。他在《中国烟草科学》上发表的《关于不同肥料用量及其配比对优质烟产量、质量的影响》论文，应该是史上产生经济效益最高的论文之一。主料烟生产成功，平均每吨多创汇近千美元。1991 年，诸城质量最好的烟叶创下每吨创汇 4500 美元的纪录。1992 年，垄断世界主料烟市场的美国大陆公司与诸城市烟草公司签定了五年的包销合同。王金友获得国家经贸部授予的科技进步一等奖，并陆续为全国培训了十余万烟草生产技术人员。除了烟叶出口创汇之外，中国香烟生产主料自给，成本降低，烟税收入自然相对提高。他也为此付出了智慧、血汗。王金友先生 2018 年 4 月 28 日病逝于墨尔本，据王金友先生胞妹王瑞花教授回忆，王金友先生劝弟弟、妹妹及子侄辈选择理工科，以为理工科学成以后可以为国家和人民做实在的贡献。而今这个家族已成了理工之家、专利之家。

刘大同与孙中山

臧克家在1983年12月写给诸城文史资料委员会的信中，提到辛亥革命后曾有“南有孙中山，北有刘大同”之说。这种评价涉及刘大同在旧民主主义革命时期的地位，并非空穴来风。刘大同自清末加入同盟会，后在安图举义、成立“大同共和国”，刺杀窃国大盗袁世凯，主盟东三省，“由辛亥、癸丑以至丙辰诸役无不与其事”。数十年间，“抄家二次，引渡二次，通缉七次，悬赏逮捕三次，监视二次，驱逐三次，受审十一次，艰辛备经，屡濒于殆”，为北方旧民主主义革命巨擘。他一生批判专制独裁，追求民主政治，发历史之先声，尤难能可贵。但在今天的文史研究界，却声名寂寞，知者寥寥。有人曾为之慨叹，说这是“一种失去历史平衡的现象”，是“历史与逻辑的分裂”。

现在介绍刘大同的文章，大都说他是孙中山的追随者。应该说，孙中山与刘大同革命目标大致相同，但他们在很多问题上有分歧，在如何实现目标的手段方式上，差别尤大，说刘大同追随孙中山，不尽符合历史事实。事实上，刘大同后半生的流离潦倒、声名寂寞，恰恰是因为与孙中山及其后继者的矛盾造成的。而其是非功过，是用以前的“正统史学”观所难衡量的。这也是以前文史研究界回避这个人物的原因。要真正认识、公正评价刘大同，想绕过他和孙中山的关系，几乎是不可能的。

刘大同为清代名相刘统勋六世侄孙，其家世受清廷深恩渥泽，他自己又是清朝的地方官，但武昌起义一爆发，立刻易帜响应，甚至在中华民国成立之前，在吉林安图成立“大同共和国”，除了民族大义高于家世恩怨之外，还有一个重要原因，那就是生活在帝国主义侵略最严重、同时开放较早的山东半岛地区的刘大同，早在辛亥革命之前，就受到了来自欧美民主、平等思想的熏陶，“林肯放奴心，格氏均产议。世界有转移，另造新天地”（刘大同《吁集·感怀》），这种理想使他对一切独裁、专制有生理上的反感。

刘大同与孙中山的矛盾，最早在满蒙问题上表现出来。“二次革命”后，孙中山亡命东洋，受日本说客的影响，加之他当时的民族主义思想还较狭隘，或者是出于暂时的舍卒保帅的政治策略，曾答应日本出让满蒙。比较确切的记载是1918年11月16日，孙中山和日本松永安左卫门的谈话：“目前中国南北对立是日本助长起来的，日本如果改变援助北方派的政策，北方派就会不攻自灭。日本如果援助南方派的话，可以承认日本对‘满蒙’的领有。”对此意见，刘大同一贯坚决反对，甚至要对孙中山“怒挥老拳”。作为一个政治家，孙中山先生没有认识到东北地区战略的重要性，已经够遗憾了；而作为一个岭南人，他更难体会东北人民与关内特别是山东的休戚相关之情。刘大同在清朝末年曾以奉吉勘界副委员的身份领导了长白山地区历史上空前的一次地名普查，并著成《长白山江岗志略》《长白设治兼勘分奉吉界线书》《白山纪咏》等，这在俄、日等国眈眈虎视东北的情况下，自有特别意义。当他以“谙练边情，勤奋耐苦”被荐为吉林安图知县后，招民开垦（今安图人口，大部分为山东诸城移民的后裔），励精图治，政声卓著。辛亥革命后，又曾任同盟会东北地区主盟人、中华革命党东三省支部长，与东北地区感情更深。辛亥革命后，清帝不能东归，伪满傀儡不能长久，俄、日对东北的殖民统治最终宣告失败，早有其先决因素。而刘大同，自始至终反对东北地区从中国分裂，更是理所当然。刘自力先生（刘大同曾孙）在《刘大同在东北》一文中这样写道：

> 刘大同自1894年到东北，到1915年20余年中，对东北情况特别是边境的历史及现状非常了解，对东北的感情亦深厚。因此无论是谁，只要提议放弃东北或割地给日本，他都坚决反对并为之付出了巨大的代价。

这些代价之中，就有他与孙中山的矛盾。至少他给已经要求同志对自己绝对服从、同时对北方人有偏见的孙中山，留下了恶劣的印象。

刘大同与孙中山的主要矛盾是在革命的组织原则上。辛亥革命的本意，是要以美利坚合众国为样板，建立联邦（或曰联省）制的民主共和国。同盟会宗旨和民主元年约法，都体现了这个意图。民国初年议会制代替专制（哪怕是慈禧太后后期的开明专制），应该是中国政治体制的巨大进步。任何新生事物都需要有一个过程，从来没有不会产生弊端的制度，从西方“快速移植”到中国的议会政治很不完善，危机此起彼伏，但人们不是花大气力去完善它，健全它，让它更符合国情，而是抛弃它。在民国初年的议会政治失败后，孙中山加强组织性，实行权威政治，成立中华革命党，竟“一变至道”，明确提出“凡入党各员，必自问甘愿服从文一人，毫无疑虑而后可”。在他手订的入党誓约中有“愿牺牲一己之生命自由权利，附从孙先生再举革命”“永守此约，至死不渝。如有二心，甘受极刑”这样的誓词，还要在上面加印右手中指指模。《中华革命党总章》第十条规定“凡党员有背党行为，除处罚本人之外，介绍人应负过失之责”，第十一至十四条按照入党时间先后进一步把党员分为首义党员、协助党员、普通党员，在革命成功以后分别为元勋公民、有功公民、先进公民，元勋公民得一切参政、执政的优先权利，有功公民有选举、被选举的权利，先进公民则仅有选举权利。“凡非党员在革命时期之内，不得有公民资格。”

也许这些规定只是策略性的、阶段性的，但毕竟与革命先行者们追求的民主、共和理想背道而驰，也为后来蒋介石“一个党、一个主义、一个领袖”的专制独裁导夫先路。国民党对孙中山“失去历史平衡”的神化、粉饰，也是为加强政治权威主义服务。

我们可以说理想主义者刘大同缺乏变通，且豪气盖世，不甘人下，他对孙中山的这些做法深恶痛绝——当然不仅是他，很多老革命者如黄兴、李烈钧、陈炯明、陶成章等也都非常反感，甚至因此与孙中山决裂（其中陶成章被孙中山授意陈其美、蒋介石暗杀），拒不入党，孙中山也不再重用这些革命元勋，另外起用奉他为神明的蒋介石、汪精卫等少壮派新人。刘大同《梅花吟》中有一首“如今世界皆平等，哪有贫穷富贵乡。小鸟不知专制苦，春来犹自拜花王”是嘲笑孙中山及汪、蒋之流的。刘大同拒绝与孙中山合作，而宁愿做陈炯明的顾问。但是，后来当孙、陈因政见不同，利权相争，矛盾激化，开始诉诸武力的时候，又是刘大同无意中救了孙中山。“六一六”兵变前夕，刘大同与住在他家里的得意门生孙墨佛商量给孙中山预撰挽联，而孙墨佛当时在孙中山大元帅府任参军，刘把陈军动向告诉了孙中山，当陈军围攻总统府时，孙中山已经坐上“永丰”舰，脱离危险。孙墨佛对老师一直是尊敬的，据雨汀发表在《纵横》2005年第4期的《怀念辛亥革命老人孙墨佛》一文，记载当时孙墨佛得知陈炯明军队动向后的反应：

> 老师刘大同和孙中山，在同盟会创建之初，即在日本时，二人在一些重大问题上屡生分歧，然而至今已到此水火难容地步，则是他始料未及，刘身为陈炯明的高级顾问，酒后言此，绝非子虚乌有，何况他对陈炯明也早已提防在心。但他又想到刘大同亦非陈炯明同类，且又与自己多年师生之谊，怎么办？令他甚费踌躇：刘某，吾师也，孙公，吾长也；师者，亲也，长者，公也。时至今日，千钧一发，我岂能因亲废公，不识大体，而置民族危亡和革命大计于不顾？孙墨佛想定后，顾不上换衣休息，快步直奔总统府，先见孙中山的秘书长谢持，谢听后初不相信，孙一再相告，并晓之以有备无患之理，谢于是领孙谒见中山先生，中山先生听从了孙墨佛的劝告，先让夫人宋庆龄留在住地越秀楼，他自己领谢持及卫士数人，急出便门。这时，孙墨佛已找到温树泽，温派手下水兵孙勇带了200名士兵也来“救驾”，一行人马，先到码头登上了一艘“宝璧舰”，后又派人接出宋庆龄，再转上“永丰舰”，然后，加速驶向海湾，孙中山终于脱险，且秘密地由广州前往上海。

孙墨佛认为刘大同“非陈炯明同类”，是有根据的。刘本知道孙墨佛的身份，却向他透露如此大的机密，除了他生性坦荡无机心外，也可能对陈炯明的极端做法反感——陈指责孙中山做“非常大总统”违背民元约法，他举行兵变，走得更远（当然孙中山手下的少壮派们，也一直没闲着）。无论如何，与陈炯明一样，“六一六”事变也便成了刘大同政治命运的转折点，他也成了现代史上悲剧性的人物。

蒋介石在攫取政权后，在专制独裁的道路上走得更远，除了孙中山的南北偏见，又有“浙系”“黄埔嫡系”“杂牌”等新发明。刘大同痛心疾首，甚至举乾隆皇帝听从刘统勋之谏，废止将全国知县一律改用满洲笔帖式的做法，嘲笑国民党不如专制帝王。在《目白诗抄并序》中更明确地批判现实：“以民主时代之言论，犹不如古者君主时代言论之自由。”

刘大同这些观点令人联想起当代新儒学大师、曾为国民党少将的徐复观在《中国知识分子的历史性格及其历史的命运》中的慨叹，他认为20世纪的中国用人制度连明清腐朽的八股取士制都不如："科举只能扼住政治入门的门口；一个人敲开门口以后，便可在精神上得一解放，只要有志气，依然可以做学问，立事功。而玩此种组织，则有似玩'江湖'，愈玩愈深，愈玩愈窄，愈离开真正人与人的关系，一往而不可复返。它对人的控制，是要求由生到死，由私到公，由肉体到灵魂。""顺着科举精神的下趋，到今日已经坠落到底了。我这只要把两汉六朝唐宋元明清以及今日对人在政治上所要求的标准作一对比，则其一代不如一代的下趋之势，可说是十分清楚。再由此向下，我认为早已日暮途穷，实再无尺寸之路可走。"徐复观先生这些文字，发表于1954年，其时大陆正拉开"反右"序幕。不过刘大同已于1952年贫病交加于济南去世，不能"躬逢其盛"了。不管怎样说，至少对国民党的专制统治，孙中山先生应该负一定责任。

由于刘大同与孙中山、蒋介石的矛盾，由于他超前或激进的政治主张，在很长的时期内，与其有关的话题被海峡两岸现代史研究者视为禁脔，也便可以理解了。非但如此，他的后代在"文化大革命"中也受到了牵连。刘大同先生有三孙，取名平民、平权（又名心源）、平等（后改名刘萍），分别定居于沈阳、高雄、天津。"文化大革命"期间，国内子孙因刘大同曾与孙中山有分歧等原因，被株连遭受迫害。三房曾孙刘荣在走投无路的情况下，于1979年7月赴京拜谒中华人民共和国全国人大副委员长宋庆龄。不久，宋庆龄办公室发专函致天津市革委会，刘氏后人终于获得平反——这也是间接为刘大同平反，为以后展开对刘大同资料的收集、研究，埋下了伏笔。当孙、刘交恶时，宋为孙中山夫人兼秘书，在刘大同知情甚至参与的陈炯明"六一六"兵变中，宋庆龄在兵火颠沛中，不幸难产，作为受害者，她应该备悉原委。她对刘大同的意见，无疑是最具权威的。百年恩怨，一朝解释，表现了宋庆龄宽广的革命胸怀，中山先生地下有知，也会含笑赞同。由于宋庆龄与孙中山的特殊关系，此事也差不多算"解铃人是系铃人"了。

王乐平一纸下武昌

“光荣北伐武昌城下，血染着我们的姓名。”这是陈毅作词的《新四军军歌》头两句。毫无疑问，新四军以参加北伐战争中会攻武昌的战役为荣。但查阅历史，北伐军于1926年8月30日，攻克贺胜桥，兵临武昌城下。由于武昌地势险要，城坚池深，吴佩孚下令死守，孙传芳部又不时策应，国民革命军第四军主力、第八军、第十五军各一部，激战城下四十余日，伤亡惨重（只叶挺独立团阵亡就近二百人），未能得手。

当时国民党候补执行委员王乐平，被北伐军大本营任命为特别军事委员主任，随大军到达武汉，侦知守卫武昌的吴俊卿第三师参谋长兼团长贺对廷是山东临朐人，曾参加山东辛亥革命光复烟台之役和后来的讨袁护国运动，王乐平以同乡旧谊写信劝其放弃跟随吴佩孚“武力统一中国”的幻想，毅然反正。贺对廷于1926年10月10日，执王乐平书信，开武昌西门向国民革命军投诚，并策动第三师师长吴俊卿反正。武昌被革命军占领，标志着北伐在两湖战场取得决定性的胜利，武昌古城和四十万居民免遭劫难，也极大减少了北伐军的损失。

武昌战役后没有几年，贺对廷、王乐平先后死于国民党派系倾轧，他们的功绩于是也很少有人提及（攻克武昌的功勋不怕没人认）。倒是作为北伐军总司令的蒋介石知道底细，1930年派特务暗杀王乐平后，说王乐平北伐战争中功勋卓著，以个人名义赠赙金两千大洋，但被王乐平子女拒绝。

王乐平劝贺对廷反正的信，令人联想起其同族先人王钺在吴三桂叛乱初期，写信力止总兵班际盛从梧州撤军一事，广西总督金光祖说：“王君一纸书，贤于十部从事矣。”王钺这一封信，为清廷应对事变，赢得了一定的时间。倘若王钺不劝止班际盛自水口退兵，叛军顺西江直扑广州，尚之信参与反清，可能会更早一些。如此则三藩乱局，更难收拾。在王钺记述三藩始末的《水西纪略》卷末有

《李澄中识》，说王钺于“大乱将起，间不容发之时，能谋国持身，不失其正”，而慨叹“人不知其功”。王钺与同族后人王乐平，堪称无独有偶。

（摘自《诸城王氏家风》）

王乐平早期的会党活动

从清末以来，会党——政党，成了中国政治生活中重要的现象。与传统的科举官僚相比，会党或政党成员在历史舞台上表现出不同的风采。参与会党、政党活动，诸城王氏也得风气之先，其中王乐平先生是最突出的代表。他在辛亥革命、反袁护国、五四运动、北伐战争中的表现，都可圈可点。他对中国共产党山东支部的创立，起过重要作用。最后作为国民党改组派的核心人物，领导一系列反蒋活动，最终被蒋介石派特务暗杀。王乐平的主要事迹在辛亥革命以后，不在本书论述范围，且自 20 世纪 80 年代以来，研究他这时期活动的文章已不少，本文不拟多赘。但王乐平一生的一多半时间，是在清朝度过，且曾是清朝秀才，而史学界对他的家世和清末的活动，涉及较少或不甚清楚。本文可以做些补充。

王乐平（1884—1930），名者塾，字乐平，以字行。诸城楼子村（今属五莲县许孟镇）人，相州王氏第十六世。为王镆九世孙。其八世祖为王镆次子、康熙丁卯（1687）举人王沛憕（字汝平，号莲峰），七世祖为王沛憕独子王楷（字端木，号肖平），六世祖为王楷第五子王元烇（字汝韬，号斗南，著有《撼龙经注》），五世祖为王元烇长子王缃墉（字象豫），四世祖为王缃墉次子王朝襄（字赞廷），三世祖为王朝襄次子王霖霈（字仲和），出嗣王朝勖（字子勉，王元烇长子纾增子），祖父为王霖霈子王士伟，父为王士伟次子、光绪甲午（1894）举人王炜辰（字纪龙）。自王乐平六世祖王元烇始自相州移居楼子村。楼子村去相州有六十里，但他们与相州本家的联系仍然密切。王乐平之父王炜辰清末担任相州私立三等学堂的学监，王乐平在光绪三十四年（1908），也曾在相州三等学堂任教。王乐平族叔王凤翥小传自称办学多聘请热衷共和之士，并非虚言。

王乐平光绪二十八年（1902）考中秀才。光绪三十二年（1906）夏，去济南考入山东高等学堂。1907 年加入中国同盟会。关于王乐平加入同盟会的介绍人，有两说，一为同学臧耀西（字庚文），一为丁惟汾（字鼎丞）。两位都是老同盟会员，且臧、丁两家，都是诸城王氏的世交。不过似以前者为是。臧耀西是山东高等学堂“同盟会七君子”之一，为王乐平同学；丁惟汾是山东同盟会的主盟人，也是王乐平后来在山东法政专门学堂的老师。

辛亥革命前夕，山东革命党人的活动以学界为主，以留日归国的学生为骨干，或创办学校，或遁迹学堂，以学校作为培养革命人才和宣传革命思想的据点。其时王乐平风华正茂，血气方刚。1907 至 1908 年，为保护山东人民权益，王乐平联络同盟会员于洪起、陈干等人，发动学生组织保矿会，反对清政府以山东矿产为抵押向德国借款，迫使德国作出让步，山东矿权得以维护。事后，被校方以“革命嫌疑”为由开除学籍。1908 年底，返回诸城，先后在诸城相州、昌邑县等处任教。1909 年夏重返济南，考入山东法政专门学堂继续求学，追随丁惟汾，开展革命活动。

1911 年武昌起义爆发后，各省响应，相继宣布独立。王乐平在济南与革命党人，号召各学校及商民数千人集会游行，并组织山东各界联合会，迫使山东巡抚孙宝琦于 11 月 13 日宣布独立。当时王乐平为学生代表，虑及政变伊始，宜防帝制余孽反扑，而党人缺乏军备，难应大变，乃倡议编练学生军。学生、士绅、商人群起响应，不日成军。11 月 24 日，孙宝琦突然宣布除消独立，解散学生军，大肆捕杀革命党人，王乐平等转移青岛，继续进行革命活动。从此也成了一名职业革命家或政客。王乐平族叔王统照小说《春花》中的圆符、族弟王意坚《旋风》中的罗聘三，均以王乐平为原型，都是干练、务实的政客形象。

（摘自《明清诸城王氏家族文化研究》）

山东茧绸带动清代时尚

《红楼梦》第四十二回说，二进荣国府的刘姥姥要回家，凤姐赠送一大堆礼物，其中有“两个茧绸”，这指的就是茧绸衣服。茧绸衣服是明清时期人民的日常穿着。茧绸由柞蚕丝织就，在一般人印象中，柞蚕产自东北，殊不知柞蚕放养、柞蚕丝绸纺织，在20世纪曾一度成为世界性产业，其策源地就在山东。中国柞蚕丝绸出口的鼎盛时期，一度在同类产品中占有世界贸易90%以上的份额。直到今天，中国仍然是世界上柞蚕丝绸产量最多的国家。可以这么说，桑蚕文化在江南，柞蚕文化在山东。

柞蚕与桑蚕不同，不在室内养殖，而是在柞林中放养，因此又叫野蚕、山蚕。康有为《公车上书》中鼓吹以商立国，举“山东制野蚕以成丝”，敌洋人之货为例。他所说野蚕丝，即柞蚕丝。

明末清初以来，起源于山东泰沂山区的柞蚕放养、柞丝绸制造技术，迅速向省内外传播。茧绸在很长的一段时期内成了中国人最喜爱的衣料之一。在清朝后期，柞丝绸又走出国门，在世界商战中担当了重要角色。

柞蚕产业在清代勃兴，除了相关技术的成熟，与清代名人的表彰，也不无关系。其中首先应该提到的是清初宰相、青州府益都县人孙廷铨《南征纪略》中的有关记载。

《南征纪略》是顺治八年，孙廷铨以礼部太常寺少卿，奉旨到绍兴告祭禹陵的旅途日记。他于是年四月廿二日从北京出发，绕道故乡益都，六月初三日，自安丘渡潍河进入诸城。次日，继续他的旅程。文中用了近千字记述了他在诸城石门村一天内了解到的有关柞蚕放养、蚕茧缫丝及茧绸纺织的全过程。这段千字文，清人一般称之为“山蚕说”。曾被很多人所援用、隐括。清代诗坛泰斗王士禛曾作《山蚕词》四章敷衍此文，又在《香祖笔记》《池北偶谈》《居易录》中反复称道，将之比为清代的《周礼·考工记》。这段文字虽然略显古奥，但它作为山蚕之学的开山之作，对清代山蚕产业的勃兴起了巨大的推动作用。

另外，柞蚕产业的勃兴与清代服色的好尚也即当时的服装文化有很大关系。

清朝自称水德应运，以水胜明朝之火，而五行中水为黑色。其实不仅清朝，明末农民起义军李自成也自命水德应运，服尚蓝黑。郭沫若《甲申三百年祭》举李自成穿蓝布衣，乘乌驳马，作为他“十分朴素”的证据。李自成未尝不朴素，但他对蓝黑色的偏好，却另有意图。正如书名就与颜色较劲的《红楼梦》第三十五回金莺说“大红的要黑络子才好看，或是石青的，才压得住颜色”，有弦外之音。

清代蓝色，其象征与黑色同。《八旗通志》初集卷二《八旗方位》：“两蓝旗位正南，取水胜火。水色本黑，而旗以指麾六师，或夜行则黑色难辨，故以蓝色代之。”正蓝旗本在上三旗之列，顺治七年，顺治清算多尔衮，夺其正白旗归皇帝，升入上三旗，降正蓝旗于下五旗。

对明清服色的变化，我们也许有直观的印象。看演绎明朝的电视连续剧，朝臣服装一般色彩亮丽；看有关清朝的连续剧，无论文武都是蓝黑石青。

传统的山东茧绸，一般是由草木灰做解舒剂，然后抽丝捻线织绸。其风格粗犷，手感密糯。由于用草木灰做解舒剂，在当时技术条件下使柞丝难以染色，所出丝线多为灰色，浓者近黑，浅者近青。蒲松龄《日用俗字·养蚕章》所谓“山茧、胡（槲）丝绸不等，不用酸瓮染深蓝”。孙廷铨《山蚕说》述茧绸有五善：“色不加染，黯而有章，一也；浣濯不异色，二也；日御之，上者十岁不败，三也；与韦衣处，不己华，与缫纨縠处，不己野，四也；出门不二服，吉凶可从焉，五也。”五善之中，除了形容布料紧实耐穿的第二善，大都与色彩有关。明朝末年就有人反感奢华世风而喜欢朴实的茧绸，清代茧绸的本色又无意中迎合了该朝的“国色”，所以其大行天下，也便不足为奇了。清代康熙帝曾用野蚕丝织绸制衣，亲自服之。清朝名相刘墉制衣也用山东特产的茧绸。他家在诸城九仙山麓的槎河山庄，那里就放养柞蚕。清代小说名著《醒世姻缘传》《续金瓶梅》《红楼梦》《儒林外史》《老残游记》等，无一不提及茧绸。

至于茧绸在清末走出国门，在西方大受欢迎的原因，这可以用服装界一句名言解释：“黑色是永恒不变的流行色。”

民国以来，茧绸在国内外仍然受欢迎。1927年，现代著名作家王统照先生发表短篇小说《读〈易〉》，其中的惠子，穿着“青茧绸裤子”；自称是“半个红学家”的江青，喜欢蓝青二色。1936年，其前夫唐纳第一次殉情自杀，留下的遗书中有这样的话：“临走的时候，你说要买山东绸给我作衬衫。”用茧绸做的衬衣，保暖性特好。1976年，毛泽东去世，其寿衣用料即牟平所产柞丝绸，可能也与他的夫人江青有关。

此后，中国的柞蚕产业便开始衰落。其原因当然很多，与服色好尚也有重要关系。随着思想观念的解放，我国人民的衣着在色彩、质料等方面，都有了更加广泛的兴趣和更加宽广的选择空间。王蒙1982年发表的短篇小说《惶惑》，写主人公在三中全会以后，做了“好几套毛料西装”，对二十八年前“穿一身柞丝绸中山服，自以为是高级衣料”，已不以为然。而山东柞蚕产业，也大约从这个时期开始，全面走向衰落。

（《大众日报》2011年5月24日）

十年耕耘，略说甘苦

——我与诸城市地方文化研究会

诸城市地方文化研究会成立暨《超然台》创刊，至今整整十年，我自始至终，相陪相伴。见证她的成立，参与她的活动；为她的成就欣喜，为她的未来祝愿。

早在20世纪90年代，我回乡查询资料，参与一些文化活动，时与三五素心人谈论乡邦文化，慨叹其深厚博大，源远流长，矿脉丰富，而研究现状却不尽如人意。也曾言及成立“组织”的话题，但以为遥遥无期。

21世纪初诸城市文化研究会酝酿成立的时候，我是最早得到相关信息的人之一。当学会发起人、热衷乡邦文化研究的人大常委会李增坡主任婉转地询问如果成立研究会，能否予以支持时，我直白无文地表示：“那还用说?”虽然我才疏学浅，能力有限，但当时还年轻，回报乡邦的热情是充足的。

2003年学会正式成立，我应邀参加了成立大会，并当选为理事，现场感受了市委、市府领导和各界精英对乡邦文化研究的热情。会后与应邀远道前来参加盛典的孔凡礼、朱靖华等老师和诸城同仁一同商讨《超然台》的栏目设计，内容定位。我在为刊物提供了一些稿件的同时（后来多以笔名发表），还接受了为创刊号撰写一篇综述性文章的任务，这便是《深厚博大，源远流长》。

《超然台》创刊号顺利出版，反响强烈，据说后来加印了不少。我的那篇综述性文章也颇获好评，有论者说“对发展诸城文化具有提纲挈领的作用”，自然是过誉。这篇文章（发表时编辑有删改）的成功，主要是因为我们祖先“太阔了”，我不过将诸城历史文化遗产中荦荦大者浮光掠影、娓娓道来，已觉笔底生风，自成气象。

自诸城市地方文化研究会成立和《超然台》创刊以来，诸城市文化研究风生水起，各种丛书、专著出版，各种文化活动空前活跃，越来越多的人加入到这个行列，各级社会科学立项与诸城有关者也越来越多……

对我本人来说，参与诸城文化研究最大的收获是与国内外对诸城文化感兴趣或研究内容有与诸城相关的著名学者们的交流。或在诸城相见，或相互访问，或网络、电话联络，都使我受益匪浅。其中最令我难忘怀的是已故苏轼研究专家、文献学家孔凡礼先生。

孔老先生自1994年到诸城调查苏轼资料，受到比较热情周到的接待，对诸城一往情深；且以公冶长为孔子女婿故，视到诸城为“走亲戚”。从此对诸城文化建设积极支持，有求必应，不计报酬。单只应邀为《超然台》撰稿，就有十六篇之多。《重修超然台记》碑文，也出自他手。我有两本书（点校的《东武诗存》和编著的《续东武诗存》），亦由诸城市地方文化研究会送呈孔老先生审定。老先生看得非常认真仔细。对于所选诗及按语中隐括引用古籍处，他都详考原书，注明原文；书页空间不够，便加浮笺。这项工作沉闷单调，且耗时漫长，其严谨笃实令人肃然起敬，但出版时体例所限不能保留，我只好在书中予以说明。

孔先生去世后，我在一些悼念文章中看到他生活条件的艰苦，且曾自叹“穷困潦倒”，同是社会科学工作者，我为之寒心。我向有关知情人打听诸城有没有为孔老先生提供报酬，回答是基本没有（因为他从没提出过相关要求）。这使我内心严重不安。我向协会副会长邹金祥先生要了孔先生公子（他自然不会再当什么学而优则穷的“大儒”）的电话，想告诉他如果他的生活遇到困难，我可以提供力所能及的帮助，以报答孔老对诸城文化建设的贡献和对我的帮助。今天把话写在纸上，相当于补心契约。

当年孔子高徒子贡周游列国，在外邦见到被奴役的鲁国人，予以解救，回国后，却不援例向政府申请奖励补助（子贡传食诸侯，不在乎这点小钱，也可能手续太烦琐而他没有时间），他的这种貌似高尚的做法受到了孔子的批评：“取其金则无损于行，不取其金则不复赎人矣。”是说子贡的做法将使鲁国流落外邦为奴者得不到解救。义利之间的中庸之道是合理地给予、取得利益，孔凡礼先生的做法，有违中庸。如果他使某些领导有了免费使用文化劳动力、低成本发展文化的心理定势，对提出经费或报酬要求的学者、艺术家视为市侩俗子，拒之千里之外，那对地方文化发展将是极其不利的（当然，对于漫天要价，过于贪心者，仍然不必买账）。塞翁偶尔得宝马，便宜是暂时的；智者千金市骏骨，未必是赔本买卖。要长期、持续、深入地发展地方文化事业，吸引市内外、省内外高层次人才，单靠友情、乡情是远远不够的。应参考兄弟地区和相关科研单位的做法，建立相应的制度、标准，并签订合同约束双方的权利义务，提高工作质量和效率。

诸城市文化研究会初成立时，是半民间的机构，经费紧张，我参与的一些文化工程，查阅、复制资料、差旅等费用，基本全部自费。我在《续东武诗存·序》中曾描述我明知诸城先贤诗文集所在，由于调阅、复制费用太高（后来价格更高），被迫作罢的痛苦心情。我批评有关单位“垄断资源，窒息薪传”，其实也应该反省自己没出息，挣钱太少，使前贤潜德幽光得不到表彰。这个例子也说明，没有充足的经费，难以保证成果质量。

文化的发展，需要有一定的经济基础，这是天下共识。诸城市经济在全国“百强”前列，利税数千万、上亿的规模企业以十百计，党中央号召发展文化事业，建设精神家园，适当增加文化研究经费也是大势所趋。最近市委、政协和文化研究会邀请我参与设计一些文化研究项目，特别提到对经费、报酬做预算。这充分说明领导们对于文化建设是务实的、与时俱进的、高瞻远瞩的。

十年的时间，对于一个人，是相对漫长的一段旅程。对于一个地区的文化发展，则是一个很短的时间段。我个人认为，诸城市地方文化研究会过去十年的成绩，不在于“研究”，而在于通过略显粗放的耕耘，让很多珍贵资料、线索浮出水面，为今后更深、更广的研究，打下了较坚实的基础。作为一个老会员、老理事，我不想对诸城市地方文化研究会取得的成绩过多表彰，却想对她存在或潜在的问题进行反省，并对她的健康成长，提出一偏之见。希望市领导和研究会同仁，能够谅解。

文化发展有延后、叠加效应，而智慧与智慧的合作有乘法效应。在党中央大力发展文化事业政策的鼓舞下，在市委市政府卓越领导下，在广大会员齐心努力下，在各界精英的有力支持下，占尽天时、地利、人和的诸城市文化研究在未来十年甚至三五年内，会取得比以往更大的成绩。诸城市文化事业的辉煌时代，将不可逆转地到来！

文史杂谈

“境界”与“意境”

在中国文学批评史上，王国维第一次正式使用“境界”这一概念作为规范古典诗词的最高美学范畴。不过他在使用这一范畴的同时，还继续使用着古典美学的另一个重要范畴——“意境”。那么，“境界”的含义是什么？“境界”和“意境”又是什么关系呢？

文艺理论界对“境界”说的阐述虽然众说纷纭，为轩为轾，但有一个地方出人意外，这就是绝大多数评论者都把“境界”和“意境”等同起来。这种看法无疑是片面的。更有甚者，把王国维所说的“有境界”就当作“境界”。如有人说：“所谓‘境界’，就是具有‘真景物、真感情’的充满诗情画意的艺术形象。”①这种“唯有白马是马”的命题，即使对于“意境”，也嫌过于简单狭隘，更不用说对于提示艺术本质规律的“境界”。

在众多的评论者中，叶嘉莹对“境界”说的研究是比较深入的一个。她在《王国维及其文学批评》一书中，专门对“境界”一词的义界进行了探索。她衡量了许多评论者的观点，又对“境界”这一词的训诂、出处、习惯用法以及王国维在《人间词话》中的取义作了比较深入的研究，指出王国维有把它作为“评词基准之特殊术语”用法的时候，也有把它作为“一般习惯用法”的情形。“境界”一词作为评词基准之特殊术语，叶氏是这样解释的：“《人间词话》中所标举的‘境界’，其含义应该乃是说，凡作者能把自己所感知之‘境界’，在作品中作鲜明真切的表现，使读者也可得到同样鲜明真切之感受者，如此才是‘有境界’的作品。”②“境界”一词作为一般习惯用法，叶氏是这样分析的：“如第十六则所云：‘境界有二，有诗人之境界，有常人之境界’，此所谓境界，便当是泛指作品中的一种抽象之界域而言者。又如第二十六则所云：‘古今之成大事业大学问者，

① 姚全兴：《略谈〈人间词话〉的艺术论》，《读书》1980年第4期。

② 叶嘉莹：《叶嘉莹自选集》，当代世界出版社，2022年，第306页。

必经过三种之境界’，此所谓境界，便当是指修养造诣之各种不同的阶段而言者。又如第五十一则所云：‘明月照积雪’、‘大江日夜流’、‘中天悬明月’、‘黄河落日圆’，此种境界可谓千古壮观，此处之所谓境界便当是指作品中所描写之景物而言者。”叶嘉莹的这些分析未必准确，但她能指出“境界”一词在《人间词话》中“不同一”的情况，是难能可贵的。

除了指出“境界”这一概念在《人间词话》中“不同一”的情况外，叶氏对“境界”一词的出处及本义的探讨对我们也很有启发。“境界”本为佛家语，叶氏查得这一术语在佛教经典中意谓“自家势力所及之境土”，她引用《俱舍论颂疏》为之解释，《俱舍论颂疏》云：

若于彼法，此有功能，即说彼为此法“境界”。

彼法者，色等六境也。此有功能者，此六根、六识，于彼色等有见闻等功能也。

功能所托，名为“境界”，如眼能见色，识能了色，唤色为“境界”。

后两段文字是解释前一段经文的。以此为根据，叶氏得出了这样一些结论：“此处所谓之‘势力’并不指世俗上用以取得权柄或攻土掠地的‘势力’，而乃是指吾人各种感受的‘势力’。”“所谓‘境界’实在乃是专以感觉经验之特质为主的。换句话说，境界之产生全赖吾人感受之作用，境界之存在全在吾人感受之所及。”应该说，叶氏这些观点是比较深刻的。只是她对“境界”的解释，仍然过于狭义。

在我们看来，佛家的所谓“境界”，不是客观的，而是主观的；不是物质的，而是精神的。叶氏以为“境界”是“专以感觉经验之特质为主”，倒不如说它以产生感觉经验的主观条件——心灵为主。我们从天台宗经典之一《摩诃止观》中关于“境”的一段议论即可得到证明，节录如下：

观心是不可思议境者，此境难说。先明思议境，令不思议境易显。……十法逦迤浅深皆从心出，虽是大乘无量四谛所摄，犹是思议之境，非今止观所观也。不可思议境者，如《华严》云：心如工画师，造种种五阴，一切世间中，莫不从心造……若言有相，暗者不知，若言无相，占者洞解；当随善相者，信人面外具一切相也。心亦如是，具一切相。……竹中火性，虽不可见，不得言无，燧人干草烧遍一切。心亦如是，具一切五阴性，虽不可见，不得言无。以智眼观，具一切性。

在天台宗看来，“心”创造了世间万物，具有世间万物的一切相、一切性，是一切感觉经验和感觉能力的本性；它产生一切“境”，又在一切“境”中显示自身；它本身就是一种“境”，即引文中的“不可思议境”。

在王国维的《人间词话》中，不仅“境界”一词的取义与佛经中一脉相通，“境界”说的很多理论问题也可以从佛教思想中找到依据。这不仅因为自魏晋以来，中国的文学批评深受佛教的影响，还有一个众所周知的原因，王国维的精神导师叔本华之万有一如、同体大悲的唯意志哲学体系也深受佛教的影响。

佛家把“境界”称作“自家势力所及之境土”，王国维以“文学美术”为“势力之欲之发表”[①]，这两句中“势力”一词的含义或不尽相同，但用叔本华的话说，其根底都是作为人是那为善选恶力之一体的本质的意志。如果说佛家为了使“自家势力”达到涅槃、超脱的“境土”，要朝钟暮鼓，涤除尘俗之念，那么艺术家为了创造美好的艺术作品，也要保持其“赤子之心”，不让功利的态度窒息了艺术的灵感。

至此，我们可以先对“境界”作这样的解释：它是精神个体的发展所达到的程度；或者就是指人的心灵这个多方面内在联系着的、发展着的能力和经验的统一体本身。这种解释比较接近习惯上的用法。在此意义上，“境界”和我国古典文论中经常出现的诸如“胸襟”“胸次”“怀抱”“灵源”“心源”“性灵”等概念颇为相近——我们姑称在此意义上的“境界”的“第一境界”。《人间词话》第四十四节云：“东坡之词旷，稼轩之词豪。无二人之胸襟而学其词，犹东施之效捧心也。”其中的“胸襟”，无疑指人的精神境界而言。

---

① 王国维：《人间嗜好之研究》。

我们不难得出这样的结论："境界"说是唯心主义世界观和认识论的产物。但我认为，与其把王国维当作一个唯心主义哲学家看待，倒不如把他当作一个心理学家看待。事实上，王国维对我国的心理学确实做出过重要贡献，他所翻译的丹麦心理学家海甫定（即霍夫丁）所著之《心理学概论》，是我国最早的汉译心理学著作之一。而被国外学者称为"中国现代心理学之父"的王国维，也是中国第一个比较全面地把现代心理学知识运用到文艺理论中的学者。

艺术创作是一个自始至终贯穿着主观能动性的过程。作为创造主体的艺术家，他的创作决不是机械地复写认识客体，而是"遗其关系、限制之处"，进行复杂的再创造。因此，研究审美创造过程，艺术家的主观方面必须受到足够的重视。有人认为这样做忽视了客观现实，但心灵能认识到自身的局限性，从而调节自身，对宇宙人生"既入乎其内，又出乎其外"，对一草一木，亦有"忠实之意"，力求"以自然之眼观物，以自然之舌言情"，不是主观能动性更彻底的表现吗？作为方法论的现实主义，正可以作为主体论的一个组成部分。

艺术家的心灵和自然有着不可分割的一致性。当我们把心灵放在自然这个概念下来思考时，我们说，心灵是自然最复杂、最能动的产物。自然从无数方面对心灵作了规定，心灵本身也是一种自然现象。从另一方面看，自然又是心灵的认识客体，心灵本身的喜、怒、哀、乐，也可以作为一种客体内省观照。王国维在《叔本华之哲学及其教育学说》一文中写道："若我之为我，则为物之自身之一部，昭昭然矣。而我之为我，其现于直观中时，则块然空间及时间中之一物，与万物无异。然其现于反观时，则吾人谓之意志而不疑也。"这段话，从某种程度上说明了心灵和自然的辩证关系。艺术家就是从外部和内部两个方面来认识自然，把广阔世界及其纷纭万象吸收到自我中来，对它们深入体验、同情共鸣，"遗其关系、限制之处"，使它们深刻化、明朗化，最后通过感性媒介，显现精神于经验领域，创造出心灵境界的客体。在这里，艺术家的心灵便是自然和艺术的中介，是一切艺术作品的子宫。

清人叶燮在《原诗》中说："我谓作诗者，其必先有诗之基焉。诗之基，其人之胸襟是也。有胸襟，然后能载其性情，智慧、聪明才辨以出，随遇发生，随生即盛。"这里的"诗之基"，也正是"境界"的第一义谛。用王国维的话说，便是“词之本地”。

在“境界”这个概念里，王国维凝聚了一切主体性因素。但心灵的各种品质、各种潜在能力，是既相互联系、又相互对立的。如诗人的人格品性和他驾驭形式的才能就是这样。并非具有高尚品性的诗人都能熟练地驾驭艺术形式，也并非能熟练地驾驭艺术形式的人都有高尚的人格。王国维说：“‘纷吾既有此内美兮，又重之以修能。’文字之事，于此二者，不能缺一。然词乃抒情之作，故尤重内美。”[①] 在文学史上，“内美”“修能”二者兼有而相得益彰的人毕竟是少数，权衡二者，王国维“尤重内美”。其实，重“内美”不仅是王国维对抒情诗人的要求，也是他对一切艺术家乃至一切人的要求。清代袁枚在《随园诗话》中有这么一段话：“王西庄光禄初为人作序云：‘所谓诗人者，非必其能吟诗也。果能胸境超脱，相对温雅，虽一字不识，真诗人矣。如其胸境龌龊，相对尘俗，虽终日咬文嚼字，连篇累牍，乃非诗人矣。’余爱其言，深有得于诗之先者，故录之。”作为注重“内美”的“境界”，也在这种意义上被使用着。王国维在《文学小言》中，也有一段话，表现出相同的观点：“三代以下之诗人，无过于屈子、渊明、子美、子瞻者。此四子者，苟无文学之天才，其人格亦自足千古。”

重“内美”，是王国维独特的价值观。他的“境界”说，与其说是一种文学理论，倒不如说是一种人生哲学；与其说是对文学原则的论述，倒不如说是对审美人生态度的提倡——这也正是他的精神导师叔本华、尼采的做法。如果说叔本华、尼采把艺术抬到至高无上的地位，主张以艺术解决人生的根本问题，是针对资本主义社会的腐朽、庸俗，那么王国维对艺术的推重，对天才的呼唤，则是为了使我们古老衰微的民族之魂走向新生之路。王国维生活的时代，是我们民族史上最耻辱的时代，也是民族精神萧索的时候，九州生气所恃，不仅是风雷激荡的政治变革，更重要的是民族精神的觉醒；不仅需要政治家，还需要“精神界之战士”。

如果说高尚的人品本身就是一种价值，那么把这人格品性用艺术形式表现出来，则是另一种价值。文学毕竟不是参禅，可以“不立文字，直指本心”。对于

---

① 姚柯夫编：王国维《〈人间词话〉删稿》，《〈人间词话〉及评论汇编》，书目文献出版社，1983年，第44页。

狭义的文学，前者本身毫无意义，只有后者才是价值的核心——这也正是“创调之才多，创意之才少”的周邦彦仍“不失为第一流之作者”，甚至被王国维称为一代正宗“词中老杜”的原因。

“境界”一词，除我们上文所指出的一种用法外，还在其他几种情况下被使用着。我们看王国维的这一段话：

> 夫境界之呈于吾而见于外物者，皆须臾之物。惟诗人能以此须臾之物，镌诸不朽之文字，使读者自得之。遂觉诗人之言，字字为我心中所欲言，而又非我之所能自言，此大诗人之秘妙也。①

这段话中的“须臾之物”，其实是指审美主体在审美观照中的感悟——这是“境界”的第二种用法，我称之为“第二境界”。在这里，我们且不可小看这“须臾之物”，它可以是一个比天空海洋还要广阔的心灵“永恒而伟大的一闪”，在这“须臾”的瞬间，洞悉存在的本质，生命达到极度的充实与完满。所谓“此中一悟心，可与千载敌”②。当诗人把审美观照中这瞬间的感悟，经过内在强化，形成美感定型，“镌诸不朽之文字”，便又是一种境界。这作为心画心声，作为“精神之蜕迹、心理之征存”③ 的“不朽之文字”，便是“境界”的第三种用法。我称之为“第三境界”。或许这种“境界”能和“意境”等同。最后，当读者阅读文学作品时，“觉诗人之所言，字字为我心中所欲言，而又非我之所能自言”，这种“自得之”的审美感受，便是“境界”的第四种用法，我称之为“第四境界”。“境界”一词在具体的语言环境中，或许还有其他微妙的差别，由于不关大体，在此就不一一列举了。

上面所讲的四种“境界”，在王国维看来其实是相等的。1912 年，他在一篇《此君轩记》中论画家画竹，说过这样的话：“其所写者即其所观，其所观者即其

---

① 王国维：《〈人间词话〉补遗》。

② 皎然：《答权从事德舆书》，皎然著，周维德校注：《诗式校注》，浙江古籍出版社，1993 年，第 151 页。

③ 钱锺书：《谈艺录》，中华书局，1984 年，第 266 页。

所蓄也。物我无间而道艺为一，与天冥合而不知其所以然。故古之工画竹者，亦高致直节之士为多。”其中的“所蓄”者，可以说是“第一境界”，“所观者”可以说是“第二境界”，“所写者”可视为“第三境界”。这三种“境界”的相等在王国维看来是不成问题的。至于它们和“第四境界”的相等，则是王国维由叔本华的“意志同一”和康德的“公共之感官（即《判断力批判》中的共通感）”[①]推出的结论。

把四种“境界”等同起来，无疑是极端简单化的做法。不过这不是对艺术是什么的现象分析，而是对艺术应该是什么的价值理想。这种做法使我们想起意大利唯心主义美学家克罗齐的美学观点。克罗齐也把最基层的感性认识活动与直觉、表现、艺术创造、艺术欣赏等同起来，而且比王国维做得更彻底。克罗齐主张把全部精神能量用在直觉上，只注重表现的事实，不注重表现的形式，否定艺术“物理的美”——否定艺术传达媒介的作用。王国维则在注重直觉的同时，还注重艺术的形式。他甚至专门有文章论述艺术形式的作用——《古雅之在美学上之位置》。王国维的这些做法，既是相互矛盾的，也是相互补充的。

本文的主要任务，是弄清“境界”的含义，以及“境界”与“意境”的关系。第一个问题解决了，第二个问题也便水落石出了。

通过上文的分析，我们可以看出，“境界”一词的内涵无疑要比“意境”复杂得多。“境界”所概括的是“活动之不可须臾息”[②]，一以贯之于审美、创造过程始终的主观精神，而“意境”则只是这种主观精神的一种表现形式——即上文所说的“第三境界”。它是物质化了的心理活动和由之调节的艺术活动的结果。作为心画心声，作为“精神之蜕迹、心理之征存”，它具有静的属性。比较看来，“境界”侧重于主体，“意境”侧重于文本；“境界”侧重于表现的事实，“意境”侧重于表现的形式；“境界”侧重于表现的过程，“意境”侧生于表现的结果；“境界”则可作为文艺美学的研究对象。王国维在论述文学的本质规律时，主要用“境界”而不用“意境”，如在《人间词话》中所做的那样；当他以作品的艺

① 王国维：《古雅之在美学上之位置》，王国维原著，佛雏校辑：《新订〈人间词话〉 广〈人间词话〉》，华东师范大学出版社，1990 年，第 163 页。

② 王国维：《人间嗜好之研究》。

术性为研究中心时，多用“意境”而不用“境界”，如在《宋元戏曲史》中所做的那样。

至此，我们的探索暂告一段落。不难看出，本文主要是对“境界”这个概念进行分析，而对概念的分析（正名），又往往是对理论的阐述。列宁说过，“对概念的分析研究，‘运用概念的艺术’（恩格斯），始终要求研究概念的运动，它们的关系，它们的相互转化”①。很多研究者正是太孤立、太静止地看问题，导致了对“境界”这一范畴狭隘、片面的理解。由于没有准确把握这个范畴，便导致了对“境界”说乃至王国维美学思想认识的混乱。

①《列宁全集》第38卷，人民出版社，第159页。

《水浒传》中的苏轼

苏轼是中国封建社会后期影响最大的文化巨人之一，直到今天仍家喻户晓，万口称颂。古典名著《水浒传》的背景是北宋末年，与苏轼生活的时代接近，自然会提及这位盖世奇才。

《水浒传》第一回向驸马王晋卿推荐高俅的“小苏学士”无疑是苏轼；第二十七回张都监养娘玉兰所唱《水调歌头》的作者“苏学士”也是他。第三十八回宋江醉题反诗的当阳楼牌额，是“苏东坡大书”；同回吴用说当时天下盛行的书体为“苏东坡、黄鲁直、米元章、蔡京四家字体”；第七十二回宋江饮酒妓院，“李师师低唱苏东坡大江东去词”助兴；第一百十四回张顺控涌金门，提到“苏公堤东坡古迹”，并引苏轼《饮湖上初晴后雨》绝句一首①。

金圣叹在第三十八回吴用所说宋四家名单之米元章下批云：“不意三公落名《水浒传》中，亦是奇事。”其中又以苏轼出现的次数最多。当然，这未必是光彩的事。

一部《水浒传》，从高俅入手写起，表现了作者“乱自上作”的思想。而历史上的高俅，实出苏轼门下。宋王明清《挥麈后录》记载苏、高交情始末云：

> 高俅者，本东坡先生小史。笔札颇工。东坡自翰苑出帅中山，留以予曾文肃，文肃以史令已多，辞之；东坡以属王晋卿。元符末，晋卿为枢密都承旨时，祐陵为端王，在潜邸日，已自好文，故与晋卿善。在殿庐待班，邂逅。王云：“今日偶忘记带篦刀子来，欲假以掠鬓，可乎?”晋卿从腰间取之。王云：“此样甚新可爱。”晋卿言：“近创造二副，一犹未用，少刻当以驰内。”至晚，遣俅赍往。值王在园中蹴鞠，俅候报之际，睥睨不已。王呼

① 本文引《水浒传》，从齐鲁书社“四大奇书本”。

来前，询曰："汝亦解此技耶？"俅曰："能之。"漫令对蹴，遂惬王之意，大喜，呼隶辈云："可往传语都尉：既谢篦刀之况，并所送人皆辍留矣。"由是日见亲信。逾月，王登宝位，上优宠之，眷渥甚厚，不次迁拜。其侪类援以祈恩，上云："汝曹争如彼好脚迹邪！"数年间建节，循至使相，遍历三衙者二十年，领殿前司职事，自俅始也。父敦复，复为节度使；兄伸，自言业进士，直赴殿试，后登八坐；子侄皆为郎。潜延阁恩幸无比，极其富贵。然不忘苏氏，每其子弟入都，则给养问恤甚勤。靖康初，祐陵南下，俅从驾至临淮，以疾为解，辞归京师。当时侍行如童贯、梁师成辈皆坐诛，而俅独死于牖下。①

清代王士禛《居易录》、阮葵生《茶余客话》、俞樾《茶香室三钞》等书都曾节引此文，并指出《水浒传》中的"小苏学士"即苏轼。这些人都是苏轼的景仰者，他们也都对高俅眷念苏轼表示赞赏，并指责那些为避党祸而疏远苏轼的人有愧于高俅。也许他们还认为，高俅最后能得善终，是与苏轼交好的果报。同样是出于对苏轼的景仰，清代程穆衡的《水浒传注略》则力图开脱苏轼与《水浒传》的这段干系——也就是开脱苏轼培植、引荐奸人之过。他说"此小苏学士，当指苏利涉"，但没举出任何证据。

《水浒传》对赵佶、高俅的君臣遇合，写得非常生动；但对于苏轼与高俅的交往，叙述得却太过简略。高俅被董将仁荐至苏府，苏轼以为安他不得，只留高俅在府里住了一夜，便将他转荐与贵戚王晋卿（王诜）。这里可能有为贤者讳的意思。

据有关史料，苏轼与高俅的交游，在哲宗年间。当时苏轼已五十多岁。且眉山二苏，苏轼为大苏，为长公。但《水浒传》却称他为"小苏学士"，一个"小"字，便有皮里阳秋。金圣叹批云："苏学士也，而又曰小，彼何人斯也。"

清初民间艺人贾凫西《二十二史鼓词》谈赵宋之亡："三百年的江山倒受了二百年的气，那掉嘴的文章当不了厮杀！满朝里咬文嚼字使干了口，铁桶似的乾

① 王明清撰，田松清校点：《挥麈后录》卷七，上海古籍出版社，2012年，第113页。

坤半边塌。”虚文泄沓、门户党争是宋朝致命的病根。而蜀党魁首、多才善辩的苏轼，便是突出的代表。历史上的党争，大都能区分君子小人、正义邪恶，而北宋末年的洛、蜀之争，则纯是知识精英自相争斗的结果，使国是日非。两党胜负未判，而金兵铁蹄，已踏决黄河。还有，苏轼教坏司马光、引荐权奸高俅二事，也关系国家盛衰。《水浒传》第三十回矮脚虎王英说：“如今世上都是那大头巾弄得歹了。”虽为骂世之言，也令人不能不有感概苏轼之徒。施耐庵只以一个“小”字，便论定苏轼无治平天下的器识规范。下文称王晋卿为“小王都尉”，称赵佶为“小舅端王”，其“小”字也是《春秋》笔法。金圣叹批云：“小苏学士、小王都尉、小舅端王。嗟乎！既以群小相聚矣，高俅即欲不得志，亦岂可得哉！”我们不妨再加上两句：“林冲、宋江等即欲不上梁山，亦岂可得哉！”

苏轼是个伟大的诗人、卓越的艺术家，却是一个不合格的政治家。他也缺乏政治家坚忍不拔、稳扎稳打的个性。当然，王安石也好不到哪里去——可能也是“诗人气质”作怪吧！

《水浒传》对苏轼的贬抑，与全书崇武抑文的总体精神是一致的。而施耐庵作为一代文宗，也颇有花和尚骂秃驴的豁达。在《水浒传》中，苏轼之名号，或与权奸相连，或出于娼妓之口，或现于强盗之目，都很煞风景。他的两首千古绝调中秋词与赤壁词在《水浒传》中也变了味——心怀鬼胎的玉兰在淡云笼月下唱出了中秋词中的幽怨恐惧，花魁娘子李师师则于灯红酒绿间唱出了赤壁词中的虚无颓废，绝无超尘脱俗、出入天人、铜琵琶、铁绰板之气概。明代吴从先《小窗自纪》卷三《读水浒传论》说宋江曾潜揽西湖窃叹：“誓清中原，长江击楫，水惊波撼，将军用命。而今固秀郁葱蒨，山空水蒙，宋德不长，湖为妖矣。”① 这段文字不见今本《水浒传》，但书中称杭州为“花花临安府”，仍可相互发明。西湖为妖，两度莅杭的苏轼是被崇者，也是作祟者。居安思危的报国英雄与流连光景、诗酒是命的才子太守，价值取向截然不同。《水浒》英雄，死于杭州者最多。他们的忠魂热血，如钱塘怒潮，汹涌澎湃，却冲洗不去西湖淡汝浓抹的脂粉铅华。

---

① 转引自王利器《〈水浒〉的真人真事》，《水浒争鸣》1982 年 4 月刊。

应该说，《水浒传》对苏轼的贬抑，较之朱熹意气用事，斥苏轼“害天理、乱人心、妨道术、败风教”[①]，较之闻一多说苏轼的丰姿、苏轼的天才，“都是笑话，是罪孽”[②]，出发点有所不同，但更具有斧钺之严。宋朝文人学士“落名《水浒》”，以苏轼最著，也有《春秋》责备贤者之意。

《挥麈后录》说高俅工于笔札，这也是他的进身之阶。诗词书画样样精通的昏君宋徽宗，对工于书法的臣子往往另眼相看。如果高俅无别的本领，单凭“鸳鸯拐”这类体操特技，充其量是个弄臣而已，未必能取卿入相。宋徽宗即位不久，即赦苏轼从流放地还朝，可能与高俅的斡旋有关，也可能由于宋徽宗欣赏苏轼的书法而有此特恩。

小史，相当于今天的秘书，有起草、誊录文稿之责。高俅为东坡小史时，相得甚欢。他的书体，是否学东坡，东坡传世的诗文、法帖，是否混入高俅的作品，不得而知。但高俅翻空出奇的聪明劲，却与东坡相近。只是这种聪明劲在东坡是天真烂漫，在高俅则是油滑狡诈。王安石这样的名臣，程颐这样的道学家，苏轼都能深文曲求，斥之为奸回，像宋江这样具有严重历史问题的人，高俅要整治他们，自然毫不费力。

更可悲的是，不管高俅的动机如何，从封建社会正统的眼光看，他对梁山英雄的诛灭，也有一定的合理性。宋江等人，如果入于朝廷，自然可以为国家之柱石，生民之司命。但既入于水泊，便是一个重大的刑事犯罪团伙。招安非朝廷令典，盗贼为王法必诛。金圣叹腰斩《水浒》，让“矫矫社稷之臣”的张叔夜把梁山好汉斩尽杀绝，既杜后世乱臣贼子侥幸之道，同时也不让这个题目归于罪魁高俅，可谓干净利索。

《水浒传》以忠义予强盗，与《桃花扇》以节烈予倡优，皆愤世之言。其目的都是惩戒士大夫，并非号召人们落草为盗、挂牌做娼。正如丁耀亢在《续金瓶梅》第五十八回所言：“世上风俗贞淫，众生苦乐，俱要说归到朝廷士大夫上去，才见做书的一片苦心。”《红楼梦》后四十回的编定者高鹗在《吏治辑要》中开宗

---

① 朱熹：《与汪尚书》，《晦庵先生朱文公文集》卷三〇，《四部丛刊》本。

② 闻一多：《〈烙印〉序》，《唐诗杂论　诗与批评》，生活·读书·新知三联书店，2021年，第179页。

明义："朝廷之治，察吏为先。吏者，国家之柱石，而生民之司命也。"[1] 短短数语，道出了古今中外治平天下的奥秘，也道出了明清世情小说的机关。

北宋以后，东坡热长盛不衰，甚至有"苏文生，吃菜羹；苏文熟，吃羊肉"的说法。苏轼之文，翻空斗奇，波澜无穷，对于作策论、写八股的"大头巾"们，确是很好的范本。以此猎取功名者，也便高远其所自来，把苏轼捧到九天云外，顶礼膜拜，无所不至。其实不仅苏轼喜标榜、好骂人的习惯学不得，即使他的天真烂漫、聪明机智，学之不善，便成油滑狡诈，有害无益。高俅便是一例。

从宋朝开始，民族危机日益严重，中国士大夫，所缺少的绝不是苏轼式的文采风流，而是梁山式的忠勇神武。《水浒传》的作者，生于"夷狄猾夏"的元朝，带着清醒的历史反思和深沉的忧患运筹丹青，想以梁山精神鞭策、激励士大夫，重铸民族魂魄。可惜后来中国士大夫虚文空谈、门户水火的习气并没有改变，明朝之亡于清朝，与宋朝之亡于金元如出一辙。明末清初爱国学者顾炎武曾沉痛地写下这样的诗句："洛蜀交争党祸深，宵人何意附东林。"[2] 明末之东林、复社，承洛、蜀之遗风，其虚浮矫激，俨然后来居上。古今中外，最难改变者，无过于士风吏治。

寒暑相替而成岁，文武张弛而成治。重文轻武、重武轻文各有偏颇。而没有价值观的矛盾、摩擦，也就没有文明。以水济水，亦非学问。今天，我们又处在豫大丰亨的文胜之世，对苏轼的崇拜，也颇成风尚。在这种形势下，理会一下施耐庵等人的不同声音并进行反思，不无裨益。

---

① 高鹗著，胡文彬、周雷编著：《高鹗诗文集》卷四《吏治辑要》，百花文艺出版社，1984年，第90页。

②《亭林诗集》卷四《陆贡士来复述昔年代许舍人曦草疏攻郑鄤事》。

刘孔集小考

在蒲松龄的传世诗文中，刘孔集出现的次数不少，他与蒲松龄交情也甚厚，但不仅其生平事迹罕为人知，就是他的籍贯，也没有确定的说法。本人近年来翻阅清人诗文集，偶有所见，不辞谫陋，作点拾遗补缺的文字。

袁世硕先生的《蒲松龄事迹著述新考》中说：刘孔集为“长山人，亦可能为浙江武康人”[①]，而未予考证。蒲学界有主“长山说”者，如盛伟先生在《聊斋佚文辑注》《蒲松龄年谱》中皆称其为“长山人”。刘姓为长山望族，查清嘉庆《长山县志》，刘姓“孔”字辈名人很多，有刘孔和、刘孔中、刘孔式、刘孔怀等。长山与淄川是邻邑，古人也有以字行者，此说未为无据。赵蔚芝先生则支持“武康说”。他认为：“旧时称人以字不以名，刘孔集不可能与长山刘氏同宗，似以‘武康人’之说近是。”[②] 武康清代属湖州府，为德清县西邻，1958年合并于德清县，今属浙江省湖州市。《聊斋文集·上孙给谏书》有“曩者刘孔集自武康归，先生尝谓之曰‘姜桂之药，亦宜相人而施’”之语，此“武康说”所本。卢见曾《国朝山左诗钞》卷三三有《湖州送别刘孔集》，称其“有家如寄”，则湖州武康并非其故里，只不过是他游宦、经历之地而已。

陈维崧《陈迦陵文集》卷六有《依园游记》一文，述康熙三年甲辰（1664）暮春，毕际有招集友人修禊于扬州依园，同集者十有七人，其中就有“山左刘孔集大成”。陈氏《迦陵词全集》有《沁园春·山东刘孔集招饮广陵酒家系郭石公宅》一阕。则刘孔集是山东人无疑，他名大成字孔集，取典于《孟子·万章下》：“孔子之谓集大成。集大成也者，金声而玉振之也。”至于他是否为长山人，仍应存疑。刘姓是天下著姓，无县无之，蒲松龄岳父就是淄川刘姓。蒲松龄的恩师施闰章《学余堂诗集》卷四八有《闻刘孔植推官讣》，此人虽姓刘且是“孔”字辈，

---

① 袁世硕：《蒲松龄事迹著述新考》，齐鲁书社，1988年，第69页。

② 蒲松龄著，赵蔚芝笺注：《聊斋诗集笺注》，山东大学出版社，1996年，第56页。

我们却不能确定他是长山人，甚至不能确定他是山东人。

日本作家芥川龙之介改写《聊斋志异·酒虫》，给小说主人公“长山刘氏”起名曰“大成”。这可能不是受蒲松龄的熏陶，而是因为“大成”作为人名，在中国比较常见。虽然蒲松龄称刘大成“豪饮能十壶”（《伤刘孔集》），并以“高阳旧酒徒”（《寄刘孔集》）相称，但《酒虫》中的“长山刘氏”像个坐地财主，而非湖海飘零的师爷。

在没读到陈维崧的《依园游记》之前，我曾怀疑《聊斋志异》中《钱刘》《罗祖》所提到的“沂水刘宗玉”可能就是刘孔集，其名与字，也与“集大成”之典故有点关系。又读王士禛《池北偶谈·谈异五》，与蒲松龄同时，山东还真有一个名叫刘大成者：“文登生员刘大成以儒医耆德，为乡党所推。”不过从蒲松龄关于刘孔集的诗文中看，刘氏是个专业幕僚（师爷），找不到他精通医学的证据。

刘孔集与蒲松龄曾在宝应知县孙蕙幕下共事，孙蕙也有与刘大成酬赠的作品。查当时诗人邓汉仪所编《诗观二集》卷三，孙蕙名下有《送刘孔集北归》一首，此诗在孙蕙《笠山诗选》卷四作《送友人北归》。康熙十一年（1672），蒲松龄在淄川写《寄刘孔集》七律三首，也寄给了孙蕙，孙蕙也作了《酬友人见寄之作用来韵》（《笠山诗选》卷四）来和其前两首。

蒲松龄诗：

频年遁迹卧烟波，疏放惟宜纫薜萝。千里江湖归雁少，五更风雨落花多。狂同昔日犹贪饮，兴减当年并废歌。离恨无穷秋更剧，欲吟楚些奈愁何！

翘首鹤关道路长，于今芳草满河梁。花开花落人双泪，江北江南雁一行。历历明星时隐见，笼笼淡月夜昏黄。五陵冠剑豪游处，秋色寒烟正渺茫。

下面是孙蕙和诗：

久叹溟鱼困浅波，那能长袖舞婆娑。缁尘陌路龙媒尽，白眼江湖鹿梦多。兴发欲谋元亮醉，诗成难付雪儿歌。美人千里琼瑶隔，渺渺愁予奈晚何。

一唱骊驹岁月长，兔园人去忆游梁。浮沉宦迹随欧影，萧戚乡心入雁行。花底放歌樽尚绿，步前吹篟柳初黄。玉壶清对云缥缈，离绪还应接混茫。

孙蕙少年得志，是热衷功名之士。在宝应任知县时，初入仕途，天真未漓，又当用人之际，尚能与蒲松龄、刘大成这些寒儒周旋。他刊印《笠山诗选》，是在康熙二十一年以后（据王士禛序），其时已在朝任给事中多年，交往皆胜流，日边万仞芙蓉，“宁复识戴笠人哉”！（用《聊斋志异·王六郎》中语）他将原作诗中刘孔集、蒲留仙等名字易以“友人”，似乎怕阅者知道他曾与这等穷途潦倒的“藩溷之花”酬赠唱和，有伤风雅并有失身份吧。

路大荒编《聊斋文集》卷五《代毕刺史际有答陈翰林书》，提到刘孔集之死：“孔集老友，奄然物化，忽蒙讯及，弥深涕零。”此文路大荒、盛伟的两种《蒲松龄年谱》皆列于康熙十九年之下，而盛《谱》将刘孔集之卒记于康熙二十一年，且记蒲松龄“有诗《伤刘孔集》以挽之”；赵蔚芝《聊斋诗集笺注》按编年排列，亦将《伤刘孔集》列于康熙二十一年壬戌之下。如果刘孔集真的于康熙二十一年去世，则《代毕刺史际有答陈翰林书》只能作于本年或本年以后。考虑到文化名人陈维崧也死于康熙二十一年，这封信的写作时间也不应再晚了。

体会蒲松龄《代毕刺史际有答陈翰林书》的语气，似乎陈维崧在致毕际有的书信中曾讯及康熙初年扬州旧游刘孔集。他之所以向致仕家居的毕际有打听刘孔集下落，而毕际有、蒲松龄之所以对刘孔集“近况”了若指掌，自然是因为桑梓相近之故——章学诚所谓“地近则易核”。

（本文发表于《蒲松龄研究》2004 年 9 月刊）

《狐联》解字

《聊斋志异·狐联》“戊戌同体，腹中止欠一点；己巳连踪，足下何不双挑”，借形似字属联，打情骂俏，虽如王士禛在评语中所说“不谙平仄”，但含蓄隽永，自是“才狐”。

这副对联中的“同体”“连踪”，与中国传统的五行八卦之理亦相通。古代易学家为了把时辰、五行及八卦结合起来，将十天干和十二地支按五行的规律分配到八卦的九宫里，其中宫为“戊、戌、己、巳”，代表五行中的“土”。

但一般人会对下联有疑问：己巳二字皆有“挑”，何必言“双挑”。按文中意思，这两字要么皆无“挑”，要么其中一个无“挑”，否则，文字游戏便不能成立。查《康熙字典·辨似·三字相似》区分己、已、巳三字：

> 己，人己之己，上方处不连；已，已止之已，上微缺；巳，辰巳之巳，上不缺。俗以有勾挑为人己、已止，无勾挑为辰巳字非。

再查蒲松龄现存手稿，这三字却区分得不甚明白。著名的《自题肖像》手迹，有一个“已”字，无勾挑；有两个“巳”字，上有缺，下无挑。从杨海儒先生所著《蒲松龄生平著述考辨》（中国书籍出版社，1994）书前所附蒲松龄亲笔《蒲氏家谱》照片，婚配之“配”字右边为“己”，但此偏旁上部有微缺者，有不缺者；有勾挑者，有不勾挑者。再查《古本小说集成》中影印清康熙同德堂版《醒世姻缘传》，己、已、巳三字几乎完全相同，皆为上无缺、下有挑的“巳”字模样。由此可见当时人们对这三个字区分并不严格。但《康熙字典》的解释，对我们了解《狐联》的文字游戏还是有帮助的。

（本文发表于《蒲松龄研究》2009 年 3 月刊）

蒲松龄笔下的“胡丝紬”

学林出版社 1998 年出版盛伟先生所编《蒲松龄全集》，所收《日用俗字》一书的《养蚕章第三》题下，较之路大荒先生所编《蒲松龄集》多出三句：“绵紬见酸瓮不上色，山茧胡丝紬不等，不用酸瓮染深蓝。”这几句话其实谈到了山东的一种著名特产——柞丝绸，其中的“紬”字是“绸”的异体字；“胡”字则当作“槲”字，古人行文，同音假借，是正常现象，并不算错别字。

“胡”曾是我国古人对北方和西域各民族的称呼，古人常将从这些地区引进的东西冠以“胡”字，如“胡桃”“胡琴”“胡饼”“胡瓜”等等。但古代中国只有东部地区向边疆和国外输出丝绸的记录，却很少见到东部地区从边疆和国外输入丝绸的记载——即使有，也不会成为“庄农”常见常用之物。所以蒲松龄《日用俗字》中的“胡丝紬”，绝对不是从边疆或国外引进之物。

据作者《自序》，《日用俗字》作于康熙甲申年（1704）正月，是作者根据旧有的《庄农杂字》，参考《字汇》《正字通》编写的，作者主要的工作在于订正讹误并标明读音。可能《庄农杂字》成书的时间较早，当时柞蚕放养、柞丝绸的织造技术，还没有普及；而蒲松龄作此书时，正是柞蚕放养技术的推广时期。

我国利用柞蚕丝的历史虽然很久，但柞丝绸的流行，却是从明末开始。清康熙年间赵吉士《寄园寄所寄》卷八：“茧绸明初尚未行，至明季崇祯时，臣僚闻上恶其华丽，遂多以茧绸为服，始盛行。”至于清代茧绸长盛不衰，则是由于清朝以夷变夏，以质变文，服色尚蓝黑，而古代槲茧缫丝，以草木灰作解舒剂，缫出之丝近于黑色，不用染色即合于时尚。清末宁海（牟平）人王元綎《野蚕录》卷四《染》堪为蒲松龄《日用俗字》作注：

登莱旧俗，多尚质朴，茧绸皆因其本色，无须染也。今则踵事增华，凡绸无不染，染亦无色不备。时行者，以竹灰色、藕褐色为多。惟茧绸丝粗而劲，不易上色，染时必先以猪脂揉之。

清朝初年，诸城南部山区一度成为山蚕放养、茧绸织造技术的传播中心。这与当时一些文化名人的宣传有一定关系。顺治八年，益都博山（今淄博市博山区）人孙廷铨以礼部太常寺少卿，奉旨到绍兴祭告禹陵，绕道故乡南下，于是年六月初三日（公元1665年7月20日）经过诸城东南山区、盛产柞蚕的石门镇，并留宿一日，他把石门人放养柞蚕、织造茧绸的过程、技术，都写进了旅途日记《南征纪略》中，我曾在《齐鲁文史》2001年第1期上发表的《明清时期诸城的柞蚕生产及其影响》一文中全文引用，可以参阅。清人一般称这段文字为《山蚕说》，是中国柞蚕学的开山之作。清代柞蚕专著数以十计，均导源于此文。它还被很多文人援用、隐括。以王士禛为例，他曾作《山蚕词》四章敷衍此文，又在《池北偶谈》《居易录》《香祖笔记》等著作中反复称道。毫无疑问，这都对柞蚕放养的普及、柞丝绸的流行，产生了推波助澜的作用。王士禛的著作，蒲松龄当然是熟悉的。孙廷铨的著述，蒲松龄也不会陌生。《蒲松龄全集·聊斋文集》卷六有《代刺史韩樾依与颜山孙孝堪启》《又覆孙孝堪启》《代毕刺史覆颜山孙启》，卷八有《毕韦仲祭孙孝堪》，孙孝堪即孙廷铨之子。蒲松龄在《代刺史韩樾依与颜山孙孝堪启》中称颂孙氏“台阁文章，鼎铉阀阅……彩管生花，随风而成珠玉。林泉诗酒，尚存仪凤之威；松麈谈言，可广夏虫之隘”。孙廷铨官至宰相，与蒲氏年龄相差悬殊，他不会像王士禛那样，把自己的著作送给蒲松龄看，但蒲松龄完全有机会从他的后代或亲戚处接触孙廷铨的著作。

蒲松龄把槲丝绸与山茧分开说，似受孙廷铨《南征纪略》的影响。《南征纪略》所说的槲蚕，是由人工放养，且“其蚕壮大”；而山茧“大才如指上螺。在深谷丛条间，不关人力。樵牧过之，载驮而归，无所名之，曰山茧也”。后人引述《南征纪略》，多不加分别，把槲蚕、山茧都作为野蚕的通称。清代经学大师郑珍作《樗茧谱》，把樗茧作为野蚕的通称，同样是以偏概全。对于古人，不必要求他们具有严格的生物分类学知识。何况即使今天，我们所说的“柞蚕”“柞丝绸”，也是约定俗成的概念。

清代茧绸，广有异名，如土绸、毛绸、山绸、捻线绸、大茧绸、槲绸、樗绸等等，据王培荀《乡园忆旧录》卷八，蒲松龄的故里淄川人将槲蚕丝“加以小茧之丝”混纺，织成之绸名曰“茧缎绸”。

蒲松龄作《日用俗字》时，即使在山东，柞蚕放养技术也还没遍及全省。牟平是山东三大茧绸产地，而据王元綎《野蚕录》卷一：“康熙丙戌，学正王汝岩，始自青州募人来，教民蚕，并督民植柞。”康熙丙戌是1706年，比蒲松龄作《日用俗字》还要晚两年。蒲松龄增加的三句话，具有一定的时代性和地方性。

传为蒲松龄所作的《醒世姻缘传》中，也多次出现山茧绸。第五十回狄希陈捐纳监生，谢臧主簿的礼中，有“两匹山茧绸”。第八十四回，童奶奶为即将赴成都府经历任的女婿狄希陈打点行李，对他说：“如今兴的是你山东的山茧绸，拣真的买十来匹，留着送堂官和刑厅。”[①] 这是柞蚕史上重要的资料，也可以作为蒲松龄是《醒世姻缘传》作者的证据。

① 西周生：《醒世姻缘传》，天津古籍出版社，2016年，第755页。

高屋建瓴　体大思精

——读于培杰教授《艺术节奏论》

记得少时负笈沪渎，母校师长中，钱谷融教授尚健在。在读其书的同时，得瞻仰其风采，并亲聆其绪论。钱老师是现当代文艺理论家中较早关注节奏研究的一人，并且他重视艺术形式美的节奏论与他一贯坚持的“文学是人学”（在中国现代文论家中是第一人）相互生发。他在20世纪40年代所写的《缪慈礼赞》中弘扬文学的神性，有这样一段文字：

> 每一个有生之灵的人，就是一把精美的小提琴（Violin），每一条纤细的人的经络，就是一根轻巧的琴弦。而文学，就是那伟大的琴师。只要它神奇的手指轻轻地一挥，每一根琴弦便都美妙地跳动起来了。①

这“美妙地跳动起来”的华章，必然有其动人的节奏，展示着生命的活力，展示着人的自由与尊严。

钱老师在同一时期写出的《论节奏》②，虽主要针对文学，特别是对新诗不重视节奏锤炼予以针砭，但文中广引中外哲学家、美学家关于节奏的论述，甚至涉及本体论，颇有总论的雏形。也许由于后来侧重现代文学研究，兼之受时代影响，特别是极左文艺思潮的干扰，没能更深入地研究下去（戴厚英后来创作以母校教师为原型的《人啊，人!》，反思浩劫，呼唤人性回归，情节节奏亦颇有创新，竟然成了钱老师的精神嫡传，表现了时代的“变奏”），但他的相关研究和观点，筚路蓝缕，为后来进行艺术节奏研究的学者，开其先河。

大学毕业后，执教北海，同行前辈中专攻文艺美学的于培杰教授对艺术节奏

---

① 钱谷融：《散淡人生》，上海教育出版社，2001年，第55～56页。

② 钱谷融：《论节奏》，《文艺理论研究》1994年第6期。

也素有研究——与钱老师相似，于老师也重视对艺术形式美的研究，且更本色当行。他的系列美学专著中，就有《论艺术形式美》。巧得很，这本书1990年由我母校的出版社印行。其中除有对节奏的专节论述，在其他章节中也有不少涉及节奏。

最近，已退休多年的于老师将其新出专著《艺术节奏论》赐阅。捧读之余，在敬佩于老师对学术坚守的同时，更为本书博大精深的内容和新颖创见所吸引。

艺术节奏虽然历来受学术界和文艺界重视，但遍观古今中外，对单一的艺术门类节奏研究的专著、文章层出不穷，叠床架屋，对艺术节奏进行全面系统研究的文章并不多见，专著几乎没有。这可能由于这一课题需要具有较高的修养，它不但要求研究者有较高的哲学、美学素养，还要求研究者有丰富的艺术审美和鉴赏经验，熟谙各门类艺术真谛和规律。对于一般的研究者，后者更困难一些。生命有限，而隔行如隔山，精通或熟悉一门艺术就不容易了，掌握各门艺术的规律和真谛，谈何容易！但即使伟大的哲学家或美学家，如果对一门艺术没有丰富的鉴赏经验，也难凿空而谈，或论述起来难免不得要领，跋胡疐尾。康德论文学，就曾贻人笑柄。作为从事教学、研究数十年的文艺美学的专家，于老师的理论素养深厚，且在这方面卓有建树。他对各门艺术也博览深究。记得有时他偶尔让我帮忙从网络查找一些极其希见甚至冷门的乐谱、绘画、雕塑作品，我甚至不无诧异地想，怎么于老师越老越“不务正业”了？现在才有些明白，他是为了研究艺术节奏去进一步熟悉某些艺术门类。当然这一切都要耗费时间。也许应该感谢上苍假以天年，于老师老当益壮，在年过古稀之后，在付出史诗般的劳动后，终于完成这一课题。宜诚先生对于培杰先生有这样一段评论：

如果说我国美学界队伍已分化为自成领域的两种类型，那么一类是从哲学起家，一类是从艺术界走来。前者以哲学根基的深厚而对美的本质、美的范畴善作客观把握和整体扫描，但又因对艺术微观分析不足造成了在对艺术深层问题的把握上常常难道其详而失之空泛的现象；后者以艺术创作实践丰富而立足于对艺术作品的微观细察品味，但又因哲学上的贫瘠和逻辑上的缺乏而常常难以把艺术现象上升到美学高度。《论艺术形式美》的作者恰恰兼具二者之长：既有坚实的理论力量又有深厚的艺术审美素养。①

这段话在于先生的新作《艺术节奏论》中显现得更为突出。

《艺术节奏论》开始是《引言》，论述对艺术节奏进行独立、系统研究的必要性。文中先引用了作者二十多年前《论艺术形式美》中对于艺术形式美的理论框架，指出："节奏属于艺术形式美范畴之内的组合关系形式层面的课题，它与齐一、对称、回环、平衡、比例构成并列关系。"然后以今日之我攻昨日之我，指出与组合关系的其他相比，节奏"显得异常活跃和具有侵犯性""几乎笼罩了同一层面的其它概念""所有门类的艺术、任何历史阶段的艺术作品都被一定的节奏规范着"②。

其实从《引言》开篇部分所引奥地利音乐理论家汉斯立克"节奏，在有人类之前，并且不依赖人类，即已经存在了"，就不由令人联想起《老子》中"有物混成，先天地生，寂兮廖兮，独立而不改"的"道"。也许从宇宙大爆炸开始的那个瞬间，最原始的平衡被打破，时间开始，空间产生，"阴阳始判，清浊肇分"，厥有节奏。钱谷融先生在《论节奏》中曾引用德国哲学家莱布尼兹的话"宇宙是一片大和谐"，岂有无节奏的"和谐"？由此而言，"节奏"从本体论上看其实是一个与"道"（用西哲的话说是"理念"或"自在之物"）相邻相伴的概念。

《艺术节奏论》的主体共分四篇：《节奏概说》《节奏的表现》《节奏类型》《各门艺术节奏》。这四部分就像一部交响曲的四个乐章，有分有合，纵横捭阖，从不同的角度和层次，系统全面地给读者展示了艺术节奏的奥秘。

越是内涵丰富、具有普遍意义的概念，在具体的语境中其含义越是流动变化。而不对概念进行梳理、规范，便难以有序地合乎逻辑地展开研究。本书第一篇《节奏概说》之"节奏的缘起"，从语源学、语义学角度阐明"节奏"在不同范畴的含义。有天地自然之节奏，有作为自然最高创造物的人的生命节奏、情感节奏、劳动节奏，有人类心灵对天地万物、社会万象乃至自身节奏的感知，有人

① 宜诚：《美学领域里的一朵新葩——读〈论艺术形式美〉》，《江淮论坛》1992年第5期。

② 于培杰：《艺术节奏论》，齐鲁书社，2013年，第7～9页。

类将这种感知提取出来，自觉运用到不同领域的节奏。

道不虚明，节奏也从来不是孤立出现的。在本节的结尾，引用了捷克美学家欧根·希穆涅克《美学与艺术总论》中的一段话："很可能在文学语言中最初产生的是节奏条件，而这种节奏条件或许还是根源于古代那种舞蹈、音乐和诗的结合之中的。"① "物相杂故曰文"，节奏作为一种文化现象，必然与其他文化因素相伴相生。

《节奏概说》的另一段是"节奏的本质"。本段其实可以标题为"节奏的本质和功能"，因为除了对艺术节奏的本质特征做了较为全面而深入的思考，还论述了节奏的各种功能。作者这样做，也许为了标题的匀称和谐。从本段开始，作者开始逐渐把视野集中于艺术节奏。由于节奏一词源于音乐，节奏的下位概念系统也只有音乐学相对自成体系，从本节开始，作者在表述上也多使用音乐学术语和音乐范例，这也是尊重语言的约定俗成和读者的接受习惯。

本书第二篇《节奏的表现》，探讨的是"艺术共性的节奏"，共分五节："听觉节奏""视觉节奏""情感节奏""情节节奏""性格节奏"。其中"听觉节奏"主要针对音乐，"视觉节奏"主要针对造型艺术，而后三者则主要针对时间艺术，特别是叙事性文学、戏剧、影视作品。作者在第一篇第二节"节奏的本质"开始对节奏进行最基本、最宽泛、最一般性的限定，说："首先，节奏是凭人类的感觉来把握的。"而在本篇《节奏的表现》，便主要从审美主体（人）的角度探讨节奏的问题——不仅听觉、视觉、情感、性格属于人，就是情节也是在叙事作品中人的活动过程中表现出来。于是我们似乎也可以这样说："艺术节奏学也是人学。"

第三篇《节奏类型》，仍然探讨"艺术共性的节奏"，主要以广为人知的经典艺术作品为范例，论述几种主要的艺术节奏形态，分别是"重复型节奏""递进型节奏""对比型节奏""黄金型节奏""参差型节奏""停歇型节奏"。对于一个研究文艺美学的学者，这部分写起来自然驾轻就熟。古希腊式的灵敏清晰与日耳曼式的深刻严谨，兼而有之。本篇——也可能是本书最拍案惊奇的部分，是第四

① 于培杰：《艺术节奏论》，齐鲁书社，2013年，第29页。

节“黄金型节奏”。在本节，作者论述黄金比在艺术中的表现，第一次指出在诗歌中也存在着黄金比，并且列举了不少作品为证。在许多经典诗歌名篇中，它们的高潮或转折之处，几乎都在全篇的正相黄金点上。不知作者有意无意，关于诗歌黄金比的这段文字，无论在全书还是在《节奏类型》全篇，都处在正相黄金比的节点。联系到书的封面都是黄金分割的几何示意图，可见作者对这一发现的重视。几千年前中国圣贤演《易》，他们也许根本意识不到六十四卦排列，表现出二进制的次序。但三百年前，莱布尼兹却从中发现了这个作为现代信息技术基础的规律。黄金律、对称、二进制……其中有天地自然之道，作用于万物，也作用于人的身心。在审美感知和创造中，艺术家并不是机械地按照数学定量原则去工作，却做到了“无目的的合目的性”（正如人类的心跳频率，无意于二拍，却大致合于二拍；眼、耳、手、脚，并没有有意地追求对称，却大致对称）。艺生于心，心法道，道法自然。越是具有自由、开放心灵的艺术家，越能至诚通神，冥契万有，参赞化育，道艺合一。

最后一篇《各门艺术节奏》，是探讨“艺术个性节奏”，分别对使用不同媒介的音乐、舞蹈、造型、文学、戏剧、电影的节奏特点进行了分析。

东方民族在审美创造方面重视不同艺术门类的共性，而忽视它们的个性。在文艺研究方面，也有这种倾向。类似“诗乃有声之画，画乃无声之诗”这些似是而非、似非而是的说法，在东西方都由来已久，但好像在中国比西方更深入人心。18 世纪，德国文艺理论家莱辛《拉奥孔——论画与诗的界限》第一次全面系统地将时间艺术与造型艺术不同的表现方式、功能进行了较全面的揭示。这对充分发挥不同艺术门类的表现潜力，使艺术表现更深入细致、艺术创作更多元化是有利的。而由于各门艺术表现方式、功能有所不同，在艺术节奏方面也各有特色。在文艺美学研究史上，像本书这样将如此众多艺术门类的节奏进行对比性研究，这也是第一次。本篇是全书最长的一篇，但由于作者熟谙各门类艺术规律，有丰富的鉴赏经验，却言简而切要（这一部分还需要与第二篇《节奏的表现》等处参看，详于彼者略于此）。在此之前，作者许多相关研究成果已在《中国音乐》《美术》《文学评论》《文艺研究》《艺海》《美学与文艺学研究》《学术论坛》《齐鲁学刊》等权威刊物上发表，赢得学术界广泛认同。特别需要指出的是，作者在文学创作方面，曾躬自操觚，先后推出《末代皇帝溥仪》《智者曾国藩》《天王洪秀全》《观音菩萨》《兵圣孙武》等多部长篇巨制。所以在论述文学节奏（也包括第二篇中论述情感、情节、性格节奏，和本篇中独立论述的属于综合性艺术的戏剧、电影节奏）时，更多惬当之语。

读罢全书，我也曾稍稍有点遗憾或困惑：书中明显表现出作者对传统、经典艺术的偏爱，对现代主义和所谓后现代主义艺术虽然也有所涉猎，但明显关注不够。在审美形态方面，对于传统美学范畴优美、崇高等节奏特点有精彩论述，对于表现现代社会动荡、危机、人性异化、悖谬且相当热门的荒诞等形态的节奏特点却鲜有谈及——这类作品虽“解构”或破坏和谐，却未尝无节奏，甚至有些作品节奏特征还异常明显。这可能由于作者的审美理想是传统的、有序的、和谐的，对于摩登的现代主义、后现代主义艺术，情感理智上都有所抵触。

求仁得仁，作善降祥。人类只有执着于对和谐的理想，才会去建设和谐，实现和谐。倘若一味去模仿、营造荒诞甚至陶醉、自虐于荒诞，则是危险的。正如诺贝尔经济学奖厚爱的华尔街奇外出奇的经济学，很多已被证明是贪婪所诱导的金融巫术；为反传统而反传统、为标新立异而标新立异、为反理性而非理性、为解构和谐而破坏和谐的某些现代主义、后现代主义艺术家，早在20世纪，就有人指出是“与魔鬼签约者”（法西斯主义就与现代主义、与后现代主义缘分密切）。回避对现代主义和后现代艺术的节奏进行分析，对于作者来说，是不为也，非不能也。

“笑看六〇成六一”

——欧阳健先生主编的跨世纪工程《全清小说》横空出世

数月前即从欧阳健先生微信得知《全清小说》已开始付印，也许因期待太久，有些麻木，将信将疑。直到今天收到文物出版社寄来的首册样书，泛着淡淡的油墨馨香，差不多一寸厚、两斤重的物理实体，才让我心中完全踏实。

早在20世纪末，欧阳先生即开始着手搜集、编校《全清小说》。二十多年岁月星霜，诚如已经去世的侯忠义教授（曾首倡编辑历代小说总集，卒遇阻中辍）在序言中所说，“历经坎坷和磨难”。没有对祖国文化的使命感，不会有这样长的坚持；没有欧阳先生的学养道力，也难以克当。

欧阳先生少壮时，曾自号“六〇居士”，盖仿其同族先人欧阳文忠公“六一居士”而自谦。先生“六〇”之一，便是无“立项”（先生亦不刻意为之）。记得一次欧阳先生诞辰，同仁征诗祝嘏，我有“笑看六〇成六一”之句，特别强调《全清小说》立项之意义。此书之杀青付梓，功德不减文忠公之修成《唐书》《五代史》。

社会科学研究与土木工程，虽然一虚一实，但也有相同规律，这便是项目体量越大，风险系数越高。就我所亲历参加或主持的项目，经费过百万元，参加人数过十人，中间必生变故，有的甚至就权当练习了。我称之为“煞气”，非大有道力，虚怀纳众，因时乘势，难以化解。《全清小说》付梓，为欧阳先生庆幸，也为中国文化庆幸，感恩岁月静好！

清代是中国学术文化百川汇海的总结性时期，小说成就亦集历代之大成。三四千万字、汪洋浩瀚的《全清小说》，不仅为前贤阐微彰幽，拾遗补缺，也必将成为文史爱好者和研究者采珠之沧海，伐木之邓林。自然也是欧阳先生辨伪脂本外最重要的学术贡献。

三年前，欧阳先生来北方讲学，道出齐鲁之间，与三五红学同好论学数日，如坐春风。其间我特意请先生到青州洋溪湖畔瞻仰欧阳文忠公祠（今欧阳修纪念馆），并摄影留念（图 1）。现在发现，文忠公与欧阳先生脸上都洋溢着笑意。

图 1　欧阳健先生在今青州欧阳修纪念馆留影

附：欧阳先生答诗

答通灵唯心兄

欧阳健

兄言成六一，其实仍六〇①。全清未立项，资助犹为零②。

全凭青眼识，因时而乘云。幸未成废纸，聊慰友朋心③。

---

① 吾自号“六〇居士”，盖为学历、学位、学衔、立项、津贴、得奖六项，数据皆为 0 故也。

②《全清小说》未列入任何工程项目，文物出版社承担出版，不要任何资助，还发给校点者稿费。

③ 李灵年先生序云：“2018 年春夏之交，此事再次被提上议事日程。有多位治小说的时彦精英，如李时人、沈伯俊、曲沐等相继逝世，对大家震动很大。怀着‘不能让十大箱《全清小说》积稿变成废纸’的紧迫感，欧阳健偕夫人专程来到南京，约请几位老友一起来想办法，甚至拟以转让主编的方式谋求出路。兹事体大，经几番联系交涉，一波三折，仍然未能落实。幸有文物出版社获悉此一情况，主动与欧阳健联系，决定将《全清小说》列为战略性重点规划，遂于 2019 年初签订出版合同，决定从 2019 年始，分阶段推出。这真叫人喜出望外，关注此书者的欣慰心情，是不言而喻的。”

清代帝王与柞蚕产业

起源于山东的柞蚕放养、柞丝绸织造业，从清朝康熙年间开始，在国内一些产柞的省区推广普及。清朝后期中国加入世界商战以来，柞蚕丝绸曾经是中国垄断国际市场的传统骨干商品。中国柞蚕丝绸出口的鼎盛时期，一度在同类产品中占有世界贸易90％以上的份额。直到今天，中国仍然是世界上柞蚕丝绸产量最多的国家。这种产业之所以能在清代取得长足的发展，其原因当然是多方面的，其中清代帝王（特别是乾隆帝）的提倡、鼓励，有重要作用。

柞蚕在古代又称为野蚕。野蚕成茧，历来被视为祥瑞。《太平御览》卷八二五引《管窥辑要·杂虫占》说："野蚕成茧，人君有道，其国昌大。"[①] 因此，历史上的帝王每当遇到野蚕成茧的上奏，一般都"龙颜大悦"，嘉奖有关官员，宣付史馆，把进贡的野蚕丝贡于太庙。一直到明代中叶，还有这样的记载：正统十年"十二月，真定府所属州县野蚕茧，知府玉以丝来献，制幔褥陈于太庙之神位"。[②]

较之前代，清人比较务实。面对野蚕成茧的现象，他们不再夸饰祥瑞，而着力于开物成务，利用厚生——当然，这也与清代野蚕放养技术已经成熟并发展为一种产业，有一定关系。

在清代帝王中，康熙帝最早对野蚕的利用予以重视。雍正帝御纂《圣祖仁皇帝庭训格言》中有这样一段话："朕自幼喜观稼穑，所得各方五谷菜蔬之种必种之，以观其收获，诚欲广布，于民生或有裨益也……今塞外之野茧，大似山东之山茧，朕因织为茧绸，制衣衣之，此皆农桑之要务。"

康熙帝所说的"塞外"，其实是河北东北部承德避暑山庄附近的地区。这一带毗邻辽宁，而辽宁在明代曾属山东按察使司管理，山东移民最多，加之这里柞

① 王元綎辑，郑辟疆校：《野蚕录》，农业出版社，1962年，第5页。
② 王元綎辑：《野蚕录》卷一，同文官印书馆，第4页。

林资源丰富，所以柞蚕放养技术很早就由山东传到这里，并由此向周边国家传播。据《中国大百科全书·经济学·中国古代蚕业》，放养柞蚕的技术从山东传到辽宁大约在17世纪后期，即康熙统治的前期和中期。这样说来，康熙时承德避暑山庄乃至木兰围场附近出现柞蚕，也就不足为奇了。

在清代文献中，尚未发现康熙、雍正皇帝发布推广柞蚕放养技术的谕旨。但既然康熙帝已把野蚕的利用视为农桑要务，并用柞蚕丝织茧绸制衣，雍正帝又当作典谟记录下来，对臣民推广柞蚕放养、茧绸织造技术，无疑会产生巨大的影响。这一时期柞蚕放养在全国的推广也取得了一定的成效。除了与山东相邻的河南、辽宁的一些地区，因地缘之利，较早学习、引进这项技术，一些游宦他乡的山东人领风气之先，开始自觉传播这项技术。如康熙时长山（今周村）人吴琯在山西平顺任知县、诸城人刘棨在陕西宁羌任知州，都曾积极传播这种技术，取得了一定成效。

对柞蚕放养技术推广做出最大贡献的帝王是乾隆帝。他在位期间，曾多次发布有关推广柞蚕放养技术的上谕，使柞蚕放养技术在全国得到了比较全面的普及。

乾隆三年（1738），山东历城人陈玉璧赴贵州遵义任知府，看到那里的山区遍布槲林，就遣人往山东购买蚕种、聘请蚕师织匠，在遵义试验推广柞蚕放养、柞绸织造技术。当时贵州总督张广泗、布政使陈德荣对他这项工作比较支持，并奏报朝廷。乾隆五年（1740）十一月初六日，乾隆帝令大学士九卿讨论张广泗等人发展贵州农业的奏折，酌议应行各款，对其中"请募山左善放山茧人"在贵州推广柞蚕放养一款，提出异议，认为"蚕喜晴而黔多雨"，有违物理之自然。乾隆帝对此表示赞同，并责备张广泗"身为总督，久任黔省，于地方情形自应熟悉，而为此奏者何耶"，并警告贵州有关官员不要"有行之之名而无行之之实"（《清高宗实录》卷一三〇）。陈玉璧顶住压力，经过反复试验，终于于乾隆七年推广成功。是年六月二十九日，贵州布政使陈德荣的奏折出现在乾隆帝面前，内有"黔山栎树今年饲养春蚕，亦已结茧有效，似较树桑为便"之语。乾隆帝批云："此事论之似迂，行之甚难，而若果妥切办理，则实有益于农民者也。"（《清高宗实录》卷一六九）

乾隆帝以为贵州气候不宜放养柞蚕，并非毫无道理。陈玉璧从山东引进柞蚕，先后有几次失败，主要是气候的原因。乾隆四年冬，第一次从山东引进蚕种，走到湖南境内，都破茧化蛾而去，这是由于南方气温太高了；乾隆五年冬引进成功，但次年春蚕收获而秋蚕成茧十无一二，这是由于贵州夏秋光照太少了。贵州是中国阴雨天最多的一个省份，所谓“天无三日晴”，而柞蚕对光照有着特别的要求。山东的柞蚕是二化性的（即一年完成二个世代），但到贵州很快就成了一化性（即一年完成一个世代），主要是贵州光照少的原因。一直到20世纪抗战时期，随浙江大学西迁的桑蚕学家顾青虹教授，受聘于贵州遵义中国桑蚕研究所任研究员时，经过两年多研究发现并在国际上首次提出利用光照条件控制柞蚕化性的论点。

的确如乾隆帝所言，在贵州推广柞蚕放养，“行之实难”，但难不倒真心为民谋福利的仁人志士，也难不倒勤劳智慧的贵州人民。遵义柞蚕放养成功了，贵州其他地区效法遵义，也成功了。直到今天，贵州仍然是中国四大柞蚕生产基地之一。

柞蚕生产，茧绸贸易，使一向闭塞的古夜郎地区历史上第一次有了外向型产业，土著、稗贩，走出了连天无极的崇山峻岭，贵州茧绸“与吴绫蜀锦争价于中州，远徼界绝不邻之区”（道光《遵义府志》卷一六《农桑》），它也带动了贵州文化的发展。清朝后期莫友芝为郑珍柞蚕专著《樗茧谱》作跋，说遵义地处偏远山区，本来土瘠民贫，糊口不给，而“自有槲茧来，寡者曰以众，贫者曰以富，数十万户罔不含哺鼓腹，怡然于槲荫丝灶之间。而其秀者，亦得所凭借，以优游乎文林义府，争闲雅都丽，以与吴越齐秦人士相轩轾”①。郑珍、莫友芝，就是得此凭借成长起来的文化巨人。可见柞蚕放养技术在贵州的推广，不仅如乾隆帝所说只是“有益于农民者也”而已。

在贵州推广柞蚕放养技术成功的同时，与贵州相邻，地理、气候条件相近的四川，也取得了成功。《清高宗实录》卷二〇四有乾隆八年十一月初八日针对四川放养山蚕成功发布的一道上谕，它对在全国推广山蚕放养有提纲挈领的作用：

---

① 郑珍：《郑珍集·文集》，贵州人民出版社，1994年，第219页。

据四川按察使姜顺龙奏称："东省有蚕二种，食椿叶者名椿蚕，食柞叶者名山蚕。此蚕不须食桑叶，兼可散置树枝，自然成茧。臣在蜀见有青杠树一种，其叶类柞，堪以喂养山蚕。大邑知县王隽，曾取东省茧数万，散给民间，教以饲养，两年以来，已有成效。仰请饬下东省抚臣，将前项椿蚕、山蚕二种，作何喂养之法，详细移咨各省。如各省现有椿树、青杠树，即可如法喂养，以收茧利"等语。可寄喀尔吉善，令其酌量素产椿、青等树省份，将喂养椿蚕、山蚕之法，移咨该省督抚，听其以法喂养，以收茧利。

在四川推广柞蚕放养的大邑知县王隽，是山东胶州人。喀尔吉善是蒙古族人，时任山东巡抚。乾隆帝此谕发布后的次年三月，《山东养蚕成法》告成，在全国掀起了一次推广柞蚕放养技术的高潮。湖南、湖北、安徽、直隶等省，均在这一时期推广成功。以前引进柞蚕的一些省份，自然会更上一层楼。以陕西为例，魏源等编《皇朝经世文编》卷三七有当时陕西巡抚陈宏谋《广行山蚕檄》一文，有云：

陕省山岭，槲叶最盛，宜养山蚕。康熙年间，宁羌牧刘公，从山东雇人来州，放养山蚕，织成茧绸，甚为匀细，到处流行，名曰"刘公绸"。刘公升任，渐次衰微。乾隆九年三月，奉旨敕行山东，将《山东养蚕成法》纂刊送陕。本部院初莅陕省，即已发司刊刻，分发通省，仿效学习。

由于已有基础，宁羌州的山蚕业迅速恢复，并成为向陕西全省提供技师和蚕种的基地。除宁羌州外，陕西鄘县、商南二县的山蚕产业，也很著名。鄘县生产的柞丝绸有"鄘绸"之称。

也许最值得一提的是乾隆帝对辽宁柞蚕生产的影响。辽宁山岭，槲林遍布，连绵千里，光热条件在东三省中最好，比较适合柞蚕放养。但熟悉清史的人都知道，乾隆帝登基以后，对山海关以外地区实行全面封禁，严格限制流民出关，甚至对山东沿海各州县也规定了失察流民处分之条例。其目的除了想使所谓"祖宗发祥"的龙兴重地保持其"纯朴旧俗"、防止汉化外，再就是企图垄断这里的土地、物产资源，以作为解决日益严重的“八旗生计”问题的基地。但他好像对山东在东北放养柞蚕者比较宽容。乾隆二十七年六月，刑部侍郎阿永阿奏称：“奉省所属锦、复、熊、盖等处，沿山滨海，山多柞树，可以养蚕，织造茧绸，现在山东流寓民人，搭盖窝棚，俱以养蚕为业。春夏二季，放蚕食叶，分界把持。蚕事毕，则捻线度日……此等民人，应交该处旗民官查明，编为保甲，设立棚长、牌头管束。”乾隆帝从之。（《清高宗实录》卷六六五）

乾隆四十五年（1780）四月，盛京将军福康安等奏：“牛庄、盖州、熊岳、复州、金州、岫岩六城所属界内官山，前准旗民人等放蚕，属纳税课，试收二年，再为定额。兹查四十三年分共征山税、茧税银七千八百八十五两有奇；四十四年分征银八千六十二两有奇，系属有增无减。现虽已届二年期满，若即照此定额，恐地方官见税额已定，不再广募放蚕之人，或将续增蚕户隐匿不报。请再试收二年，查明增减数目，核实办理。”（《清高宗实录》卷一一〇五）乾隆帝当然不会反对。

看来辽东官山对山东蚕民的开禁是逐步实行的，乾隆时主要集中在南部沿海，后来向北部发展。到清朝后期，从锦州到宽甸，从金州到开原，纵横数千里的辽宁大地，到处都是柞岚蚕场，这里成了中国也是世界最大的柞茧产地。民国十八年（1929），吴承洛先生著《今世中国实业通志》，说山东茧绸“约占全国总产额百分之八十，唯其所用之原料，则三分之二来自东三省之南部也”。

古人所说的“野蚕成茧，人君有道，其国昌大”，自然是无稽之谈，但曾对野蚕利用予以关心的康熙、乾隆二帝，在历代君主中也算得上勤政贤明，所谓康乾盛世，是中国封建社会的全盛时代。中国柞蚕生产的地理布局，就在这一时期形成；中国柞蚕丝绸垄断国际市场的基础，也在这一时期奠定。

茧丝虽细，关系国家命脉。1895 年 4 月，康有为在他变法图强的“公车上书”中举“山东制野蚕以成丝”，敌洋人之货、夺洋人之利的事实，作为“以商立国”的范例。不过对于光绪帝而言，已经不需要他对柞蚕生产指手画脚了。他要做的是如何学习他的列祖列宗支持、推广柞蚕生产的经验，指导臣民不务虚名，不求近效，精益求精，不断开发新的产业，增强国产商品在国际市场上的竞争优势，从而提高综合国力。

“有道君”与“有道之君”

《中国社会科学报》第761、768期先后刊载史式先生的《李后主是“有道之君”》和陈艰先生的《李后主“有道”“无道”都不确》两文，分别对李后主其人发表了不同看法，可谓见仁见智。但两人都误会了新加坡诗人潘受先生吊李后主诗中的“异代相怜有道君”这句话，诗中的“道君”其实指的是宋徽宗。全句诗的意思是说，李后主与和他不同时代的宋徽宗同病相怜；也非常含蓄地指出李后主与宋徽宗一样，是一个昏庸懦弱的亡国之君。史式先生把“有道君”理解为“有道之君”，可谓望文生义；陈艰先生也偶尔失察。

据《宋史·徽宗本纪》，政和七年“夏四月庚申，帝讽道篆院上章，册己为教主道君皇帝，止于教门章疏内用”[①]。后世一般文人也称宋徽宗为道君皇帝，甚至径呼为“道君”。巧得很，王国维《人间词话》刊本第十八则把“后主”与“道君”二人之词品做过比较：

> 尼采谓：“一切文学，余爱以血书者。”后主之词，真所谓以血书者也。宋道君皇帝《燕山亭》词亦略似之。然道君不过自道身世之戚，后主则俨有释迦、基督担荷人类罪恶之意，其大小固不同矣。[②]

李后主与宋徽宗二人的个性命运，颇多相似之处。他们身为一国之君，都不恤政事，而贪酒色，喜游艺，佞佛老。后主“归为臣虏”后，以泪洗面，受尽屈辱，连小周后都被宋太宗非礼。而徽宗靖康“北狩”，在金营里的日子也不好过，随同他北去的后妃的遭遇，更令人耳不忍闻。有些文人把徽、钦的屈辱，说成是宋太宗虐待南唐后主的报应，虽然是无稽之谈，却也有益劝惩。

---

① 脱脱等撰：《宋史》卷二一，吉林人民出版社，1995年，第246页。

② 王国维：《人间词话》，吉林文史出版社，2017年，第149页。

读史随笔：关公崇拜

关公生日快到了。不知有多少新的关公庙要开光，也不知今年关公要增收多少香火。且对关公崇拜这种现象来一次评短论长，也算书生习气吧。

由宋代以前不甚彰闻的一个历史人物（工作有重大失误，并因此误国丧命），逐渐成为被后代中国民众尊奉的神，直到今天，读《春秋》的山西“关夫子”的群众基础仍不减于作《春秋》的东鲁孔老夫子，这是中国历史上一个极其复杂的现象。但我以为这与宋以后重文轻武，导致北方游牧民族入侵，人们呼唤卫国佑民的英雄有关。统治阶级尊奉关羽，也有点闻鼙鼓而思壮士的意思。只是没有政策配套，嫌忌太多，徒然叶公好龙。如宋徽宗首次将关羽由原来的汉寿亭侯、壮缪侯超格晋升为崇宁真君、义勇武安王（不管刘备有没有意见），在两宋之间，也曾产生一定的号召作用。一个智勇双全、精忠伟烈不逊于关云长的岳鹏举应运而生，至于他的结局，不说也罢。任继愈在《中国道教史》第十六章《明王朝与道教》中说：“明季多内祸外乱。用兵频繁，后崇关帝为武圣，故明代颇重关帝信仰。”① 明神宗于万历二十二年应道士张通元之请，将关公晋爵为帝，又于万历四十二年，加封关公（失敬，应该叫关帝了）为三界伏魔大帝神威远镇天尊关圣帝君。此时的袁崇焕，已是风华正茂。这位被人奉为世界级的大英雄，其宁远保卫战完全可以与朱仙镇大捷并提，他的结局，可能是中国历史上武将中最惨的一个。

宋徽宗封关羽为王后，对他的神化便日益加剧。除了朝廷的封号、祀典，佛道之附会，戏曲、话本、小说之渲染，对关公崇拜影响尤大。华雄本来是孙坚所杀，在《三国演义》中却成了关公的下酒之物；东吴文臣鲁肃，力排众议，临危不惧，前往会见威震华夏的关羽，力争国权，《单刀会》出风头的却不是子敬。

---

① 任继愈：《中国道教史》，上海人民出版社，1990 年，第 601 页。

那本《春秋》本来是在晋将杜预手里（杜预的《春秋左传集解》，是被列入《十三经注疏》的），却被后人略施微权，成了美髯公的点缀——这一招最妙，在重文轻武的时代，关羽离凡人越来越远，却和文人学士多了共同语言。世间多少奇男子，虽然不愿间关万里报效沙场，但舞文弄墨，模仿春秋大义抑扬褒贬，却不在话下。

东汉魏晋之际，沧海横流，英雄辈出，是中国历史上群星灿烂的时代。虽名儒亦擅勇略，虽小人亦通经术。本来关某就出乎其类，拔乎其萃，再把他一些缺点隐藏起来，把这一时期九州英雄的功烈事迹，“移花接木”“张冠李戴”堆垛到他身上，真是“想不火都不成”。

应该说，关公崇拜，对激励民族气节、爱国热情、勇敢精神、讲信守义等，还是起过一些作用的。但我们也不得不承认，随着关公形象越来越高大神明，随着对关公崇拜日益登峰造极，中国人的整体素质不是越来越提高，而是越来越下降了（当然我们也可以说，如果没有对关公的崇拜，中国人会更加萎靡苟且）。当人们不能围绕自身旋转的时候，便围着偶像旋转；当人们身上关公的因素丧失殆尽的时候，便彻底地匍匐在关公脚下。而这一切，还是应归咎于八股取士、重文轻武的“汉家制度”。

读史随笔：《孟子》

——有毒的“夹生饭”

宋代以前，是“五经”的时代；宋代以后，是“四书”的时代。宋代以前，周孔并称；宋代以后，孔孟并称。就对中国知识分子的人格气质影响来说，宋代以前，孔子影响较大；宋代以后，孟子影响为巨。这种文化格局的变化，对中国历史影响至深且巨。

孔子与周公，都是谦谦君子，善于集思广益，折中调和。“三握”“三吐”“三勿”“三人行，必有我师”，皆千古佳话。战国时期孟老夫子则是予智自雄的吹牛大王和强词夺理的好辩分子，“舍我其谁”“富贵不能淫，贫贱不能移，威武不能屈”，为人所吹嘘。日用平常，老是如临大敌，盛气飞扬，摆出不服输的大丈夫姿态，制造和激化矛盾，挑起内争几乎必然，所谓集思广益，燮理阴阳，便也没有可能。

于是人们在推尊孟子的时候，已不自觉地远离和背叛了周公、孔子。

孟轲作为儒家殿堂的护法是有用的和必要的，作为正统，则贻害无穷。

危害中华民族最严重的劣根——党争内耗，与尊崇孟子有关。宋代以前，推尊孟子的赵岐、韩愈，是汉唐时代党争名角，也都善于激化矛盾和激发君主逆反心理。但汉唐时代，学孟尊孟尚无害。其时武人权重，尊孟者严重匮乏。

赵宋重文轻武（重文是认为文人不足为害，轻武则是出于对武人的恐惧），从此武将灰头土脸，文士神采飞扬，不自觉间孟老夫子的盛气已浩然于须眉之际。在王安石退《春秋》进《孟子》之前，文士之心，已不胜其飞扬跋扈。如范仲淹、欧阳修之徒，对老成持重、培固元气的王文正公、吕文靖公等，皆能吹毛求疵，口诛笔伐（幸诸公大度包容，不与轻狂计较，否则宋亡久矣）。

“沉魄浮魂不可招，遗编一读想风标。何妨举世嫌迂阔，故有斯人慰寂寥。”这是王安石尊孟的一首歪诗。“拗相公”尊孟，如果仅是学术上的，其危害尚浅。

他以孟子的态度进行政治实践，则流毒天下后世不知伊于胡底。他那三“不足”（天变不足畏，祖宗不足法，人言不足恤）是孟轲三“不能”的升级版。无奈说出来畅快者，做起来必麻烦，危害中国政治的最严重的毒瘤——党争大戏，从此拉开大幕，且戏中有戏，戏外出戏，国家行政瘫痪，议论未定而兵已渡河。

当王安石奉孟轲入孔庙，进《孟子》于学官时，曾引发一次空前的批孟高潮，司马光、晁说之为代表。晁说之（三家评本《红楼梦》第二回正邪二赋，与尧舜周孔等大圣大贤相提并论的“晁”当是此人）斥孟子“杂于异端”，列荀子下。但批孟者健笔凌云，犹然“亚圣”泰山岩岩气象，绝无周孔虚衷谦怀。

“洛蜀交争党祸深，宵人何意附东林”，宋人不暇自哀而后人哀之，以“四书”（其中《孟子》虽被阉割，但其势不减）取士的明人尊孟尤甚，其亡于党争更昭彰显著。

呜呼，宋明亡于党争乎？亡于尊孟耶？

孔子与河南

河南是中国历史上的黄金时代——夏、商、周时期的中心舞台，同时又是儒家圣人孔夫子的祖籍所在。孔子能对三代遗产予以全面总结、权衡损益，使其垂宪万世，为辉煌灿烂的中华文明奠定基础，与此有很大关系。

据史家考证，孔子的六代祖叫孔父嘉，是宋国的一位大夫，食采于栗（今河南夏邑），在宫廷内乱中被杀，其子木金父避难，逃到鲁国的陬邑，从此孔氏在陬邑定居，成了鲁国人。

宋国是殷“三仁”之一微子的封国，奉殷之先祀，行殷之正朔，用殷之礼乐。所以历史上也有人称孔子是“殷汤之后”“微子之后”。对自己的身世，“好古敏求”的孔夫子自然了解，并以“摅怀旧之蓄念，发思古之幽情……光祖宗之玄灵”为自己的使命。宋胡仔《孔子编年》卷一：“鲁昭公九年，年十九，娶于宋之亓官氏。”孔子的婚姻大事从宋国解决，也表现出他对祖宗之国的亲和力。

《礼记·檀弓上》记孔子去世之前对子贡说的一段话：“夏后氏殡于东阶之上，则犹在阼也；殷人殡于两楹之间，则与宾主夹之也；周人殡于西阶之上，则犹宾之也。而丘也，殷人也，予畴昔之夜梦坐奠于两楹之间。夫明王不兴，而天下其孰能宗予？予殆将死也。”① 对于孔子，“殷人也”这三个字，包含着太多的历史沧桑、恩怨和感叹，也不乏自豪感和使命感。

据《孔子家语·儒行》：“丘少居鲁，衣逢掖之衣；长居宋，冠章甫之冠。”似乎孔子曾回祖籍长期生活。又据《夏邑县志》，夏邑县城北十五里曾有孔子还乡祠。由于历史文献对孔子早期求学活动记载简略，对于他是到宋都问礼，还是回夏邑寻根，抑或到岳父家省亲，已难考证。但孔子晚年率诸弟子周游列国，以河南为中心，则于文献有征。所谓征夏礼于杞，考殷礼于宋，观周礼于洛阳；危

---

① 丁鼎：《礼记解读》，中国人民大学出版社，2010 年，第 91 页。

于卫，围于匡，厄于陈蔡之间，其事迹亦斑斑可考。春秋时实行的是世卿世禄、任人唯亲的特权制度，出身于流亡家族的孔子，门第寒微，所以辙环天下，卒未有一遇。而其时大道凌夷，老成凋零，作为夏、殷后裔的杞、宋，业已文献难征；作为正统王朝的东周，也是礼崩乐坏，一蹶难振。孔子乃通变古今，损益三代，为后世立太平之法。《论语》“行夏之时，乘殷之辂，服周之冕”与他去世前对子贡说的那一段话，即表现了这种倾向。

商周政教，一尚质，一尚文。西汉今文学家以变法改制称颂孔子，而孔子改制的主要内容又是“以殷之质变周之文”。董仲舒在《春秋繁露》中反复强调，“《春秋》恶有文无质”“文质不能兼时宁取质”“《春秋》之序道先文后质”“承周文而反之质”……孔子毕竟生活在周朝，对当时奸伪丛生的文胜之弊，多微词、巽词而少直接批判。我们绝不能因为《论语》中有“郁郁乎文哉，吾从周”这类话头而断定孔子对周朝政教抱残守缺。孔子之“从周”，是表面的、部分的，从而改之、从而变之，才是更深刻、更本质的内容。从孔子与殷宋的关系研究他的著作、学说，无疑是一个独特的视角，也是一个莫大的题目。

孔子对殷宋的一往深情，为后世承学者所注意、所尊重。历朝祭孔之典，多以殷礼从事，即唐玄宗《经邹鲁祭孔子而叹之》所谓“今看两楹奠，当与梦时同”。东汉经学大师郑玄注《礼记》，对其中与周礼不合者，多以殷礼解之，或不违夫子本意。1934 年，胡适发表《说儒》一文，晚年自诩此文“将公元前 1000 年中的中国文化史从头改写”。胡氏以为，“儒”本是殷遗民的传教士。在周武克商之后，他们仍保持着他们固有的宗教典礼，继续穿戴殷人的衣冠。他们的职业仍然是治丧、相礼、教学，教导他们自己的人民。他们在武力上被来自西夷的周朝征服后的六七百年内，又以他们优越的文化征服、同化了原来的征服者。标志着殷朝遗民对周朝文化斗争最后胜利的，当然是来自宋国，自称“殷人”的孔夫子。胡适关于“儒”的起源及其过程的解释，过于简单化，但对我们认识孔子与河南关系的重要性，不无启发。

孔子的殷宋情结对他的后代也产生了影响。汉朝建立，本存三统之义，应封在它之前的正统王朝商周二代以大国，使奉其先祀。汉武帝元鼎四年十一月，封周后姬嘉为周子南君，“以奉周祀”；元帝初元四年三月，以周子南君为周承休侯，位次诸侯王。但殷后之封，迟迟未能兑现。匡衡最早建议封孔子之后奉殷祀，他在奏章中说："《礼记》孔子曰：'丘，殷人也。'先师所共传，宜以孔子世为汤后。"元帝以其语不经，予以拒绝。成帝时，大臣梅福旧话重提，他在奏章中说："《春秋》经曰：'宋杀其大夫。'《谷梁传》曰：'其不称名姓，以其在祖位，尊之也。'此言孔子故殷后也，虽不正统，封其子孙以为殷后，礼亦宜之。"成帝采纳了这个建议，于绥和元年二月，封孔子后代孔吉为殷绍嘉侯，同年三月，与周承休侯一同进爵为公；平帝元始四年春正月，"改殷绍嘉公曰宋公，周承休公曰郑公"。以上见《汉书》平帝本纪与梅福传。

东汉时，孔子后代的封国仍在。据《后汉书·百官志》注："建武二年，封周后姬常为周承休公；五年，封殷后孔安为殷绍嘉公。十三年，改常为卫公，安为宋公，以为汉宾，在三公上。"又据《后汉书·郡国志》："宋公国，周名郪丘，汉改为新郪，章帝建初四年徙宋公于此。"新郪在今安徽界首县境内，与河南毗邻，传统上属河南豫州。本《春秋》"名从主人""地从主人"之例，说东汉封孔子后代于河南，也未为不可。因此对于河南，不仅孔子曾"返乡"，他的后代也曾"返乡"，并且两者之间有因果关系。

读书随笔："明明德"也是"杜撰的"虚比浮词

宋代以前是"五经"的时代，宋代以后是朱子《四书章句》的时代。这种变化使中国文化"实"的一方面萎缩，"虚"的一方面膨胀。

虽然即使是崇"五经"或"九经"，也是儒家文化独尊，难免专制狭隘，但要贯通群经，不得不"考百王之典"。既"考百王之典"，鉴古知今，"综当代之务"也便不是难事。即使有厚古薄今、迂腐僵化等现象，其学仍然质实。观汉末三国人才之盛，令人赞叹经术实学之效。

朱子以一生丹诚神血，从事"四书"，虽然至死仍自言有未安处，但其字斟句酌，极深研几，已是空前绝后。元、明、清三代列为科举教科书，也算众望所归。在中国古代思想家中，对科举制度批判最猛烈的是朱熹，"上之人分明以盗贼遇士，士亦分明以盗贼自处"，说得何等沉痛，但朱子的著作竟被后来更等而下之的八股取士制作为最权威的教科书；朱子治学艰苦卓绝，力戒虚浮，但其学却成为虚浮学风的渊源。历史老人的玩笑，可谓奇外出奇。

"四书"中《论语》《孟子》，是两部的"师徒谈话录"（不是课堂笔记），深入而浅出。《礼记》中《大学》《中庸》，也是书中讲日用平常大道理的篇章，很少涉及名物、制度。朱子谊注的目的，是以之作为初学者上窥群经、诸史的台阶。朱子之学"致广大，尽精微，综罗百代"，不在科举命题范围者更多。而明清士子，只要熟通"四书"高头讲章，八股文写得顺手，便可取科名，列清华。如《儒林外史》中的那个中举、中进士且任学道的范进，竟不知被朱子列于杂学之首的苏轼为何人。希望这种货色究际天人、通变古今是妄想，指望他们治国平天下、拨乱反正，更是缘木求鱼。

唯知"四书"高头讲章，其学不但狭隘，而且空虚。这里的"虚"，自然是贬义的。朱子之学还发展了一种"虚"，这便是以"四书"学为基础，融合佛道，创立了博大精深的性理之学。这是中华中古学术最伟大的成就之一。当然，从另外一个方面，它也使中国学术离“实”（制度、名物、治术）更远了。清代持学术亡国论者，斥之为杀人之学、鬼蜮之学，虽过甚其辞，也道出了末流之弊。

《孟子》在王安石将其进于学宫、朱子加以章句之后，最终成了儒教正统。自言“气质有病，多在忿懥”的朱子，与孟子的唯我论、绝对论、盛气凌人相结合，在后世知识分子中传染放大。这又是后来中国士流骚激声气、门户水火的病源。

当然，这些现象，都如维护程朱权威的吴敬梓所说，皆因后人固陋，“与朱子不相干”。

“四书”以《大学》为首，这篇一千三百多字的文章，为“宋明六百年理学家发论依据之中心”，曾被康熙帝御书，冠以“圣经”之名，列国子监碑林之首。《大学》首句是“大学之道，在明明德”，于是“明明德”便可代指《大学》乃至《四书》。否定“明明德”，便是对宋学的“斩首行动”。

清初名儒，“渊源蕺山，上溯阳明，而推极于孟子”的陈确，是历史上攻击《大学》最力的一人。其《〈大学〉辩》开篇即断定“大学首章，非圣经也。其传十章，非贤传也”，然后提出论证十余条，而集矢于《大学》之虚、伪：

> 其曰“在明明德，在亲民，在止于至善”者，皆非知道者之言也。三言皆脱胎帝典。帝典自“克明峻德”，至“黎民于变时雍”，凡七句，此以三言括之，似益简切，而不自知其倍也。新民即在明德之中，至善又即在明亲之中，故帝典“克明”句下贯一“以”字，便文理灿然；而此下三“在”字若三事然，则不通矣。古人之学虽不离乎明，而未尝专言明。推之易、诗、书可见，恶其逃于虚焉故也。而《大学》首言“明明”，固已倍矣。……
>
> 其曰“古之欲明明德于天下”云云者，尤非知道者之言也。古人之慎修其身也，非有所为而为之也，而家以之齐，而国以之治，而天下以之平，则固非吾意之所敢必矣。孟子之释恒言，提一“本”字，何等浑融。《大学》纷纷曰“欲”曰“先”，悉是私伪，何得云诚！宁古人之学之多夹杂乃尔乎！圣人之言之甚鄙倍乃尔乎！
>
> 至“正心”以往，益加舛谬。既言“正心”，不当复言诚意。既先诚、

正，何得又先格、致？夫心之与意，固若此其二乎？故《大学》之所为诚者非诚也。……

盖《大学》言知不言行，必为禅学无疑。虽曰亲民，曰齐、治、平，若且内外交修者，并是装排不根之言。①

最终论定《大学》伪书之蔽不可救药，“救之而无可救，弗如黜之”。

《〈大学〉辩》在清代没有刊行，如果行世，其对儒学的冲击当不下于阎若璩《古文尚书疏证》。陈确的学弟黄宗羲是极少数读过这篇文章的人，其始“格格不能相入”，直至陈氏去世后多年，反复研讨，不由心有戚戚，在其第二次为陈确所作墓志铭中云：

其论《大学》，以后来改本牵合不归于一，并其本文而疑之，即同门之友龂龂为难，而乾初执说愈坚，无不怪之者。此非创自乾初也，慈湖亦谓“大学非圣经”，亦有言“大学层累，非圣人一贯之学”。虽未必皆为定论，然吾人为学，工夫自有得力，意见无不偏至。惟其悟入，无有不可，奚必抱此龃龉不合者，自窒其灵明乎？是书也，二程不以汉儒不疑而不敢更定，朱子不以二程已定而不敢复改，亦各求其心之所安而已矣。夫更改之与废置，相去亦不甚远也。②

再甜的甘蔗，反复嚼了六百年，也无甚滋味，更何况以辞害意的过度咀嚼。学久必变是历史规律，作为心学传人的黄宗羲代表作《明夷待访录》，所言皆经国实务，“形下粗迹”，几无一句性理空谈，亦受惠学兄不少。

---

① 陈确：《〈大学〉辩》，《陈确集》，中华书局，2009 年，第 555～556 页。

② 黄宗羲：《陈乾初先生墓志铭改本（四稿）》，《黄宗羲全集》第十册，浙江古籍出版社，2005 年，第 375 页。

王士禛对“逃人法”的抵制与潜消

清初“逃人法”，是人类文明史上最残忍暴虐的法令之一，实际上它是当时的政权为了维护其掠夺成果而出台的反人类虐政。王士禛故乡山东，是受“逃人法”危害最严重的地区，他亲身经历了“逃人法”为虐最深重的时期，还戏剧性地被清廷委任为执行“逃人法”的专职官员（督捕侍郎），他对“逃人法”的态度和相关言行，无疑值得我们研究。

“逃人法”或《督捕则例》，是清朝为严禁八旗奴仆逃亡和其他八旗人员逃旗而颁布的法令。基本内容主要有三项：处罚“逃人”；惩治隐匿“逃人”的窝主及有关人员；规定缉捕措施和奖惩办法。“逃人法”顾名思义，本来应该主要是惩治逃人的法令。其实在清初多尔衮当政时期“更定新律”，制定的“逃人”新法（《督捕则例》），主要惩罚的是“窝主”。逃奴俘获，鞭一百归主；即使多次逃跑，也不过黥字鞭罚，照旧归主，很少处死。至于窝逃正犯，则本人正法，妻子家产籍没，并且邻里十家连坐，“甲长、总甲不行首告，俱治以重罪不贷”①，流徙边远，有司以上各官分别处分。多尔衮死后，“逃人法”在顺治九年（1652）、康熙十五年（1676）、乾隆八年（1743）经过三次比较大的修订，虽然对窝主的惩罚逐渐减轻，但“网加密焉”。顺治九年修订的“逃人法”，虽然对窝主惩罚有所减轻，但定窝逃之罪的界限却扩大了，连雇工、赁房的保人和食宿的店家，如发现逃人，也以窝主治罪，初次“隐匿之人，并家产，给予逃人之主”。并且奖励检举人员：“旁人出首者，即以隐匿之家产，赏三分之一。”②

如果真的触犯了“逃人法”，这些惩罚已经神人共愤了，可恨的是“逃人法”有纵容甚至鼓励讹诈和诬陷的倾向。这使满洲旗人择人而食，借缉捕为名，行打诈之实，任意指称逃人，妄扳窝家，进行比战争更安全、更有效的掠夺。史惇

---

① 《清世祖实录》卷七，四库全书本。

② 《清世祖实录》卷六五，四库全书本。

《恸余杂记·圈田》："盖自辽左被难以来所卤掠者，竟省亲戚，不肯复去。因而借此为名，密令胡妇隔墙，乘夜縋入居民之室，登时即索，即十家连坐，寸草无遗。"这里的居民之室，当然是浩劫幸存的硕果。这种情况当然不是个别的，而是集团性行为。广大人民面对武装进攻的强盗，可以逃跑，可以抵抗，但面对这种随时可能降临的灭顶之灾，他们无能为力。"海内无贫富、无良贱，无官民，皆惴惴焉。"[①]"天下嚣然，丧其乐生之心；盗贼蜂起，几成燎原之势。"[②] 清初诗人、也是王士禛祖籍诸城好友的丁耀亢《椒邱集》卷二有《捕逃行》一诗，云：

> 嗟尔逃人，胡为乎来哉？昔为犬与豕，今为虎与豺。犬豕供人刀俎肉，虎豺反噬乡邑灾。尔生不辰遭杀掳，不死怀乡亦悲苦。何为潜伏里中村，一捕十家皆灭门。择人而食虎而翼，仇者连坐富者吞。嗟尔已为人所怜，何为害众祸无边？皇恩新赦有宽令，都护爱人惜尔命。甘死北地莫投亲，普天何地非王民。

此诗最后几句重足而立，当然不是颂圣。王士禛另一朋友蒲松龄《聊斋志异》多篇涉及"逃人法"，其中《仇大娘》一篇写仇禄为怨家魏某所陷，"诬禄寄资，禄依令徙口外"。仇禄仅仅被诬有逃人"寄资"（非窝藏逃人），便遭流放。《黎氏》写谢某娶了个媳妇是逃犯，回家变成大灰狼，吃完他儿吃他娘，以荒诞手法写出了"逃人法"的惨无人道。

清初触犯"逃人法"，不论身份高低，都会遭灭顶之灾。如投降清朝并功勋懋著的靖南王耿仲明就是一个。据《清史稿》本传，在入关之前，崇德七年，"有逃人被法，仲明为收葬设祭"。入关之后，耿仲明继续庇护逃人，于顺治六年（1649）被人告发，"畏罪自缢于吉安"。

"逃人法"如此神人共愤，祸害深重，但其肆虐情形，我们在铺天盖地的"辫子戏"和清代历史小说中却难见其踪影（我们见到的多是对清初统治者雄才大略、儿女情长的咏歌赞叹），学术界研究"逃人法"的也不多，尚未见到有专

① 《清圣祖实录》卷二一康熙六年田六善疏中语，四库全书本。
② 魏裔介《兼济堂文集》卷九，四库全书本。

著出版，甚至连相关资料汇集也没有。

清朝入关后，扶植儒学以维护其统治，而“逃人法”苛政，是彻底反儒学乃至反人类的。清朝统治者也明白这一点，所以不准士大夫议论此事。一旦见之奏章，严惩不贷。

清代“逃人”问题，以山东最严重，这是因为辽东历代与山东关系密切。明代辽东包括努尔干都司，都属山东按察使司管辖。明崇祯前期叛逃满洲的孔有德、耿仲明、尚之信等，也从山东挟去大量移民。明崇祯十二年、十五年清兵两次入关抢掠，都及山东之境，孔有德等都是先锋向导。他们熟悉山东虚实，且与辽东避难山东的难民中潜藏的奸细里应外合，所以山东受祸最惨。特别是崇祯十五年（1642）一役，清兵共破关内八十余城，仅山东就六十座，占七成以上！康熙《昌邑县志》卷一《兵氛》崇祯十五年（1642）条下：“本年十二月，清兵数万围昌，至十六日城破，官民杀戮一空，尸积重叠。好义者每街二十余步即聚尸五七十为堆，加房木引火于上，炎焰上腾，腥风扑地，惨不可言。”曹寅的岳父姜士桢就是在这时被掳的。同他一起被掳北去的山东人，达数十万。

旗下奴仆中山东人最多，自然逃人案山东发生的也最多。顺治十四年（1657）四月直隶山东河南总督张悬锡忧愤自杀，遗书中有云：“皇上严禁逃人，而地方棍徒，每借假逃人之名以行诈，此风不息，天下不得平也。”山东人对“逃人法”（当然主要是反对其中处置“窝逃”的条款）的抵制也最力。《清史稿》载以反对“逃人法”被流徙者只有两人，一个是寿光魏琯，一个是高密李茵。

《清史稿》卷二四四《魏琯传》：

> 八旗逃人初属兵部督捕，部议改归大理寺，琯疏言其不便，乃设兵部督捕侍郎专董其事。又言：“逃人日多，以投充者众。本主私纵成习，听其他往，日久不还，概讼为逃人。逃人至再，罪止鞭百，而窝逃犹论斩，籍人口、财产给本主。与叛逆无异，非法之平。”下九卿议，改为流，免籍没。又言窝逃瘐毙，妻子应免流徙，时遇热审，亦应一体减等。上责其市恩，下王大臣议琯巧宽逃禁，当坐绞，上宽之，降授通政司参议。德州诸生吕煌窝逃事发，州官当坐罪，琯持异议。王大臣劾琯，因追议琯前请热审减等为煌

地，坐夺官，流徙辽阳，卒于戍所。[①]

同卷《李裀传》谏“逃人法”疏，为同类文章中最痛切者：

皇上为中国主，其视天下皆为一家。必别为之名曰“东人”，又曰“旧人”，已歧而二之矣。谓满洲役使军伍，犹兵与民，不得不分；州县追摄逃亡，犹清勾逃兵，不得不严核：是已。然立法过重，株连太多，使海内无贫富良贱，皆惴惴莫必旦夕之命。人情汹惧，有伤元气，可为痛心者一也。法立而犯者众，当思其何利于隐匿而愍不畏死。此必有居东人为奇货，挟以为囮。殷实破家，奴婢为祸，名义荡尽，可为痛心者二也。犯法不贷，牵引不原，即大逆不道，无以加此。破一家即耗一家之贡赋，杀一人即伤一人之培养。十年生聚，十年教训，今乃用逃人法戕贼之乎？可为痛心者三也。人情不甚相远，使其居身得所，何苦相率而逃，况至三万之多？其非尽怀乡土、念亲戚明矣。不思恩义维系，但欲穷其所往，法愈峻，逃愈多，可为痛心者四也。自逮捕起解，至提赴质审，道路驿骚，鸡犬不宁。无论其中冤陷实繁，而瓜蔓相寻，市鬻锒铛殆尽。日复一日，生齿雕残，谁复为皇上赤子？可为痛心者五也。又不特犯者为然，饥民流离，以访察东人故，吏闭关，民扃户，无所投止。嗟此穷黎，朝廷方蠲租煮粥，衣而食之，奈何因逃人法迫而使毙？可为痛心者六也。妇女踯躅于郊原，老稚僵仆于沟壑。强有力者，犯霜露，冒雨雪，东西迫逐，势必铤而走险。今寇孽未靖，招抚不遑，本我赤子，乃驱之作贼乎？可为痛心者七也。臣谓与其严于既逃之后，何如严于未逃之先？今逃人三次始行正法，其初犯再犯，不过鞭责。请敕今后逃人初犯即论死，皇上好生如天，不忍杀之，当仿窃盗刺字之例：初逃再逃，皆于面臂刺字。则逃人不敢逃，即逃人自不敢留矣。[②]

此疏最终还是没有打动统治者的心肠：“下王大臣会议，佥谓所奏虽于律无

① 《清史稿》卷二四四，四库全书本。
② 《清史稿》卷二四四，四库全书本。

罪，然‘七可痛’，情由可恶，当论死，上弗许，改议杖，徙宁古塔；上命免杖，安置尚阳堡。逾年，卒。”

出生于“江北青箱”儒学世家的王士禛，良知和正义感是有的，面对伤及同类、祸害深重的“逃人法”，应该是深恶痛绝。但他的个性修养，决定了与“逃人法”暴政斗争的方式比较特别。

从心理学气质类型的角度看，王士禛近于“粘液质”，不像多血质那样直率，也不似胆汁质那样果敢。但他对同乡魏琯、李裀针锋相对的斗争方式持欣赏态度，《居易录》卷五有关于魏琯的一段文字：

魏侍郎（琯）昭华，寿光人，尝以御史巡按甘肃。至一驿，甚荒阒，驿丞言有怪异，不可居。魏强之，稍令扫除，命从行吏役数十人宿门屏间，而自据一榻于堂上，枕剑而寝。时月色皎甚，三更后，树叶骤响如雨。久之，闻东庑噂沓似数十人偶语者。俄见一人，绿衣幞头，长尺许，趋树下；又有朱衣紫衣青衣数十辈继之，长皆尺许。又久之，众细语推让移时，倏见绿衣出，趋至阶下，鞠躬而揖者三复，趋树下；朱衣紫衣辈以次趋上，揖如前。既毕，魏大呼从者。众闻人声，复急趋东庑，寂然矣。魏手剑命炬，兵士皆握刀从庑后迹之，瓦砾纵横，蓬蒿蒙翳，阒无人迹。至堂偏一小室，有人语声切切然，辟户，则积尘盈寸，更无所睹。尘中有一印篆文曰“巡按辽东”，不喻所谓。候晓乃行，后历官兵部督捕右侍郎，以言事谪戍辽东云。

王士禛以类《聊斋》笔法，曲折表彰敢于直陈“逃人法”之害的魏琯，所谓“感动神明”。

魏琯所任“督捕右侍郎”，即“逃人法”的执法者。后来王士禛于康熙二十九年任此职。《香祖笔记》卷四有相关“述职报告”：

兵部有督捕，满汉侍郎二人（满左汉右），左右理事官四人（满官二人，汉官二人），专司缉捕八旗逋逃之事。其属汉郎中一人，员外郎一人，主事六人，司务一人。今归之刑部，曰“督捕司”，止设汉郎中主事各一人，《管子》所谓仆区是也。昔耶律文正公楚材对元世祖曰："今天下一统，逃将安之？"此言最得大臣之体。予先曾官督捕侍郎，今十四五年，官刑部尚书，复兼领是事，惟以文正之意，仰承朝廷宽大之恩，宣布四方而已。故终岁不劾一失察之官，不治一窝隐之罪，非敢纵也，亦古人所云无扰狱市之意而已。①

任此职者，当然不能以违法必究、执法必严为贵。"终岁不劾一失察之官，不治一窝隐之罪""玩忽职守"的王士禛，面对借"逃人法"为非作歹者却不轻易放过。《渔洋山人自撰年谱》卷下康熙三十一年（1692）条下，记他在督捕侍郎任上一事：

克什兔者，红带宗属，自四川随征回京，至凤翔病疽危甚。有张希仁者，业疡医，药之而愈。克什兔遂携入京师。张有子玉、女蛇妃等九人。克什兔利之，私诈伪契，诬以卖身。及张归凤翔，克什兔即以逃人告，提比解至，部谳得实。山人与席珠公断张夫妇子女归复版籍，为良民，克什兔送宗人府察议。克什兔怒，牒诉掌宗人府郡王。郡王召侍郎辨质，克什兔辞塞，于是府是部议，克什兔革职鞭责。山人在部不以强御骫法，率如此也。②

王士禛对统治者放宽"逃人法"，对旗主放弃"逃人法"给予的权力，也不吝笔墨，予以表彰。《居易录》卷二七：

特旨允福建巡抚、副都御史卞永誉请宽三藩下及孙延龄下入官脱逃人犯，地方官员考成处分之例。先是，逆藩吴三桂、耿精忠、尚之信及广西将军孙延龄下伪包伪标人员起解入旗逋逃者众，九卿会议，责令滇、闽、粤东西地方官员缉获。一年不获，即罹降罚，罕得免者。诸抚臣王继文、王起元等，先后上疏，请照逃人例案缉，每年终出具印信甘结。如后有发觉，照隐

① 王士禛：《王士禛全集》，齐鲁书社，2007年，第4538页。

② 王士禛撰，孙言诚点校：《王士禛年谱》，中华书局，1992年，第46页。

匿之例处分。户部以事系九卿会议定例不允。至是，闽抚复以为言，遂得俞旨，皇恩浩荡，四省地方官始得息肩矣。①

王士禛在《居易录》卷一九有一段表彰旗主放弃追究逃人的记载，事涉王士禛故里新城：

新城民牛德者，鬻身及妻女于旗下，逃归十余年矣。一旦为有司获解，自供子女几人，有司复查解到部，而长女、次女皆已适人，有司来请明示。按条例，长女系旗下所生带逃，应提解；次女系逃后民间所生，应追身银四十两，解部给主。予以提解，则夫妇离异，方难之，其旗主李文士者，忽具呈自言不忍其夫妇断离，人与身银俱不愿领，祈行地方官各令宁家，永无改悔。予惊叹曰："世乃有如此人乎？阴德大矣，其后必昌。"亟面加奖励准行，而二女皆安室家矣。文士之义，不可不使湮没无传也，特表而出之。②

从王士禛对放弃"逃人法"给予的权力的旗主的有失分寸的过度表彰，我们自然不难体会他对"逃人法"的深恶痛绝。

王士禛诗歌虽"羚羊挂角，无迹可求"，其中明显涉及当时禁忌话题"逃人法"者几乎没有，但只要读者神而明之，还是会发现一些痕迹。如《渔洋山人续集》卷九作于康熙丙辰（1676）的《秋夜闻雁》"北向早旋归，宁忘弋者叹"；同书卷一二作于康熙己未（1679）的《雁》"阮州射生满，好避弋人机"，都以雁喻逃人，也隐斥"逃人法"无道。同书卷一〇作于康熙丁巳（1677）的《牛捕鱼追述淮上所见》"奈何太牢氏，凌暴及水族"，如果说以"太牢氏"喻汉人督捕，以水族喻逃人，也不算牵强。而《渔洋山人诗集》卷二〇作于康熙丙午（1666）的《青州有感》"网户昨宵归宿燕，觚棱今日委荒云"，如果说以"网户"隐指督捕者，以宿燕指逃人，而以"觚棱"譬喻正直刚烈、为民请命的李裀、魏琯等人，也说得过去。

① 王士禛：《王士禛全集》，齐鲁书社，2007年，第4213～4214页。
②《四库提要著录丛书》，北京出版社，2010年，第426页。

从康熙中期开始，“逃人法”逐渐宽松，其中有康熙帝玄烨个人因素。他要用“理学”束缚汉族人，也不得不让满洲肆虐的魔掌有所收敛。也与八旗经济状况有关，清初是掠夺经济，可以养活大量奴仆。随着天下平定，人丁滋生，掳掠已少用武之地，单凭每月的粮饷，奢华成性的满洲人自顾不暇，难以豢养大量奴仆。当然，更与汉族人的斗争、抵制有关。魏琯、李裀式慷慨激烈的斗争有作用，王士禛式表面温和但颇具韧性的斗争方式，也有作用。

古今“官年”

古人有“寿为福先”之语，与现代人所说的“身体是革命的本钱”，颇能相互发明。而自古以来人们对长生不老、青春永驻的渴望，和对人生易老、岁月不居的忧虑，也并无二致。

我们不必批评屈原“老冉冉其将至兮，恐修名之不立”“惟草木之零落兮，恐美人之迟暮”缺少达观，也不必讽刺秦皇汉武信任方士求长生之药过于荒唐。看看现实生活中保健用品和化妆品市场的红火，其广告宣传之神乎其神；再看看人们对“调理身体”“祛病健身”的气功大师们的狂热迷信，真正是“人情不甚相远”。

古今中外，人们为了健康长寿，可以说无所不用其极。有些方法诸如健身、疗养、对任何人都适用。不过有一个青春常驻的秘方，却是古今儒林、仕宦的专利，平民百姓对它也不感兴趣，那就是伪造、涂改履历、档案，于是就有了所谓的“官年”。

清初文坛领袖王士禛《池北偶谈》卷二有这样一段文字：

> 三十年来士大夫履历，例减年岁，甚或减至十余年；即同人宴会，亦无以真年告人者，可谓薄俗。按洪容斋《四笔》，宋时有官年、真年之说，至形于制书。乃知此风由来远矣。独寇莱公不肯减年应举。又《司马郎传》：“伯达志不减年以求成。”则汉、魏间已有之。[①]

古代士大夫填写履历，自减年岁，其目的当然是明确的，那就是想以虚拟的年轻的优势，得到实际的好处：选补要缺，在官场上多混些年头，多捞它几把。

① 王士禛：《池北偶谈》，中华书局，1962年，第44页。

《池北偶谈》所说的“官年”薄俗，在清代小说中有所反映。产生于乾隆年间的《儒林外史》中有两个对比鲜明的例子。小说第三回写范进参加选拔秀才的考试，实际年龄是五十四岁，履历表上写的是三十岁。据这位老兄的令岳大人胡屠夫先生讲，范进是个“烂忠厚没用”的老实人，但在自减年岁方面，也够大刀阔斧。后来他中了举人，中间又为老母守制三年，然后参加会试，金榜题名时，已近六十，却派了一个学政的肥差。小说第三十一回中的“真儒”虞育德太死心眼，在进士履历表上填写了实际年龄（五十岁），虽然比范进年轻近十岁，但天子看了，说：“这虞育德年纪老了，着他去做一个闲官罢。”补了国子监博士的冷板凳。列位，这就是“官年”的妙用。笔者曾听说某地一领导干部，他的“官年”稍小于其长子年龄。如果在清代，实在不足为奇。以范进为例，如果他在当时法定婚龄 16 岁结婚，17 岁生子，他考中秀才的那一年儿子 37 岁，比他履历表上的年龄大 7 岁。

年龄在先秦时代，就已经作为官吏的考察内容。《周礼·夏官·司马下·司士》：“司士掌群臣之版，以治其政令，岁登下其损益之数，辨其年岁与其贵贱。”《礼记·曲礼上》有关于年龄的具体规定：“人生十年曰幼，学；二十曰弱，冠；三十曰壮，有室；四十曰强，而仕；五十曰艾，服官政；六十曰耆，指使；七十曰老，而传。”照此规定，古人仕宦至六十，就应该退居二线，备位顾问；至七十，则应悬车致仕，办理离退休手续了。这与现代人事制度差别并不太大。只是古代官吏的退休年龄不是硬性指标，并且古人重视的是生理年龄，而非自然年龄。四五十岁，如果未老先衰，可以退休；七八十岁，如果精神矍铄，仍可备位政府。这比当今病退、买断工龄早退、离退休后返聘，还要灵活一些。但无论怎么说，相对于才能、操守、政绩等考察内容，年龄这个指标弹性还是太小了。不过这也难不倒名利熏心的士大夫们，于是就有了“官年”猫腻。

清代士大夫履历自减年岁的情况，似乎特别严重，这一是由于清朝考察官吏制度较之前代更完备，考察内容的“四格”和处分不合格官吏的“八法”中，都有关于年龄的明确规定。其次，由于清朝实行的是“首崇满洲”的歧视政策，汉族知识分子进入统治阶层的机会太少，加上有许多空缺是留给以真金白银捐官的“资郎”，在三年一度的“京察”“大计”中，因年龄问题被裁汰的可能性较之前代更多一些。当时士大夫，自减年岁，以求免于被过早淘汰，倒也有情可原。如今高考分省录取，在教育发达、录取分数高的地区，成千上万的落榜生，到录取分数低的地区，投亲靠友，复读应考，以求得自我发展的机会，也是“其势使然”。

社会在进步，时代在发展，现实生活中的“官年”现象，在有的地区、有的时候，较之古代有过之而无不及，并且花样翻新。古代的“官年”一般比实际年龄小，现实生活中，有的“官年”可能比实际年龄大。如某地上幼儿园小班的儿童占国家公务员编制，他的“官年”可能是他实际年龄的几倍！古代有“未离阿保手，已绾大夫章”的情况，但那是封建世袭，用不着虚增年岁。

《清世祖实录》顺治十二年（1655）四月，福临降旨禁士子隐匿实际年龄，有云：“近来进呈登科录，及乡会试等卷，率多隐匿年岁，以老为壮，以壮为少。甚至染剃须鬓，饰貌美观。”在今天看来，年老的装扮年轻的，还是容易的事情。已到更年期的男女明星，扮演妩媚撒娇的少女和憨头愣脑的小伙子，都自我感觉良好。但让一个才爬出襁褓的幼儿看上去像个威仪逮逮的国家公务员，谈何容易。

古人把“官年”现象仅仅视为一种“薄俗”，对它的态度未免过于宽容，所以屡禁不止，甚至变本加厉。今天，把伪造、涂改个人档案视为一种违法行为，如果有章不循，有法不依，同样会愈演愈烈。遏制这种现象，对于崇诚信、敦风俗、明廉耻、端吏治，提高政府威信，建立公平竞争的社会秩序，都是非常必要的。

丁肇中的成功给我们的两点启示

美国华裔物理学家丁肇中先生，在 1976 年诺贝尔物理学奖授奖仪式的演说词中有这样一段语重心长的话：

> 我是在旧中国长大的，因此想借这个机会向在发展中国家的青年们强调实验工作的重要性。中国有一句古话："劳心者治人，劳力者治于人。"这种落后的思想，对在发展中国家的青年们有很大害处。由于这种思想，很多在发展中国家的学生们都倾向于理论的研究，而避免实验工作。事实上，自然科学理论不能离开实验的基础，特别是物理学，它是从实验中产生的。我希望由于我这次得奖能够唤起在发展中国家的学生们的兴趣，而注意实验工作的重要性。

丁肇中先生祖籍山东日照，说起话来和齐鲁大汉一样实在。的确如丁先生所言，重视实验，重视动手，是近代以来西方科学技术获得长足进步的基本原因，甚至也就是西方文明后来居上的原因。于是我们也找到了中国落后于西方的原因，16 到 19 世纪，当西方知识分子热衷在实验室里拿着解剖刀、弹簧秤、试管、烧瓶研究人体、杠杆和化学物质并日益见诸实用的时候，中国的儒生则在钻故纸堆，写八股文，或摩挲商鼎周彝、秦玺汉印，辨蝌蚪、品铜锈而赏墨花！

科学家在中国属于知识分子，按传统的分法是"劳心"阶层，但他们不能像传统的知识分子一样，整天坐在书斋里，与书本和文房四宝打交道。做实验与野外考察是他们经常性的工作，而这些工作有很大的"劳力"成分。如居里夫妇从几十吨废矿渣中提炼那 0.1 克镭盐，在简陋的"棚户"般的实验室中，居里夫人这个文弱的女博士，每次举起 20 公斤重的矿渣，倒入冶炼锅熔化，然后持续几小时不停地用一根粗大的铁棍搅动沸腾的材料，从中提取千百万分之一的微量物质。而这种工作持续了近五年（1898—1902），重复了几万次！其工作量与劳动强度超过了锅炉工和炼钢工人！

丁肇中先生所说的“劳心者治人，劳力者治于人”的“落后思想”，出自《孟子·滕文公上》。其实孟子的主张，是对农家者流许行“贤者与民并耕而食，饔飧而治”的无政府主义的反驳。孟子社会分工的思想，比许行更进步一些。他鄙视体力劳动，与孔子骂学稼穑的樊迟为“小人”，斥经商的子贡“不受命”一样，也是在儒言儒，卖什么吆喝什么——学而优则仕的儒家，即使在当时的知识阶层，也不过是百家中的一家。但当这种偏颇的价值观被普遍接受以后，其消极作用便越来越明显。

今天，“劳力”“劳心”的社会分工仍然存在，我们祖先留下的故纸堆，仍然需要有人去专心致志地钻研、整理，在市场经济社会，我们还担心这些人耐不住“劳心”的单调和寂寞。对于那些有志献身科学的青年朋友来说，应乘尊重知识、尊重科学的时代东风，克服传统落后观念的影响，重视“动手”，重视实验，去攀登科学高峰。

丁肇中先生对发展中国家青年的教诲是宝贵的。不过在他的科学事业中，还有一种经验更为宝贵：那就是团结协作的精神。发现J粒子，从某种意义上说，是丁肇中及其领导的研究小组团结协作的结果。想一想，单单为实验建立屏蔽设施的那一万多吨混凝土、一百多吨铅、五吨多肥皂，就需要耗费多少人力物力，需要多少人的协调合作。现在，丁肇中领导的一个正在进行的项目——研究与宇宙大爆炸有关的反物质现象，其合作范围更广。大家可能知道，由美国发射到太空的观测仪器中的巨大磁铁，是由中国制造的。

随着科学技术突飞猛进的发展，各学科的相互交叉、渗透，小生产式的科研时代早已过时。当代科学的发展，已从近代的“单干户”形式日益发展到社会化程度。20世纪70年代，为了适应这种现代科学实验的复杂设备和多学科“联合作战”的需要，产生了综合数学、物理、生物等学科的最新理论和对比研究的新兴学科——实验工程学。在这种形势下，团结协作的精神也就更加重要。

社会上常有人说：“一个中国人是条龙，一个日本人是条虫。三个中国人是条虫，三个日本人是条龙。”这是讽刺中国人不能团结互助，人一多就互争互斗搞内耗。在团队精神强烈的日本，是众人拾柴火焰高；在缺乏团结协作的中国则会出现一人拾柴生火、众人齐泼冷水的惨况。也有人把中国人与西方人的嫉妒作过比较，说在西方是你好，我要比你更好；在中国，则是你好，我给你捣乱使坏，让你好景不长。所谓“木秀于林，风必摧之；堆出于岸，流必湍之；行高于人，众必非之”，竟可悲地被视为当然。在近代史上，中国饱受列强欺凌，除了国力问题外，勇于内争、怯于外战的劣根性，也是其中原因。

我们的祖先曾经是世界上最善于动手的人，中世纪阿拉伯人有这样的说法：“上帝给阿拉伯人以舌，中国人以手，希腊人以脑。”这可能就是中华文明在古代长期领先于世界，我们的祖先“阔多了”的原因。可惜“四大发明”没申请专利，不肖子孙们吃不成老本。

我们的古圣先贤，很早就认识到集体智慧的优越性、团结协作的重要性。儒家把朋友列于“五伦”之一。《论语》开篇《学而》就有“有朋自远方来，不亦乐乎”“就有道而正焉”等语；其《述而》篇又有“三人行，必有我师焉”之言。进德修业，有朋友相互切磋启沃，集思广益，去其偏颇，益其未能，则其道不孤，其业日广。后世学者，其才德多不如孔子，有何理由予智自雄，党同伐异?

丁肇中以及海内外无数中华儿女在当今科学技术以及其他方面取得的辉煌成就，使我们看到了华夏儿女有克服自己民族传统中落后观念、打破自身保守性的深厚潜力，这是中华民族伟大复兴的保证。

周亮工的“奸伪”

清朝雍正四年（1726），翰林院侍讲钱名世以谄附年羹尧，被革职并逐回原籍禁锢，雍正帝亲书“名教罪人”榜其门，又令科目出身的京官写诗讽刺他，由钱名世统一收集，刊刻进呈。詹事陈万策因诗中有“名世已同名世罪，亮工不异亮工奸”之句，大称旨。

《永宪录》的作者萧奭以为，这两句诗分别以戴名世与周亮工比钱名世，因“其名与字互同戴名世、周亮工”。后人大都同意这种说法，当代著名清史研究家冯尔康在《雍正传》中还为之作了解释，以为这两句诗“意思是说这个钱名世与做《南山集》犯案的戴名世同名，都犯了叛逆罪；这个钱亮工，与被劾下狱的周亮工是同样的奸伪之人”。这两句诗的前一句，把钱名世与戴名世相比，是毫无疑问的，两人都以文字得罪，有可比性；但说后一句以钱名世与周亮工相比，似乎难以成立。

周亮工，字元亮，号栎园，是明末清初的文坛领袖，他曾两次被参劾查办：第一次是顺治十二年（1655），福建总督佟岱参劾他在福建按察使、布政使等任上“贪酷”“计赃累万，情罪重大”（《清史列传》本传）；第二次是康熙八年（1669）漕运总督帅颜保参劾他“纵役侵扣诸款”（其事与其通家后辈曹雪芹在《红楼梦》第九十九回所述贾政“守官箴恶奴同破例”最为相似），都是经济问题，后来又都被证明无罪，与钱名世缺乏可比性。在他死后一直到乾隆帝编《四库全书》，他也没有“奸伪”的恶谥。相反，对他的赞美表彰倒有加无已。他生前游宦有惠政的山东潍县、江苏扬州、福建福州等地为他建的祠堂，一再重修。康熙四十六年（1707），扬州人重修周亮工祠堂，并请当时以江宁织造兼两淮巡盐御史的曹寅作文记之，此文即《楝亭文钞》中的《重修周栎园先生祠堂记》。曹寅把周亮工与韩愈相比，说他：“屡踬屡兴，刚直自砺，始终未尝惫，所谓名世应运而起如公者，盖不能一二见也。”[①] 如果康熙时周亮工“奸伪”成为定论，曹寅恐怕不敢这样推崇。

中国第一历史档案馆编《雍正朝汉文朱批奏折汇编》第36册，有雍正八年四月二十九日周亮工之孙周鸿举自述奏折一件，有云：“臣豫省庸才，汴梁末质，臣祖周亮工，原任江安十府粮道；臣父周在建，原任江南广德州知州，并登仕籍，世受国恩。”如果在雍正时周亮工的“奸伪”是共识，面对雄猜狠毒的雍正帝，周鸿举未必敢将其祖之名形之章奏（自述奏折没必要介绍家庭成员）。

乾隆三十九年开始编写的《四库全书》，曾录周亮工著作五种，存目三种，后因弘历发现周亮工《读画录》中有表彰明遗民的文字，于乾隆五十二年下诏将其全部著作撤毁，并将《四库全书》中出现周亮工名字处，一律挖改。详情可参见陈垣先生《四库提要中之周亮工》一文。可见周亮工以文字得罪，是在乾隆后期才最后定案。如果在这之前，他就以“奸伪”闻名，以乾隆帝忌讳之森严，《四库全书》的编纂者可能连他的一本书也不敢著录。

综上所述，陈万策“亮工不异亮工奸”，如果是以周亮工与钱名世相比，未免有超前意识。而且前句“名世已同名世罪”中的“名世”，都是名而非字；而“亮工”是钱氏之字，周氏之名，仅从对偶来说，也拟于不伦。那么，陈万策拿来与钱名世相比的“亮工”是谁呢？毫无疑问，这个人就是钱名世所党附的年羹尧。《清史稿》卷二九五年羹尧本传：“年羹尧，字亮工，汉军镶黄旗人。”[②] 至于年氏九十二大罪中，奸伪之罪，可以说多了去了。至此，我们可以重新解释陈万策的这两句诗：钱名世与戴名世同名名世，皆以文字取罪；与年羹尧都字亮工，而同奸相济。

“亮工”二字，出于《尚书·虞书·舜典》：“咨，汝二十有二人，钦哉！惟时亮天功。”[③] 毫无疑问，三人之中，还是以年氏名羹尧字亮工取典最为贴切。对于年羹尧之字，萧奭也知道。《永宪录》卷一，康熙六十一年十一月，雍正帝登基后，召皇十四弟驰驿回京，将抚远大将军印务交川陕总督年羹尧，其下注

---

① 曹寅：《楝亭集》，上海古籍出版社，1978年，第671页。

② 赵尔巽等撰：《清史稿》卷二九五，中华书局，1977年，第10355页。

③ 李学勤主编：《尚书正义》，北京大学出版社，1999年，第82页。

云："龚尧字亮工，奉天镶白旗人。"

《永宪录》据作者原《序》，作于乾隆十七年（1752），这可能是开始作书之年，未必是成书之年。更何况作者于《序》中明言"其中残失良多，以俟多闻者续之"。本书辗转收藏，至民国始出，其间经过后人改窜无疑。乾隆五十二年因弘历发现周亮工《读画录》中表彰明遗民的文字，导致《四库全书》的一次小返工，周亮工"奸伪"之名，亦因此大著于天下，改窜者（或修订者）把陈万策"亮工不异亮工奸"，附会到周亮工身上，正在情理之中。即使是萧奭原文，我们也可以这样解释：萧奭是扬州人，周亮工于扬州人有深恩渥泽，如曹寅《重修周栎园先生祠堂记》中所说，他在顺治初年任两淮盐运使、扬州兵备道期间，"不逾年扬之人商贾者复其业，耕凿者宁其家，又能曲护其士大夫，赎俘虏，掩残骸，宣布天子之德威，滨海千里，得以安生浃化，若赤子之于父母"。他也因此赢得了扬州人的世代怀念，人们看到"亮工"二字，首先想起的就是周亮工。

最后需要指出的是，"奸伪"二字，对周亮工未必是贬义。清人文字，多微词、巽词、诡词，萧奭《永宪录》绝对不是让雍正皇帝那些胡作非为作为大经大法，流芳千古，垂宪万世，而是让它们成为千古笑柄，遗臭万年。邓之诚先生在为本书写的《跋》中所谓"永宪者，永其恶也"，实得作者本意。周亮工作为被征服民族的一员，良知未泯，表面上与征服者合作，实际上对他们的野蛮暴行予以潜消默夺，这对征服者来说，是"奸伪"，但对处在水深火热中的被征服者来说，则是功德无量。

附录

王宪明教授学术成果一览

一、新浪博客“通灵唯心”上发表的博文

新浪博客显示总共发表博文371篇，其中红楼心史38篇，红楼史案79篇，红楼礼学19篇，红楼易学25篇，超然文丛75篇，世态杂评32篇，青阳丛话4篇，红史索瘢6篇，总计278篇，跟371篇不符。这278篇中，跟《红楼梦》有关的论文167篇，《潍畔论学·红楼杂说》仅仅收文64篇；超然文丛和青阳丛话共79篇，对应的是《潍畔论学》的“桑梓情深”，但可以肯定的是大多数博文没有收入“桑梓情深”，例如青阳丛话4篇，而收入“桑梓情深”中的只有1篇。博文中的世态杂评因为不是学术论文，故在《潍畔论学》中一篇未录。

新浪博客查询到历年发布的博文数量：

2007	2008	2009	2010	2011	2012	2013	2014	2015	2016	2017	2018	2019	2020	2021
25	85	25	24	11	10	16	3	1	4	10	20	56	25	35

上表中各年篇数相加，是350篇，仍跟371篇不合。

二、个人的独著、主编的书籍、整理的古籍等学术著作18种（按出版时间排列）：

1.《刘墉传说全编》，潍坊市新闻出版局准印，1996。

2.《观察与记忆》（“青少年智育丛书”中的一册），山东教育出版社，2002。

3.《东武诗存》（古籍点校），中华书局，2003。

4.《红楼心史》（含《红楼梦中的神圣诫命》《红楼易学摭谈》《红楼人名寓意》《衡王府与红楼梦》四种），中国档案出版社，2007。

5.《清爱堂遗闻》，西泠印社出版社，2007。

6.《续东武诗存》，西泠印社出版社，2007。

7.《北海文化世家》（主编），天津人民出版社，2007。

8.《潍坊名门世家》（主编），中国文史出版社，2012。

9.《明清诸城王氏家族文化研究》，中华书局，2013。

10.《李澄中文集》（古籍点校），中州古籍出版社，2014。

11.《诸城王氏家风》，人民出版社，2015。

12.《王钺》（诸城名人传记丛书），中国文史出版社，2016。

13.《诸城历史编年》（主编），武汉出版社，2019。

14.《苏轼密州诗文编年》，中国文史出版社，2021。

15.《历代诗咏潍坊总汇》（主编），山东人民出版社，2021。

三、发表论文34篇（据中国知网，按发表时间顺序排列）：

1.《青州偶园与大观园》，《昌潍师专学报》，1994年12月15日。

2.《青州衡王府与〈红楼梦〉》，《昌潍师专学报》，1996年12月25日。

3.《〈醒世姻缘传〉中的明代山东史料》，《蒲松龄研究》，1997年07月05日。

4.《真假有无与“借事明义”——兼论索隐派》，《红楼梦学刊》，1997年11月15日。

5.《〈红楼梦〉中的朱子学》，《昌潍师专学报》，1997年12月25日。

6.《撷芳殿三题》，《紫禁城》，1998年05月15日。

7.《〈聊斋志异〉中的明代山东亲王》，《蒲松龄研究》，1999年01月05日。

8.《茧绸小考》，《红楼梦学刊》，1999年08月15日。

9.《〈红楼梦〉纲领新说——兼论〈红楼梦〉与公羊学的关系》，《昌潍师专学报》，1999年12月15日。

10.《周亮工与王荪》，《中州今古》，2000年03月15日。

11.《王统照先生与蒲松龄研究》，《蒲松龄研究》，2000年04月05日。

12.《曹府不演〈桃花扇〉》，《红楼梦学刊》，2000年05月15日。

13.《洛（罗）兴华事件考略》，《潍坊高等专科学校学报》，2000年06月30日。

14.《张涟在北京的活动及其卒年考略》，《故宫博物院院刊》，2000年08月15日。

15.《孔子与河南》,《中州今古》,2001 年 01 月 30 日。

16.《〈红楼梦〉中的服色描写与“改制”意识》,《昌潍师专学报》,2001 年 03 月 30 日。

17.《畅春园恩佑寺》,《紫禁城》,2001 年 08 月 15 日。

18.《“有道君”与“有道之君”》,《咬文嚼字》,2002 年 01 月 15 日。

19.《清代帝王与柞蚕产业》,《古今农业》,2002 年 08 月 15 日。

20.《关于西花园》,《红楼梦学刊》,2003 年 02 月 15 日。

21.《刘孔集小考》,《蒲松龄研究》,2004 年 09 月 30 日。

22.《积厚流芳　继往开来——北海文化资源及研究展望》,《潍坊学院学报》,2007 年 01 月 15 日。

23.《〈狐联〉解字》,《蒲松龄研究》,2009 年 03 月 31 日。

24.《虞舜时代的伟大丰碑:营丘九头图与崇山石祖林》,《2009 中国(诸城)大舜文化学术研讨会论文集》,2009 年 06 月 20 日。

25.《读史随笔:关公崇拜》,《中华活页文选(高一年级)》,2009 年 12 月 01 日。

26.《刘墉的学术倾向及其影响——兼论清爱堂家学》,《潍坊学院学报》,2010 年 02 月 15 日。

27.《悠悠岁月长长的歌——从远古东夷乐舞到近代诸城琴派》,《2010 中国(诸城)大舜文化学术研讨会论文集》,2010 年 09 月 29 日。

28.《诸城古琴奠基者王溥长的家世与师承》,《潍坊学院学报》,2011 年 06 月 15 日。

29.《“严老爷”寓意》,《红楼梦学刊》,2011 年 09 月 15 日。

30.《元春“行参”小考》,《潍坊学院学报》,2011 年 10 月 15 日。

31.《诸城王氏古琴名家考略》,《齐鲁文化研究》,2011 年 12 月 31 日。

32.《高屋建瓴　体大思精——读于培杰教授〈艺术节奏论〉》,《潍坊学院学报》,2013 年 06 月 15 日。

33.《诸城前寨大汶口文化陶文解读》,《潍坊学院学报》,2014 年 08 月 15 日。

34.《明代瞽者李杲与〈新刻金瓶梅词话〉》，《潍坊学院学报》，2023 年 02 月 25 日。

四、《超然台》发表 18 篇：

1.《情深乡土，感会风谣——诗人臧克家与诸城》

2.《六朝安丘伏姓的复兴与家风之变》

3.《罗廷璋与超然台》

4.《悠悠岁月长长的歌——从远古东夷乐舞到近代诸城琴派》

5.《苏轼“易”学与其“超然”思想》

6.《刘墉的学术倾向及其影响》

7.《诸城市文化研究会成立十周年感言》

8.《解读前寨大汶口文化陶文》

9.《诸城古琴与相州王氏的渊源》

10.《〈李澄中文集〉序》

11.《楚汉骑兵主力的潍畔决战——兼论灌婴对平定三齐的贡献》

12.《琅邪四时主祠与中华“历数”》

13.《诸城文化编年·秦汉》

14.《苏轼与诸城音乐文化》

15.《中秋词异文考辩》

16.《琼楼玉宇　云气高寒——苏轼的翰林情结及对诸城文化的影响》

17.《刘大同与孙中山》

18.《苏轼密州诗文编年》后记

五、有多篇文章发表在省市级报纸上，尚未搜集到；另外不少研究乡邦文化的论文被《诸城文化研究集粹》《龙城遐想》等文集收录。

红楼一曲真绝唱，潍畔斯人独憔悴

——王宪明教授《潍畔论学》编后记

一直喜欢宪明教授的文章，比如在他的新浪博客“通灵唯心”上看到一篇游泰山的文章，写他从外地归来路过泰山，因“时有余暇，囊有余资”，于是登泰山一览天下——这“时有余暇，囊有余资”八个字令我回味不已，历经二十年犹未忘。多年前一日乐朋教授忽发来微信，说看到一篇宪明教授的文章，赞叹不已，忍不住跟我分享。红卫教授也曾说一位名校博导见到宪明教授的文章及本人后，惊为奇才。

读宪明教授的文章洵为乐事，因他的文章绝不无病呻吟，所写或者为他人未及之奇奥之处，或者直指世道人心，前者令人进入新的奇异天地，后者令人悚然而惊；他的文章也不屑平淡为之，总是奇峰迭出，笔力矫健，文辞华美，情真意切，令人赏心悦目。

宪明教授毕业于华东师大中文系，本科毕业论文写的是王国维《人间词话》，属文学理论；毕业后一直教授外国文学，曾任外国文学教研室主任；他的处女作是在《昌潍师专学报》发表的一篇研究王统照《春花》的文章（可惜现在网上已找不到），属中国现当代文学；但他最得意的研究领域是“红学”，他研究成果最多的则是乡邦文化——在他出版的 18 种著作中，研究《红楼梦》的有 4 种，关于潍坊地方文化的有 13 种；这次收入《潍畔论学》的 150 多篇文章，有“红楼杂说”60 篇，“桑梓情深”70 篇，占比近 90%。这些文章或发表于学术期刊，或见载于学术专著，或发布于新浪博客，或为未刊稿，虽然只是宪明教授科研成果的一小部分，但窥斑知豹，读者可大略了解宪明教授学术论文的特点。

窃以为两类读者最应读《潍畔论学》。一是《红楼梦》的读者或者研究者——不读此书，不知道《红楼梦》并非反理学的小说，不知道《红楼梦》是以儿女律士大夫的“正心”之作，不知道《红楼梦》是“以梦幻寓现实，以家寓国，以儿女律士大夫”的沉痛之作，不知道《红楼梦》甲戌本脂砚斋批本之伪的铁证，更不会知道《红楼梦》跟易学、跟衡王府的关系；二是潍坊古代文化的关注者和研究者——读此书可以知道营丘九头图和崇山石祖林的奥秘，可以知道韩信、灌婴潍水大战的细节，可以知道郑公祠的朝山是碑产山，可以知道刘墉家族清爱堂的学术背景，可以知道诸城古琴大师们的确切记载，可以知道潍坊文化的概况。

《潍畔论学》一书在手，不仅可撷取宪明教授翻烂了几部《红楼梦》所得的石破天惊的红学感悟，可了解他驾车十万里、沉潜三十年挖掘出来的丰硕地方文化成果，而且可以在读到以下文字时或会心一笑，或心神俱震：“有刘统勋一日在，纪昀和姚鼐是盐梅；刘统勋一日不在，两人便成水火冰炭。”“清代名臣，出于宋学者多。实因宋学派能鉴于宋明之教训，又吸收汉学派之长处，综核名实，实事求是，克服其予智自雄、空虚臆断、高树名义、门户水火之弊，较之那些辨蝌蚪、品铜锈、赏墨花，支离破碎，玩物丧志的汉学家，更能从整体上把握事物，通权达变。”“通灵宝玉上‘莫失莫忘’四字，是最无畏的抗议，最严峻的告诫，最沉痛的叮咛，是全书灵魂所在。”“通灵宝玉背面的三句铭文‘一除邪祟，二疗冤疾，三知祸福’，道出了记忆——历史的功用，也道出了‘治心’的要诀。历史记录罪恶，抨击暴行，揭露谎言，谴责遗忘，唤醒迷茫，激发义愤，号召复仇，拨乱反正，一字之贬，严于斧钺，此所谓‘除邪祟’；原始要终，忏悔自新，表彰善良，安慰无辜，‘千红一哭，万艳同悲’，忠魂冤鬼，各有其归，此所谓‘疗冤疾’；‘以史为镜，可以知兴衰’，鉴往所以察来，记住黑暗所以远离黑暗，掌握历史规律与其趋势，斡旋气运，革故鼎新，补弊起废，变法改制，乾健不息，日进无疆，为万世开太平，此所谓‘知祸福’。”读这样痛快的文字，亦人间快事也。

奇人方能著奇文，宪明教授之奇，哪怕只是偶尔露之，已令人瞠目。宪明教授专心于学，对世事人情不甚关注。前几年德升教授来任文学院院长，入职后约一年，一次同事聚会，他忽然停杯而叹：“不知道什么时候能跟王宪明教授畅谈？”原来他主持文学院工作至今，一直想跟同院教师宪明教授交谈而不得。随后我约宪明教授跟大家聚会，聚会几次之后，院长对宪明教授有了深入了解，并被宪明教授的学识折服。我将院长的意思转告给宪明教授，宪明教授对院长也很是叹服。

宪明教授为学甚苦，犹记得早年《四库全书》光盘版刚刚面世之时，科技市场卖光盘的商家一次只能进几张盘，他就经常跑科技市场，买到光盘后回到家插入电脑，一页页、一张张地细读——易学典籍号称难读，他当时研究《红楼梦》易学，硬是用这个办法把《四库全书》中的易学书籍全都读完。近年来他主编《历代诗咏潍坊总汇》，竟然把八百巨册《清代诗文集汇编》浏览一遍，更不用说其他跟潍坊地方文化有关的文献。《潍畔论学》中所用的文献，除了常见的经、史、子、集，还有很多冷门书籍，令人不得不惊叹其治学之勤奋与艰辛。我们多次听宪明教授说他累，但看到他胖胖的身材，想到他豁达的心态和学究天人的境界，也没怎么在意。去年五月得知他突发重病，立送北京，由顶尖专家主刀方死里逃生，术后他的身体非常虚弱，不能正常工作，也不能读书著文。

闻此消息，同事朋友皆惊且悲。我就想将宪明教授的散逸之文集而梓之，以为明年初宪明教授退休之纪念。于是查询新浪博客“通灵唯心”，网页显示发布文章 371 篇，我只能下载 10 多篇，宪明教授作为博主也只能多下载 40 多篇，其余 300 多篇已不可寻；之后知网文章下载 34 篇，诸城市文化馆的陈志伟兄从《超然台》觅得历年发表的文章 18 篇。宪明教授托人送来一个移动硬盘，其中除了一些已发表、未发表的文章，还有五个文档，分别是读书索引、鼓书资料、红学引得、家园旧闻、金学拾零，这五个文档里各有很多文字和图片，其中红学引得 25 万多字，279M；家园旧闻 14 多万字，234M；读书索引 20 多万字，156M；其他两个文档都是 15 万字左右，各 119M。这五个文档里的内容都已按类编排，但皆为未整理成文章的原始材料，其中每一个文档里的每一条材料应该都能写成一篇论文，每一个文档都可以扩展成一本专著。特别是鼓书和金学最令人心痛——宪明教授近年来对鼓书很有兴趣，收购了多种鼓书古本，但鼓书至今也只有一篇文章问世，而金学连一篇文章也没有。另外在移动硬盘中还有一个“山东、潍坊族谱汇集”文件夹，其中资料多达 350G，另有“待整理族谱”的文件夹 88G。看到如此众多的资料，就知道宪明教授真的是用他的生命在做学问，他是真正的学者；想到如此众多的资料已不能写成文章，不禁痛心不已。

各类文章搜集到手之后，先是请文史学院在读的学生柯炎妮、王金铭、郑智文、王小暄、薛惠文、杨若君把中国知网上下载的论文输入成电子文稿，之后齐鲁书社的李军宏兄答应出版，印刷厂的胡百平兄愿意承担印刷任务。崔永胜兄、杨洁博士都是宪明教授的学生，他们主动要求帮助校对文稿，郭超博士也校对了部分书稿。赵华伟兄帮助做了一些琐碎而重要的工作。

今年夏八月，王志民教授莅潍参加会议。会议间隙，我和杨洁一起向先生介绍了宪明教授的近况以及文集编辑情况，先生不等我们说完，就急切地问："需要我做什么？"我说："我们想请您给宪明老师的文集写序。"先生立即说："我写，我写，你告诉王宪明，我给他写序。"先生话音未落，我的眼睛就湿润了——我料到先生会给宪明教授写序，但没料到先生答应得如此痛快，真古道热肠之君子也。

成书过程中，只有偶尔遇到不能解决的问题时，才敢发微信打扰宪明教授，请他定夺。因而此书有任何不当之处，皆由我负责。

读《潍畔论学》可知，宪明教授之学，兼古今，通雅俗，综论儒释道，糅合文史哲；不为人知的是，宪明教授也洞晓中外现实，对当今之人情、国情、世情，皆有清醒深刻之见解。他仁爱宽厚，诚实豪爽，时有侠气，乃性情中人，只是身处僻壤，供职于普通地方院校，曲高和寡，茫然四顾无知己，只好淡然于世事，让自己日夜泡在故纸堆中；或者驾车四出，在各文化遗址上念天地之悠悠，发思古之幽情。偶尔也会叫上二三同事同游，或在逄戈庄参观刘墉故居，或在相州畅谈当地文化，或去郑公祠凭吊郑玄，或赴待鸿庄怀念三李，既在诸城宾馆吃过烤鸡背，也在刘罗锅食府尝过臭豆腐……不知这些快乐的回忆，能否在未来几年中重现？

2024 年 11 月 23 日，病中的宪明教授接到欧阳健先生病逝的消息，悲从中来，赋挽诗曰："辨伪脂本足不朽，一生丹诚付红楼。哲人云逝当小雪，白地茫茫与谁游？"此诗前两句评欧阳先生，亦是宪明教授自评。宪明教授论《红楼梦》，天下几无知音；欧阳先生精研《红楼》诸版本数十年，以脂批本为伪作，苦于证据太少，一日忽在网上看到宪明教授博文中有脂批本作伪的铁证，喜出望外，于是携带朋友不远千里专程来潍访问宪明教授。几人一见如故，欢谈数日，又同赴青州瞻仰欧阳文忠祠，从此惺惺相惜。今春欧阳先生尚健，4月13日尚通过微信发给我《就“刘铨福题跋”的真伪答孙海桥博士》一文，附言曰：“今晨以宪明兄材料对此文作了补充，为日本数字化会议论文，以彰扬兄之贡献。”到7月26日就自称“鬼门关走一回，已三进医院了”；不料初冬就已仙逝。宪明教授一直关注欧阳先生，10月29日发我一张欧阳先生鼻中插管、僵卧病床的照片，说欧阳先生此状，跟他“勤苦太甚有关”——“勤苦太甚”亦是宪明教授自伤自叹之词。宪明教授曾言，他在参加《历代诗咏齐鲁总汇》各分卷主编会议时，总主编要求对文献“竭泽而渔”，泰安卷主编当场说“这会死人的”，当时他心中凄然一动。为学当勤苦，勤苦为学方能不浮躁，方是真学者；但勤苦太甚，勤苦到身体不堪承受，则是以身殉学，虽然死得其所，却是过于悲烈……

侯桂运

2024年11月28日于潍坊